Super M Handreichungen 1

Herausgegeben von
Ursula Manten
Gudrun Hütten
Klaus Heinze

Erarbeitet von
Christiane Audick
Corinna Brännström
Ulrike Braun
Gudrun Hütten
Ursula Manten
Gabi Viseneber (Magazinartikel)

Illustrationen von
Martina Leykamm
Dorothee Mahnkopf

Herausgegeben von: Ursula Manten, Gudrun Hütten, Klaus Heinze

Erarbeitet von: Christiane Audick, Corinna Brännström, Ulrike Braun, Gudrun Hütten, Ursula Manten, Gabi Viseneber (Magazinartikel)

Bildnachweis: U.Braun, Aldenhoven: 120.1/2, 134.1–5; Paul Klee, Burg und Sonne, Öl auf Leinwand, Nr. 201, 54 x 62 cm. Bridgeman Art Library/Collection Roland Penrose/VG Bild-Kunst, Bonn 2008: 174.2; U.Manten, Aachen: 108.3, 116.3, 120.5, 158.1, 162.1, 172.1–3, 234.2–4, 244.1/3, 258.1/2, 266.1/2/4, 270.2, 298, 322.1–4; J.U.Mertens, Berlin: 20.1–3, 26.1–4, 32.1–3, 38.1–3, 40.1–4, 50.1/2, 54.1/2, 60, 66.1/2, 72.1/2, 78.1–4, 82.1/2, 88.1/2, 92.1–3, 94, 95, 98.1–5, 99, 102, 112.1/2, 120.3/4, 124.1–3, 138.1/2, 144.1–5, 148.1, 158.2/3, 162.2, 175.1/3, 192.1/2, 198.1/2, 204.1/2, 208, 214, 228.1–3, 234.1, 244.2, 254.1/2, 262.1, 270.1, 286, 304.2/4, 308.2/4, 334; picture-alliance/akg-images: 174.1; G.Viseneber, Wuppertal: 22.1/2, 23.1–4, 28.1–5, 29.1/2, 34.1–4, 35.1–3, 56, 57, 62.1/2, 74.1–3, 104, 105.1–3, 108.1/2/4, 116.1/2, 141.1–4, 155, 168, 174.3/4, 175.2/4–6, 200, 211.1/2, 238, 240.1–3, 241, 250.1–3, 266.3, 272.1–10, 273.1–3, 279.1–3, 294.1/2, 295.1–3, 314; Cornelsen Verlagsarchiv, Berlin: 304.1/3, 308.3, 315; Staatsgalerie Stuttgart/ Paul Klee 1928, 58 rote Brücke © VG Bild-Kunst, Bonn 2007/Paul Klee, rote Brücke, 1928, 58, Aquarell auf Grundierung auf Papier auf Karton, 21,1 x 32,8 cm, Staatsgalerie Stuttgart, Graphische Sammlung, Vermächtnis Annemarie Grohmann: 171

Redaktion: Corinna Brännström, Jens-Uwe Mertens
Illustrationen: Martina Leykamm, Dorothee Mahnkopf (Super M), Maja Bohn
Grafik: Christine Wächter
Layoutkonzept: dakato...design. Tonja Heilmeyer
Layout und technische Umsetzung: dakato...design. Katja Borgis/Tonja Heilmeyer/David Sernau
Umschlaggestaltung: Ines Schiffel
Bildrecherche und -beratung: Peter Hartmann

Bestandteile des Lehrwerks Super M für das 1. Schuljahr

Schulbuch 1 mit Kartonbeilagen	978-3-06-081337-7
Arbeitsheft 1	978-3-06-081341-4
Arbeitsheft 1 mit CD-ROM	978-3-06-081345-2
Einstiege/Aufstiege	
Arbeitsblätter zur Differenzierung	978-3-06-081419-0
Handreichungen für den Unterricht mit Lehrermagazin	978-3-06-081349-0
Kopiervorlagen mit CD-ROM	978-3-06-081411-4
Im Paket:	
Handreichungen für den Unterricht mit Lehrermagazin und Kopiervorlagen mit CD-ROM	978-3-06-081449-7

www.cornelsen.de

1. Auflage, 1. Druck 2008

Druck: Druckhaus Berlin-Mitte

ISBN 978-3-06-081349-0

 Inhalt gedruckt auf säurefreiem Papier aus nachhaltiger Forstwirtschaft.

Inhalt

Super M
Handreichung Teil 1
1

Super M
Handreichung Teil 1

1

Einleitung

Vor welcher Aufgabe stehen Lehrerinnen und Lehrer heute?

Die Rahmenvorgabe für den Vorbereitungsdienst in Studienseminar und Schule benennt und erläutert sieben Funktionen wirksamen Lehrerhandelns, die nicht isoliert gesehen werden können, sondern stets aufeinander bezogen wirksam werden. Die für den Anfangsunterricht Mathematik vorrangigen sollen hier kurz angesprochen werden.

Unterrichten
Lehrerinnen und Lehrer sind Fachleute für Lehren und Lernen.[1] Ihre wichtigste Aufgabe ist die Planung, Organisation, Realisation und Reflexion von Lehr- und Lernprozessen mit dem Ziel, grundlegende Kenntnisse, Fähigkeiten, Fertigkeiten und Methoden zu vermitteln, die es dem Einzelnen ermöglichen, lebenslang selbstständig weiterzulernen. Lernen als aktiver Prozess ist notwendigerweise individuell, bedarf aber unverzichtbar der Kommunikation.

[1] Standards für die Lehrerbildung. Sekretariat der Ständigen Konferenz der Kultusminister der Länder in der Bundesrepublik Deutschland.

Erziehen
Die Qualität einer guten Schule und die Wirksamkeit eines guten Unterrichts werden entscheidend durch die professionellen und personalen Fähigkeiten von Lehrerinnen und Lehrern geprägt. Jeder Lehrerin, jedem Lehrer ist bewusst, dass die Erziehungsaufgabe, unlöslich mit der erstgenannten Qualifikation verknüpft, eine ebenso große Herausforderung darstellt und im Schulalltag von entscheidender Bedeutung ist.

Diagnostizieren und Fördern
Die Erwartung an den Anfangsunterricht Mathematik ist bei den meisten Schulanfängern getragen von freudigem Interesse, Lern- und Leistungswillen. Diese gilt es als wesentliche Momente erfolgreichen Mathematiklernens in der Schule zu erhalten und auszubauen. Als Voraussetzungen für das Lernen von Mathematik müssen basale Grunderfahrungen/Fertigkeiten verfügbar, ein situativ angemessenes Sozialverhalten erworben und die Bereitschaft und Fähigkeit zu Kommunikation und Kooperation hinreichend entwickelt sein. Das Spektrum der unverzichtbaren, interdependent miteinander wirkenden Aspekte ist mit dieser Aufzählung nur angerissen.
Schulfähigkeit im umfassenden Sinne ist für viele Schulneulinge nicht Voraussetzung, sondern eher Ziel des Anfangsunterrichts. Der Nachhol- bzw. Förderbedarf ist bei Kindern aus bildungsfernen Schichten häufig sehr ausgeprägt. Individuell stützende und wirksam fördernde Maßnahmen von Anfang an sind entscheidend dafür, dass kein Kind zurückbleibt, letztlich jedes Kind die verbindlichen Anforderungen erreicht und Kinder mit fortgeschrittenen Interessen und Fähigkeiten ein angemessenes weiterführendes Lernangebot erhalten.

Leistung messen und beurteilen
Der anerkennenswerte individuelle Lernfortschritt, der das Kind als Könnenserfahrung stützt, bedarf einer ermutigenden, verstärkenden Rückmeldung. Die normorientierte Leistungsfeststellung und -beurteilung erfüllt den gesellschaftlichen Anspruch. Beide Momente sind Teil der unverzichtbaren Leistungserziehung.

Beraten
Die Lehrerin, der Lehrer unterstützt Lern- und Entwicklungsprozesse und den sukzessiven Ausbau selbstverantworteten Handelns und Lernens.

Nach den großen internationalen Bildungsstudien mit hinreichend bekannten negativen Ergebnissen wurden vielerlei Maßnahmen zur Stärkung von Schule und zur Steigerung der Wirksamkeit schulischer Arbeit ergriffen.
Der Beschluss der Kultusministerkonferenz (KMK) vom 15.10.2004, der bundesweit zu einer Neufassung/Präzisierung der Richtlinien und Lehrpläne geführt hat, bezeichnet die Förderung der mathematischen Kompetenzen als wesentlichen Bestandteil des Bildungsauftrags der Grundschule:
„Der Mathematikunterricht der Grundschule greift die frühen mathematischen Alltagserfahrungen der Kinder auf, vertieft und erweitert sie und entwickelt aus ihnen grundlegende mathematische Kompetenzen. Auf diese Weise wird die Grundlage für das Mathematiklernen in den weiterführenden Schulen und für die lebenslange Auseinandersetzung mit mathematischen Anforderungen des täglichen Lebens geschaffen. Dies gelingt um so nachhaltiger, je besser schon in der Grundschule die für die Mathematik insgesamt zentralen Leitideen entwickelt werden."
Das Mathematiklernen in der Grundschule muss demnach vorrangig auf den Ausbau allgemeiner mathematischer Kompetenzen ausgerichtet sein. Sie können nur inhaltsbezogen erworben werden, sind aber nicht an bestimmte Inhalte gebunden, eben allgemeiner, immer gültiger Art, anwendungs- und ausbaufähig.
Inhaltliche und allgemeine Kompetenzen werden als Standards beschrieben und ihre Erreichung am Ende der Grundschulzeit verbindlich eingefordert.
Die aufgezeigte Erziehungs- und Bildungsarbeit, die Lehrerinnen und Lehrer als gesellschaftlichen Auftrag wahrnehmen, wird zunehmend als schwieriger, ja als belastend empfunden. Insbesondere wird die Heterogenität der Lerngruppen angesichts der „normierten" Vorgaben als erschwerender Faktor der täglichen Unterrichtsarbeit benannt. Die daraus resultierende Notwendigkeit, durchgängig ein differenziertes Angebot bereitzuhalten und individuelle Begleitung und Förderung sicherzustellen, empfinden viele Lehrerinnen und Lehrer verständlicherweise als kaum leistbar.

Super M *Mathematik für alle*
Das neue Lehrwerk will in Kenntnis der aufgezeigten Faktoren einen wirksamen Beitrag zur Entlastung der Lehrerinnen und Lehrer leisten.

Bestandteile des Werkes und ihre Vernetzung

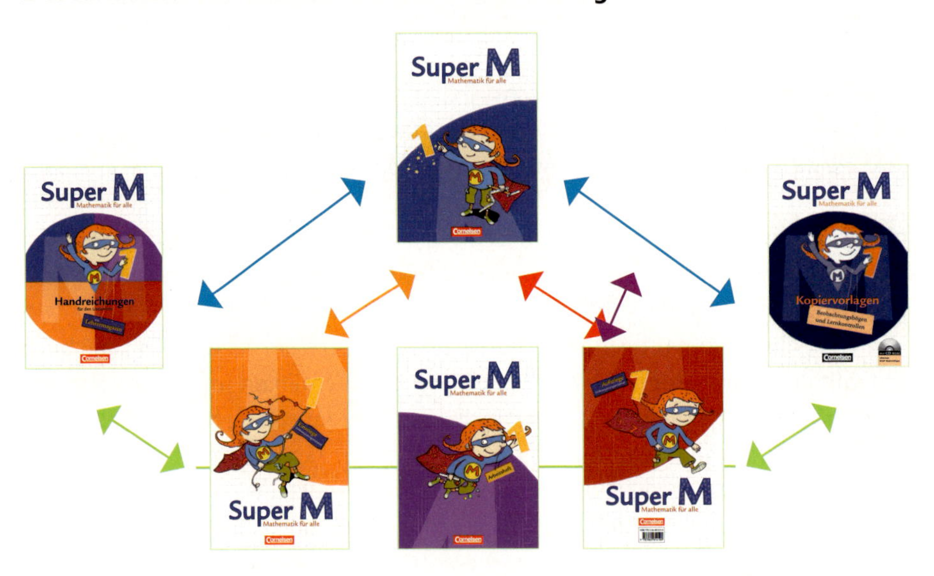

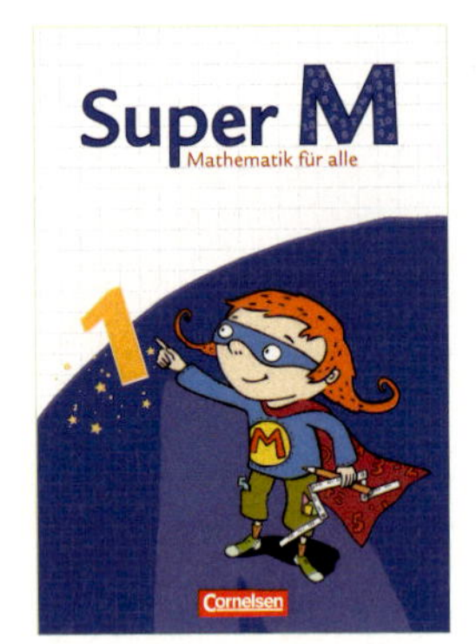

Schulbuch Super M *Mathematik für alle*
- übersichtliche, klar strukturierte Seiten
- schöne, ansprechende Illustrationen
- Darstellungen/Anregungen in der Klasse problemlos umsetzbar
- viele Aufgaben, viele Übungen
- Hervorhebung bestimmter Aufgabenformate (Super M)
- Kennzeichnung der Aufgaben nach Anforderungsbereichen (Differenzierung)
- Kommentierung der Aufgaben in der Lehrerzeile
- konkrete Verweise auf Arbeitsheft, Einstiege und Aufstiege (besonders übersichtlich durch Farbkode)
- viele hilfreiche Stanzbeilagen

Handreichung
Teil I

- Stoffverteilungsplan
- Kurzkommentar mit Blick auf die jeweilige Schulbuchseite
- ausführlicher Kommentar mit didaktischen Hinweisen und konkreten methodischen Anregungen für die Unterrichtsgestaltung im Schulalltag
- 33 anregende Magazinartikel (alltagstaugliche, erfahrungsgeprüfte Anregungen und Tipps)

Handreichung
Teil II

- Vorlagen für Tests zur Überprüfung allgemeiner und fachspezifischer Kompetenzen beim Schuleintritt
- Unterrichtsmaterialien und Bastelanleitungen
- Anregungen für die ersten Wochen
- Ziffernschreibkurs
- Kopiervorlagen **(KV)**
- Blankovorlagen
- Lernstandsseiten
- Vorlagen für den Rechenschieber
- Vorlagen zur Organisation von „Lernen an Stationen"
- Vorlagen für Lieder (Super-M-Lied), Reime und Spiele
- CD enthält die Kopiervorlagen (KVs) als veränderbare Word-Dateien

Einstiege

- ansprechend gestaltete farbige Seiten zur selbstständigen Bearbeitung
- zur Vorbereitung auf die gemeinsame Arbeit im Schulbuch
- für ein individuelles Nachvollziehen der gemeinsamen Erarbeitung
- als differenziertes Übungsangebot

Arbeitsheft

wahlweise mit oder ohne CD

- ansprechend gestaltete farbige Seiten zur selbstständigen Bearbeitung
- differenziertes Übungsangebot, das jeweils unmittelbar an die Schulbuchseite anschließt

Aufstiege

- ansprechend gestaltete farbige Seiten zur selbstständigen Bearbeitung
- differenziertes Übungsangebot auf gehobenem Anspruchsniveau
- Denk- und Knobelaufgaben als zusätzliche Herausforderung

Die Strukturelemente des Lehrwerkes

Offenheit **Struktur**

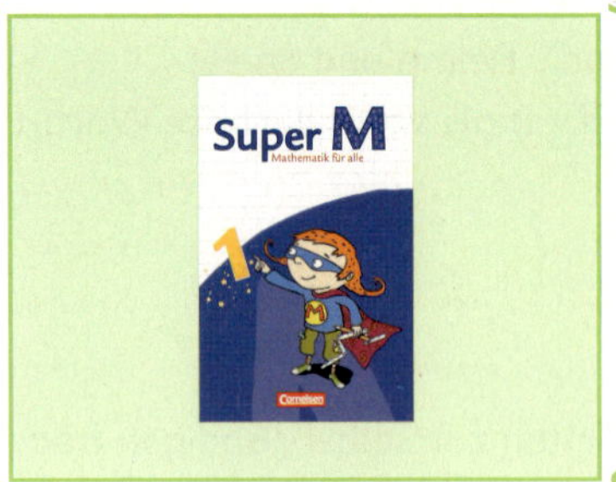

Motivation **Sicherheit**

zeigen in diesem Beziehungsgefüge ihre Wirkung

Der Lehrerin sind mit dem Werk umfassende Materialien:

- das Schulbuch für gemeinsames Lernen nach einem klar aufgebauten und mühelos nachvollziehbaren Lehrgang
- Arbeitsheft, Einstiege und Aufstiege als sinnvoll aufeinander abgestimmte Materialien zur differenzierten Förderung

an die Hand gegeben, die ihr ein großes Maß an „*Offenheit* mit *Struktur*“ ermöglichen.

Die aufwändige Handreichung mit Aufschlag- und Kommentarseiten sowie weiteren Materialien (Ziffernschreibkurs, Kopiervorlagen …) im Teil 2 bedeuten *Sicherheit*. Die eingeschobenen Magazinseiten machen Lust auf Mathematiklehren und stehen für *Motivation*.

Für Schülerinnen und Schüler werden dieselben Strukturelemente wirksam:
Motivation: Das schön gestaltete, klar gegliederte und übersichtliche Schulbuch macht mit den kindgerechten Illustrationen und der Leitfigur Lust auf mehr Mathematik! Arbeitsmittel, Darstellungsformen, Übungsformate werden in der ständigen Nutzung vertraut und erzeugen *Sicherheit*.

Super-M-Aufgaben garantieren *Offenheit* hinsichtlich der Vorgehensweise, hinsichtlich der Anzahl der Aufgaben, hinsichtlich der möglichen Lösungen … Der M-Stempel kennzeichnet Super-Päckchen, strukturierte Aufgabenpäckchen, die gelegentlich auch als graphische Muster dargestellt werden. Sie stehen für *Struktur*. Die geforderten Anforderungsbereiche werden durch die farblich differenzierte Aufgabennummerierung umgesetzt:

3 **Anforderungsbereich „Reproduzieren“ (AB I)**
wiedergeben, ausführen, ausrechnen

3 **Anforderungsbereich „Zusammenhänge herstellen“ (AB II)**
überlegen, mitdenken, fortsetzen

3 **Anforderungsbereich „Verallgemeinern und Reflektieren“ (AB III)**
eigene Strukturen und Lösungswege entwickeln, darstellen, begründen und systematisch nutzen

Welchen Beitrag leistet das Unterrichtswerk?
Die thematische Zusammenfassung mehrerer Schulbuchseiten ermöglicht gemeinsames und individuelles Lernen. Die Einstiegsbilder sind dabei zum einen so gestaltet, dass sie im Klassenverband „nachgespielt“ werden können, zum anderen geben sie häufig auch Anregungen zur methodischen und inhaltlichen Unterrichtsgestaltung (Rechenkonferenzen). Gemeinsam wird ein neues Gebiet „betreten“, welches dann entsprechend der individuellen Leistungsfähigkeit der Kinder weiter erobert werden kann. Stützende (Einstiege) und fordernde (Aufstiege) Angebote werden ergänzt durch zusätzliche Übungen (Arbeitsheft) und münden in „Das kann ich schon“-Seiten, die der Lehrerin Gelegenheit zur differenzierten diagnostischen Beobachtung geben und gleichzeitig so aufgebaut sind, dass jedes Kind sein Können beweisen kann und dadurch neue Motivation gewinnt. Der immer wieder auf diesen Seiten zu findende Auftrag, eigene Aufgaben zum jeweiligen Thema zu finden, ermöglicht Leistungen auf sehr unterschiedlichem Niveau, aber auch individuelle Könnenserfahrungen.

Viele Situationen sind so dargestellt, dass sie die Aufforderung zur Partner- oder Gruppenarbeit unübersehbar enthalten. Auch hier findet gemeinsames Lernen statt, das die Lehrerin im anschließenden Reflexionsgespräch aufgreifen kann und damit den Kindern die Möglichkeit gibt, sich in den allgemeinen Fähigkeiten *Darstellen, Begründen* und *Kooperieren* weiterzuentwickeln.
Das Lehrwerk erweist sich durch den klar aufgebauten und mühelos nachvoll-

ziehbaren Lehrgang für erfahrene und fachfremd unterrichtende Lehrerinnen und Lehrer gleichermaßen als Leitlinie zur Gestaltung eines zeitgemäßen und Erfolg versprechenden Mathematikunterrichts. Das Farbleitsystem stellt eine nützliche Orientierungshilfe dar, die den Kindern von Anfang ein an rasches Auffinden der vorgesehenen Übungen und selbstständiges Arbeiten ermöglicht.

Der Lehrgang startet mit einer intensiven und redundanten Arbeit im Zehnerraum, die in vielfältigen Zahlverwendungssituationen den Aufbau des Zahlbegriffs stützt.

Die „ausbaufähige“ Darstellung im Zehnerfeld wird als Standarddarstellung frühzeitig eingeführt, um im Vorfeld des Rechnens bereits das simultane bzw. quasi-simultane Erfassen von Anzahlen zu unterstützen.

Zahlzerlegungen werden spielerisch eingeführt und an großen und kleinen Zahlenhäusern nachhaltig geübt.

Das Grundverständnis für die ersten Rechenoperationen Addition und Subtraktion wird handlungsorientiert gesichert. Addition und Subtraktion werden als Gegenoperationen im gleichen Sachkontext eingeführt.

Der Übung wird breiter Raum gewährt und eine automatisierte, sichere Verfügbarkeit des Einspluseins angestrebt

Vielfältige Alltagssituationen aus dem Erfahrungsbereich der Kinder werden unter mathematischen Aspekten angesprochen und kleine Berechnungen durchgeführt.

Zur Lösung von Sachrechenaufgaben wird ein Strukturschema erarbeitet und seine Nutzung immer wieder gefordert.

Geometrische Grunderfahrungen unterstützen die Entwicklung des räumlichen Vorstellungsvermögens und anderer basaler Voraussetzungen für das Lernen von Mathematik.

Mathematiklernen bedeutet mehr als das Beherrschen von Kenntnissen und Fertigkeiten. Neben den inhaltsbezogenen Kompetenzen ist die Förderung und Entwicklung prozess-bezogener Kompetenzen (*Problemlösen – Kommunizieren – Argumentieren – Darstellen – Modellieren*) von grundlegender, zukunftsweisender Bedeutung. Sie können, wie bereits angesprochen, nur inhaltsbezogen erworben und ausgebaut werden.

Stoffverteilungsplan

Zeitplanung	Seitenzahlen	Kompetenzen und Inhalte (nach Klasse 2)	Umsetzung im Schulbuch Super M 1	Einstiege	Arbeitsheft	Aufstiege
1. Woche	2–5	**Zahlen und Operationen** Zahlen unter verschiedenen Zahlaspekten auffassen und darstellen	feststellen der Lernausgangslage (motorische Fähigkeiten, Umgang mit Materialien, Anzahlbegriff bis 10, Ziffern schreiben)	1, 2	1, 2	1, 2
2.–7. Woche *Das kann ich schon!* **24/25**	6–25	**Raum und Form** Lagebeziehungen in der Ebene/ im Raum erfassen **Zahlen und Operationen** Zahlen unter verschiedenen Zahlaspekten auffassen und darstellen; Zahlen vergleichen und zueinander in Beziehung setzen	räumliche Orientierung (links, rechts, vorne, hinten, oben, unten) Zahlen bis 10 Zahldarstellungen Zerlegungen Ziffern schreiben	3–12	3–12	3–12
8.–10. Woche *Lernkontrolle 1*	26–37	**Zahlen und Operationen** die Grundvorstellungen der Addition auf verschiedenen Darstellungsebenen interpretieren und nutzen	=-Zeichen und +-Zeichen Addition	13–18	13–18	13–18
11.–13. Woche	38–43	**Zahlen und Operationen** Die Grundvorstellungen der Subtraktion auf verschiedenen Darstellungsebenen interpretieren und nutzen	Subtraktion	19–21	19–21	19–21
14.–15. Woche *Das kann ich schon!* **46/47** *Lernkontrolle 2*	44–47	**Zahlen und Operationen** Grundrechenarten miteinander verbinden, dabei Zahlbeziehungen und Operationseigenschaften entdecken **Muster und Strukturen**	Addition und Subtraktion Wiederholung	22 23	22	22 23
16.–17. Woche	48–51	**Zahlen und Operationen** Grundrechenarten miteinander verbinden, dabei Zahlbeziehungen und Operationseigenschaften entdecken	Zahlenraum bis 20 Vorgänger, Nachfolger, Nachbarzahlen Zahlenfolgen	24, 25	23–25	24, 25
17. Woche	52/53	**Größen und Messen**	Geld: Euro (€) und Cent (ct)	26	26	26

Zeitplanung	Seiten- zahlen	Kompetenzen und Inhalte (nach Klasse 2)	Umsetzung im Schulbuch Super M 1	Ein- stiege	Ar- beits- heft	Auf- stiege
18.–19. Woche *Lernkontrolle 3*	54–59	**Zahlen und Operationen** Zahlen vergleichen und zueinander in Beziehung wsetzen **Größen und Messen**	Addition und Subtraktion im Zahlenraum von 10–20 Sachsituation „Kinderfloh-markt" Geld	27–29	27–29	27–29
19. Woche	60–63	**Raum und Form** geometrische Grundformen in der Ebene erkennen und benennen, mit Grundformen legen und auslegen	geometrische Grundformen in der Ebene: Rechteck, Quadrat, Dreieck und Kreis	30, 31	30, 31	30, 31
20.–21. Woche	64–69	**Zahlen und Operationen** **Muster und Strukturen** Grundrechenarten miteinander verbinden, dabei Zahlbeziehungen und Operationseigenschaften entdecken	Ordnungszahlen verdoppeln, halbieren gerade und ungerade Zahlen	32–34	32–34	32–34
22.–23. Woche	70–77	**Zahlen und Operationen** Grundrechenarten miteinander verbinden, dabei Zahlbeziehungen und Operationseigenschaften entdecken	Rechenkonferenz Addition Zehnerüberschreitung Rechenkonferenz Subtraktion Zehnerüberschreitung	35–38	35–38	35–38
24.–25. Woche *Das kann ich schon!* **82/83** *Lernkontrolle 4*	78–83	**Zahlen und Operationen** **Größen und Messen** in einfachen Sachsituationen Fragestellungen entwickeln, einfache funktionale Beziehungen in Sachsituationen z.B. über Tabellen beschreiben	Tabellen, Additions- und Subtraktionstabellen Sachaufgaben Geld	39–41	39, 40	39–41
26. Woche	84–87	**Raum und Form** Lagebeziehungen in der Ebene und im Raum erfassen; geometrische Körper in der Umwelt erkennen und benennen; Körper miteinander vergleichen und zueinander in Beziehung setzen	Körper in der Umwelt Würfelbauten, Baupläne	42, 43	41, 42	42, 43

Zeitplanung	Seiten-zahlen	Kompetenzen und Inhalte (nach Klasse 2)	Umsetzung im Schulbuch Super M 1	Ein-stiege	Ar-beits-heft	Auf-stiege
27.–28. Woche	88–91	**Zahlen und Operationen** Grundrechenarten miteinander verbinden, dabei Zahlbeziehungen und Operationseigenschaften entdecken **Muster und Strukturen** Zahl- und Rechenvorstellungen mit Hilfe geometrischer Veranschaulichungen entwickeln	Rechnen am Zahlenband Zahlenfolgen Zahlenmauern	44, 45	43, 44	44, 45
28.–29. Woche *Das kann ich schon!* **94/95** *Lernkontrolle 5*	92–95	**Größen und Messen** in einfachen Sachsituationen Fragestellungen entwickeln	Sachsituationen erschließen Strukturschema erarbeiten und anwenden	46	45, 46	46
29. Woche	96/97	**Zahlen und Operationen** Grundrechenarten miteinander verbinden, dabei Zahlbeziehungen und Operationseigenschaften entdecken; Zahlen vergleichen und zueinander in Beziehung setzen	Ungleichungen	48	47	48
30. Woche	98–103	**Raum und Form/** **Muster und Strukturen** Lagebeziehungen in der Ebene und im Raum erfassen; einfache symmetrische Figuren herstellen und auf Symmetrie überprüfen	Falten Symmetrie Muster legen und weiterlegen	49–51	48–50	49–51
31.–33. Woche	104–111	**Zahlen und Operationen** Grundrechenarten miteinander verbinden, dabei Zahlbeziehungen und Operationseigenschaften entdecken; die Zahlensätze des kleinen Einspluseins automatisiert wiedergeben und deren Umkehrungen sicher ableiten	Wiederholung Addition und Subtraktion, Aufgabenfamilien, Tabellen, Zahlenmauern kleines Einspluseins	52–55	51–53	52–55
Das kann ich schon! **110/111** *Lernkontrolle 6*		**Größen und Messen** in einfachen Sachsituationen Fragestellungen entwickeln, darstellen und lösen	Sachaufgaben „Jahrmarkt“			

Zeitplanung	Seiten-zahlen	Kompetenzen und Inhalte (nach Klasse 2)	Umsetzung im Schulbuch Super M 1	Ein-stiege	Ar-beits-heft	Auf-stiege
34.–35. Woche	112–117	**Größen und Messen** in einfachen Sachsituationen Fragestellungen entwickeln	Uhrzeiten (Stunde) Tagesablauf (Tag) Woche (Wochentage), Wochenplan	56–58	54–56	56–58
35. Woche *Lernkontrolle 7*	118/119	**Daten und Zufall/ Größen und Messen** aus Beobachtungen Daten erheben und darstellen; einfache Tabellen, Schaubilder bzw. Diagramme erstellen, lesen und interpretieren	Daten sammeln „Unsere Partnerklasse"	59	57	59
36.–37. Woche *Lernkontrolle 8*	120–125	**Zahlen und Operationen** Zahlen unter den verschiedenen Zahlaspekten auffassen und darstellen; die Struktur des Zehnersystems mit dem Prinzip der Bündelung und der Stellenwertschreibweise verstehen	Zahlenraum bis 100 schätzen, zählen, notieren Hunderterfeld, Zehner und Einer Zehnerzahlen Sachaufgaben Geld	60–62	58–60	60–62
38. Woche	126–128	**Zahlen und Operationen / Muster und Strukturen** einfache geometrische und arithmetische Muster untersuchen und Vorhersagen zur Fortsetzung treffen	Rechenspiele, Knobelaufgaben (Zauberquadrat, SUDOKU, Kryptogramm, KAKURO) Figurierte Zahlen	63	61–63	63

2 In der Schule

mathematische Vorerfahrungen der Kinder (Mengenerfassung, Rechenfähigkeit, Zählstrategien, Ziffernkenntnis) im Unterrichtsgespräch sowie in mathematischen Übungen thematisieren und erweitern

SCHULBUCH 2

Zahlenkarten betrachten und benennen

passende Mengen im Klassenraum zuordnen

Abbildung betrachten

mathematische Vorkenntnisse aktivieren und mitteilen

dargestellte Tätigkeiten beschreiben

Materialien benennen und mit ihnen aktiv umgehen

Situation beschreiben

Systematik erkennen

Störung beheben

Schreibung der 1 lernen und üben

Linien mit Stift nachspuren

passende Zuordnung finden

Ausmalbild

Ziffern 1–4 im Bild identifizieren

EINSTIEGE 1

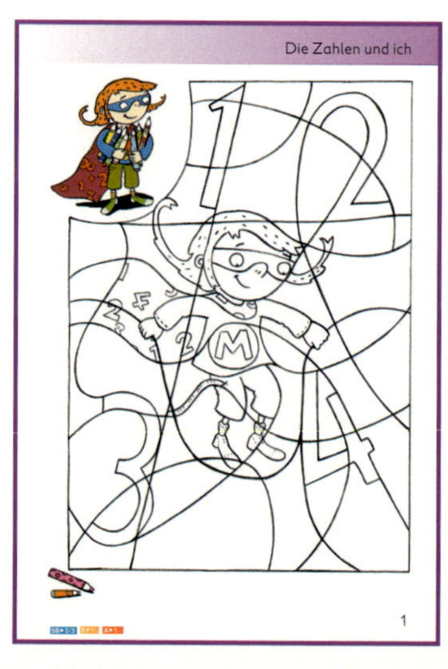

ARBEITSHEFT 1

SCHUL-
BUCH 3

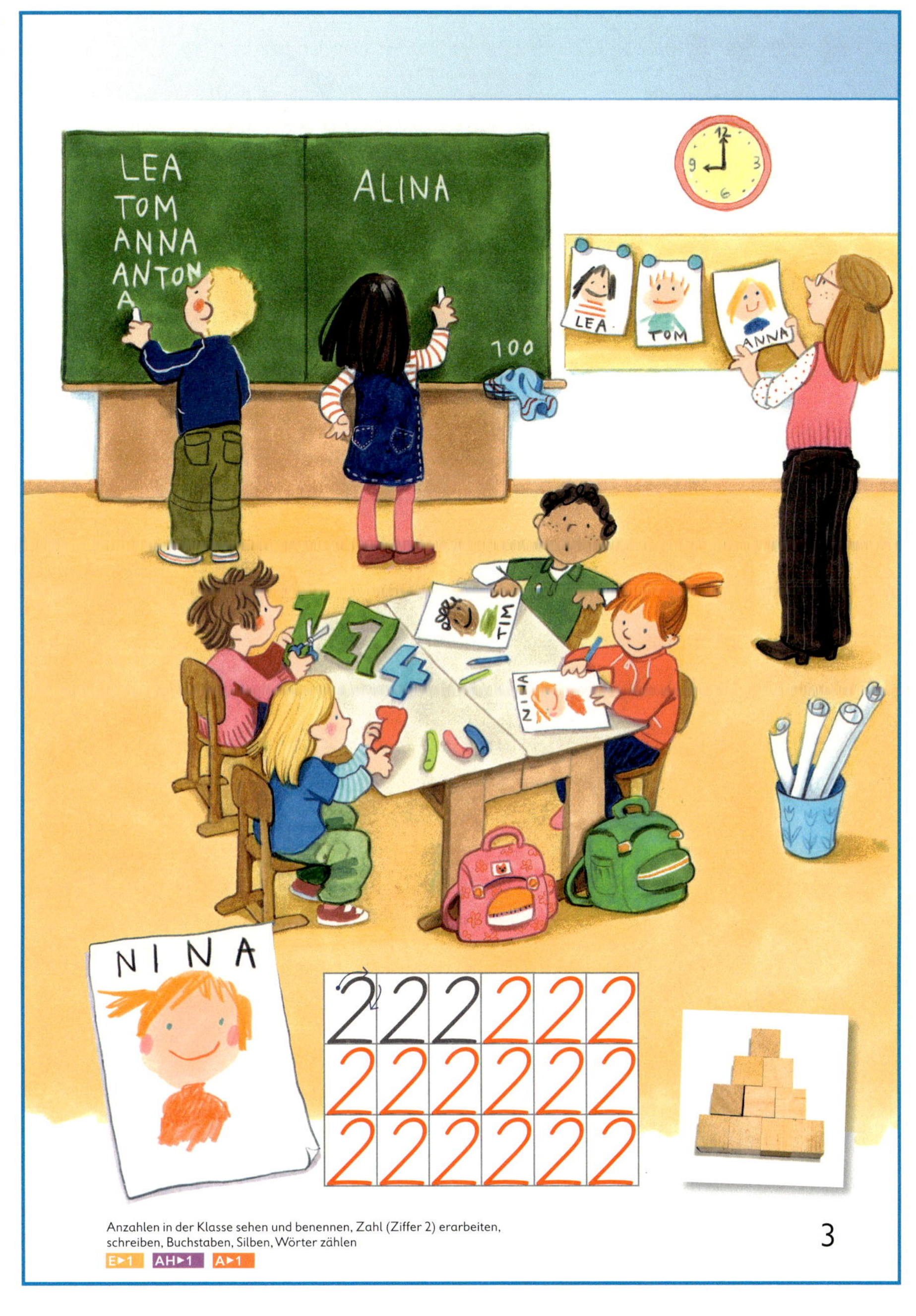

Anzahlen in der Klasse sehen und benennen, Zahl (Ziffer 2) erarbeiten, schreiben, Buchstaben, Silben, Wörter zählen

zur Abbildung erzählen

Ideen für das weitere Vorgehen finden:

- Ich-Bilder malen
- Ziffern malen und ausschneiden

Bildausschnitt betrachten

Bildausschnitt in der Abbildung oben wiederfinden

Schreibung der 2 lernen und üben

Anordnung der Bauklötze beschreiben

Ziffern 0–9 erkennen und nachspuren

Ziffern 0–9 im Schreibband nachspuren

AUFSTIEGE 1

2/3 In der Schule

KOMMENTAR

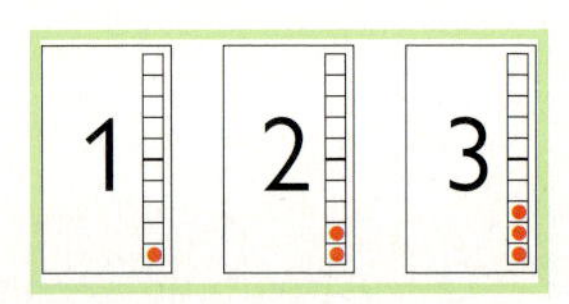

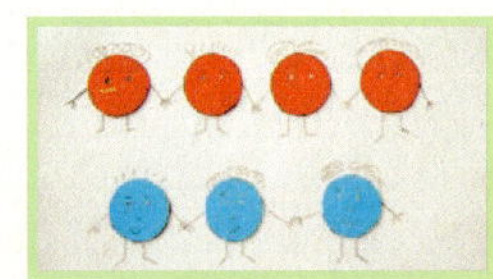

Material

Zahlenkarten, Wendeplättchen, Bausteine, Steckwürfel, Knete

▶ **KVs 1–11/68**

Hinweise zum Unterrichtsthema

Schulanfänger kommen mit zahlreichen mathematischen Vorerfahrungen und Vorkenntnissen in die Schule. Viele Erstklässler zählen zu diesem Zeitpunkt bereits bis 10, einige sogar noch weiter. Ein beträchtlicher Teil von ihnen kann die Ziffern bereits erlesen, nach Diktat schreiben und ihnen Mengen zuordnen. Einige Kinder führen möglicherweise schon erste Rechenoperationen erfolgreich durch (s. Magazin 4/5).

Daher ermöglichen die ersten drei Schulbuchdoppelseiten der Lehrerin, die Schüler zu beobachten und eine Rückmeldung zu bekommen, welche Fähigkeiten und Fertigkeiten sie mitbringen (Diagnose). Der Mathematikunterricht in der Grundschule erhebt den Anspruch, jedes Kind vor dem Hintergrund seiner erworbenen Kenntnisse, Fähigkeiten und Fertigkeiten individuell zu fördern. Deshalb müssen diese von der Lehrerin immer wieder erfasst und bei der Unterrichtsplanung berücksichtigt werden. Die Schulbuchseiten 2 und 3 ermöglichen dies durch offen gestaltete Erzählanlässe, zu denen die Kinder in Unterrichtsgesprächen ihre mathematischen Vorkenntnisse mitteilen können. Anhand der bearbeiteten Aufgabenformate kann die Lehrerin Rückschlüsse bezüglich der Kompetenzen ihrer Schüler in den Bereichen Zählfähigkeit, Ziffernkenntnis und -schreibung, Mengenerfassung, Rechenfähigkeit, Auge-Hand-Koordination und räumliches Vorstellungsvermögen ziehen.

Schulbuch 2/3

Hinweise zum Unterrichtsablauf

Zu Beginn der Unterrichtsstunde lädt die Lehrerin die Kinder ein, die Abbildungen auf der Doppelseite zu betrachten und ihre Beobachtungen mitzuteilen. Die Lehrerin strukturiert und leitet das Unterrichtsgespräch, indem sie die Äußerungen der Schüler zu jeweils einem Bildausschnitt aufgreift und, wenn es sich anbietet, diesen vertiefend thematisiert.

Während des gesamten Unterrichtsgespräches sollten Parallelen zwischen abgebildetem und eigenem Klassenraum in Form von Einrichtungsgegenständen, Unterrichtsmaterialien … benannt werden, um die Orientierung der Schüler darin zu verbessern. Schließlich führt die Lehrerin die Ziffernschreibweise der 1 ein (s. Magazin 6/7).

Hinweise zu den Aufgaben

Seite 2

Die Kinder benennen die abgebildeten Zahlenkarten, ordnen jeder einzelnen mündlich eine passende Menge von Gegenständen aus der Abbildung und/oder aus dem eigenen Klassenraum zu.

Darunter ermitteln die Schüler Anzahlen der in den Regalen dargestellten Gegenstände und rechnen ggf. mit diesen.

Außerdem stellen sie Vermutungen über die Arbeitsweise mit dem abgebildeten Material an und suchen dessen Aufbewahrungsort im eigenen Klassenraum.

Unten auf der Seite beschreiben die Schüler die Aufstellung der abgebildeten Steckwürfeltürme, formulieren die dabei zu Grunde liegende Bauvorschrift, erkennen den Baufehler im Bild und korrigieren diesen.

Die Lehrerin schreibt die Ziffer 1 ausreichend groß mit Kreide an die Tafel. Die Schüler heben den Zeigefinger ihrer Schreibhand und spuren die 1 von ihrem Platz aus nach. Dann ahmen sie ihre Schreibung mit dem Zeigefinger auf dem Tisch und schließlich auf dem Rücken des Tischnachbarn nach. Während bei der zuletzt genannten Übung der Mitschüler die Ausführung der korrekten Schreibweise kontrolliert, übernimmt bei den anderen Übungen die Lehrerin die Aufsicht.

Seite 3

Anhand der Abbildung nennen die Kinder weitere für den Unterricht typische Tätigkeiten und Lerninhalte.

Die Kinder betrachten das Bild von Nina und finden es auf der Seite wieder.

Anhand der abgebildeten Pyramide können die Schüler die passende Bauvorschrift finden und nennen: Das Erdgeschoss hat vier Bausteine, in jedem folgenden Stockwerk liegt ein Baustein weniger als im vorangegangenen Stockwerk. Jeder dieser Steine liegt auf einer Fuge, mit Ausnahme der Steine im Erdgeschoss.

Die Lehrerin erarbeitet mit den Schülern die Schreibweise der 2, wie auf Seite 2 in Aufgabe 6. Dann füllen die Schüler das Schreibband aus.

Hinweise zur Differenzierung

- in Partnerarbeit zu Zahlenkarten passende Anzahlen von Gegenständen legen, anschließend in Form einer Ausstellung Zuordnungen von Mitschülern betrachten und ggf. verbessern lassen
- mit Materialien wie Bausteinen, Steckwürfeln und Plättchen in Partnerarbeit legen oder bauen und abwechselnd durch Zählen die Anzahl feststellen
- mit Veranschaulichungsmaterial (Bausteine/Steckwürfel) nach vorher festgelegter Vorschrift bauen, den Partner durch Betrachten des Bauwerkes diese finden und formulieren lassen
- bereits bekannte Ziffern aufmalen und ausschneiden
- Ziffern mit Knete darstellen

Einstiege 1

Die Schüler spuren die Linien mit einem Stift nach und finden so zu jedem gezeichneten Kind das zugehörige Boot.

Arbeitsheft 1

Die Kinder färben das Ausmalbild und erkennen die Ziffern 1 bis 4.

Aufstiege 1

Die Kinder erkennen die Ziffern von 0 bis 9 und spuren diese nach.

Anschließend spuren sie diese im Schreibband nach.

DIE MATHEECKE -
EINE ANREGENDE LERNUMGEBUNG

MATHEECKE

Während in beinahe allen Klassenräumen die Lese- und die Spielecke zum weit verbreiteten Standard gehören, sind „Matheecken" weitaus seltener anzutreffen. Mathematische Arbeitsmaterialien und Spiele werden zwar bei Bedarf herausgeholt und zur Verfügung gestellt, fristen aber oft ein Randdasein in irgendwelchen Regalen oder Schränken. Dies liegt vor allem daran, dass man den mathematischen Gehalt vieler handelsüblicher Spiele übersieht und sie deshalb auch nicht gezielt zur Eingangsdiagnostik und Förderung einsetzt.

REGELN ERARBEITEN

Allerdings kann heute keiner mehr erwarten, dass die Kinder z.B. mit einem Dominospiel so umgehen, wie dies noch vor 20 Jahren der Normalfall gewesen ist. Die meisten Kinder kennen die Steine nur, um sie senkrecht stehend zu einer Mauer zu verbauen, die Schritt für Schritt umkippt, wenn man den letzten Stein nach vorne bewegt.
Daraus resultiert, dass es nicht langt, einige geeignete Spiele in der Hoffnung hinzustellen, diese würden von alleine zu einem Lernzuwachs bei den Kindern führen. Regeln müssen mit den Kindern gemeinsam erarbeitet werden. Dazu bieten sich zum einen Zeiten im offenen Anfang an, zum anderen bieten auch Freiarbeits- und Spielstunden die Gelegenheit, gezielt eine Gruppe von Kindern in bestimmte Spielregeln einzuführen, sodass diese anschließend als Multiplikatoren wirken können.

BEISPIELE FÜR SPIELE

Spiel	Mathematische Fähigkeiten
alle Würfelspiele	ganzheitliche Anzahlerfassung im Zahlenraum bis 6, teilweise mit strategischen Überlegungen
Clownsspiel	zusätzlich: Größer-kleiner-Relation
Domino	ganzheitliche Anzahlerfassung im Zahlenraum bis 9
Elfer raus	Ordnung der Zahlen von 1 bis 20
Vier gewinnt	Raum-Lage-Beziehung, Strategie

Diese Liste ließe sich noch beliebig verlängern und ein Blick in den Schulfundus lässt in den meisten Fällen Spiele finden, mit denen mathematische Fähigkeiten gezielt gefördert werden können.

Neben den „Regelspielen" gibt es jedoch eine Reihe von Materialien, die aus sich heraus die Kinder zu mathematischem Tun anregen.

ALTE TELEFONE FORDERN ZUM ROLLENSPIEL HERAUS, GANZ NEBENBEI WIRD MIT ZAHLEN OPERIERT UND GLEICHZEITIG DER MÜNDLICHE SPRACHGEBRAUCH GESCHULT.

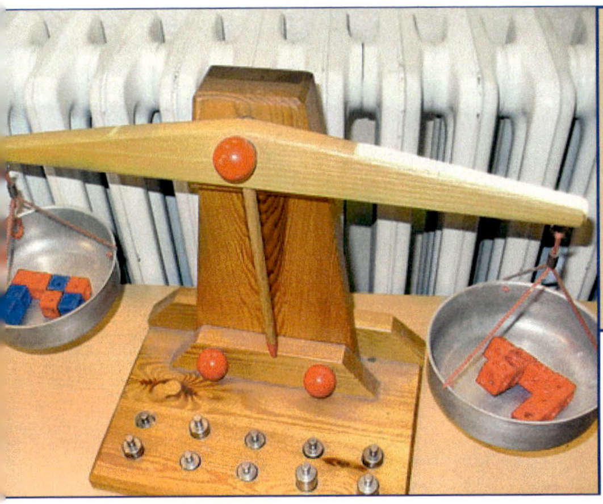

EINE EINFACHE BALKENWAAGE GIBT ANLASS ZU VIELFÄLTIGEN AKTIVITÄTEN UND ERMÖGLICHT NEBENHER DIE EINSICHT, DASS 6 ROTE STECKWÜRFEL WIRKLICH GENAUSO VIEL WIEGEN WIE DREI ROTE UND DREI BLAUE ZUSAMMEN.

PERLEN UND PERLENSCHNÜRE FORDERN DAZU AUF, KETTEN MIT UNTERSCHIEDLICHEN MUSTERN UND ANZAHLEN ZU ERZEUGEN.

RECHENGELD, VERSCHIEDENE MESSGERÄTE UND SPIEGEL ERWEITERN DIE MÖGLICHKEITEN ZUR FREIEN MATHEMATISCHEN BETÄTIGUNG.

NICHT VERGESSEN WERDEN SOLLTEN AUCH DIE BAU- UND LEGESPIELE, DIE ZUR FÖRDERUNG DER VISUELLEN WAHRNEHMUNGSFÄHIGKEIT UND DER RAUMVORSTELLUNG BEITRAGEN UND ZU FREIEM UND ANGELEITETEM BAUEN EINLADEN.

TIPP

Um gerade die Schulanfänger nicht mit einer Fülle von Material zu überhäufen, entsteht die Matheecke in den ersten Wochen nach und nach und es werden immer wieder Freiarbeitsstunden genutzt, um die Kinder in den sachgerechten Gebrauch einzelner Materialien einzuführen. Im Laufe des Schuljahres werden Arbeitsmaterialien wie z.B. Übungskarteien ergänzt und andere, weil sie nicht mehr benutzt werden, entfernt.

4 Die Zahlen und ich

Zahlen mit verschiedenen Veranschaulichungsmitteln darstellen; Anzahlen am eigenen Körper finden; Ziffernschreibweise der 3 erarbeiten

SCHULBUCH 4

Anzahlen in Abbildungen entdecken und mit passender Zahlenkarte verbinden

Ziffer 3 im Schreibband notieren

Muster fortsetzen

Mengen mit Zahlenkarten verbinden

eigene Abbildung gestalten, mit passenden Zahlenkarten verbinden

sich selbst malen, am eigenen Körper Anzahlen entdecken

Mengen mit Zahlenkarten verbinden

Schreibband ausfüllen

EINSTIEGE 2

ARBEITSHEFT 2

SCHUL-
BUCH 5

Anzahlen ermitteln

Mengen und Zahlenkarten verbinden

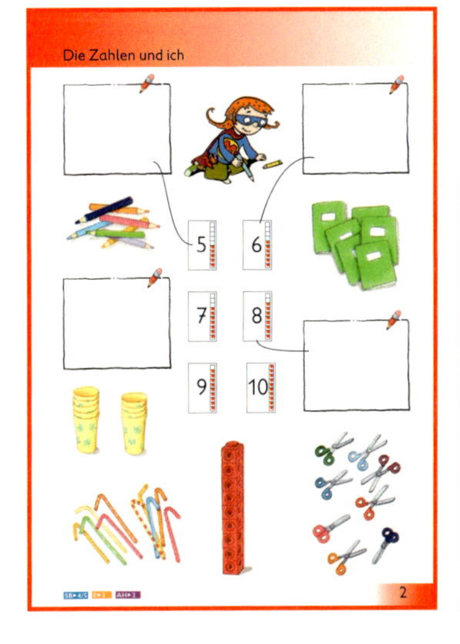

Anzahlen in Abbildungen erkennen und mit passenden Zahlenkarten verbinden

eigene Abbildungen gestalten, mit Zahlenkarten verbinden

AUFSTIEGE 2

4/5 Die Zahlen und ich

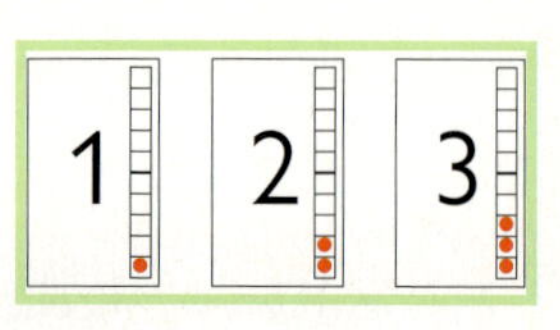

Material
Zahlenkarten, Muggelsteine, Wendeplättchen, Murmeln, Steckwürfel, Büroklammern …
▶ **KVs 12–15/68**

Hinweise zum Unterrichtsthema
Im Vordergrund des mathematischen Anfangsunterrichts steht zunächst die Ausbildung und Festigung vielfältiger und tragfähiger Vorstellungen von Zahlen. Diese Zielsetzung ist nur über eine starke Orientierung des Unterrichts am Kind zu erreichen. Dieses kommt in der Regel motiviert, mit großer Vorfreude auf das Lernen in die Schule, möchte mit allen Sinnen Neues entdecken, kennen lernen, handelnd erproben und mit sich selbst in Beziehung setzen. Dies geschieht in dieser Unterrichtseinheit durch das Darstellen von Zahlen an und mit dem eigenen Körper. Dabei wird zudem die Bewegungsfreude des Kindes berücksichtigt, sodass ein Lernen mit allen Sinnen möglich wird.

Schulbuch 4/5

Hinweise zum Unterrichtsablauf
Zu Beginn der Unterrichtsstunde präsentiert die Lehrerin im Sitzkreis Zahlenkarten von 1 bis 10 und unterschiedlich große Mengen von Gegenständen (s. o.) auf einem weißen Tonkarton. Die Kinder können nun die Anzahl der verschiedenen Gegenstände erfassen und sie den Zahlenkarten zuordnen, indem sie beide durch Linien miteinander verbinden. Wichtig ist, dass zwei Zahlenkarten übrig bleiben, denen keine passende Menge zugeordnet werden kann. Die Schüler schlagen dann ihrerseits Gegenstandsmengen vor und zeichnen oder legen sie auf den Tonkarton.
Im Anschluss daran erarbeitet die Lehrerin mit den Kindern auf die bereits bekannte Weise (s. Schulbuch, Seite 2, Aufgabe 6 und Magazin 6/7) die Schreibweise der Ziffer 3. Nun können die Kinder die entsprechenden Seiten des Unterrichtswerkes bearbeiten.

Hinweise zu den Aufgaben

Seite 4
Die Schüler betrachten die Abbildungen, entdecken die dargestellten Anzahlen und verbinden diese mit den vorgegebenen Zahlenkarten. Im Schreibband tragen die Schüler die Ziffer 3 ein und üben so die vorgegebene Schreibweise. Außerdem üben sie die Schreibweise der Ziffern 1, 2 und 3, indem sie das Muster im Schreibband fortsetzen.

Seite 5
Die Schüler ermitteln die Anzahlen zu den vorgegebenen Abbildungen und verbinden diese mit der entsprechenden Zahlenkarte.

Hinweise zur Differenzierung
- „Ich sehe Dinge, die du nicht siehst und das sind 5." In Partnerarbeit spielen die Kinder dieses Spiel in Anlehnung an „Ich sehe was, was Du nicht siehst". Ein Kind nennt die Anzahl von Gegenständen im Klassenraum, das andere Kind sucht und nennt die Gegenstände. Dann darf es selbst mit dem Spiel fortfahren.
- in Partnerarbeit zu Zahlenkarten Mengen von Gegenständen legen

Einstiege 2

In der Aufgabe erkennen die Kinder die Anzahlen von Gegenständen in den vorgegebenen Bildern und ordnen diese den entsprechenden Zahlenkarten zu. Dann gestalten sie eigene Anzahlbilder und verbinden sie ebenfalls mit den passenden Zahlenkarten.

Arbeitsheft 2

siehe Einstiege
Die Schüler ermitteln Anzahlen zu den vorgegebenen Abbildungen und verbinden diese mit der entsprechenden Zahlenkarte. Unten auf der Seite üben sie die Schreibweise der Ziffern 1, 2 und 3 im Schreibband. Außerdem erkennen sie das darin angestrebte Muster und tragen die fehlenden Ziffern ein.

Aufstiege 2

Die Schüler ermitteln die Anzahlen der Gegenstände in den Abbildungen und verbinden diese mit der entsprechenden Zahlenkarte. Dann gestalten sie zu dieser Auswahl eigene Abbildungen und verbinden diese jeweils mit der passenden Zahlenkarte.

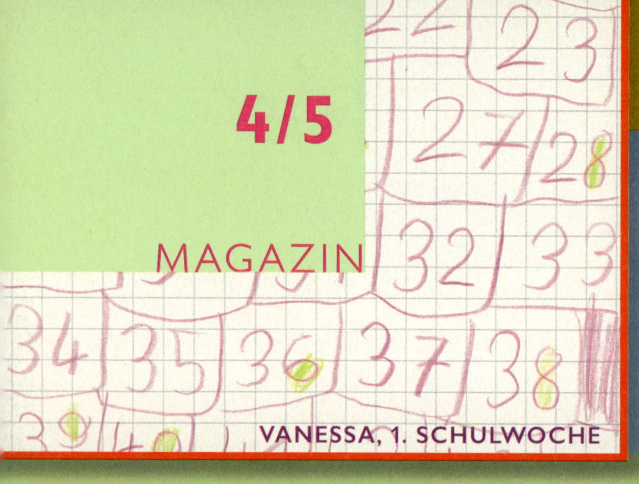
VANESSA, 1. SCHULWOCHE

Die meisten Kinder haben bei der Einschulung schon vielfältige Erfahrungen zu Zahlen gemacht, sie kennen Zahlen aus ihrer Umwelt, haben in Alltagssituationen gezählt, gerechnet und verfügen teilweise bereits über komplexere Zahlerfahrungen. Allerdings sind diese Erfahrungen sehr unterschiedlich. So sitzen in ein und derselben Klasse Kinder, die noch nicht gelernt haben, Ziffern und Buchstaben zu unterscheiden, während andere bereits über sichere Größenvorstellungen verfügen.

Mein Zahlenalbum

KOMPETENZORIENTIERT BEOBACHTEN, INDIVIDUELL FÖRDERN I

Gespräche über Zahlen und ihr Vorkommen in der ersten Schulwoche geben bereits einen ersten Aufschluss über die Vorkenntnisse der Kinder. Da sich jedoch nur selten alle Kinder bei solchen Unterrichtsgesprächen einbringen können, bietet es sich an, sie ihre Vorerfahrungen verschriftlichen zu lassen, da hierbei Dokumente entstehen, die der Lehrerin Aufschluss über individuelle Voraussetzungen geben. Ein leeres Rechenheft versehen mit einem anregenden Deckblatt animiert die Kinder, ihre Vorkenntnisse aufzuschreiben oder zu malen.

Erste Schulwoche, die Klasse sitzt im Halbkreis vor der Tafel. Gerade ist das Gespräch bei der Frage „Welche großen Zahlen kannst du schon schreiben?" angekommen: Marco malt stolz 100 an die Tafel und sagt: „Hundert". Da springt Dennis auf, geht nach vorne, malt eine 0 hinter die 100 und verkündet: „Jetzt ist das tausend und das ist viel mehr!"

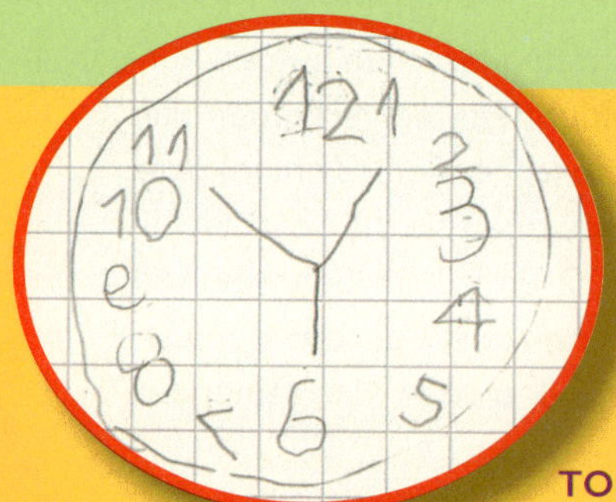
TOM, 1. SCHULWOCHE

JONAS, 1. SCHULWOCHE

EIGENPRODUKTIONEN

Diese ersten Eigenproduktionen der Kinder geben Aufschluss über Zahlvorstellung, Ziffernkenntnis, Wahrnehmungsprobleme und die Entwicklung der Feinmotorik. Im Laufe des Schuljahres unter verschiedenen Aufgabenstellungen wie:

- Zahlen, die zu mir gehören
- Zahlen auf meinem Schulweg
- Zahlen in unserer Klasse
- Diese Aufgaben kann ich schon rechnen
- …

immer wieder eingesetzt, entwickelt das Zahlenalbum den Charakter eines Portfolios. Hier kann jedes Kind seine individuellen Lernfortschritte dokumentieren. Gleichzeitig ermöglicht es der Lehrerin, Lernstände festzustellen und diese bei der weiteren Unterrichtsplanung differenziert zu berücksichtigen.

JULIA, 1. SCHULWOCHE

ERREICHEN DER VERBINDLICHEN ANFORDERUNGEN

Bezogen auf die Vereinbarungen der KMK vom 15.10.2004 unterstützt das Zahlenalbum das Erreichen der verbindlichen Anforderungen

- **kreativ sein:** Aufgaben selbst erfinden und
- **mathematisieren:** lebensweltlichen Situationen relevante Informationen entnehmen.

ISMAIL NACH 3 MONATEN SCHULE

Das Erfinden eigener Aufgaben übt besonders auf **leistungsstarke Schüler** eine große Faszination aus, da sie hier endlich zeigen können, was sie schon alles wissen und beherrschen.

HACI NACH KNAPP EINEM HALBEN JAHR UNTERRICHT

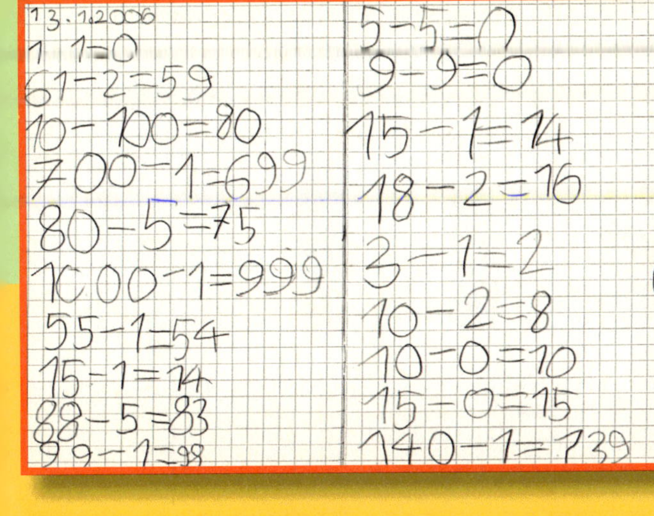

Auch als Grundlage für Elterngespräche ist das Zahlenalbum geeignet, da es in besonderem Maße die Lernentwicklung des eigenen Kindes sichtbar macht.

FORSCHERHEFTE

Seine Fortsetzung findet das Zahlenalbum in den folgenden Schuljahren in individuellen Forscherheften, in denen die Kinder

- eigene Rechenwege für noch nicht eingeführte Aufgabenstellungen,
- Begründungen für auffällige Zahlen- oder Ergebnismuster,
- Lösungsversuche für komplexere Problemstellungen und
- eigene Erfindungen wie Aufgaben, geometrische Figuren oder Rechengeschichten

notieren und sich damit zusätzlich den verbindlichen Anforderungen

- **begründen:** einfache Beziehungen und Gesetzmäßigkeiten erklären und
- **darstellen:** eigene Überlegungen mitteilen

annähern.

Gerade bezogen auf die im Lehrplan formulierte **Fähigkeit zu mathematischem Denken und Arbeiten**, die sich in den genannten verbindlichen Anforderungen ausdifferenziert, leisten Zahlenalben und Forscherhefte einen nicht zu unterschätzenden Beitrag, da sie gleichzeitig das **Lernen auf eigenen Wegen** unterstützen und **individuelle Lernfortschritte** auf dem Weg zur Erreichung der verbindlichen Anforderungen **dokumentieren**. (vgl. Vereinbarung über Bildungsstandards für den Primarbereich (KMK vom 15.10.2004))

6 1, 2, 3, 4, 5

Anzahlen in unterschiedlichen Darstellungen wahrnehmen und die Zahlen von 1 bis 10 erkennen; Veranschaulichungsmittel Zahlenkarten, Steckwürfel und Zehnerfelder kennen und verwenden lernen

zu den Bildern erzählen

zuordnen:
Anzahlbilder
Zahlenkarten
Steckwürfeltürme

Ziffern 4 und 5 schreiben

SCHULBUCH 6

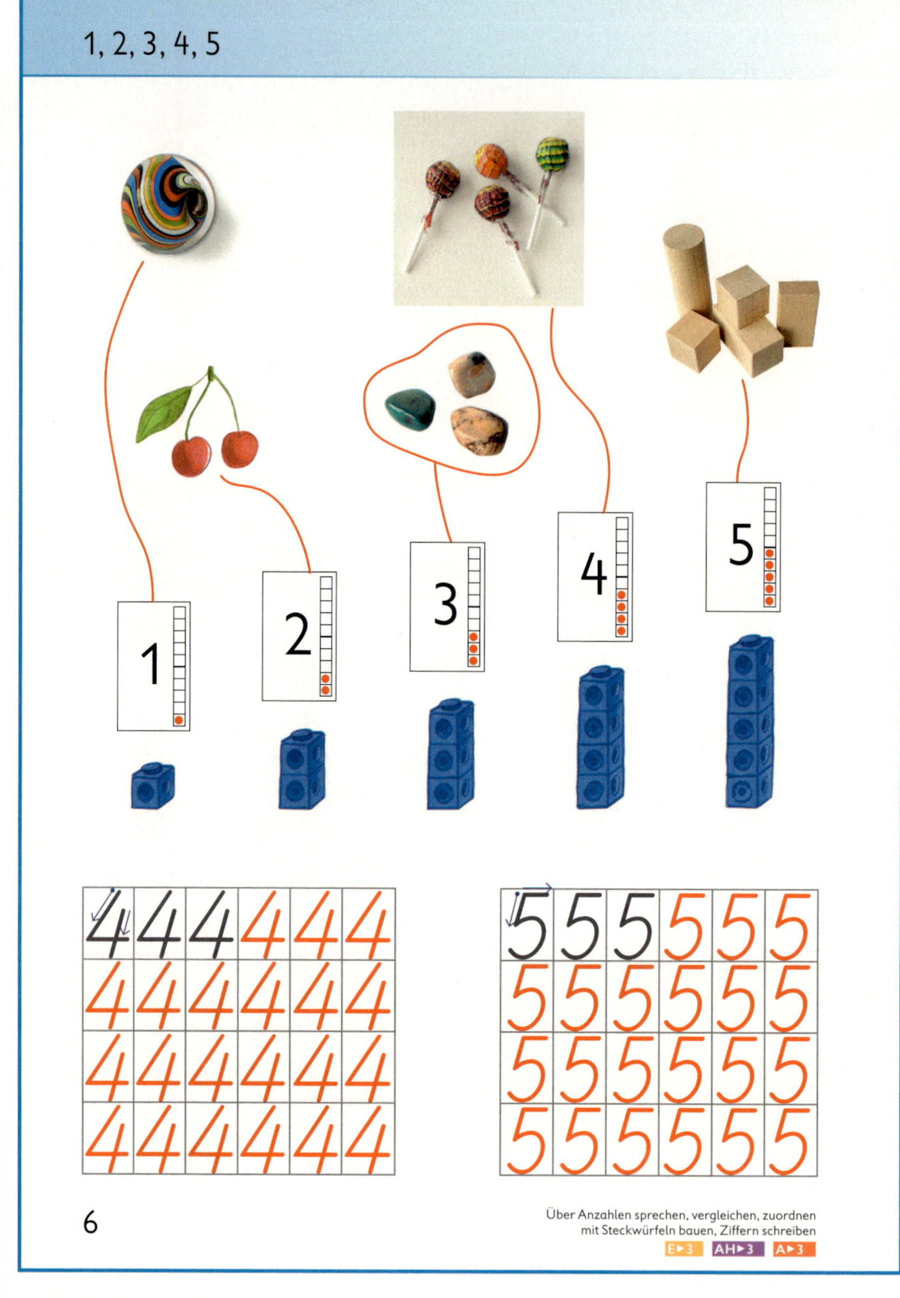

Anzahlen von Spielfiguren bestimmen, mit Zahlenkarten verbinden

eigene Abbildungen gestalten, mit Zahlenkarten verbinden

Anzahlen von verschiedenen Gegenständen bestimmen

Anzahlbilder malen

Zehnerfelder ausfüllen

EINSTIEGE 3

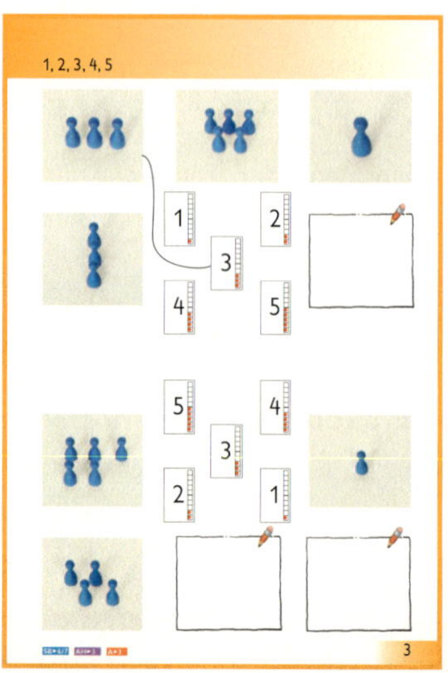

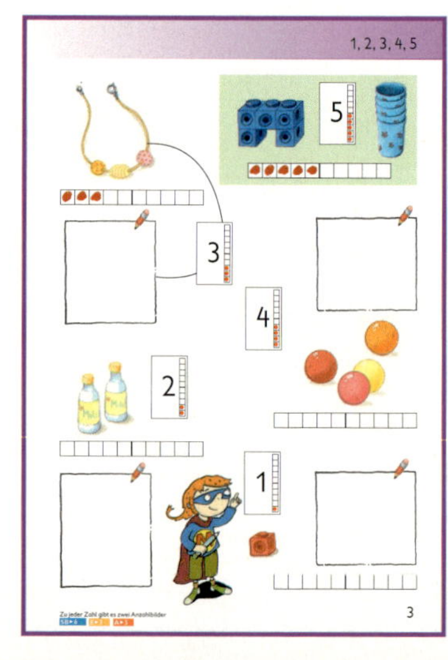

ARBEITSHEFT 3

SCHUL-
BUCH 7

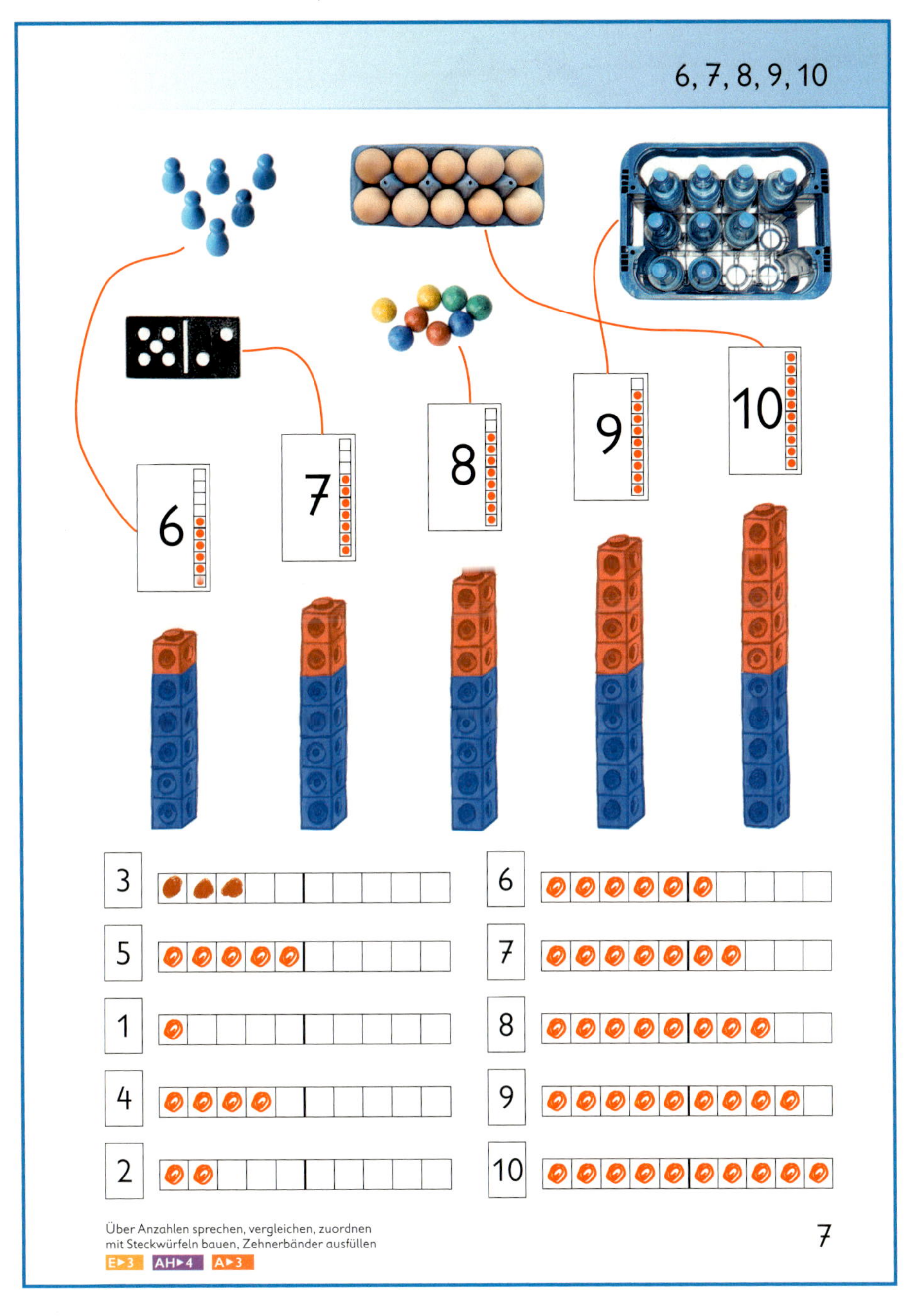

zu den Bildern erzählen

zuordnen:
Anzahlbilder
Zahlenkarten
Steckwürfeltürme

Zehnerfelder ausfüllen

6, 7, 8, 9, 10

6 9 7 10 8

4

ARBEITS-
HEFT 4

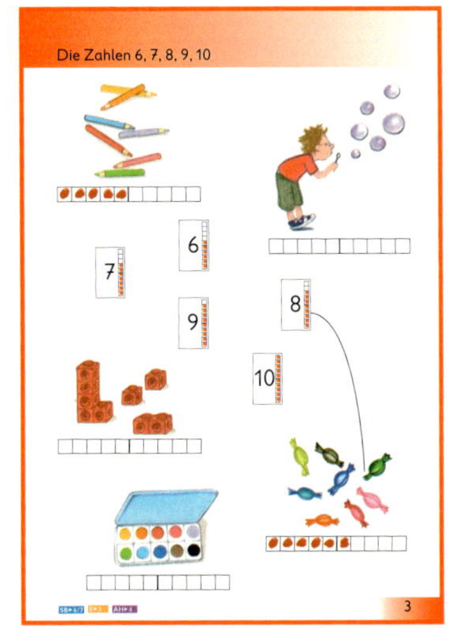

Anzahlen von verschiedenen Gegenständen bestimmen

Zehnerfelder vervollständigen

mit jeweils passender Zahlenkarte verbinden

Anzahlen von verschiedenen Gegenständen bestimmen

Anzahlbilder malen

Zehnerfelder ausfüllen

AUFSTIEGE 3

6/7 1, 2, 3, 4, 5

KOMMENTAR

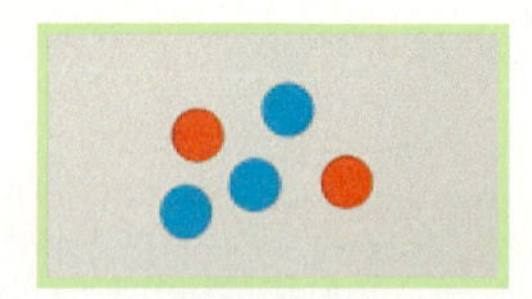

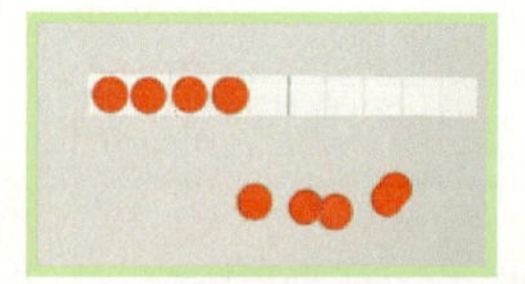

Material

Wendeplättchen, Zehnerfeld, Steckwürfel, Zahlenkarten

▶ KVs 16/17

Hinweise zum Unterrichtsthema

Viele Schüler können bereits vor dem Eintritt in die Schule bis 10 bzw. 20 zählen (Ordinalzahlaspekt) und kennen schon einzelne Ziffern. Die Zuordnung der ihnen bekannten Ziffern zu einer Menge von Gegenständen (Kardinalzahlaspekt) muss jedoch noch erarbeitet werden.

Beim Bestimmen oder Herstellen von Mengen durch Zählen können die Schüler folgende Schwierigkeiten haben:

- Gegenstände, z.B. Blumen zeigen, aber nicht mit einer Zahl benennen

1 2 Kind zählt 2 Blumen

- Blumen mehrmals zeigen und benennen

1, 2 3 4 Kind zählt 4 Blumen

- mehrere Blumen erhalten einen Zahlennamen

ei - ns 2 3 Kind zählt 3 Blumen

- keine Systematik beim Abzählen und Zeigen der Blumen

1, 2 3 4 Kind zählt 4 Blumen

(inhaltlich: Radatz, H.; Schipper, W.: Handbuch für den Mathematikunterricht an Grundschulen. Schroedel Verlag, 1983)

Im Unterrichtsgespräch werden mögliche Strategien beim Zählen besprochen:

- Gegenstand nehmen und zu den gezählten Objekten legen
- Gegenstände strukturiert legen und anschließend der Reihe nach zählen
- gezählte Gegenstände durchstreichen

Schulbuch 6/7

Hinweise zum Unterrichtsablauf

Zu Beginn der Planungseinheit lädt die Lehrerin die Kinder ein, im Klassenraum Gegenstände (Tische, Stühle, Fenster, Schulranzen, Stifte, Bilder …) zu zählen. Passend zur Anzahl wird von einzelnen Schülern immer die entsprechende Zahlenkarte hochgehalten. Im Anschluss daran stellen die Schüler in Partnerarbeit zu den Zahlenkarten 1 bis 10 passende Steckwürfeltürme, Mengen von Wendeplättchen oder Realien (Steine, Kastanien …) her und ordnen diese den Karten zu. Die Kinder lernen dabei Material und Aufgabenstellungen kennen und können vor diesem Hintergrund die Seiten 6 und 7 bearbeiten. Hier wird der Zahlenraum bis 10 systematisch erarbeitet, Ziffern werden als Anzahlen und Zählzahlen genutzt.

Die Schulbuchseiten stellen eine erste Einführung in den Zahlenraum bis 10 dar und können als Einheit (Zahlenraum bis 10) oder jeweils einzeln (Zahlenraum bis 5 sowie 6 bis 10) im Unterricht bearbeitet werden.

Hinweise zu den Aufgaben

Seiten 6 und 7

Die Kinder erzählen zu den Abbildungen, die aus ihrer Umwelt stammen und ordnen die abgebildeten Mengen den jeweils passenden Zahlenkarten und Steckwürfeltür-

men zu. Die Schüler können die Anzahlen sowohl zählend als auch simultan erfassen. In der mittleren Reihe sind Zahlenkarten in Zählreihenfolge abgebildet. Sie können verbunden werden, sodass die Zählreihe verdeutlicht wird. Außerdem üben die Schüler das Lesen und Sprechen von Zahlen.
Darunter sind Steckwürfeltürme (Anzahlrepräsentanten) in der Zählreihenfolge abgebildet. Die Schüler können folgende Entdeckungen machen:

- Beim Vorwärtszählen kommt immer ein Würfel dazu (Zählreihenfolge).
- Beim Rückwärtszählen wird es immer ein Würfel weniger.

Zusätzlich zum Ziffernschreibkurs üben die Schüler das Schreiben der Ziffern 4 und 5.
Die Zehnerfelder können zunächst mit den Wendeplättchen (Stanzmaterial) handelnd ausgelegt und anschließend im Buch durch das Einzeichnen von Punkten übertragen werden, welches zu einer strukturierten Erfassung von Zahlen beiträgt. Mit Hilfe des Zehnerfeldes können Zahlen anschaulich dargestellt, erfasst und später auch Rechenoperationen verdeutlicht werden.

Hinweise zur Differenzierung

- Lehrerin schlägt auf einer Trommel, die Schüler nennen die Anzahl
- Partnerarbeit: Die Schüler zeigen sich eine bestimmte Anzahl von Fingern und sagen sich gegenseitig die entsprechende Anzahl.
- Gegenstände im Klassenraum zählen, z.B. mit dem Spiel „Ich sehe was, was du nicht siehst ...“. Die anderen Schüler müssen im Klassenraum Gegenstände suchen, die z. B. viermal vorkommen.

Einstiege 3

Die Schüler bestimmen die Anzahlen der Spielfiguren und verbinden sie mit der entsprechenden Zahlenkarte. Außerdem malen sie eigene Anzahlbilder und verbinden diese mit der entsprechenden Zahlenkarte.

Arbeitsheft 3

Die Schüler bestimmen die Anzahlen der verschiedenen Gegenstände, indem sie diese mit der entsprechenden Zahlenkarte verbinden. Anschließend füllen sie die Zehnerfelder entsprechend aus und verbinden sie mit der Abbildung. Außerdem erstellen sie zu jeder Zahl ein eigenes Anzahlbild.

Arbeitsheft 4

Die Schüler bestimmen die Anzahlen der verschiedenen Gegenstände, indem sie die Zehnerfelder ausfüllen sowie mit den entsprechenden Zahlenkarten verbinden. Außerdem erstellen sie zu jeder Zahl ein eigenes Anzahlbild.

Aufstiege 3

Die Schüler bestimmen die Anzahlen der dargestellten Gegenstände, indem sie diese mit der entsprechenden Zahlenkarte verbinden. Anschließend füllen sie die Zehnerfelder entsprechend aus und verbinden sie mit der Abbildung.

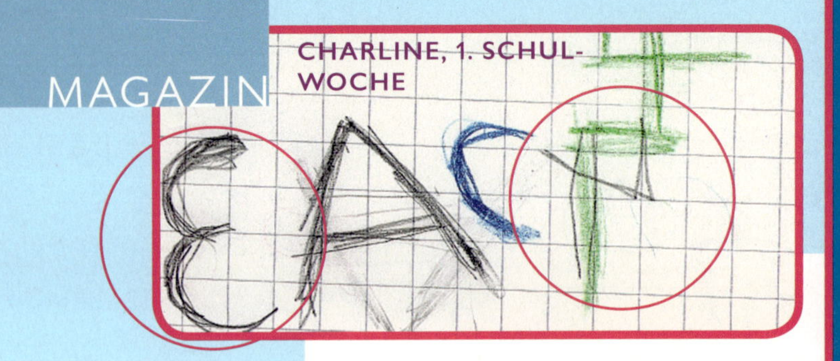

CHARLINE, 1. SCHULWOCHE

COLIN ORIENTIERT SICH MÜHELOS IM ZAHLENRAUM BIS 100 UND KANN DORT ALLE ZAHLEN RICHTIG LESEN.

FEHLER BEIM ZIFFERNSCHREIBEN

Viele Kinder können die Zahlen bis 10 irgendwie aufschreiben, haben sich aber oft schon früh Schreibweisen angewöhnt, die nicht der normgerechten Schreibung entsprechen. So werden die 1, die 6 und die 9 häufig von unten nach oben geschrieben, die 8 aus zwei Kreisen zusammengesetzt und die 3, die 5 und die 7 treten besonders häufig in spiegelbildlicher Darstellung auf.

MÖGLICHE URSACHEN

Ursachen hierfür sind neben falscher Anleitung durch Erwachsene häufig Verzögerungen in der Entwicklung der Feinmotorik und Probleme in der Raum-Lage-Wahrnehmung.

Auch Ziffernschreiben muss gelernt werden!

Beinahe alle Schulanfänger können die Zahlen zumindest im Zahlenraum bis 10 sicher lesen, viele verfügen auch über weit darüber hinausgehende Zahlkenntnisse. Diese Fähigkeit korrespondiert jedoch nur in wenigen Fällen mit der korrekten Schreibweise der Ziffern.

TRAININGSANGEBOT

Bei einem entsprechenden Training (reißen, schneiden, kneten ...) und dem Zusatzangebot von unterstützenden ganzheitlichen Aktivitäten wie

- Nachlaufen von großen Ziffern, die auf dem Schulhof aufgemalt sind oder mit Kreppband in der Klasse aufgeklebt werden,
- Spuren der Ziffern in Sand,
- Nachfahren von Ziffern, die mit Sandpapier auf Brettchen aufgeklebt sind,
- großformatige Nachschreibübungen an der Tafel
- ...

werden sich die feinmotorischen Schwierigkeiten in der Regel nach einiger Zeit geben.

SPIEGELBILDLICHE ZIFFERN

Die Kinder, die immer wieder Ziffern spiegelbildlich schreiben, benötigen die besondere Zuwendung der Lehrerin. Häufig handelt es sich hierbei um linkshändige Kinder oder solche, bei denen die Händigkeit noch nicht eindeutig festgelegt ist. Sie schreiben oft auch links von einem Bild, z.B. die 10, normal, und wenn sie rechts von einem Bild die gleiche Zahl notieren sollen, diese spiegelbildlich.
Diesen Kindern unterlaufen immer wieder Fehler bei der Notation zweistelliger Zahlen und spätestens im zweiten Schuljahr bei der Erarbeitung des Hunderterraumes werden diese Probleme gravierend, da sie auch bei der Addition und Subtraktion in diesem Zahlenraum zu falschen Ergebnissen führen. Für diese Kinder ist es nicht mit einem einmaligen Durchlaufen eines Ziffernschreibkurses getan. Sie benötigen (meist auch beim Buchstabenschreiben) immer wieder zusätzliche und wiederholende Übungen, am besten verbunden mit einem Wahrnehmungstraining.

TIPP

Achten Sie bei Kindern, die spiegelverkehrte Ziffern schreiben, darauf, ob diese auch häufig die Rechenrichtung vertauschen (+ statt – rechnen), dies kann fatale Folgen haben. Die Kinder verfügen häufig über durchaus richtige Rechenstrategien, kommen aber durch „Zahlendreher“ und Rechenrichtungsfehler oder die Kombination aus beidem zu kaum nachvollziehbaren Ergebnissen (z.B. 52 – 4 = 92, gerechnet wurde: 25 + 4 = 29).

DENIZ HÄLT SEIN BLATT NICHT FEST UND DEN WACHSMALSTIFT BEINAHE SENKRECHT.

TIPP

Die Lehrerin sollte während der Zeit herumgehen und bei allen Kindern Schreibrichtung und Stifthaltung beobachten und ggf. korrigieren.

ÜBUNGEN FÜR DEN ZIFFERNSCHREIBKURS

Kinder, die in die Schule kommen, möchten möglichst schnell „richtig rechnen“. Am Anfang steht der Ziffernschreibkurs.

1. Die Ziffer wird groß an die Tafel geschrieben. Anfangspunkt und Schreibrichtung werden markiert und die Bewegung mehrfach mit farbiger Kreide wiederholt. Dazu beschreibt die Lehrerin den Bewegungsablauf „Kringel links herum, gerade nach unten und einen kleinen Bogen nach links“ (9).
2. Die Kinder schreiben die Ziffer groß in die Luft, der ganze Körper bewegt sich mit – die Lehrerin schreibt spiegelbildlich mit links, um den Bewegungsablauf der Kinder sehen zu können.
3. Die Kinder üben die Ziffer „unsichtbar“ mit dem Finger auf dem Tisch.
4. Die Kinder schreiben die Ziffer groß mit gelbem Wachsmalstift auf ein Blatt Papier oder Tapete und fahren die Form mit allen anderen Farben nach.
5. Anschließend schreiben sie die Ziffer in verschiedenen Größen auf das Blatt.
6. Erst nach diesen Vorübungen macht es Sinn, die Kinder an einem handelsüblichen Ziffernschreibkurs üben zu lassen. Dies kann auch sehr gut in Ruhe als Hausaufgabe geschehen, da Kinder mit Problemen in der Raum-Lage-Wahrnehmung schon bei geringem Nachlassen der Konzentration wieder in alte Fehlmuster zurückfallen.

ALTE FEHLMUSTER

8 An der Straße

Kinder erzählen von ihren alltäglichen Erfahrungen im Straßenverkehr; reflektieren der Wichtigkeit der Ken
der Lagebeziehungen links und rechts; Lagebegriffe anwenden ▶

zu den dargestellten Situationen erzählen, dabei Begriffe zur Lagebeziehung nutzen (rechts – links, oben – unten, vor – hinter, neben, über)

Wege aus verschiedenen Perspektiven der Figuren im Bild nachvollziehen und beschreiben

Super-M-Spruch umsetzen

SCHULBUCH 8

An der Straße

Erst links …

… dann rechts …

… und wieder links.

8

Situationen besprechen; rechts, links, vorne, hinten; rotes und blaues Plättchen zur Orientierung nutzen

AH▸5 A▸4

Lage der Gegenstände zueinander beschreiben

Gegenstände mit der passenden Schachtel verbinden (Würfel zu Würfel …)

Links oder rechts?

1 Verbinde.

Links oder …

… rechts?

4

EINSTIEGE 4

zu den dargestellten Situationen erzählen, dabei Begriffe zur Lagebeziehung nutzen

Wege aus verschiedenen Perspektiven der Figuren im Bild nachvollziehen und beschreiben

Super-M-Spruch umsetzen

ARBEITSHEFT 5

Links oder rechts? 9

zu den Abbildungen erzählen; Lage dargestellter Gegenstände zueinander beschreiben; Begriffe zur Lagebeziehung wie „links, rechts, oben, unten, neben, auf, unter“ nutzen

SCHULBUCH 9

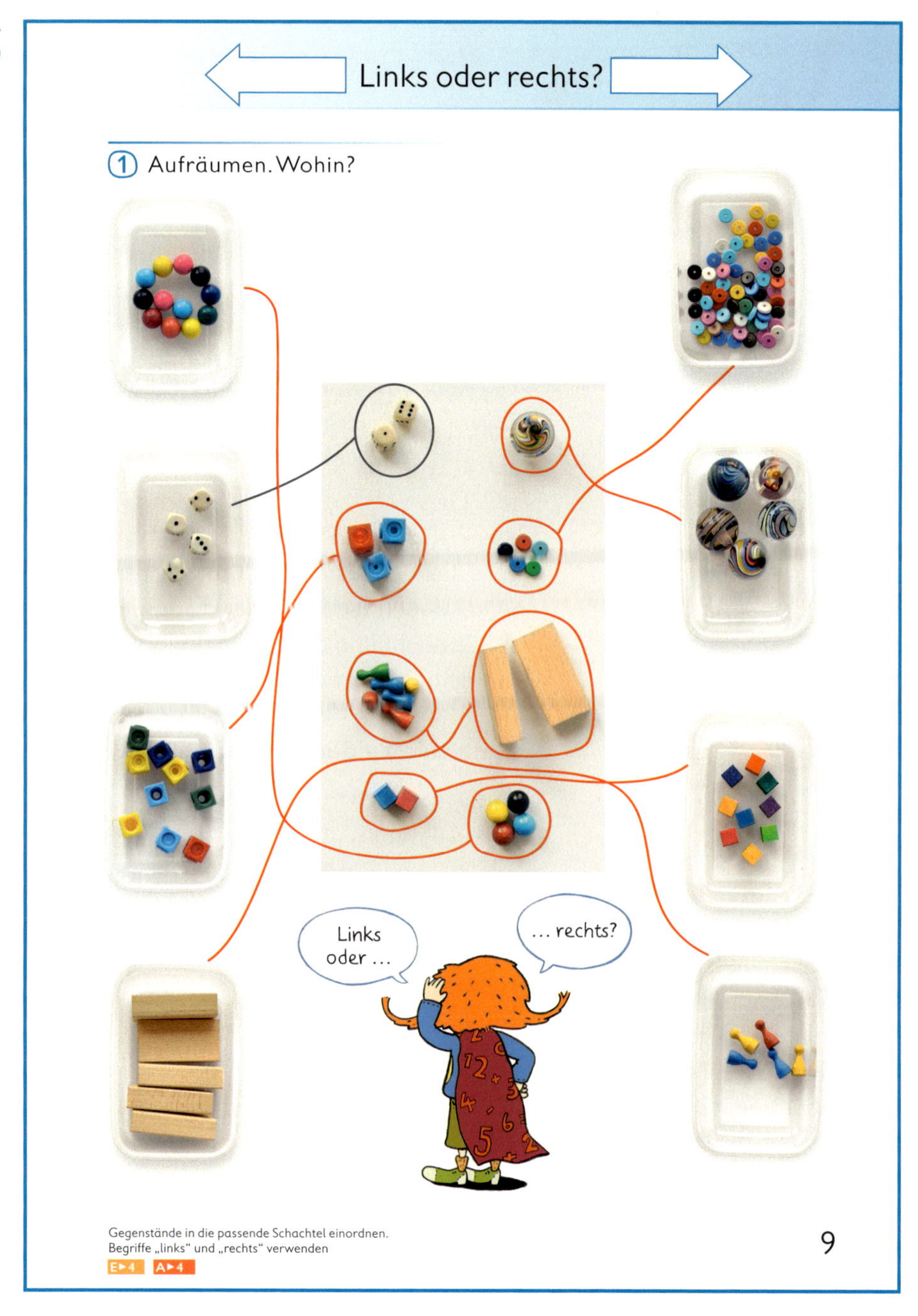

①

Lage der Gegenstände beschreiben

Gegenstände mit der passenden Schachtel verbinden (Würfel zu Würfel ...)

An der Straße

links

rechts

1 Lege, male wie im Beispiel.

2 Schneide aus, klebe auf.

4

AUFSTIEGE 4

①

Wörter „rechts“ und „links“ „erlesen“,

rotes und blaues Plättchen jeweils als Symbole für die Lagebeziehung links bzw. rechts vereinbaren

rotes bzw. blaues Plättchen entsprechend der dargestellten Laufrichtung legen, Umriss einfärben

②

Bilder ausschneiden und entsprechend der dargestellten Bewegungsrichtung auf ein Feld mit blauem oder rotem Plättchen aufkleben

8/9 An der Straße

KOMMENTAR

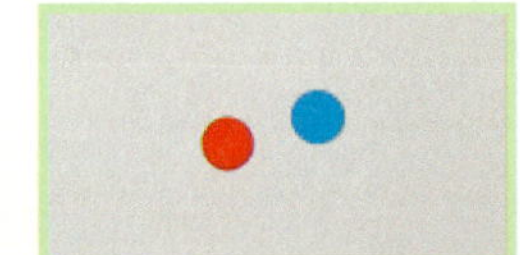

Material
rote und blaue Kiste, Steckwürfel, Holzbausteine, Wendeplättchen
▶ KVs 18–20

Hinweise zum Unterrichtsthema
Die Kinder machen in wiederkehrenden Alltagssituationen viele wichtige Erfahrungen zur Links-rechts-Orientierung, z.B. bei der Stifthaltung, beim Überqueren der Straße. Überdies kennen sie alltägliche Äußerungen, die eine gewisse Orientierung verlangen, wie „An der nächsten Ecke müssen wir nach rechts laufen" oder „Dein linker Schuh ist offen". Durch die Angebote der Schulbuchseiten sollen die Kinder ihre Kenntnisse zu Lagebeziehungen erweitern und vertiefen. Dazu werden verschiedene Situationen angeboten, die viele Anlässe zu klärenden Gesprächen über Lagebeziehungen bieten. Besonders das Thema „Schulbeginn und Schulweg" eignet sich dazu. Begriffe wie „rechts, links von ..., oben, unten, in der Mitte von, davor, dahinter, dazwischen" werden dabei in verschiedenen Zusammenhängen trainiert, gefestigt und geübt. Im fächerübergreifenden Unterricht ist es sinnvoll, Aspekte der Verkehrserziehung aufzugreifen und zu vertiefen.

Schulbuch 8/9

Hinweise zum Unterrichtsablauf
Vor Beginn der Stunde verteilt die Lehrerin Holzbausteine und Steckwürfel auf die Schülertische. Vor der Tafel stehen auf einem Tisch eine rote Kiste mit den restlichen Holzbausteinen und eine blaue Kiste mit den Steckwürfeln. Die Lehrerin erzählt, dass die Kinder am Vortag es nicht mehr geschafft haben aufzuräumen und dass sie es jetzt schnell gemeinsam machen. Dabei werden im Unterrichtsgespräch die Begriffe „links" und „rechts" herausgearbeitet. In einen Beutel werden mehrere Wortkarten (rechts/links) gesteckt und die Kinder ziehen abwechselnd eine Karte aus dem Beutel.
Ein Kind zieht eine Karte, liest z.B. den Begriff „links" und wählt ein anderes Kind aus: „Lisa, lege die Steckwürfel in die linke Kiste." Dies wird so lange wiederholt, bis alle Steckwürfel und Holzbausteine in die entsprechenden Kisten geräumt wurden. Vertiefend können die Kinder erkennen, dass sich die Bezeichnung der Seiten ändert, wenn sie mit dem Rücken vor der Tafel stehen.

Hinweise zu den Aufgaben

Seite 8
Auf dem Bild sind Kinder auf ihrem Weg zur Schule dargestellt, was von den Schülern beschrieben wird. Zusätzlich werden die Kinder zum Erzählen ihrer eigenen Erfahrungen angeregt.
Mögliche Äußerungen der Kinder:

- Vor dem Zebrastreifen stehen zwei Kinder. Das Mädchen schaut nach links, der Junge nach rechts. Beide Kinder müssen – bevor sie die Straße überqueren – zuerst nach links schauen, da aus dieser Richtung die ersten Autos oder Radfahrer kommen. Nun wird nach rechts und dann wieder nach links geschaut.
- Vier Kinder müssen noch die Straße überqueren. Der Junge läuft nach rechts, das Mädchen läuft mit seiner Mutter nach links.
- Zehn Kinder kommen gerade zur Schule. Drei stehen schon auf dem Schulhof.
- Zwei Mädchen schauen aus dem Fenster. Das eine schaut aus dem rechten, das andere aus dem linken Fenster.
- Auf der rechten Seite sind Turnhalle und Schulgarten.

Beim Beschreiben können die Schüler verschiedene Erzählperspektiven einnehmen, indem sie aus der Sicht der abgebildeten Kinder oder aus ihrer eigenen erzählen. Als Markierungs-, Verständigungs- und Kontrollhilfe dienen ein blaues und ein rotes Plättchen.

Seite 9

Auf dieser Seite wird das Thema „Aufräumen" angesprochen, welches auch der kindlichen Erfahrung entspricht. In der Mitte sind Gegenstände angeordnet, welche in die entsprechenden Kästchen der linken und rechten Spalte geräumt werden sollen. Die Kinder erzählen zu den einzelnen Abbildungen: „Wohin räume ich die Würfel? Ich räume die Würfel nach links." Zusätzlich beschreiben sie, was sie mit den Dingen tun können (basteln, zählen, sortieren, gestalten, aufräumen). Darüber hinaus können sie noch die jeweilige Anzahl der abgebildeten Gegenstände bestimmen bzw. schätzen und deren Anordnung beschreiben, z. B.:

- 5 Spielfiguren sind unten rechts abgebildet
- in der linken Spalte sind 10 Steckwürfel in der zweiten Abbildung von unten abgebildet

Dabei nutzen die Kinder die Begriffe „rechts – links, oben – unten" zur Beschreibung der räumlichen Lagebeziehung und verbinden die Gegenstände mit den passenden Schachteln.

Hinweise zur Differenzierung

- im Rahmen der Verkehrserziehung gefährliche Orte auf den Straßen und Gehwegen wie Übergänge, Einfahrten/Ausfahrten bei ersten Begehungen der Schulumgebung besprechen und evtl. für den Klassenraum fotografieren
- darüber sprechen, dass die Schreibhand jedem Kind in Bezug auf seinen Körper zeigt, wo rechts bzw. links ist; zusätzlich kann die rechte oder linke Hand mit einem Gummiband markiert werden
- Lied von Rolf Zuckowski „Linker Schuh, rechter Schuh" singen
- rechte und linke Hand umfahren bzw. Handabdrücke erstellen und jeweils kennzeichnen, anschließend in der Klasse ausstellen und nutzen
- Orientierungsspiele in Turnhalle und Klasse, z. B. „Mein rechter, rechter Platz ist leer"

Einstiege 4

siehe Schulbuch Seite 9

Arbeitsheft 5

siehe Schulbuch Seite 8
Die Kinder erzählen zu dem dargestellten Schulende.

Aufstiege 4

Aufgabe 1
Die Kinder lesen die Begriffe „links" und „rechts" und erzählen zu den dargestellten Bildern: Das Mädchen schaut zuerst nach links und dann nach rechts.
Die Kinder erzählen, in welche Richtung die abgebildeten Kinder jeweils laufen und legen das rote bzw. blaue Plättchen für die jeweilige Richtung. Anschließend färben sie den Kreis in der entsprechenden Farbe ein.
Aufgabe 2
Die Kinder erzählen, in welche Richtung das Kind, das Auto, der Fahrradfahrer und Super M fahren bzw. laufen. Anschließend schneiden sie die Bilder aus und kleben sie zu den roten bzw. blauen Plättchen.

Die Einführung aller arithmetischen Operationen in der Grundschule beginnt mit Handlungen an konkretem Material, häufig zuerst an unstrukturiertem (Kastanien werden zusammengelegt = Addition), dann an didaktischem Material (Zehner-/Zwanzigerfeld, Rechenrahmen, Perlenkette ...) begleitet von einer ikonischen Darstellung („Male im Zehnerfeld an.“) und der entsprechenden symbolischen Darstellung als Zahlensatz (4 + 3 = 7). Dabei wird erwartet, dass sich mit der Zeit ein Vorstellungsbild entwickelt, sodass zu jedem symbolisch vorgegebenen Aufgabensatz die entsprechende Handlung visuell erinnert wird und „im Kopf“ abläuft. Diese Vorgehensweise funktioniert bei den meisten Kindern, allerdings gibt es immer wieder einige, die durch Rechenschwierigkeiten bereits bei den einfachsten Aufgaben im Zahlenraum bis 10 auffallen.

① Male, schreibe, rechne.

Das rechtzeitige Erkennen solcher Schwierigkeiten ist Aufgabe der Grundschullehrerin. Viele Eltern bemerken zwar, dass ihr Kind Probleme beim Rechnen hat, trösten sich aber damit, dass sich diese mit der Zeit schon „auswachsen“ werden.

ARITHMETIK UND GEOMETRISCHE GRUNDVORSTELLUNGEN

Kinder, die im Mathematikunterricht der ersten Wochen unser besonderes Augenmerk verdienen, fallen häufig dadurch auf, dass sie

- benutzte Spiele nicht wieder richtig einräumen können,
- beim Erzählen zeitliche Reihenfolgen nicht einhalten können,
- beim Malen keine Abstände einhalten, sondern „wirre“ Bilder mit übereinanderliegenden Figuren und ohne Raumbezug entstehen,
- Probleme haben, die Arbeitsmaterialien in der Schultasche oder im Eigentumsfach wiederzufinden,
- mit dem Platz auf ihrem Tisch nicht auskommen,
- Arbeitsblätter und Schulbuchseiten an irgendeiner beliebigen Stelle beginnen und angegebene Aufgabennummern auf der Seite nicht finden,
- auch wenige Aufgaben nicht richtig von der Tafel abschreiben können, weil sie immer wieder in den Reihen verrutschen,
- sich in ihrem Schulheft nicht zurechtfinden und mal hier, mal da eine Seite beginnen – oft nicht oben, sondern irgendwo,
- beim Legen von Aufgaben am Zehnerfeld die Anzahl- oder Farbfolge vertauschen,
- Zerlegungen oder Aufgaben in der falschen Reihenfolge vorlesen,

...

Alle diese Hinweise lassen vermuten, dass die **visuelle Wahrnehmungsfähigkeit** des Kindes noch nicht altersgerecht entwickelt ist. Ihm fehlen damit notwendige Voraussetzungen, um die in der Arithmetik geforderten visuell-geometrischen Kompetenzen auszubilden.

Lege, rechne: Bereits das richtige Hinlegen von Plättchen setzt voraus, dass das Kind sich im Zehnerfeld orientieren kann, von links nach rechts legt und die Anzahlen in Leserichtung hinlegt (zuerst 3, dann 5). Legt es die Plättchen irgendwie und mit Lücke hin, so kann es zwar auch die richtige Summe über einzelnes Abzählen ermitteln, bildet jedoch keine weiterführenden Fähigkeiten aus wie Anzahlen auf einen Blick ermitteln bzw. Vorstellungsbilder im visuellen Gedächtnis zu speichern.

Auch alle bildhaften Darstellungen setzen die „normale“ Lese- und Schreibrichtung von links nach rechts voraus. Die Kinder müssen die geometrische Anordnung der Plättchen richtig wahrnehmen und interpretieren.

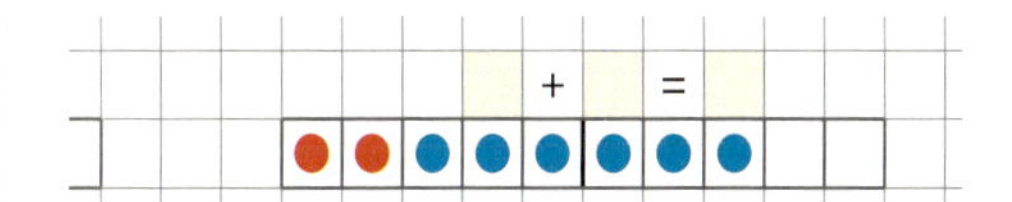

Das Ausbilden visueller Vorstellungsbilder ist eine notwendige Voraussetzung, um schließlich bei symbolisch vorgegebenen Aufgabenstellungen diese durch gedankliches Operieren lösen zu können.

Arithmetikunterricht kann ohne geometrisch-visuelle Grundvorstellungen nicht erfolgreich sein. Daraus resultiert, dass die Lehrerin sich in den ersten Wochen auch einen Überblick verschaffen sollte, auf welchem Entwicklungsstand sich das einzelne Kind hinsichtlich seiner visuellen Fähigkeiten befindet.
Übungen dazu sind meistens gleichzeitig Diagnoseinstrumente und Fördermaterialien.

- **Memoryspiele** verlangen, dass eine einmal gesehene Figur später wiedererkannt wird. Dazu müssen ihre Form und ihre Lage im Gedächtnis gespeichert werden.
- **Puzzles** fördern das genaue Hinsehen, die Aufnahme der Form der Anlegelinie, um ein passendes Stück herauszufinden.
- Das Beschreiben von **Wimmelbildern** und das Wiederfinden von Ausschnitten fördern die visuelle Orientierung.
- Spiele wie „Mein rechter, rechter Platz ist frei“ unterstützen die **Rechts-Links-Orientierung**. Übungen wie „Wir schütteln zuerst den rechten Arm aus, dann den linken ...“ lassen sich in die täglichen Bewegungspausen einbringen.
- Kurze kopfgeometrische Übungen stärken das **räumliche Vorstellungsvermögen:** „Schließe deine Augen. Was hängt rechts von der Eingangstür? Links von der Tafel? ...“; Wanderungen im Kopf durch das Schulgebäude: „Wir kommen zur Eingangstür herein, gehen die kurze Treppe hinauf, den Gang weiter; vor der zweiten Tür bleiben wir stehen, wir sind an der ...“

Übungen dieser Art sind im offenen Anfang, in Spielstunden, aber auch in kurzen Unterrichtsphasen „zwischendurch“ möglich. Sie kommen allen Kindern zugute und ermöglichen der Lehrerin die Beobachtung vorhandener Fähigkeiten.

Kinder, bei denen starke Entwicklungsrückstände im Bereich der visuellen Wahrnehmungsfähigkeit festgestellt werden, benötigen ein zusätzliches Förderprogramm, um diese auszugleichen. Dabei sollten sie nicht ganze Stunden gefördert werden, sondern stattdessen eine kleine Übung täglich erhalten.

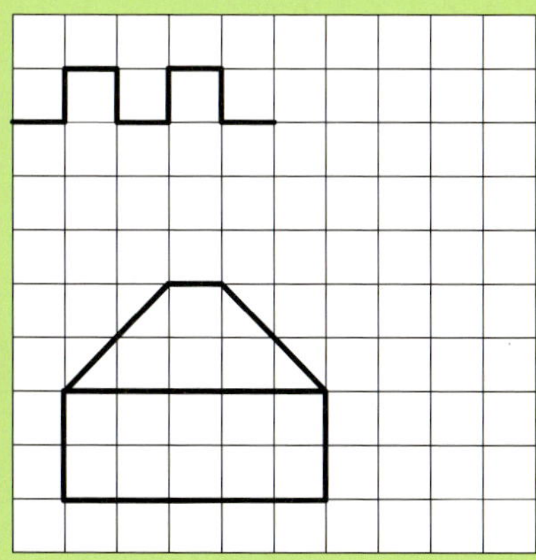

- Muster fortführen
- Figuren im Kästchenraster nachzeichnen
- zerschnittene Figuren zusammensetzen
- Formen mit Plättchen nach- und auslegen
- geometrische Folgen fortsetzen

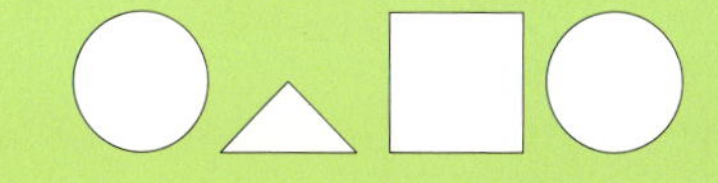

- ...

Für die Entwicklung von Vorstellungsbildern erscheint es bei diesen Kindern besonders wichtig, sie dazu anzuleiten, das didaktische Material sachgerecht zu benutzen und es ihnen so lange wie nötig zur Verfügung zu stellen. In der Schule eingeführtes Material wie z.B. das Zehnerfeld und die Wendeplättchen sollten sie auch zu Hause benutzen und nicht irgendwelche von Eltern oder Geschwistern bereitgestellten Anschauungshilfen, da gerade Kinder mit Problemen im arithmetischen Anfangsunterricht jedes Arbeitsmittel wieder neu lernen müssen und Handlungen an unterschiedlichem Material nicht ineinander übersetzen können.

10 Anzahlen

Beschreiben von Bildern; Informationen entnehmen; Bestimmen und Herstellen von Anzahlen; über die Bedeutung der 0 nachdenken; Ziffern 6 und 0 schreiben

SCHULBUCH 10

① zu den Bildern erzählen

Anzahlen der Seifenblasen bestimmen und mit den passenden Zahlenkarten verbinden

② Anzahlen bestimmen und passende Ziffern einkreisen

Ziffern 6 und 0 im Schreibband notieren

① und ② Anzahlen bestimmen und passende Ziffern einkreisen

③ Anzahlen darstellen

Ziffern 6 und 0 im Schreibband notieren

EINSTIEGE 5

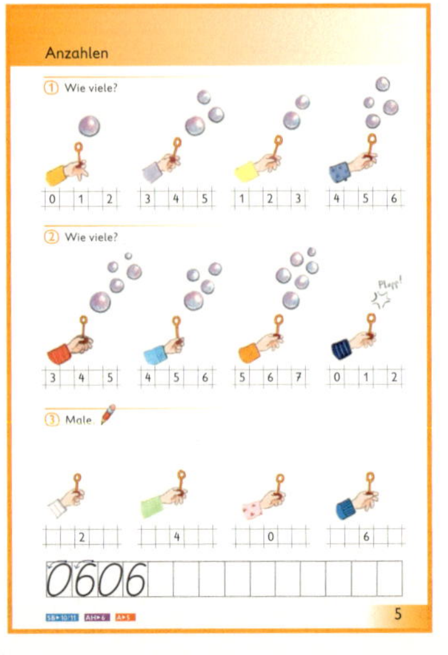

① und ② Anzahlen bestimmen und passende Ziffern einkreisen

③ Anzahlen darstellen

④ eigenes Anzahlbild malen

Ziffern 6 und 0 im Schreibband notieren

ARBEITSHEFT 6

SCHUL-
BUCH 11

③ Anzahlen bestimmen und passende Ziffern einkreisen

④ Anzahlen produzieren

⑤ eigenes Anzahlbild malen

⑥ Super-M-Aufgabe lösen

① größere Anzahlen bestimmen und Ziffern schreiben

② Anzahlen darstellen

③ Anzahlen bzw. Anzahlbilder korrigieren

AUFSTIEGE 5

10/11 Anzahlen

KOMMENTAR

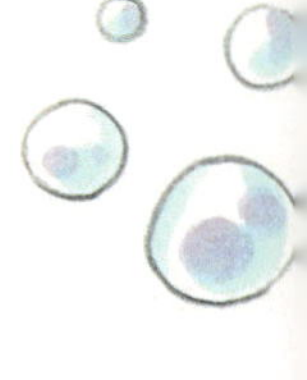

Material
Seifenblasen
▶ **KVs 21–24**

Hinweise zum Unterrichtsthema
Durch das Experimentieren mit Seifenblasen (s. Magazin 10/11) werden die Schüler für das Unterrichtsthema motiviert. Sowohl das Bestimmen als auch das Herstellen von Anzahlen werden vertieft und gefestigt.
Des Weiteren wird die Zahl 0 auf ganz natürliche Weise durch das Zerplatzen der Seifenblasen eingeführt. Die Bedeutung der 0 (Null als Kardinalzahl der leeren Menge) wird für die Schüler unmittelbar sichtbar.
Bis in die Sekundarstufe bereiten das Verständnis und das Operieren mit der Null vielen Schülern große Schwierigkeiten. Dies kann vermieden werden, indem die Null regelmäßig im Unterricht berücksichtigt wird.

Schulbuch 10/11

Hinweise zum Unterrichtsablauf
Die Seifenblasen werden so erzeugt, dass jedes Kind gut sehen kann. Die Kinder sind sicher sehr fasziniert und erzählen zu den Seifenblasen oder von eigenen Erlebnissen. Damit die Schüler die Seifenblasen zählen können, sollte die Lehrerin beachten, dass sie nicht zu viele Seifenblasen auf einmal erzeugt und die Schüler so die Übersicht beim Zählen verlieren. Hilfreich ist es, wenn die Lehrerin das vorsichtige Pusten vorher ausprobiert.

Hinweis zu fächerübergreifendem Arbeiten
Mögliche „Forscherthemen“:
- Wir stellen Seifenblasenflüssigkeit her
- Haben Seifenblasen immer die gleiche Form (Kugel)?
- Wie lange dauert es, bis eine Seifenblase zerplatzt?
- Wer schafft es, die größte Seifenblase zu erzeugen?

Hinweise zu den Aufgaben

Seite 10
Aufgabe 1
Die Kinder erzählen zu den verschiedenen Seifenblasensituationen. Sie benennen die jeweilige Anzahl der Seifenblasen und verbinden sie mit der entsprechenden Zahlenkarte. Dabei kann die Zahl 0 besonders deutlich durch das Zerplatzen der Seifenblase dargestellt werden.
Aufgabe 2
Die Schüler benennen die Anzahl der Seifenblasen und kreisen die passende Ziffer ein.
Schreibband
Die Schüler üben die Schreibweise der Ziffern 6 und 0 im Schreibband.

Seite 11
Aufgabe 3
Die Schüler bestimmen die Anzahl der Seifenblasen und kreisen die passende Ziffer ein.
Aufgabe 4
Zur vorgegebenen Anzahl malen die Schüler Seifenblasen.
Aufgabe 5
Die Schüler malen ein eigenes Anzahlbild.
Aufgabe 6 (AB II)
Die Kinder lösen die Super-M-Aufgabe. Dabei werden die beiden verschiedenen Lösungen thematisiert: Es können entweder 4 zerplatzte oder null Seifenblasen notiert werden.

Hinweise zur Differenzierung
- flash cards (Üben von schnellem anzahlmäßigen Erfassen von Gegenständen)
- Finger zeigen, die Schüler bestimmen die Anzahl

Einstiege 5

Aufgaben 1, 2
Die Schüler benennen die Anzahl der Seifenblasen und kreisen die passende Ziffer ein.
Aufgabe 3
Zur vorgegebenen Anzahl malen die Schüler Seifenblasen.
Schreibband
Die Kinder notieren abwechselnd die Ziffern 0 und 6 im Schreibband.

Arbeitsheft 6

Aufgaben, 1, 2
Die Schüler bestimmen die Anzahl der Seifenblasen und kreisen die passende Ziffer ein.
Aufgabe 3
Die Schüler malen zu einer vorgegebenen Anzahl Seifenblasen.
Aufgabe 4
Die Schüler malen ein eigenes Anzahlbild.
Schreibband
Die Kinder notieren abwechselnd die Ziffern 6 und 0 im Schreibband.

Aufstiege 5

Aufgabe 1
Im höheren Zahlenraum (5 bis 9) werden die Anzahlen der Seifenblasen bestimmt und notiert.
Aufgabe 2
Im höheren Zahlenraum (6 bis 10) werden zu vorgegebenen Anzahlen Seifenblasen gemalt.
Aufgabe 3 (AB II)
Die Kinder korrigieren entweder die Seifenblasenbilder oder die Anzahlen.

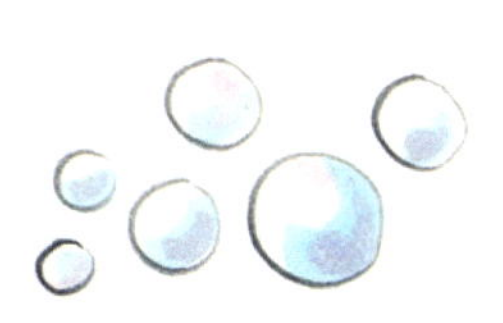

10/11

MAGAZIN

Während es im Deutsch- und Sachunterricht selbstverständlich ist, fächerübergreifende Themeneinheiten zu planen, häufig auch noch Kunst und Musik einzubeziehen, fristet die Mathematik meist ein Randdasein und läuft nebenher, weil sie zu stark lehrgangsorientiert erscheint.
Wenn überhaupt, überschneiden sich gelegentlich der Kunst- und der Geometrieunterricht.
Dabei finden sich in fast allen Unterrichtswerken auf den ersten Seiten Bilder zu Klassenraumsituationen, die fächerverbindende Aktivitäten zum Thema „In der Schule" ermöglichen. Auch das Thema „An der Straße" korrespondiert mit dem gewohnten Thema „Mein Schulweg".

FÄCHERVERBINDEND ARBEITEN – SYNERGIEN NUTZEN

SEIFENBLASEN

Aber ebenso gut kann auch ein Thema des Mathematikunterrichts Ausgangspunkt für eine Untersuchung im Sachunterricht sein. Seifenblasen faszinieren Kinder von jeher. Ihre Flüchtigkeit regt zum schnellen Zählen an. Warum sollte die Lehrerin diese Gelegenheit nicht nutzen, um durch Experimente im Mathematikunterricht gleichzeitig die Zählfähigkeit zu trainieren und das Verständnis für naturwissenschaftliche Phänomene zu fördern? Seifenblasen sind im Unterricht schnell hergestellt, der Seifenblasenring ist etwas aufwändiger, schult aber die Feinmotorik und gelingt bereits Kindergartenkindern. Auf dem Schulhof wird die Lauge erprobt und die Kinder treten schnell in einen Wettbewerb untereinander ein: „Wer schafft die meisten Blasen?" Das Zählen entsteht von alleine, ohne Anregung der Lehrkraft.
Dass gleichzeitig auch die Mundmotorik geschult wird, ist ein erfreulicher Nebeneffekt.

GROSSE, FESTE SEIFENBLASEN

1 l dest. Wasser
150 ml Glycerin aus der Apotheke
300–400 ml Shampoo

EINFACHES REZEPT

1 l dest. Wasser, 100 ml Spülmittel

Blasring aus Draht
Biege den Draht zu einer Schlaufe und drehe die Enden zu einem Griff. Umwickle den Ring mit einem Wollfaden, dann haftet die Seifenlauge besser.

ANDERE EXPERIMENTE, DIE MATHEMATISCHE UND SACHUNTERRICHTLICHE ERFAHRUNGEN VERBINDEN

Die Themenbereiche „Luft" und „Wasser" bieten eine Reihe von Experimenten, die auch Anlass zu „Mathematiktreiben" sein können.

- Wiegt Luft etwas? – Ein leerer Luftballon und ein aufgeblasener Ballon werden auf einer Balkenwaage verglichen.
- In welches Gefäß passt mehr Wasser? – Erste Vorerfahrungen zu Hohlmaßen werden durch Umschütten entwickelt.
- Was passiert mit dem Wasserstand, wenn ich ... hineinwerfe?
- ...

Daneben spielt auch in vielen anderen Themenbereichen des Sachunterrichts die Mathematik eine Rolle und kann fächerverbindend genutzt werden.

- Bauwerke und Fahrzeuge – Hier sind die geometrischen Körper und ihre Eigenschaften von Bedeutung, denn sie geben Antwort auf viele Fragen, z.B.:
  - Warum sind Räder nicht eckig?
  - Warum sind Ziegelsteine quaderförmig?
  - ...

Das Herstellen von Tonziegeln und das anschließende Bauen mit ihnen ermöglicht einen Lernzuwachs in beiden Fächern.

- „Wünsche, Bedürfnisse und den Umgang mit Geld reflektieren" (LP Sachunterricht NRW, S. 62) – Der Umgang mit Geld im Mathematikunterricht und die Entwicklung realistischer Preisvorstellungen ist eine notwendige Voraussetzung, um das Thema des Sachunterrichts überhaupt mit Inhalt füllen zu können – auch hier bietet sich eine parallele Behandlung an, die im Deutschunterricht z.B. im Thema „Wunschzettel" ihre Entsprechung findet.
- Zeiteinteilung und Zeitablauf sind Aufgabenschwerpunkte des Sachunterrichts, die sich integrativ z.B. in einer Zeit- und Uhrenwerkstatt behandeln lassen, die auch die mathematisch geforderten Erfahrungen mit Zeit, Zeitspannen und Kalender vermittelt. Die Entstehung eines Geburtstagskalenders, der beinahe in jeder Klasse hängt, verbindet ebenfalls die Ansprüche beider Fächer.
- Auch jahreszeitliche Themen wie z.B. der Herbst bieten mathematische Anregungen; so lassen sich u.a. Blattformen zählend vergleichen.
- Jedes Sachrechnen, das die Sache, um die es geht, ernst nimmt, ist fächerverbindend angelegt (Berechnung der Zutaten für ein Klassenfrühstück, Rezepte ...).
- ...

VERBINDUNG ZUM DEUTSCHUNTERRICHT

Auf die grundlegende Bedeutung von Sprache für Mathematik sei hier nicht besonders hingewiesen. Aber auch im normalen themenbezogenen Deutschunterricht lassen sich an vielen Stellen Verbindungen zur Mathematik finden:

- Das Thema „Riesen" (TINTO grün) fordert geradezu dazu auf, sich mit Fußabdrücken und Längen zu beschäftigen.
- Viele Kinderbücher legen eine auch mathematische Beschäftigung mit ihnen nahe – als Beispiel sei nur Eric Carles „Die kleine Raupe Nimmersatt" genannt, die sich von Tag zu Tag durch mehr Lebensmittel hindurchfrisst und Anlass zu Zählübungen bietet.
- Alle „Ich-Bücher" sammeln auch zahlenmäßige Daten.
- Auch andere literarische Texte können mathematisch erschlossen werden.
- ...

Zum Nachdenken

Ein Igel geht
vor zwei Igeln.
Ein Igel geht
zwischen zwei Igeln.
Ein Igel geht
hinter zwei Igeln.

Wie viele Igel
sind das wohl?

Ute Andresen

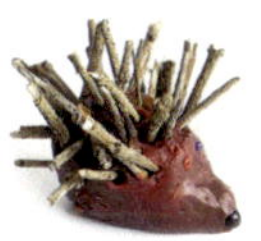

26

TINTO blau S. 26
Cornelsen

VERBINDUNG ZUM MUSIK- UND SPORTUNTERRICHT

Die Verbindung zur Musik durch „Zähllieder" wie z.B. „Zehn kleine Fledermäuse" (Fredrik Vahle) oder „Morgens früh um sechs" (Volksgut) (s. KV 60, Teil 2)ist ebenso evident wie die Verbindung zum Sportunterricht, in dem eine Reihe von Lauf- und Bewegungsspielen den Anzahlbegriff festigen (Atomspiel, Fische fangen ...).

Fächerverbindende Aspekte zu sehen und zu nutzen, hat viele Vorteile:

1. Der Mathematikunterricht steht nicht isoliert neben den anderen Fächern, sondern trägt zur umfassenden Bearbeitung eines Themas bei. Dadurch gewinnt die Mathematik für die Kinder an Bedeutung.
2. Die Mathematik als Ausgangspunkt für weiterführende Experimente (mit Seifenblasen, mit Formen ...) fördert die Freude und das Interesse an der Beschäftigung mit mathematischen Fragestellungen.
3. Mathematische Kenntnisse, Fähigkeiten und Fertigkeiten in anderen Fächern zu trainieren und zu festigen, spart Zeit für neue, interessante mathematische Probleme.

12 Anzahlen erzeugen, darstellen und notieren

Anzahlen mit Plättchen erzeugen; verschiedene Darstellungsformen kennen lernen und nutzen (Skizze, Tabelle, Zehnerfeld); Zahlen lesen und schreiben; simultane Mengenerfassung stärken

SCHULBUCH 12

① Vorgehensweise zur Lösung der Aufgaben 2–7 schrittweise erfassen

② bis ⑦ Tabelle und Zehnerfeld passend zum Wurfergebnis ausfüllen

Schreibband ausfüllen

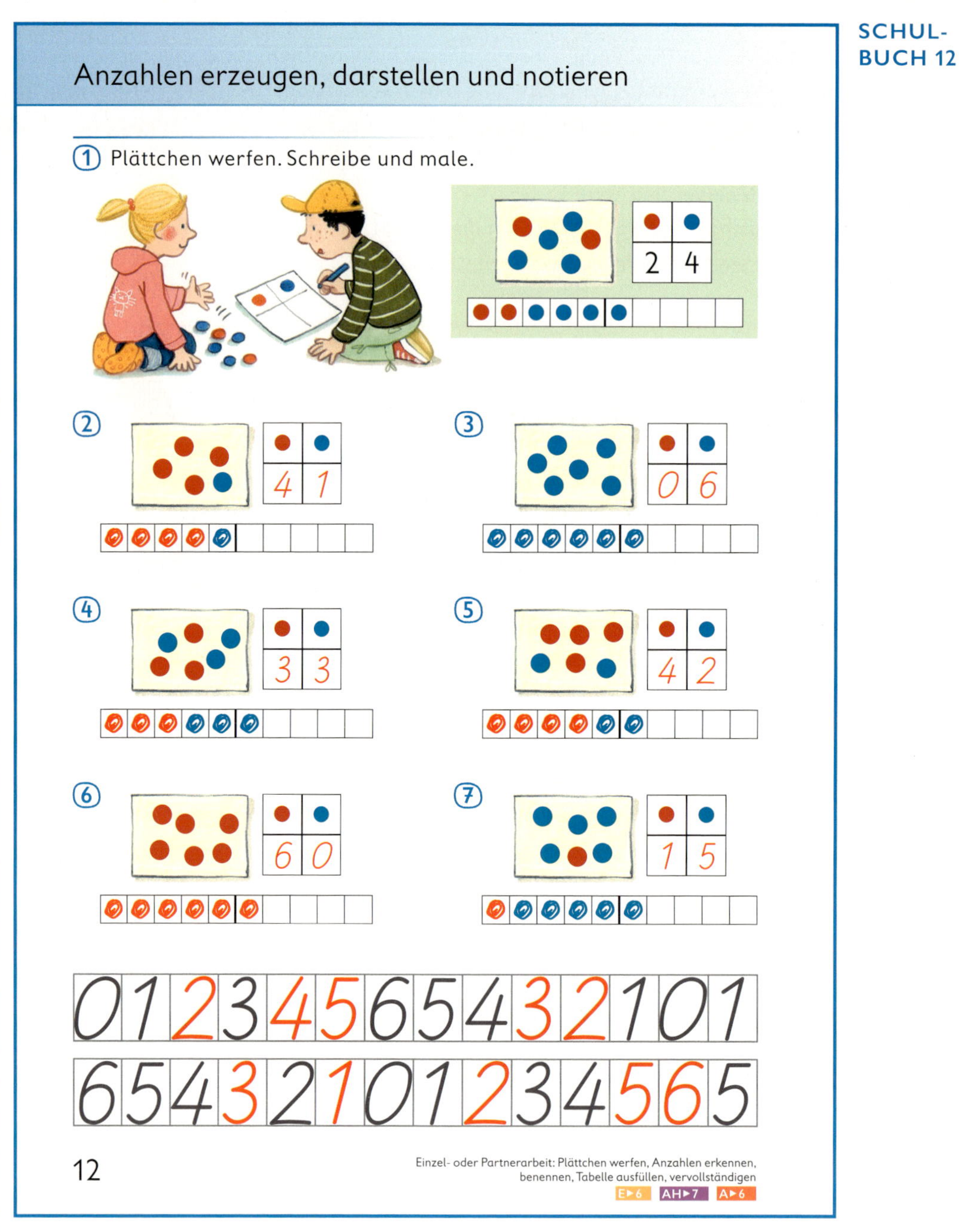

① bis ⑤ Tabelle und Zehnerfeld ausfüllen

⑥ und ⑦ Tabelle ausfüllen und Wurfergebnis skizzieren

Schreibband ausfüllen

EINSTIEGE 6

① bis ⑤ s. Schulbuch Seite 13, Aufgaben 2–7

⑥ und ⑦ Tabellen erlesen

Zehnerfeld ausfüllen

Plättchen färben

⑧ zur Tabelle Zehnerfeld ausfüllen

Muster zeichnen

Schreibbänder vervollständigen

ARBEITSHEFT 7

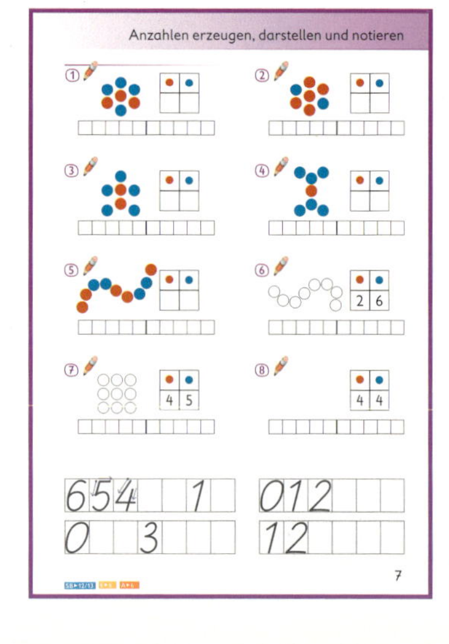

SCHUL-
BUCH 13

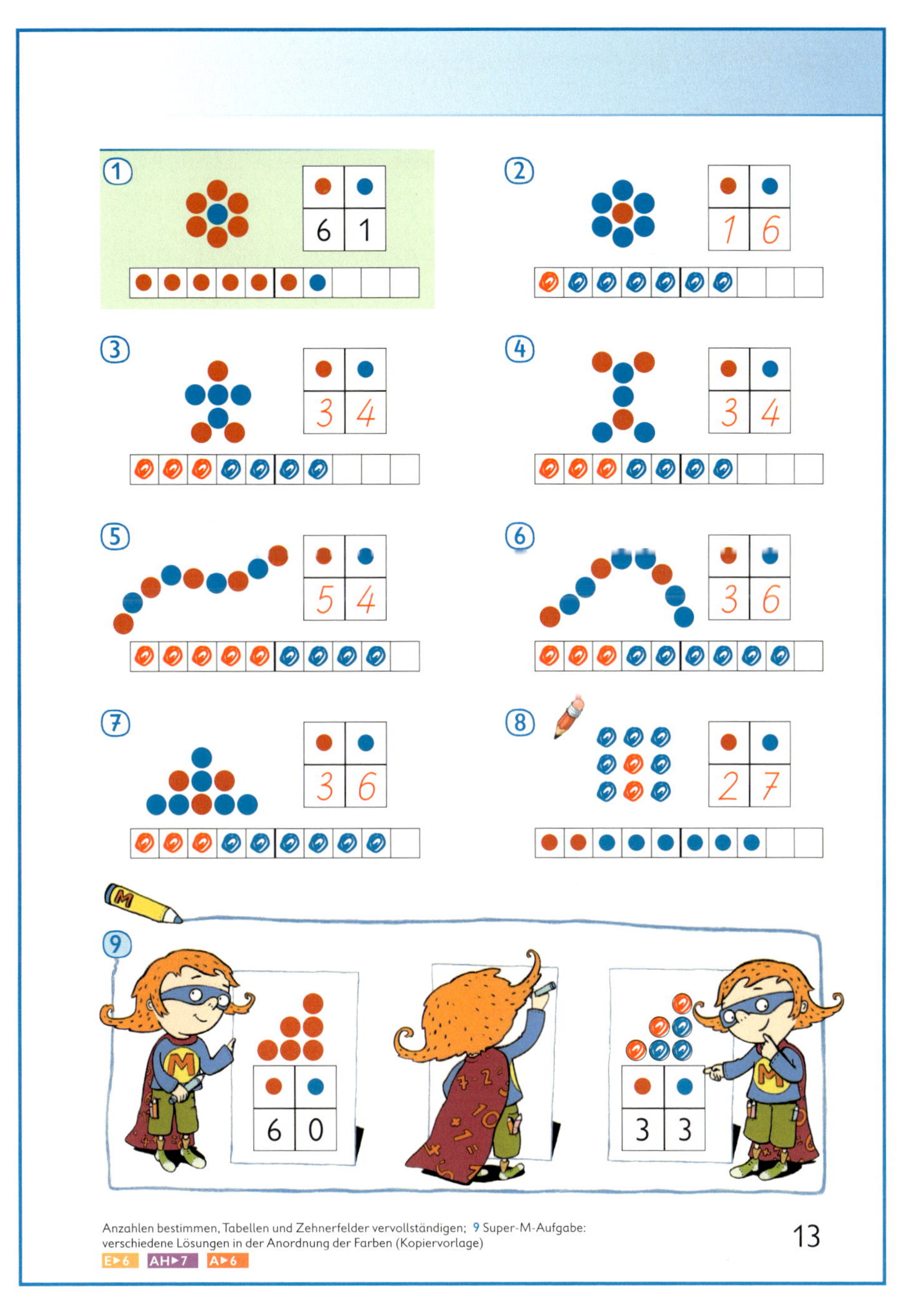

① 6 | 1
② 1 | 6
③ 3 | 4
④ 3 | 4
⑤ 5 | 4
⑥ 3 | 6
⑦ 3 | 6
⑧ 2 | 7
⑨ 6 | 0 — 3 | 3

Anzahlen bestimmen, Tabellen und Zehnerfelder vervollständigen; 9 Super-M-Aufgabe: verschiedene Lösungen in der Anordnung der Farben (Kopiervorlage)

E▸6 AH▸7 A▸6

13

①

Vorgehensweise zur Lösung der Aufgaben 2–7 aus dem Beispiel ableiten und formulieren

② bis ⑦

Anzahlen quasi-simultan erfassen

Tabelle und Zehnerfeld ausfüllen

⑧

Zehnerfeld lesen

Tabelle ausfüllen

Muster zeichnen

⑨

Super-M-Aufgabe: Muster zur Tabelle einfärben

verschiedene Lösungen in der Anordnung der Farben entdecken

Anzahlen erzeugen

④ Male. Wie sieht es bei dir aus?

6

① und ②

Plättchen zählen, Tabellen vervollständigen, Muster färben, Zehnerfeld ausfüllen

③

Tabellen erlesen, mit passenden Plättchenmustern verbinden

④

s. Schulbuch Seite 13, Aufgabe 9

AUFSTIEGE 6

12/13 Anzahlen erzeugen, darstellen und notieren

KOMMENTAR

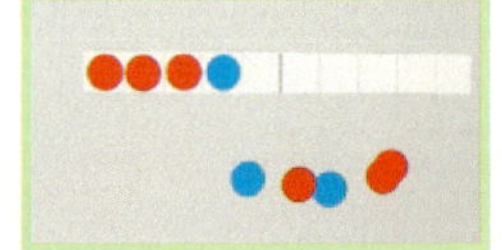

Material
Wendeplättchen und Zehnerfeld, Decke als Unterlage
▶ KV 74

Hinweise zum Unterrichtsthema
Haben sich die Schüler auf den vorangegangenen Seiten des Schulbuchs intensiv mit den Zahlen von 1 bis 6 beschäftigt, so wird auf dieser Doppelseite ein erweiterter Zahlenraum angeboten. Die Kinder nutzen aktiv verschiedene Darstellungsformen für Anzahlen und Anzahlzerlegungen wie das Zehnerfeld, die Tabelle oder die Skizze. Sie erkennen, dass verschiedene Darstellungsformen verschiedene Sachverhalte in den Vordergrund stellen.
Die Skizze hält das ungeordnete Wurfergebnis fest. Es ist schwierig, auf Anhieb die Gesamtzahl der Plättchen oder die Menge roter bzw. blauer Plättchen festzustellen. Um dies zu tun, muss man die einzelnen Elemente zählen.
In der Tabelle ist die Menge aller roten und blauen Plättchen des Wurfergebnisses unmittelbar ablesbar, nicht aber ihre Gesamtzahl. Die Eintragung im Zehnerfeld macht beides möglich, das Ablesen der Anzahl roter und blauer Plättchen sowie der Gesamtzahl beider Mengen.

Schulbuch 12/13

Hinweise zum Unterrichtsablauf
Vor Unterrichtsbeginn hält die Lehrerin ein Zehnerfeld und Wendeplättchen als Anschauungsmaterial bereit.
Zu Beginn der Unterrichtsstunde kommen die Kinder im Sitzhalbkreis vor der Tafel zusammen. Aus einer Menge von zehn Wendeplättchen nimmt die Lehrerin fünf und wirft sie so in die Luft, dass sie auf einer Unterlage (z.B. Decke) landen. Die Schüler treffen Äußerungen über Gesamtzahl und Farbverteilung der Plättchen. Anschließend wird das Ergebnis in Tabelle und Zehnerfeld notiert. Dieser Vorgang kann zur Übung beliebig oft wiederholt werden.

Weitere Variationen
- Die Lehrerin legt Plättchenmuster, die Kinder notieren die Anzahl roter und blauer Plättchen in Zehnerfeld und Tabelle.
- Die Lehrerin präsentiert an der Tafel eine ausgefüllte Tabelle, ein leeres Zehnerfeld und ein gezeichnetes Muster aus Blankoplättchen. Die Kinder füllen anhand der Tabelle das Zehnerfeld aus und färben das Muster. Dabei ergeben sich verschiedene Möglichkeiten, die die Kinder entdecken können.

Hinweise zu den Aufgaben

Seite 12
Aufgabe 1
Die Schüler betrachten die Abbildung und formulieren in einem Gespräch, wie das Spiel „Plättchen werfen“ durchgeführt wird: Plättchen werfen, Anzahl der roten/blauen Plättchen bestimmen und in einer Tabelle notieren, Plättchen im Zehnerfeld einzeichnen, Gesamtzahl der Plättchen ablesen.
Aufgaben 2–7
Die Schüler betrachten die abgebildeten Wurfergebnisse, zählen die roten und blauen Plättchen, übertragen die Anzahlen in die Tabelle und malen die Plättchen ins Zehnerfeld.
Schreibband
Die Kinder betrachten die unvollständigen Schreibbänder, erkennen das darin angestrebte Muster und tragen die fehlenden Ziffern ein.

Seite 13
Aufgaben 1–7
Die Plättchen in den skizzierten Wurfergeb-

nissen sind zu geometrischen Mustern angeordnet. Deren Besonderheiten können die Kinder zur Anzahlbestimmung nutzen. Die Bearbeitung der einzelnen Aufgaben erfolgt wie in den Aufgaben 2–7 auf Seite 12.

Aufgabe 8
Die Kinder entnehmen dem Zehnerfeld die Anzahlverteilung roter und blauer Plättchen, notieren diese in der Tabelle und zeichnen ein mögliches Wurfergebnis auf.

Aufgabe 9 (AB II)
Super M präsentiert den Kindern eine ausgefüllte Tabelle und ein dazu passendes Muster. Anschließend verändert er die Anzahlverteilung in der Tabelle. Die Schüler entnehmen dieser die Anzahl roter und blauer Plättchen und färben die Blankoplättchen entsprechend ein. Dabei ergeben sich verschiedene Möglichkeiten in der Anordnung der Farben. Zusätzlich können die Schüler verschiedene Zerlegungen zur 6 entdecken.

Hinweise zur Differenzierung
Es bietet sich an, die verschiedenen Spielvariationen in Kleingruppen oder in Partnerarbeit zur Vertiefung aufzugreifen.

Einstiege 6

Aufgaben 1–5
Die Kinder betrachten die abgebildeten Wurfergebnisse, übertragen diese jeweils in die vorgegebene Tabelle und in das Zehnerfeld.

Aufgabe 6
Zum Zehnerfeld füllen die Kinder die Tabelle aus und zeichnen das passende Muster.

Aufgabe 7
Die Schüler denken sich eine eigene Aufgabe aus und lösen diese.

Schreibband
siehe Schulbuch Seite 12

Arbeitsheft 7

Aufgaben 1–5
siehe Schulbuch Seite 13, Aufgaben 1–7

Aufgaben 6, 7
Die Schüler erlesen die Tabelle, stellen die Plättchen im Zehnerfeld geordnet dar und färben das vorgegebene Muster ein.

Aufgabe 8
Die Kinder entnehmen der Tabelle die Anzahlverteilung roter und blauer Plättchen, übertragen diese in das Zehnerfeld und zeichnen ein mögliches Wurfergebnis auf.

Schreibband
siehe Schulbuch Seite 12

Aufstiege 6

Aufgabe 1
Die Schüler zählen die dargestellten Blankoplättchen. Vier davon färben sie nach Vorgabe der Tabelle rot ein, die restlichen blau. Die Anzahl der blauen Plättchen tragen sie in die Tabelle ein und füllen das Zehnerfeld entsprechend aus.

Aufgabe 2
Die Kinder ermitteln die Anzahl vorgegebener Blankoplättchen, färben diese nach ihren Vorstellungen ein und füllen Tabelle und Zehnerfeld aus.

Aufgabe 3 (AB II)
Die Schüler betrachten die vorgegebenen Plättchenmuster, verbinden sie mit der passenden Tabelle und malen sie entsprechend farbig aus.

Aufgabe 4 (AB II)
siehe Schulbuch Seite 13, Aufgabe 9

14 Die Zahlen bis 6

Förderung der Feinmotorik; Ziffern schreiben; Anzahlen durch Würfelaugenzahlen darstellen und bestimme

① Linien nachspuren, Zahlen eintragen

② und ③ Würfelbild mit passender Zahl verbinden

④ bis ⑦ fehlende Würfelaugen oder Zahlen eintragen und jeweils verbinden

SCHULBUCH 14

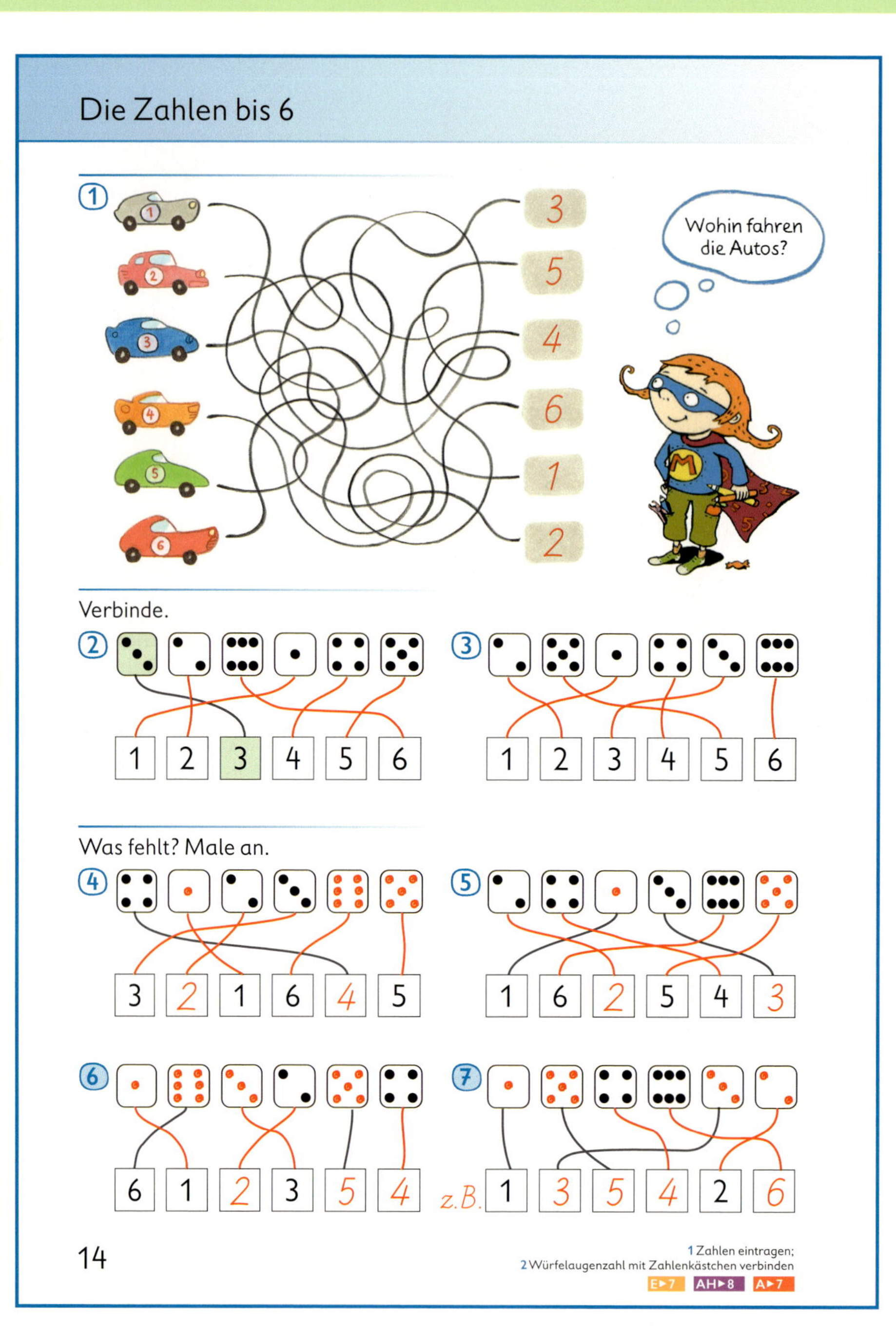

① Linien nachspuren, Zahlen eintragen

② und ③ zu Würfelaugen passende Zahlen notieren und umgekehrt

④ bis ⑦ s. Schulbuch Seite 14, Aufgaben 4–7

EINSTIEGE 7

① und ② Würfelbilder mit passender Zahl verbinden

③ und ④ s. Schulbuch Seite 14, Aufgaben 4–7

⑤ Anzahlen bestimmen und mit passender Zahl verbinden

⑥ Reihenfolge des gedanklichen Abhebens der Streifen notieren

⑦ Zahlenbild erstellen

ARBEITSHEFT 8

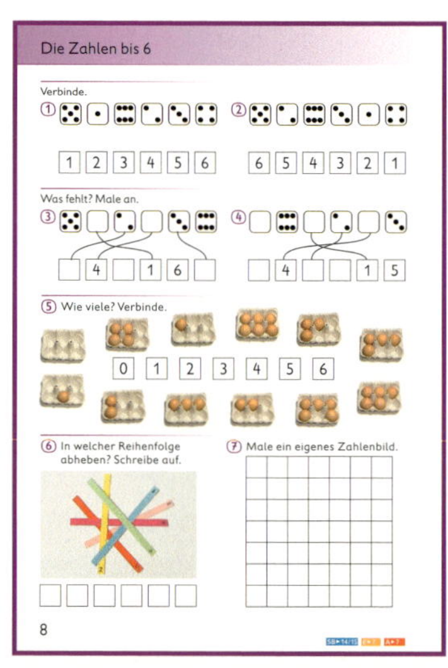

Anzahlen bestimmen; Begriffe wie „vor, nach, zwischen, über, unter, vorher, nachher“ anwenden; Zahlenbilder erstellen

SCHULBUCH 15

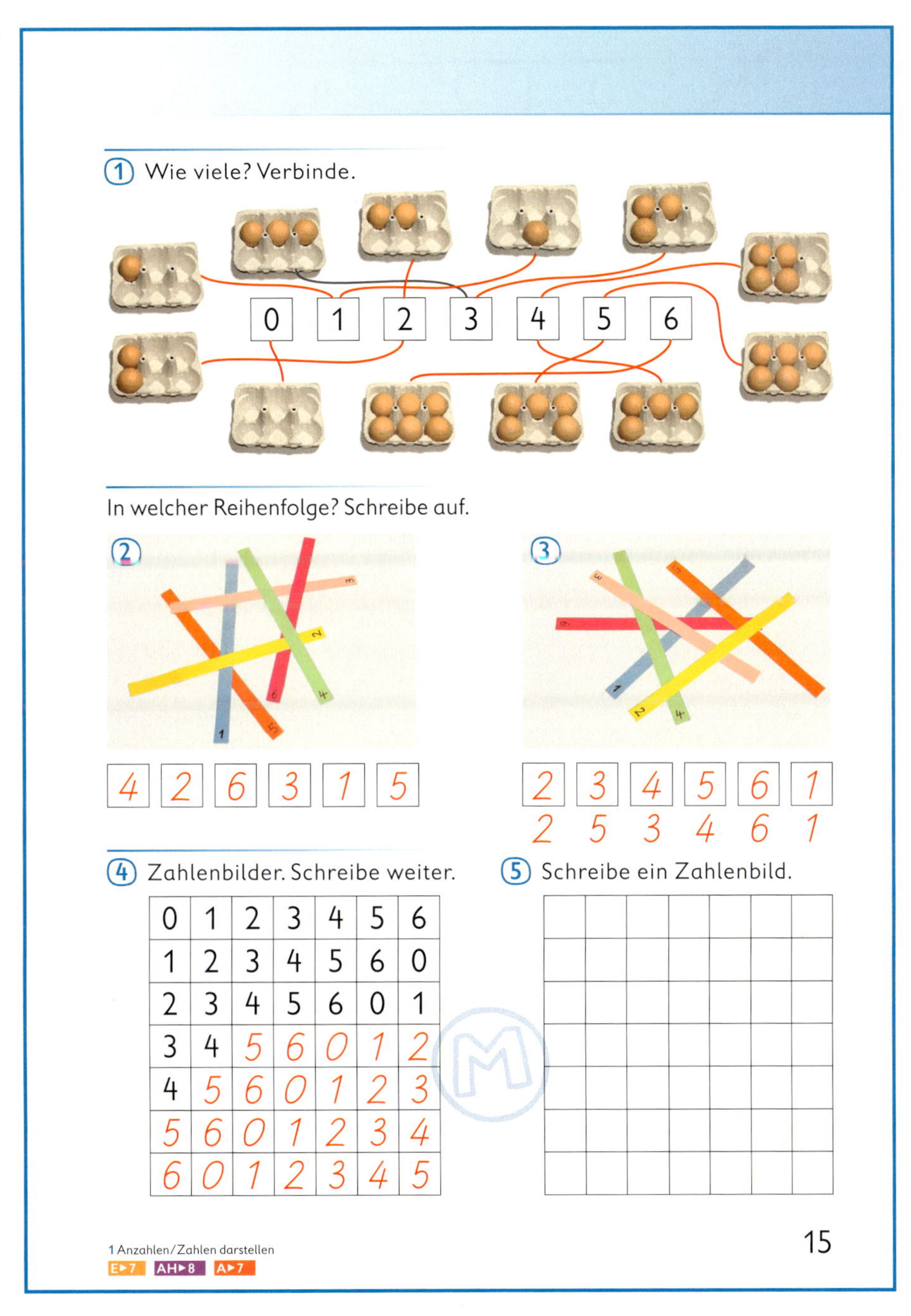

① Wie viele? Verbinde.

0 1 2 3 4 5 6

In welcher Reihenfolge? Schreibe auf.

② 4 2 6 3 1 5

③ 2 3 4 5 6 1
2 5 3 4 6 1

④ Zahlenbilder. Schreibe weiter.

0	1	2	3	4	5	6
1	2	3	4	5	6	0
2	3	4	5	6	0	1
3	4	5	6	0	1	2
4	5	6	0	1	2	3
5	6	0	1	2	3	4
6	0	1	2	3	4	5

⑤ Schreibe ein Zahlenbild.

1 Anzahlen/Zahlen darstellen

E▸7 AH▸8 A▸7

15

① Anzahlen bestimmen und mit passender Zahl verbinden

② und ③ Papierstreifen gedanklich abheben, Reihenfolge des Vorgangs notieren

④ Zahlenbild fortsetzen

⑤ eigenes Zahlenbild erstellen

Die Zahlen bis 6

Schneide aus und klebe ein. Zusammen immer 6 Eier.

Kärtchen ausschneiden

abgebildete Anzahlen bestimmen

Abbildungen von je sechs Eiern zusammenfügen und aufkleben

AUFSTIEGE 7

14/15 Die Zahlen bis 6

KOMMENTAR

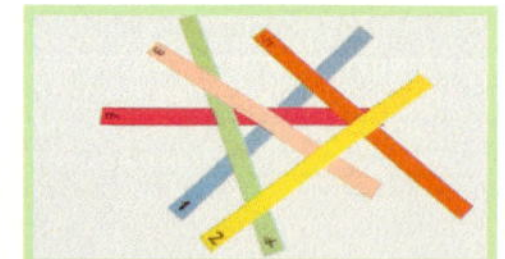

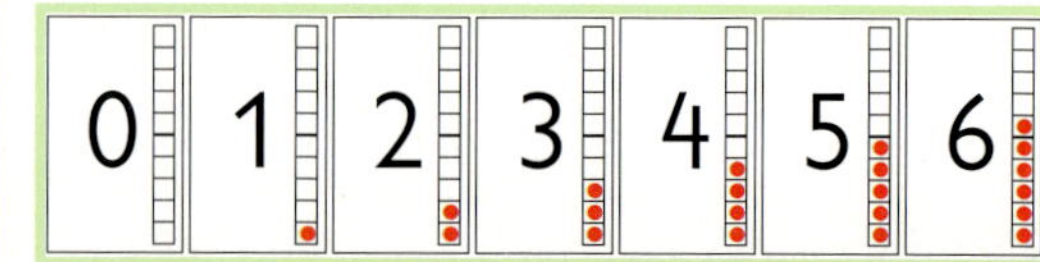

Material
großer Schaumstoff-Spielwürfel, Zahlenkarten 1–6, 6 farbige und nummerierte Papierstreifen für die Tafel
▶ KV 25

Hinweise zum Unterrichtsthema
Die Schüler haben auf den vorangegangenen Seiten des Schulbuchs vielfältige Erfahrungen zu den Zahlen von 1 bis 10 gemacht.
Auf dieser Doppelseite wird noch einmal der Zahlenraum bis 6 in verschiedenen Übungszusammenhängen vertiefend durchgearbeitet. Anzahlen werden auf diesen Seiten durch Gegenstandsmengen (Eier), Würfelbilder und Zahlsymbole dargestellt. Mengen- und Zahldarstellung werden in den Aufgaben so miteinander verknüpft, dass die Kinder ihre Zahlvorstellung verinnerlichen und festigen können.
Beim Nachspuren von Linien werden zusätzlich die Orientierung im Raum und die Feinmotorik der Kinder gefördert. Das gedankliche und sukzessive Operieren mit vorgestellten Gegenständen im Kopf wird bei den Aufgaben zum Abheben angesprochen und geübt.
Bei all diesen Übungen kann die Lehrerin beobachten, inwieweit die Kinder den Zahlenraum bis 6 sicher beherrschen und ob sie Defizite in den Bereichen Feinmotorik und Kopfgeometrie aufweisen

Schulbuch 14/15

Hinweise zum Unterrichtsablauf
Die Lehrerin bittet die Kinder in einen Sitzkreis und gibt jedem eine Zahlenkarte zwischen 1 und 6. Nun wird mit einem großen Spielwürfel gewürfelt. Diejenigen Kinder, die die zum Würfelbild passende Zahlenkarte in der Hand halten, heben ihre Karte hoch. Zusätzlich wird die Zahl genannt. Das Würfeln wird danach von den Schülern abwechselnd übernommen. Dieser Vorgang kann zur Übung beliebig oft wiederholt werden.
Dann präsentiert die Lehrerin farbige und nummerierte Papierstreifen, welche willkürlich übereinander an die Tafel gepinnt sind.
Fragen wie
- Welche Farbe/Zahl liegt unter/über dem Streifen mit der 2?
- Welche Farbe/Zahl hat der Streifen, der zwischen der 2 und der 5 liegt?

können an dieser Stelle aufgegriffen und geklärt werden.
Dann bittet sie die Kinder, die Streifen so abzunehmen, dass nur ein Streifen sich tatsächlich bewegt. Die Kinder nehmen die einzelnen Papierstreifen der Reihe nach ab und notieren an der Tafel die Reihenfolge.

Hinweise zu den Aufgaben

Seite 14
Aufgabe 1
Die Kinder spuren die Linien beginnend bei einem Auto mit dem Stift nach und tragen die Zahl auf der gegenüberliegenden Seite in das Kästchen ein. Entsprechend verfahren sie mit den folgenden Zahlen. Durch das Nachfahren der Linien wird die Feinmotorik spielerisch gefördert.
Aufgaben 2, 3
Die Kinder verbinden die dargestellten Würfelaugen mit den passenden Zahlen.
Aufgaben 4–7 (AB II)
Die Kinder verfahren wie in den Aufgaben 2 und 3. Überdies ergänzen sie die fehlenden Würfelaugen bzw. Zahlen.

Seite 15
Aufgabe 1
Die Eier sind in den Verpackungen unterschiedlich angeordnet. Die Kinder bestimmen jeweils die Anzahl und verbinden sie mit der passenden Zahl.

Aufgaben 2, 3

Die Kinder heben gedanklich die Papierstreifen ab und notieren die Zahlen der weggenommenen Papierstreifen in der entsprechenden Reihenfolge.

Aufgabe 4

Die Schüler erkennen das angefangene Muster im Zahlenbild und setzen dieses fort.

Aufgabe 5

Die Schüler entwerfen ein eigenes Zahlenbild. Bei den Zahlenbildern können die Kinder sich erste Regeln bzw. Muster für ihr Bild überlegen oder die Ziffern frei anordnen. Dabei üben sie das Schreiben der Ziffern und erfahren gleichzeitig, dass Mathematik auch einen künstlerischen Aspekt besitzt.

Hinweise zur Differenzierung

- Partnerarbeit: die Kinder würfeln mit einem Spielwürfel und nennen sich gegenseitig die Würfelaugen
- beim Spielen (s. Magazin 14/15) werden die Würfelaugen automatisch geübt
- Partnerarbeit:
  1. Ein Kind ordnet Papierstreifen an, der Partner notiert die voraussichtliche „Abhebe-Reihenfolge“ von oben und beide kontrollieren diese gemeinsam durch Abheben der Streifen.
  2. Ein Kind notiert die Reihenfolge der Zahlen für den Bau eines Stapels von Papierstreifen. Der Partner legt die Papierstreifen entsprechend der Anleitung.

Einstiege 7

Aufgabe 1

siehe Schulbuch Seite 14, Aufgabe 1

Aufgaben 2, 3

Die Kinder ergänzen zu den Würfelaugen die Zahlen bzw. zu den Zahlen die Würfelaugen.

Aufgaben 4, 5

siehe Schulbuch Seite 14, Aufgaben 2 und 3

Aufgaben 6, 7 (AB II)

siehe Schulbuch Seite 14, Aufgaben 6 und 7

Arbeitsheft 8

Aufgaben 1, 2

siehe Schulbuch Seite 14, Aufgaben 2 und 3

Aufgaben 3, 4

siehe Schulbuch Seite 14, Aufgaben 4 und 5

Aufgabe 5

siehe Schulbuch Seite 15, Aufgabe 1

Aufgabe 6

siehe Schulbuch Seite 15, Aufgabe 2

Aufgabe 7

siehe Schulbuch Seite 15, Aufgabe 5

Aufstiege 7

Die Kinder schneiden die Abbildungen der Eierkartons aus und bestimmen die jeweils enthaltene Anzahl von Eiern.

Sie kleben immer zwei Abbildungen nebeneinander auf, deren dargestellte Anzahlen zusammen 6 ergeben.

ZIELE VON SPIELEN

- **vorhandene Kenntnisse (Zählfähigkeit, Ziffernkenntnis, Mengenauffassung ...) und eventuelle Entwicklungsverzögerungen in den basalen Bereichen Grob- und Feinmotorik, visuelle Wahrnehmungsfähigkeit ... feststellen**
- **die Orientierung im Zahlenraum bis 10 (20) festigen**
- **das geometrische „Sehen" als Basis aller Veranschaulichungen schulen**
- **die Einführung von Partner- und Gruppenarbeit unterstützen**

SCHNAPPSPIEL

– ein Gruppenspiel für 4 bis 6 Kinder

Die Zahlen von 1 bis 6 sind auf möglichst viele unterschiedliche Weisen auf quadratischen Kärtchen dargestellt (Ziffer, Punktbild, Sticker, Strichliste ...). Alle Karten werden gemischt und offen ausgelegt. Ein Kind würfelt und die anderen Kinder versuchen eine Karte, die die gleiche Anzahl darstellt, zu „schnappen". Wer am Schluss die meisten Karten hat, ist der Sieger.

SPIELEN IM ANFANGSUNTERRICHT MATHEMATIK I

Gerade in den ersten Wochen des ersten Schuljahres gilt es, die Kinder da abzuholen, wo sie von der Entwicklung ihrer Fähigkeiten her gerade stehen. Aus dem Kindergarten sind vielen Kindern Spiele vertraut. An diese Vorkenntnisse kann im Unterricht angeknüpft werden.

SPIELEN ERLEICHTERT DEN ÜBERGANG

Spielen gehört mit zu den Lieblingsbeschäftigungen kleiner Kinder und zu dem, was sie in der Schule am meisten vermissen. Eine anregende Lernumgebung enthält handelsübliche Spiele wie Memorys, Puzzles, Dominos, Elfer-raus-Spiele, Würfel-, Farben- und Geschicklichkeitsspiele ebenso wie Bau- und Konstruktionsmaterialien und gibt den Kindern auch **während der Unterrichtszeit** Gelegenheit, diese zu nutzen.

DIAGNOSTISCHE SPIELE

Alle genannten Materialien sind geeignet, um vorhandene Fähigkeiten der Kinder herauszufinden. Erfahrungsgemäß vermeiden die meisten Kinder Spiele, bei denen sie sich nicht sicher fühlen und die ihnen schwer fallen. Hier ist es die Aufgabe der Lehrerin, sie auch an diese Spiele heranzuführen, um herauszufinden, wo die individuellen Schwierigkeiten liegen. Ein Kind, das noch nicht über eine ganzheitliche Anzahlerfassung im Zahlenraum bis 6 verfügt, kennt auch die Punktbilder des Würfels nicht und muss diese immer wieder nachzählen. Das wiederholte Angebot einfacher Würfelspiele fördert jedoch die Fähigkeit, strukturierte Darstellungen von Anzahlen zu erkennen. Deshalb sind die meisten diagnostischen Spiele gleichzeitig bereits eine **Fördermaßnahme** für die betreffenden Kinder.

LERNSPIELE IM MATHEMATIK-UNTERRICHT

Von der ersten Schulwoche an lassen sich Spiele gewinnbringend nutzen.
Als **Spiel der Woche** eingeführt und gemeinsam erarbeitet, stehen die Materialien danach für Freiarbeitsphasen, Regenpausen oder den offenen Anfang zur Verfügung. Gerade in der Anfangsphase bieten sich einfache Würfelspiele am gestalteten Zahlenband ebenso an, wie „Abräumspiele", bei denen Plättchen entsprechend der gewürfelten Anzahl von einem Bild entfernt werden müssen (Kirschen vom Baum pflücken). Mit den Zahlen von 2 bis 12 mehrfach versehen, lassen sich diese Spiele später als Belegungsspiele weiter nutzen und trainieren dabei die Addition im Zahlenraum bis 12.

SPIELE ALS BEITRAG ZUR SOZIALERZIEHUNG

Die einfachste Situation der Partner- oder Gruppenarbeit ist das Spiel nach Regeln. Hier lernen die Kinder sich abzuwechseln, konzentriert und zielgerichtet miteinander umzugehen, sich gegenseitig zu korrigieren und sich so zu verhalten, dass die anderen Gruppen nicht gestört werden.

ZAHLEN BELEGEN

– Partnerspiel

Jedes Kind hat vor sich eine große Umrisszeichnung (s. KV 46, Teil 2), in die die Zahlen von 2 bis 12 jeweils mehrfach eingetragen sind. Abwechselnd würfeln die Kinder mit zwei Würfeln, bestimmen die Summe und belegen ein Ergebnisfeld mit einem Plättchen. Gewonnen hat das Kind, das als Erstes alle Felder seines Spielplanes belegt hat.

EIGENE SPIELE

Die *Herstellung eigener Spiele* hilft den Kindern, den Zusammenhang zwischen Anzahlen in unterschiedlicher Darstellungsform als Ziffern, Mengenbilder, Strichlisten … zu erkennen.

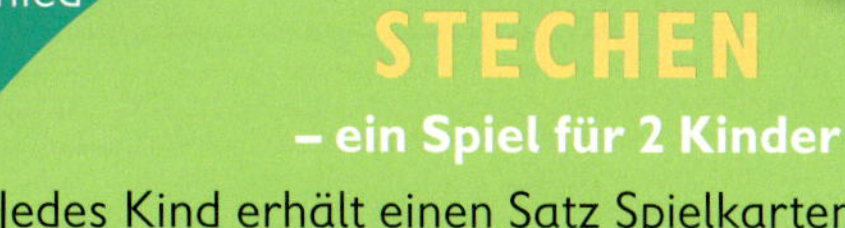

STECHEN

– ein Spiel für 2 Kinder

Jedes Kind erhält einen Satz Spielkarten, auf dem die Zahlen von 1 bis 10 (20) jeweils mit Ziffern und als strukturierte Punktmenge dargestellt sind.
Die Kinder mischen die eigenen Karten und legen sie als Stapel verdeckt vor sich hin. Gleichzeitig decken beide Kinder die oberste Karte auf und vergleichen deren Wert. Wer die höhere Zahl aufgedeckt hat, erhält beide Karten und schiebt sie unter seinen Stapel. Bei gleichem Wert bleiben die Karten offen liegen und der nächste Stich entscheidet, wer alle vier Karten erhält. Das Spiel ist entweder zu Ende, wenn einer der Spieler keine Karten mehr hat oder nach einer vereinbarten Zeit. Dann hat der Spieler gewonnen, der die meisten Karten hat.

Spielen im Mathematikunterricht fördert die **Lernfreude** und stärkt eine **positive Einstellung zum Mathematiklernen**.

16 Zahlen zerlegen – Zahlenhäuser

Zahlzerlegungen in Zahlenhäusern darstellen; Zerlegungen der Zahlen 1–6 erarbeiten und in Zahlenhäusern notieren; Zahlzerlegungen üben und nutzen; Einüben von Partnerarbeit

SCHULBUCH 16

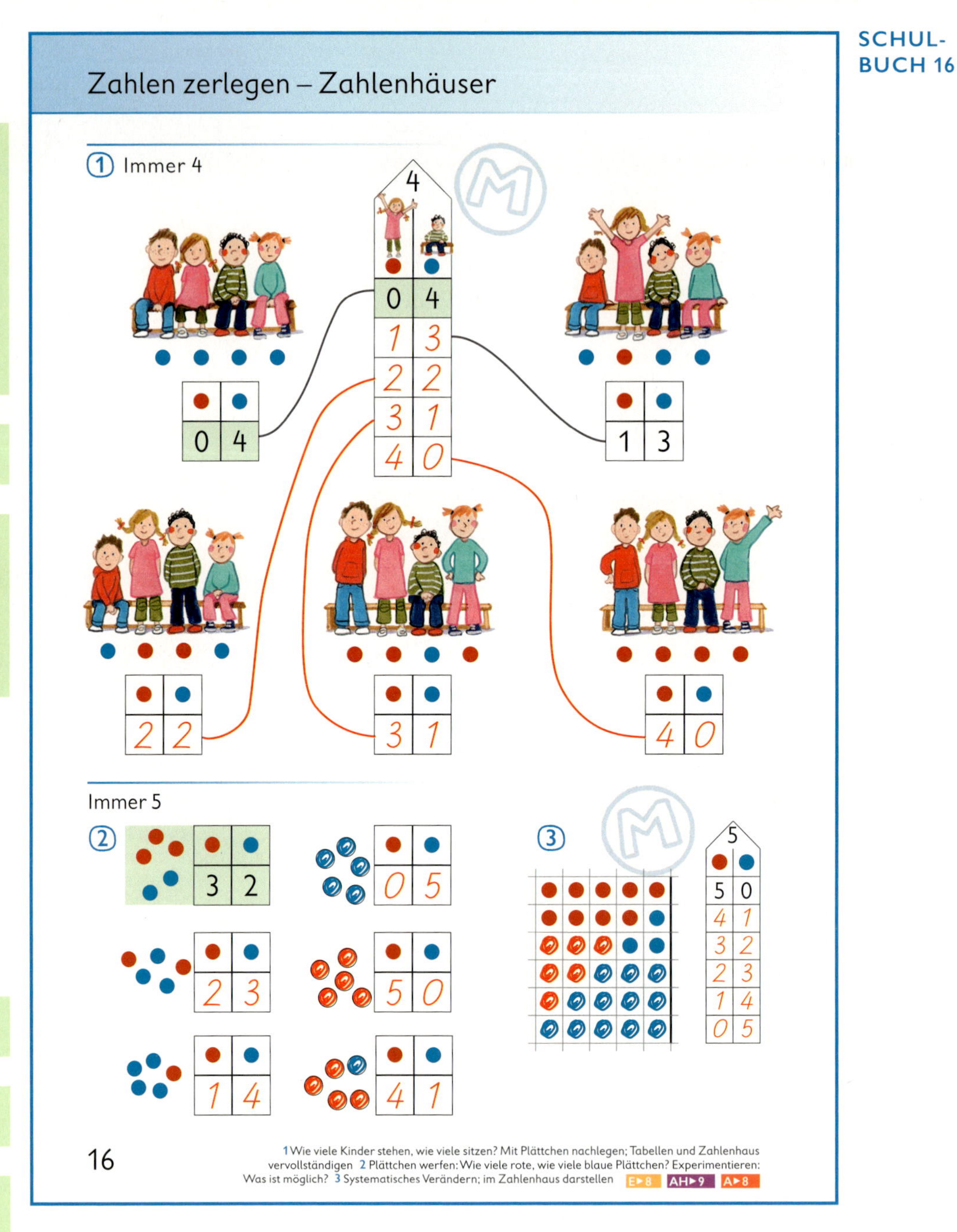

① zur Einstiegssituation erzählen

Situationen nachspielen

Tabellen und Zahlenhaus ausfüllen

② Plättchen werfen

③ systematisches Verändern

Zerlegungen im Zahlenhaus notieren

① und ② Situationen erfassen

③ Plättchen werfen

③ s. Schulbuch Seite 16, Aufgabe 3

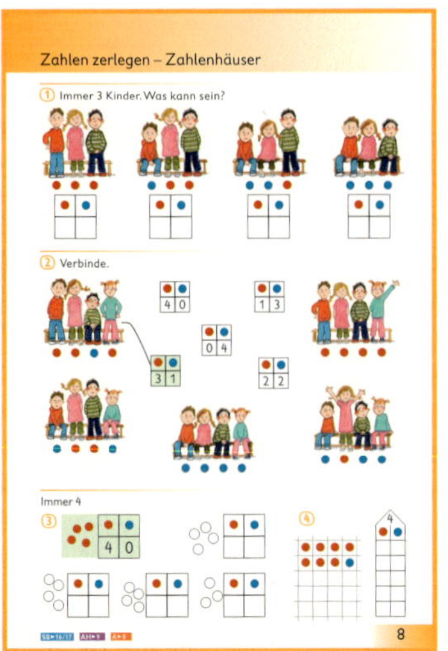

EINSTIEGE 8

① Tabellen ausfüllen

② Plättchen werfen

③ s. Schulbuch Seite 16, Aufgabe 3

④ Zahlenhäuser ausfüllen

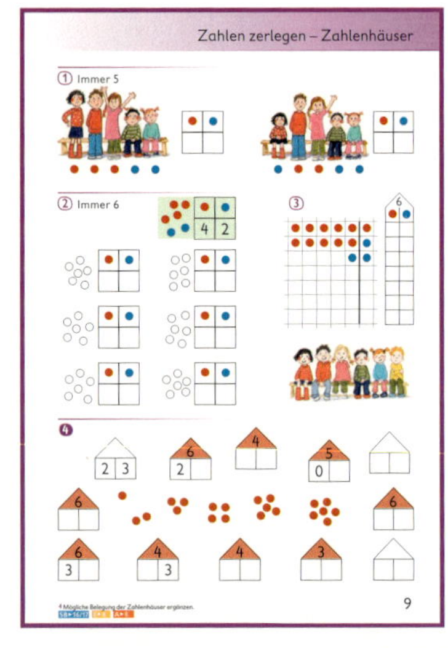

ARBEITSHEFT 9

SCHUL-
BUCH 17

④ Zahlzerlegungen zur 6 spielerisch erarbeiten

⑤ systematisches Ausfüllen der Zahlenhäuser 6 bis 1

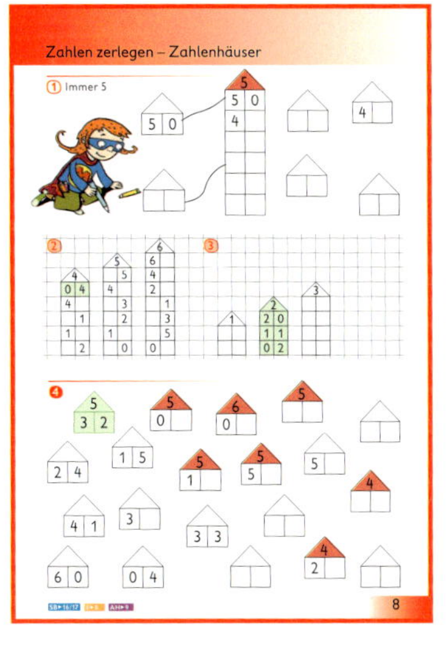

① bis ④ Zahlenhäuser ausfüllen

AUFSTIEGE 8

16/17 Zahlen zerlegen – Zahlenhäuser

KOMMENTAR

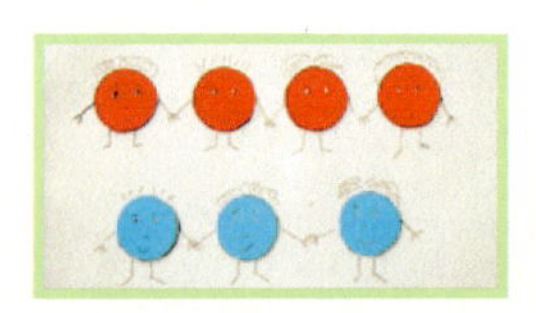

Material
Wendeplättchen, Zahlenhäuser
▶ KVs 27/75/76

Hinweise zum Unterrichtsthema
Auf den Seiten 12 und 13 wurden Zerlegungen in Tabellen dargestellt, was nun in Form von Zahlenhäusern geschieht. In einem Zahlenhaus werden alle Zerlegungsmöglichkeiten zu einer vorgegebenen Dachzahl aufgeschrieben. Wichtig ist, dass die Schüler zur Lösung der Aufgaben Material (z.B. Plättchen, Punktmuster) erhalten, mit dessen Hilfe sie Zerlegungen erzeugen und sichtbar machen können.

Schulbuch 16/17

Hinweise zum Unterrichtsablauf
Die im Schulbuch dargestellte Situation sollte nachgespielt werden.

Ablauf des Spiels
Vier Kinder entscheiden sich bei einem Signal (klatschen o.Ä.) zwischen Sitzen oder Stehen. Ein Schüler beschreibt die entstandene Situation, z.B.: „Drei Kinder sitzen, ein Kind steht.“ An der Tafel werden Blanko-Tabellen (z.B. Papierstreifen) befestigt und besprochen. Dabei werden die Wendeplättchen als Stellvertreter für die jeweilige Situation (stehen/sitzen) genutzt. Abschließend wird das Ergebnis eingetragen. Beim nächsten Signal entscheiden sich die Kinder erneut zwischen Sitzen und Stehen, ein Kind beschreibt die neu dargestellte Situation und das Ergebnis wird in die Tabelle eingetragen. Durch das Spiel kommt automatisch die Darstellung der Null dazu: Alle vier Kinder sitzen, kein Kind steht bzw. umgekehrt. Am Ende des Spiels werden alle Tabellen (Papierstreifen) an der Tafel zu einem Zahlenhaus zusammengefügt und besprochen.

Hinweise zu den Aufgaben

Seite 16

Aufgabe 1
Nach der spielerischen Einführung notieren die Kinder die dargestellten Zahlzerlegungen in den Tabellen. Anschließend verbinden sie diese mit dem Zahlenhaus und übertragen die Zerlegungen.

Aufgabe 2
Die Wurfergebnisse werden gefärbt sowie in Tabellen notiert, wobei Wiederholungen möglich sind. Gemeinsam wird geklärt, ob alle möglichen Wurfergebnisse aufgetreten sind.

Aufgabe 3
Es werden alle möglichen Zerlegungen mit Hilfe der Wendeplättchen sukzessiv erzeugt und anschließend in das Zahlenhaus eingetragen. Die Kinder werden durch die vorgegebenen Darstellungen bzw. Zahlen immer wieder dazu angeregt, die Zerlegungen im Zahlenhaus möglichst systematisch zu erzeugen sowie zu notieren.

Seite 17

Aufgabe 4
Zerlegungen von Zahlen lassen sich durch eine hohe Schülermotivation mit dem Spiel „Wie viele Plättchen habe ich versteckt?“ leicht erarbeiten und trainieren. Es eignet sich auch zum ersten Einüben von Partnerarbeit. Durch das Zerlegen der Plättchenreihe mit einer Karteikarte erschließt der Spielpartner aus der Anzahl der sichtbaren Plättchen, wie viele Plättchen versteckt wurden und löst das Rätsel. Eine unmittelbare Kontrolle erfolgt durch das vorsichtige Umlegen der Karteikarte.

Aufgabe 5 (AB II)
Alle Zahlzerlegungen der Zahlen bis 6 werden in die Zahlenhäuser eingetragen. Es empfiehlt sich, die Zerlegungen mit Wendeplättchen nachzulegen oder mit Kindergruppen nachzuspielen.

Hinweise zur Differenzierung

- Das „Wie viele Plättchen habe ich versteckt?“-Spiel lässt sich auch am Overheadprojektor mit der gesamten Klasse üben. Es werden Plättchen auf den Projektor gelegt und ein Teil von ihnen wird mit einem Stück Papier abgedeckt. Die Schüler schreiben ihre Ergebnisse auf Zettel, welche nach zehn Durchgängen gemeinsam kontrolliert werden.
- Kleine Zahlenhäuser (s. Kommentar 20/21) sollten als Rechentrainingsmittel genutzt werden. Die Lehrerin kann mit ihrer Hand oder einem Zettel die linke oder rechte Zahl bzw. Dachzahl abdecken. Dabei werden die verschiedenen Beziehungsaspekte angesprochen und die Zahlensätze können gefestigt werden.
- Leistungsstarke Schüler erkunden bzw. erstellen selbst Zahlenhäuser. Dabei können vielfältige Entdeckungen gemacht werden, z.B. dass die Anzahl der Zerlegungen immer um eins größer ist als die Dachzahl.

Einstiege 8

Aufgabe 1

Die Schüler interpretieren die dargestellte Situation und tragen die Zerlegung in die Tabelle ein.

Aufgabe 2

Die Kinder durchschauen die in der Abbildung dargestellte Zerlegung und verbinden sie mit der entsprechenden Tabelle.

Aufgaben 3, 4

siehe Schulbuch Seite 16, Aufgaben 2 und 3

Arbeitsheft 9

Aufgabe 1

Die Schüler tragen die dargestellten Zerlegungen in Tabellen ein.

Aufgaben 2, 3

siehe Schulbuch Seite 16, Aufgaben 2 und 3

Aufgabe 4 (AB III)

Die unterschiedlichen Zahlenhäuser werden ausgefüllt, die Schüler können sich dabei an den dargestellten Wendeplättchen orientieren.

Aufstiege 8

Aufgabe 1

Die Schüler notieren die Zerlegungen im großen Zahlenhaus systematisch, nachdem sie die kleinen Häuser ausgefüllt und zugeordnet haben.

Aufgaben 2, 3 (AB II)

Die Schüler vervollständigen die Zahlenhäuser. Des Weiteren können die Schüler in Aufgabe 3 die Reihe der Zahlenhäuser fortsetzen.

Aufgabe 4 (AB III)

Dieses Aufgabenformat bietet sich als Rechentrainingsmittel an, da verschiedene Beziehungsaspekte zwischen den Zahlen vertieft und geübt werden.

Ein strukturierter Tagesplan gibt Auskunft darüber, was die Kinder an diesem Tag erwartet, worauf sie sich freuen können oder auch einstellen müssen.

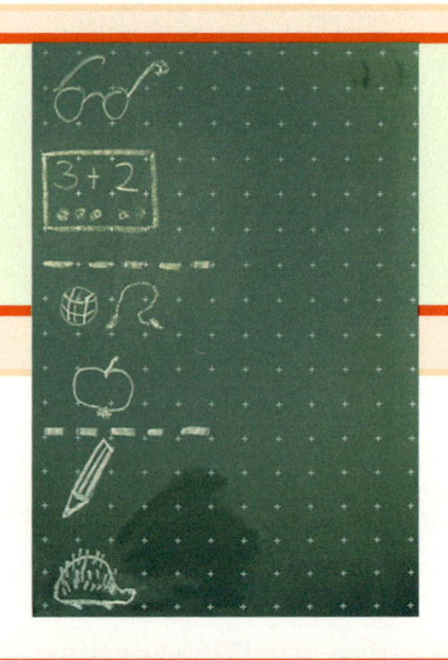

PLÄNE – BAUSTEINE ZUR FÖRDERUNG DER SELBSTSTÄNDIGKEIT

Vom ersten Schultag an helfen Rituale und feste Regeln den Schulanfängern bei der Eingewöhnung in die neue Umgebung mit ihren vielfältigen Ansprüchen.

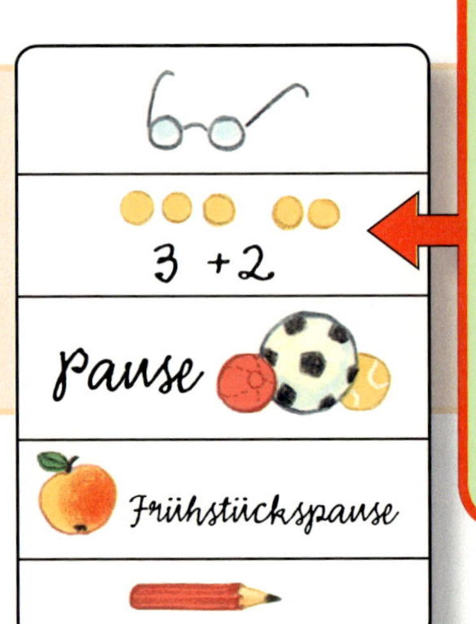

ORIENTIERUNG IM TAGESABLAUF

Der Tagesplan hilft gerade in der Anfangsphase dabei, ein Gefühl für Zeit (= Unterrichtszeit) zu entwickeln. Wenn die Kinder wissen, dass sie nach der Mathematikstunde zur Spielpause nach draußen gehen können, müssen sie nicht immer wieder fragen: „Wann ist Pause?" Ein roter Papppfeil mit Magnetband versehen wird im Verlauf des Tages verschoben und sagt den Kindern: „Hier sind wir jetzt angekommen." Der Tagesplan kann die Kinder während des ganzen ersten Schuljahres begleiten.

Nach dem gemeinsamen Begrüßungsritual kann jedoch aus besonderem Anlass auch eine Umstellung angezeigt sein: *Judith hat heute Schnecken mitgebracht, die sind wichtiger als alle Tagesplanung.*

WOCHENPLÄNE

Zwischen den Herbst- und den Weihnachtsferien kann dann mit der *Arbeit mit Wochenplänen* begonnen werden. Zur Einführung bietet es sich an, für alle Kinder den gleichen Plan zu erstellen, um einen gemeinsamen Zugang zu dieser neuen Arbeitsform zu schaffen. Der erste Wochenplan enthält Übungsaufgaben, die von allen Kindern geschafft werden können. Neben den aus dem Tagesplan bekannten Symbolen bietet es sich an, die Titelseiten der in der Klasse verwendeten Bücher und Arbeitshefte einzuscannen, um sie dann als kleines Symbol in den Wochenplan einsetzen zu können. Neu ist für die Kinder nur, dass sie sich jetzt in der Wochenplanzeit, die am Anfang nicht länger als 20 Minuten dauern sollte, aussuchen können, mit welcher Arbeit sie beginnen wollen.

Wochenplan vom _ _ _ bis _ _ . _ _ 200 _ _ _ für _ _ _ _ _ _ _ _ _ _ _ _			✓ fertig	✓ kontrolliert
	Aa Bb	☺		
		☺ ☺		
3 +2	Ⓜ Seite 25	☺		

REGELN FÜR DIE ARBEIT MIT PLÄNEN

Bereits bei diesen ersten Plänen müssen Regeln vereinbart werden:

- *Flüsterzeit* – Arbeite mit deinem Partner so leise, dass die anderen Kinder nicht gestört werden.
- Wenn das Material, mit dem du gerade arbeiten möchtest, besetzt ist, beginne mit einer anderen Aufgabe.
- Beende eine Aufgabe, bevor du eine neue beginnst.
- Wenn du eine Aufgabe nicht verstehst, frage zuerst die Kinder deiner Tischgruppe, bevor du dir Hilfe bei der Lehrerin holst.

Über diese Regeln sollte in regelmäßigen Abständen mit den Kindern reflektiert werden, da erfahrungsgemäß einige immer wieder in Vergessenheit geraten.

DIFFERENZIERTE WOCHENPLÄNE

Die ersten gemeinsamen Wochenpläne werden abgelöst durch zunehmend *individualisiertere Wochenpläne*, in denen Aufgaben für einzelne Kinder oder auch für Gruppen von Kindern entsprechend dem jeweiligen Lernniveau vorgegeben werden. Alternativ kann auch mit den einzelnen Kindern besprochen werden, was sie als Nächstes bearbeiten möchten (z.B. welchen Buchstaben sie lernen möchten) oder üben müssen und dann von Hand in ein Leerraster eingetragen werden. Unabhängig davon, für welche Form des Wochenplanes sich die Lehrerin entscheidet, sollte im Laufe der Zeit eine Zeile für eine selbstgewählte Aufgabe ebenso hinzukommen wie ein Freiarbeitsangebot. Dies setzt voraus, dass die Pflichtaufgaben des Wochenplanes so gestellt sind, dass jedes Kind rechtzeitig damit fertig wird und noch die Möglichkeit hat, an selbstgewählten Aufgaben zu arbeiten.

Das möchte ich gern noch bearbeiten.				
Freiarbeit		oder oder		

LEHRERIN ALS LERNBERATERIN

Während es einigen Kindern von Anfang an gelingt, sich für eine Aufgabe zu entscheiden und diese dann auch zielgerichtet zu Ende zu führen, alle Pflichtaufgaben zu erledigen und dann noch viel Zeit für selbstgewählte Angebote zu haben, müssen einige Kinder dies erst lernen. Hier ist die Lehrerin als Lernberaterin gefordert:

- Bei manchen Kindern reicht es aus, auf dem Plan zu markieren, in welcher Reihenfolge sie arbeiten sollen.
- Für andere genügt es, ihnen einen selbstständigeren Partner zuzuweisen.
- Für einige wenige Kinder ist die ständige Begleitung an einem „Helfertisch" notwendig.

Dass diese ganz *individuelle Unterstützung* überhaupt möglich ist, ist der gravierendste Vorteil der Arbeit mit Wochenplänen. Da alle anderen Kinder arbeiten, hat die Lehrerin Zeit, sich gezielt um einzelne Kinder zu kümmern. Dies entlastet sie erheblich.

FUNKTION VON WOCHENPLÄNEN

- Sie sind ein Steuerungsinstrument des individuellen Lernens.
- Sie erziehen die Kinder zur Selbstständigkeit und helfen Schritt für Schritt dabei, dass sie Verantwortung für das eigene Lernen übernehmen.
- Sie ökonomisieren die Verwendung von Arbeitsmitteln und Materialien, da immer nur einige wenige Kinder das gleiche Material benötigen.
- Sie erziehen Kinder (und Lehrerinnen) zum bewussten Umgang mit Zeit.

Die Qualität des Wochenplanunterrichts wird keinesfalls durch eine Vielzahl von Arbeitsblättern oder Materialien erreicht. Vielmehr werden durch die sorgfältige Formulierung von Aufträgen dem einzelnen Kind oder einer Gruppe von Kindern zielgerichtete Lernfortschritte ermöglicht.

18 Zahlen zerlegen – die Zahlen 7, 8, 9

Zerlegungen der Zahlen 7, 8 und 9 erarbeiten und in Zahlenhäusern notieren; Zerlegungen am Zehnerfeld herstellen und im Zahlenhaus notieren; Zahlzerlegungen üben und nutzen

SCHUL-BUCH 18

① Anzahlen bestimmen

Zerlegungen in Tabellen notieren

② Zerlegungen im Zahlenhaus systematisch notieren

③ Ziffern 7, 8 und 9 im Schreibband schreiben

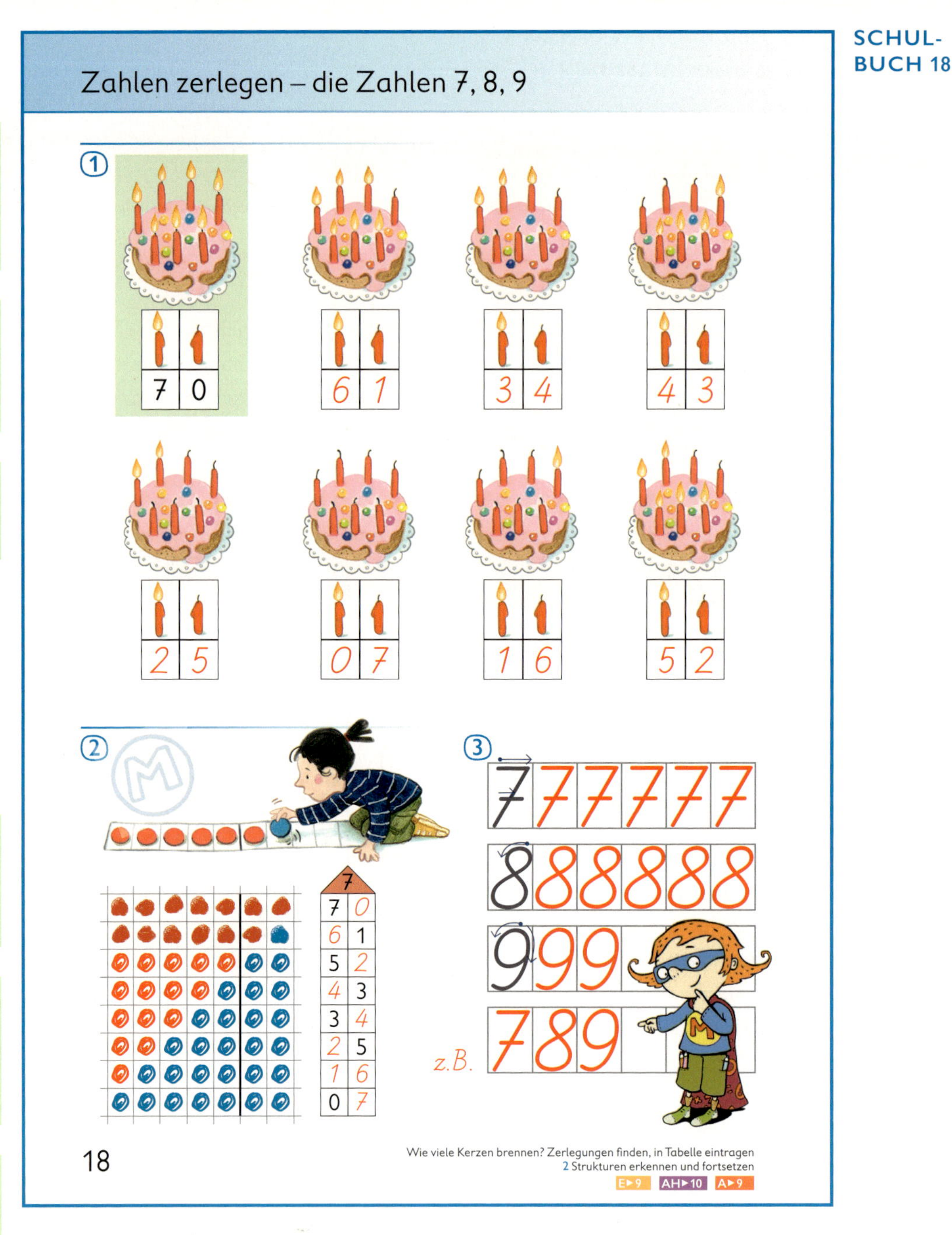

① Anzahlen bestimmen und Zerlegungen in Tabellen eintragen

② bis ⑤ Flammen einzeichnen

Zahlenhäuser vervollständigen

⑥ Zerlegungen im Zahlenhaus (systematisch) notieren

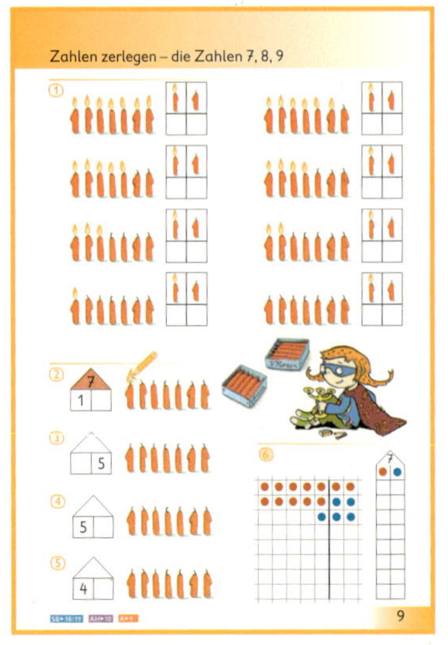

EINSTIEGE 9

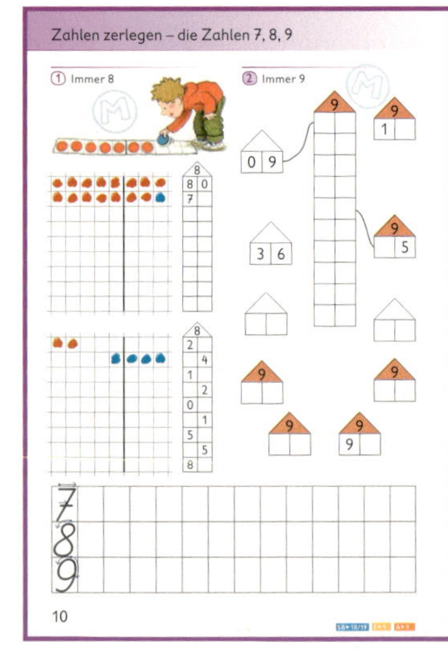

① Zerlegungen im Zahlenhaus notieren

② Zahlenhäuser ausfüllen und verbinden

Ziffern 7, 8 und 9 schreiben

ARBEITS-HEFT 10

SCHUL-
BUCH 19

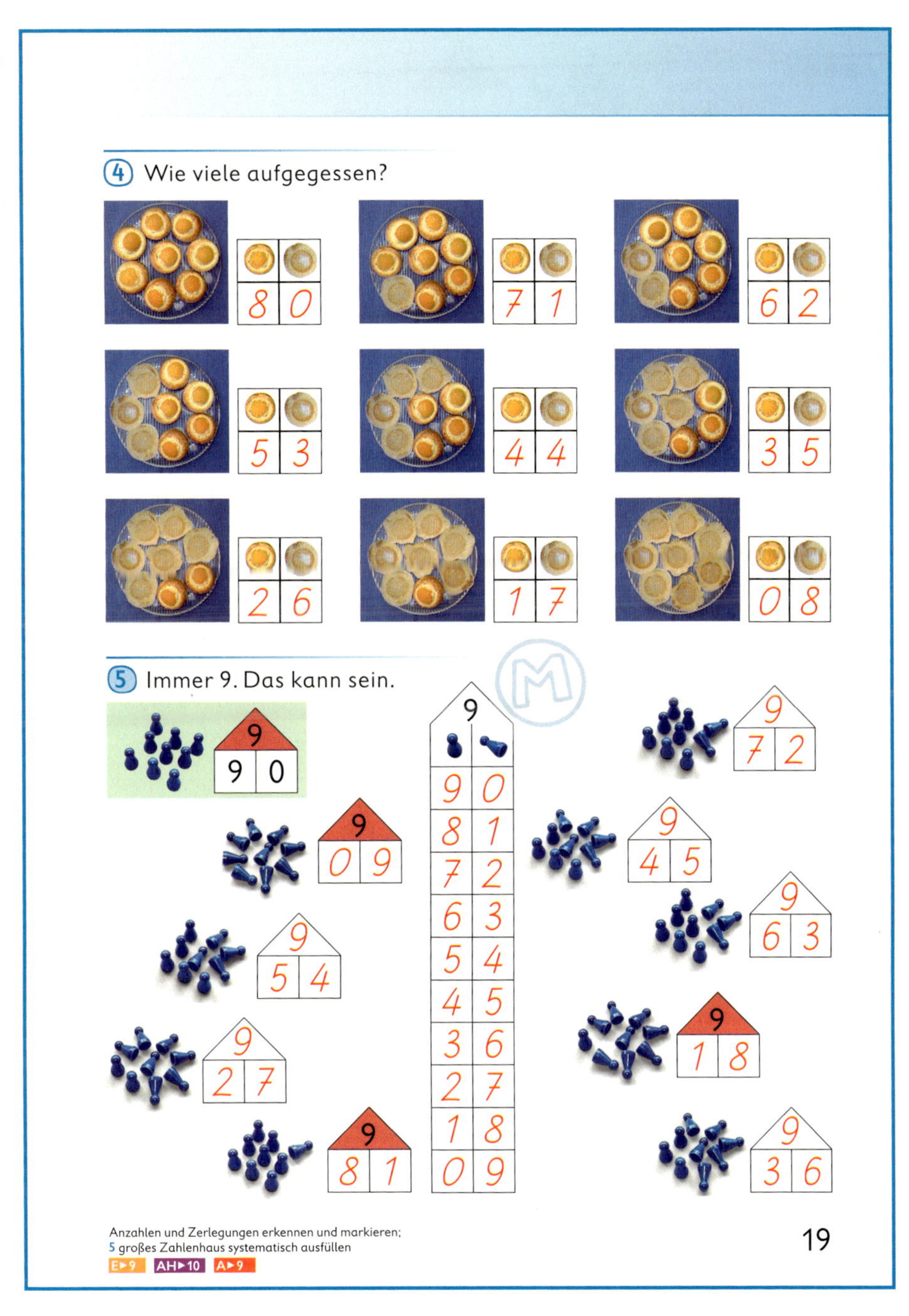
④ Wie viele aufgegessen?

8	0
7	1
6	2
5	3
4	4
3	5
2	6
1	7
0	8

⑤ Immer 9. Das kann sein.

9	
9	0
8	1
7	2
6	3
5	4
4	5
3	6
2	7
1	8
0	9

Anzahlen und Zerlegungen erkennen und markieren;
5 großes Zahlenhaus systematisch ausfüllen

E▸9 AH▸10 A▸9

19

④

Fotos beschreiben

systematische Darstellung der Zerlegungen erkennen und notieren

⑤

dargestellte Zerlegungen notieren

Zahlenhäuser verbinden und ausfüllen

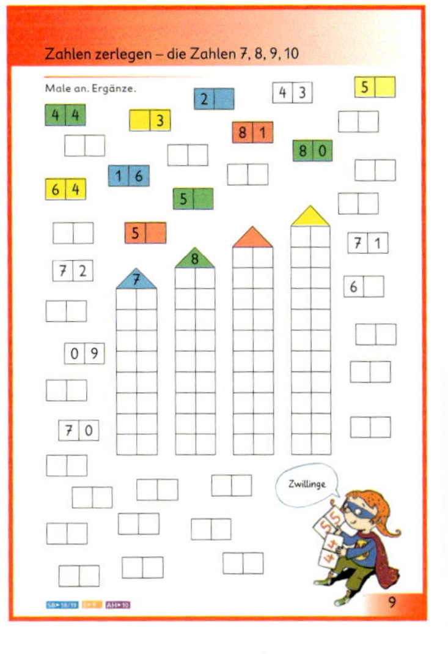
Zahlen zerlegen – die Zahlen 7, 8, 9, 10

Male an. Ergänze.

Erarbeitung der Zahlenhäuser 7, 8, 9 und 10

Zwillinge erkennen

AUFSTIEGE 9

18/19 Zahlen zerlegen – die Zahlen 7, 8, 9

KOMMENTAR

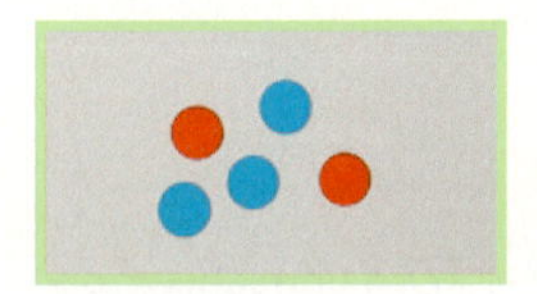
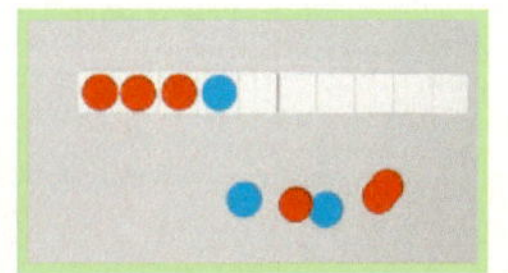
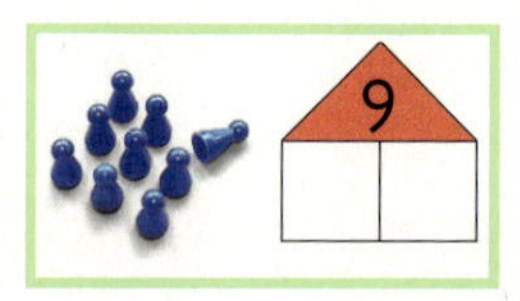

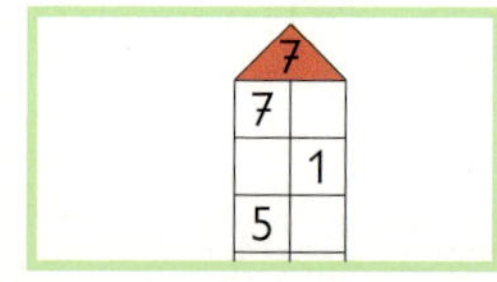

Material

Wendeplättchen, Zehnerfeld, Zahlenhäuser

▶ KVs 28/75–77

Hinweise zum Unterrichtsthema

Nachdem die Zerlegung der Zahlen von 1 bis 6 anhand von Zahlenhäusern geübt wurde, werden nun die Zahlenhäuser der 7, 8 und 9 erarbeitet. Dabei werden die Zahlensätze intensiv geübt und gefestigt. Zu diesem Zeitpunkt kann jedoch noch nicht erwartet werden, dass jedes Kind alle Zerlegungen der Zahlenhäuser findet und diese systematisch aufschreibt. Die Zahlenhäuser werden immer wieder thematisiert, sodass die Kinder die Möglichkeit zur Wiederholung und Vertiefung ihres Wissens bezüglich Zahlzerlegungen haben. Die Vorteile einer systematischen Vorgehensweise sollten dennoch in Unterrichtsgesprächen immer wieder deutlich werden.

Schulbuch 18/19

Hinweise zum Unterrichtsablauf

Zu Beginn der Unterrichtsstunde präsentiert die Lehrerin sieben Taschenlampen. Die Zerlegungen der 7 werden durch Ein- und Ausschalten erzeugt. Die Kinder beschreiben die jeweils dargestellte Situation und die Zerlegungen werden an der Tafel in einer Tabelle notiert. Die Null wird dabei automatisch in Gebrauch genommen: alle Taschenlampen leuchten/keine Taschenlampe ist ausgeschaltet bzw. umgekehrt. Im Anschluss daran erarbeitet die Lehrerin mit den Kindern auf die bereits bekannte Weise (s. Kommentar 2/3 und Magazin 6/7) die Schreibweise der Ziffern 7, 8 und 9.

Hinweise zu den Aufgaben

Seite 18

Aufgabe 1

Die Kinder erzählen zu den Abbildungen und berichten von ihren eigenen Erlebnissen bei Geburtstagsfeiern. Sie lesen die dargestellten Zerlegungssituationen der 7 ab und notieren diese in den Tabellen.

Aufgabe 2

Es werden alle möglichen Zerlegungen der 7 systematisch erzeugt, indem die Wendeplättchen sukzessiv umgedreht und die Anzahlverteilung der roten bzw. blauen in das Zahlenhaus eingetragen werden.

Aufgabe 3

Die Schüler üben die Schreibweise der Ziffern 7, 8 und 9 im Schreibband.

Seite 19

Aufgabe 4

Die Kinder verstehen die Bildfolge („Muffins werden aufgegessen"), beschreiben die sukzessiven Veränderungen und notieren die Zerlegungen der 8 in der Tabelle.

Aufgabe 5 (AB II)

Die Kinder lesen die dargestellten Zerlegungen der 9 ab und tragen diese in die Zahlenhäuser ein. Anschließend verbinden sie diese mit dem großen Zahlenhaus und notieren die Zerlegung auch dort. Die Lehrerin kann dabei unterschiedliche Vorgehensweisen der Kinder beobachten. Manche Kinder werden die Zahlenhäuser bereits systematisch ausfüllen, andere Kinder tragen die Zerlegungen ohne System ein. Während des Unterrichts sollten die Vorteile der systematischen Notationsweise immer wieder thematisiert werden.

Hinweise zur Differenzierung

In kleinen Gruppen den Kindern die Vorteile des systematischen Vorgehens anhand von praktischen Beispielen verdeutlichen:

- Zerlegungen am Zehnerfeld durch sukzessives Umdrehen der Wendeplättchen erzeugen und jeweils notieren; die Kinder können folgende Beobachtungen an den Zahlenhäusern machen:

- auf der linken Seite stehen von oben nach unten die Zahlen 0–7
- auf der rechten Seite genau umgekehrt (von oben nach unten 7–0)

Einstiege 9

Aufgabe 1

Die Bildfolge zeigt zunächst sieben brennende Kerzen, von denen in jedem folgenden Bild eine weitere erloschen ist. Zu jedem Bild notieren die Kinder die passende Zerlegung. So ergeben sich alle Zerlegungen von 7 (7|0; 6|1; 5|2; …; 0|7) und zugleich werden die Vorteile einer systematischen Herangehensweise deutlich. Anschließend tragen sie die Zerlegungssätze in die Tabellen ein.

Aufgaben 2–5

Die Kinder vervollständigen die Zahlenhäuser und malen entsprechend den Zerlegungssätzen Flammen.

Aufgabe 6 (AB II)

siehe Schulbuch Seite 18, Aufgabe 2

Arbeitsheft 10

Aufgabe 1

Es werden alle möglichen Zerlegungen der 8 systematisch durch Nutzung der Wendeplättchen erzeugt und anschließend durch einen Eintrag in das Zahlenhaus schriftlich festgehalten. In der zweiten Teilaufgabe ergänzen die Kinder entsprechend der Vorgaben im Zahlenhaus die fehlenden Zahlen und stellen die Zerlegungen durch Einzeichnen der Wendeplättchen dar.

Aufgabe 2 (AB II)

Die Kinder füllen die Zahlenhäuser aus, indem sie ihr Wissen um deren Aufbau anwenden. Beim Verbinden der kleinen Zahlenhäuser mit dem großen Zahlenhaus wird ein systematisches Vorgehen der Kinder initiiert.

Schreibband

Die Ziffern 7, 8 und 9 werden in den Schreibbändern geschrieben. Zusätzlich erfolgt die Bearbeitung des Ziffernschreibkurses (s. Teil 2).

Aufstiege 9

Alle Zahlzerlegungen der Zahlen 7 bis 10 werden in die Zahlenpaar-Kärtchen und Zahlenhäuser eingetragen. Zusätzlich färben die Kinder die Zahlenpaar-Kärtchen entsprechend den Dachzahlen. Dabei können sie Zwillinge entdecken. Einige Kinder können nach einer Begründung dafür suchen, dass nicht in allen Zahlenhäusern Zwillinge vorkommen.

Die Schüler wenden vielfältige Lösungsstrategien an, z. B.:

- die Zahlenpaar-Kärtchen des 7er-Zahlenhauses blau färben
- Ergänzen der fehlenden Zerlegungen auf den Zahlenkarten
- Eintragen der Zerlegungen in das 7er-Zahlenhaus
- die Zahlenkarten des 8er Zahlenhauses grün färben

ÜBUNGSFORMATE

- ermöglichen das produktive Üben grundlegender Rechenfertigkeiten
- lassen bei ein und derselben Grundsituation verschiedene Fragestellungen zu
- sind auf unterschiedlichem Niveau entsprechend der individuellen Leistungsfähigkeit des Kindes lösbar
- lassen sich auf andere Zahlenräume und Jahrgänge übertragen
- bieten Anlass, sich über Vorgehensweisen, Strategien und Verallgemeinerungen auszutauschen

ÜBUNGSFORMATE

Gestaltete Lernumgebungen I

5	
0	5
1	4
2	3
3	2
4	1
5	0

6	
0	6
1	5
2	4
3	3
4	2
5	1
6	0

7	
0	7
1	6
2	5
3	4
4	3
5	2
6	1
7	0

TIPP

Stellen Sie die Zerlegungshäuser der 5, der 6 und der 7 nebeneinander und füllen Sie gemeinsam mit den Kindern alle drei Häuser aus. So ermöglichen Sie ihnen einen optischen Vergleich, der schnell einen Zusammenhang zwischen der Dachzahl und der Anzahl der Stockwerke aufzeigt.

Neben Zerlegungshäusern zu Zahlen aus dem Hunderterraum bieten sich im zweiten Schuljahr auch „Einmaleinshäuser" an, deren Höhe von der Anzahl der Teiler einer Zahl abhängt, nicht von der Größe der Dachzahl.

25	
5	5

24	
3	8
4	6
6	4
8	3

ZERLEGUNGSHAUS

Betrachten wir als ein sehr einfaches Übungsformat, welches schon in der Anfangsphase des ersten Schuljahres genutzt werden kann, das Zahlenhaus als Zerlegungshaus. Je nachdem, welches Feld frei gelassen wird, ergeben sich unterschiedliche Aufgabenstellungen:

4 + 3 = ☐
4 + ☐ = 7
☐ + 3 = 7
oder
7 – 3 = ☐
7 – 4 = ☐

Mit Zerlegungshäusern lassen sich Additions-, Subtraktions- und Ergänzungsaufgaben lösen, ohne dass die Kinder durch wechselnde Operationszeichen verwirrt werden. Gleichzeitig bietet das Zerlegungshaus aber auch Anlass zu weiterführenden Fragestellungen:

- Wie viele Etagen hat das Haus der 7?
- Wie kann ich sicher sein, dass ich keine Zerlegung vergessen habe?

Die Beantwortung dieser Fragen führt zu systematischen Überlegungen: „Wenn ich bei den linken Wohnungen mit der 0 anfange und mit der 7 aufhöre, kann ich nichts vergessen haben", und zu Verallgemeinerungen: „Jedes Haus hat ein Stockwerk mehr als die Dachzahl angibt", „Bei ungeraden Dachzahlen kommt jedes Zahlenpaar doppelt vor", „Bei geraden Dachzahlen gibt es ein Zahlenpaar, das aus zwei gleichen Zahlen besteht, alle anderen Paare kommen doppelt vor."

Nicht jedes Kind wird von sich aus die genannten Zusammenhänge erkennen, aber die Reflexion darüber im Unterrichtsgespräch wird bestimmt einigen Kindern die Chance eröffnen, beim nächsten Mal strategisch geschickt vorzugehen. Alle anderen üben zumindest das Zerlegen als wichtige Fertigkeit.

Sobald der Zwanzigerraum vollständig durchgliedert ist, lässt sich eine Reihe von Übungsformaten zum produktiven Üben nutzen.

ZAHLENKETTEN

Regel: Denke dir **zwei Startzahlen** und schreibe sie nebeneinander. Rechts daneben schreibe die Summe der beiden Zahlen. Daneben schreibe die Summe aus der zweiten und dritten Zahl und zum Schluss die Summe aus der dritten und vierten Zahl als **Zielzahl**.

1	2	3	5	8

Startzahlen Zielzahl

Nachdem die Kinder dieses Übungsformat an einigen Aufgaben ausprobiert und dabei schon ganz viele Plusaufgaben geübt haben, lassen sich die Zahlenketten variieren, indem nicht mehr die Startzahlen vorgegeben sind, sondern andere Zahlenpaare wie

- zwei beliebige benachbarte Zahlen,

		3	5	

(Addition und Subtraktion werden benötigt)

- die letzten beiden Zahlen,

			5	8

(hier muss subtrahiert werden)

- zwei Zahlen mit Lücke.

		3		8

(hier muss ergänzt werden)

Weiterführende Fragestellungen schließen sich an:

- Was passiert, wenn du die erste Startzahl um 1 vergrößerst? *(Die Zielzahl wird um 2 größer.)*
- Was passiert, wenn du die zweite Startzahl um 1 vergrößerst? *(Die Zielzahl wird um 3 größer.)*
- Was passiert, wenn du die Startzahlen vertauschst? *(Ist die erste Zahl größer als die zweite, so wird die Zielzahl nach dem Vertauschen größer. Ist die erste Zahl kleiner als die zweite, so wird die Zielzahl nach dem Vertauschen kleiner.)*
- Mit welchen Startzahlen erhältst du als Zielzahl genau 10/20?

				20

Unabhängig davon, ob die Kinder über wiederholtes Ausprobieren zu Lösungen gelangen oder systematisch vorgehen und z.B. bei vorgegebener Zielzahl „rückwärts“ schließen, alle trainieren ihre Rechenfertigkeiten und viele „entdecken“ Zusammenhänge, die sie im Unterrichtsgespräch auch den anderen erklären können.

VIERFELDERTAFELN

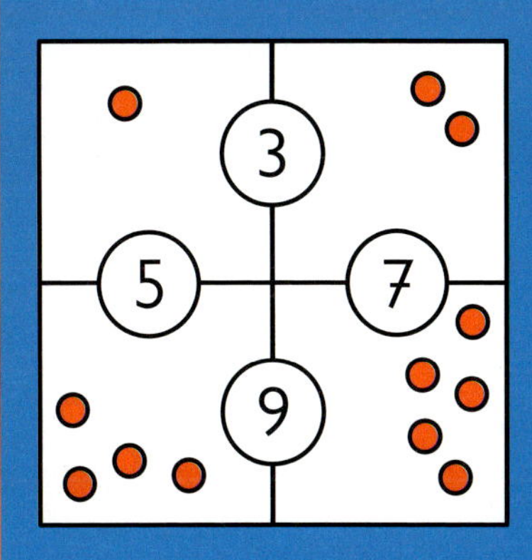

Regel: Lege in die vier Felder des Planes Plättchen. In die Kreise zwischen den Feldern schreibst du die Summe der Plättchen in den beiden berührenden Nachbarfeldern.

Variationen:

- 2 Felder sind belegt, 2 Kreiszahlen sind bekannt
- 1 Feld ist belegt, 3 Kreiszahlen sind bekannt
- 3 Felder sind belegt, 1 Kreiszahl ist bekannt

In allen diesen Fällen ist die Lösung eindeutig. Bei weniger Angaben sind mehrere Lösungen möglich. Auch hier können weiterführende Fragen eine intensivere Beschäftigung und viele Entdeckungen provozieren:

- Was geschieht, wenn in einem beliebigen Feld ein Plättchen dazugelegt / weggenommen wird?
- Was geschieht, wenn in jedem Feld ein Plättchen dazugelegt / weggenommen wird?
- ...

Eine Erweiterung der möglichen Problemstellungen erfolgt über die Einbeziehung der **Zielzahl** als Summe aller vier Kreise.

- Finde eine Vierfeldertafel mit der Zielzahl 20.
- Kannst du auch eine mit der Zielzahl 15 finden? *(Als Zielzahlen sind nur gerade Zahlen möglich, da in der Summe aller Kreise jede Feldzahl zweimal vorkommt, die Gesamtsumme also immer gerade sein muss.)*

Alle diese Übungsformate sind Lernumgebungen, in denen die Kinder auf ihrem jeweiligen Niveau rechnen, forschen und entdecken können.

Zielzahl 20 –
Ich probiere mal
8 und 12!

20 Zahlen zerlegen – die Zahl 10

Zerlegungen der Zahl 10 erarbeiten und in Zahlenhäusern notieren; Zerlegungen im Zehnerfeld herstellen; 10 als Doppelfünfer erkennen; Zahlzeichen 10 schreiben

SCHULBUCH 20

① Eierkartons beschreiben
Zahlenhäuser ausfüllen

② systematisches Verändern
Zahlenhäuser und Zehnerfelder vervollständigen

Zahlen zerlegen – die Zahl 10

① Zusammen immer 10

10	
10	0
9	1
8	2
7	3
6	4
5	5
4	6
3	7
2	8
1	9
0	10

②

10		10	
1	9	2	8
3	7	4	6
5	5	6	4
7	3	8	2
9	1	10	0

20

1 Zerlegungen der 10 im Zahlenhaus notieren;
2 fehlende Zahlen/Plättchen ergänzen
E▸10 AH▸11 A▸10

① Zehnerfelder, 2 × 5-Felder und Zahlenhäuser ausfüllen

② und ③ Händespiel: Zahlenhäuser ausfüllen

EINSTIEGE 10

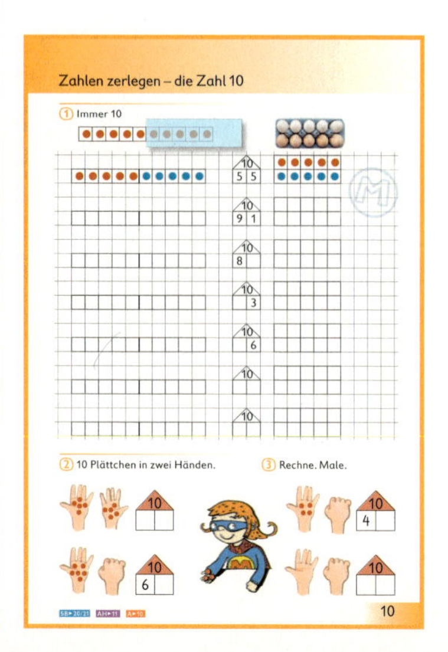

① 2 × 5-Felder und Zahlenhäuser ausfüllen und miteinander verbinden

② Zahlenhäuser ausfüllen

Schreibband der Zahl 10 ausfüllen

ARBEITSHEFT 11

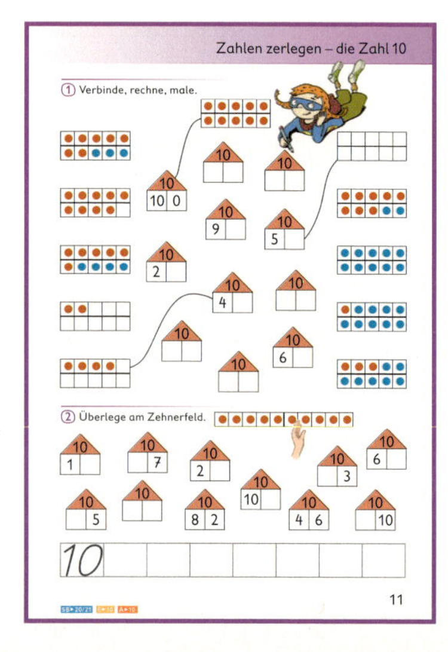

SCHUL-
BUCH 21

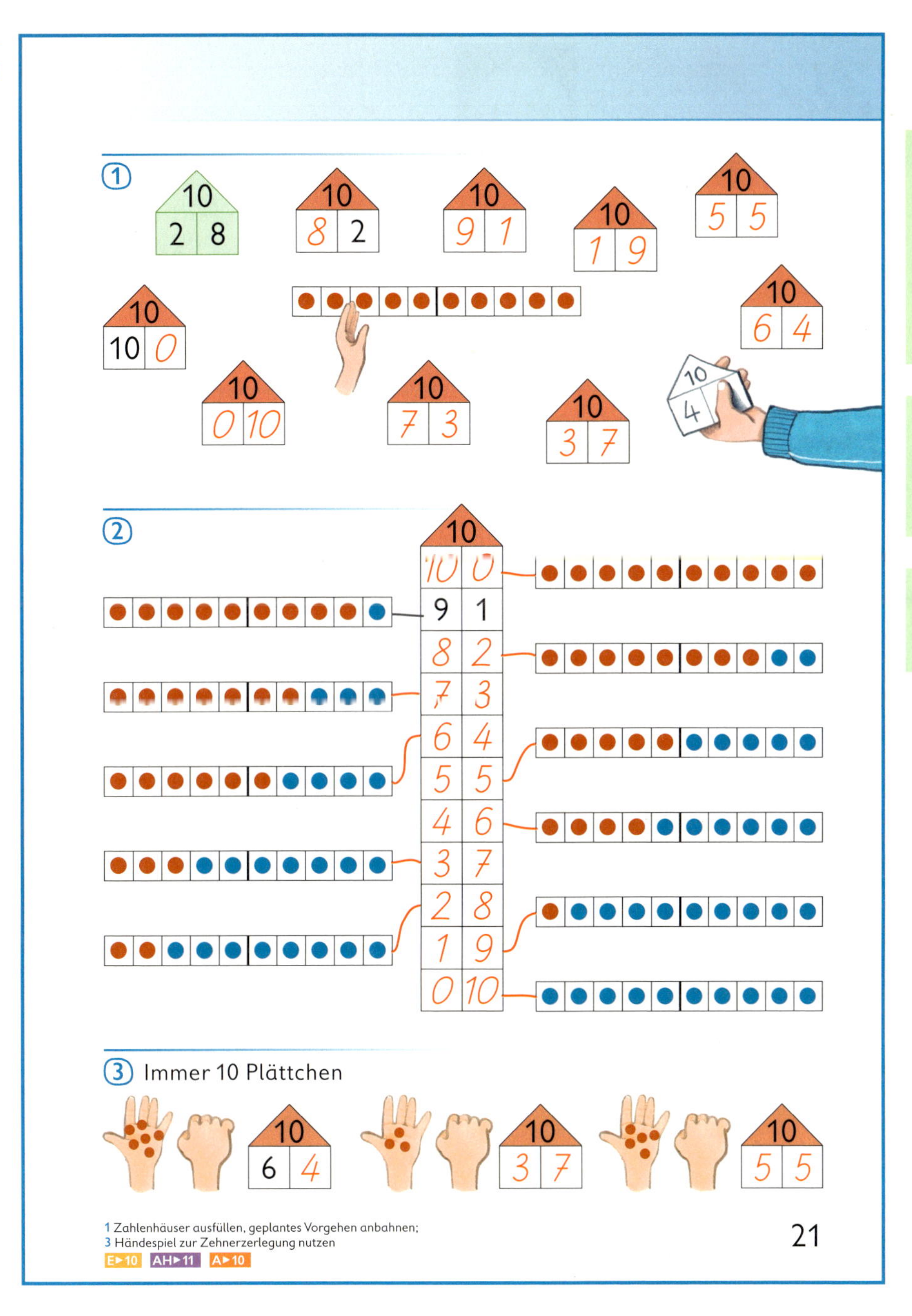

① systematisches Erarbeiten: Zehnerfeld in zwei Abschnitte teilen

Zahlenhäuser ausfüllen

② Zerlegungen in Zehnerfeldern erkennen und im Zahlenhaus notieren

③ Händespiel: Zahlenhäuser ausfüllen

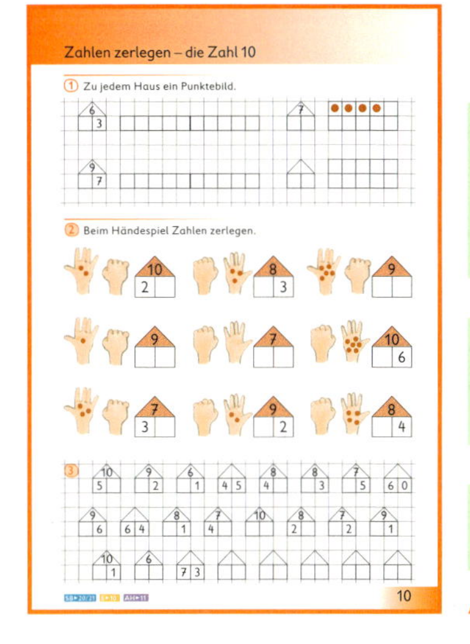

① Zahlenhäuser, Zehnerfelder und 2 × 5-Felder ausfüllen

② Händespiel: Zahlenhäuser ausfüllen

③ Zahlenhäuser ausfüllen

AUFSTIEGE 10

20/21 Zahlen zerlegen – die Zahl 10

KOMMENTAR

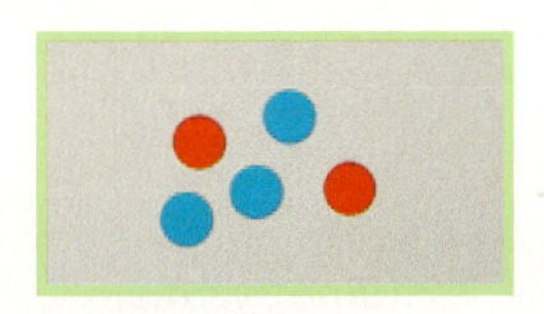

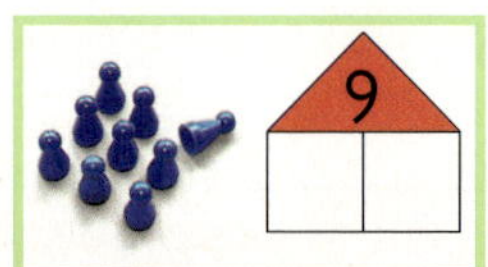

Material
Wendeplättchen, Zehnerfeld, 2 × 5-Feld, Zahlenhäuser, 10 gelbe und 10 weiße Tischtennisbälle, 1 Eierkarton
▶ **KVs 26/75–77**

Hinweise zum Unterrichtsthema
Die Zahl 10 hat eine besonders wichtige Funktion bei der Orientierung im Zahlenraum bis 20 und darüber hinaus.
Die Darstellungen

a) Zehnerfeld

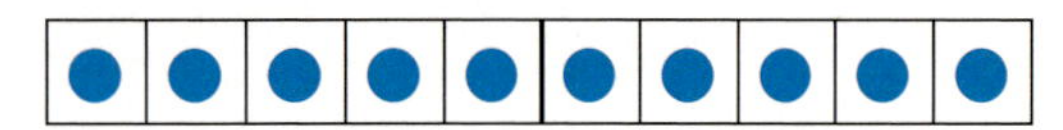

b) 2 × 5-Feld

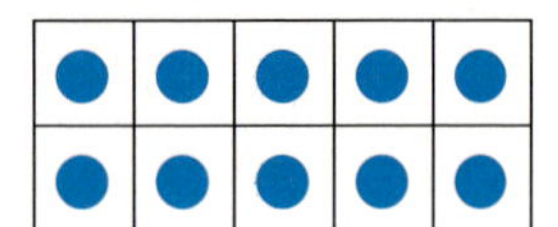

weisen eine deutliche Fünfer- und Zehnerstruktur auf und ermöglichen eine quasi-simultane Erfassung der Anzahlen (von 5 bis 10), wodurch das zählende Rechnen der Schüler vermieden wird.
Die Zerlegungssätze der Zahl 10 können von den Schülern im Zehnerfeld und im 2 x 5-Feld leicht erzeugt und somit verinnerlicht werden. In Anlehnung an die vorherigen Seiten werden die Zerlegungsübungen der 10 nicht nur auf formaler Ebene, sondern immer wieder mit konkretem Material und auf zeichnerischer Ebene durchgeführt.

Schulbuch 20/21

Hinweise zum Unterrichtsablauf
Im Stuhlkreis werden die Zerlegungsmöglichkeiten der 10 in einer Eierverpackung mit Hilfe von zehn weißen und zehn gelben Tischtennisbällen gemeinsam durchgespielt. Besonders wichtig ist hierbei das systematische Vorgehen: Beginnend mit dem zehnten Tischtennisball wird jeweils ein weiterer weißer durch einen gelben ersetzt. Die Schüler beschreiben die sukzessiven Veränderungen, indem sie die Frage beantworten: „Wie viele weiße bzw. wie viele gelbe Tischtennisbälle sind im Karton?“ Bei diesem Vorgehen werden alle Zerlegungen der 10 erzeugt und in den Zahlenhäusern notiert.
Das Händespiel ist ein geeignetes Trainingsmittel, welches in Partnerarbeit oder auch mit der gesamten Klasse täglich durchgeführt werden kann. Bei diesem Spiel wird durch das Öffnen der zweiten Hand die Lösung unmittelbar kontrolliert. Das Händespiel wird im Verlauf des Schuljahres immer wieder eingesetzt und erweitert.

Hinweise zu den Aufgaben

Seite 20
Aufgabe 1
In dem Eierkarton (2 x 5-Feld) wird die Zahl 10 zerlegt und in den Zahlenhäusern aufgeschrieben. Von der Ausgangssituation (zehn weiße Eier sind im Karton) werden die weißen durch braune Eier in der linearen Abfolge von hinten ersetzt. So ergeben sich systematisch alle Zerlegungen von 10, also 10|0; 9|1; 8|2; …; 0|10.
Die Schüler erkennen dabei die Vorteile einer systematischen Herangehensweise.
Aufgabe 2 (AB II)
Die Zerlegungen der 10 werden mit Hilfe der Wendeplättchen in den 2 x 5-Feldern sukzessiv erzeugt und in den Zahlenhäusern notiert. Die Zerlegungssätze werden dabei in der linearen Abfolge dargestellt, sodass die Schüler auch intuitive Erfahrungen zu gerade und ungerade machen können.

Seite 21
Aufgabe 1
Die Schüler erzeugen auf einem vollständig mit Plättchen belegten Zehnerfeld alle Zerlegungsmöglichkeiten der 10, indem sie mit ihrer Hand die Plättchenmenge in zwei Teile

teilen und die jeweilige Zerlegung in den Zahlenhäusern notieren.

Aufgabe 2

Die Darstellung im Zehnerfeld wird dem Eintrag im Zahlenhaus zugeordnet. Durch das Beispiel (9|1 in der zweiten Zeile) wird eine Systematik nahegelegt. Kinder, die dies erkennen, werden zuerst das Zahlenhaus ausfüllen. Andere Kinder notieren möglicherweise die Zerlegung, nachdem sie die Verbindungslinie gezeichnet haben.

Aufgabe 3

Beim Händespiel finden die Schüler Ergänzungen zur 10, prüfen durch das Öffnen der Hand und notieren ihre Ergebnisse im Zahlenhaus. Die verschiedenen Zerlegungssätze können so auf spielerische Art und Weise geübt und gefestigt werden. Das Händespiel verlangt von den Kindern das kooperative Üben mit einem Partner und schult so ihre Sozialkompetenz.

Hinweise zur Differenzierung

Zerlegungen lassen sich anhand selbst erstellter Zahlenhäuser leicht üben.

Die Zahlenhäuser können hierfür mit Hilfe von kleinen quadratischen Notizzetteln leicht hergestellt werden:

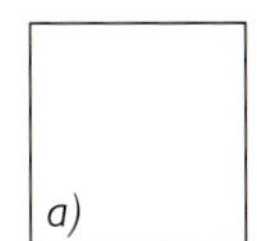

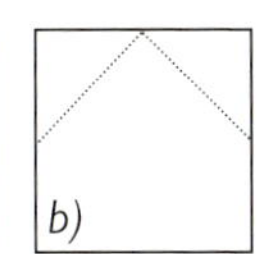

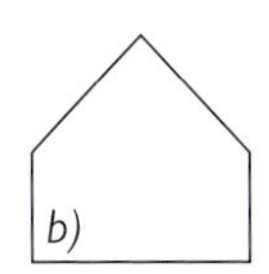

a) Notizzettel

b) die beiden oberen Ecken nach hinten falten

c) Linien einzeichnen und Zahlen eintragen

Die Übung kann sowohl in Partnerarbeit als auch mit der gesamten Klasse erfolgen. Immer wird eine der drei Zahlen verdeckt, die bestimmt werden muss. Eine unmittelbare Lösungskontrolle ist durch das Aufdecken der Zahlen gewährleistet.

- Zerlegungen mit Hilfe von Schüttelboxen üben

Einstiege 10

Aufgabe 1

Nach dem Ausfüllen (Plättchen zeichnen, Zahlen eintragen) sind jedem Zahlenhaus zwei Darstellungen (Zehnerfeld und 2 x 5-Feld) zugeordnet.

Aufgaben 2, 3

Händespiel und Zahlenhaus werden unmittelbar zueinander in Beziehung gesetzt. Mit Hilfe des Händespiels füllen die Schüler die Zahlenhäuser aus.

Arbeitsheft 11

Aufgabe 1

Ausfüllen und Zuordnen von Darstellungen in 2 x 5-Feldern und den passenden Zahlenhäusern.

Aufgabe 2

Die Schüler teilen das Zehnerfeld in zwei Abschnitte und notieren die Zerlegungssätze in den Zahlenhäusern.

Schreibband

Zusätzlich zum Ziffernschreibkurs üben die Schüler das Schreiben der Zahl 10.

Aufstiege 10

Aufgabe 1

Zahlenhäuser und Zehnerfelder entsprechend den Vorgaben ausfüllen.

Aufgabe 2 (AB II)

Händespiel und Zahlenhäuser beziehen sich aufeinander. Die Schüler tragen die fehlenden Zahlen ein.

Aufgabe 3 (AB II)

Die Schüler füllen die Zahlenhäuser aus.

ZAHLASPEKTE

Schon Schulanfänger kennen vielfältige Verwendungssituationen von Zahlen. Einmal ins Gespräch gekommen, überbieten sie sich gegenseitig beim Aufzählen von Orten, an denen sie schon Zahlen gesehen haben und von Gelegenheiten, bei denen sie selbst Zahlen gebrauchen. Dabei nutzen sie im Alltag bereits die ganze Bandbreite der verschiedenen Zahlaspekte.

- **Sie wissen, dass 5 Kinder in ihrer Tischgruppe sitzen und eine Hand 5 Finger hat (Kardinalzahlaspekt).**
- **Beim Vorwärts- und Rückwärtszählen nutzen sie die Zahlen als Zählzahl (Ordinalzahlaspekt).**
- **Sie freuen sich, wenn sie nach der Pause als Erster wieder im Klassenraum sind (Ordinalzahlaspekt).**
- **Auch wenn sie noch keine realistischen Größenvorstellungen erworben haben, reden sie von 5 Stunden, 2 Metern und 1 Euro (Maßzahlaspekt).**
- **Sie wissen, dass sie bis zu ihrem Geburtstag noch dreimal schlafen müssen oder beim Spiel noch zweimal würfeln dürfen (Operatoraspekt).**
- **Sie wissen, dass man mit Zahlen rechnen kann (Rechenzahlaspekt).**
- **Sie kennen Hausnummern, Telefonnummern und Schuhgrößen (Kodierungsaspekt).**

Alle diese Zahlaspekte spielen auch im Mathematikunterricht der Grundschule eine Rolle, werden jedoch begrifflich für die Kinder nicht thematisiert, sondern kommen immer wieder vor, werden ausgebaut und vertieft und helfen dabei, die Umwelt mit mathematischen Mitteln zu erschließen.

ZAHLEN – VIELFÄLTIG NUTZBAR

Die meisten Kinder beherrschen bei der Einschulung die Zahlwortreihe bis 10 sicher, viele können auch bis 20 oder darüber hinaus zählen. Diese Fertigkeit korrespondiert nicht bei allen mit der Fähigkeit, die Anzahl einer vorgegebenen Menge von Objekten (Bonbons, Bauklötze, Stifte ...) auch durch Zählen ermitteln zu können. Hauptursache für dieses Problem ist, dass den Kindern die Eins-zu-eins-Zuordnung von Zählzahl und zu zählenden Objekten noch nicht klar ist und sie beim Zählen einzelne Objekte auslassen oder doppelt zählen. Seltener wissen die Kinder noch nicht, dass die zuletzt genannte Zahl genau die Anzahl angibt.

Häufig gelingt es diesen Kindern noch nicht, Gegenstände „mit den Augen" zu zählen und sie benötigen viele Übungen mit konkreten Materialien, die sie eins nach dem anderen zählen und beiseite schieben können, um eine sichere Zählfähigkeit zu entwickeln.

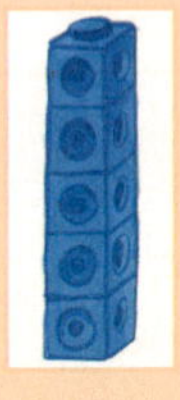

1	2	3	4	5	6	7	8	9	10

Das Legen von Plättchen auf dem beschrifteten Zehnerstreifen, das Bauen von Würfeltürmen zu vorgegebenen Anzahlen, das Legen und Aufzeichnen von Plättchenmustern zu vorgegebenen Zahlen ergänzen diese Übungen.

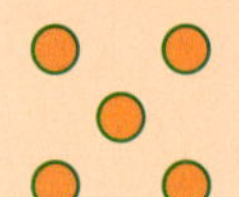

Eine sichere und flexible Zählfähigkeit ermöglicht nicht nur, Anzahlen genau zu bestimmen, sondern ist auch notwendige Voraussetzung, um Rechenoperationen wie die Addition und die Subtraktion zu erlernen.

Während für die erste Erarbeitung der Rechenoperationen Plus und Minus primär der Kardinalzahlaspekt eine Rolle spielt, repräsentiert die Orientierung in der Zahlenreihe den ordinalen Aspekt.

Auch die Ordnungszahlen 1., 2., 3. … werden meist schon im ersten Schulhalbjahr eingeführt und erweitern vorhandenes Zahlwissen bzw. machen es bewusst.

In Sachzusammenhängen wird der Maßzahlaspekt immer wieder aufgegriffen und in Verbindung mit der Entwicklung von Größenvorstellungen vor allem in den Bereichen Geld und Uhrzeit vertieft.

Der algebraische Aspekt der Rechenzahl findet sich bei der Erarbeitung von Rechengesetzen als Strategien zum vorteilhaften Rechnen (Kommutativ- und Assoziativgesetz) wieder.

Selbst der Operatoraspekt findet sich beim Verdoppeln und Halbieren von Zahlen.

Die vielfältige Nutzung der unterschiedlichen Zahlaspekte vom ersten Schuljahr an erweitert nicht nur innermathematisches Wissen, sondern betont auch die Anwendungsorientierung des Mathematikunterrichts.

22 Vergleichen

Sprech- und Schreibweisen „ist größer als“, „ist kleiner als“, „ist gleich“ einführen und anwenden; Kindergrößen, Türme aus Steckwürfeln sowie Zahlen vergleichen

SCHULBUCH 22

① Größenverhältnisse der Kinder beschreiben

Einführung der Relationszeichen < = >

② Diagramm lesen und beschreiben

Größenvergleiche mit gezeichneten Türmen vornehmen

Relationszeichen einsetzen

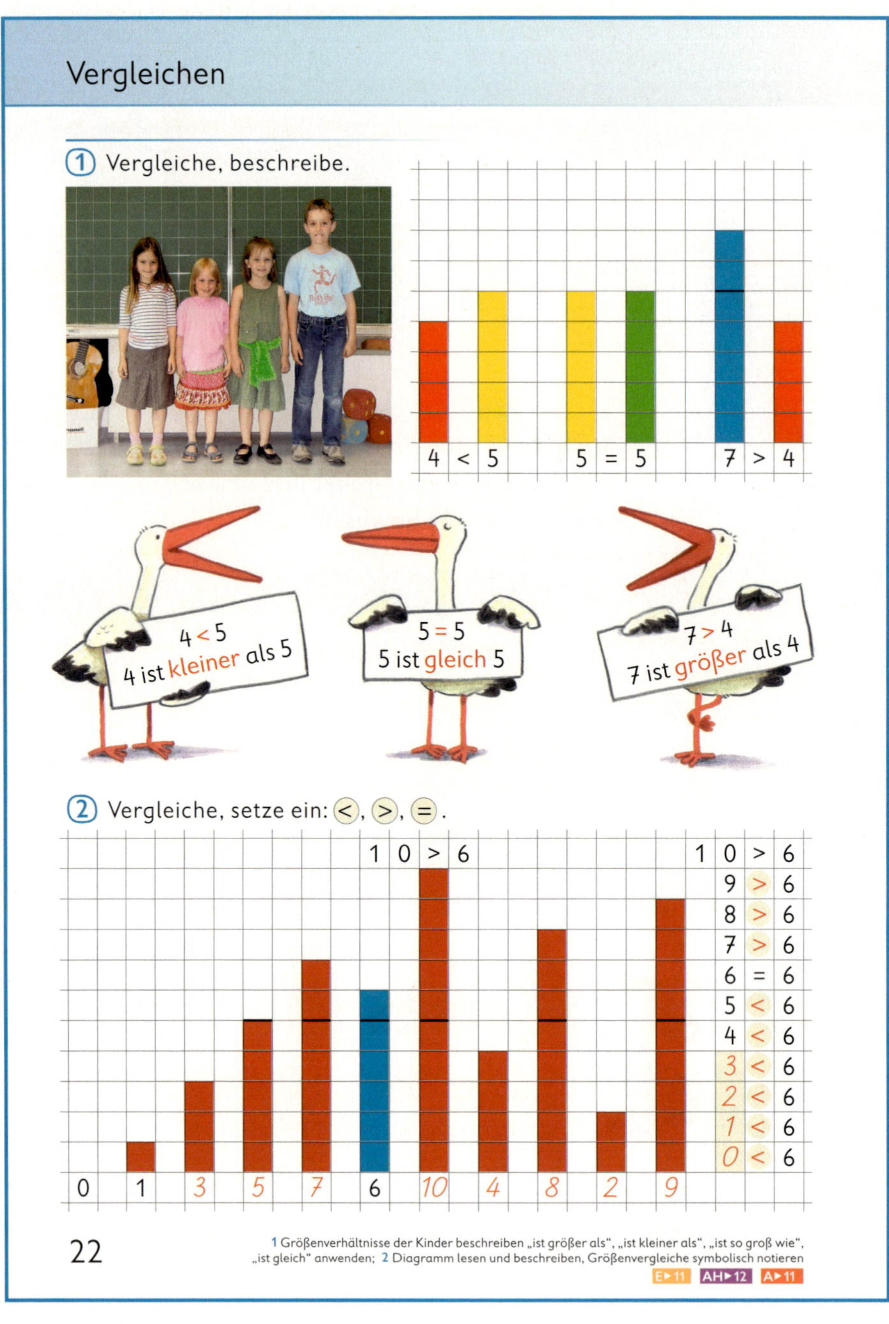

① vergleichen durch Nebeneinanderstellen

② Anzahlen ermitteln und vergleichen

③ vergleichen durch Nebeneinanderstellen

① Vergleiche mit gezeichneten Türmen

② bis ④ Aussagen vervollständigen

EINSTIEGE 11

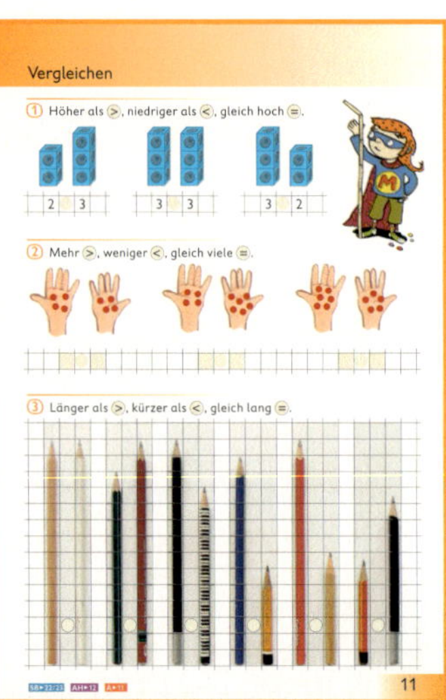

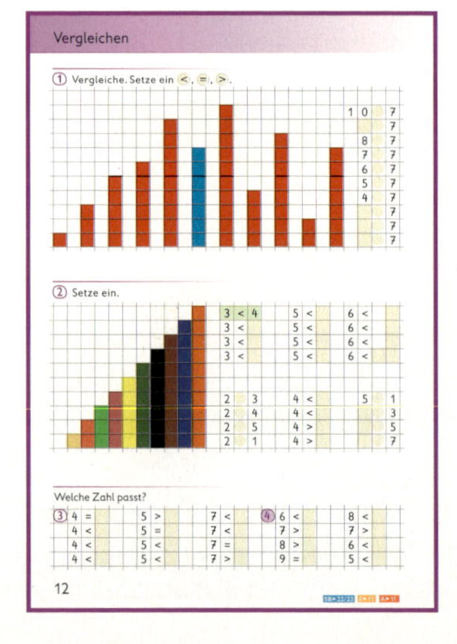

ARBEITSHEFT 12

SCHUL-
BUCH 23

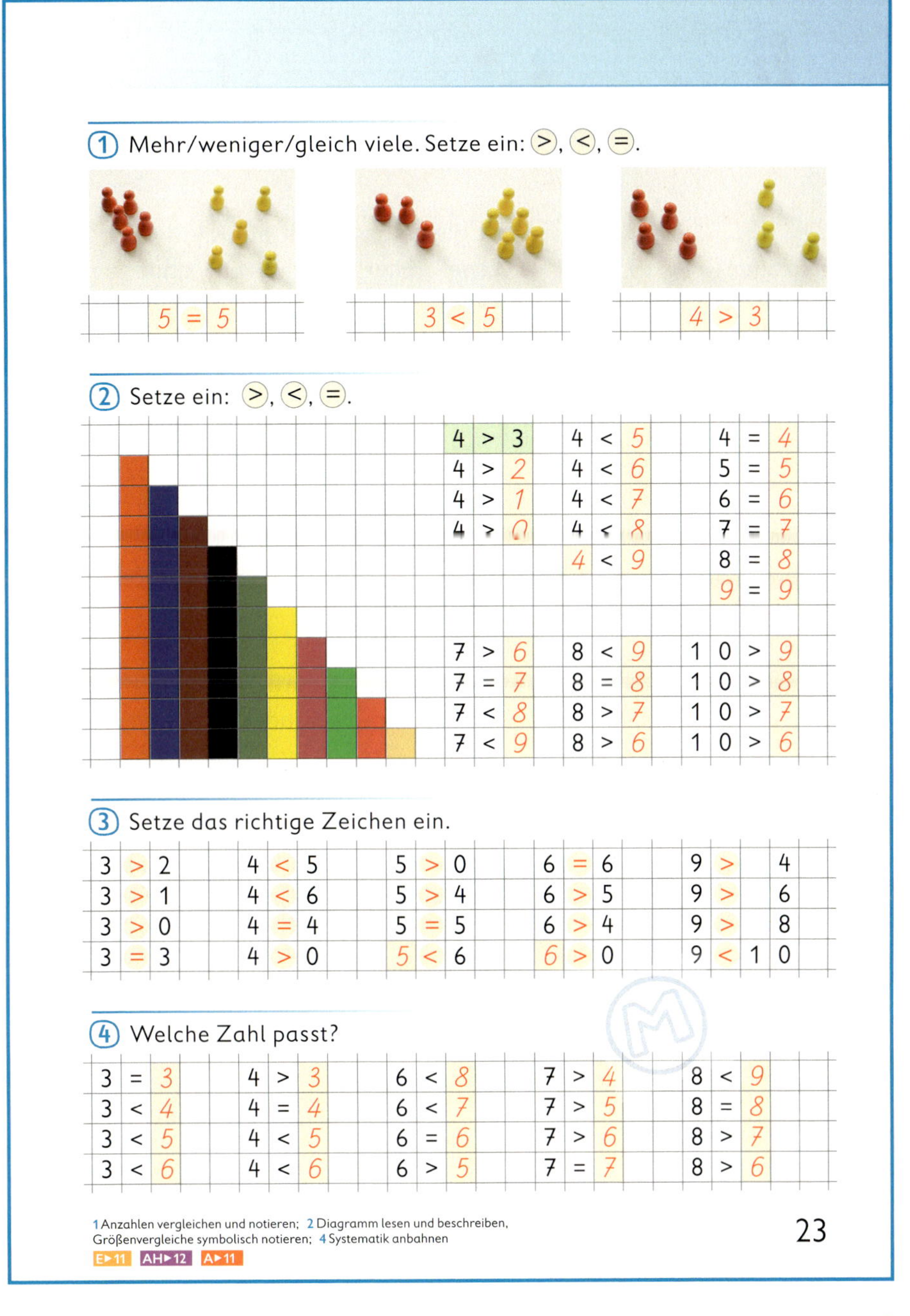

① Mehr/weniger/gleich viele. Setze ein: >, <, =.

5 = 5	3 < 5	4 > 3

② Setze ein: >, <, =.

4 > 3	4 < 5	4 = 4
4 > 2	4 < 6	5 = 5
4 > 1	4 < 7	6 = 6
4 > 0	4 < 8	7 = 7
	4 < 9	8 = 8
		9 = 9

7 > 6	8 < 9	10 > 9
7 = 7	8 = 8	10 > 8
7 < 8	8 > 7	10 > 7
7 < 9	8 > 6	10 > 6

③ Setze das richtige Zeichen ein.

3 > 2	4 < 5	5 > 0	6 = 6	9 > 4
3 > 1	4 < 6	5 > 4	6 > 5	9 > 6
3 > 0	4 = 4	5 = 5	6 > 4	9 > 8
3 = 3	4 > 0	5 < 6	6 > 0	9 < 10

④ Welche Zahl passt?

3 = 3	4 > 3	6 < 8	7 > 4	8 < 9
3 < 4	4 = 4	6 < 7	7 > 5	8 = 8
3 < 5	4 < 5	6 = 6	7 > 6	8 > 7
3 < 6	4 < 6	6 > 5	7 = 7	8 > 6

1 Anzahlen vergleichen und notieren; 2 Diagramm lesen und beschreiben, Größenvergleiche symbolisch notieren; 4 Systematik anbahnen

E▸11 AH▸12 A▸11

23

① zu den Fotos erzählen

Anzahlen vergleichen und notieren

Relationszeichen einsetzen

② Diagramm lesen und beschreiben

Größenvergleiche zu gezeichneten Türmen notieren

③ Zahlen vergleichen und Relationszeichen eintragen

④ Aussagen vervollständigen, mehrere Lösungen sind möglich

HINWEIS

Hauptschwierigkeit der Kinder ist das Verwechseln der beiden Zeichen > und < Eine Merkhilfe wie der Storchenschnabel (das Größere steht dort, wo der Schnabel offen ist) oder der Knick im Buchstaben k („kleiner“) kann unterstützend wirken. Diese „Eselsbrücken“ sollten auf einem Plakat im Klassenzimmer fixiert werden.

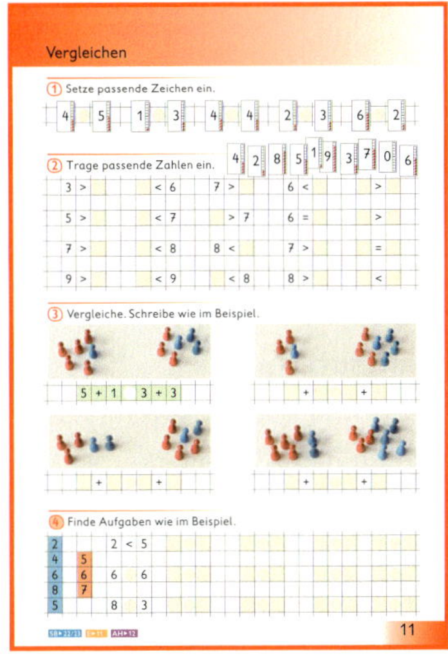

Vergleichen

① Setze passende Zeichen ein.

② Trage passende Zahlen ein.

③ Vergleiche. Schreibe wie im Beispiel.

④ Finde Aufgaben wie im Beispiel.

11

① Relationszeichen ergänzen

② passende Zahlen ergänzen/Aufgaben vervollständigen

③ Summen vergleichen

④ eigene Aufgaben bilden

AUFSTIEGE 11

22/23 Vergleichen

KOMMENTAR

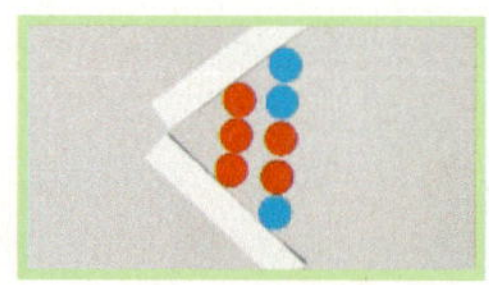

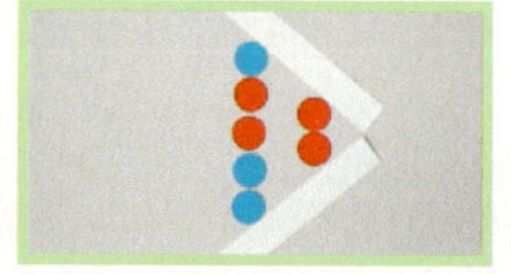

Material
Steckwürfel, Plättchen, Papierstreifen

Hinweise zum Unterrichtsthema
Im Alltag gibt es für den Vergleich von Gegebenheiten vielfältige Begriffe wie „mehr/weniger, höher/niedriger, länger/kürzer“. Dagegen werden in mathematischen Zusammenhängen ausschließlich die Begriffe „größer“, „kleiner“ und „gleich“ verwendet, die durch die Zeichen >, < und = symbolisiert werden. Um die Zeichen und ihre Bedeutung im Unterricht erfolgreich einzuführen, werden zunächst direkte Vergleiche durch das Nebeneinanderlegen von verschiedenen Gegenstandsmengen (Steckwürfel, Bleistifte ...) ermöglicht. Der Anzahlunterschied ist für das Auge dabei sichtbar. Dies gilt auch für die sich anschließenden Vergleiche anhand zeichnerischer Darstellungen.
Schließlich werden Vergleiche von Zahlen initiiert, wie 8 ○ 3. Dabei müssen die Schüler die durch die Zahlen repräsentierten Mengen vor Augen haben, um sie entsprechend zu vergleichen und ein Symbol einzusetzen. Eine Voraussetzung für Größenvergleiche im Zahlenraum bis 10 ist, dass die Schüler sich sicher darin bewegen, Zahlbeziehungen verinnerlicht haben und eine gefestigte Vorstellung von den durch Zahlen/Ziffern repräsentierten Mengen (Kardinalzahlaspekt) haben.

Schulbuch 22/23

Hinweise zum Unterrichtsablauf
Als Gesprächsanlass bittet die Lehrerin vier Kinder, davon zwei Kinder gleicher Größe, nach vorne. Jeweils zwei Kinder stellen sich Rücken an Rücken, sodass die Mitschüler automatisch mit dem Größenvergleich beginnen: „Lene ist kleiner als Annika“, „Marc ist gleich groß wie Jan“, „Jan ist größer als Lene“. Hierbei wird auf ganz natürliche Weise die Sprechweise der Zeichen eingeführt. Anschließend erzählen die Kinder zu den Abbildungen im Schulbuch. Dabei werden die Begriffe „größer“, „kleiner“ und „gleich“ mit den dazugehörenden Zeichen in Gebrauch genommen.

Hinweise zu den Aufgaben

Seiten 22
Aufgabe 1
Die Kinder beschreiben die Abbildungen, vergleichen die Kinder paarweise hinsichtlich der Größe und orientieren sich dabei am Karoraster der Tafel. Im Unterrichtsgespräch lernen die Kinder die Relationszeichen kennen und prägen sich diese mit Hilfe der Illustration ein.
Aufgabe 2
Die Kinder lesen und beschreiben das Diagramm. Die Zahlen 1 bis 10 sind als eingefärbte Rechenkästchen (Türme) abgebildet. Unter den Türmen notieren sie die Anzahl der gefärbten Rechenkästchen. Die Kinder vergleichen den 6er-Turm mit den anderen Türmen, ergänzen Relationszeichen bzw. fehlende Zahlen.

Seite 23
Aufgabe 1
Die Schüler notieren und vergleichen die Anzahlen der Spielfiguren auf den Fotos, setzen Relationszeichen entsprechend ein und geben den notierten Sachverhalt sprachlich wieder.
Aufgabe 2
Die Schüler lesen und beschreiben das abgebildete Diagramm und notieren Größenvergleiche.
Aufgabe 3
Gefordert ist der Vergleich auf der symbolischen Ebene. Die Schüler setzen die passenden Relationszeichen ein.

Aufgabe 4
Die Schüler setzen passende Zahlen ein. Die Lösungen sind nicht immer eindeutig, d.h. oft sind mehrere Einsetzungen möglich.

Hinweise zur Differenzierung

- Kartenspiel für 3–4 Spieler: Ein Satz Zahlenkarten mit den Ziffern 0 bis 10 wird mehrmals kopiert. Jede Schülergruppe bekommt vier Sätze, jeder Schüler zieht daraus acht Karten und legt sie als Stapel vor sich hin. Zeitgleich decken die Mitspieler die oberste Karte auf. Nach Vereinbarung bekommt das Kind mit der größten (kleinsten) Zahl alle aufgedeckten Karten. Wird in einer Spielrunde die Gewinnzahl mehrfach aufgedeckt, so werden alle aufgedeckten Karten beiseitegelegt und der Sieger der folgenden Spielrunde bekommt nun alle Karten. Wer am Ende des Spiels die meisten Karten hat, hat gewonnen.
- Kinder bekommen Zahlenkarten angeheftet und müssen sich nach Anweisung aufstellen (z.B. von der kleinsten zur größten Zahl).

Einstiege 11

Aufgabe 1
Die Kinder vergleichen die Steckwürfeltürme durch Nebeneinanderstellen und setzen die Relationszeichen ein.
Aufgabe 2
Die Schüler vergleichen die Plättchenanzahl durch Zählen. Sie notieren die Anzahlen und setzen das entsprechende Relationszeichen.
Aufgabe 3
Die Kinder vergleichen die Länge der Stifte und setzen die Relationszeichen ein.

Arbeitsheft 12

Aufgabe 1
Die Kinder lesen und beschreiben das Diagramm. Die Zahlen 1 bis 10 sind als eingefärbte Rechenkästchen (Türme) abgebildet. Die Kinder vergleichen die Türme mit dem 7er-Turm, ergänzen Relationszeichen und fehlende Zahlen.
Aufgabe 2
Die Schüler lesen und beschreiben das abgebildete Diagramm und notieren Größenvergleiche.
Aufgaben 3, 4 (AB II)
Die Schüler setzen passende Zahlen ein. Manche Aufgaben besitzen mehrere gültige Lösungen.

Aufstiege 11

Aufgabe 1
Anzahlvergleiche mit Hilfe von Zahlenkarten: Unterstützend wirkt die Darstellung im Zehnerfeld am rechten Kartenrand, die auch zum unmittelbaren Größenvergleich herangezogen werden kann.
Aufgabe 2
Die Kinder vervollständigen die Aufgaben, indem sie passende Zahlen einsetzen.
Aufgabe 3
Die Schüler notieren die dargestellten Summenterme (Zerlegungen) und setzen das jeweils passende Relationszeichen ein.
Aufgabe 4 (AB II)
Die Kinder notieren eigene Relationsaufgaben, indem sie jeweils zwei Zahlen auswählen und miteinander vergleichen.

24 Das kann ich schon!

Kenntnisse, Fähigkeiten und Fertigkeiten zu Zahlenkarten, Anzahlsituationen, Zahlenreihenfolge, Ziffern schreiben, Zerlegungsaufgaben und Anwendung von Relationszeichen wiederholen, vertiefen und üben

SCHUL-BUCH 24

① Zahlenkarten vervollständigen

② Anzahlen bestimmen und im Zehnerfeld darstellen

③ Ziffern im Schreibband schreiben

Das kann ich schon!

① Male. Schreibe.

6 8 4 5

Male selbst.

7

② Wie viele?

8 9

Vorwärts, rückwärts und wie du willst.

③ 0 1 2 3 4 5 6 7 8 9 10

10 9 8 7 6 5 4 3 2 1 0

z. B. 1 3 5 7 9 10 8 6 4 2 0

24

1 Ziffern eintragen, passend im Zehnerfeld notieren; 2 Zählen, einfärben, Zahl notieren; 3 Zahlenfolge vorwärts, rückwärts vervollständigen, eigene Zahlenfolge notieren

E▸12 A▸12

① Anzahlen bestimmen

Zahlenkarten und Abbildungen verbinden

② Zerlegungssituationen im Zehnerfeld ablesen, in Zahlenhäuser eintragen

passende Zahlenhäuser und Zehnerfelder verbinden

EINSTIEGE 12

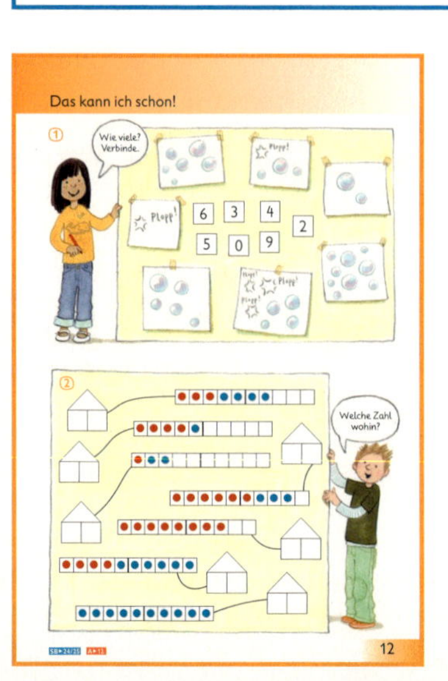

SCHUL-
BUCH 25

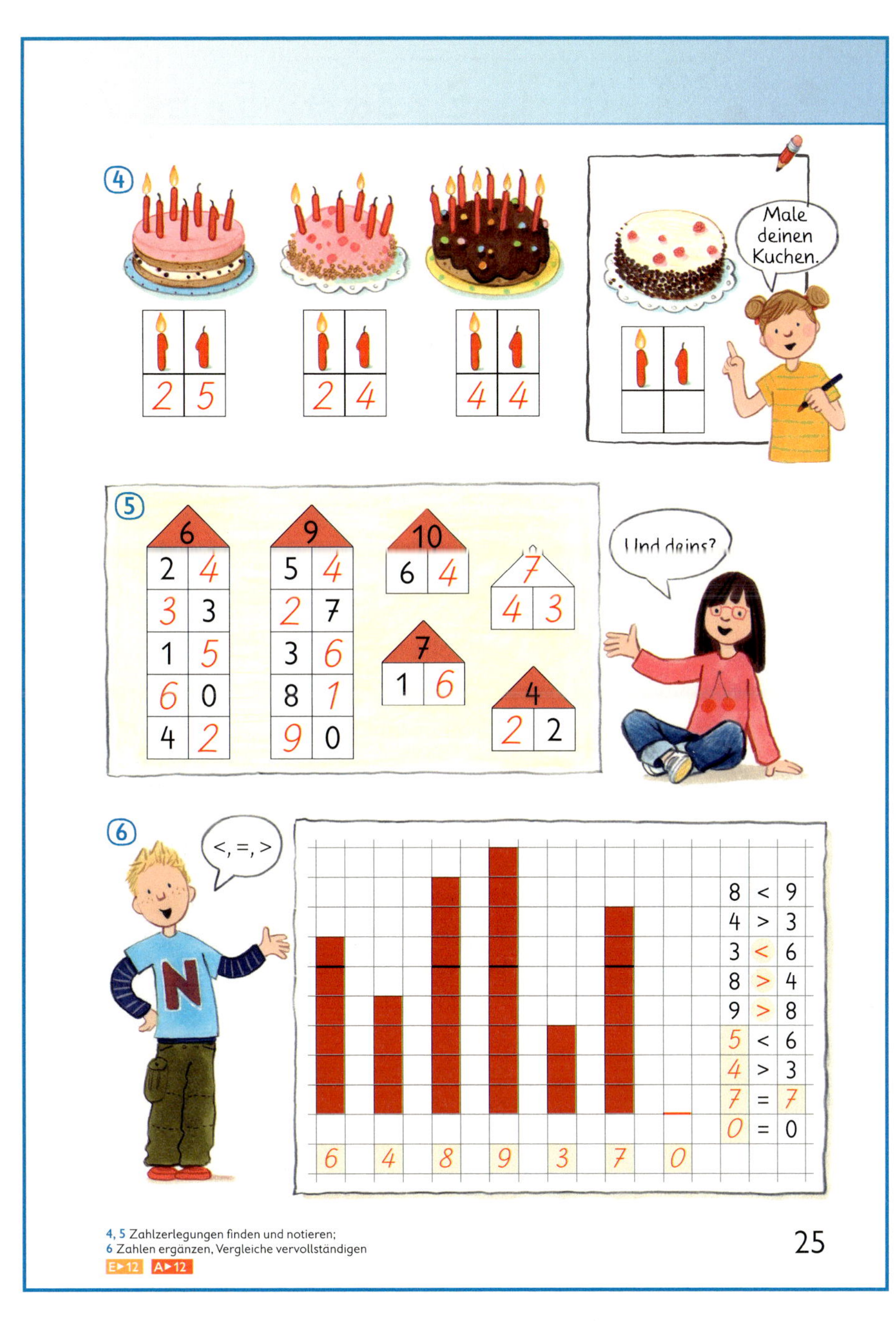

④ Zerlegungen in Abbildungen bestimmen und in Tabellen eintragen

⑤ Zerlegungen vervollständigen und in Zahlenhäusern notieren

⑥ Kästchenanzahlen in Rechentürmen bestimmen

Größenvergleiche notieren

Dachzahlen bestimmen und eintragen

Lösungszahlen nutzen

AUFSTIEGE 12

24/25 Das kann ich schon!

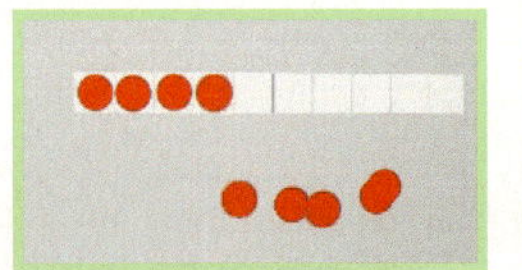

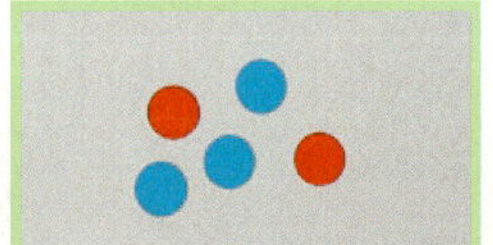

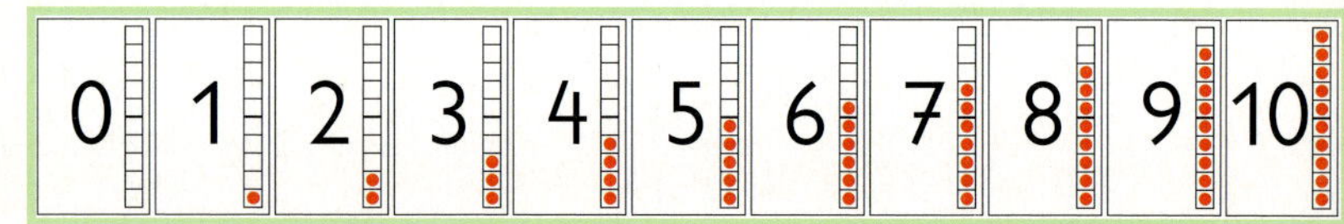

Material
Zahlenkarten, Zehnerfelder und Plättchen

Hinweise zum Unterrichtsthema
Der Mathematikunterricht soll auf den mathematischen Voraussetzungen der Kinder aufbauen und anhand dieser geplant werden. Um diese – über die täglichen Beobachtungen der Lehrerin hinaus – zu ermitteln, werden in Abständen immer wieder Seiten zum Thema „Das kann ich schon!“ angeboten, um der Lehrerin vertiefende Einblicke in die aktuellen mathematischen Fähigkeiten, Fertigkeiten und Kenntnisse ihrer Schüler zu verschiedenen Themenbereichen zu ermöglichen.
Die Schüler erhalten dabei Gelegenheit, im Mathematikunterricht erworbene Fähigkeiten, Fertigkeiten und Kenntnisse auszuschöpfen, anzuwenden und auszubauen.

Schulbuch 24/25

Hinweise zum Unterrichtsablauf
Zu Beginn der Unterrichtsstunde bietet es sich an, die verschiedenen Aufgabentypen jeweils anhand eines Beispiels durchzuarbeiten und so zu wiederholen. Um eine zügige und effektive Durcharbeitung zu ermöglichen, sollte die Lehrerin bereits vor der Unterrichtsstunde jeden Aufgabentyp einmal an der Tafel darstellen oder auf einer Folie für den Overheadprojektor bereithalten (siehe unten).
Die Schüler können zu Beginn der Stunde anhand dieser Zusammenstellung der Aufgaben ihr Vorwissen äußern, Bearbeitungshinweise formulieren und die Aufgaben in der von ihnen gewünschten Reihenfolge lösen. Ergeben sich Probleme bei der Bearbeitung einzelner Aufgabentypen, so kann die Lehrerin ggf. weitere anbieten oder mit einer Kleingruppe an der Tafel daran arbeiten, während die übrigen Schüler die entsprechenden Seiten des Unterrichtswerkes bearbeiten.

Hinweise zu den Aufgaben

Seite 24

Aufgabe 1

Auf den abgebildeten Karten notieren die Kinder die passende Ziffer zur im Zehnerfeld dargestellten Menge bzw. füllen das Zehnerfeld zur vorgegebenen Ziffer entsprechend aus. Anschließend erstellen sie eine eigene Zahlenkarte.

Aufgabe 2

Die Schüler bestimmen die Anzahlen der abgebildeten Stifte, stellen diese im Zehnerfeld dar und schreiben die passende Zahl hinzu.

Aufgabe 3

Im Schreibband schreiben die Kinder die Zahlen von 0 bis 10 in Zählreihenfolge vorwärts, rückwärts und dann in einer selbst gewählten Abfolge.

Seite 25

Aufgabe 4

Die Schüler betrachten die einzelnen Abbildungen und entnehmen diesen jeweils die dargestellte Zerlegungssituation. Die Zerlegungen notieren sie anschließend in den Tabellen. Abschließend zeichnen sie eine eigene Zerlegungssituation und tragen diese in die Tabelle ein.

Aufgabe 5

Die Schüler vervollständigen die abgebildeten Zahlenhäuser durch Anwendung der bereits verinnerlichten Zerlegungen. Lösen einige Kinder die Aufgaben noch ergänzend, so ist dies ein Zeichen dafür, dass sie die Zerlegungen im Zahlenraum bis 10 noch nicht verinnerlicht haben und dazu weitere vertiefende Übungsangebote benötigen.

Aufgabe 6

Die Schüler bestimmen die Anzahl der eingefärbten Kästchen in den Rechentürmen. Die in der Abbildung rechts aufgeführten Aussagen zum Mengen- bzw. Größenvergleich zwischen jeweils zwei der gefundenen Zahlen werden von den Kindern vervollständigt, indem sie passende Zahlen oder Relationszeichen einsetzen. Die gezeichneten Rechentürme können als Hilfestellung genutzt werden, da sie die Größe einer Zahl anschaulich wiedergeben.

Hinweise zur Differenzierung

Vertiefend empfiehlt es sich, die oben aufgeführten Aufgabenformate beim Lernen an Stationen zu üben. Dazu müssen Aufgabenkarten an den verschiedenen Stationen bereitgelegt werden (s. Teil 2).

Einstiege 12

Aufgabe 1

Die Schüler bestimmen die Anzahlen der Seifenblasen und verbinden die Bilder mit der entsprechenden Zahlenkarte.

Aufgabe 2

Die Schüler lesen die dargestellten Zerlegungssituationen in den Zehnerfeldern ab, tragen diese in die Zahlenhäuser ein und verbinden passende Zahlenhäuser und Zehnerfelder.

Aufstiege 12

Die Kinder bestimmen die Dachzahlen der Zahlenhäuser und kontrollieren ihre Ergebnisse mit den Lösungszahlen.

Schulpflichtige Kinder kommen mit sehr unterschiedlichen Lern- und Entwicklungsvoraussetzungen in die Schule. Um jedes Kind da abzuholen, wo es von seiner Entwicklung her steht, ist es notwendig, die individuelle Lernausgangslage genau festzustellen. Wichtigstes Instrument der Eingangsdiagnostik ist die gezielte Beobachtung der Stärken und Schwächen des einzelnen Kindes in Spiel- und Unterrichtssituationen. Traditionell wird der Zeitraum von Schuljahresbeginn bis zu den Herbstferien genutzt, um sich ein Bild von den vorhandenen Fähigkeiten und eventuellen Entwicklungsrückständen zu machen, um danach mit gezielter außen- oder binnendifferenzierter Förderung für einzelne Kinder zu beginnen. Neben der Frage nach vorhandenen Vorläuferfähigkeiten für den Mathematikunterricht wie

- **Zählt das Kind sicher bis 10/20?**
- **Stellt es Größenvergleiche an?**
- **Benennt es die Anzahl der Würfelpunkte?**
- **Gelingt die Zuordnung Anzahl – Ziffer?**
- **...**

spielt für eine erfolgreiche Teilnahme am Mathematikunterricht der Entwicklungsstand der Wahrnehmungsbereiche eine ebenso entscheidende Rolle wie die kognitive und die sozial-emotionale Entwicklung.

KOMPETENZORIENTIERT BEOBACHTEN

INDIVIDUELL FÖRDERN II

Ausgangspunkt einer jeden Förderplanung sollte nicht die Frage „Was kann das Kind noch nicht?" sein, sondern der Blick auf vorhandene Stärken oder Vorlieben des Kindes, die als Anknüpfungspunkt für eine gezielte Förderung dienen könnten.

Jan holt sich im offenen Anfang immer wieder die Steckwürfel, um mit ihnen zu bauen. Er erhält den Auftrag, verschieden hohe Steckwürfeltürme zu bauen, auf Schaschlikstäbe zu spießen und nebeneinander in einen Styroporblock zu stecken. Schnell fängt er an, seine Türme nach der Größe zu sortieren, fehlende Türme zu ergänzen und immer wieder zu zählen. Als nächste Übung lernt er, Zahlenkarten den Türmen richtig zuzuordnen.

ENTWICKLUNGSVERZÖGERTE KINDER

Bei entwicklungsverzögerten Kindern ist primär die basale Förderung von Bedeutung und sollte Vorrang vor allen fachbezogenen Bemühungen haben. Dies schließt jedoch nicht aus, auch diesen Kindern Lernfortschritte im „normalen" Mathematikunterricht zu ermöglichen, indem man ihnen mehr Übungszeit einräumt, sie mehr Handlungen an konkretem Material durchführen lässt und ihnen durch anforderungsdifferenzierte Übungen Erfolgserlebnisse vermittelt.

LEISTUNGSSTÄRKERE KINDER

Nicht vergessen werden sollten aber auch die Kinder, die bei Schuleintritt schon über ein umfangreiches Zahl- und Operationsverständnis verfügen. Häufig müssen sie außer der richtigen Ziffernschreibweise und den korrekten Notationsformen für Aufgabenterme nicht mehr viel an arithmetischen Inhalten des ersten Schuljahres lernen. Wenn es sich bei diesen Kindern nicht um potentielle Springer handelt, die in allen Lernbereichen schon über herausragende Fähigkeiten verfügen, müssen Wege gefunden werden, damit sie nicht aus Langeweile und Unterforderung den Spaß an der Mathematik verlieren. Für sie bietet sich das „Lernen in Schleifen" an. Während ihre Klassenkameraden noch mühsam Additionsaufgaben materialgestützt berechnen, lösen diese Kinder bereits Knobelfiguren (Zauberdreiecke, -vierecke ...), arbeiten mit Lernkarteien und Computerprogrammen. In gemeinsamen Unterrichtsphasen übernehmen sie häufig die Lehrerrolle, da sie Auffälligkeiten und Gesetzmäßigkeiten bei „schönen" Aufgabenfolgen den anderen Kindern oft verständlicher erklären können als die Lehrerin.

DAS KANN ICH SCHON

Ein gutes Schulbuch sollte neben Lernzielkontrollen in regelmäßigen Abständen auch Seiten anbieten, auf denen die Kinder und die Lehrerin feststellen können, was das einzelne Kind nach den vorangegangenen Unterrichtsreihen wirklich sicher beherrscht. Solche Seiten vermitteln den Kindern zum einen Transparenz über das, was sie schon gelernt haben, zum anderen Erfolgserlebnisse und ein Bewusstsein für Lernfortschritte. Der Lehrerin geben sie Auskunft darüber, für welche Kinder der bisherige Unterricht erfolgreich war und welche Kinder eventuell noch eine zusätzliche Unterstützung oder ein „Nachlernen" einzelner Teilbereiche benötigen. Solche „Das kann ich schon"-Seiten bieten sich immer dann an, wenn ein größerer inhaltlicher Abschnitt abgeschlossen ist. Ein erster sinnvoller Lernabschnitt ist etwa um die Zeit der Herbstferien erreicht. Jetzt sollte die Mehrzahl der Kinder sich sicher im Zahlenraum bis 10 orientieren können und über folgende Fähigkeiten und Fertigkeiten verfügen:

- zu vorgegebenen Anzahlen passende Ziffern notieren können
- bildlich dargestellte Objekte sicher abzählen und das passende Zahlzeichen zuordnen können
- Anzahlen bis 10 zerlegen und im Zahlenhaus darstellen können
- Objekte und Anzahlen größenmäßig vergleichen können

ANFORDERUNGEN AN EINE GUTE ERSTE „DAS KANN ICH SCHON"-SEITE:

- Sie besteht ausschließlich aus vertrauten Aufgabenformaten.
- Sie überprüft die Anzahl-Zahl-Zuordnung an strukturierten (Fünfergliederung erkennbar) und unstrukturierten Zahldarstellungen und fordert auch die Umkehrung, eigene Bilder zu vorgegebenen Zahlen zu malen.
- Sie bietet Zahlzerlegungen in allen Varianten an.

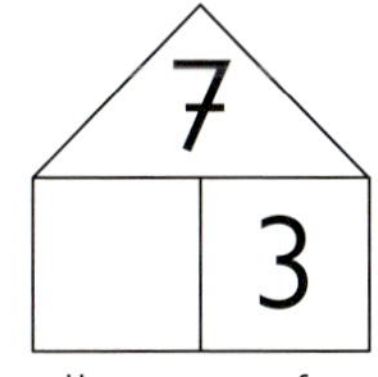

TIPP

Die Bearbeitung muss nicht für alle Kinder zur gleichen Zeit geschehen, sondern kann auch individuell dann angeboten werden, wenn die Lehrerin meint, dass ein Kind diese Aufgaben schaffen wird.

- Sie enthält Aufgabenstellungen auf unterschiedlichen Repräsentationsebenen (ikonisch, symbolisch) <, =, >.

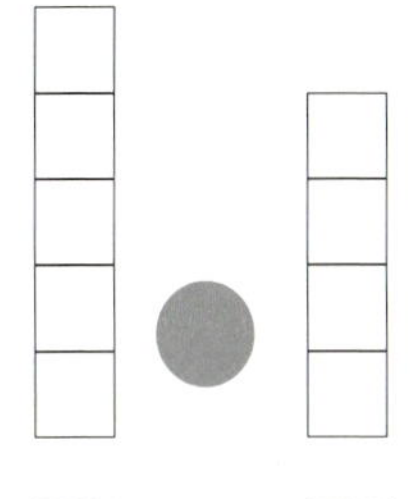

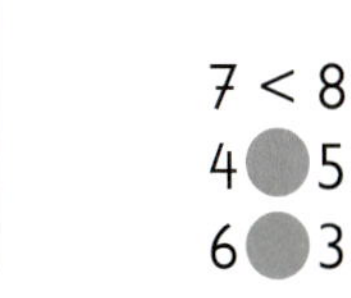

- Sie enthält offene Aufgabenstellungen, die die Kinder zu eigenen Zahl- und Anzahldarstellungen ermutigen, da hier die Kinder zum einen zeigen können, dass sie den Zusammenhang verstanden haben, zum anderen aber auch den bisher erarbeiteten Zahlenraum verlassen können.

BEARBEITUNG VON LERNSTANDSSEITEN

Die Kinder sollten diese Lernstandsseiten möglichst alleine bearbeiten. Zehnerfelder und Plättchen stehen ihnen zur Verfügung und können bei Bedarf genutzt werden. Während der Bearbeitungszeit sollte die Lehrerin sich Notizen machen, welche Kinder bei welchen Aufgaben auf Hilfsmittel zurückgreifen (Plättchen, Finger ...). Eine Auswertung der Ergebnisse unter Nutzung der Beobachtungen hilft der Lehrerin, den individuellen Stand zu diesem Zeitpunkt zu erfassen.

26 Gleich

Gleichheitszeichen in Funktion und Bedeutung kennen lernen; Gleichungen lesen lernen; eigene Gleichungen erzeugen und in Mustern sichtbar machen, dabei das Zerlegen als Rechenstrategie nutzen

SCHULBUCH 26

① Abbildung betrachten
Gleichung nachvollziehen

② zur Plättchenanzahl passende Additionsgleichung notieren
eigene Aufgaben finden

③ Zehnerfeld zur Gleichung passend ausfüllen

④ zu Zerlegungshäusern Plusaufgaben notieren

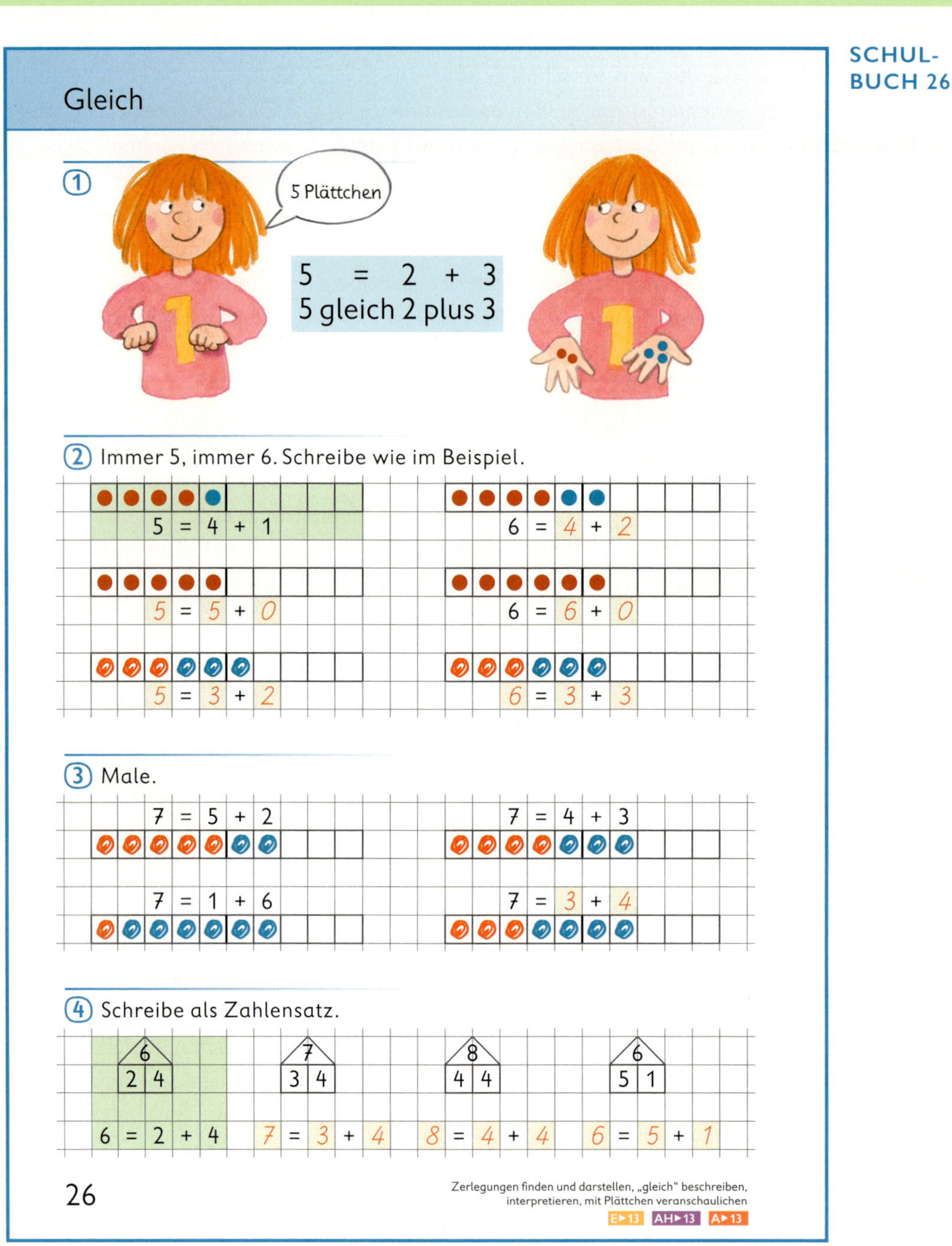
Gleich

① 5 Plättchen

5 = 2 + 3
5 gleich 2 plus 3

② Immer 5, immer 6. Schreibe wie im Beispiel.

5 = 4 + 1 | 6 = 4 + 2
5 = 5 + 0 | 6 = 6 + 0
5 = 3 + 2 | 6 = 3 + 3

③ Male.

7 = 5 + 2 | 7 = 4 + 3
7 = 1 + 6 | 7 = 3 + 4

④ Schreibe als Zahlensatz.

6 (2, 4): 6 = 2 + 4 | 7 (3, 4): 7 = 3 + 4 | 8 (4, 4): 8 = 4 + 4 | 6 (5, 1): 6 = 5 + 1

26

Zerlegungen finden und darstellen, „gleich" beschreiben, interpretieren, mit Plättchen veranschaulichen
E▸13 AH▸13 A▸13

EINSTIEGE 13

① und ② Gleichungen zu den Abbildungen notieren

③ Zerlegungshäuser zur 6 ausfüllen, passende Gleichung notieren

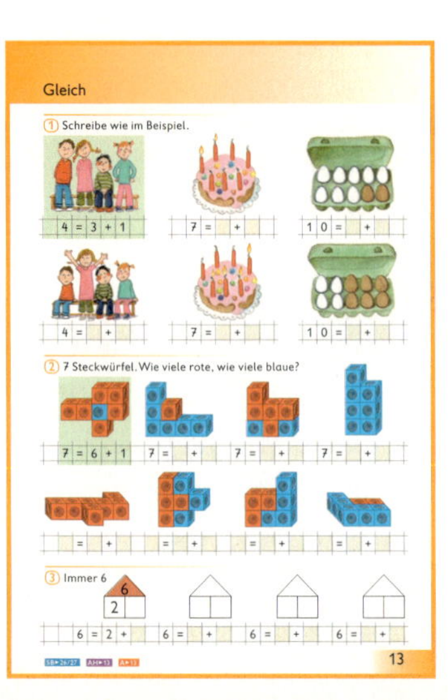
Gleich

① Schreibe wie im Beispiel.

4 = 3 + 1 | 7 = + | 10 = +
4 = + | 7 = + | 10 = +

② 7 Steckwürfel. Wie viele rote, wie viele blaue?

7 = 6 + 1 | 7 = + | 7 = + | 7 = +

③ Immer 6

6 = 2 + | 6 = + | 6 = + | 6 = +

13

ARBEITSHEFT 13

① Gleichungen notieren

② Zahlenhäuser ausfüllen, Gleichungen notieren

③ und ④ mögliche Zerlegungen finden
Gleichungen notieren

⑤ passende Plusaufgabe notieren

⑥ passendes Bild zur Gleichung malen

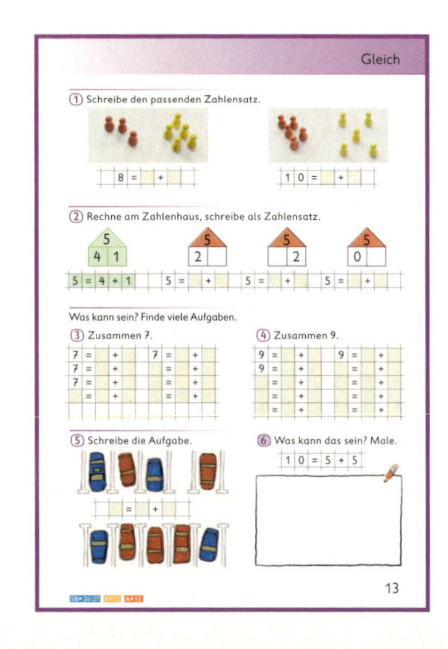
Gleich

① Schreibe den passenden Zahlensatz.

8 = + | 10 = +

② Rechne am Zahlenhaus, schreibe als Zahlensatz.

5 = 4 + 1 | 5 = + | 5 = + | 5 = +

Was kann sein? Finde viele Aufgaben.

③ Zusammen 7.
④ Zusammen 9.

⑤ Schreibe die Aufgabe.
⑥ Was kann das sein? Male.

10 = 5 + 5

13

SCHUL-
BUCH 27

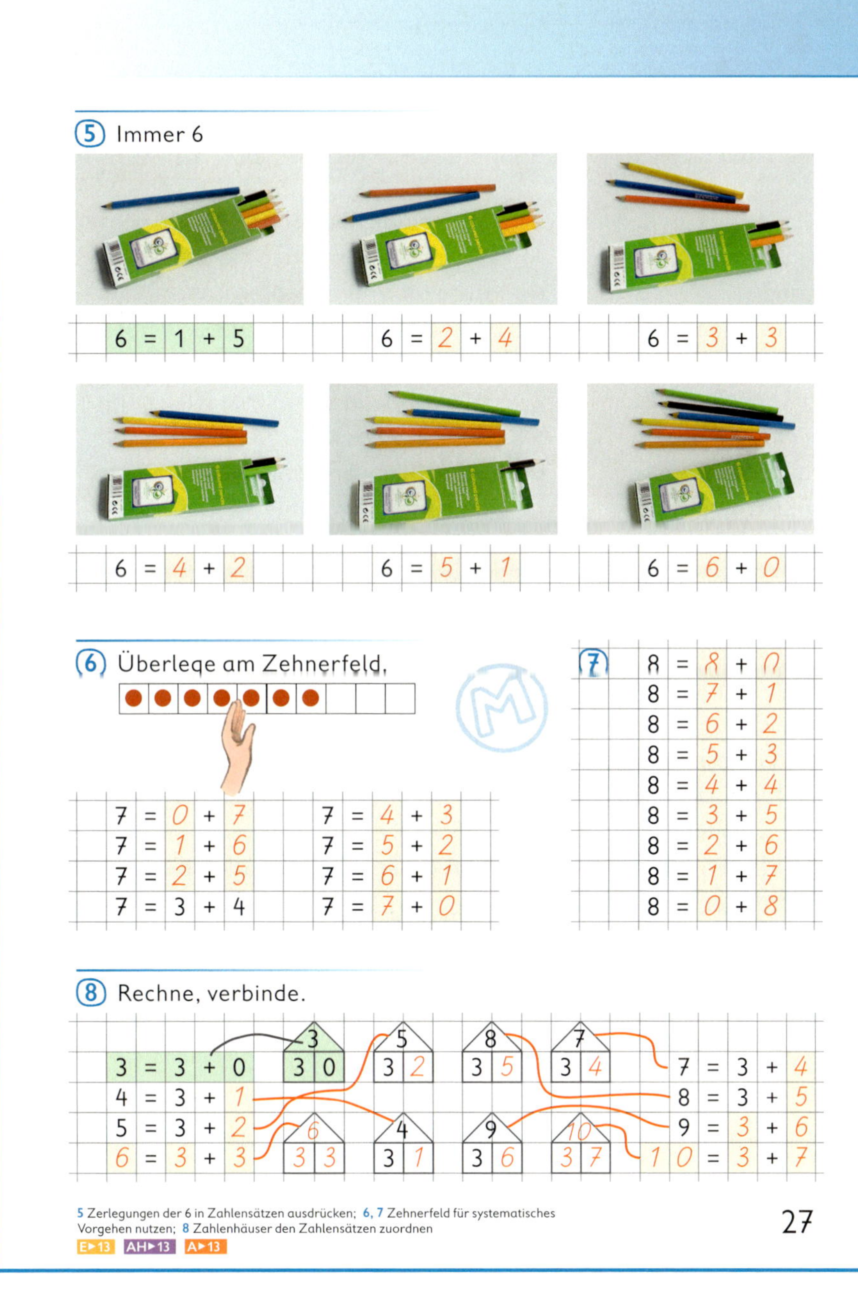

⑤ Immer 6

6 = 1 + 5 | 6 = 2 + 4 | 6 = 3 + 3

6 = 4 + 2 | 6 = 5 + 1 | 6 = 6 + 0

⑥ Überlege am Zehnerfeld.

7	=	0	+	7	7	=	4	+	3
7	=	1	+	6	7	=	5	+	2
7	=	2	+	5	7	=	6	+	1
7	=	3	+	4	7	=	7	+	0

⑦

8	=	8	+	0
8	=	7	+	1
8	=	6	+	2
8	=	5	+	3
8	=	4	+	4
8	=	3	+	5
8	=	2	+	6
8	=	1	+	7
8	=	0	+	8

⑧ Rechne, verbinde.

3 = 3 + 0
4 = 3 + 1
5 = 3 + 2
6 = 3 + 3

Zahlenhäuser: 3 (3 | 0), 5 (3 | 2), 8 (3 | 5), 7 (3 | 4), 6 (3 | 3), 4 (3 | 1), 9 (3 | 6), 10 (3 | 7)

7 = 3 + 4
8 = 3 + 5
9 = 3 + 6
10 = 3 + 7

5 Zerlegungen der 6 in Zahlensätzen ausdrücken; 6, 7 Zehnerfeld für systematisches Vorgehen nutzen; 8 Zahlenhäuser den Zahlensätzen zuordnen
E▸13 AH▸13 A▸13

27

⑤ Gleichungen zu Darstellungen vervollständigen

⑥ und ⑦ zu vorgegebener Summe verschiedene Zerlegungen am Zehnerfeld sichtbar machen

passende Gleichungen notieren

⑧ Gleichungen und passende Zahlenhäuser verbinden und vervollständigen

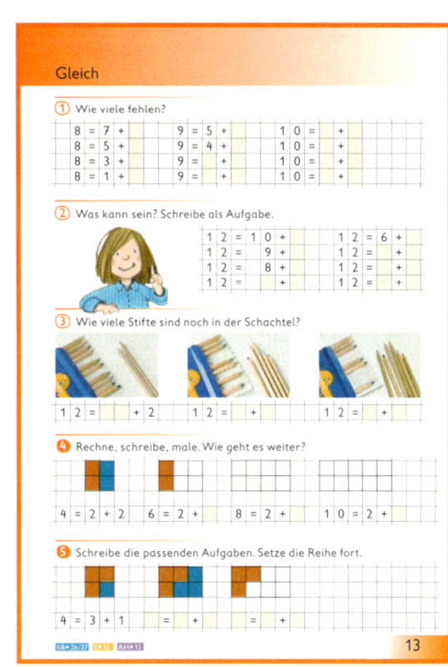

Gleich

① Wie viele fehlen?

② Was kann sein? Schreibe als Aufgabe.

③ Wie viele Stifte sind noch in der Schachtel?

④ Rechne, schreibe, male. Wie geht es weiter?

⑤ Schreibe die passenden Aufgaben. Setze die Reihe fort.

13

① und ② Additionsgleichungen vervollständigen

③ passende Gleichungen zu Abbildungen notieren

④ Kästchenmuster und Gleichungen passend zueinander vervollständigen

⑤ passende Aufgaben zu Mustern schreiben, Muster und Gleichungen fortsetzen

AUFSTIEGE 13

26/27 Gleich

KOMMENTAR

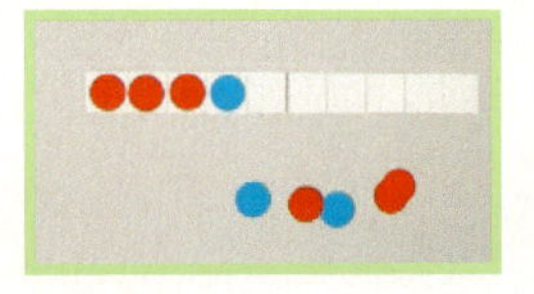

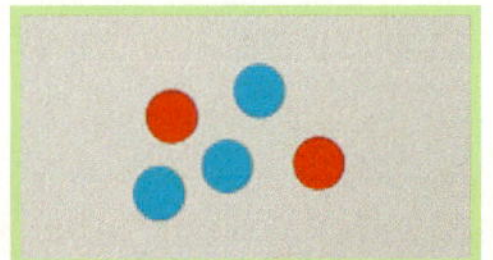

Material
Wendeplättchen für die Tafel, Zehnerfelder und Plättchen für die Kinderhand

Hinweise zum Unterrichtsthema
Das Gleichheitszeichen wird vor allem in der Mathematik und in den Naturwissenschaften verwendet, um auszudrücken, dass zwei gegenübergestellte Größen in ihrem Wert gleich sind. Dabei wird das Gleichheitszeichen zwischen den angegebenen Größen notiert, z.B. 8 + 1 = 9 (sprich: „acht plus eins gleich 9"). Der so entstandene Term wird Gleichung genannt. Dabei ist deutlich zu sehen, dass die Gleichung eine linke und eine rechte Seite vom Gleichheitszeichen aus gesehen besitzt. Durch dieses Zeichen können verschiedene Größen in Beziehung gesetzt werden, z. B. Punkte, Strecken und Zahlen. Wichtig ist dabei, dass die Größen in einer Gleichung von derselben Art sind.

Schulbuch 26/27

Hinweise zum Unterrichtsablauf
Die Lehrerin bittet ein Kind zu ihrer rechten, ein anderes zu ihrer linken Seite vor die Tafel. Die Mitschüler äußern, dass auf jeder Seite gleich viele Personen zu sehen sind. Daraufhin notiert die Lehrerin an der Tafel für jedes Kind die Ziffer 1, schreibt zwischen die Ziffern das Gleichzeichen, benennt es und erklärt, dass es überall dort stehen darf, wo zwei Mengen gleicher Anzahl und Art vorhanden sind. Dann wird der Term 1 = 1 („eins gleich eins") gemeinsam gelesen.
Nun heftet die Lehrerin auf der linken Tafelseite fünf blaue Wendeplättchen an. Die Kinder ordnen die Ziffer 5 zu und notieren sie darunter. Auf der rechten Tafelseite heftet sie in einigem Abstand zuerst zwei, dann drei blaue Plättchen an. Im gemeinsamen Gespräch wird dazu die Zerlegung 2 + 3 erarbeitet und darunter notiert. Den Kindern fällt auf, dass auch diese beiden Mengen gleich sind. Das Gleichheitszeichen wird gesetzt und die komplette Gleichung
5 = 2 + 3 erlesen.
Schließlich präsentiert die Lehrerin ein an die Tafel gezeichnetes Zehnerfeld, in dem fünf blaue und ein rotes Plättchen zu sehen sind und darunter den unvollständigen Term einer Gleichung, deren Summe vorgegeben ist (6 = ▢ + ▢). Gemeinsam wird die Zerlegung formuliert und in der Gleichung eingetragen. Die einzelnen Übungen können mit unterschiedlicher Plättchen- bzw. Kinderzahl mehrfach wiederholt werden.

Hinweise zu den Aufgaben

Seite 26

Aufgabe 1
Anhand der Darstellung vollziehen die Schüler die vorgegebene Gleichung schrittweise nach.

Aufgabe 2
Die Schüler betrachten die Zehnerfelder, entnehmen diesen die Anzahl roter und blauer Plättchen sowie deren Gesamtzahl. Unter Verwendung der ermittelten Zahlen notieren sie passende Additionsgleichungen. In den letzten beiden Teilaufgaben tragen die Kinder eine von ihnen gewünschte Anzahl roter und blauer Plättchen in die Zehnerfelder ein und verfahren dann wie zuvor.

Aufgabe 3
Die Schüler entnehmen der linken Seite der Gleichung die Gesamtzahl der Plättchen, der rechten die Anzahl roter und blauer Plättchen und zeichnen die Plättchen entsprechend im Zehnerfeld ein.

Aufgabe 4
Die Schüler schreiben zu den Zerlegungshäusern passende Additionsgleichungen.

Die Dachzahl wird dazu auf der linken Seite der Gleichung notiert. Auf der rechten Seite werden die Zerlegungszahlen als additive Verknüpfung vermerkt.

Seite 27

Aufgabe 5

Die Schüler betrachten die verschiedenen Einzeldarstellungen einer Packung mit sechs Stiften. Sie ermitteln die Anzahlen der Stifte in bzw. neben der Packung und setzen diese in die Gleichung darunter ein.

Aufgaben 6, 7

Die Schüler unterteilen die am Zehnerfeld dargestellte Plättchenzahl an verschiedenen Stellen immer wieder durch Auflegen ihrer Handkante. So erhalten sie verschiedene Zerlegungen zur Zahl 7 bzw. 8, die sie in Gleichungen schriftlich festhalten.

Aufgabe 8

Die Schüler verbinden jede unvollständige Gleichung mit dem passenden Zahlenhaus, lösen dieses und übertragen die darin gefundene Zerlegung in die Additionsgleichung.

Hinweise zur Differenzierung

Die Kinder können in Partnerarbeit mit Plättchen und Zehnerfeld eigene Aufgaben legen und im Heft notieren.

Einstiege 13

Aufgaben 1, 2

Die Schüler notieren die zu den Abbildungen passenden Gleichungen.

Aufgabe 3

Die Schüler lösen die Zahlenhäuser und schreiben dazu eine jeweils passende Gleichung auf.

Arbeitsheft 13

Aufgabe 1

siehe Einstiege, Aufgaben 1 und 2

Aufgabe 2

siehe Einstiege, Aufgabe 3

Aufgaben 3, 4

Die Schüler finden im Kopf verschiedene Zerlegungen zu den angegebenen Summen und nutzen diese zum Vervollständigen der vorgegebenen Gleichungen.

Aufgabe 5

Die Kinder notieren eine zur Abbildung passende Gleichung.

Aufgabe 6 (AB II)

Zur vorgegebenen Gleichung malen die Kinder ein passendes Bild.

Aufstiege 13

Aufgaben 1, 2

siehe Arbeitsheft, Aufgaben 3 und 4

Aufgabe 3

Die Schüler notieren die zu den Abbildungen passenden Gleichungen.

Aufgabe 4 (AB III)

Zu den Gleichungen malen die Schüler passende Kästchenmuster. Ggf. müssen sie zuvor Gleichungen ergänzend lösen.

Aufgabe 5 (AB III)

Die Schüler vervollständigen Kästchenmuster und/oder Gleichungen so, dass diese sich paarweise aufeinander beziehen und setzen so die Reihe fort.

28 Addieren

auf Additionssituationen im Alltag aufmerksam werden; lernen, dass Handlungen (hinzukommen, dazulege …) mathematisch als Addieren beschrieben und als Additionsaufgabe/Gleichung dargestellt werden; ▸

SCHUL-BUCH 28

① abgebildete Gleichung lesen

passende Additionssituation in der Abbildung finden

Beispiele für Additionen im Klassenzimmer entdecken und nachspielen

② und ③ Addition anhand der Bildfolge schrittweise nachvollziehen, notieren und lesen

Addieren

①

3 + 4 = 7
3 plus 4 gleich 7

②

3

3 + 4

3 + 4 = 7

7

③

5

5 + 3

5 + 3 = 8

8

28

1 Dargestellte Situation nachspielen; Den Tafelanschrieb als mathematische Darstellung der Situation verstehen. 2, 3 Bildfolge interpretieren, begleitend die Additionsgleichung entwickeln

E▸14 AH▸14 A▸14

①④⑥ „Ergebnis“ malen, Additionsaufgabe schreiben

②③⑤⑥ dargestellte Handlung als Addition erfassen, passende Additionsaufgabe schreiben

EINSTIEGE 14

① zu Details (Kästen, Ordner, Bilder) der Klassenraumdarstellung Additionsaufgaben schreiben

② und ③ Darstellung der Addition im Zehnerfeld als Lösungsschritt

④ Aufgaben handlungsorientiert erzeugen, schreiben, rechnen

ARBEITSHEFT 14

Bildfolgen als Additionsaufgaben interpretieren und darstellen können

SCHUL-
BUCH 29

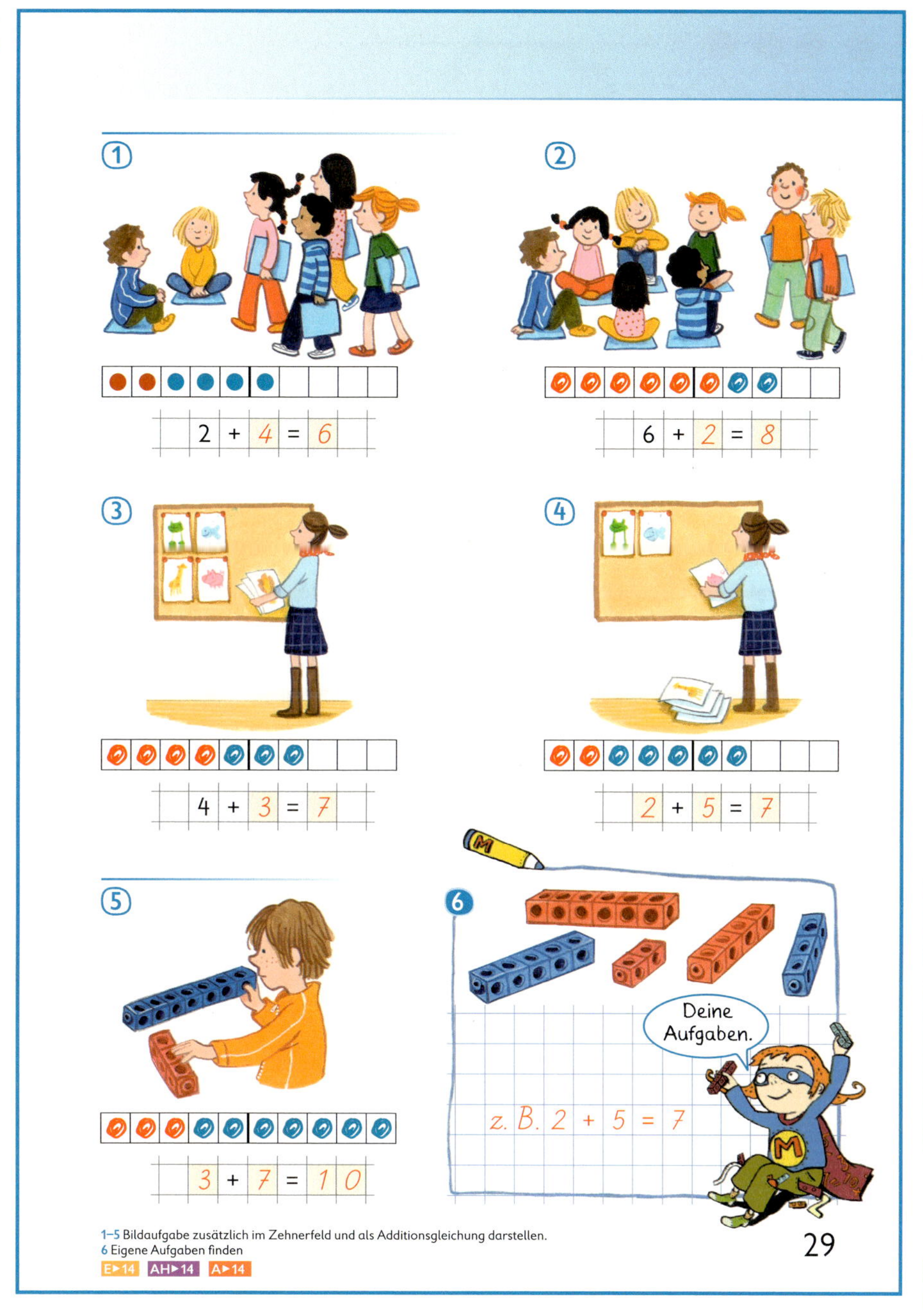

1

2 + 4 = 6

2

6 + 2 = 8

3

4 + 3 = 7

4

2 + 5 = 7

5

3 + 7 = 10

6

1–5 Bildaufgabe zusätzlich im Zehnerfeld und als Additionsgleichung darstellen.
6 Eigene Aufgaben finden

E▸14 AH▸14 A▸14

29

1 bis 4
Abbildungen beschreiben, Aufgaben im Zehnerfeld und als Gleichung darstellen

5 und 6
handlungsorientiert mit Hilfe von Steckwürfelstangen Additionsaufgaben erzeugen, sie im Zehnerfeld und als Gleichung darstellen

HINWEIS

Wichtig ist, dass die Schüler die Fähigkeit entwickeln, Vorgänge bei der Addition zu beschreiben.
Die Kinder sollten im Unterricht eine Sammlung von Wörtern zu additiven Verben erstellen, welche im Klassenraum aufgehängt wird. Beispiele:

- **hinzufügen**
- **zusammenfassen/zusammenfügen**
- **dazukommen**
- **dazulegen**
- **dazustellen**
- **dazupacken**
- **dazufliegen**
- **dazuhängen**
- **dazunehmen**
- **sammeln**
- **auffädeln**

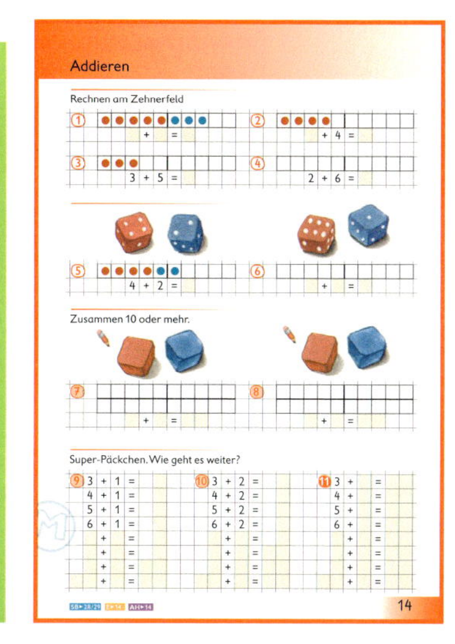

Addieren

Rechnen am Zehnerfeld

1 … + … =
2 … + 4 =
3 3 + 5 =
4 2 + 6 =
5 4 + 2 =
6 … + … =

Zusammen 10 oder mehr.

7 … + … =
8 … + … =

Super-Päckchen. Wie geht es weiter?

9	10	11
3 + 1 =	3 + 2 =	3 + … =
4 + 1 =	4 + 2 =	4 + … =
5 + 1 =	5 + 2 =	5 + … =
6 + 1 =	6 + 2 =	6 + … =

14

1 bis 4
jeweils fehlende Darstellungsform (Zehnerfeld, Gleichung) vervollständigen, ergänzen

5 bis 8
durch Würfeln Aufgaben erzeugen, im Zehnerfeld/als Gleichung darstellen

9 bis 11
Super-Päckchen fortführen/entwickeln

AUFSTIEGE 14

28/29 Addieren

KOMMENTAR

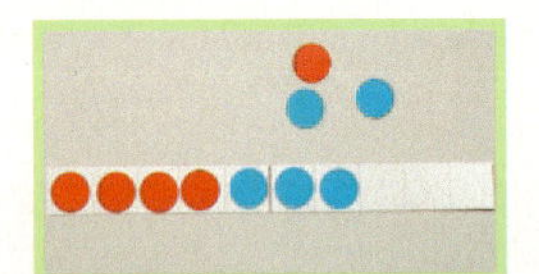
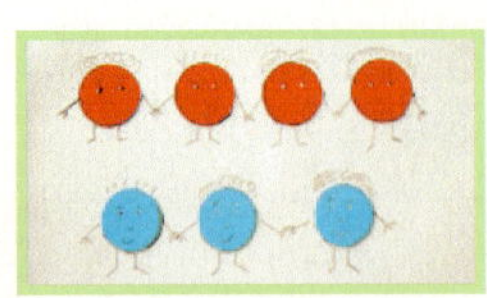

Material
Zehnerfeld, Wendeplättchen, Steckwürfel
▶ KV 29

Hinweise zum Unterrichtsthema
Nachdem im Zahlenraum bis 10 grundlegende Zahlbeziehungen sowie das Gleichheits- und Pluszeichen erarbeitet wurden, wird nun die Addition mit ihren zu Grunde liegenden Modellhandlungen (*Hinzukommen* und *Zusammenfügen*) eingeführt.
Die Addition beschreibt eine Situation, in der etwas *hinzukommt* (z.B. 3 Kinder sitzen, 4 Kinder kommen hinzu). Die Gleichung 3 + 4 = 7 bildet diesen Vorgang ab, wobei die Gesamtzahl als Ergebnis betrachtet wird.
Zum anderen beschreibt sie die Umkehrung des Zerlegens eines Ganzen in zwei Teile. Hierbei beschreiben die beiden Summanden Anzahlen, welche gleichberechtigt sind und zu einem Ganzen *zusammengefügt* werden (z.B. 3er- und 7er-Steckwürfeltürme zusammenstecken). Die Gleichung 3 + 7 = 10 hält diese Betrachtungsweise fest.

Schulbuch 28/29

Hinweise zum Unterrichtsablauf
Die Addition wird auf den Seiten 28 und 29 anhand von Sachsituationen anschaulich eingeführt und kann so zur expliziten Einführung der Addition genutzt werden. Anhand des Einstiegsbildes beschreiben die Kinder Anzahlsituationen. Im weiteren Unterrichtsgespräch werden Beziehungen zwischen den Anzahlen hergestellt und Plusaufgaben abgeleitet, z.B.:

- Wie viele Kinder sitzen vor der Tafel? Wie viele Kinder kommen hinzu?

Zusätzlich machen die Kinder vielfältige Entdeckungen in ihrem eigenen Klassenzimmer und spielen ähnliche Situationen nach. Hierbei empfiehlt sich ein gemeinsames Vorgehen in drei Schritten (Anfangszustand – Veränderung – Endzustand). Wichtig ist, dass die Schüler jeden Handlungsschritt beschreiben und begleitend den Aufschrieb entwickeln. Dabei wird die Verwendung der mathematischen Zeichen + und = sowie die dazugehörige Sprechweise besprochen (z.B. „drei plus eins gleich vier“).

Hinweise zu den Aufgaben

Seite 28

Aufgabe 1
Die dargestellte Klassenzimmersituation ermöglicht eine hohe Identifikation durch die Schüler und regt zum Erzählen erster Rechengeschichten an:

- 3 Kinder sitzen, 4 Kinder kommen hinzu, zusammen sind es 7 Kinder (3 + 4 = 7).
- An der Pinnwand hängen 5 Bilder, die Lehrerin hängt 3 Bilder dazu. Wenn die Lehrerin fertig ist, hängen 8 Bilder (5 + 3 = 8).
- Im Zehnerfeld sind 3 rote und 4 blaue Plättchen. Zusammen sind es 7 (3 + 4 = 7).

Aufgaben 2, 3
Die Rechensituationen sind als Abfolge von drei Bildern (Anfangszustand – Veränderung – Endzustand) dargestellt. Die Schüler beschreiben die Bildfolge im Sinne einer Addition sprachlich korrekt, notieren die Gleichung entsprechend der Abfolge der Bilder schrittweise und lösen sie.

Seite 29

Aufgaben 1–5
Die Schüler beschreiben die Bilder unter Nutzung der Verben *hinzukommen, dazuhängen* und *zusammenstecken*. Die Aufgaben 1–4 stellen sie mit Wendeplättchen am Zehnerfeld dar, lösen sie und notieren die Gleichung. Bei Aufgabe 5 erhalten die Schüler Steckwürfel zum Nachbauen.

Aufgabe 6 (AB III)
Die Kinder bekommen Steckwürfel zum Nachbauen. Durch die offene Aufgabenstellung können die Schüler die Aufgabe auf unterschiedliche Weise lösen. Die Lehrerin erhält eine Rückmeldung, inwieweit die Kinder sich auf solche Aufgaben einlassen und welche Lösungsstrategien sie dabei verfolgen. Viele Lösungen sind möglich:

- Einige Kinder gehen systematisch vor, um möglichst alle Aufgaben zu bilden.
- Andere Kinder werden nur wenige Aufgaben bilden, z.B. 3 + 4 = 7 und 5 + 6 = 11.

Hinweise zur Differenzierung

- Materialsammlung (Bilder, Fotos ...) zu Plussituationen erstellen und für weitere mündliche Rechensituationen nutzen
- mit Spielzeug (z.B. Autos) additive Situationen arrangieren, Aufgaben aufschreiben und ausrechnen
- Plättchen in verschiedenen Anzahlen werfen, entsprechende Additionsaufgaben aufschreiben und ausrechnen

Einstiege 14

Aufgabe 1
Die Aufgabe ist in Form einer Bildfolge gegeben. Die Schüler ergänzen das letzte Bild, indem sie die Stifte einzeichnen. Der Aufschrieb erfolgt angeleitet schrittweise.
Aufgaben 2, 3
Die Schüler interpretieren die Bilder, notieren die Gleichung und lösen sie.
Aufgabe 4
siehe Aufgabe 1
Aufgaben 5, 6
Die Schüler interpretieren das Bild, notieren die Gleichung und lösen sie. In Aufgabe 6 stellen sie zusätzlich die Summanden zeichnerisch dar und notieren zur vorgegebenen Additionsaufgabe die Summe.

Arbeitsheft 14

Aufgabe 1
Die Kinder interpretieren die Klassenraumsituation und ergänzen die Plusaufgaben.
Aufgaben 2, 3
Die Schüler interpretieren die Bilder. Anschließend stellen sie die Aufgaben mit Wendeplättchen am Zehnerfeld dar, lösen sie und notieren die Gleichung.
Aufgabe 4 (AB III)
siehe Schulbuch Seite 29, Aufgabe 6

Aufstiege 14

Aufgaben 1–4
Die Schüler vervollständigen Plusaufgaben und Zehnerfeld.
Aufgaben 5, 6
Die Schüler bestimmen die gelegten Würfelaugen, ergänzen das Zehnerfeld, notieren die Gleichung und lösen diese.
Aufgaben 7, 8 (AB II)
Mit Hilfe von zwei Spielwürfeln bilden die Schüler Aufgaben, notieren die Gleichungen und lösen diese. Da das Ergebnis über die 10 hinausgehen kann, erhalten sie ein Zwanzigerfeld.
Aufgaben 9, 10 (AB II)
Die Kinder lösen die Super-Päckchen
Aufgabe 11 (AB III)
Die Schüler schreiben ihr Aufgabenpäckchen mit einer eigenen Startzahl auf.

Operationsverständnis entwickeln

RECHENGESCHICHTEN

1. An der Pinnwand hängen 4 Bilder. Die Lehrerin hängt noch 3 dazu.
2. Im Kakaokasten sind schon 4 leere Flaschen, 3 Kinder stellen gerade ihre Flaschen dazu.
3. Im Sitzkreis sind 4 Kinder, 3 Kinder setzen sich dazu.
4. Max hat schon 4 Rennwagen. Zum Geburtstag bekommt er noch 3 dazu.

Alle diese Rechengeschichten werden durch die gleiche Aufgabe $4 + 3 = 7$ symbolisiert. Die Lösung dieser abstrakten Aufgabe setzt voraus, dass das Kind die Handlung des „Dazutuns“ in Gedanken ausführen kann. Für leistungsstarke Kinder stellt die Einführung des Additionsterms nur selten ein Problem dar. Anders sieht dies bei den Kindern aus, die gerade erst das richtige Abzählen gelernt haben und mühsam Mengen von konkreten Objekten die richtige Anzahl zuordnen können. Ihnen muss das besondere Augenmerk der Lehrerin gelten. Erst wenn diese Kinder Sicherheit im Zerlegen von Anzahlen (Zahlenhäuser, Händespiel) gewonnen haben, sind sie vorbereitet, auch ein Operationsverständnis zu entwickeln.

Teil 1 Addieren

ÜBERSETZUNG VON RECHENGESCHICHTEN IN HANDLUNGEN

Ein unterrichtlicher Schwerpunkt sollte deshalb in der Übersetzung von Rechengeschichten in Handlungen und Handlungen mit Material liegen. Betrachtet man z. B. die dritte Rechengeschichte, so lässt sie sich in einem ersten Schritt mit Kindern nachspielen; im zweiten Schritt wird die Situation der Geschichte mit Plättchen simuliert. Anschließend wird die gleiche Situation von den Kindern am Zehnerfeld dargestellt: „Lege vier rote Plättchen und noch drei blaue dazu.”

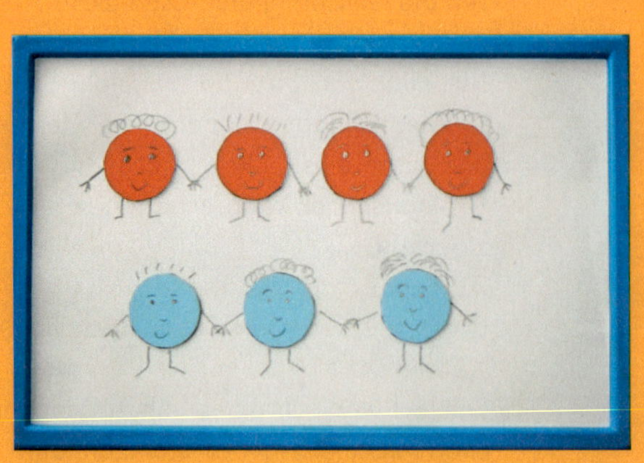

Magnetische Wendeplättchen lassen sich mit wenigen Strichen passend zur Ausgangssituation verwandeln.

Sinnvoll erscheinen folgende Schritte:

- **Sachkontext mit Originalmaterialien** *(Kinder, Spielzeug, Autos, Bonbons …)* **nachspielen**
- **Situation beschreiben und mit mathematischen „Stellvertretern“ nachlegen** *(Wendeplättchen, Steckwürfel …)*
- **Situation zeichnerisch darstellen** *(Wendeplättchen im Zehnerfeld, Rechenkästchen anmalen, Bilder zur Situation zeichnen …)*
- **Situation durch eine symbolische Gleichung beschreiben**

VON DER HANDLUNG ZUM OPERATIONSVERSTÄNDNIS

Die Übersetzung in Handlungen mit Material sollte immer wieder trainiert werden. Dabei erscheint es wichtig, die Kinder ihre Handlungen sprachlich begleiten zu lassen, damit ihnen zunehmend der Zusammenhang zwischen der vorgegebenen Rechengeschichte und der begleitenden Handlung deutlich wird. Dabei unterstützt die Versprachlichung nicht nur die Entwicklung des Operationsverständnisses, sondern fördert langfristig auch das Verständnis für elementare Sachaufgaben. Diese Reihenfolge sollte jedoch nicht so verstanden werden, dass das Abarbeiten möglichst vieler Aufgaben in dieser Reihenfolge dann zum höchsten Ziel – dem Lösen von Additionsaufgaben – führt. Für den Aufbau eines umfassenden und flexiblen Operationsverständnisses ist es wichtig, auch die umgekehrten Transferleistungen zu fördern. „Erfinde zum vorgegebenen Bild / zur vorgegebenen Aufgabe eine Rechengeschichte“ oder „Lege mit Wendeplättchen die Aufgabe …“

VORSTELLUNGSBILDER ENTWICKELN

Die Bedeutung der Sprache ist für die Entwicklung des Operationsverständnisses grundlegend. Die Grundvorstellungen des Dazulegens, Dazukommens für die Addition und des Wegnehmens für die Subtraktion unterstützen den Prozess der Verinnerlichung von Handlungen, die zu einem Lösen von Aufgaben „aus der Vorstellung“ befähigt.
Die Entwicklung von Vorstellungsbildern kann auch durch verdeckte oder „blinde“ Handlungen unterstützt werden. So lässt sich das Händespiel dahingehend abwandeln, dass der eine Spieler die Augen geschlossen hat, während der zweite ihm zuerst einige Plättchen in die eine Hand, dann einige in die andere Hand legt. Spieler 1 muss nun mit geschlossenen Augen herausfinden, wie viele Plättchen er in den Händen hält.

TIPP

Zur Grundausstattung eines ersten Schuljahres gehören für jedes Kind ein roter und ein blauer Dicki und ein Kästchenheft von 1 cm Kästchengröße. Hier lassen sich nach Mustern zu vorgegebenen Zahlen, systematischen Zerlegungen von Anzahlen und Ziffernschreibübungen auch Plusaufgaben zu Feldern und Punktmustern selbst erzeugen.

30 Plusaufgaben am Zehnerfeld

Zehnerfelder und Wendeplättchen als Veranschaulichungsmittel und Rechenhilfe nutzen; Additionsaufgaben in Zehnerfeldern darstellen und lösen

SCHULBUCH 30

① Beispiel nachvollziehen

Handlungsanweisung verstehen

Zehnerfeld ausfüllen

Plusaufgabe notieren und lösen

② Handlungsanweisung verstehen

Zehnerfeld ausfüllen, Plusaufgabe lösen

Plusaufgaben am Zehnerfeld

① Male, schreibe, rechne.

4 + 3 = 7

Male 4, dazu 3. Zusammen 7.

Male 4, dazu 1. Zusammen 5. — 4 + 1 = 5

Male 4, dazu 2. Zusammen 6. — 4 + 2 = 6

Male 4, dazu 4. Zusammen 8. — 4 + 4 = 8

Male 4, dazu 5. Zusammen 9. — 4 + 5 = 9

② Male, rechne.

2 + 1 = 3 — Male 2, dazu 1. Zusammen 3.

3 + 2 = 5

5 + 3 = 8

2 + 4 = 6

7 + 2 = 9

30

1, 2 Plättchen ins Zehnerfeld malen, Aufgabe schreiben und rechnen

E▸15 AH▸15 A▸15

① Handlungsanweisungen verstehen

Zehnerfeld ausfüllen, Plusaufgabe notieren und lösen

② Zehnerfeld ausfüllen

Plusaufgabe lösen

③ Aufgaben mit Plättchen legen und lösen

EINSTIEGE 15

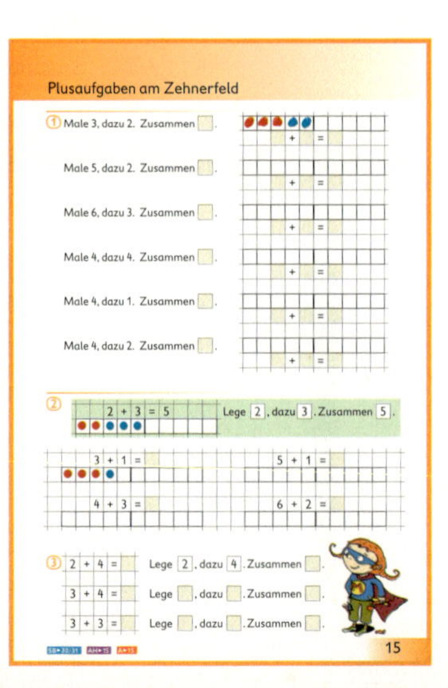
Plusaufgaben am Zehnerfeld

① Male 3, dazu 2. Zusammen
Male 5, dazu 2. Zusammen
Male 6, dazu 3. Zusammen
Male 4, dazu 4. Zusammen
Male 4, dazu 1. Zusammen
Male 4, dazu 2. Zusammen

② 2 + 3 = 5 Lege 2, dazu 3. Zusammen 5.
3 + 1 =
5 + 1 =
4 + 3 =
6 + 2 =

③ 2 + 4 = Lege 2, dazu 4. Zusammen
3 + 4 = Lege , dazu . Zusammen
3 + 3 = Lege , dazu . Zusammen

15

① Handlungsanweisung verstehen

Zehnerfeld ausfüllen, Plusaufgabe notieren und lösen

② Zehnerfeld ausfüllen, Plusaufgabe lösen

③ bis ⑧ Super-Päckchen lösen und fortsetzen

ARBEITSHEFT 15

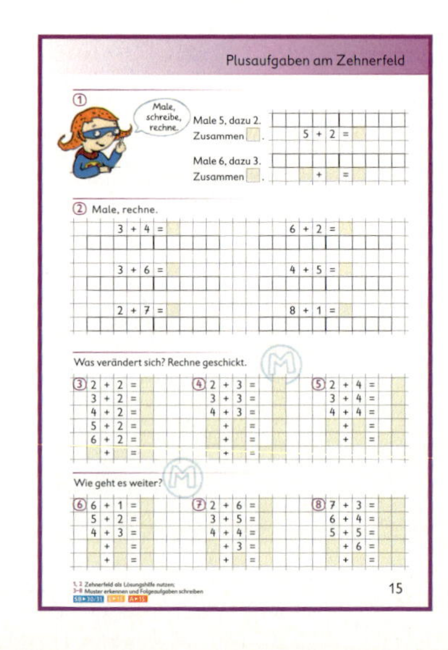
Plusaufgaben am Zehnerfeld

① Male, schreibe, rechne.
Male 5, dazu 2. Zusammen — 5 + 2 =
Male 6, dazu 3. Zusammen — + =

② Male, rechne.
3 + 4 = 6 + 2 =
3 + 6 = 4 + 5 =
2 + 7 = 8 + 1 =

Was verändert sich? Rechne geschickt.
③ 2 + 2 = 3 + 2 = 4 + 2 = 5 + 2 = 6 + 2 = + =
④ 2 + 3 = 3 + 3 = 4 + 3 = + = + = + =
⑤ 2 + 4 = 3 + 4 = 4 + 4 = + = + =

Wie geht es weiter?
⑥ 6 + 1 = 5 + 2 = 4 + 3 = + = + =
⑦ 2 + 6 = 3 + 5 = 4 + 4 = + 3 = + =
⑧ 7 + 3 = 6 + 4 = 5 + 5 = + 6 = + =

15

SCHUL-
BUCH 31

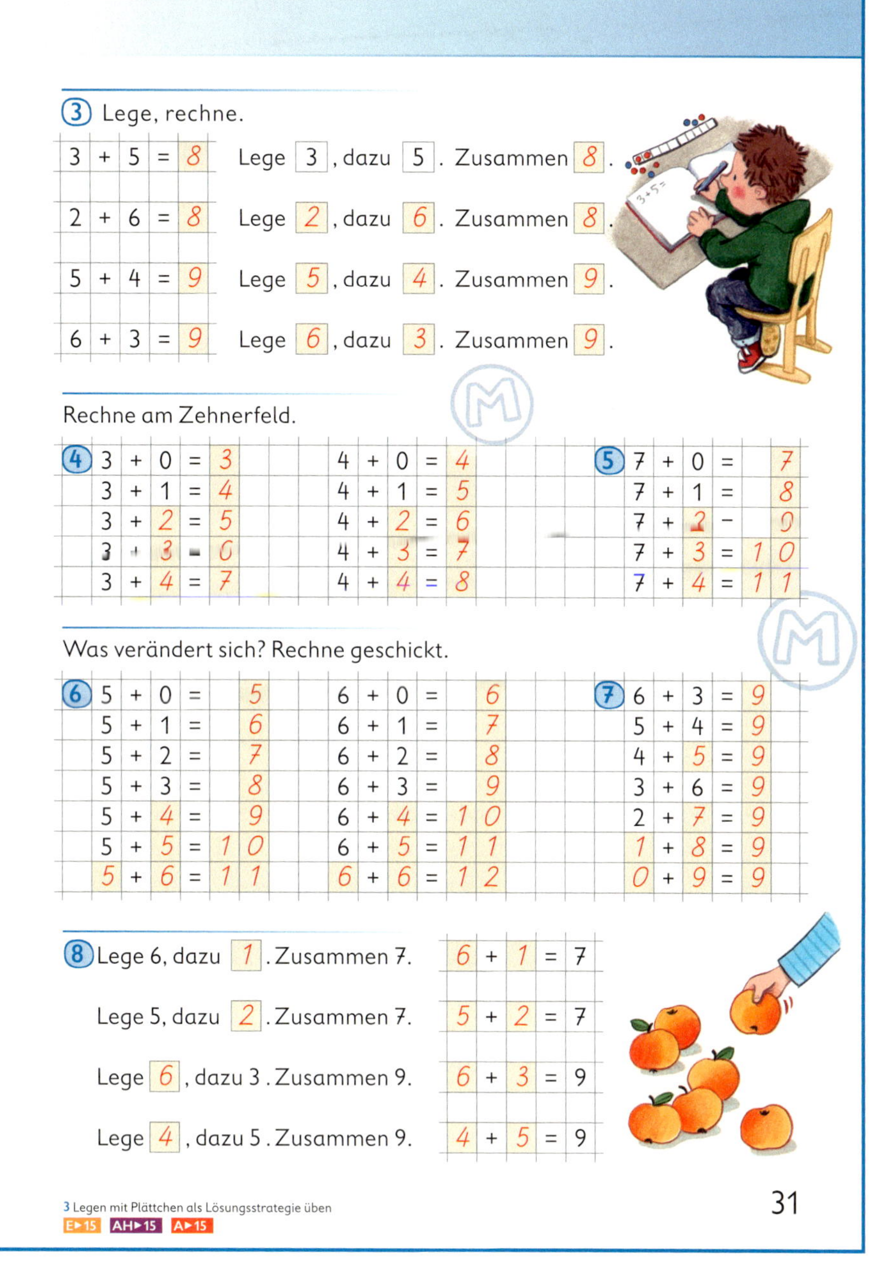

③ Lege, rechne.

3 + 5 = 8	Lege 3, dazu 5. Zusammen 8.
2 + 6 = 8	Lege 2, dazu 6. Zusammen 8.
5 + 4 = 9	Lege 5, dazu 4. Zusammen 9.
6 + 3 = 9	Lege 6, dazu 3. Zusammen 9.

Rechne am Zehnerfeld.

④		⑤
3 + 0 = 3	4 + 0 = 4	7 + 0 = 7
3 + 1 = 4	4 + 1 = 5	7 + 1 = 8
3 + 2 = 5	4 + 2 = 6	7 + 2 = 9
3 + 3 = 6	4 + 3 = 7	7 + 3 = 10
3 + 4 = 7	4 + 4 = 8	7 + 4 = 11

Was verändert sich? Rechne geschickt.

⑥		⑦
5 + 0 = 5	6 + 0 = 6	6 + 3 = 9
5 + 1 = 6	6 + 1 = 7	5 + 4 = 9
5 + 2 = 7	6 + 2 = 8	4 + 5 = 9
5 + 3 = 8	6 + 3 = 9	3 + 6 = 9
5 + 4 = 9	6 + 4 = 10	2 + 7 = 9
5 + 5 = 10	6 + 5 = 11	1 + 8 = 9
5 + 6 = 11	6 + 6 = 12	0 + 9 = 9

⑧

Lege 6, dazu 1. Zusammen 7.	6 + 1 = 7
Lege 5, dazu 2. Zusammen 7.	5 + 2 = 7
Lege 6, dazu 3. Zusammen 9.	6 + 3 = 9
Lege 4, dazu 5. Zusammen 9.	4 + 5 = 9

3 Legen mit Plättchen als Lösungsstrategie üben

E▸15 AH▸15 A▸15

31

③ Aufgaben mit Plättchen legen und lösen

Aufgabenmuster fortsetzen

④ bis ⑦ Super-Päckchen lösen und fortsetzen

⑧ Ergänzungsaufgaben entwickeln

Lösungswege finden

HINWEIS

Im Unterricht müssen nicht-zählende Lösungsstrategien für Rechenoperationen wiederholt besprochen werden. Das Zehnerfeld unterstützt durch Nutzung der Fünferstruktur die simultane Zahlerfassung.

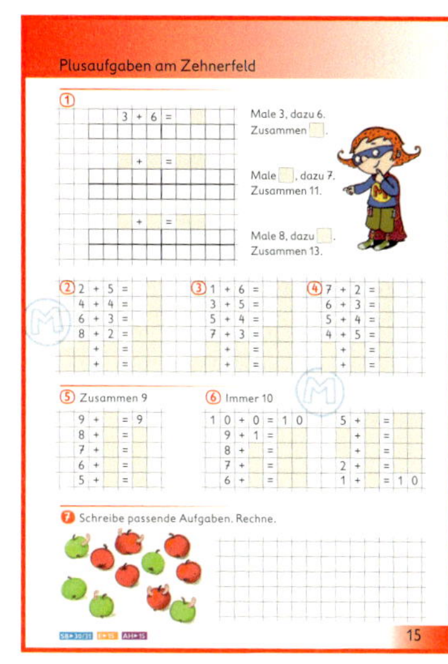

Plusaufgaben am Zehnerfeld

① 3 + 6 = Male 3, dazu 6. Zusammen

Male , dazu 7. Zusammen 11.

Male 8, dazu . Zusammen 13.

⑤ Zusammen 9

⑥ Immer 10

⑦ Schreibe passende Aufgaben. Rechne.

15

① Handlungsanweisung verstehen

Aufgabe am Zehner-/Zwanzigerfeld darstellen und formal lösen

② bis ⑥ Super-Päckchen lösen und fortsetzen

⑦ Aufgaben zur Abbildung schreiben und lösen

AUFSTIEGE 15

30/31 Plusaufgaben am Zehnerfeld

KOMMENTAR

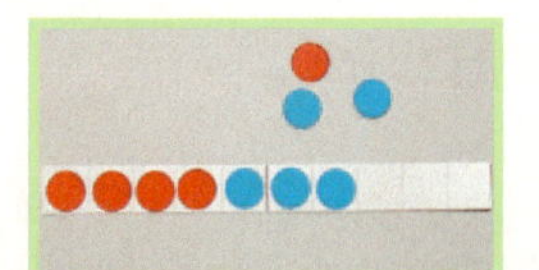
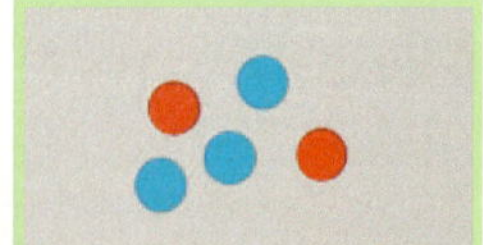

Material
Zehnerfeld und Wendeplättchen, jeweils 7 Wäscheklammern, Murmeln, Stifte o. Ä.

Hinweise zum Unterrichtsthema
In den vorherigen Unterrichtsstunden wurde die Addition im Zusammenhang mit den Handlungen *Hinzukommen* und *Zusammenfügen* anschaulich eingeführt. In dieser Unterrichtssequenz werden Additionsaufgaben am Zehnerfeld dargestellt: Die einzelnen Summanden sind dabei durch die unterschiedliche Färbung (rot und blau) gut erfassbar. Die Kinder lesen die Ergebnisse durch die 5er- und 10er-Struktur der Zehnerfelder leicht ab, da eine quasi-simultane Anzahlerfassung möglich ist.
Vielfältige Übungen am Zehnerfeld fördern die Ausbildung innerer Vorstellungen von Zahlen und Operationen mit ihnen:

Übungen zur Anzahl
- Anzahlen bestimmen (ohne zu zählen)
- ein oder mehrere Plättchen hinzulegen (wegnehmen) und jeweils neue Anzahl bestimmen

Übungen zur Rechenoperation
- aus einer gelegten Additionsaufgabe können durch Umdrehen von Wendeplättchen neue Aufgaben mit demselben Ergebnis gebildet werden
- bei einer gelegten Additionsaufgabe immer 1 Plättchen hinzufügen: ein Summand bleibt konstant, der andere Summand und das Ergebnis erhöhen sich jeweils um 1
- bei einer gelegten Additionsaufgabe immer 1 Plättchen wegnehmen: ein Summand bleibt konstant, der andere Summand und das Ergebnis werden immer um 1 weniger

Das Zehnerfeld (später Zwanzigerfeld) wird in Super M als grundlegendes Arbeitsmittel genutzt, mit dem das Zahlverständnis, die Rechenfähigkeit und -fertigkeit geübt und weiterentwickelt werden.

Schulbuch 30/31

Hinweise zum Unterrichtsablauf
Im Stuhlkreis präsentiert die Lehrerin immer 7 Gegenstände (z. B. Stifte, Äpfel, Wäscheklammern, Muggelsteine, Steckwürfel), welche entsprechend der Aufgabe 4 + 3) angeordnet sind. Die Kinder stellen fest, dass die Gleichung 4 + 3 = 7 durch beliebig viele verschiedene Sachsituationen dargestellt werden kann. Entsprechend diesen Sachsituationen legen oder zeichnen die Kinder Wendeplättchen in das Zehnerfeld an der Tafel. Der Zahlensatz wird entwickelt und daneben notiert.
Anschließend schreibt die Lehrerin den Arbeitsauftrag an die Tafel:
„Lege 3, dazu 2. Zusammen …"
Die Kinder sitzen wieder an ihrem Platz, lesen den Text und legen die Plättchen nach Vorschrift auf ihr Zehnerfeld. Anschließend wird das Ergebnis „Zusammen 5" notiert. Die Kinder überlegen gemeinsam, wie sie die Handlung als Gleichung schreiben können und notieren diese (3 + 2 = 5).

Hinweise zu den Aufgaben

Seite 30
Aufgabe 1
Die Kinder erzählen zu den Fotos und vollziehen das Beispiel nach.
In der Aufgabe werden die Darstellungsformen
- sprachliche Beschreibung der Handlung,
- Zehnerfeld auslegen oder ausfüllen und
- die Aufgabe schreiben

entwickelt und miteinander verknüpft. Entsprechend der Aufgaben füllen die Kinder die Zehnerfelder aus und lösen die Plusaufgaben.

Aufgabe 2

Die Kinder legen und lösen die Plusaufgaben mit Hilfe von Plättchen.

Seite 31

Aufgabe 3

Die Kinder legen und lösen die Plusaufgaben mit Hilfe von Plättchen.

Aufgaben 4–7 (AB II)

Die Schüler entdecken den Zusammenhang zwischen Aufgaben und Ergebnissen und nutzen die Struktur der Super-Päckchen für das Fortsetzen der Aufgaben.

Muster zu 4–6:

Der erste Summand bleibt konstant und der zweite Summand wird immer um 1 größer, dadurch wird auch das Ergebnis immer um 1 größer.

Muster zu 7:

Der erste Summand wird um 1 kleiner, der zweite Summand immer um 1 größer, d. h. das Ergebnis 9 bleibt gleich (gegensinniges Verändern der Summanden).

Aufgabe 8 (AB II)

Die Schüler entwickeln Ergänzungsaufgaben und finden Lösungswege.

Hinweise zur Differenzierung

- Partnerarbeit: Ein Schüler legt auf dem Zehnerfeld rote und blaue Plättchen. Der Partner schreibt die Additionsaufgabe.
- Die Lehrerin nennt eine Plusaufgabe und die Schüler legen die Aufgabe auf ihren Zehnerfeldern.
- Die Lehrerin legt an der Tafel oder auf dem Overheadprojektor eine Additionsaufgabe am Zehnerfeld mit Plättchen. Die Schüler notieren die Aufgaben.

Einstiege 15

Aufgabe 1

Die Kinder stellen die Handlungsanweisung im Zehnerfeld und als Gleichung dar. Zu jeder Aufgabe werden die drei Darstellungsformen (s. o.) entwickelt und miteinander verknüpft.

Aufgabe 2

Die drei Darstellungsformen (s. o.) werden entwickelt und miteinander verknüpft.

Aufgabe 3

Die Kinder legen und lösen die Plusaufgaben mit Hilfe von Plättchen.

Arbeitsheft 15

Aufgabe 1

siehe Schulbuch Seite 30, Aufgabe 1

Aufgabe 2

siehe Schulbuch Seite 30, Aufgabe 2

Aufgaben 3–8

Die Schüler lösen die Super-Päckchen.

Aufstiege 15

Aufgabe 1

Die Kinder stellen die Handlungsanweisung im Zehnerfeld/Zwanzigerfeld und als Gleichung dar sowie umgekehrt. Die drei Darstellungsformen (s. o.) werden entwickelt und miteinander verknüpft.

Aufgabe 2–6

Die Schüler lösen die Super-Päckchen und setzen diese ggf. fort.

Aufgabe 7 (AB III)

Die Kinder bilden zur Abbildung Aufgaben und lösen diese.

32 Plusaufgaben am Zehnerfeld üben

Plusaufgaben am Zehnerfeld lösen, dabei die Fünferstrukturierung beachten; Analogien in Päckchenaufgaben finden, fortführen und zum Lösen von Plusaufgaben nutzen; das schnelle Rechnen üben

(1) passende Plusaufgaben zu Zehnerfeldern notieren und lösen

(2) Aufgaben lesen, im Zehnerfeld darstellen

(3) bis (5) Super-Päckchen geschickt fortführen und lösen

(6) Aufgabenkarten vervollständigen

Super-Päckchen notieren und lösen

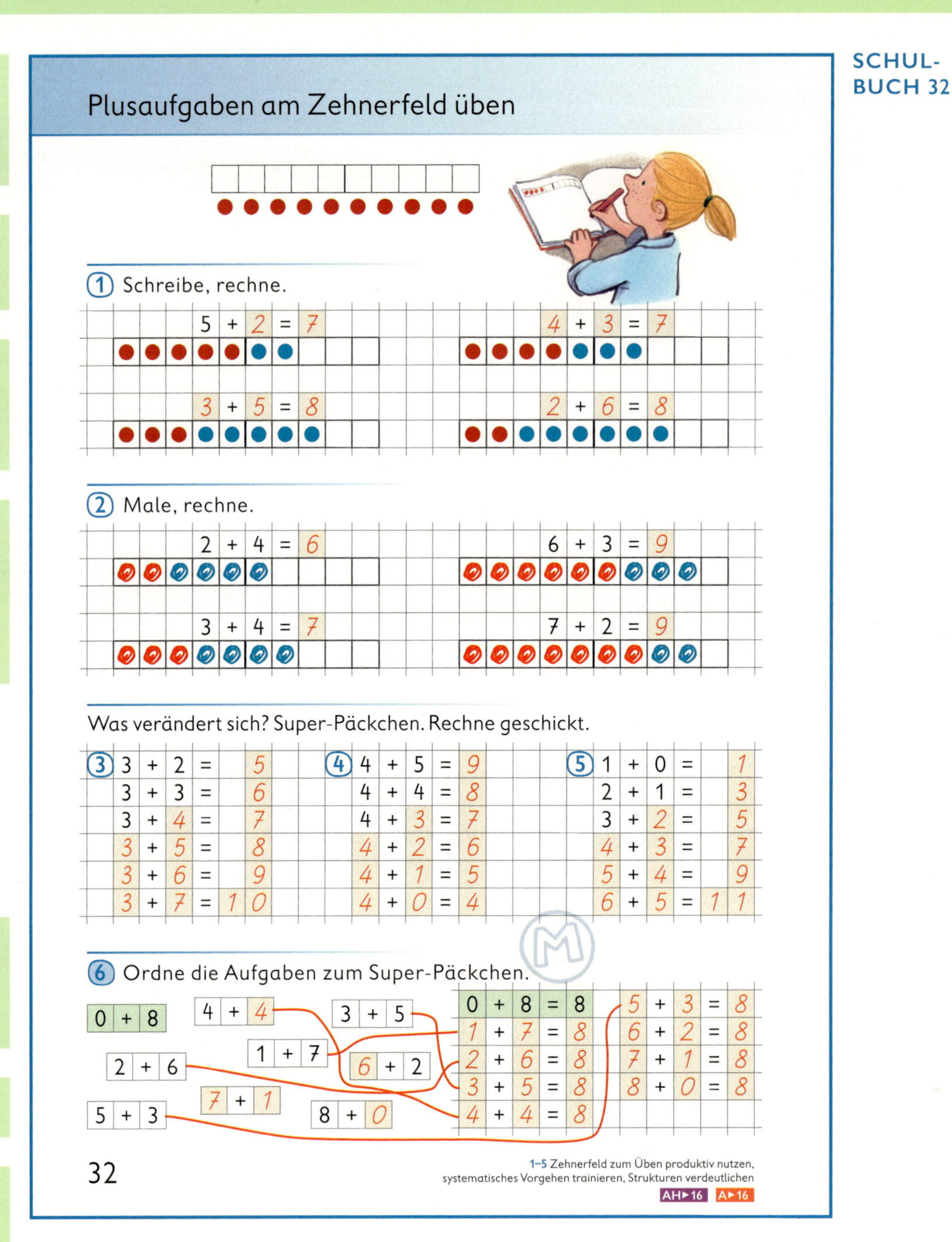

Plusaufgaben am Zehnerfeld üben

(1) Schreibe, rechne.

5 + 2 = 7 | 4 + 3 = 7
3 + 5 = 8 | 2 + 6 = 8

(2) Male, rechne.

2 + 4 = 6 | 6 + 3 = 9
3 + 4 = 7 | 7 + 2 = 9

Was verändert sich? Super-Päckchen. Rechne geschickt.

(3)	(4)	(5)
3 + 2 = 5	4 + 5 = 9	1 + 0 = 1
3 + 3 = 6	4 + 4 = 8	2 + 1 = 3
3 + 4 = 7	4 + 3 = 7	3 + 2 = 5
3 + 5 = 8	4 + 2 = 6	4 + 3 = 7
3 + 6 = 9	4 + 1 = 5	5 + 4 = 9
3 + 7 = 10	4 + 0 = 4	6 + 5 = 11

(6) Ordne die Aufgaben zum Super-Päckchen.

0 + 8 | 4 + 4 | 3 + 5 | 1 + 7 | 2 + 6 | 6 + 2 | 7 + 1 | 5 + 3 | 8 + 0

0 + 8 = 8	5 + 3 = 8
1 + 7 = 8	6 + 2 = 8
2 + 6 = 8	7 + 1 = 8
3 + 5 = 8	8 + 0 = 8
4 + 4 = 8	

32

1–5 Zehnerfeld zum Üben produktiv nutzen, systematisches Vorgehen trainieren, Strukturen verdeutlichen

AH▸16 A▸16

SCHULBUCH 32

(1)(2)(4) Punktmuster fortführen, passende Gleichungen notieren

(3) und (5) Päckchenaufgaben lösen

(6) s. Schulbuch Seite 32, Aufgabe 6

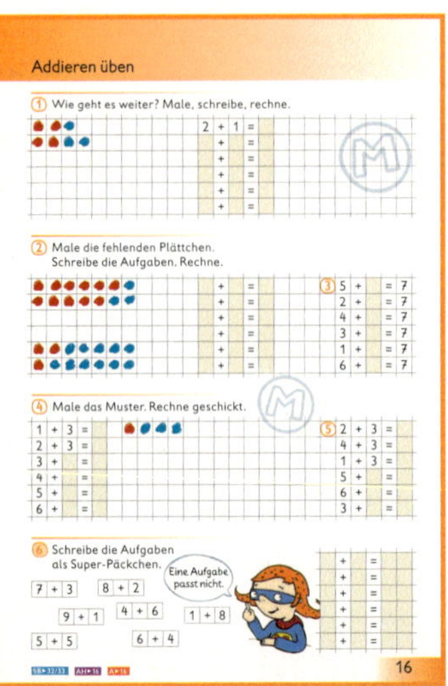

Addieren üben

(1) Wie geht es weiter? Male, schreibe, rechne.

(2) Male die fehlenden Plättchen. Schreibe die Aufgaben. Rechne.

(4) Male das Muster. Rechne geschickt.

(6) Schreibe die Aufgaben als Super-Päckchen.

16

EINSTIEGE 16

(1)(3)(5) passende Gleichungen zur Darstellung notieren

(2)(4)(6) Päckchenaufgaben schnell lösen

(7) eigene Muster legen, malen oder Super-Päckchen notieren

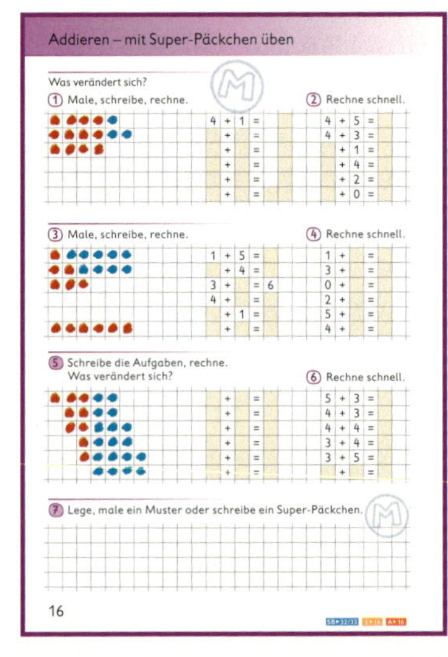

Addieren – mit Super-Päckchen üben

Was verändert sich?

(1) Male, schreibe, rechne.

(2) Rechne schnell.

(3) Male, schreibe, rechne.

(4) Rechne schnell.

(5) Schreibe die Aufgaben, rechne. Was verändert sich?

(6) Rechne schnell.

(7) Lege, male ein Muster oder schreibe ein Super-Päckchen.

16

ARBEITSHEFT 16

SCHUL-
BUCH 33

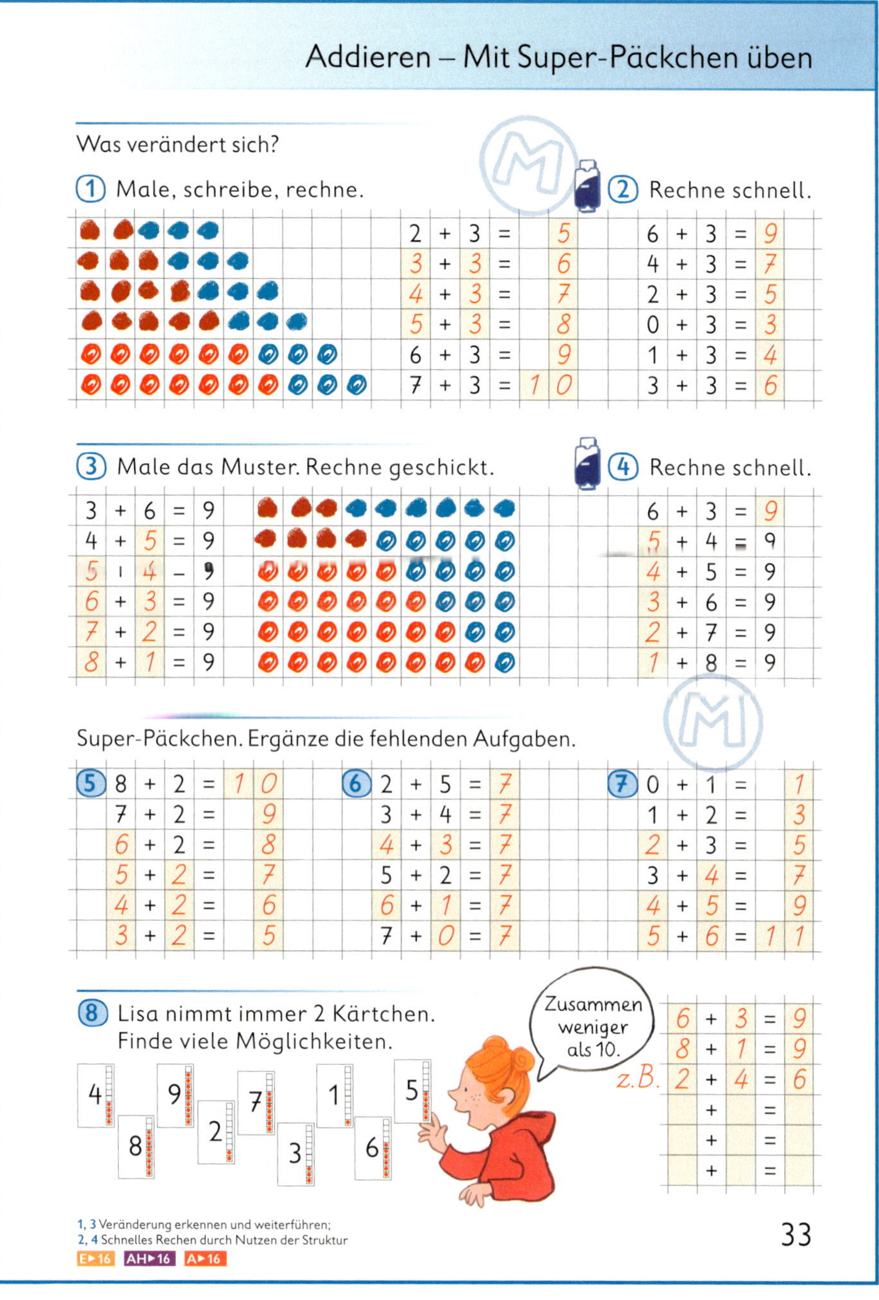

Addieren – Mit Super-Päckchen üben

Was verändert sich?

(1) Male, schreibe, rechne.

2 + 3 = 5
3 + 3 = 6
4 + 3 = 7
5 + 3 = 8
6 + 3 = 9
7 + 3 = 10

(2) Rechne schnell.

6 + 3 = 9
4 + 3 = 7
2 + 3 = 5
0 + 3 = 3
1 + 3 = 4
3 + 3 = 6

(3) Male das Muster. Rechne geschickt.

3 + 6 = 9
4 + 5 = 9
5 + 4 = 9
6 + 3 = 9
7 + 2 = 9
8 + 1 = 9

(4) Rechne schnell.

6 + 3 = 9
5 + 4 = 9
4 + 5 = 9
3 + 6 = 9
2 + 7 = 9
1 + 8 = 9

Super-Päckchen. Ergänze die fehlenden Aufgaben.

(5)
8 + 2 = 10
7 + 2 = 9
6 + 2 = 8
5 + 2 = 7
4 + 2 = 6
3 + 2 = 5

(6)
2 + 5 = 7
3 + 4 = 7
4 + 3 = 7
5 + 2 = 7
6 + 1 = 7
7 + 0 = 7

(7)
0 + 1 = 1
1 + 2 = 3
2 + 3 = 5
3 + 4 = 7
4 + 5 = 9
5 + 6 = 11

(8) Lisa nimmt immer 2 Kärtchen.
Finde viele Möglichkeiten.

z. B.
6 + 3 = 9
8 + 1 = 9
2 + 4 = 6
+ =
+ =
+ =

1, 3 Veränderung erkennen und weiterführen;
2, 4 Schnelles Rechnen durch Nutzen der Struktur
E▸16 AH▸16 A▸16

33

(1) und (3)
passende Gleichungen zur Darstellung notieren, letztere ggf. vervollständigen

(2) und (4)
Päckchenaufgaben schnell lösen, ggf. vervollständigen

(5) bis (7)
Super-Päckchen lösen, fehlende Aufgaben ergänzen

(8)
zur Vorgabe Aufgaben finden, notieren und lösen

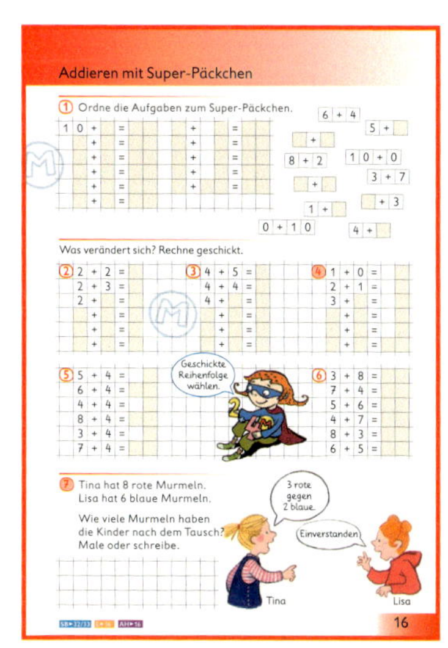

Addieren mit Super-Päckchen

(1) Ordne die Aufgaben zum Super-Päckchen.

1 0 + =

6 + 4 | 5 + | + | 8 + 2 | 1 0 + 0 | 3 + 7 | + | 1 + | + 3 | 0 + 1 0 | 4 +

Was verändert sich? Rechne geschickt.

(2)
2 + 2 =
2 + 3 =
2 + =

(3)
4 + 5 =
4 + 4 =
4 + =

(4)
1 + 0 =
2 + 1 =
3 + =

(5)
5 + 4 =
6 + 4 =
4 + 4 =
8 + 4 =
3 + 4 =
7 + 4 =

(6)
3 + 8 =
7 + 4 =
5 + 6 =
4 + 7 =
8 + 3 =
6 + 5 =

(7) Tina hat 8 rote Murmeln.
Lisa hat 6 blaue Murmeln.

Wie viele Murmeln haben die Kinder nach dem Tausch?
Male oder schreibe.

16

(1)
s. Schulbuch Seite 32, Aufgabe 6

(2) bis (4)
Päckchenaufgaben geschickt fortführen und lösen, Veränderungen beobachten

(5) und (6)
Päckchenaufgaben in geschickter Reihenfolge rechnen

(7)
Sachaufgabe erfassen und lösen

AUFSTIEGE 16

32/33 Plusaufgaben am Zehnerfeld üben

KOMMENTAR

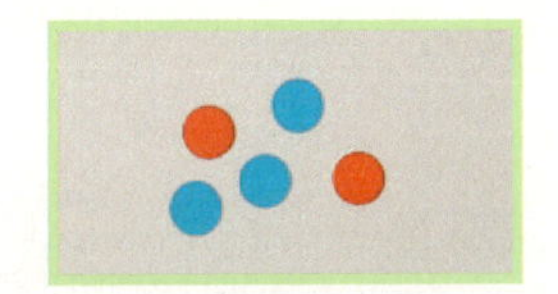

Material
Wendeplättchen für die Tafel

Hinweise zum Unterrichtsthema
Diese Doppelseite nutzt die bereits bekannten Veranschaulichungsmittel: Zehnerfeld und Plättchen. Die Schüler sind mit beiden bereits aktiv handelnd umgegangen und haben Anzahlen, Zerlegungen, Gleichungen sowie erste Plusaufgaben mit Plättchen im Zehnerfeld gelegt. Auf diesen Schulbuchseiten werden die genannten Medien nicht mehr handelnd genutzt, sondern dienen ausschließlich zur bildlichen Darstellung mathematischer Sachverhalte. Durch deren Betrachtung können die Kinder Aufgaben finden bzw. lösen und dabei Regelmäßigkeiten, Muster und Analogien entdecken. Diese nutzen die Schüler dann beim formalen Rechnen der angebotenen Päckchenaufgaben als Rechenvorteil aus. Die Aufgaben des kleinen Einspluseins im Zahlenraum bis 10 werden so geübt, verinnerlicht, automatisiert und können bei den präsentierten Aufgabenformaten zum schnellen Rechnen abgerufen werden.

Schulbuch 32/33

Hinweise zum Unterrichtsablauf
Da den Schülern das Zehnerfeld bereits als Veranschaulichungsmittel bekannt ist, wie auch die auf den Doppelseiten angesprochenen Aufgaben dazu, empfiehlt es sich, in der Einführung auf das Finden und Fortführen von Regelmäßigkeiten sowohl in Plättchendarstellungen als auch in formalen Päckchenaufgaben einzugehen.
Die Lehrerin präsentiert an der Tafel ein noch unvollständiges Muster aus Plättchen. In der ersten Reihe liegen drei rote und zwei blaue Plättchen, in der zweiten vier rote und zwei blaue Plättchen usw. Wichtig ist, dass in der fünften (sieben rote und zwei blaue Plättchen) und sechsten Reihe (acht rote und zwei blaue Plättchen) die roten Plättchen nicht dargestellt werden. Die Schüler notieren zu den einzelnen Reihen die passenden Additionsgleichungen. In der fünften und sechsten Reihe finden sie die fehlende Anzahl roter Plättchen, zeichnen sie hinzu und notieren die passende Gleichung.
Im Anschluss daran schreibt die Lehrerin ein Päckchen von Aufgaben an die Tafel. Die erste Aufgabe wird vollständig samt Ergebnis notiert: 3 + 5 = 8. In der zweiten Aufgabe fehlt der zweite Summand: 4 + ☐ = 8. In den restlichen Aufgaben sind Platzhalter für den ersten und zweiten Summand angegeben, das Ergebnis (8) wird vorgegeben. Die Schüler äußern ihre Entdeckungen zum Muster in den ersten beiden Aufgaben: Der erste Summand wird um 1 größer, der zweite um 1 kleiner. Anhand dieses Musters vervollständigen sie die einzelnen Aufgaben des Päckchens. Die Übungen zum Punktmuster und zur strukturierten Päckchenaufgabe können bei Bedarf mit weiteren Beispielen an der Tafel geübt werden.

Hinweise zu den Aufgaben

Seite 32
Aufgabe 1
Die Schüler notieren zu jedem Zehnerfeld eine Additionsgleichung. Der erste Summand gibt die Anzahl der roten, der zweite die der blauen Plättchenmenge an. Die Summe können sie durch Ablesen der gesamten Plättchenmenge im Zehnerfeld ermitteln.
Aufgabe 2
Die Schüler stellen die vorgegebenen Plusaufgaben im Zehnerfeld dar, indem sie für den ersten und zweiten Summanden jeweils eine passende Anzahl roter bzw. blauer Plättchen im Zehnerfeld einzeichnen. Die Summe können sie im Zehnerfeld ablesen und in der Gleichung notieren.

Addieren – Mit Super-Päckchen üben 32/33

Aufgaben 3–5
In den ersten drei Aufgaben der Super-Päckchen erkennen die Kinder das jeweils enthaltene Muster. Dies nutzen sie, um die folgenden Aufgaben zu finden, zu notieren und geschickt zu lösen.
Aufgabe 6 (AB II)
Die Schüler erkennen in den ungeordneten Termen das darin enthaltene Muster und vervollständigen es ggf. sinnvoll. Im Super-Päckchen setzen sie die Aufgaben in der richtigen Reihenfolge ein und lösen diese.

Seite 33
Aufgaben 1, 3
Die Kinder setzen das Punktmuster fort, notieren zu jeder Punktreihe die passende Plusaufgabe und lösen diese.
Aufgaben 2, 4
Die Schüler erkennen das in den Päckchenaufgaben beabsichtigte Muster, setzen es sinnvoll fort und können die Aufgaben so besonders schnell lösen.
Aufgaben 5–7 (AB II)
Die Schüler setzen das in den Super-Päckchen beabsichtigte Muster fort, ergänzen unvollständige Aufgaben und lösen diese.
Aufgabe 8 (AB II)
Die Kinder notieren zu den dargestellten Zahlenkarten verschiedene Additionsgleichungen, deren Summe kleiner als 10 ist.

Einstiege 16

Aufgaben 1, 2 und 4
siehe Schulbuch Seite 33, Aufgaben 1 und 3
Aufgabe 3
Die Schüler lösen die vorgegebenen Aufgaben, erkennen dabei, dass immer zwei Aufgaben Tauschaufgaben zueinander sind und nutzen diese Tatsache beim Rechnen geschickt aus.

Aufgabe 5
Die Kinder setzen jeweils die 3 als zweiten Summanden in die Aufgaben ein und lösen diese.
Aufgabe 6 (AB II)
siehe Schulbuch Seite 32, Aufgabe 6

Arbeitsheft 16

Aufgaben 1, 3, 5 (AB II)
siehe Schulbuch Seite 33, Aufgaben 1 und 3
Aufgabe 2, 4, 6
siehe Schulbuch Seite 33, Aufgaben 2 und 4
In Aufgabe 4 können die Kinder die Summe selbst bestimmen.
Aufgabe 7 (AB II)
Die Kinder können ein Muster mit Plättchen legen, es aufzeichnen oder ein Super-Päckchen mit eigenem Muster notieren.

Aufstiege 16

Aufgabe 1
siehe Schulbuch Seite 32, Aufgabe 6
Aufgaben 2–6
Die Schüler lösen die Päckchenaufgaben, indem sie das darin enthaltene Muster fortführen oder vorgegebene Aufgaben in einer geschickten Reihenfolge bearbeiten.
Aufgabe 7 (AB II)
Die Kinder erfassen den Sachverhalt und berechnen die Anzahl der Murmeln.
Lisa hat 8 Murmeln, gibt 3 ab und bekommt 2 zurück: $8 - 3 + 2 = 7$.
Sarah hat 6 Murmeln, gibt 2 ab und bekommt 3 dazu: $6 - 2 + 3 = 7$
Die Lösung kann zeichnerisch oder durch eine Rechnung gefunden werden.

In vielen Klassen können die Kinder aus einem Überangebot auswählen und selbst entscheiden, ob sie ihre Aufgaben mit Steckwürfeln, Muggelsteinen, Perlenschnüren, Rechenrahmen, Wendeplättchen, Rechengeld oder Knöpfen und vielem mehr lösen. Aus Bequemlichkeit greifen dann viele Kinder nach einiger Zeit wieder auf ihre seit langem vertrauten Rechenhelfer – die eigenen Finger – zurück und nutzen das andere Angebot erst dann wieder, wenn sie anzahlmäßig nicht mehr mit den Fingern zurechtkommen.

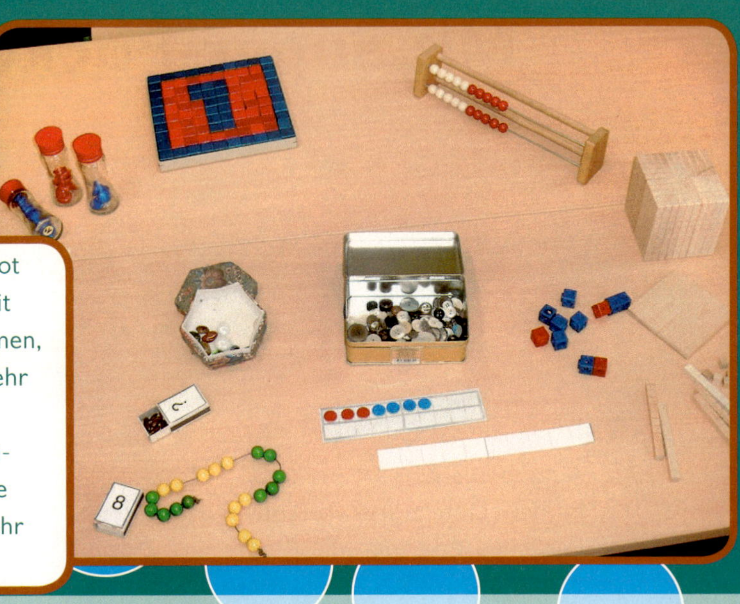

ARBEITSMATERIALIEN

IM ARITHMETISCHEN ANFANGSUNTERRICHT

So viele Unterrichtswerke es gibt, so viele unterschiedliche Materialien werden benutzt, damit die Kinder anschaulich und handlungsorientiert das Rechnen be„greifen".

Der Einsatz von Materialien im Anfangsunterricht Mathematik verfolgt traditionell folgende **Ziele:**

- Festigung der Zählfähigkeit durch Sicherheit im Abzählen konkret vorgegebener Objekte
- Entwicklung einer (An)zahlvorstellung
- Förderung des Operationsverständnisses durch Handlung mit konkretem Material
- Entwicklung von Rechenstrategien am Material

Am Ende dieses Prozesses sollen die Kinder in der Lage sein, die Aufgaben des kleinen Einspluseins und ihre Umkehrungen sicher im Kopf lösen zu können.

VIELE FRAGEN

- Welche Ziele verfolgen wir Lehrerinnen mit dem Einsatz von Material?
- Was machen wir mit den Kindern, die trotz des Einsatzes von Material nicht rechnen lernen?
- Was ist mit den Kindern, die es nicht lernen, richtig mit dem Material zu arbeiten oder sich sogar falsche Strategien damit angewöhnen?
- Welche Materialien sind überhaupt geeignet?

Es gibt immer wieder einzelne Kinder, denen es auch mit Materialunterstützung nicht gelingt, einfache Plusaufgaben richtig zu lösen. Bei diesen Kindern sollte noch einmal genau ermittelt werden, an welcher Stelle des mathematischen Lern- und Entwicklungsprozesses sich das Kind gerade befindet.

- Kann das Kind sicher zählen und abzählen?
- Gelingt die Zuordnung Anzahl – Ziffer?
- Schafft das Kind Zahlzerlegungen (Händespiel, Plättchen werfen, Zahlenhäuser) und deren Notation?
- Hat das Kind ein Operationsverständnis entwickelt und das Prinzip des Zusammenlegens verstanden?

Muss eine dieser Fragen negativ beantwortet werden, bietet es sich an, dort eine gezielte individuelle Förderung anzusetzen und ein „Nachlernen" zu ermöglichen.

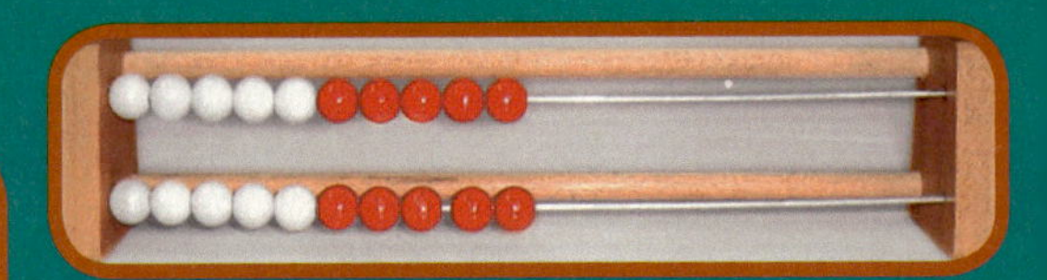

LEON, DER VORHER SCHON SEHR SICHER IM ZAHLENRAUM BIS 10 RECHNEN KONNTE, HOLTE SICH EINES TAGES EINEN RECHENRAHMEN AUS DEM REGAL UND LÖSTE AUCH EINFACHSTE AUFGABEN NUR NOCH DURCH SCHIEBEN UND ABZÄHLEN VON PERLEN. ER WAR SEHR STOLZ AUF SEINE TECHNIK, DIE ER IN DER HAUSAUFGABENHILFE DES OFFENEN GANZTAGES GELERNT HATTE.
ES DAUERTE WOCHEN, BIS LEON WIEDER BEREIT WAR, ÜBER ALTERNATIVE LÖSUNGSSTRATEGIEN NACHZUDENKEN.

Zur Festigung der Zählfähigkeit sind alle Materialien geeignet, die sich gut anfassen und zählen lassen.

TIPP Kinder zählen besonders gerne „schöne“ Dinge wie Halbedelsteine, Muscheln, Murmeln oder Knöpfe. Um die Zuordnung Zahl - Anzahl zu trainieren, sind Zählgläser und -schachteln geeignet, die auf ihrer Unterseite mit der Kontrollzahl beklebt sind.

DARSTELLUNG DES ZEHNERS ALS DOPPELFÜNFER

Diese unstrukturierten Materialien werden nach einiger Zeit durch Arbeitsmaterialien abgelöst, an denen sich Anzahlen „auf einen Blick“ erfassen lassen. Gezielte Übungen zur Anzahlerfassung können hier auch entsprechend verbalisiert werden. Bezogen auf die Stützpunkte ist die 8 „drei mehr als 5“ oder „zwei weniger als 10“. Auch die Ergebnisse von Plus- oder Minusaufgaben müssen nach entsprechender Übung nicht mehr abgezählt, sondern können sofort gesehen werden.

Kriterien zur Auswahl von Materialien, die das Operationsverständnis fördern und die Entwicklung von Rechenstrategien langfristig unterstützen:

- Das Material sollte auf verschiedene Zahlenräume (10er, 20er, 100er) erweiterbar sein.
- Das Material sollte über eine Struktur verfügen, die das schnelle Erfassen von Anzahlen ermöglicht.
- Das Material sollte Handlungen zulassen, die ein Verständnis der mathematischen Operationen Addieren, Subtrahieren, Verdoppeln und Halbieren fördern.
- Das Material sollte die Darstellung verschiedener Lösungswege ermöglichen.
- Das Material sollte leicht in eigene Notationen, z.B. im Rechenheft, übersetzbar sein.
- Das Material sollte in der Schule und zu Hause leicht verfügbar sein.

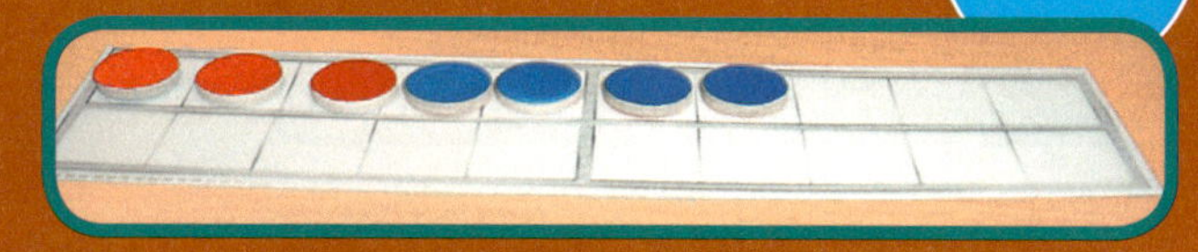

TIPP

Jedes Kind hat auf seinem Tisch ein leeres Zehner-, später Zwanzigerfeld kleben (leicht zu korrigierende selbstklebende Folie lässt sich rückstandslos von Schülertischen entfernen, wenn sie nicht mehr benötigt wird) und bewahrt in einer Filmdose seine 20 Wendeplättchen (gibt es in stabiler Ausführung bei vielen Sparkassen-Schul-Servicen kostenlos) auf. In einer Prospekthülle im Mathematikschnellhefter befindet sich das entsprechende Feld für die Hausaufgaben.

Damit sich falsche Strategien nicht verfestigen, ist es notwendig, sich immer wieder von den Kindern vormachen zu lassen, wie sie das Arbeitsmaterial benutzen und sie in offenen Unterrichtsphasen genau zu beobachten. Dabei sollte die Lehrerin auch überlegen, ob für das jeweilige Kind nicht ein anderes Material besser geeignet wäre, oder ob sie durch gezielte Übungen, z.B. das Versprachlichen der Materialhandlung ohne tatsächliche Nutzung des Materials, das Kind zu einer langsamen Ablösung vom Material führen kann.

34 Addieren – Rechengeschichten

die Addition als Hinzufügen einer oder mehrerer Mengen zu einer bereits vorhandenen erfahren; Bildfolge o
dreischrittige Handlung im Sinne einer Addition sprachlich korrekt beschreiben, als Gleichung notieren

SCHUL-
BUCH 34

① Bildfolge beschreiben

② bis ⑤ Aufgaben schreiben und lösen

① und ② Luftballons einfärben

passende Gleichung notieren und lösen

③ Aufgaben schreiben und lösen

④ Aufgaben lösen

Ergebnis prüfen

① bis ③ Luftballons einfärben, passende Gleichung notieren

④ Türme bauen, Aufgaben notieren und lösen

⑤ und ⑥ Aufgaben notieren und lösen

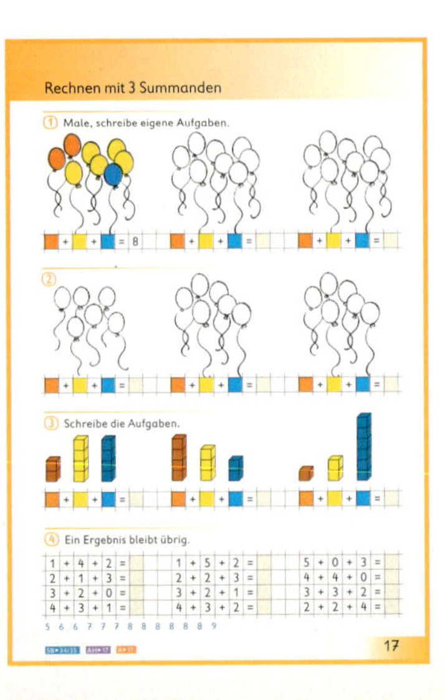

EINSTIEGE 17

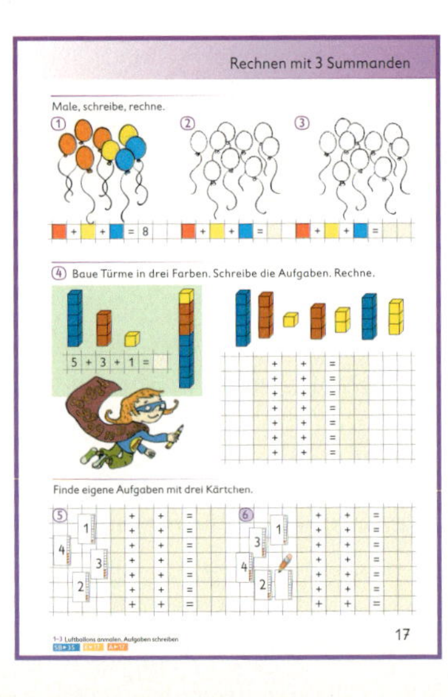

ARBEITS-
HEFT 17

SCHUL-
BUCH 35

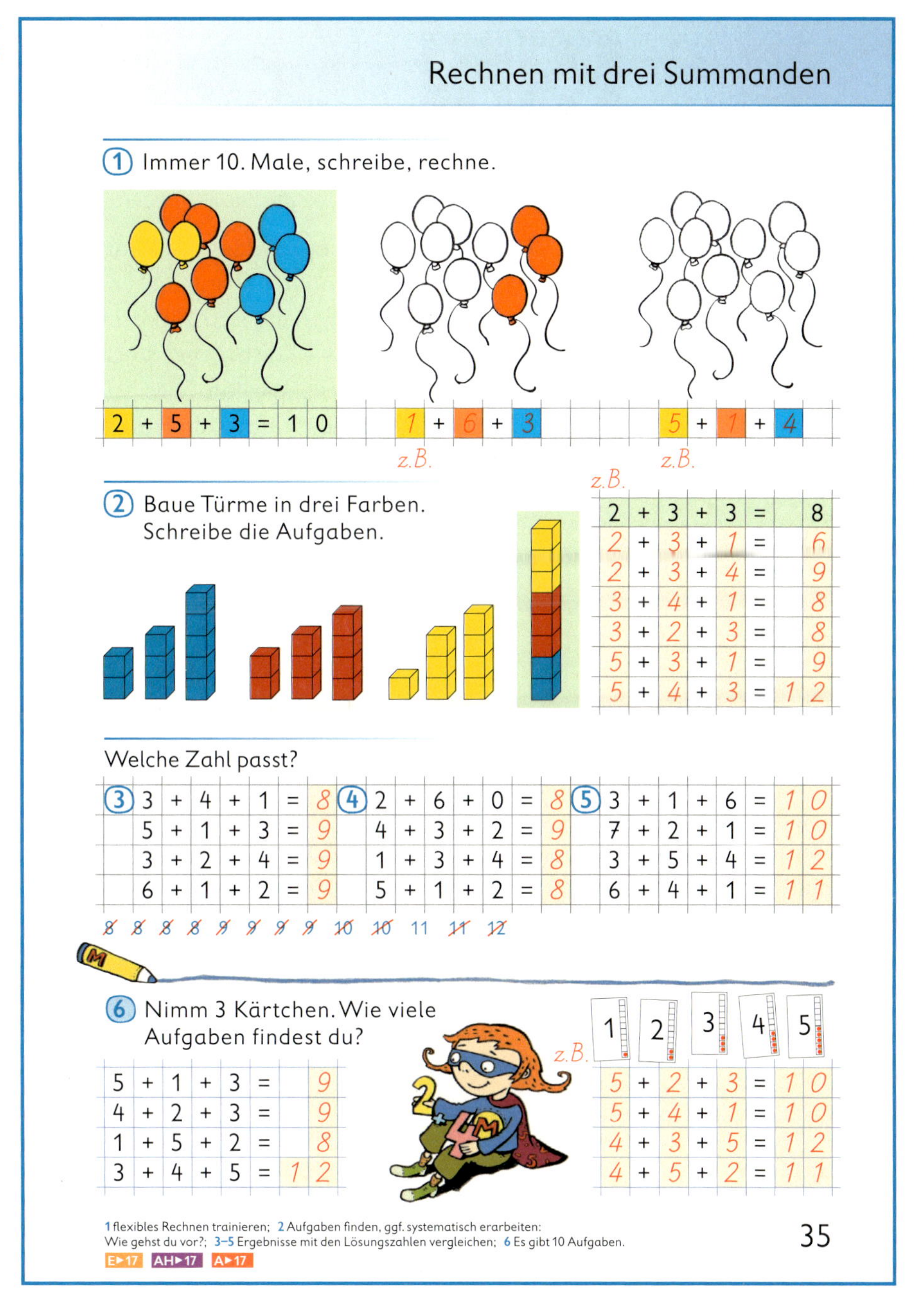

Rechnen mit drei Summanden

① Immer 10. Male, schreibe, rechne.

2	+	5	+	3	=	1	0

1	+	6	+	3

z.B.

5	+	1	+	4

z.B.

② Baue Türme in drei Farben.
Schreibe die Aufgaben.

z.B.

2	+	3	+	3	=	8
2	+	3	+	1	=	6
2	+	3	+	4	=	9
3	+	4	+	1	=	8
3	+	2	+	3	=	8
5	+	3	+	1	=	9
5	+	4	+	3	=	12

Welche Zahl passt?

③							④							⑤						
3	+	4	+	1	=	8	2	+	6	+	0	=	8	3	+	1	+	6	=	10
5	+	1	+	3	=	9	4	+	3	+	2	=	9	7	+	2	+	1	=	10
3	+	2	+	4	=	9	1	+	3	+	4	=	8	3	+	5	+	4	=	12
6	+	1	+	2	=	9	5	+	1	+	2	=	8	6	+	4	+	1	=	11

8 8 8 8 9 9 9 9 10 10 11 11 12

⑥ Nimm 3 Kärtchen. Wie viele
Aufgaben findest du?

5	+	1	+	3	=	9
4	+	2	+	3	=	9
1	+	5	+	2	=	8
3	+	4	+	5	=	12

1 2 3 4 5

z.B.

5	+	2	+	3	=	10
5	+	4	+	1	=	10
4	+	3	+	5	=	12
4	+	5	+	2	=	11

1 flexibles Rechnen trainieren; 2 Aufgaben finden, ggf. systematisch erarbeiten: Wie gehst du vor?; 3–5 Ergebnisse mit den Lösungszahlen vergleichen; 6 Es gibt 10 Aufgaben.

E▸17 AH▸17 A▸17

35

① Luftballons einfärben, Aufgaben schreiben und lösen

② Türme bauen, Aufgaben notieren und lösen

③ bis ⑤ Aufgaben rechnen, Lösungszahlen nutzen

⑥ Aufgaben lösen, eigene Aufgaben notieren

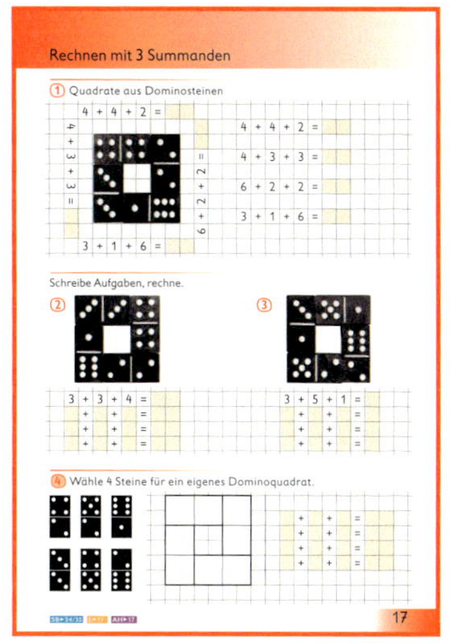

Rechnen mit 3 Summanden

① Quadrate aus Dominosteinen

4 + 4 + 2 =
4 + 4 + 2 =
4 + 3 + 3 =
6 + 2 + 2 =
3 + 1 + 6 =
3 + 1 + 6 =

Schreibe Aufgaben, rechne.

② 3 + 3 + 4 =

③ 3 + 5 + 1 =

④ Wähle 4 Steine für ein eigenes Dominoquadrat.

17

① Aufgaben in Abbildung erkennen und lösen

② und ③ passende Aufgaben notieren und lösen

④ Quadrat ausfüllen, Gleichungen notieren

AUFSTIEGE 17

34/35 Addieren – Rechengeschichten

KOMMENTAR

 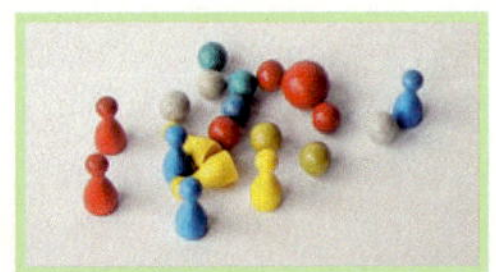  

Material

Steckwürfel, Blumen, Murmeln, Dominosteine, Zahlenkarten

▶ KV 64

Hinweise zum Unterrichtsthema

In den vorangegangenen Stunden standen das Hinzukommen und das Zusammenfügen als Handlungen für die Addition im Vordergrund. Der Aufschrieb wurde anhand der Darstellung in drei Schritten (Anfangszustand – Veränderung – Endzustand) entwickelt. Die Addition mit drei Summanden nutzt, vertieft und erweitert diese Grundlagen.
Weitere Verben, die in Sachsituationen eine Addition beschreiben (s. Hinweis 28/29), werden in passenden Handlungen bewusst gemacht und genutzt. Der unmittelbare Zusammenhang von konkreter Handlung und formaler Schreibweise bleibt erhalten.

Schulbuch 34/35

Hinweise zum Unterrichtsablauf

Handlung – Gleichung – Lösung

Zu Beginn des Unterrichts sitzen die Schüler im Sitz-Halbkreis. Die Lehrerin bittet ein Kind zu sich und gibt ihm zwei Blumen in die Hand. Die Schüler legen vor diesem Kind die Zahlenkarte 2 ab. Dann gibt ihm die Lehrerin vier weitere Blumen in die andere Hand. Die Schüler ergänzen mit Zahlenkarten und legen „+ 4". Es entsteht der Zahlensatz „2 + 4". Dann wird der Gesamtanzahl die Zahlenkarte (6) zugeordnet. Zuletzt wird das Gleichheitszeichen eingefügt (Wiederholung der Addition mit zwei Summanden). Erweiternd erarbeiten und lösen die Schüler Aufgaben mit drei Summanden.

Gleichung – Handlung – Lösung

Anschließend gehen die Schüler umgekehrt vor: Plusaufgaben werden mit Zahlenkarten gelegt und handlungsorientiert anschaulich gelöst. Es empfiehlt sich auf Veranschaulichungsmittel, wie Luftballons, Steckwürfel, Bauklötze zurückzugreifen. Dies erleichtert anschließend das selbstständige Bearbeiten.
Mögliche Differenzierung: Nach dem Übersetzen von konkreten Handlungen in Zahlensätze/Gleichungen bietet es sich an, die Kinder in Partnerarbeit eigene Aufgaben mit Material legen, schreiben und lösen zu lassen. Vertiefend kann auch das Darstellen/Lösen von Additionsaufgaben mit Material in Partnerarbeit geübt werden.
In dieser Unterrichtseinheit lassen sich die erworbenen Fähigkeiten der Kinder beim Erarbeiten der Addition gut beobachten. So kann die Lehrerin erkennen, ob die Schüler Verben, die eine additive Handlung beschreiben, aktiv nutzen, um damit den Aufschrieb der Addition in drei Schritten (s. o.) entwickeln und formal lösen zu können. Auch wird deutlich, ob die Kinder umgekehrt eine vorgegebene Gleichung durch das Zuordnen und Beschreiben einer Handlung lösen können. Zeigen sich Probleme bei der Bearbeitung, sollte im Förderunterricht durch zusätzliche handelnde Übungen darauf eingegangen werden. Dabei sollten die Kinder aber so lange wie nötig auf Veranschaulichungsmittel zurückgreifen und stets ausgeführte Handlungen versprachlichen.

Hinweise zu den Aufgaben

Seite 34

Aufgabe 1

Die Schüler beschreiben die Bildfolge als dreischrittige Handlung im Sinne einer Addition sprachlich korrekt, notieren diese als Gleichung und lösen sie.

Aufgaben 2–5 (AB II)

Die Schüler beschreiben die dargestellten Handlungen sprachlich und mathematisch.

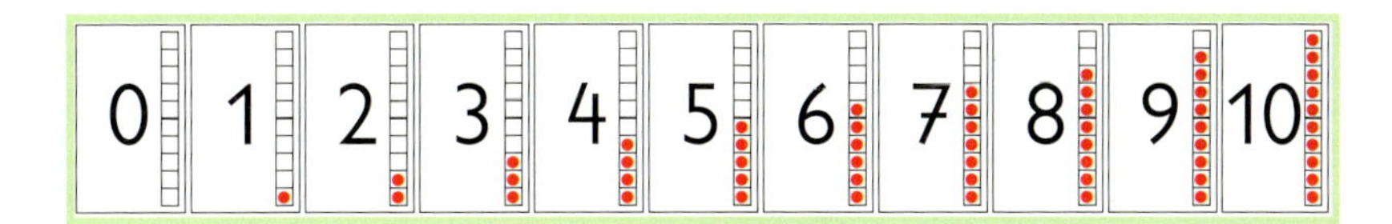

Seite 35

Aufgabe 1

Durch das Einfärben der Luftballons erzeugen die Kinder drei Summanden, die sie in einer entsprechenden Gleichung notieren.

Aufgabe 2

Immer drei der abgebildeten Bauteile werden zu dreifarbigen Türmen zusammengefügt. Passende Aufgaben mit drei Summanden werden notiert und gelöst.

Aufgaben 3–5

Das Rechnen mit drei Summanden wird geübt. Die Möglichkeit der Selbstkontrolle besteht durch die vorhandenen Lösungszahlen.

Aufgabe 6 (AB II)

Vorgegebene Aufgaben werden gelöst, eigene anhand von Zahlenkarten erfunden und deren Ergebnis ermittelt.

Einstiege 17

Aufgaben 1, 2

Durch das Einfärben der Luftballons erzeugen die Kinder drei Summanden, die sie in einer entsprechenden Gleichung notieren.

Aufgabe 3

Anhand der dargestellten Anzahl von Steckwürfelbauteilen vervollständigen die Kinder Additionsgleichungen mit drei Summanden und lösen diese.

Aufgabe 4

Das Rechnen mit drei Summanden wird geübt. Die Möglichkeit der Selbstkontrolle besteht durch die vorhandenen Lösungszahlen.

Arbeitsheft 17

Aufgaben 1–3

Durch Einfärben der acht Luftballons und Eintragen der Zerlegung in das Aufgabengerüst erhalten die Schüler eine Additionsaufgabe und lösen sie. Unterschiedliche Aufgaben entstehen durch verschiedene Färbungen.

Aufgabe 4

Immer drei Bauteile werden zu Türmen zusammengefügt. Dies kann entweder mit konkretem Material oder mental geschehen. Entsprechende Aufgaben mit drei Summanden werden notiert und gelöst.

Aufgaben 5, 6 (AB II)

Eigene Additionsaufgaben mit drei Summanden werden durch das Legen von Zahlenkarten aus einer vorgegebenen Auswahl gefunden, notiert und gelöst.

Aufstiege 17

Aufgaben 1–3

In jedem der abgebildeten Dominoquadrate ist die Summe der Punkte auf allen Seiten gleich groß. Entsprechend dem Beispiel notieren die Kinder die Gleichungen.

Aufgabe 4 (AB II)

Die Schüler wählen vier Dominosteine aus einer dargestellten Menge aus, übertragen deren Punktbilder in das vorgegebene Quadratraster und notieren die Gleichungen. Dabei wählen sie die Steine so, dass die Summe aller Punkte je Seite gleich groß ist und führen notwendige Rechenoperationen bereits im Kopf durch.

36 Tauschaufgaben

Tauschaufgaben erzeugen; Tauschaufgaben sinnvoll und gezielt anwenden; Kenntnisse bezüglich Tauschaufgaben erwerben

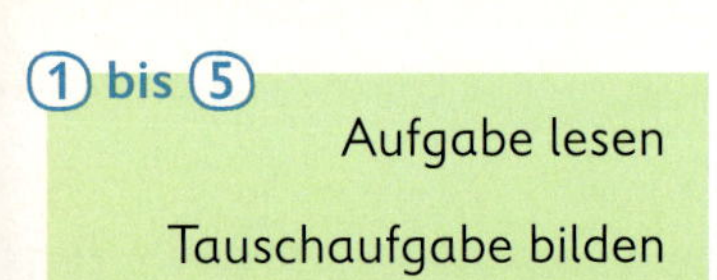

① bis ⑤
Aufgabe lesen
Tauschaufgabe bilden

⑥ bis ⑧
Tauschaufgaben bilden
Rechenvorteile nutzen

SCHULBUCH 36

①
Rechenvorteil diskutieren
Aufgaben lösen

② und ③
Tauschaufgabe am Zehnerfeld darstellen
Aufgaben lösen

④
Aufgabe ablesen und durch Ergänzen lösen

⑤
Händespiel: Ergänzungsaufgaben lösen

①
Tauschaufgaben bilden
beurteilen, ob ein Rechenvorteil entsteht

② bis ⑩
Abbildungen betrachten
Aufgaben schreiben und lösen

⑪ bis ⑬
Super-Päckchen durch Ergänzen lösen

EINSTIEGE 18

ARBEITSHEFT 18

additives Ergänzen handelnd erarbeiten; Ergänzungsaufgaben selbst erzeugen

SCHUL-
BUCH 37

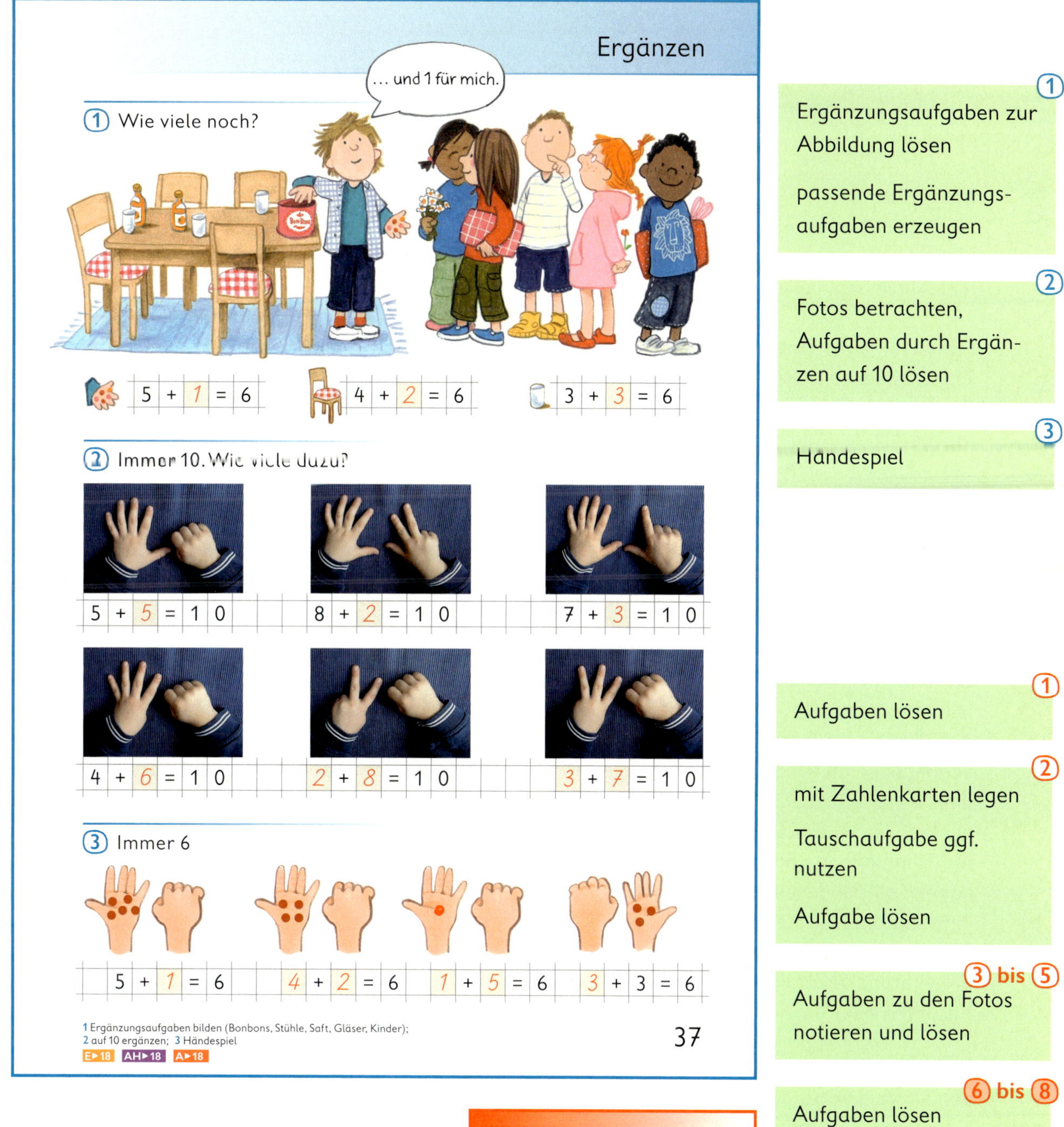

Ergänzen

1 Wie viele noch?

5 + 1 = 6 | 4 + 2 = 6 | 3 + 3 = 6

2 Immer 10. Wie viele dazu?

5 + 5 = 10 | 8 + 2 = 10 | 7 + 3 = 10

4 + 6 = 10 | 2 + 8 = 10 | 3 + 7 = 10

3 Immer 6

5 + 1 = 6 | 4 + 2 = 6 | 1 + 5 = 6 | 3 + 3 = 6

1 Ergänzungsaufgaben bilden (Bonbons, Stühle, Saft, Gläser, Kinder);
2 auf 10 ergänzen; 3 Händespiel

E▸18 AH▸18 A▸18

37

1
Ergänzungsaufgaben zur Abbildung lösen

passende Ergänzungsaufgaben erzeugen

2
Fotos betrachten, Aufgaben durch Ergänzen auf 10 lösen

3
Händespiel

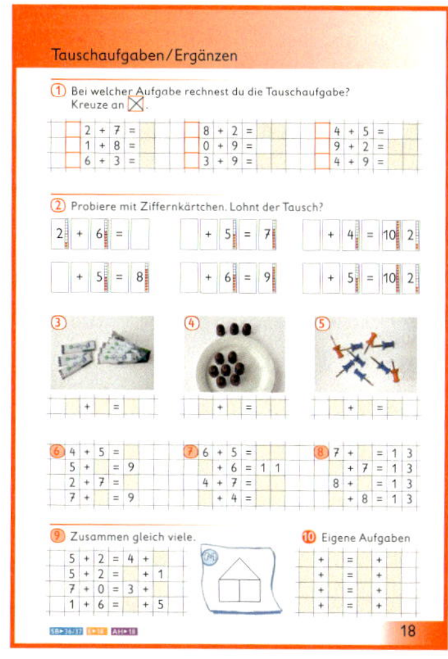

Tauschaufgaben/Ergänzen

1 Bei welcher Aufgabe rechnest du die Tauschaufgabe? Kreuze an.

2 Probiere mit Ziffernkärtchen. Lohnt der Tausch?

9 Zusammen gleich viele.

10 Eigene Aufgaben

18

1
Aufgaben lösen

2
mit Zahlenkarten legen

Tauschaufgabe ggf. nutzen

Aufgabe lösen

3 bis 5
Aufgaben zu den Fotos notieren und lösen

6 bis 8
Aufgaben lösen

Rechenvorteile nutzen

9
Gleichungen durch Ergänzen lösen

10
Summengleichheit beachten

eigene Gleichungen erzeugen

AUFSTIEGE 18

36/37 Tauschaufgaben/Ergänzen

KOMMENTAR

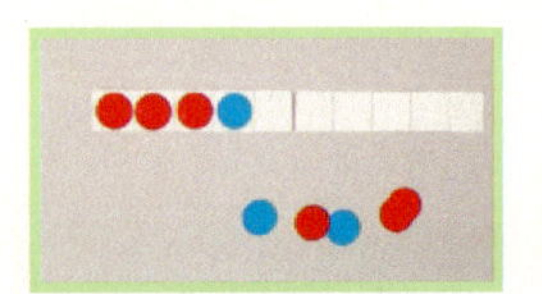

Material
Plättchen, Zehnerfelder, Steckwürfel, Zahlenkarten, Schüttelkästen, Folie mit Zehnerfeld-Abbildung, Folienstift

Hinweise zum Unterrichtsthema
Tauschaufgaben, Seite 36
Tauschaufgaben beruhen auf dem Kommutativgesetz der Addition $a + b = b + a$. Es besagt, dass die Summanden einer Additionsaufgabe vertauscht werden dürfen. Das Ergebnis wird dabei nicht verändert. Dieses Gesetz trifft für alle natürlichen Zahlen zu. Die Schüler erlernen den Inhalt des Gesetzes, nicht aber seinen formalen Wortlaut, und sprechen von Tauschaufgaben. Deren Anwendung ermöglicht ihnen vorteilhaftes Rechnen: Möglich ist, dass die Kinder die größere Zahl der gegebenen Summanden an die Stelle des ersten setzen. Eine weitere Strategie könnte sein, „Ankerpunkte" (5, 10, 15, 20) an der Stelle des ersten Summanden unterzubringen. Weiterhin können die Kinder Aufgaben zu bereits von ihnen automatisierten Aufgaben umformen. Dieses Thema trägt also maßgeblich zur Erweiterung der Fähigkeit des flexiblen Rechnens bei.

Ergänzen, Seite 37

Haben die Kinder ihre Fähigkeiten zur Bearbeitung von Aufgaben der additiven Grundform (3 + 2 = ▢) ausgebaut, so bietet es sich an, das additive Ergänzen (2 + ▢ = 5) einzuführen. Dieses erlangt eine besondere Bedeutung, wenn die Kinder im Zahlenraum bis 20 oder 100 Aufgaben mit Zehnerüberschreitung bearbeiten und muss deshalb besonders intensiv geübt werden.
Da den Kindern die Bearbeitung von Ergänzungsaufgaben meistens schwerer fällt als die der Grundaufgaben, ist eine zunächst handelnde Erarbeitung des Lerninhaltes notwendig, bevor die Schüler Aufgaben formal lösen können.

Schulbuch 36/37

Hinweise zum Unterrichtsablauf
Tauschaufgaben
Zu Beginn der Unterrichtsstunde bittet die Lehrerin drei Kinder auf die linke Seite vor die Tafel. Die Schüler nennen die Anzahl der Kinder, die an der Tafel notiert wird. Dann kommen weitere vier Kinder hinzu. Nachdem die Schüler diesen Vorgang sprachlich beschrieben haben, wird die passende mathematische Verknüpfung (3 + 4), wie auch die Gesamtzahl der Kinder (7) notiert, der Rechenterm durch das Gleichheitszeichen vervollständigt und laut vorgelesen (3 + 4 = 7).
Anschließend bittet die Lehrerin die Kinder vor der Tafel, die Plätze zu tauschen. Es entsteht auf die bereits beschriebene Weise die Tauschaufgabe (4 + 3 = 7) zur zuvor gefundenen Aufgabe. Dieser Vorgang kann zur Vertiefung beliebig oft mit anderen Anzahlen von Kindern wiederholt werden. Im weiteren Unterrichtsverlauf können die Kinder eigene Aufgaben mit Steckwürfeln als Repräsentanten legen, Zehnerfelder entsprechend ausfüllen, Gleichungen notieren und vor diesem Hintergrund die entsprechenden Seiten des Unterrichtswerkes bearbeiten.

Ergänzen
Zu Beginn der Unterrichtsstunde präsentiert die Lehrerin auf dem Overheadprojektor ein Zehnerfeld, auf dem bereits zwei Plättchen angeordnet sind. Unter dem Zehnerfeld ist die Ergänzungsaufgabe abgebildet: 2 + ▢ = 5.
Im Unterrichtsgespräch wird nun erarbeitet, dass noch drei Plättchen hinzugelegt werden müssen, um die dargestellte Gleichung zu lösen. Ist das geschehen, wird diese durch das Eintragen der Zahl 3 vervollständigt. Auf diese Weise können beliebig oft andere Ergänzungsaufgaben erzeugt und gelöst werden.

Tauschaufgaben/Ergänzen 36/37

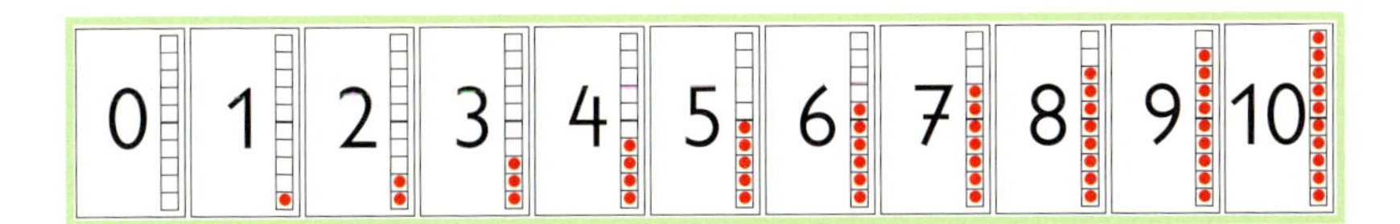

Im Anschluss daran empfiehlt es sich, die Kinder in Partnerarbeit eigene Ergänzungsaufgaben finden und mit Plättchen auf dem Zehnerfeld lösen zu lassen.
Als Differenzierungsmaßnahme kann die Lehrerin die Arbeit mit Schüttelkästen oder die Durchführung des Händespiels anbieten. Dabei wird das Lösen von Ergänzungsaufgaben in der Vorstellung angebahnt und vertieft.

Händespiel
Um das Händespiel durchzuführen, benötigt jedes Schülerpaar mindestens zehn Plättchen. Zuerst wird die Anzahl der Plättchenmenge bestimmt, die im folgenden Spielzug verwendet wird (z.B. 8 Plättchen). Dann nimmt ein Kind die Plättchen und verteilt sie hinter seinem Rücken auf beide Hände. Es zeigt seinem Partner den Inhalt der einen Hand (z.B. 5). Dieser schreibt die passende Ergänzungsaufgabe auf (hier: 5 + ▢ = 8). Dabei repräsentiert die noch immer geschlossene Hand den Platzhalter in der Ergänzungsaufgabe. Wenn der Partner die Aufgabe gelöst hat (5 + 3 = 8), wird der Inhalt der zweiten Hand mit dem Ergebnis verglichen und dieses ggf. verbessert. Dann darf er Plättchen hinter dem Rücken verstecken und das andere Kind muss die Ergänzungsaufgabe erzeugen und lösen.

Schüttelkästen
Schüttelkästen sind aufgeteilt in zwei Fächer. Der Inhalt des einen Faches ist für die Schüler gut sichtbar, der des anderen ist abgedeckt. In diesen Schüttelkasten legt die Lehrerin demonstrativ eine bestimmte Anzahl von Tischtennisbällen (z.B. 5 Bälle). Schüttelt sie den Kasten, so verteilen sich die Bälle auf beide Fächer.
Nehmen wir an, in dem einen Fach sind vier Bälle zu sehen. Im Unterrichtsgespräch wird die passende Ergänzungsaufgabe erarbeitet, notiert (4 + ▢ = 5) und in der Vorstellung gelöst (4 + 1 = 5). Öffnet man die Abdeckung, so kann man überprüfen, ob in dem anderen Fach tatsächlich die berechnete Anzahl von Bällen liegt. Sind die Kinder mit der Vorgehensweise vertraut, so können sie mit eigenen Schüttelkästen auf dieselbe Weise Ergänzungsaufgaben erzeugen, notieren und lösen.

Hinweise zu den Aufgaben

Seite 36

Aufgabe 1
Im ersten Teil der Aufgabe sind eine linke Hand mit drei und eine rechte Hand mit fünf Plättchen dargestellt. Die Kinder betrachten die Abbildung und notieren die passende Additionsaufgabe darunter. Im zweiten Teil der Aufgabe wird die gleiche Plättchenverteilung auf zwei überkreuzte Hände präsentiert. Wieder notieren die Kinder die Gleichung und lösen sie. Nach Betrachten beider notierter Aufgaben fällt den Kindern auf, dass erster und zweiter Summand vertauscht worden sind, das Ergebnis aber trotzdem gleich geblieben ist. Der Begriff „Tauschaufgabe“ wird erarbeitet.

Aufgaben 2, 3
Die Schüler betrachten die Verteilung der roten und blauen Plättchen auf dem abgebildeten Zehnerfeld und notieren die passende Additionsaufgabe darunter. Dann tragen sie in einem weiteren Zehnerfeld die Veranschaulichung der Tauschaufgabe ein. Anschließend schreiben sie die entsprechende Gleichung auf. Im Plenum wird besprochen, welche der beiden aufgestellten Gleichungen einfacher zu berechnen ist, ursprüngliche Aufgabe oder Tauschaufgabe.

Aufgaben 4, 5
Die Schüler denken sich eigene Additionsaufgaben aus, erzeugen jeweils die passende Tauschaufgabe, stellen beides in einem Zehnerfeld zeichnerisch dar, notieren die entsprechende Gleichung darunter

und vergleichen die Aufgaben hinsichtlich ihres Schwierigkeitsgrades.

Aufgaben 6–8

Die Schüler lösen die Aufgaben, erzeugen und berechnen die passenden Tauschaufgaben. Dann überlegen sie, welche Aufgabe sie zuerst rechnen und markieren diese.

Seite 37

Aufgabe 1

Die Schüler erzählen zur Geburtstagssituation. Sie erkennen, dass verschiedene Gegenstände für Gastgeber und Gäste (insgesamt sechs Personen) nicht ausreichend vorhanden sind, z.B. Stühle, Tassen, Trinkflaschen, Bonbons. Mit Hilfe der Darstellung vollziehen die Schüler das Zustandekommen der Ergänzungsaufgaben darunter nach und berechnen, wie viele Bonbons bzw. Tassen fehlen.

Aufgabe 2

Die Schüler betrachten die Fotos der Hände, erlesen die Ergänzungsaufgabe darunter, lösen die Aufgabe in der Vorstellung und notieren diese.

Aufgabe 3

Die Schüler betrachten die Abbildungen des Händespiels, erfassen die vorgegebene Plättchenanzahl, ergänzen diese in der Vorstellung auf 6 und vervollständigen den Rechenterm.

Einstiege 18

Aufgabe 1

Die Kinder lesen die Frage des Mädchens, betrachten beide Abbildungen und stellen einen Zusammenhang mit der entsprechenden Additionsaufgabe her, lösen beide Aufgaben und überlegen, welche Aufgabe einen Rechenvorteil bietet.

Aufgaben 2, 3

Die Schüler betrachten die Verteilung der roten und blauen Plättchen auf dem abgebildeten Zehnerfeld, notieren die passende Additionsaufgabe und tragen in einem weiteren Zehnerfeld die Veranschaulichung der Tauschaufgabe ein. Dann notieren sie die entsprechende Gleichung. Im Plenum wird besprochen, welche der beiden aufgestellten Gleichungen einfacher zu berechnen ist.

Aufgabe 4

Die Schüler lesen die Ergänzungsaufgabe, ergänzen das Zehnerfeld und vervollständigen die Gleichung.

Aufgabe 5

Die Schüler betrachten die Abbildungen des Händespiels, erfassen die jeweils vorgegebene Plättchenanzahl und tragen diese als ersten Summanden in das vorgegebene Aufgabengerüst ein. Dann lösen sie die so entstandene Aufgabe durch Ergänzen auf 7 in der Vorstellung.

Arbeitsheft 18

Aufgabe 1

Die Schüler rechnen Aufgabe und Tauschaufgabe und beurteilen, welche Aufgabe einen Rechenvorteil bietet.

Aufgaben 2–10

Die Schüler betrachten die abgebildeten Fotos, notieren die passenden Gleichungen und lösen diese.

Aufgaben 11–13 (AB II)

Die Schüler lösen die vorgegebenen Ergänzungsaufgaben der Super-Päckchen, finden anhand der Ergebnisse die Rechenvorschrift für die folgenden Aufgaben heraus, schreiben und lösen diese.

Aufstiege 18

Aufgabe 1

Die Schüler lesen die Additionsaufgaben, lösen diese und kreuzen die an, bei der sie zur Lösung die passende Tauschaufgabe mental genutzt haben.

Aufgabe 2

Die Schüler lesen die dargestellten Aufgaben, legen ggf. dazu passende Tauschaufgaben mit Zahlenkarten nach.

Aufgaben 3–5

Die Kinder notieren zu den Fotos Plusaufgaben und lösen diese.

Aufgaben 6–8 (AB II)

Die Schüler lösen die vorgegebenen Aufgaben, erkennen dabei, dass immer zwei Aufgaben Tauschaufgaben zueinander sind und nutzen diese Tatsache beim Rechnen geschickt aus.

Aufgabe 9 (AB II)

Die Schüler lesen die Gleichung und vervollständigen sie so, dass beide Seiten summengleich sind.

Aufgabe 10 (AB III)

Die Schüler denken sich eigene wertgleiche Plusaufgaben aus.

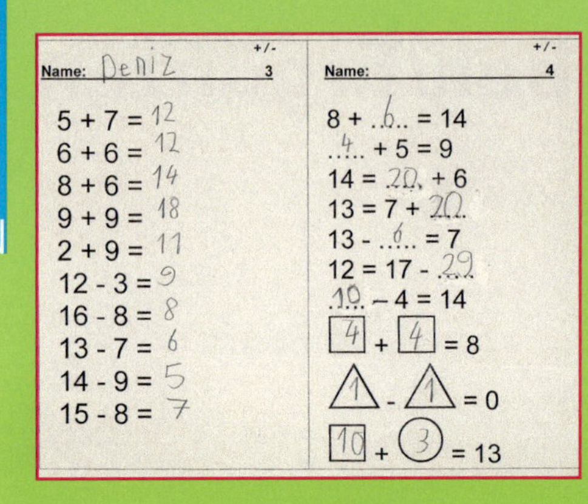

Name: Deniz	+/- 3	Name:	+/- 4
5 + 7 = 12		8 + ..6.. = 14	
6 + 6 = 12		..4.. + 5 = 9	
8 + 6 = 14		14 = 20. + 6	
9 + 9 = 18		13 = 7 + 20.	
2 + 9 = 11		13 - ..6.. = 7	
12 - 3 = 9		12 = 17 - 29	
16 - 8 = 8		10. – 4 = 14	
13 - 7 = 6		[4] + [4] = 8	
14 - 9 = 5		△1 - △1 = 0	
15 - 8 = 7		[10] + (3) = 13	

8 + ..6.. = 14
..4.. + 5 = 9
14 = 20. + 6
13 = 7 + 20.
13 - ..6.. = 7
12 = 17 - 29
10. – 4 = 14

DENIZ RECHNET PLUS- UND MINUS-AUFGABEN IM ZAHLENRAUM BIS 20 SICHER, SOLANGE SIE IN DER STANDARDFORM VORGEGEBEN SIND ODER ER DIE AUFGABEN BEREITS AUTOMATISIERT HAT.

Operationsverständnis entwickeln

Teil 2 Ergänzen

Vielen Kindern bereitet es keine Mühe, Aufgaben zu lösen, bei denen beide Summanden vorgegeben sind. Ist jedoch einer der beiden Summanden durch einen Platzhalter ersetzt, z.B. 4 + ☐ = 9 oder ☐ + 4 = 9, so entstehen bei einer Reihe von Kindern große Unsicherheiten, weil sie kein entsprechendes Handlungsmodell im Kopf

Passende Sachsituationen helfen, zuerst einmal eine Vorstellung von der geforderten Rechnung zu vermitteln.

① Du hast 4 Fußballbilder, Moritz hat 9. Wie viele musst du dir noch dazu kaufen, damit du genauso viele wie Moritz hast?

② Deine Tante schenkt dir 4 Fußballbilder. Jetzt hast du 9, wie viele Bilder hattest du vorher? Das Nachspielen der Situationen mit Karten fördert das Verstehen, das Legen mit Material unterstützt den Lösungsprozess.

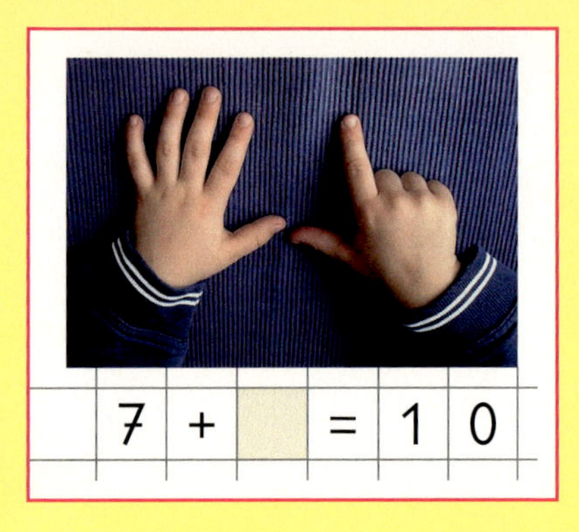

FÜR DIE MEISTEN KINDER IST DER TYP 1, BEI DEM DIE AUSGANGS-SITUATION UND DER ENDZUSTAND BEKANNT SIND, NOCH LEICHTER ZU LÖSEN ALS DER TYP 2, BEI DEM DIE AUSGANGSSITUATION GEFUNDEN WERDEN MUSS, DA SIE HIER DAS WEITERZÄHLEN ALS LÖSUNGSHILFE BENUTZEN KÖNNEN.

VERKNÜPFUNG MIT BEKANNTEN DARSTELLUNGEN

$4 + \square = 9$

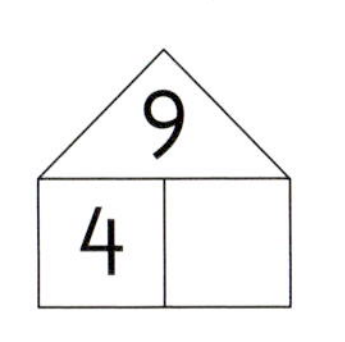

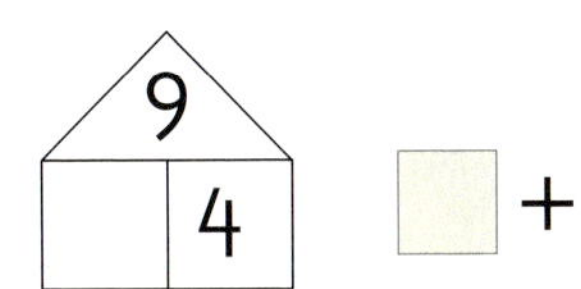

$\square + 4 = 9$

$5 + \square = 9$

Die Verknüpfung mit den bereits bekannten Darstellungen Zahlenhaus und Händespiel integriert das neu zu entwickelnde Operationsverständnis für das Ergänzen in vorhandene Strukturen und Handlungsmuster.

AM ZEHNERFELD

Auch die Darstellung am Zehnerfeld stützt die Entwicklung des Operationsverständnisses.

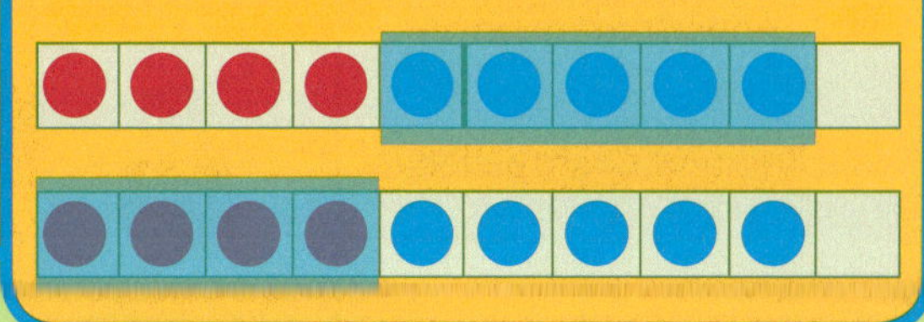

ZUSÄTZLICHE ÜBUNGEN

Als zusätzliche tägliche Übungen bieten sich neben Rechengeschichten, die das Ergänzen provozieren, auch „verdeckte Handlungen“ mit einer Fühlkiste oder einem Tastsack an.

- **Der Tastsack ist bereits mit einigen Holzwürfeln (Kastanien, Nüssen ...) gefüllt. Vor den Augen der Kinder werden einige Würfel hinzugefügt. Danach ertastet ein Kind, wie viele Würfel jetzt im Tastsack sind. Da die Kinder wissen, wie viele Würfel die Lehrerin zugegeben hat, können sie nun herausfinden, wie viele Würfel ursprünglich im Sack waren ($x + a = b$).**
- **Die Lehrerin zählt einige Würfel in den Tastsack. Während die Kinder die Augen schließen, gibt sie eine unbekannte Anzahl von Würfeln hinzu. Auch hier können die Kinder aus der Gesamtzahl auf die Veränderungsanzahl schließen ($a + x = b$).**

Diese Übung ist auch als Partnerarbeit durchführbar und hilft langfristig dabei, eine mentale Vorstellung zum Lösen von Ergänzungsaufgaben zu entwickeln.

Das Ergänzen ist von fundamentaler Bedeutung für den Ausbau einer flexiblen Zahlvorstellung und fördert die Entwicklung von Rechenstrategien, denn bereits im Zwanzigerraum (weit mehr aber im Hunderterraum und darüber hinaus) lassen sich schwellennahe Subtraktionsaufgaben „geschickt“ und schnell über das Ergänzen lösen.

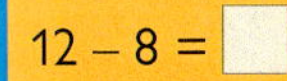

$12 - 8 = \square$ lässt sich effektiv und schnell über die Ergänzungsaufgabe $8 + \square = 12$ lösen.

Bei Aufgaben wie $403 - 398 = \square$ ist die Umwandlung in die Ergänzungsaufgabe $398 + \square = 403$ allen anderen Lösungsmöglichkeiten überlegen, da sie sicher im Kopf gelöst werden kann.

38 Subtrahieren

auf Subtraktionssituationen im Alltag aufmerksam werden; Handlungen (z. B. weggehen, wegnehmen) mathematisch durch eine Subtraktion beschreiben und als Gleichung darstellen ▸

SCHULBUCH 38

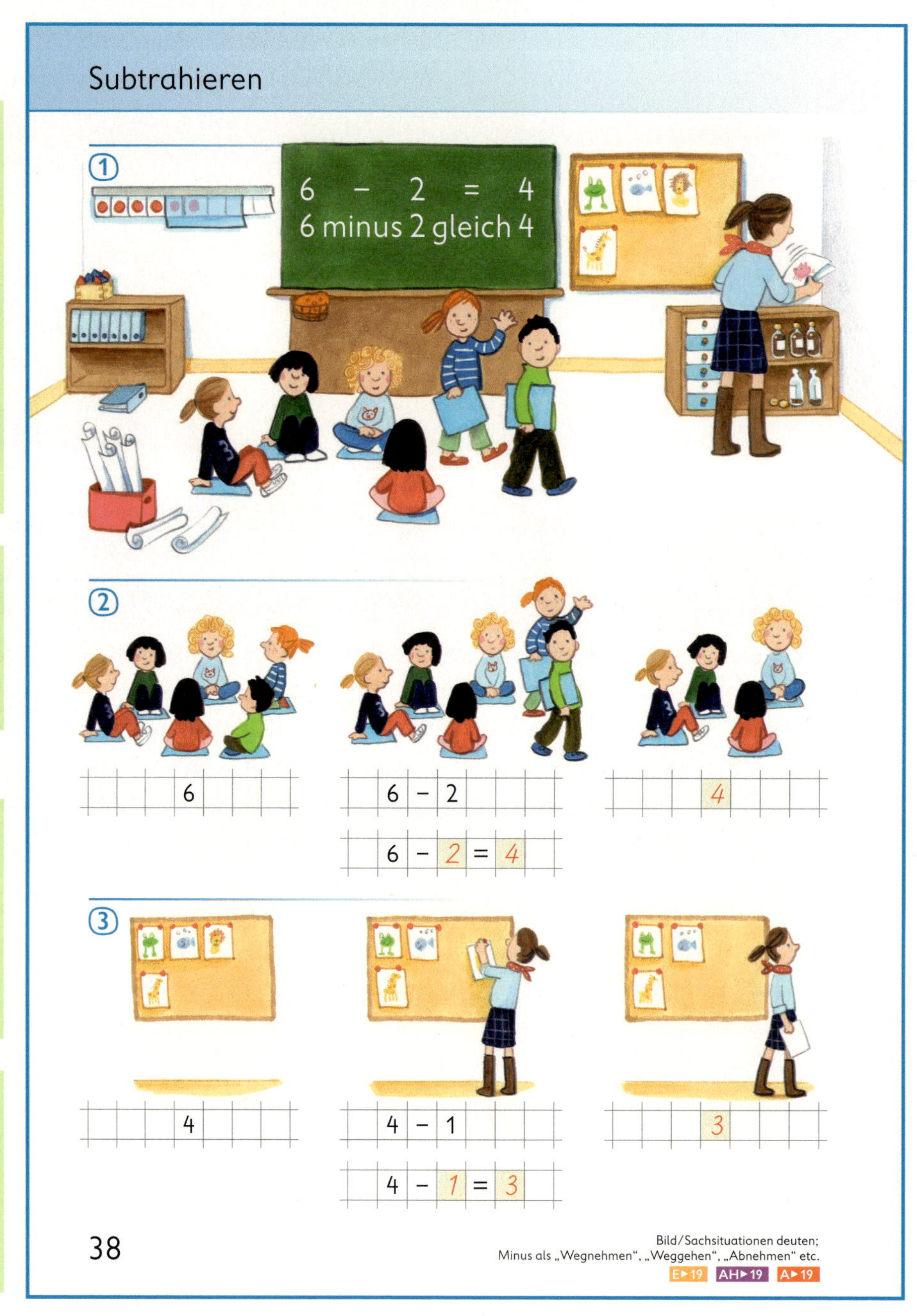

①
abgebildete Gleichung lesen

passende Subtraktionssituation in der Abbildung finden

Beispiele für Subtraktionssituationen im Klassenzimmer entdecken und nachspielen

② und ③
Subtraktion anhand der Bildfolge schrittweise nachvollziehen, notieren und lesen

EINSTIEGE 19

① bis ④
Subtraktionssituation in der Bildfolge erkennen

Minusaufgabe schrittweise notieren, berechnen und lesen

ARBEITSHEFT 19

①
zu Details (Ordner, Papierrolle, Bilder) der Klassenraumdarstellung Subtraktionsaufgaben schreiben und lösen

② bis ④
dargestellte Situation als Subtraktion erfassen

passende Subtraktionsaufgaben notieren

⑤
Subtraktionssituation in der Bildfolge erkennen

Minusaufgabe schrittweise notieren, berechnen und lesen

Minusaufgaben schrittweise erzeugen, lesen, schreiben und rechnen

SCHULBUCH 39

① bis ⑦
Bilder beschreiben

passende Minusaufgaben notieren und rechnen

⑧
Super-M-Aufgabe lösen

HINWEIS

Wichtig ist, dass die Schüler die Fähigkeit entwickeln, Vorgänge bei der Subtraktion zu beschreiben. Die Kinder sollten im Unterricht eine Sammlung von Wörtern erstellen, welche die Subtraktion beschreiben. Diese Liste kann im Klassenraum aufgehängt werden. Beispiele:

- weggehen
- wegnehmen
- aufessen
- abdecken
- zurückgehen
- wegfliegen
- abschneiden
- abbrechen
- abnehmen
- abbauen

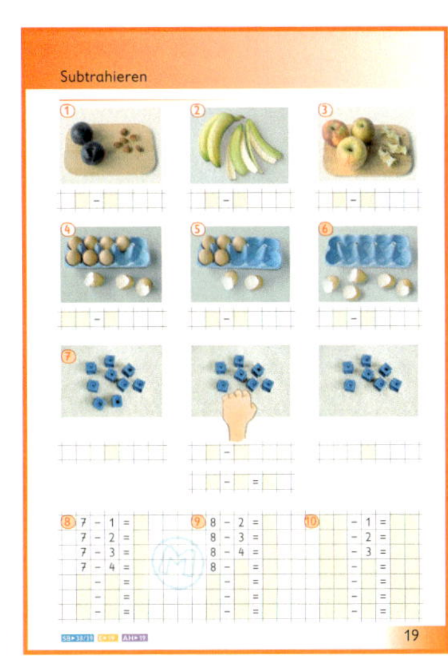

① bis ⑥
zu den Fotos passende Minusaufgaben notieren und rechnen

⑦
Bildfolge beschreiben, passende Aufgabe notieren und rechnen

⑧ bis ⑩
Super-Päckchen lösen und vervollständigen

AUFSTIEGE 19

38/39 Subtrahieren

Material
Verpackungsmaterial, Zahlenkarten
▶ **KV 30**

Hinweise zum Unterrichtsthema
Die Subtraktion kann als Umkehrung der Addition als Abziehen und Ergänzen interpretiert werden. Im Sinne von Abziehen wird die Subtraktion auf dieser Schulbuchdoppelseite anhand ihrer zu Grunde liegenden Modellhandlungen *(Weggehen* und *Wegnehmen)* eingeführt.
Die Doppelseite bietet die Möglichkeit, das Subtrahieren zunächst schrittweise anhand von Bildfolgen zu üben (Seite 38). Ausgangsmenge, entfernte und übrig gebliebene Gegenstände lassen sich dabei eindeutig ablesen. Im Anschluss daran steigert sich der Schwierigkeitsgrad der Aufgaben (Seite 39), da die Kinder sowohl die Anzahl der Objekte der Ausgangsmenge als auch die Menge der weggenommenen Dinge zunächst ermitteln müssen, bevor sie die vollständige Subtraktionsgleichung notieren können.

Schulbuch 38/39

Hinweise zum Unterrichtsablauf
Die Subtraktion wird auf den Seiten 38/39 mit Hilfe von Sachsituationen anschaulich eingeführt. Anhand des Einstiegsbildes beschreiben die Kinder Handlungen und Situationen, die durch eine Subtraktion beschrieben werden können und leiten Minusaufgaben ab, z. B.:

- 6 Kinder sitzen vor der Tafel. 2 Kinder gehen weg. Danach sitzen noch 4 Kinder vor der Tafel. (6 – 2 = 4)

Um die Subtraktion zu üben, betrachten die Kinder ihren Klassenraum genau und formulieren anhand der gemachten Entdeckungen neue Subtraktionsaufgaben. Hilfreich ist es auch, verschiedene Situationen mit den Schülern nachzuspielen, die die Kinder dann mathematisch beschreiben. Hierbei empfiehlt es sich, in drei Schritten vorzugehen und zunächst Anfangszustand, Veränderung und Endzustand zu betrachten, z. B.:

- An der Pinnwand hängen 4 Bilder. Die Lehrerin hängt 1 Bild ab. Nun hängen 3 Bilder an der Pinnwand.

Wichtig ist, dass die Schüler den Aufschrieb anhand dieser Schritte entwickeln. Dabei werden die Verwendung des mathematischen Zeichens sowie die dazugehörige Sprechweise erarbeitet (z. B. „fünf minus zwei gleich drei").

Hinweise zu den Aufgaben

Seite 38

Aufgabe 1
Die dargestellte Klassenraumsituation ermöglicht eine hohe Identifikation durch die Schüler und regt zum Erzählen erster Rechengeschichten an:

- 5 Kakaoflaschen stehen im Regal. 2 Flaschen wurden ausgetrunken. Es stehen noch 3 volle im Regal. (5 – 2 = 3)

Aufgaben 2, 3
Die Rechensituationen sind jeweils als Bildfolgen (Anfangszustand – Veränderung – Endzustand) dargestellt. Die Schüler beschreiben die Bilder im Sinne ihrer Abfolge. Unter Bild 1 ist die Ausgangsmenge der Objekte notiert. Bild 2 ordnen sie die mathematische Veränderung in Form eines Subtraktionsterms wie auch die komplette Subtraktionsgleichung zu. Unter Bild 3 halten sie die Menge des Ergebnisses schriftlich fest.

Seite 39

Aufgaben 1–6
Jedem Foto entnehmen die Kinder die vorausgegangene Handlung und beschreiben diese mathematisch in Form einer Subtrak-

tionsgleichung. Dabei können sie anhand der Verpackungen die Ausgangsmenge eindeutig bestimmen.
Beispiele für Minusgeschichten:
- In der Pralinenverpackung waren zuvor 6 Pralinen. 2 Pralinen wurden herausgenommen. Es bleiben noch 4 Pralinen übrig. (6 – 2 = 4)

Aufgabe 7 (AB II)
Der Zahlenraum erhöht sich auf 12. Die Bearbeitung der Aufgabe erfolgt wie in den Aufgaben 1–6.
Aufgabe 8 (AB III)
Super-M-Aufgabe: Die Schüler können mehrere Lösungen notieren.

Hinweise zur Differenzierung
- Nachspielen von Sachsituationen: Es eignen sich verschiedene Materialien, die sich im Klassenraum befinden: Bücher, Stifte, Mäppchen als Verpackungen, Wasserfarbkästen, Spielzeugautos …, aber auch mathematisches Material wie Plättchen.
  Beispiel: Auf dem Tisch liegen 5 Stifte. Die Kinder legen die Zahlenkarte 5. Anschließend darf sich ein Kind 2 Stifte nehmen. Die Schüler ergänzen mit Zahlenkarten und der Karte für das Subtraktionszeichen „– 2“. Es entsteht der Zahlensatz „5 – 2“. Dann wird das Ergebnis mit der Zahlenkarte „3“ zugeordnet. Abschließend lesen die Kinder die dargestellte Gleichung laut vor.

Einstiege 19

Aufgaben 1–4
siehe Schulbuch Seite 38, Aufgaben 2 und 3

Arbeitsheft 19

Aufgabe 1
Die Kinder finden die angegebenen Subtraktionsaufgaben im Bild wieder, notieren die Subtraktionsaufgaben und lösen diese.
Aufgaben 2–4
Jeder Abbildung entnehmen die Kinder die zu Grunde liegende Handlung und beschreiben diese mathematisch, z. B.:
- Im Regal standen 7 Ordner, ein Ordner liegt vor dem Regal. In dem Regal stehen nun 6 Ordner. (7 – 1 = 6)

Aufgabe 5
Die Kinder erkennen in der Bildfolge eine Subtraktionssituation. Als erstes müssen sie den Subtrahend ermitteln. Anschließend notieren sie die Minusaufgabe schrittweise und lösen sie.

Aufstiege 19

Aufgaben 1–6 (AB II)
Die Kinder beschreiben die dargestellten Situationen und notieren die dazu passenden Gleichungen.
Aufgabe 7 (AB II)
siehe Arbeitsheft, Aufgabe 5
Aufgaben 8–10 (AB II)
Die Kinder lösen und vervollständigen die Super-Päckchen.
Bei Aufgabe 10 schreiben die Schüler ihr Aufgabenpäckchen nach eigenen Regeln auf.
Lösungsbeispiele:

1 – 1 = 0	3 – 1 = 2	10 – 1 = 9	10 – 1 = 9
2 – 2 = 0	4 – 2 = 2	10 – 2 = 8	9 – 2 = 7
3 – 3 = 0	5 – 3 = 2	10 – 3 = 7	8 – 3 = 5
…	…	…	…

40 Subtrahieren am Zehnerfeld

Zehnerfelder und Wendeplättchen als Veranschaulichungsmittel und Rechenhilfe nutzen; Subtraktionsaufg
in Zehnerfeldern durch Wegnehmen bzw. Abdecken darstellen und lösen

SCHUL-
BUCH 40

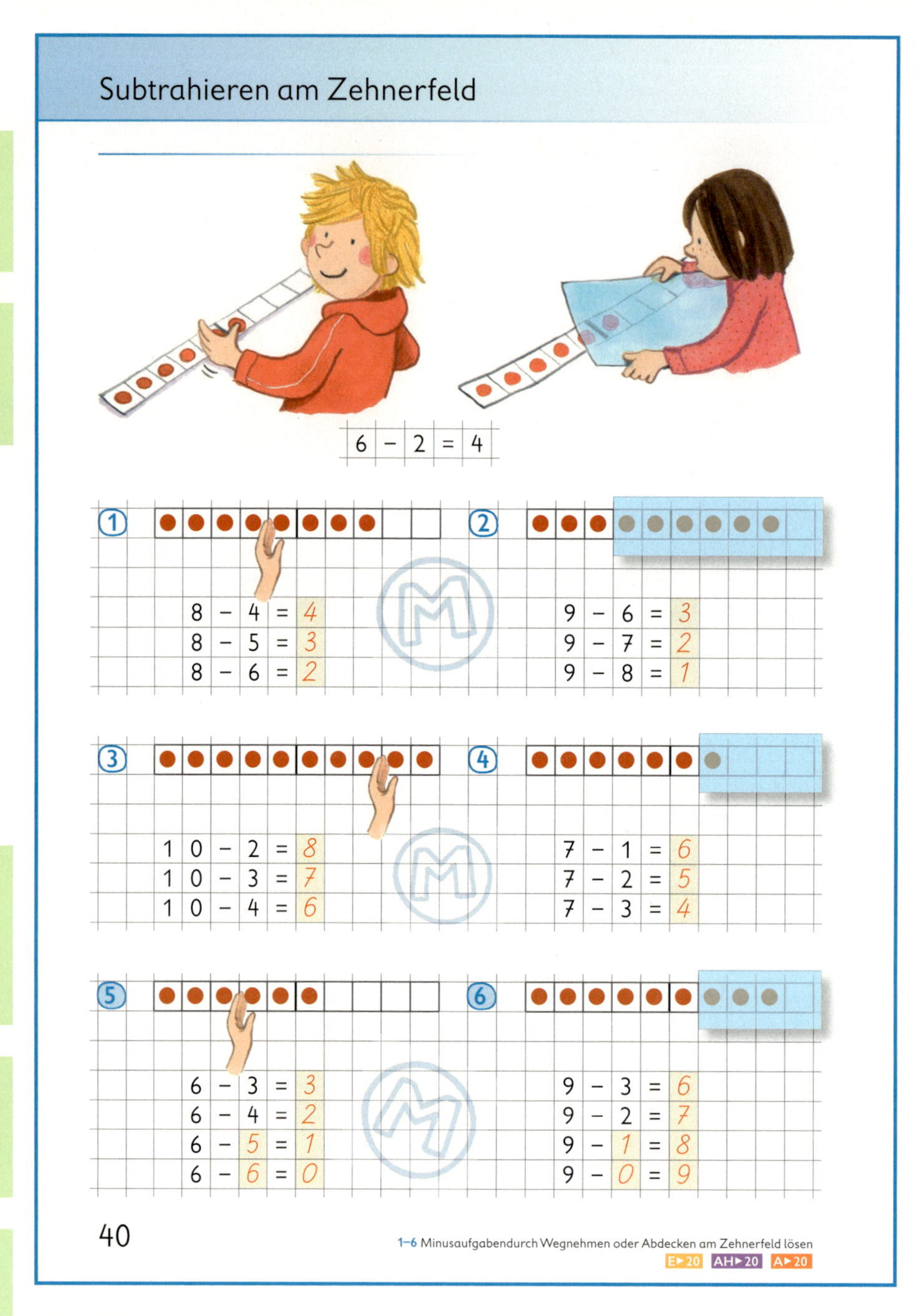

Subtrahieren am Zehnerfeld

6 − 2 = 4

① 8 − 4 = 4
8 − 5 = 3
8 − 6 = 2

② 9 − 6 = 3
9 − 7 = 2
9 − 8 = 1

③ 10 − 2 = 8
10 − 3 = 7
10 − 4 = 6

④ 7 − 1 = 6
7 − 2 = 5
7 − 3 = 4

⑤ 6 − 3 = 3
6 − 4 = 2
6 − 5 = 1
6 − 6 = 0

⑥ 9 − 3 = 6
9 − 2 = 7
9 − 1 = 8
9 − 0 = 9

40

1–6 Minusaufgabendurch Wegnehmen oder Abdecken am Zehnerfeld lösen
E▸20 AH▸20 A▸20

①③⑤ Aufgaben am Zehnerfeld durch Wegnehmen lösen

②④⑥ Aufgaben am Zehnerfeld durch Abdecken lösen

Subtrahieren am Zehnerfeld

① Subtraktion anhand der Bildfolge schrittweise nachvollziehen und notieren

② bis ④ Aufgaben am Zehnerfeld durch Wegnehmen lösen

⑤ und ⑥ Aufgaben lösen und Ergebnisse einfärben

EINSTIEGE 20

Subtrahieren am Zehnerfeld

① bis ③ Aufgaben am Zehnerfeld durch Wegnehmen bzw. Abdecken lösen

④ bis ⑥ Aufgabenpäckchen rechnen

⑦ bis ⑨ Super-Päckchen vervollständigen und lösen

ARBEITS-
HEFT 20

SCHUL-
BUCH 41

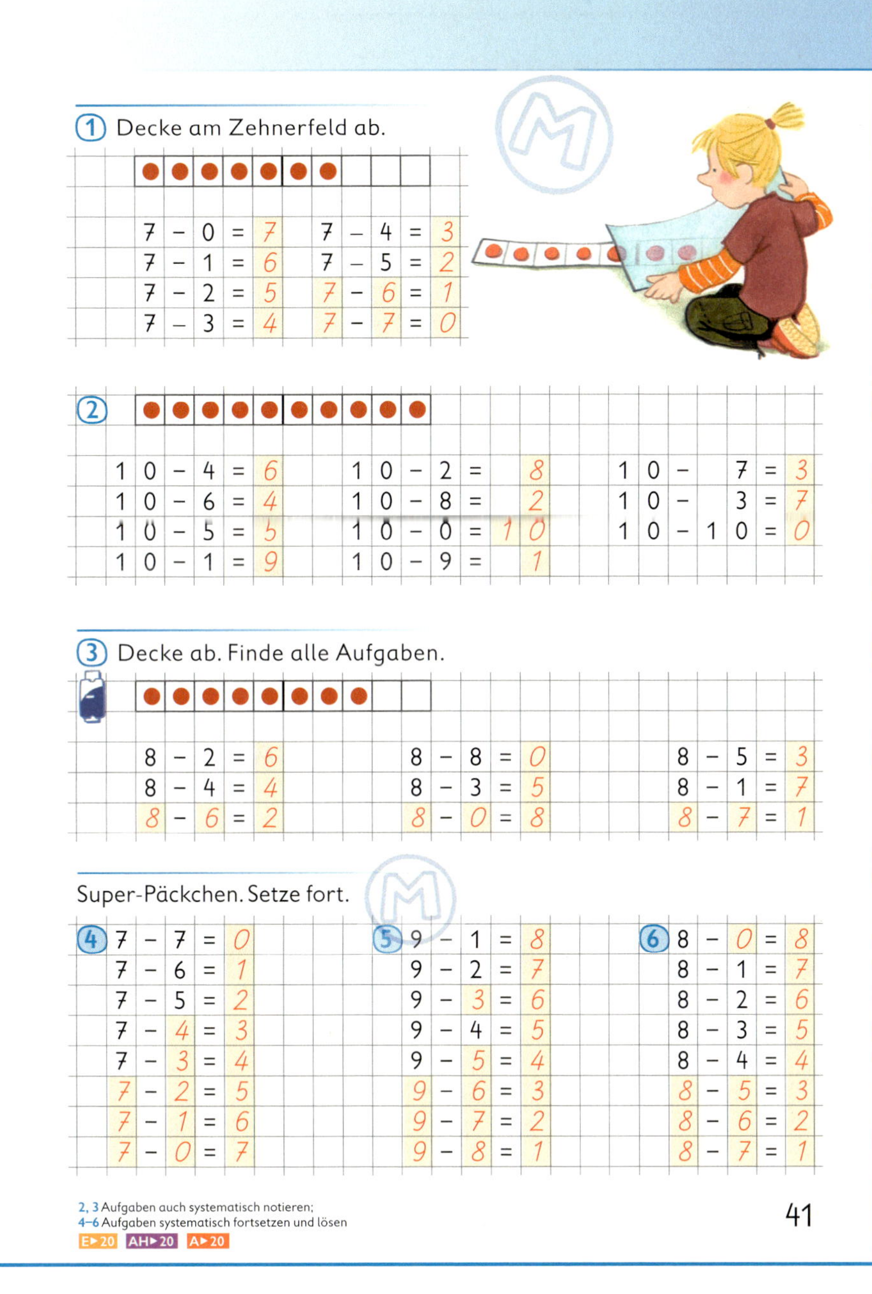

① Decke am Zehnerfeld ab.

7 − 0 = 7		7 − 4 = 3
7 − 1 = 6		7 − 5 = 2
7 − 2 = 5		7 − 6 = 1
7 − 3 = 4		7 − 7 = 0

②

10 − 4 = 6	10 − 2 = 8	10 − 7 = 3
10 − 6 = 4	10 − 8 = 2	10 − 3 = 7
10 − 5 = 5	10 − 0 = 10	10 − 10 = 0
10 − 1 = 9	10 − 9 = 1	

③ Decke ab. Finde alle Aufgaben.

8 − 2 = 6	8 − 8 = 0	8 − 5 = 3
8 − 4 = 4	8 − 3 = 5	8 − 1 = 7
8 − 6 = 2	8 − 0 = 8	8 − 7 = 1

Super-Päckchen. Setze fort.

④	⑤	⑥
7 − 7 = 0	9 − 1 = 8	8 − 0 = 8
7 − 6 = 1	9 − 2 = 7	8 − 1 = 7
7 − 5 = 2	9 − 3 = 6	8 − 2 = 6
7 − 4 = 3	9 − 4 = 5	8 − 3 = 5
7 − 3 = 4	9 − 5 = 4	8 − 4 = 4
7 − 2 = 5	9 − 6 = 3	8 − 5 = 3
7 − 1 = 6	9 − 7 = 2	8 − 6 = 2
7 − 0 = 7	9 − 8 = 1	8 − 7 = 1

2, 3 Aufgaben auch systematisch notieren;
4–6 Aufgaben systematisch fortsetzen und lösen
E▸20 AH▸20 A▸20

41

① bis ③
Aufgaben am Zehnerfeld legen und lösen

④ bis ⑥
Super-Päckchen fortsetzen und lösen

Subtrahieren am Zehnerfeld

① Decke am Zehnerfeld ab.

② Schreibe alle Aufgaben.

①
Aufgaben am Zehnerfeld durch Abdecken lösen

②
alle Aufgaben zum Minuenden 9 finden und lösen

③
Aufgaben am Zehnerfeld durch Abdecken von links lösen

④
Aufgabenreihe weiterführen

⑤
Aufgaben am Zwanzigerfeld lösen

AUFSTIEGE 20

40/41 Subtrahieren am Zehnerfeld

KOMMENTAR

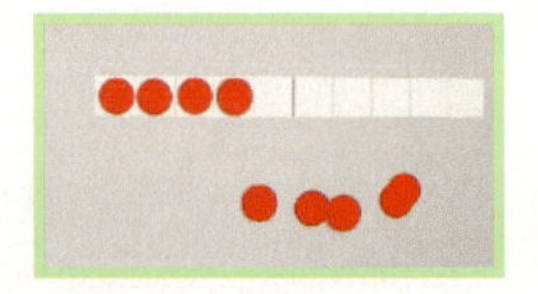
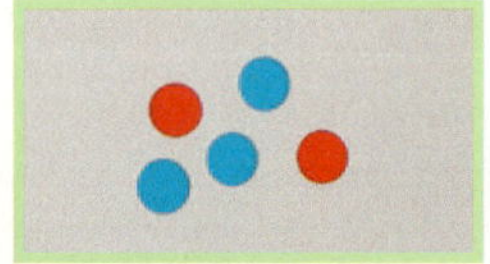
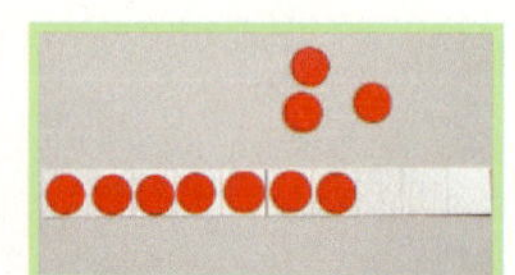

Material
Zehnerfeld und Wendeplättchen als Anschauungsmaterial und für die Schülerhand, Folie zum Abdecken

Hinweise zum Unterrichtsthema
In den vorherigen Unterrichtsstunden wurde die Subtraktion im Zusammenhang mit Handlungen wie z.B. *Wegnehmen* und *Weggehen* anschaulich eingeführt. In dieser Unterrichtssequenz werden Subtraktionsaufgaben am Zehnerfeld dargestellt. Das Zehnerfeld bietet dabei eine geeignete Grundlage für die handlungsgestützte Erarbeitung.
Auf dem Zehnerfeld kann durch die 5er- und 10er-Struktur
- die Ausgangsmenge,
- das Weggenommene bzw. Abgedeckte und
- das Ergebnis

leicht hergestellt und abgelesen werden. Auf den Schulbuchseiten wird das Wegnehmen durch eine Hand bzw. das Abdecken durch eine Folie veranschaulicht.
Auf das Durchstreichen von Plättchen sollte im Unterricht auf jeden Fall verzichtet werden, da dies von den Schülern falsch interpretiert werden kann.

Schulbuch 40/41

Hinweise zum Unterrichtsablauf
Zu Beginn der Unterrichtsstunde sind an der Tafel fünf Bilder befestigt. Die Kinder notieren deren Anzahl an der Tafel. Die Lehrerin bittet ein Kind zwei Bilder abzunehmen. Anschließend wird die mathematische Veränderung in Form eines Subtraktionsterms notiert (5 – 2). Die Kinder lesen unmittelbar die Menge des Ergebnisses ab und notieren die vollständige Gleichung (5 – 2 = 3) an der Tafel. Entsprechend dieser Sachsituation werden an der Tafel Wendeplättchen in ein Zehnerfeld geheftet. Dabei werden die Prozesse des Wegnehmens und des Abdeckens verdeutlicht und durchgeführt. Gleichzeitig wird der Zahlensatz entwickelt und daneben notiert.
Zusätzlich werden systematische Aufgabenbeispiele wie im Schulbuch auf Seite 40 an der Tafel gemeinsam gelöst: Von einer festgelegten Anzahl im Zehnerfeld werden beispielsweise zunächst 4, dann 5, dann 6 Plättchen... weggenommen bzw. durch eine Folie abgedeckt. Die Schüler notieren und lösen jeweils die Gleichung an der Tafel.

Hinweise zu den Aufgaben

Seite 40
Aufgaben 1–4
Die Kinder legen die Aufgaben am Zehnerfeld und lösen diese, indem sie immer die dem Minuenden entsprechende Anzahl Plättchen wegnehmen bzw. abdecken. Das Ergebnis lesen sie anschließend am Zehnerfeld ab.
Aufgaben 5, 6 (AB II)
Die Kinder lösen die Aufgaben am Zehnerfeld durch Wegnehmen bzw. Abdecken und ergänzen und berechnen die fehlenden Aufgaben.

Seite 41
Aufgabe 1
Die Schüler lösen die Subtraktionsaufgaben zur 7 durch systematisches Abdecken am Zehnerfeld.
Aufgabe 2
Die Schüler lösen die Subtraktionsaufgaben zur 10 durch Abdecken am Zehnerfeld.
Aufgabe 3
Durch systematisches Abdecken am Zehnerfeld finden die Schüler alle Subtraktionsaufgaben zur 8 und lösen diese.
Aufgaben 4–6 (AB II)
Die Super-Päckchen können am Zehnerfeld gelöst und durch dessen Anschauung ver-

vollständigt werden. Durch Betrachten der Aufgabenreihen können die Kinder das darin enthaltene Muster entdecken und zu deren Lösung nutzen.

Hinweise zur Differenzierung
- langsameren Kindern sollte der Prozess des Wegnehmens immer wieder durch das Legen von Aufgaben am Zehnerfeld verdeutlich werden
- Aufgaben am Zehnerfeld legen, lösen und notieren

Arbeitsheft 20

Aufgaben 1–3
Die Kinder lösen die Aufgaben durch Wegnehmen oder Abdecken am Zehnerfeld.
Aufgaben 4–6
Die Kinder können die Päckchenaufgaben mit Hilfe eines Zehnerfeldes lösen.
Aufgaben 7–9 (AB II)
Die Schüler ergänzen und lösen die Super-Päckchen. Bei der Lösung können sie das Zehnerfeld benutzen

Einstiege 20

Aufgabe 1
Die Rechensituation ist als Bildfolge (Anfangszustand – Veränderung – Endzustand) dargestellt. Unter Bild 1 ist die Ausgangsmenge der Objekte vorgegeben. Unter Bild 2 ist die mathematische Veränderung in Form eines Subtraktionsterms, wie auch die komplette Subtraktionsgleichung angegeben, welche die Kinder vervollständigen. Unter Bild 3 halten sie die Menge des Ergebnisses schriftlich fest.
Aufgaben 2–4
Die Schüler lösen die Subtraktionsaufgaben durch Wegnehmen am Zehnerfeld und ergänzen ggf. die Aufgabenreihen.
Aufgaben 5, 6
Die Kinder können die Aufgaben mit Hilfe eines Zehnerfeldes durch Wegnehmen oder Abdecken lösen und die Ergebnisse entsprechend der Vorgabe einfärben.

Aufstiege 20

Aufgabe 1
Die Schüler lösen die Subtraktionsaufgaben zur 10 durch Abdecken am Zehnerfeld und vervollständigen Aufgaben ggf.
Aufgabe 2
Die Schüler finden alle Subtraktionsaufgaben zum Subtrahenden 9 und lösen diese.
Aufgabe 3
Die Kinder decken die Aufgaben am Zehnerfeld von links ab und lösen sie.
Aufgabe 4 (AB II)
Die Schüler führen die Aufgabenreihe weiter und stellen einen geometrischen Bezug her. Die Abbildung verdeutlicht durch das Abschneiden der Kästchen, dass immer 3 abgezogen werden müssen.
Aufgabe 5 (AB II)
Die Kinder lösen Subtraktionsaufgaben am Zwanzigerfeld und ergänzen ggf. Aufgaben. Mit den Schülern können Gemeinsamkeiten zur Aufgabe 1 entdeckt und besprochen werden.

42 Übungen zum Subtrahieren

Übung der Rechenfertigkeit beim Subtrahieren; gegensinniges und gleichsinniges Verändern beim Fortführen strukturierter Päckchen nutzen

SCHULBUCH 42

① Veränderungen im Bild mathematisch beschreiben

② bis ⑤ Super-Päckchen lösen und vervollständigen

❻ Sachsituation nachvollziehen und mathematisch beschreiben

Übungen zum Subtrahieren

① Was hat sich verändert?

10 − 5 = 5
7 − 4 = 3
6 − 5 = 1
8 − 4 = 4

6 − 1 = 5
7 − 7 = 0
6 − 2 = 4
7 − 5 = 2

②	③	④	⑤
10 − 2 = 8	8 − 8 = 0	5 − 3 = 2	2 − 0 = 2
10 − 3 = 7	8 − 7 = 1	6 − 3 = 3	4 − 2 = 2
10 − 4 = 6	8 − 6 = 2	7 − 3 = 4	6 − 4 = 2
10 − 5 = 5	8 − 5 = 3	8 − 3 = 5	8 − 6 = 2

❻

Marco hat 3
3 + 2 = 5
○ − 2 = 5
Teresa hat am Anfang 7 Bonbons

42

6 Nachspielen mit Bonbons oder Plättchen

E▸21 AH▸21 A▸21

① bis ③ Aufgaben zur Bildfolge schreiben und lösen

④ bis ⑥ Super-Päckchen lösen und weiterführen

EINSTIEGE 21

① bis ④ Aufgabe zur Abbildung schreiben und lösen

⑤ bis ⑪ Super-Päckchen lösen und fortführen

ARBEITSHEFT 21

SCHUL-
BUCH 43

Sachsituationen beschreiben

zur Abbildung passende Aufgaben schreiben und lösen

① bis ④

Gleichungen derselben Differenz mit Zahlenkarten legen und notieren

⑤

Sachaufgabe erfassen und lösen

AUFSTIEGE 21

42/43 Übungen zum Subtrahieren

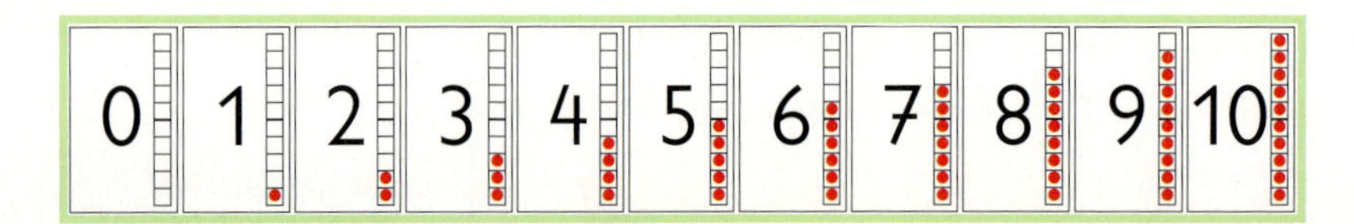

Material
Zahlenkarten

Hinweise zum Unterrichtsthema
Die Lehrpläne betonen die Wichtigkeit, den Schülern die Verwobenheit von Mathematik und ihrer Lebenswelt deutlich zu machen. Dazu bieten Bildaufgaben im Besonderen Anlass. Sie geben Alltagssituationen wieder und motivieren die Kinder deshalb, von eigenen Erfahrungen zu berichten. Im Umgang mit ihnen können die Kinder lernen, dass Mathematik alltägliche Situationen beschreibt und so verstärkt alltägliche mathematische Zusammenhänge erkennen. Überdies ermöglichen die vorgegebenen Bildaufgaben den Schülern, Fähigkeiten zur Lösung von Sachaufgaben zu erwerben: Die Schüler beschreiben das Bild, erkennen darin eine Veränderung der Anzahl von Gegenständen, entnehmen mathematisch relevante Daten, übersetzen diese in eine mathematische Gleichung und lösen sie. Da ein Großteil der angebotenen Aufgaben auf das Lösen von Minusaufgaben angelegt ist, trägt dieses Aufgabenformat hier zudem zur Übung des Verfahrens der Subtraktion bei. Zusätzlich bietet die Schulbuchdoppelseite Super-Päckchen an, die nach einer bestehenden Vorschrift (hier Nachbaraufgaben, gegensinniges und gleichsinniges Verändern) weitergeführt werden müssen. Um diese Vorschrift zu ergründen, müssen die Kinder die einzelnen Aufgaben, Minuenden, Subtrahenden und Differenzen miteinander vergleichen, in Beziehung setzen, Vermutungen anstellen, überprüfen und verwerfen. Anhand der gefundenen Vorschrift können sie dann eigene Aufgaben kreativ erzeugen.

Schulbuch 42/43

Hinweise zum Unterrichtsablauf
Zu Beginn des Unterrichts erzählen die Schüler zu den Bildern auf Seite 42. Sie zählen Gegenstände in dem einen und dem anderen Bild, vergleichen Anzahlen und beginnen, verschiedene Subtraktionsaufgaben zu berechnen. Es ist notwendig, die Aufgaben auf der Seite 42 in Unterrichtsgesprächen aufzugreifen, um sicher zu sein, dass alle Kinder die in den Super-Päckchen enthaltenen Muster erkennen und diese so ggf. sinnvoll weiterführen können.

Hinweise zu den Aufgaben

Seite 42
Aufgabe 1
Das erste Bild zeigt einen Geburtstagstisch vor der Feier mit vielen verschiedenen Mengen von Gegenständen. Das zweite Bild stellt denselben Tisch nach der Feier dar, mit einer deutlich kleineren Gegenstandsmenge. Die Kinder geben die Veränderungen von einem Bild zum anderen mündlich wieder, lesen die vorgegebenen Subtraktionsaufgaben, lösen diese und verbinden die Gleichungen jeweils mit den abgebildeten Gegenständen, auf die sie sich beziehen.

Aufgaben 2–5
Die Schüler berechnen die Super-Päckchen, entdecken das darin durch gleichsinniges Verändern erzeugte Muster und finden so die folgende Gleichung.

Aufgabe 6 (AB III)
Die Schüler betrachten die Abbildung, die zwei Kinder zeigt. Dann lesen sie die in einer Sprechblase enthaltene Aufforderung des einen Kindes. Beidem entnehmen sie folgende Informationen:
- Es sollen beide Kinder gleich viele Bonbons haben. (Ziel)

- Kind 1 hat 2 Bonbons in der einen Hand, die Menge in der anderen Hand ist unkenntlich gemacht.
- Kind 2 hat 3 Bonbons, möchte 2 dazu haben und behauptet, dass das Ziel dann erreicht ist.

Die Schüler können nun das Ergebnis ermitteln, indem sie bei Kind 1 zwei Bonbons wegstreichen, diese bei Kind 2 hinzuzeichnen und 3 + 2 = 5 rechnen.

Dann betrachten sie den Besitz des ersten Kindes (jetzt 0 Bonbons), ergänzen auf 5 Bonbons (0 + 5 = 5) und wissen nun, dass in der zweiten Hand des Kindes 5 Bonbons liegen müssen.

Seite 43

Die Schüler betrachten die einzelnen Bildsituationen, erzählen dazu, schreiben passende Subtraktionsaufgaben und lösen diese.

Einstiege 21

Aufgaben 1–3

Die Schüler beschreiben die Bildfolge und erkennen die darin erfolgende Anzahlverringerung. Sie entnehmen jedem einzelnen Bild seine mathematisch relevanten Informationen und notieren diese schrittweise als Minuend, Subtraktionsaufgabe und Differenz unter dem entsprechenden Bild.

Ist in Aufgabe 1 der Minuend als Hilfestellung bereits vorgegeben, so müssen die Schüler die Aufgaben 2 und 3 komplett eigenständig lösen und die Bildfolge zeichnerisch vervollständigen.

Aufgaben 4–6 (AB II)

Die Schüler berechnen die Super-Päckchen, entdecken darin das erzeugte Muster, finden so die folgenden Aufgaben, notieren und lösen sie.

Arbeitsheft 21

Aufgaben 1–4

Bei der Betrachtung der Darstellungen erkennen die Schüler jeweils eine Situation der Anzahlverringerung, suchen die mathematisch relevanten Daten heraus, setzen diese in eine Subtraktionsaufgabe um, notieren und lösen diese.

Aufgaben 5–11 (AB II)

Die Schüler lösen die Super-Päckchen, erkennen das darin enthaltene Muster und setzen es fort.

Aufstiege 21

Aufgaben 1–4

Die Schüler betrachten die Darstellung, erkennen das Muster in den bereits gelösten Aufgaben, entnehmen der abgebildeten Sprechblase die Vorgabe für das Ergebnis aller Aufgaben und setzen das Muster fort. Dabei legen sie neue Aufgaben mit Zahlenkarten, notieren und lösen diese.

Aufgabe 5 (AB III)

siehe Schulbuch Seite 42, Aufgabe 6

Verschiedene Lösungen sind möglich, z. B.

Ausgangssituation:

Tom hat 6 Bonbons (4 in der geschlossenen Hand) und Paula hat 2 Bonbons in der geschlossenen Hand.

Wenn Tom Paula 2 Bonbons gibt, haben sie beide 4 Bonbons.

42/43

MAGAZIN

Grundlage für die Einführung der Subtraktion in ihrer formalen Darstellung (a – b = x) sind die vielfältigen vorangegangenen Übungen zur Zahlzerlegung wie die Zahlenhäuser, das Händespiel und die Zerlegungsdarstellung am Zehnerfeld.

Operationsverständnis entwickeln

Teil 3 Subtrahieren

Viele Schulbücher und Lehrerinnen schieben die Einführung der Subtraktion als der „schwereren" Operation zeitlich weit nach hinten. Dies macht jedoch wenig Sinn, wenn der Zahlenraum bis 10 über einen längeren Zeitraum im Mittelpunkt des unterrichtlichen Interesses steht. Grundsätzlich sind die in Rechengeschichten eingeführten zentralen Handlungen des Wegnehmens, Weglaufens, Weggebens, Aufessens ... für die Erstklässler nicht schwerer zu verstehen und in Handlung umzusetzen als die entsprechenden additiven Handlungen.

EINFÜHRUNG DER SUBTRAKTION

Ebenso wie bei der Einführung des Additionsterms wird auch das Verständnis der Subtraktion durch Rechengeschichten gestützt, die den Vorgang des Wegnehmens beschreiben. Wichtig ist in diesem Zusammenhang, dass die Geschichte leicht simulierbar ist, d.h. mit authentischem Material (Kindern, Spielzeugen, Sammelbildern ...) durchgespielt werden kann. Gegenüber der Addition tritt allerdings das Problem auf, dass nach dem Spielen einer entsprechenden Geschichte ebenso wie nach der Simulation mit Wendeplättchen o. Ä. die Ausgangssituation häufig nicht mehr sichtbar ist. Gerade Kindern, die Schwierigkeiten mit der Serialität haben, gelingt es oft nicht, die Ausgangssituation wiederherzustellen, die für die Notation des Subtraktionsterms notwendig ist, da ihnen das Gefühl für die zeitliche Abfolge des quantitativen Vorganges fehlt. Diese Kinder finden oft mühelos das richtige Ergebnis einer Rechengeschichte heraus, können aber trotzdem nicht die dazugehörige Minusaufgabe notieren. Eine besondere Hilfe beim Erlernen der Subtraktion stellen für diese Kinder Bildfolgen dar, bei denen der Ausgangszustand, die Veränderung und der Endzustand gleichzeitig abgebildet sind.

Max hat 5 Bonbons, 3 isst er auf. Auf dem Spielplatz sind 8 Kinder, 5 gehen nach Hause. Leon hat 10 Fußballbilder, er schenkt Jonas 5 davon.

Diese Gleichzeitigkeit entlastet das Gedächtnis und hilft dabei, dass sich die Kinder auf das Wesentliche des Vorganges konzentrieren können.

Auch wenn die Selbstverständlichkeit des Wegnehmens für den erwachsenen Rechner beim Subtrahieren völlig logisch erscheint, sollten mögliche Schwierigkeiten der Kinder, den Gesamtvorgang zu erinnern, berücksichtigt werden und bei der Auswahl geeigneter Arbeitsmaterialien eine Rolle spielen.

DARSTELLLUNG AM ZEHNERFELD

Bei der Arbeit am Zehnerfeld bietet es sich an, den Minuenden entweder durch Umdrehen oder aber durch Abdecken darzustellen. Beide Vorgehensweisen sind ebenfalls dazu geeignet, Subtraktionsaufgaben, bei denen die Veränderung oder der Ausgangszustand unbekannt sind, sicher zu lösen.

7	–	2	=
7	–	3	=
7	–	4	=
7	–	☐	=

$10 - 3 =$

$10 - \square = 4$

$\square - 6 = 4$

ZUSAMMENHANG ZWISCHEN ADDITION UND SUBTRAKTION

Die zeitnahe Einführung von Addition und Subtraktion ermöglicht auch ein frühes Eingehen auf deren operativen Zusammenhang. Auch hier sind bildlich dargestellte Situationen eine Hilfe.
Die Darstellung eines Endzustandes fordert zur inhaltlichen Interpretation auf:

- **Hat der Junge gerade die Schere aus dem Block genommen?**
- **Will er gerade die Schere zurückstellen?**

Je nach Sichtweise kann eine Plus- oder eine Minusaufgabe die vermutete Handlung beschreiben. Die Einführung der Umkehraufgaben fördert die Flexibilität im erarbeiteten Zahlenraum und setzt die Addition und die Subtraktion in einen operativen Zusammenhang. Übungsformate wie „3 Zahlen, 4 Aufgaben“ unterstützen die Zahlbegriffsentwicklung und das Operationsverständnis.

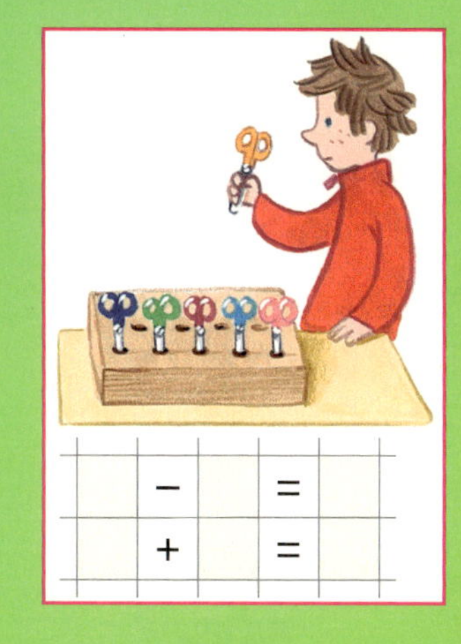

44 Umkehraufgaben

Erzeugung von Umkehraufgaben schrittweise nachvollziehen und den Begriff „Umkehraufgabe“ einführen; eigene Umkehraufgaben erzeugen und vorteilhaft nutzen

SCHULBUCH 44

① abgebildeten Vorgang im Gespräch beschreiben

Umkehraufgaben notieren und lösen

② und ③ Umkehraufgaben rechnen

④ bis ⑥ Super-Päckchen fortführen und lösen

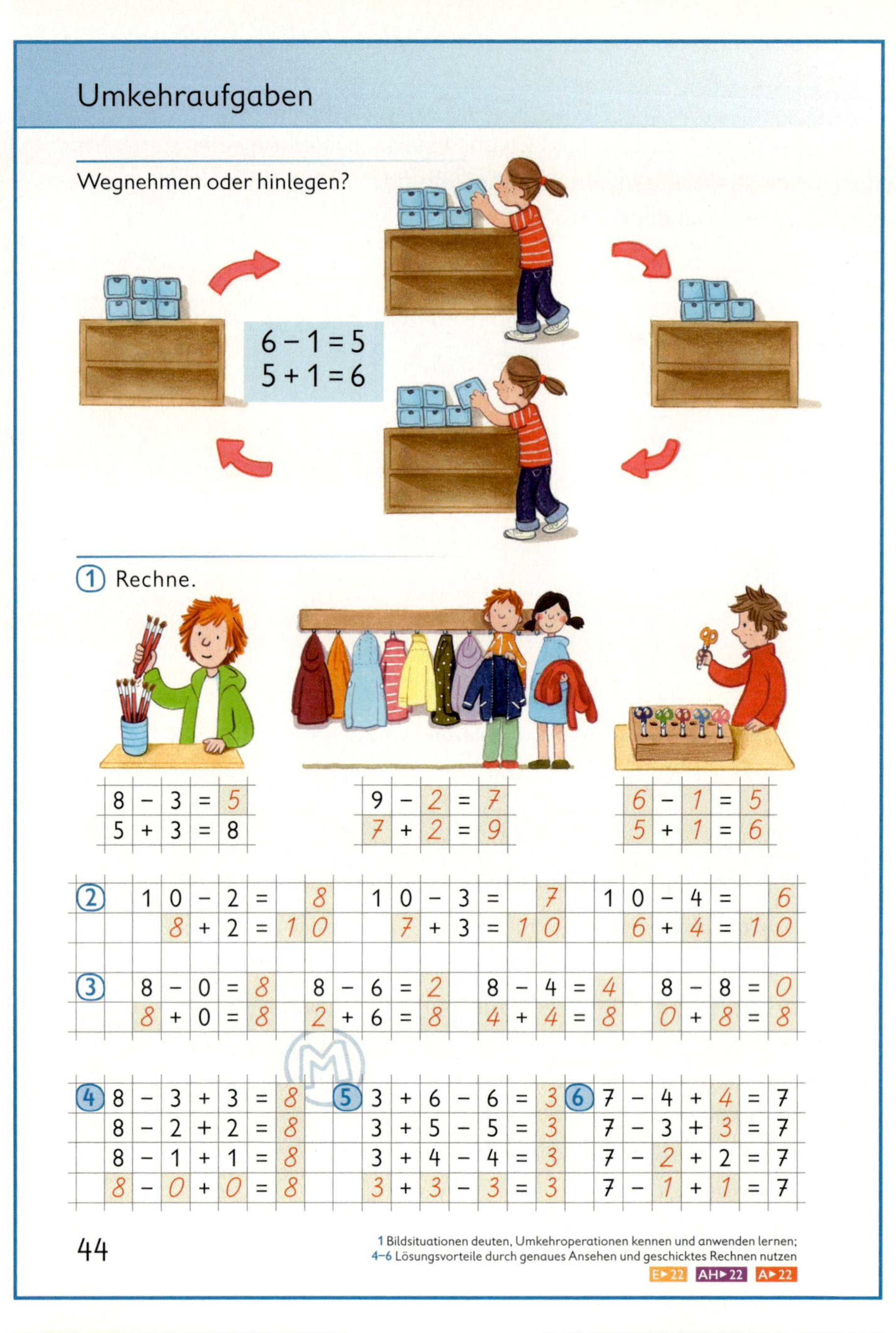

Umkehraufgaben

Wegnehmen oder hinlegen?

6 − 1 = 5
5 + 1 = 6

① Rechne.

8	−	3	=	5
5	+	3	=	8

9	−	2	=	7
7	+	2	=	9

6	−	1	=	5
5	+	1	=	6

②
10 − 2 = 8 | 10 − 3 = 7 | 10 − 4 = 6
8 + 2 = 10 | 7 + 3 = 10 | 6 + 4 = 10

③
8 − 0 = 8 | 8 − 6 = 2 | 8 − 4 = 4 | 8 − 8 = 0
8 + 0 = 8 | 2 + 6 = 8 | 4 + 4 = 8 | 0 + 8 = 8

④	⑤	⑥
8 − 3 + 3 = 8	3 + 6 − 6 = 3	7 − 4 + 4 = 7
8 − 2 + 2 = 8	3 + 5 − 5 = 3	7 − 3 + 3 = 7
8 − 1 + 1 = 8	3 + 4 − 4 = 3	7 − 2 + 2 = 7
8 − 0 + 0 = 8	3 + 3 − 3 = 3	7 − 1 + 1 = 7

44

1 Bildsituationen deuten, Umkehroperationen kennen und anwenden lernen;
4–6 Lösungsvorteile durch genaues Ansehen und geschicktes Rechnen nutzen

E▸22 AH▸22 A▸22

① und ② Aufgaben lösen

Umkehraufgaben erzeugen

③ Aufgaben mit passendem Bild verbinden und lösen

Umkehraufgaben/Plus und Minus

22

EINSTIEGE 22

① bis ③ Aufgaben lösen

Umkehraufgabe erzeugen

④ bis ⑨ Aufgaben zu den dargestellten Situationen notieren und lösen

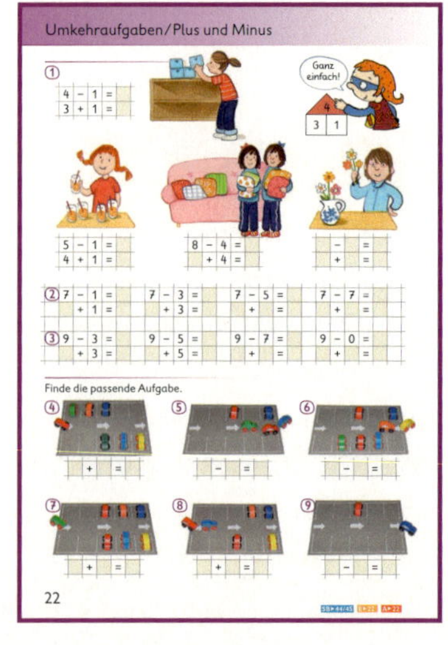

Umkehraufgaben/Plus und Minus

Ganz einfach!

Finde die passende Aufgabe.

22

ARBEITSHEFT 22

Plus und Minus 45

SCHUL-
BUCH 45

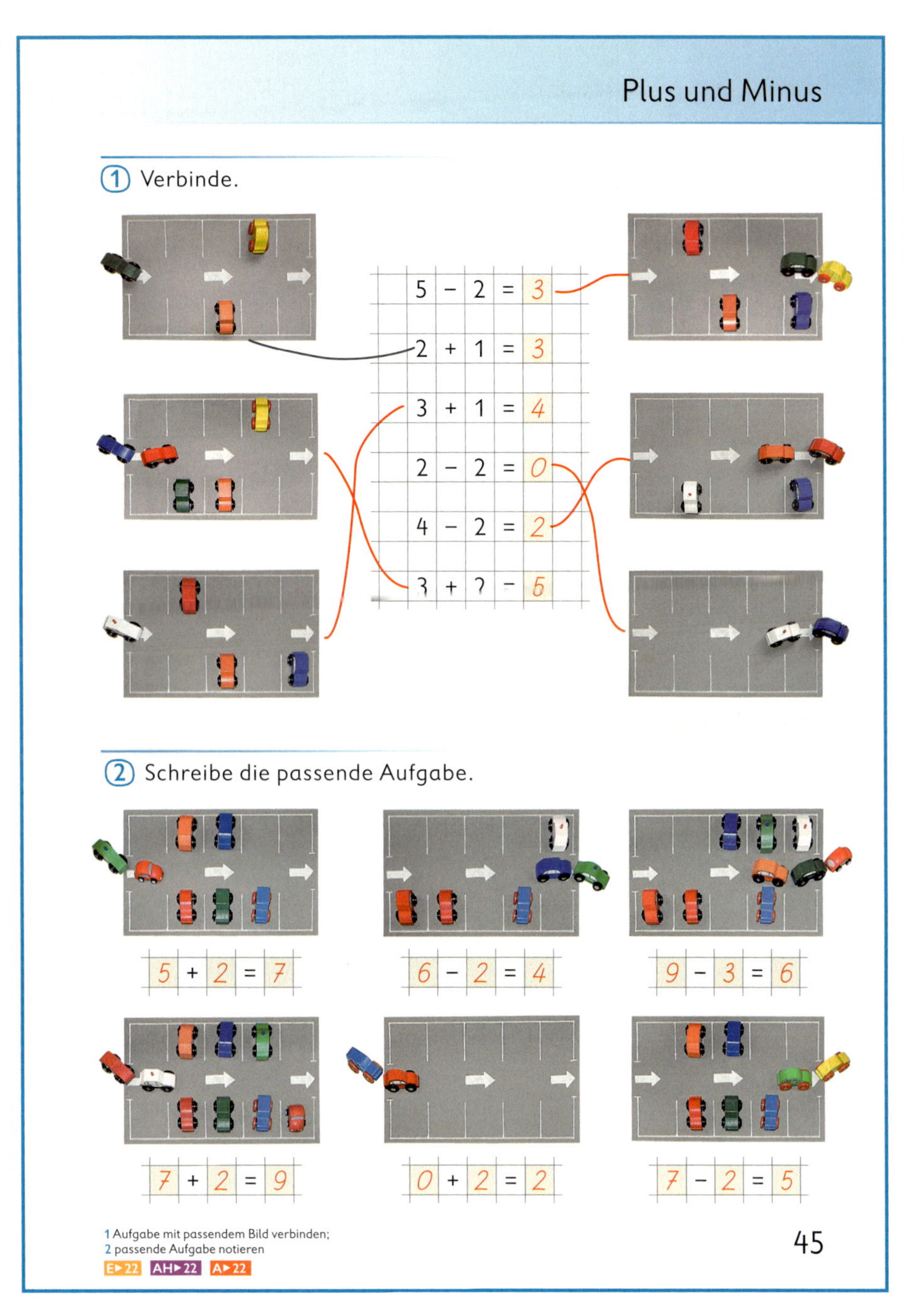

① Aufgaben mit passendem Bild verbinden und lösen

② passende Aufgaben notieren und lösen

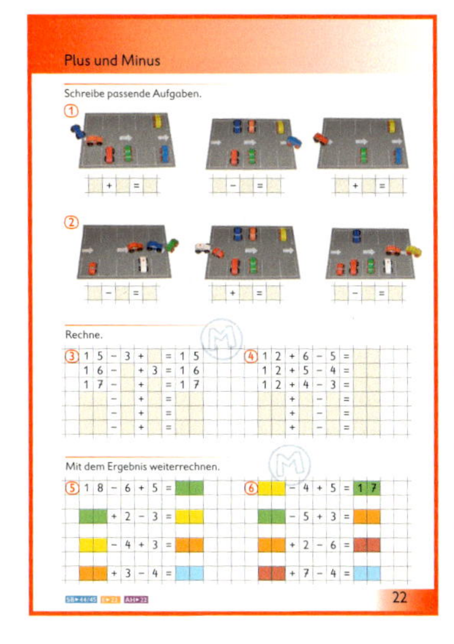

① und ② passende Aufgaben notieren und lösen

③ und ④ Super-Päckchen fortsetzen und lösen

⑤ und ⑥ Aufgaben notieren und lösen

AUFSTIEGE 22

44/45 Umkehraufgaben

KOMMENTAR

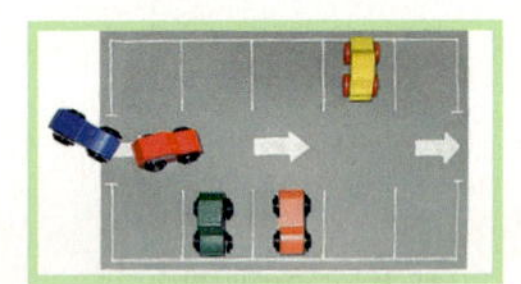
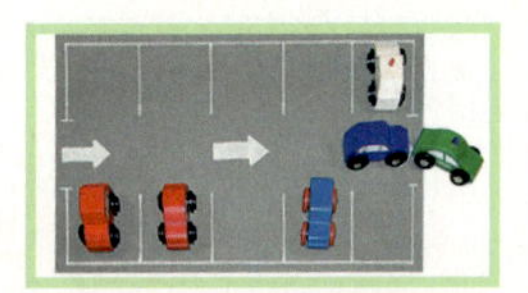

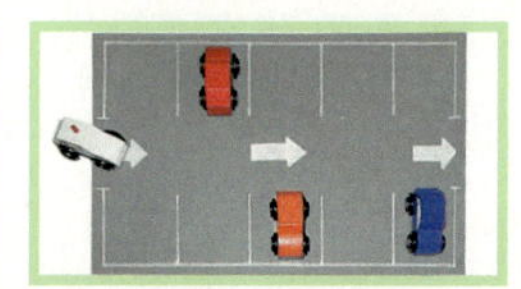
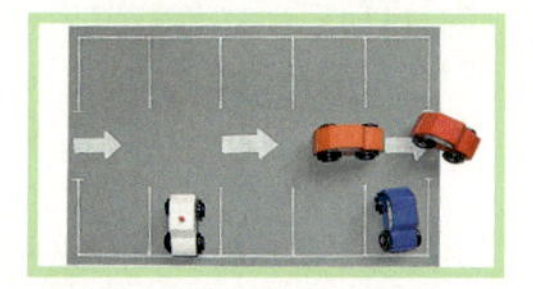

Material
Domino-Blankokärtchen, Parkplatz auf Papier und Spielzeugautos
▶ KVs 31/32

Hinweise zum Unterrichtsthema
Auf dieser Doppelseite wird der enge Zusammenhang zwischen Subtraktion und Addition am zentralen Thema der Umkehraufgaben verdeutlicht. Momentaufnahmen von Alltagssituationen, die eine zweifache Interpretation, jeweils eine Plus- und Minusaufgabe als formale, operative Beschreibung zulassen, sind der Schlüssel zur Durchdringung dieses Aufgabentyps. Durch die Beschäftigung mit der Bilderfolge (Seite 44) können die Kinder Umkehraufgaben als Handlungen verstehen und nachvollziehen. Das formale Bilden von Umkehraufgaben bedeutet:

- aus einer Addition ($a + b = c$) wird eine Subtraktion ($a = c - b$)
- aus einer Subtraktion ($a = c - b$) wird wieder eine Addition ($a + b = c$)

Schulbuch 44/45

Hinweise zum Unterrichtsablauf
Zu Beginn der Unterrichtsstunde versammelt die Lehrerin die Kinder im Sitzhalbkreis vor der Tafel. Sie präsentiert den Kindern sechs Schachteln auf einer Decke. Sie fordert einen Schüler auf, eine Schachtel wegzunehmen. Gemeinsam wird die passende Gleichung erarbeitet, an der Tafel notiert und gelöst ($6 - 1 = 5$). Dann fordert sie ein Kind auf, die Schachtel wieder zurückzulegen. Wieder wird der Zwischenschritt als Aufgabe an der Tafel notiert: $5 + 1 = 6$. Wichtig ist dabei, die Gleichungen exakt untereinander zu notieren. So fällt es den Kindern leichter, Veränderungen im Rechenterm zu erkennen.

Mögliche Aussagen der Kinder sind:

- Die Zahlen haben die Plätze getauscht.
- Da ist jetzt alles umgekehrt: Die 5 steht vorne, dann kommt die 1, dann die 6. (Dabei bietet es sich an, gleiche Zahlen in einer Farbe nachzuspuren, damit man ihren Platzwechsel gut nachvollziehen kann.)
- Aus – ist + geworden.
- Erst sind es sechs Schachteln, dann fünf, dann wieder sechs Schachteln.

Die Lehrerin kann das Bilden von Umkehraufgaben mit beliebigen Anzahlen von Schachteln wiederholen. Wichtig ist, dass sie den Begriff der Umkehraufgabe einführt. Die Schüler sollten diesen nicht nur formal erklären, sondern mit konkreten Beispielen erläutern können.
Es bietet sich außerdem an, die operative Handlung und deren Umkehrung in einem Rechenterm sichtbar zu machen (z.B. $6 - 1 + 1 = 6$). Dabei können die Schüler erkennen, dass sich Operation und Umkehrung aufheben. Im Anschluss an diese Einführung ist es sinnvoll, Kindern mit Unsicherheiten noch Gelegenheit zum Üben mit konkretem Material zu geben, bevor sie wie die anderen an den Seiten des Unterrichtswerkes arbeiten. Eine Einführung in die Thematik ist auch anhand der Abbildung auf Seite 44 oben möglich.

Hinweise zu den Aufgaben

Seite 44

Aufgabe 1
Die Schüler betrachten die Abbildungen und erzählen zu diesen. Dann notieren und lösen sie die entsprechenden Aufgaben und Umkehraufgaben.

Aufgaben 2, 3
Die Schüler lesen die vorgegebenen Subtraktionsaufgaben, formulieren und/oder lösen die passenden Umkehraufgaben.

Aufgaben 4–6 (AB II)
Die Schüler erkennen das in den Super-Päckchen enthaltene Muster und führen es entsprechend fort. Durch genaues Ansehen der Aufgaben rechnen sie geschickt.

Seite 45
Aufgabe 1
Die Schüler betrachten die Abbildungen, ordnen diese den Aufgaben durch Verbinden passend zu und notieren die Lösungen. Es bietet sich an, die im Buch abgebildeten Sachsituationen im Plenum oder auch in Partnerarbeit mit Spielzeugautos nachzuspielen und dann mathematisch zu beschreiben.
Aufgabe 2
Die Schüler schreiben zum dargestellten Sachverhalt passende Gleichungen auf.

Hinweise zur Differenzierung

- Umkehraufgaben mit Material, dann mit Zahlenkarten legen, Gleichungen im Heft notieren
- Umkehr-Domino entwerfen: Kinder, die bereits Umkehraufgaben formal erzeugen können, entwerfen in Partnerarbeit ein Umkehr-Domino. Auf einem Blanko-Kärtchen notieren sie die Aufgabe, auf einem weiteren die passende Umkehraufgabe. Die dabei entstandenen Dominos können immer wieder im Unterricht genutzt werden.

Einstiege 22

Aufgaben 1, 2
Die Schüler notieren zur Abbildung eine Aufgabe und deren Umkehraufgabe.
Aufgabe 3
siehe Schulbuch Seite 45, Aufgabe 1

Arbeitsheft 22

Aufgabe 1
Die Schüler notieren zur Abbildung eine Aufgabe und deren Umkehraufgabe.
Aufgaben 2, 3
Die Schüler lösen die Subtraktionsaufgaben, notieren die entsprechenden Umkehraufgaben und berechnen sie.
Aufgaben 4–9
Die Schüler schreiben zum dargestellten Sachverhalt passende Gleichungen auf.

Aufstiege 22

Aufgaben 1, 2
Die Schüler betrachten die vorgegebenen Darstellungen, schreiben zu jeder eine passende Gleichung.
Aufgaben 3, 4
Die Schüler lösen die Super-Päckchen
Aufgaben 5, 6
Die Schüler lösen die erste Gleichung, erkennen anhand der Farben, dass das Ergebnis der vorherigen Aufgabe jeweils der erste Summand bzw. der Subtrahend der folgenden Aufgabe ist und vervollständigen die Päckchenaufgaben.

46 Das kann ich schon!

Kenntnisse, Fähigkeiten und Fertigkeiten zu Zerlegungs-, Additions- und Subtraktionsaufgaben und Anwenc von Relationszeichen wiederholen, vertiefen und üben

SCHULBUCH 46

① Zerlegungen finden und notieren

② Relationen vervollständigen

③ Plusaufgaben am Zehnerfeld lösen

eigene Plusaufgaben notieren

Das kann ich schon!

Welche Zahlen ziehen ein?

① 5: 2 | 3 — 8: 4 | 4 — 9: 5 | 4 — 7: 3 | 4

6	
0	6
1	5
2	4
3	3
4	2
5	1
6	0

Meine Zahlenhäuser:

<, > oder =?

② 4 > 2 — 3 < 4 — 3 > 2 — 3 = 3

5 > 2
4 > 3
7 > 4
2 < 5

4 + 5 < 10
3 + 4 > 6
6 + 2 = 8
2 + 5 > 5
5 + 6 > 9

③ 4 + 3 = 7
5 + 3 = 8
6 + 2 = 8

Meine Plusaufgaben:

46

1–6 Grundwissen nutzen und anwenden; eigene Fähigkeiten in eigenen Aufgaben zeigen
E ▸ 23 A ▸ 23

① Zahlzerlegung notieren

② Türme vergleichen

Relationszeichen einsetzen

③ Plusaufgaben am Zehnerfeld lösen

④ bis ⑥ Super-Päckchen lösen

EINSTIEGE 23

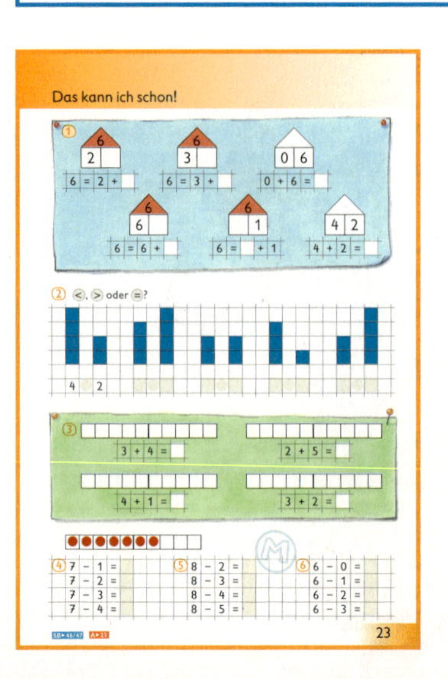

SCHULBUCH 47

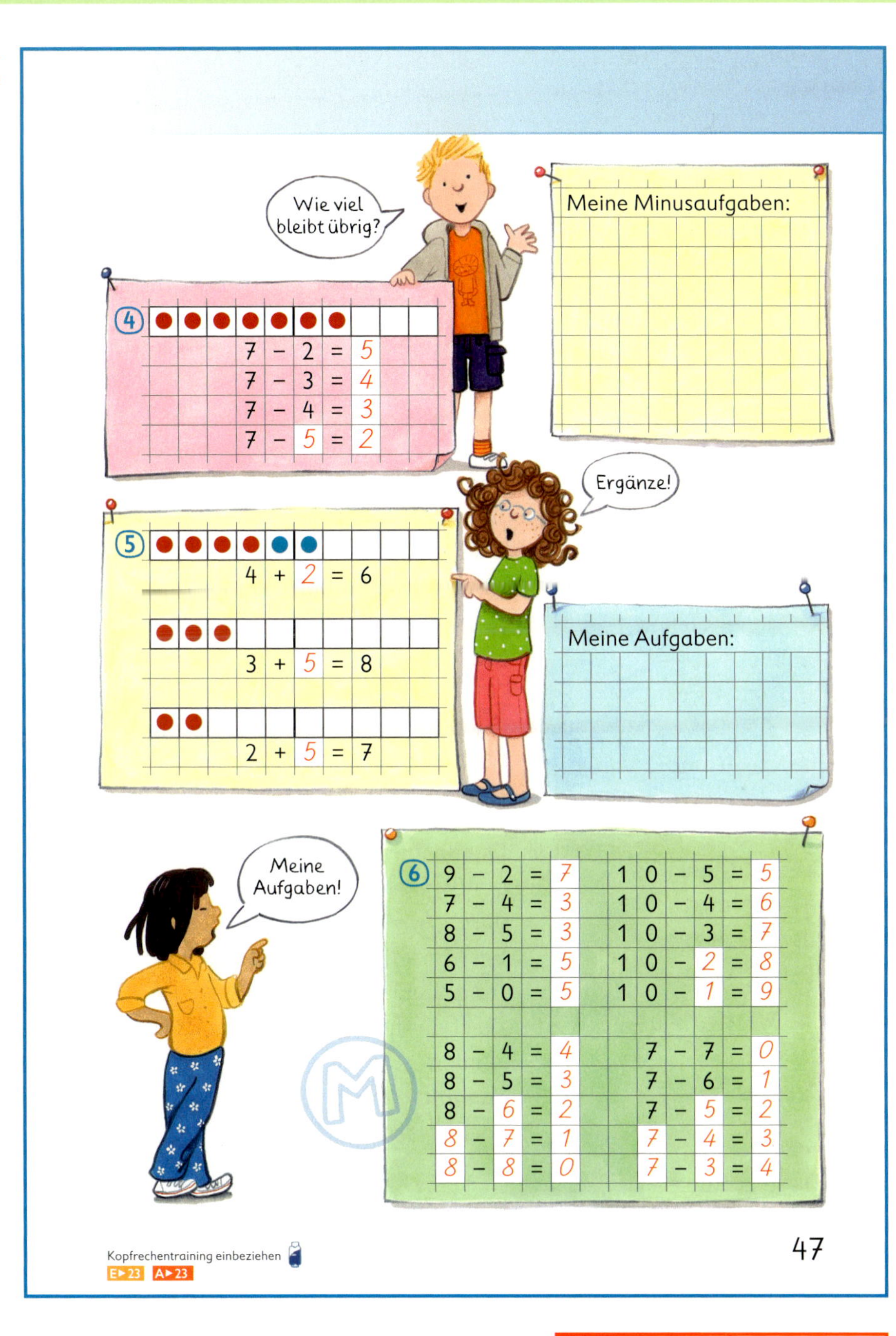

④ Minusaufgaben am Zehnerfeld lösen

eigene Minusaufgaben notieren

⑤ Ergänzungsaufgaben am Zehnerfeld lösen

eigene Aufgaben notieren

⑥ Aufgabenreihen weiterführen und rechnen

① Aufgaben in der entsprechenden Farbe anmalen

② bis ④ passende Zahlen und Relationszeichen einsetzen

⑤ bis ⑦ Super-Päckchen weiterführen und lösen

⑧ passende Zahlen einsetzen

AUFSTIEGE 23

46/47 Das kann ich schon!

KOMMENTAR

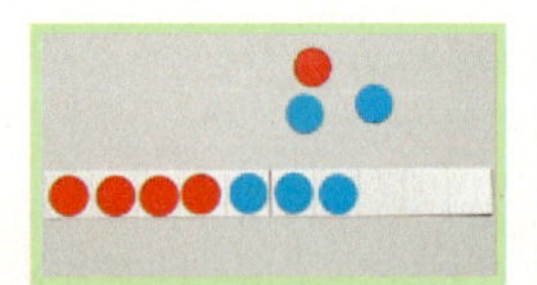
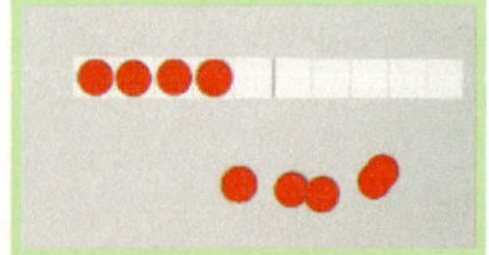

Material
Zehnerfelder, Plättchen

Hinweise zum Unterrichtsthema
Der Mathematikunterricht soll auf den mathematischen Voraussetzungen der Kinder aufbauen und anhand dieser geplant werden. Um diese – über die täglichen Beobachtungen der Lehrerin hinaus – zu ermitteln, werden in Abständen immer wieder Seiten zum Thema „Lernstand" angeboten, um der Lehrerin vertiefende Einblicke in die aktuellen mathematischen Fähigkeiten, Fertigkeiten und Kenntnisse ihrer Schüler zu verschiedenen Themenbereichen zu ermöglichen.
Die Schüler erhalten dabei Gelegenheit, im Mathematikunterricht erworbene Fähigkeiten, Fertigkeiten und Kenntnisse auszuschöpfen, anzuwenden und auszubauen.

Schulbuch 46/47

Hinweise zum Unterrichtsablauf
Zu Beginn der Unterrichtsstunde bietet es sich an, die verschiedenen Aufgabentypen jeweils anhand eines Beispiels durchzuarbeiten und so zu wiederholen.
Dazu gehören:
- Zerlegungsaufgaben im Zahlenhaus
- Aufgaben zum Größenvergleich
- das selbstständige Formulieren von Aufgaben zu Darstellungen im Zehnerfeld
- das Fortführen von Aufgabenfolgen

Um eine zügige und effektive Durcharbeitung zu ermöglichen, sollte die Lehrerin bereits vor der Unterrichtsstunde jeden Aufgabentyp einmal an der Tafel darstellen oder auf einer Folie für den Overheadprojektor bereithalten.
Die Schüler können dann zu Beginn der Stunde anhand dieser Zusammenstellung der Aufgaben ihr Vorwissen äußern, Bearbeitungshinweise formulieren und die Aufgaben in der von ihnen gewünschten Reihenfolge lösen. Ergeben sich Probleme bei der Bearbeitung einzelner Aufgabentypen, so kann die Lehrerin ggf. weitere anbieten oder mit einer Kleingruppe an der Tafel daran arbeiten, während die übrigen Schüler die entsprechenden Seiten des Unterrichtswerkes bearbeiten.

Hinweise zu den Aufgaben

Seite 46
Aufgabe 1
Die Schüler betrachten die abgebildeten Zahlenhäuser, erlesen die zu zerlegende Dachzahl wie auch vorgegebene Zerlegungsfaktoren und finden die fehlenden durch Anwendung der bereits verinnerlichten Zerlegungen. Lösen einige Kinder die Aufgaben noch ergänzend, so ist dies ein Zeichen dafür, dass sie die Zerlegungen im Zahlenraum bis 10 noch nicht gelernt haben und dies in weiteren Übungsangeboten nachholen müssen.
Aufgabe 2
Die Schüler vergleichen die Türme, setzen die passenden Zahlen und Relationszeichen ein. In den angegebenen Teilaufgaben betrachten die Schüler jeweils zwei vorgegebene Zahlen, ermitteln deren Verhältnis zueinander (größer, kleiner, gleich) und notieren das passende Relationszeichen.
Aufgabe 3
Die Schüler ermitteln die Anzahl im Zehnerfeld eingetragener roter und blauer Plättchen und notieren die passende Additionsaufgabe darunter. Die Summe der Plättchen ermitteln sie entweder durch das Ablesen der Anzahl im Zehnerfeld oder durch das Anwenden automatisierter Aufgaben. Anschließend können sie eigene Plusaufgaben mit oder ohne Nutzung des Zehnerfeldes finden, aufschreiben und rechnen.

Seite 47

Aufgabe 4

Die Schüler lösen vorgegebene Minusaufgaben am Zehnerfeld durch Verdecken einer dem Minuend entsprechenden Anzahl von Plättchen. Sie erkennen das Aufgabenmuster und setzen es fort.

Dann schreiben die Kinder eigene Minusaufgaben und lösen sie formal oder unter Zuhilfenahme des Zehnerfeldes.

Aufgabe 5

Die Schüler lösen die gegebenen Ergänzungsaufgaben durch Hinzuzeichnen der passenden Anzahl von Plättchen in ein Zehnerfeld. Dann formulieren sie eigene Aufgaben, lösen diese formal oder mit dem entsprechenden Veranschaulichungsmittel.

Aufgabe 6

Die Kinder erkennen in den Aufgabenreihen ein Muster und führen es fort.

Hinweise zur Differenzierung

Vertiefend empfiehlt es sich, die oben aufgeführten Aufgabenformate beim Lernen an Stationen zu üben. Dazu müssen Aufgabenkarten an den verschiedenen Stationen bereitgelegt werden. (s. Teil 2)

Einstiege 23

Aufgabe 1 (AB II)

Die Schüler notieren die Zerlegungsmöglichkeiten der Zahl 6 und tragen diese in die Zahlenhäuser ein.

Aufgabe 2

Die Schüler vergleichen die abgebildeten Türme, indem sie die Anzahl der Türme bestimmen und das Relationszeichen einsetzen.

Aufgabe 3

Entsprechend den Additionsaufgaben füllen die Kinder die Zehnerfelder aus und lösen sie.

Aufgaben 4–6

Die Kinder lösen die Super-Päckchen.

Aufstiege 23

Aufgabe 1 (AB II)

Die Schüler lösen die vorgegebenen Aufgaben und färben sie in der passenden Farbe. Dann notieren die Kinder eigene Aufgaben und ordnen diese entsprechend zu.

Aufgaben 2–4

Die Schüler lesen die unvollständigen Relationen, ermitteln durch verschiedene Operationen (plus, minus ...) fehlende Zahlen oder Relationszeichen und setzen diese ein.

Aufgaben 5–7 (AB II)

Die Schüler lesen die unvollständigen Gleichungen, erkennen darin ein Aufgabenmuster und setzen es fort.

Aufgabe 8 (AB II)

Die Schüler erlesen die vorgegebenen Zahlenkarten, erzeugen mit jeweils zwei von diesen Additions- oder Subtraktionsaufgaben und ordnen diese den passenden vorgegebenen Aussagen zu.

46/47

MAGAZIN

Fähigkeiten/ Fertigkeiten/ Kenntnisse	Okt.	Jan.	April	Juli	Förderbedarf
hat Grundvorstellungen im ZR bis 10					
hat Grundvorstellungen im ZR bis 20					
zählt vorwärts und rückwärts im ZR bis 10					
zählt vorwärts und rückwärts im ZR bis 20					
stellt Anzahlen verschieden dar (Strichlisten, Punktbilder …)					
ordnet verschiedenen Darstellungen die richtige Zahl zu					
liest und schreibt Zahlen bis 10					
liest und schreibt Zahlen bis 20					

TIPP

Ein regelmäßig ausgefülltes Raster zur Lernentwicklung in allen Bereichen bietet eine gute Grundlage für die Elternberatung und hilft später bei der Entscheidung, ob das Kind ein drittes Jahr in der Schuleingangsphase verbleiben soll.

Individuelle Förderung ist nur dann möglich, wenn die Lehrerin die individuelle Lernentwicklung genau im Blick hat. Als hilfreich für die eigene Dokumentation erweisen sich Raster, die mit wenigen Zeichen (++, +, o, –) in kurzer Zeit gefüllt werden können und einen ersten Überblick über vorhandene Fähigkeiten bieten. Regelmäßig ausgefüllt zeigen sie die Lernentwicklung des Kindes und machen Angaben zu notwendigen Fördermaßnahmen. Wichtig erscheint dabei zum einen, sich über die Indikatoren klar zu sein, die erfolgreiches Mathematiklernen dokumentieren, zum anderen darüber, wie die Lernentwicklung festgestellt werden kann.

Lernstände feststellen und dokumentieren

LERNWEGE BEGLEITEN

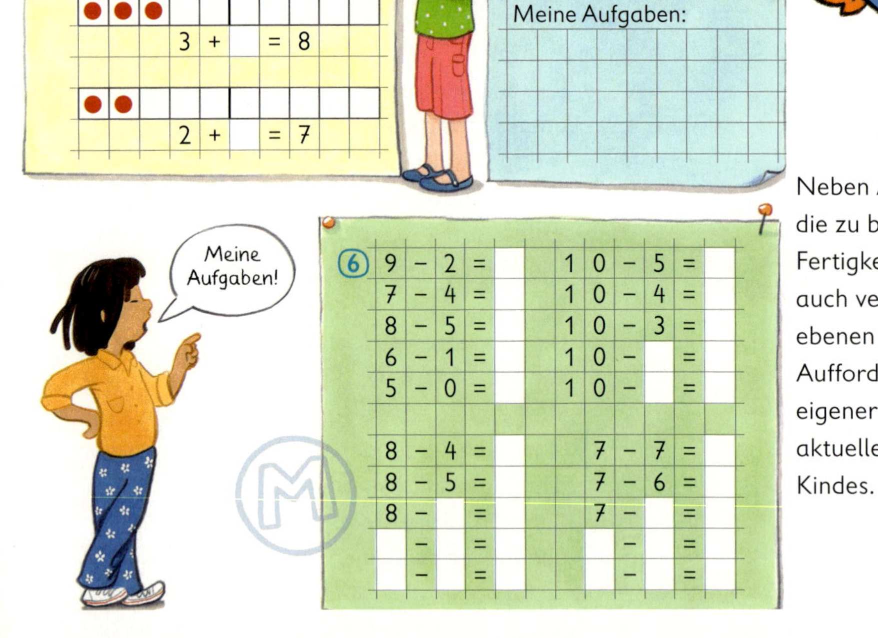

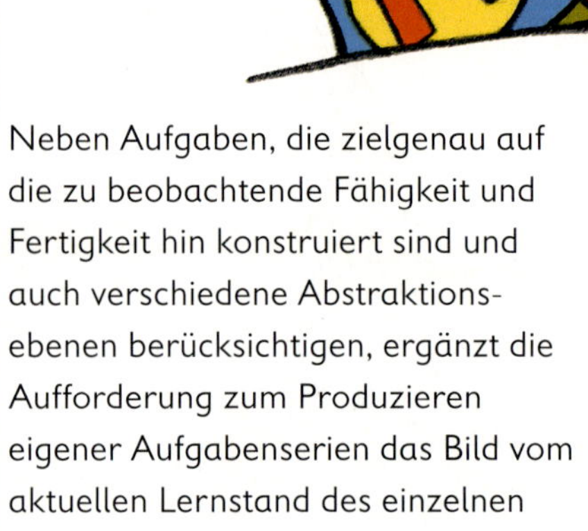

Neben Aufgaben, die zielgenau auf die zu beobachtende Fähigkeit und Fertigkeit hin konstruiert sind und auch verschiedene Abstraktionsebenen berücksichtigen, ergänzt die Aufforderung zum Produzieren eigener Aufgabenserien das Bild vom aktuellen Lernstand des einzelnen Kindes.

Alle Aufgabenserien sind etwa zum gleichen Zeitpunkt (nach Einführung der Addition im Zahlenraum bis 10) entstanden, zeigen jedoch die unterschiedlichen Entwicklungsstände der Kinder hinsichtlich Zahlvorstellung, Operationsverständnis und Notationsform.

Das Dokument lässt auf Wahrnehmungsprobleme des Kindes schließen und zeigt, dass hier noch einmal gezielt an der Notationsform des Additionsterms gearbeitet werden muss.

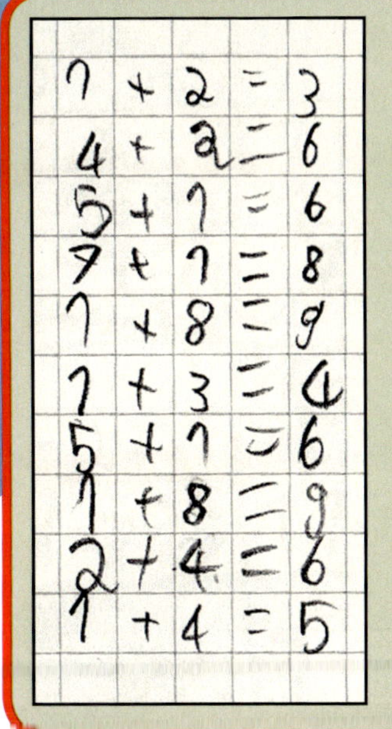

Das Beispiel enthält zwar nur Aufgaben aus dem erarbeiteten Zahlenraum, es fällt jedoch auf, dass in acht von zehn Aufgaben einer der beiden benutzten Summanden 1 ist, in den anderen beiden Aufgaben 2. Hier sollte die Lehrerin noch einmal genau überprüfen, ob das Kind auch Aufgaben lösen kann, bei denen beide Summanden größer als 2 sind.

Das Kind zeigt eine Vorliebe für Verdopplungsaufgaben, aber auch, dass es sich im Zahlenraum bis 20 schon sicher bewegen kann.

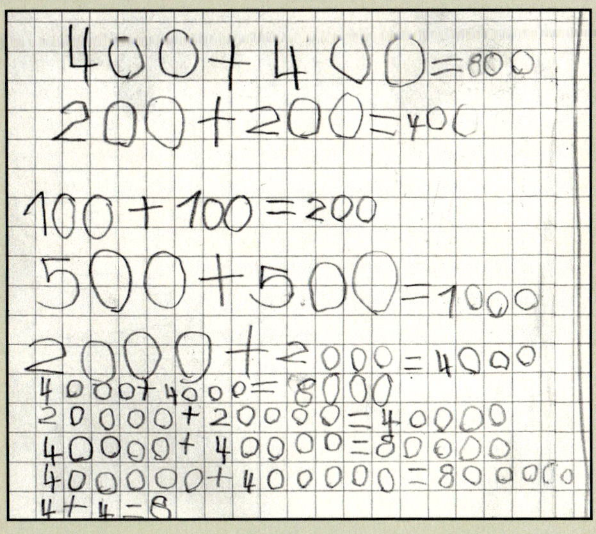

Das Beispiel zeigt, dass das Kind den dezimalen Aufbau unseres Zahlsystems schon verstanden hat und auch formal richtig nutzen kann. Die gewählten Zahlen geben jedoch noch keine Auskunft darüber, ob auch Additionsaufgaben mit Zehnerüberschreitung richtig gelöst werden können.

Die sorgfältige Analyse der schriftlichen Eigenproduktionen der Kinder ermöglicht der Lehrerin einen intensiveren Einblick in vorhandene Fähigkeiten der Kinder als die Beobachtungen im mündlichen Unterricht und das Abarbeiten vorgefertigter Aufgaben. Sie macht vorhandene Verständnisschwierigkeiten sichtbar und gibt Anlass, bestimmte Kinder gezielt weiter zu beobachten, um gebildete Hypothesen zu bestätigen oder auch zu widerlegen. Wenn die Ursache für gefundene Fehllösungen nicht klar ersichtlich ist, sollte die Lehrerin in Phasen der Stillarbeit sich von dem jeweiligen Kind den Rechenweg erklären lassen, da Fehllösungen nicht selten auf durchaus vernünftigen Überlegungen des einzelnen Kindes beruhen oder auf der Übertragung von in einem Verfahren sinnvollen Vorgehensweisen auf eine andere Operation.

14 + 5 = 19 (Ich rechne nur 5 + 4 und setze den Zehner davor.)

14 – 5 = 11 (weil 5 – 4 = 1 ist)

48 Zahlen bis 20

Objektmengen zählen, übersichtlich im Zwanzigerfeld und formal darstellen;
Zahlen lesen, schreiben und sprechen; Zahlbeziehungen erkennen und nutzen

SCHULBUCH 48

Bild betrachten

Zwanzigerfeld ausfüllen

Gleichung notieren

Schreibband ergänzen

Gesamtzahl der Steckwürfel notieren

Zwanzigerfeld ausfüllen

Gleichung notieren

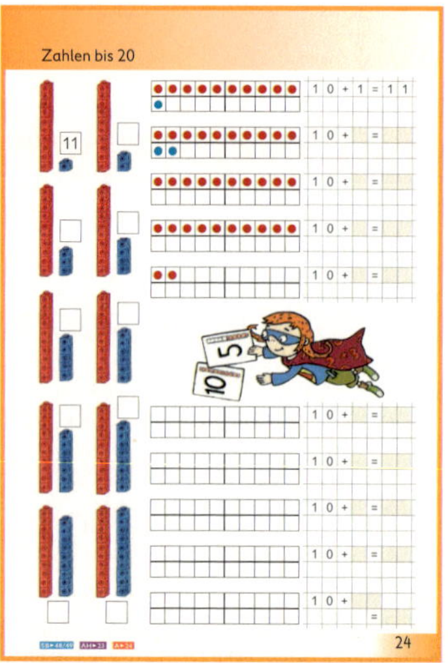

Bild betrachten

Zwanzigerfeld ausfüllen

Gleichung notieren

Schreibband ergänzen

EINSTIEGE 24

ARBEITSHEFT 23

SCHUL-
BUCH 49

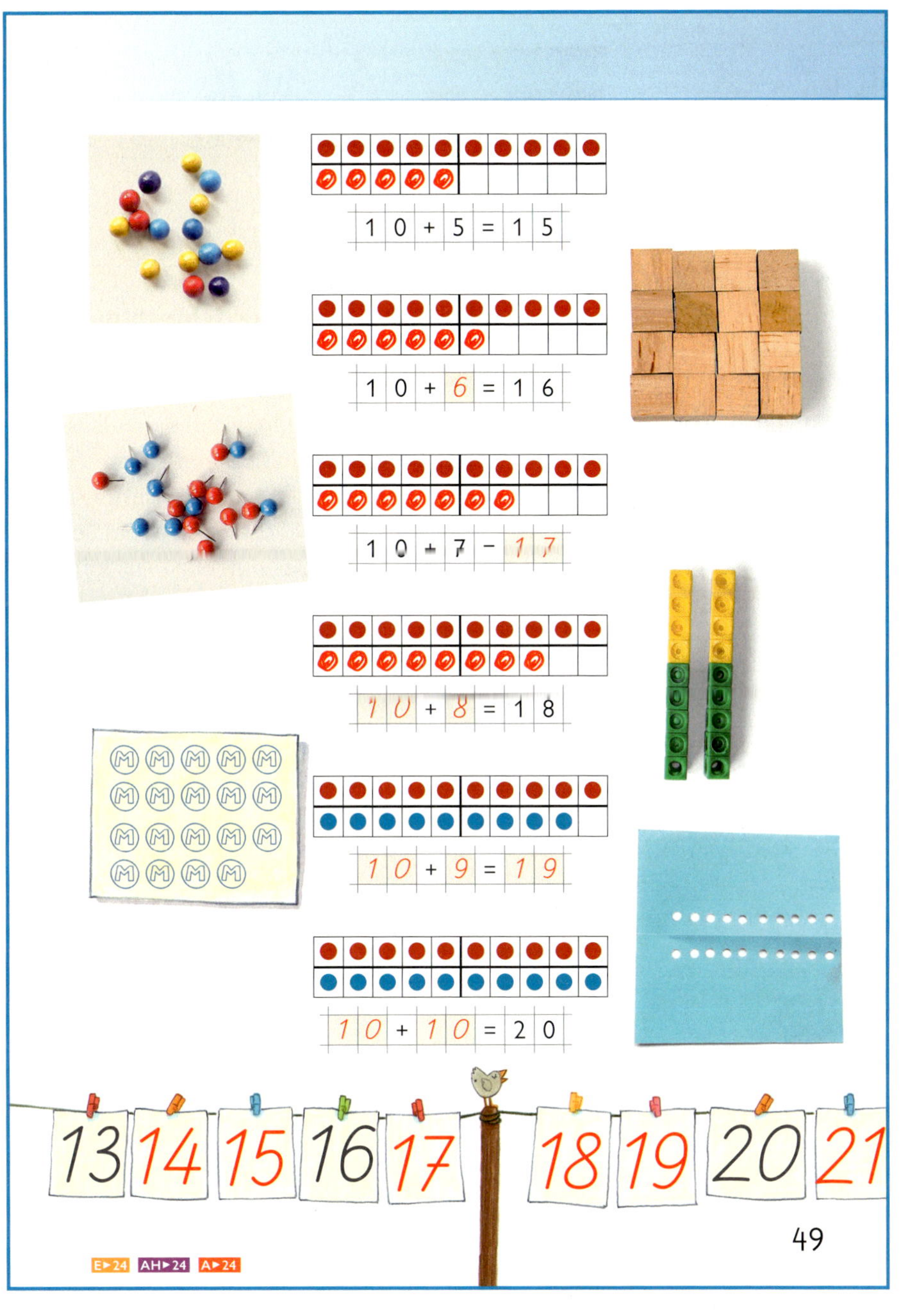

Bild betrachten

Zwanzigerfeld ausfüllen

Gleichung notieren

Schreibband ergänzen

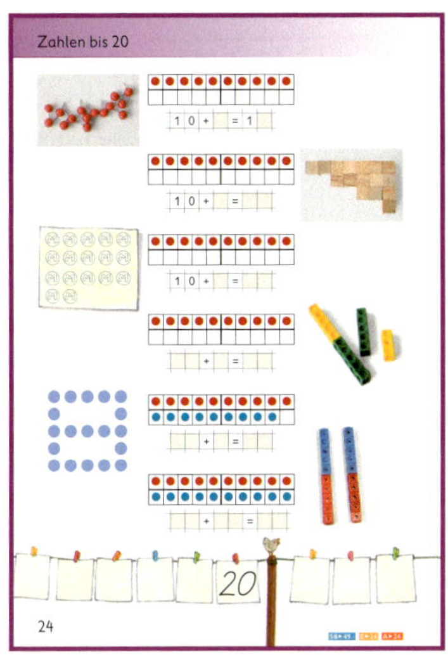

ARBEITS-
HEFT 24

1

Anzahlen notieren

Bild zur Anzahl malen

2

Anzahl der Hölzer bestimmen

Bildfolge fortsetzen

s. Arbeitsheft 23

AUFSTIEGE 24

48/49 Zahlen bis 20

KOMMENTAR

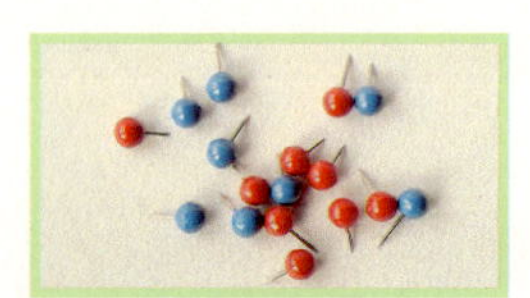

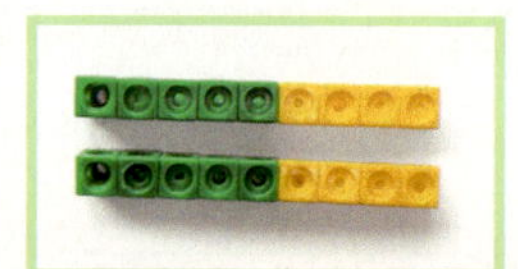

Material
verschiedene Gegenstandsmengen, 10 kopierte Zwanzigerfelder, Buntstifte, Bleistift
▶ KVs 33/34/36/37/79

Hinweise zum Unterrichtsthema
Im dekadischen System wird jede Zahl von 11 bis 20 aus einem Zehnerbündel und dem entsprechenden Einer erzeugt und dann in formale Sprache übersetzt: Der Zehner wird an erster Stelle durch die Ziffer 1, der Einer an zweiter Stelle durch die entsprechende Ziffer notiert (Stellenwertschreibweise).
Sprech- und formale Schreibweise der Zahlen verlaufen gegensätzlich, z.B. wird die Zahl 19 gemäß ihrer Bündelung „neunzehn" gesprochen, also von hinten nach vorne gelesen. Die Notation der Zahl wird allerdings in Schreibrichtung von links nach rechts ausgeführt.
(inhaltlich: Padberg, F.: Didaktik der Arithmetik für Lehrerausbildung und Lehrerfortbildung. Spektrum Akademischer Verlag, 2005.)
Die Zahlwörter „elf" und „zwölf" bilden bezüglich ihrer Begrifflichkeit eine Ausnahme. Sie wurden vom althochdeutschen Wort lif zu Hochdeutsch „über" abgeleitet und bedeuten „eins-über-zehn" und „zwei-über-zehn".
(inhaltlich: Beck u. a.: Handreichung Zahlenreise 1. Cornelsen Verlag, 2004.)
Diese Aspekte werden im Unterrichtswerk angesprochen, indem Objektmengen ausgezählt, Zehnerbündelungen erzeugt und Zahlen immer wieder gelesen und geschrieben werden. Nur so kann eine verbindliche Ziffern- und Zahldarstellung von den Kindern verinnerlicht werden.

Schulbuch 48/49

Hinweise zum Unterrichtsablauf
Zu Beginn des Unterrichts präsentiert die Lehrerin mit einzelnen Tüchern abgedeckte Gegenstandsmengen, die in einem Kreis zusammengestellt sind. Diese sind – für die Kinder nicht erkennbar – nach ihren Anzahlen von 10 bis 20 geordnet. Zudem liegt unter jedem Tuch ein auf DIN A3 kopiertes Zwanzigerfeld.
Die Lehrerin fordert nun ein Kind auf, das erste Tuch hochzuheben. Das Kind zählt – für die Mitschüler gut hörbar – die Gegenstände und bündelt diese in Zehner und Einer. Dann zeichnet es passend zur ermittelten Anzahl Plättchen in das Zwanzigerfeld ein, notiert darunter die passende additive Zerlegung wie auch die passende Zahl und liest das Geschriebene vor.
Dieser Vorgang wird wiederholt, bis die Gegenstandsmenge 20 durchgearbeitet wurde. Dabei ist strikt darauf zu achten, dass die Kinder zuerst den Zehner und dann den Einer notieren. Möglich ist, dass den Kindern schon während der Erarbeitungsphase die gegensätzliche Sprech- und Schreibweise der Ziffern, der Zusammenhang zwischen Sprechweise und abgebildeter Zerlegung wie auch die unregelmäßige Lautung der Zahlen 11 und 12 auffällt. Diese Beobachtungen sollten dann von der Lehrerin aufgegriffen und thematisiert werden. Die fertiggestellten Zwanzigerfelder werden gut sichtbar im Klassenraum aufgehängt. Sie können den Kindern ggf. als Anschauungsmittel bei der nun folgenden Arbeit an Aufgaben des Unterrichtswerkes oder bei der Durchführung von Differenzierungsmaßnahmen dienen.

Hinweise zu den Aufgaben

Seite 48

Die Schüler ermitteln die Anzahl der dargestellten Gegenstände, übertragen diese durch das Einzeichnen von Plättchen in das Zwanzigerfeld und notieren darunter die passende additive Gleichung.

Schreibband

Die Schüler vervollständigen das Schreibband.

Seite 49

Die Schüler ermitteln die Anzahl der dargestellten Gegenstände, übertragen diese durch das Einzeichnen von Plättchen in das Zwanzigerfeld und notieren darunter die passende additive Gleichung.

Schreibband

Die Kinder füllen das Schreibband aus.

Hinweise zur Differenzierung

- Zahlen mit Fingern zeigen: Ein Kind zeigt mit beiden Händen den Zehner, ein anderes zeigt den Einer. Das dritte Kind nennt die dargestellte Zahl.
- Objektmengen im Klassenzimmer zeigen, passende Zahlen nennen
- Zahlen mit Plättchen im Zwanzigerfeld darstellen, Kinder nennen die Anzahl und notieren die Ziffer
- Ziffern legen, Kinder legen die passende Darstellung im Zwanzigerfeld und nennen die Zahl
- die Lehrerin nennt Anzahl der Zehner und Anzahl der Einer, die Schüler nennen die gesuchte Zahl
- Spiel „Mister X“: Auf der Tafelvorderseite wird Mister X aufgemalt: Gesicht mit Hut und Pfeife, als Körper ein X. Ein Kind ist Spielleiter und notiert auf der Rückseite der Tafel eine Zahl. Die Mitschüler müssen raten, um welche Zahl es sich handelt. Zu große genannte Zahlen werden rechts, die zu kleinen links von Mister X notiert. Die richtige Zahl wird in das X geschrieben. Wer die Zahl genannt hat, darf Spielleiter sein.

Einstiege 24

siehe Schulbuch Seiten 48 und 49

Zudem notieren die Kinder die Gesamtzahl der Steckwürfel.

Arbeitsheft 23 und 24

siehe Schulbuch Seiten 48 und 49

Schreibband

Die Schüler vervollständigen das Schreibband.

Aufstiege 24

Aufgabe 1

Die Kinder notieren Anzahlen zu Abbildungen bzw. stellen zur 13 ein passendes Mengenbild her.

Aufgabe 2 (AB II)

Die Schüler notieren die Anzahl der Hölzer, erkennen in den Abbildungen eine Folge und setzen diese fort.

50 Zahlenraum bis 20

Kenntnisse zur Strukturierung des Zwanzigerraumes, besonders zu Vorgänger- und Nachfolgerbeziehung ; Nachbarzahlen vertiefen; Darstellungen von Zahlenfolgen in Form von Vierecken, Zahlenbändern und ▸

SCHUL-BUCH 50

① Anzahlen erkennen, Zehnerbündel und passende Ziffer einkreisen

② Zahlenband vervollständigen

Analogien erkennen

③ und ④ fehlende Zahlen notieren

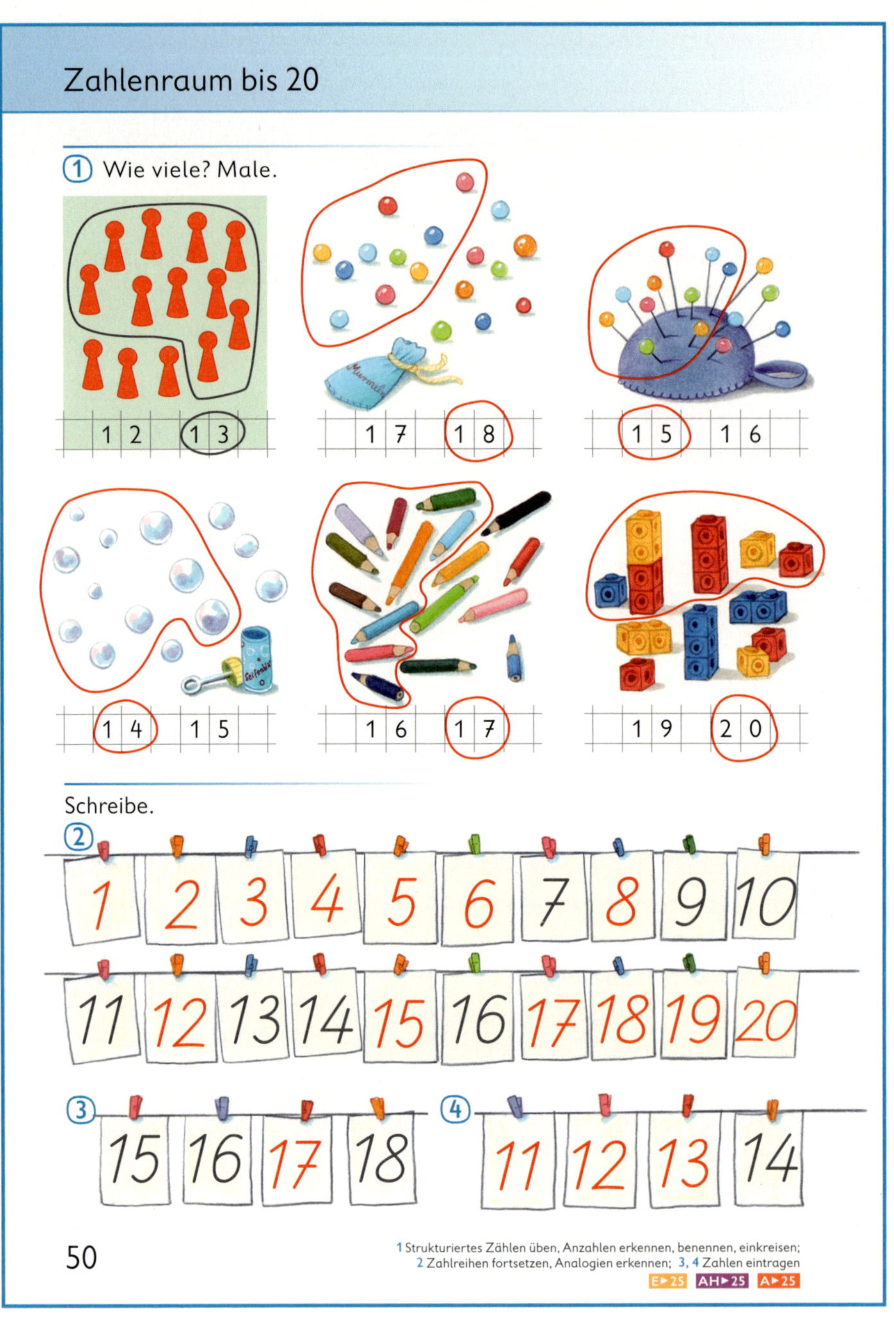

① Anzahlen bestimmen, Bilder mit passenden Zahlenkarten verbinden

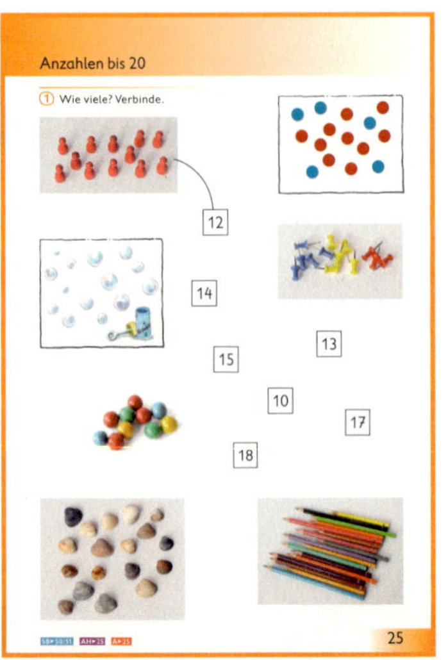

EINSTIEGE 25

① Anzahlen bestimmen, passende Ziffer einkreisen

② Vorgänger bzw. Nachfolger notieren

③ und ④ Zahlenband vervollständigen

Felder einfärben

Zahlenfolge notieren

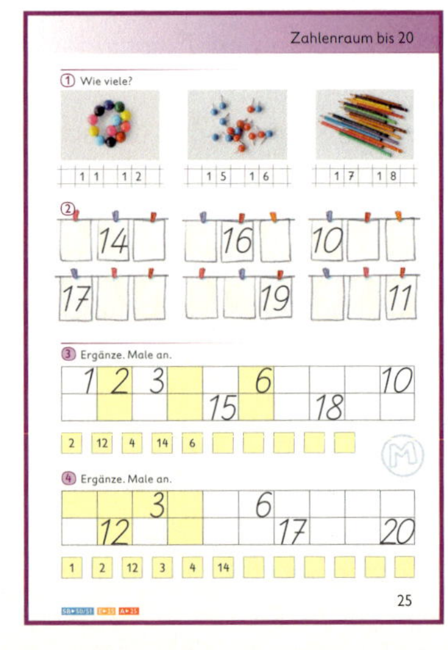

ARBEITS-HEFT 25

Zahlenkarten kennen lernen, nutzen und bearbeiten; Mengen im Zahlenraum bis 20 erfassen

SCHULBUCH 51

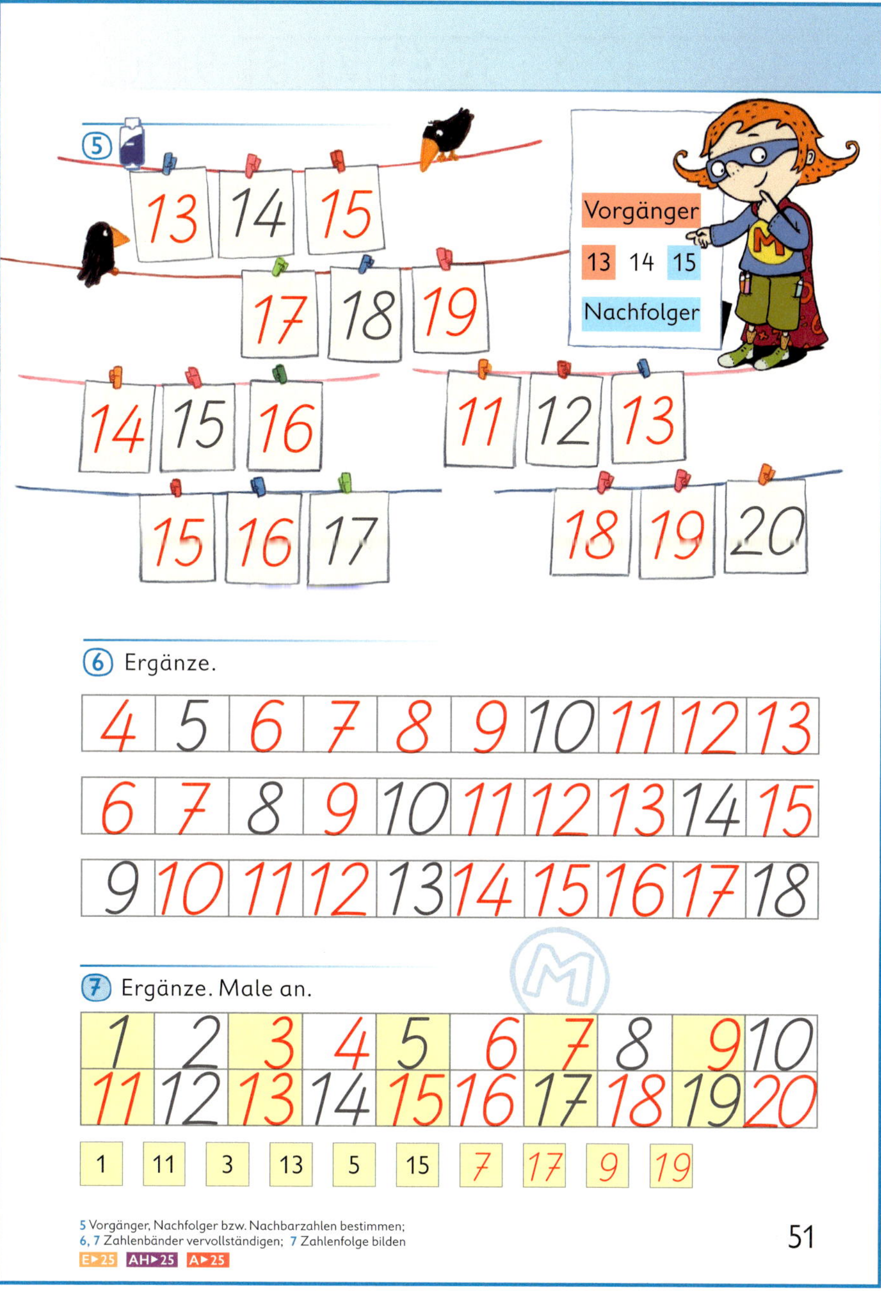

⑤

Vorgänger

13 14 15

Nachfolger

⑥ Ergänze.

4	5	6	7	8	9	10	11	12	13
6	7	8	9	10	11	12	13	14	15
9	10	11	12	13	14	15	16	17	18

⑦ Ergänze. Male an.

1	2	3	4	5	6	7	8	9	10
11	12	13	14	15	16	17	18	19	20

1 11 3 13 5 15 7 17 9 19

5 Vorgänger, Nachfolger bzw. Nachbarzahlen bestimmen;
6, 7 Zahlenbänder vervollständigen; 7 Zahlenfolge bilden
E▸25 AH▸25 A▸25

51

⑤ Vorgänger und Nachfolger zu vorgegebenen Zahlen eintragen

⑥ Zahlenband vervollständigen

⑦ Zahlenband vervollständigen, Felder einfärben

Zahlenfolge notieren

Zahlen bis 20 – Reihenfolgen

Ergänze. Die Zahlen folgen aufeinander.

① Anordnungen der Zahlenfolgen im Zahlenfeld nachvollziehen und ihren Verlauf nachzeichnen

② bis ⑥ Anordnungen der lückenhaften Zahlenfolgen durchschauen

Zahlenfolgen vervollständigen und ihren Verlauf nachzeichnen

AUFSTIEGE 25

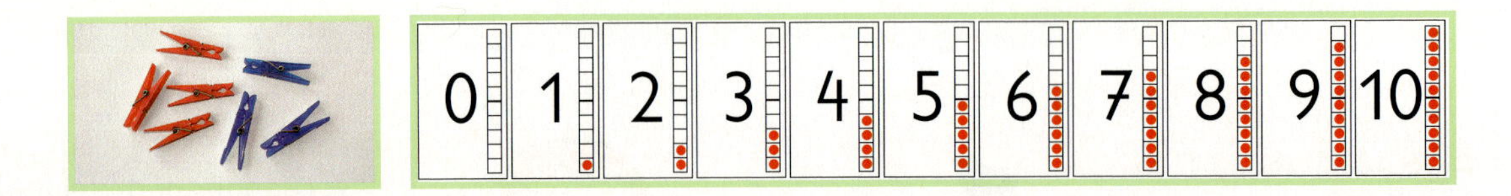

Material
Zahlenkarten groß und klein, Wollfaden, Wäscheklammern
▶ KV 35

Hinweise zum Unterrichtsthema
Auf dieser Schulbuchdoppelseite werden die Vorkenntnisse der Kinder hinsichtlich der Zahlenfolge bis 20 aufgegriffen und vertieft. Das Finden von Nachbarzahlen, Vorgängern und Nachfolgern und die Präsentation von für Kinder ungewohnten Anordnungen von Zahlenfolgen lässt sie über die Strukturierung des Zwanzigerraumes nachdenken. Durch das Finden eigener Anordnungen werden die Kinder flexibel und kreativ im Umgang mit Zahlenfolgen. Sie werden befähigt, sich von jeder beliebigen Zahl im genannten Zahlenraum vorwärts, rückwärts oder auch in Schritten zu orientieren. Übungen mit Zahlenkarten fokussieren ausschließlich die Vorgänger- und Nachfolgerbeziehung, im Zahlenband sind senkrecht und waagerecht zueinander liegende Nachbarzahlen besonders gut sichtbar. Im Zahlenfeld wird ausschließlich die Zahlreihenfolge in den Blick genommen.
Vertiefende Einsichten in die Strukturierung des Zwanzigerraumes sind notwendig als Vorbereitung auf das Durchführen von Addition und Subtraktion, die auf den folgenden Schulbuchseiten thematisiert werden.

Schulbuch 50/51

Hinweise zum Unterrichtsablauf
Die Lehrerin präsentiert den Kindern ein aus Zahlenkarten lückenhaft gelegtes Zahlenband. Dabei haben die Zahlen von 1 bis 10 in der ersten, die Zahlen von 11 bis 20 in der zweiten Reihe direkt darunter ihren Platz. Die Kinder bemerken, dass Zahlen fehlen, benennen diese, suchen sie aus einem weiteren Stapel Zahlenkarten heraus und legen sie hinzu. Dann gibt die Lehrerin den Kindern Zeit, ihre Beobachtungen bezüglich des nun vollständigen Ziffernbandes mitzuteilen. Voraussichtlich werden die Kinder die Verwandtschaft der senkrecht untereinander liegenden Zahlen schnell erkennen: Die obere Zahl lässt sich in der unteren als Einer wiederfinden. Es können Beispiele wie 2 und 12, 3 und 13 genannt werden.
Dann bittet die Lehrerin zwei Kinder nach vorne, die einen Wollfaden spannen und befestigt daran mit Klammern eine der Zahlenkarten mittig. Auf beiden Seiten ist Platz für eine weitere Karte. Die Kinder ermitteln nun im Unterrichtsgespräch die Nachbarzahlen und hängen die entsprechenden Zahlenkarten an den richtigen Stellen hinzu. Die vorgeschlagenen Übungen können beliebig oft wiederholt werden.

Hinweise zu den Aufgaben

Seite 50
Aufgabe 1
Die Schüler zählen die Gegenstände in den Abbildungen, umranden ein Zehnerbündel mit einem Stift und suchen aus den darunter vorgegebenen Zahlen die zur Anzahl passende heraus und kreisen diese ein.
Aufgabe 2
Die Schüler erlesen die vorgegebenen Zahlenkarten, vervollständigen das Zahlenband von 1 bis 20 und erkennen Analogien.
Aufgaben 3, 4
Die Schüler vervollständigen die lückenhaft dargebotenen Zahlenbänder.

Seite 51
Aufgabe 5
Die Schüler erlesen die vorgegebenen Zahlenkarten und notieren zur angegebenen Zahl Vorgänger bzw. Nachfolger
Aufgabe 6
Die Schüler vervollständigen das lückenhaft dargebotene Zahlenband.

Aufgabe 7 (AB II)
Die Schüler vervollständigen das lückenhaft dargebotene Zahlenband. Dann färben sie die Felder der vorgegebenen Zahlen gelb ein. Anhand der Färbung können die Kinder verwandte Zahlen erkennen, z.B. 1 und 11, 3 und 13, 5 und 15.

Hinweise zur Differenzierung
- Die Lehrerin verteilt die Zahlenkarten von 1 bis 20 an die Kinder. Jedes bekommt eine Zahlenkarte. Dann müssen sie sich in der richtigen Zahlreihenfolge aufstellen. Sind mehr als 20 Kinder in der Klasse, so kann man auch Zahlenkarten ab 20 aufwärts nutzen.
- Partnerarbeit mit Zahlenkarten:
  - Die Kinder legen die Zahlenkarten von 1 bis 20 auf den Tisch und legen zu jeder Zahl eine passende Menge an Gegenständen.
  - Ein Kind legt eine Zahlenkarte, das andere legt Vorgänger und Nachfolger hinzu.
  - Die Kinder legen mit Zahlenkarten eigene Zahlenvierecke.
- Kreisspiel alias „Obstsalat“: Die Kinder sitzen im Kreis. Ein Kind steht in der Mitte. Die Lehrerin verteilt die Zahlenkarten von 1 bis 20 an die Kinder. Nun darf das Kind in der Mitte zwei Zahlen anhand ihrer Eigenschaften aufrufen, z.B.: „Alle, die eine 8 haben“. Dann müssen die Kinder mit diesen Zahlen (in diesem Fall 8 und 18) die Plätze tauschen. Das Kind in der Mitte versucht einen der nun frei gewordenen Sitzplätze zu ergattern. Das Kind, das keinen Platz bekommt, fährt fort. Weitere mögliche Eigenschaftsbeschreibungen sind z.B. „Die 8 und ihr Vorgänger“, „Die 7 und ihr Nachfolger“ oder „Die 10 und ihre Nachbarzahlen“, „Alle Zahlen größer als 10“, „Alle Zahlen kleiner als 20“. Möglich ist auch der Ausruf „Zahlensalat“. Dann müssen sich alle Kinder einen anderen Platz suchen.

Einstiege 25

Aufgabe 1
Die Schüler stellen die Gesamtzahl der Gegenstände im Bild fest und verbinden dieses mit der passenden Zahlenkarte.

Arbeitsheft 25

Aufgabe 1
Die Schüler stellen die Gesamtzahl der Gegenstände im Bild fest und kreisen die entsprechende Zahl ein.
Aufgabe 2
siehe Schulbuch Seite 49, Aufgaben 5 und 6
Aufgaben 3, 4 (AB II)
siehe Schulbuch Seite 49, Aufgabe 7

Aufstiege 25

Aufgabe 1
Die Schüler vollziehen in einem Zahlenfeld die Anordnung der dargestellten Zahlenfolge nach, äußern ihre Beobachtungen und zeichnen den Verlauf der Zahlenfolge nach.
Aufgaben 2–6
Die Schüler betrachten die lückenhaft abgebildeten Anordnungen von Zahlen in den Vierecken, durchschauen die darin beabsichtigte Zahlenfolge und vervollständigen diese durch das Einsetzen fehlender Zahlen und verfahren dann wie in Aufgabe 1.
Aufgabe 5 weist dabei einen höheren Anforderungsbereich (AB II) auf.

52 Unser Geld – Euro und Cent

Kennenlernen und Zuordnen von Vorder- und Rückseite von Münzen; Geldbeträge systematisch legen, zeichnen, aufschreiben und berechnen

SCHULBUCH 52

① Münzwerte erkennen und benennen

Münzschreibweise erlernen

Beträge mit möglichst wenigen Münzen legen

② Beträge benennen und mit Münzen darstellen und malen

Unser Geld – Euro und Cent

① Unsere Münzen

10 Cent
10 ct

1 Euro
1 €

Kannst du mit weniger Münzen legen?

Münzen	Betrag	Münzen	Betrag
	10 ct		15 ct
	11 ct		16 ct
	12 ct		17 ct
	13 ct		18 ct
	14 ct		19 ct

② Male.

10 2 2	10 5 2 1	10 5 2
14 ct	18 ct	17 ct
5 2 2	10 5 2 2	10 10
9 ct	19 ct	20 ct

52

1 Beträge nachlegen, ggf. mit weniger Münzen den gleichen Betrag legen;
2 Beträge mit Münzen darstellen und malen

E▸26 AH▸26 A▸26

Beträge erlesen

passende Geldmünzen ausschneiden und einkleben (1. Spalte)

Betrag mit anderen Münzen darstellen

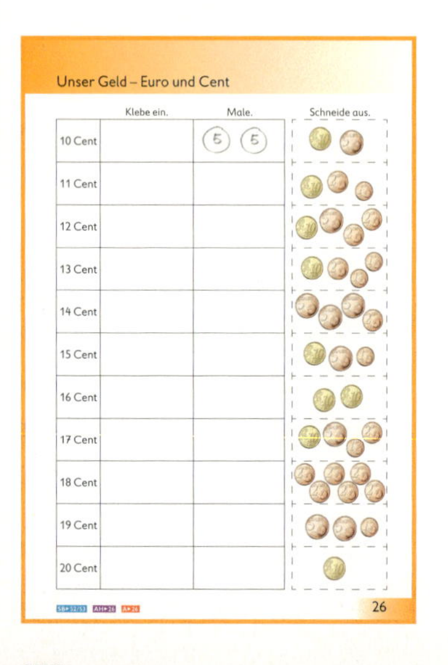
Unser Geld – Euro und Cent

	Klebe ein.	Male.	Schneide aus.
10 Cent		5 5	
11 Cent			
12 Cent			
13 Cent			
14 Cent			
15 Cent			
16 Cent			
17 Cent			
18 Cent			
19 Cent			
20 Cent			

SB▸52/53 AH▸26 A▸26 26

EINSTIEGE 26

① Münzbetrag notieren, mit höchstens vier Münzen darstellen

② vier Münzen auswählen, aufzeichnen und deren Betrag errechnen

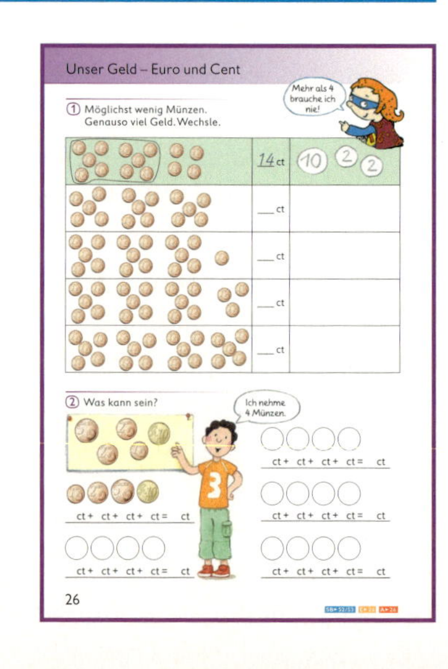
Unser Geld – Euro und Cent

① Möglichst wenig Münzen. Genauso viel Geld. Wechsle.

	14 ct	10 2 2
	___ ct	
	___ ct	
	___ ct	
	___ ct	

② Was kann sein?

ct + ct + ct + ct = ct

ct + ct + ct + ct = ct

ct + ct + ct + ct = ct

ct + ct + ct + ct = ct

ct + ct + ct + ct = ct

26

ARBEITSHEFT 26

SCHUL-
BUCH 53

So viel Geld

① Ahmet hat _9_ Cent. Anina hat _20_ Cent.

② Wer hat das meiste Geld?

Tom hat _17_ Cent. Lena hat _18_ Cent. Max hat _11_ Cent.

③ Lege mit möglichst wenigen Münzen: 7 ct, 9 ct, 13 ct, 17 ct, 20 ct.

④ Was kann sein?

1 1 1	3 ct	5 1 1	7 ct
2 1 1	4 ct	10 1 1	12 ct
5 2 1	8 ct	10 2 1	13 ct
10 5 2	17 ct	10 5 1	16 ct

1, 2, 4 Geldwerte vergleichen, mehr – weniger, Münzwerte eintragen, errechnen, vergleichen, Rechenkarten nutzen, eigene Aufgaben stellen; 3, 4 Strategisch vorgehen, besprechen, mit Münzen umgehen

E▸26 AH▸26 A▸26

53

① und ②
Geldwerte errechnen, eintragen und vergleichen

③
Geldwerte strategisch legen

④
drei Münzen auswählen, aufzeichnen und deren Betrag errechnen

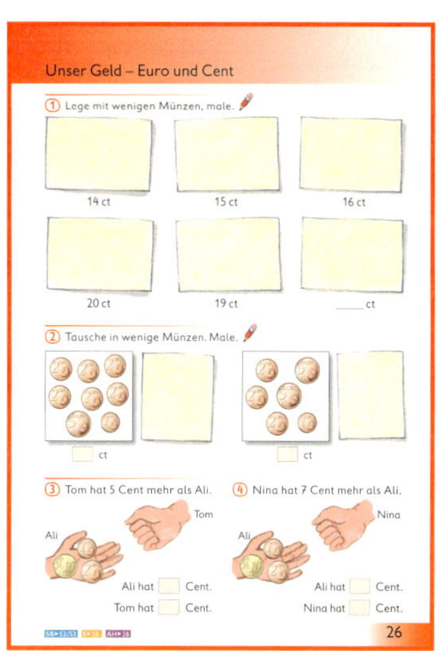

Unser Geld – Euro und Cent

① Lege mit wenigen Münzen, male.

14 ct 15 ct 16 ct

20 ct 19 ct ___ ct

② Tausche in wenige Münzen. Male.

ct ct

③ Tom hat 5 Cent mehr als Ali.

Ali hat ___ Cent.
Tom hat ___ Cent.

④ Nina hat 7 Cent mehr als Ali.

Ali hat ___ Cent.
Nina hat ___ Cent.

26

①
Beträge mit wenigen Münzen legen

Münzen zeichnen

②
Münzbetrag notieren

Betrag mit wenigen Münzen darstellen

③ und ④
Beträge notieren und vergleichen

AUFSTIEGE 26

52/53 Unser Geld – Euro und Cent

KOMMENTAR

Material
Spardose, Rechengeld

Hinweise zum Unterrichtsthema
Zum Thema „Geld“ bringen die Kinder vielfältige Vorerfahrungen mit. Sie kennen Geld als Zahlungsmittel und wissen in der Regel, dass es verschiedene Geldmünzen und Banknoten gibt, die unterschiedlich viel wert sind. Oft ist ihnen aber nicht bewusst, dass der Wert der Münzen auf einer Vereinbarung beruht: So sind fünf 1-Cent-Münzen genauso viel wert wie eine 5-Cent-Münze, obwohl die Anzahl der Münzen unterschiedlich ist. Auch können sie meistens Vorder- und Rückseite der Münzen einander noch nicht zuordnen.
Kinder, die regelmäßig beim Einkaufen dabei sind, wissen, dass man Wechselgeld zurückbekommt, wenn der zu zahlende Betrag nicht passend im Portmonee zu finden ist. Wie das Wechseln aber genau funktioniert, haben sie oft noch nicht durchschaut. Der Unterricht hat zur Aufgabe, diese Erfahrungen und Kenntnisse zu systematisieren, auszubauen und zu festigen.

Schulbuch 52/53

Hinweise zum Unterrichtsverlauf
Im Sitzkreis wird zunächst eine Spardose betrachtet. Die Kinder haben so Gelegenheit, ihre Erfahrungen zum Thema „Geld“ zu äußern. Dann öffnet die Lehrerin die Spardose und präsentiert die darin enthaltenen Münzen. Die Schüler versuchen gleiche Münzen ausfindig zu machen, zuzuordnen und zu benennen. Dabei werden Vorder- und Rückseite betrachtet, entsprechend zugeordnet, darauf abgebildete Darstellungen benannt und der entsprechende Betrag jeder Münze notiert. Die Schreibweise von Cent (ct) und Euro (€) wird eingeführt.
Dann legt die Lehrerin verschiedene Münzbeträge. Die Schüler zählen, berechnen und benennen die Beträge. Wichtig ist dabei, dass die Schüler Techniken zur Ermittlung der Beträge äußern. So kann über die Vorgehensweise gemeinsam reflektiert werden.
In einem weiteren Schritt präsentiert die Lehrerin drei verschiedene Münzen. Die Kinder haben die Aufgabe, immer zwei dieser Münzen zusammenzustellen, auf einem DIN-A3-Blatt aufzuzeichnen und deren Betrag zu ermitteln. Ziel ist es, so viele verschiedene Beträge und Münzkombinationen wie möglich zu finden.

Hinweise zu den Aufgaben

Seite 52
Aufgabe 1
Die Schüler betrachten und benennen die dargestellten Münzen. Dann legen und zeichnen sie zu vorgegebenen Beträgen passende Münzkombinationen mit möglichst wenigen Geldstücken.
Aufgabe 2
Die Schüler benennen die Beträge und zeichnen passende Münzkombinationen ein.

Seite 53
Aufgaben 1, 2
Die Schüler betrachten die Darstellung, ermitteln die Münzbeträge der abgebildeten Kinder, notieren diese und vergleichen sie hinsichtlich ihrer Größe.
Aufgabe 3
Die Schüler legen die verschiedenen Beträge und versuchen dabei, so wenige Münzen wie möglich zu nutzen. Dann vergleichen sie ihre Ergebnisse mit Mitschülern.
Aufgabe 4 (AB III)
Die Schüler wählen aus einer vorgegebenen Anzahl Münzen immer drei aus, zeichnen diese auf und notieren deren Summe. Dabei versuchen sie möglichst viele verschiedene Münzkombinationen zu finden.

Hinweise zu Differenzierungen

- Die Schüler entwerfen Plakate, auf denen zu bestimmten Beträgen notiert wird, was und wie viel man dafür kaufen kann. So bauen sie ihr Stützpunktwissen zum Thema „Geldwerte" weiter aus.
- Die Schüler gestalten ein Domino-Spiel, auf dessen Spielsteinen jeweils ein Betrag und eine Münzzusammenstellung abgebildet sind. Dieses Spiel kann man in der Freiarbeit immer wieder nutzen.
- Gestaltung eines Memory-Spiels: Auf Spielkarten werden paarweise Münzen und dazu jeweils passende Beträge gezeichnet. Dann erfolgt der Spielverlauf wie beim bekannten Memory-Spiel.
- Die Einrichtung eines Verkaufsladens im Klassenraum bietet die Möglichkeit vielfältiger Erfahrungen und deren Vertiefung (s. Magazin 52/53).

Einstiege 26

Die Schüler finden zu den vorgegebenen Beträgen entsprechende Münzdarstellungen in der Tabelle. Diese schneiden sie aus und kleben sie neben die jeweils passenden Beträge in die erste Spalte. In der zweiten Spalte stellen sie den Betrag mit anderen Münzen zeichnerisch dar.

Arbeitsheft 26

Aufgabe 1
Die Schüler notieren den Münzbetrag und stellen diesen mit höchstens vier Münzen dar.
Aufgabe 2
Die Schüler wählen aus einer vorgegebenen Anzahl Münzen immer vier aus, zeichnen diese auf und notieren deren Summe.

Aufstiege 26

Aufgabe 1
Die Schüler legen die vorgegebenen Beträge mit möglichst wenigen Münzen und zeichnen diese auf.
Aufgabe 2
Die Kinder ermitteln und notieren die dargestellten Beträge, legen diese mit wenigen Münzen nach und zeichnen diese auf.
Aufgaben 3, 4
Die Kinder lesen den sichtbaren Geldbetrag ab und ermitteln den Betrag in der geschlossenen Hand. Anschließend notieren sie beide Geldbeträge.

TESTS MIT HILFE VON KONTEXTAUFGABEN

Seit Beginn der 90er-Jahre wurden ausgehend von den Niederlanden immer wieder die mathematischen Kompetenzen von Schulanfängern mit Hilfe so genannter Kontextaufgaben (Rechengeschichten aus dem Alltag, bei denen die Kinder in der Regel nur das Ergebnis ankreuzen oder einkreisen müssen) untersucht. In allen Veröffentlichungen spielte auch die Frage „Wie viel Geld ist in diesem Portmonee?" eine Rolle. Während die Kinder der 90er-Jahre zu einem hohen Prozentsatz Aufgaben dieser Art richtig lösen konnten, hat zumindest in den städtischen Ballungsräumen diese Fähigkeit auffallend nachgelassen. Die am häufigsten gewählte falsche Antwort zu dem abgebildeten Portmonee lautet „4 Euro". Diese Antwort erschließt sich aus der Anzahl der verwendeten Münzen und Scheine.

RECHNEN MIT GELD

WARUM UND FÜR MARIE 2 EURO SIND

MÖGLICHE URSACHEN

Über die Ursachen kann nur spekuliert werden:

- Kinder gehen weitaus seltener als früher selbst einkaufen, da es in den Großstädten nur noch wenige „Tante-Emma-Läden" in der Nachbarschaft gibt.
- Der Wocheneinkauf findet meist – ohne Beteiligung der Kinder – in einer Filiale der großen Supermarktketten statt.

Wenn die Kinder Geld geschenkt oder wöchentliches Taschengeld bekommen, so handelt es sich meist um 1 €. Letzteres korrespondiert mit der Beobachtung, dass von den Münzen unseres Geldsystems das 1-€-Stück das bekannteste ist. Die verschiedenen Centmünzen kennen viele Erstklässler überhaupt nicht.

- Nicht unerwähnt bleiben sollte, dass den Kindern auch in der Schule keine Möglichkeit gegeben wird, Handlungserfahrungen mit Geld nachzuholen. Bereits auf dem ersten Elternabend erfahren die Eltern, dass sie doch bitte das Kakaogeld, das Geld für die Klassenkasse oder den Theaterbesuch immer passend im verschlossenen Umschlag mit dem Namen des Kindes versehen, mitgeben sollen, weil die Lehrerin keine Zeit hat, auch noch beim Einsammeln zu wechseln.

Die Schule vergibt hier – aus durchaus nachvollziehbaren Gründen – eine große Chance, einen Beitrag zur Umwelterschließung zu leisten.

In der Regel fällt dem Mathematikunterricht die Aufgabe zu, die Kinder mit den einzelnen Münzen und Scheinen und ihren Werten vertraut zu machen. Unter sachrechnerischem Aspekt kann das Rechengeld in seiner kompletten Stückelung zur Lösung von Sachaufgaben genutzt werden, weil mit ihm Problemstellungen nachgespielt und handelnd gelöst werden können. Um ein wirkliches Vertrautwerden mit den Münzen und Scheinen zu erreichen und ein erstes Rechnen mit Geldwerten anzubahnen, bietet es sich an, in der Klasse immer wieder für einige Zeit einen Laden aufzubauen, in dem Einkaufssituationen und Bezahlprozesse täglich gespielt werden. So kann schrittweise an Kassenzettel, realistische Preisvorstellungen, das Wechseln und Zurückgeben von Geld herangeführt werden.

KLASSENEIGENER KAUFLADEN

Der klasseneigene Kaufladen bietet darüber hinaus auch Anlass für viele offene Fragestellungen:

- Du hast 10 €. Was kannst du dafür einkaufen?
- Marie muss genau 5 € bezahlen. Was könnte sie eingekauft haben? Schreibe Einkaufszettel.
- Du hast 20 €. Kaufe möglichst viele verschiedene Dinge ein.
- ...

Alle diese Aktivitäten verfolgen die Absicht, einen Beitrag zur Erschließung der Lebenswirklichkeit zu leisten. Das Rechengeld wird hier vorwiegend unter dem Aspekt der Simulation der Realität eingesetzt

SCHADE, DASS BEI UNS DIE AUSZEICHNUNGEN SELTEN SO EINFACH SIND, WIE AN DIESEM SPANISCHEN MARKTSTAND.

TIPP

Da die Preise in den Läden oder in Prospekten meist schwellennah zu dem nächsten ganzen Eurobetrag angegeben sind (1,99 €) und daher für Erstklässler noch nicht lesbar sind, sammelt die Lehrerin zusammen mit der Klasse leere Verpackungen von Lebensmitteln und anderen Supermarktartikeln und schreibt die Preisschilder mit auf- bzw. abgerundeten ganzen Eurobeträgen (250 g Butter kosten dann 1 €). Auf diese Weise wird ein Verständnis für realistische Preise geweckt und gleichzeitig lassen die Einkäufe das Berechnen von Gesamtpreisen und Rückgeld zu.

54 Addieren im Zahlenraum 10 bis 2

Analogieaufgaben zu Additionsaufgaben erzeugen und vorteilhaft nutzen; Additionsaufgaben am Zwanzige feld darstellen und lösen

SCHUL-BUCH 54

Addieren im Zahlenraum von 10 bis 20

① Rechne wie im Beispiel.

1	2	+	3	=	1	5
	2	+	3	=		5

1	2	+	2	=	1	4
1	2	+	4	=	1	6
1	2	+	6	=	1	8
1	2	+	8	=	2	0

1	2	+	3	=	1	5
1	2	+	5	=	1	7
1	2	+	7	=	1	9
1	2	+	9	=	2	1

② Besondere Aufgaben

0	+	2	=	2
0	+	3	=	3
0	+	4	=	4
0	+	5	=	5

1	0	+	2	=	1	2
1	0	+	4	=	1	4
1	0	+	6	=	1	6
1	0	+	8	=	1	8

1	0	+	3	=	1	3
1	0	+	5	=	1	5
1	0	+	7	=	1	7
1	0	+	9	=	1	9

Dazu legen …

1 1 + 2 = 1 3

③ 1 2 + 2 = 1 4

④ 1 1 + 5 = 1 6

⑤ 1 5 + 1 = 1 6

⑥ 1 5 + 2 = 1 7

⑦ 1 5 + 5 = 2 0

54

1 Vorwissen nutzen, Analogien erkennen; 2 Rechnen mit 0 und 10; 3–7 Aufgaben bilden und lösen

E▸27 AH▸27 A▸27

① Tipps in den Sprechblasen lesen

Ähnlichkeiten der Aufgaben nennen und als Rechenvorteil nutzen

Aufgaben lösen

② Aufgaben rechnen

Muster erkennen

Rechenvorteil nutzen

③ bis ⑦ mit Hilfe der Abbildung Aufgaben vervollständigen und rechnen

① zu Abbildungen Aufgaben rechnen

Analogieaufgaben nutzen

② bis ④ mit Hilfe der Abbildung Aufgaben rechnen

EINSTIEGE 27

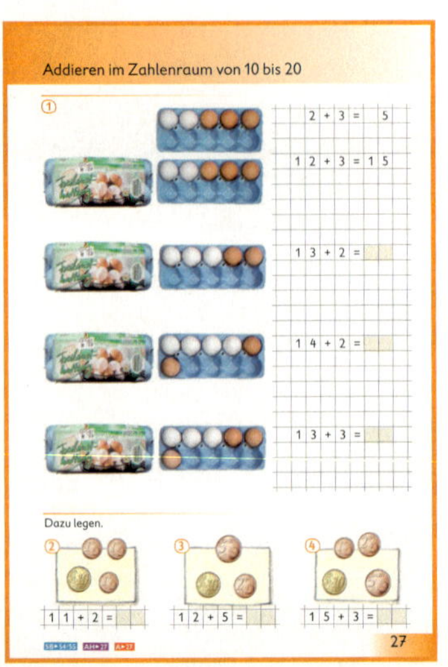

Addieren im Zahlenraum von 10 bis 20

①

2 + 3 = 5

1 2 + 3 = 1 5

1 3 + 2 =

1 4 + 2 =

1 3 + 3 =

Dazu legen.

② 1 1 + 2 =

③ 1 2 + 5 =

④ 1 5 + 3 =

27

① Analogieaufgaben am Zwanzigerfeld darstellen und lösen

② bis ⑦ Super-Päckchen lösen bzw. vervollständigen

ARBEITS-HEFT 27

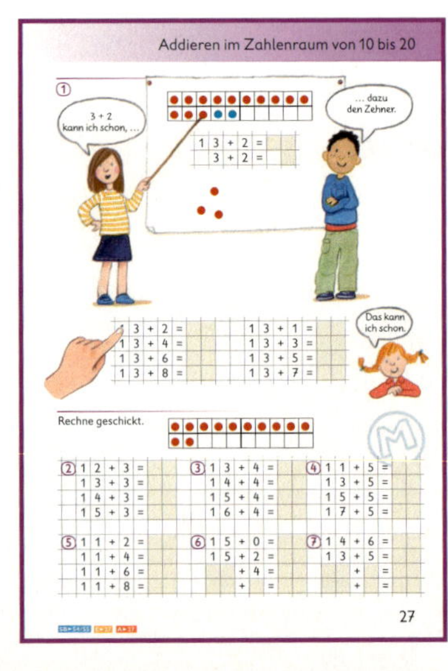

Addieren im Zahlenraum von 10 bis 20

①

1 3 + 2 =
3 + 2 =

1 3 + 2 =
1 3 + 4 =
1 3 + 6 =
1 3 + 8 =

1 3 + 1 =
1 3 + 3 =
1 3 + 5 =
1 3 + 7 =

Rechne geschickt.

② 1 2 + 3 =
1 3 + 3 =
1 4 + 3 =
1 5 + 3 =

③ 1 3 + 4 =
1 4 + 4 =
1 5 + 4 =
1 6 + 4 =

④ 1 1 + 5 =
1 3 + 5 =
1 5 + 5 =
1 7 + 5 =

⑤ 1 1 + 2 =
1 1 + 4 =
1 1 + 6 =
1 1 + 8 =

⑥ 1 5 + 0 =
1 5 + 2 =
+ 4 =
+ =

⑦ 1 4 + 6 =
1 3 + 5 =
+ =
+ =

27

Addieren am Zwanzigerfeld 55

SCHULBUCH 55

① Analogieaufgaben am Zwanzigerfeld darstellen und lösen

② bis ⑦ Super-Päckchen lösen bzw. vervollständigen

① bis ③ Würfelzahlen einsetzen, Aufgaben lösen

④ bis ⑨ Super-Päckchen lösen bzw. vervollständigen

⑩ Ergänzen auf 20

Würfelzahlen notieren

AUFSTIEGE 27

54/55 Addieren im Zahlenraum 10 bis 2

KOMMENTAR

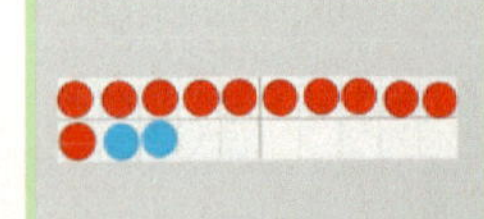

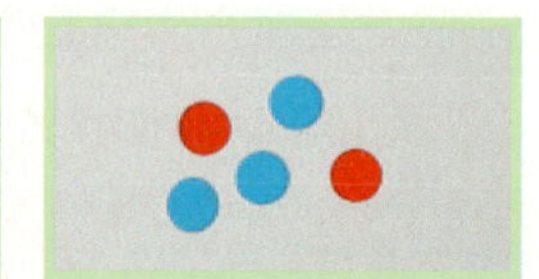

Material
Eierkartons, Eier, Zwanzigerfelder, Plättchen
▶ KV 38

Hinweise zum Unterrichtsthema
Die Schüler haben bisher Plus- und Minusaufgaben im Zahlenraum bis 10 unter Verwendung verschiedener Veranschaulichungsmittel (Zahlenband, Zwanzigerfeld, Steckwürfel ...) bearbeitet, dabei Tauschaufgaben, Nachbaraufgaben und Umkehraufgaben als Rechenvorteile kennen gelernt und genutzt.
Erste Erfahrungen haben sie im Zahlenraum 10 bis 20 gemacht, indem sie die Zahlenfolge bis 20 notiert, Anzahlen bestimmt, mit Steckwürfeln gesteckt und gezeichnet haben. Auch Zahlzerlegungen in Form von 10 + ▢ haben sie bereits notiert.
Auf dieser Doppelseite sollen die Schüler durch Zurückgreifen auf bereits bekannte Veranschaulichungsmittel, bereits bekannte Aufgaben im Zahlenraum bis 10 und durch die Anwendung von Analogieaufgaben befähigt werden, Plusaufgaben im zweiten Zehner zu lösen. Die Schüler können vertiefend einsehen, dass die im Zahlenraum bis 10 gewonnenen Erkenntnisse, Fähigkeiten und Fertigkeiten dabei von großem Nutzen sind. Die angebotenen Analogieaufgaben und Aufgabenreihen motivieren die Kinder, eigene Aufgaben dieses Typs zu finden, Muster zu entdecken und fortzuführen.

Schulbuch 54/55

Hinweise zum Unterrichtsablauf
Zu Beginn des Unterrichts präsentiert die Lehrerin im Sitzhalbkreis einen Eierkarton. Er enthält zwei weiße und drei braune Eier. Die Kinder legen mit Zahlenkarten die Aufgabe 2 + 3 = 5. Nun legt die Lehrerin einen weiteren, mit zehn weißen Eiern gefüllten Eierkarton hinzu. Die Schüler legen die Gleichung 12 + 3 = 15.
Durch das stellengerechte Legen der Gleichungen untereinander können die Kinder deren formalen Zusammenhang erkennen:

2 + 3 = 15
12 + 3 = 15

- Die beiden ersten Summanden unterscheiden sich mengenmäßig um 10 und formal durch die Notation der Ziffer 1 an der Zehnerstelle.
- Der zweite Summand bleibt gleich.
- Die Summe unterscheidet sich mengenmäßig um 10, formal durch die Notation der Ziffer 1 an der Zehnerstelle.

Wahrscheinlich treffen die Kinder ähnliche, aber weniger theoretische Aussagen. Wichtig ist, dass ihre Aussagen inhaltlich stimmen. Sollten die Kinder keinen Zusammenhang zwischen den Gleichungen bemerken, so kann man in beiden die Ziffern 2, 3 und 5 mit einem roten Stift nachfahren.
Nun legt die Lehrerin die Aufgabe 13 + 4 = ▢ mit Zahlenkarten und erfragt eine Aufgabe, die zum Finden des Ergebnisses helfen kann. Die Schüler finden die Aufgabe 3 + 4 = 7 (Analogieaufgaben) und lösen so die ursprüngliche Gleichung 13 + 4 = 17. An dieser Stelle empfiehlt es sich, den Begriff der Analogieaufgabe einzuführen. Möglich ist auch, statt „Analogieaufgabe" den Begriff der Hilfsaufgabe zu nutzen. Um das Finden und Anwenden dieser zu trainieren, legt die Lehrerin weitere Aufgaben und die Kinder finden die Analogieaufgaben. Überdies können sie im Anschluss daran in Partnerarbeit mit ihren eigenen Zahlenkarten Aufgaben finden und durch entsprechende Analogieaufgaben lösen.

Addieren am Zwanzigerfeld 54/55

Hinweise zu den Aufgaben

Seite 54

Aufgabe 1

Anhand der Abbildung können die Kinder die schrittweise Erzeugung und den Zusammenhang von Analogieaufgaben noch einmal nachvollziehen.

Bei der Bearbeitung der Päckchen berechnen die Kinder zu einer vorgegebenen Aufgabe zunächst die jeweilige Hilfsaufgabe (Analogieaufgabe) im Kopf und leiten davon das Ergebnis der ursprünglichen Aufgabe ab, indem sie 10 dazu addieren.

Aufgabe 2

Die Schüler berechnen die Aufgaben und erkennen,

- dass beim Addieren zur 0 das Ergebnis gleich dem zweiten Summanden ist
- dass beim Addieren von einem Einer und der 10 ein zweistelliges Ergebnis erzielt wird, das durch die Notation der Ziffer 1 an der Zehnerstelle und des Einers an der Einerstelle formal festgehalten wird.

Aufgaben 3–7

Die Schüler schreiben zu den Darstellungen passende Additionsgleichungen auf, legen diese mit Rechengeld nach und lösen sie.

Seite 55

Aufgabe 1

Anhand der Abbildung erkennen die Schüler, dass bei der vorgegebenen Aufgabe die Rechenoperation nur als Veränderung der Plättchenanzahl im zweiten Zehnerstreifen des Zwanzigerfeldes sichtbar wird, im ersten dagegen alles unverändert bleibt.

Aufgaben 2–7

Die Schüler rechnen die Päckchenaufgaben am Zwanzigerfeld. Durch Betrachten der Aufgabenreihen können die Kinder das darin enthaltene Muster entdecken, ggf. fortsetzen und zu deren Lösung nutzen.

Einstiege 27

Aufgabe 1

Die Schüler betrachten die Abbildung der Eierkartons, notieren die passende Aufgabe und lösen diese durch Anwendung der Hilfsaufgabe.

Aufgaben 2–4

Zu den abgebildeten Geldbeträgen schreiben die Schüler passende Aufgaben und lösen diese.

Arbeitsheft 27

Aufgabe 1

siehe Schulbuch Seite 55, Aufgabe 1

Aufgaben 2–7

siehe Schulbuch Seite 55, Aufgaben 2 bis 7

Aufstiege 27

Aufgaben 1–3

Die Schüler vervollständigen und lösen die Aufgaben unter Berücksichtigung des angegebenen Würfelbildes.

Aufgaben 4–9

Die Schüler rechnen die vorgegebenen Aufgaben der Päckchen, entdecken darin ein Muster, wenden dieses ggf. zur Vervollständigung lückenhafter Gleichungen an und stellen nach selbst festgelegter Vorschrift ein Päckchen fertig.

Aufgabe 10

Die Schüler betrachten die dargestellte Spielsituation und rechnen durch Ergänzen auf 20 für jeden Spieler aus, welche Zahl er würfeln muss, um zu gewinnen.

56 Subtrahieren – Analogieaufgaben

Analogieaufgaben zur Subtraktion erzeugen und vorteilhaft nutzen; den Umgang mit dem Zwanzigerfeld zur Darstellung und Lösung von Subtraktionsaufgaben erlernen und üben

SCHULBUCH 56

① Erzeugung von Analogieaufgaben nachvollziehen

Aufgaben lösen

② und ③ Aufgaben an Zehner- und Zwanzigerfeld lösen

Analogien erkennen

④ bis ⑥ Aufgaben mit Analogieaufgaben lösen

⑦ und ⑧ Aufgabenreihen anhand der Abbildung fortführen und lösen

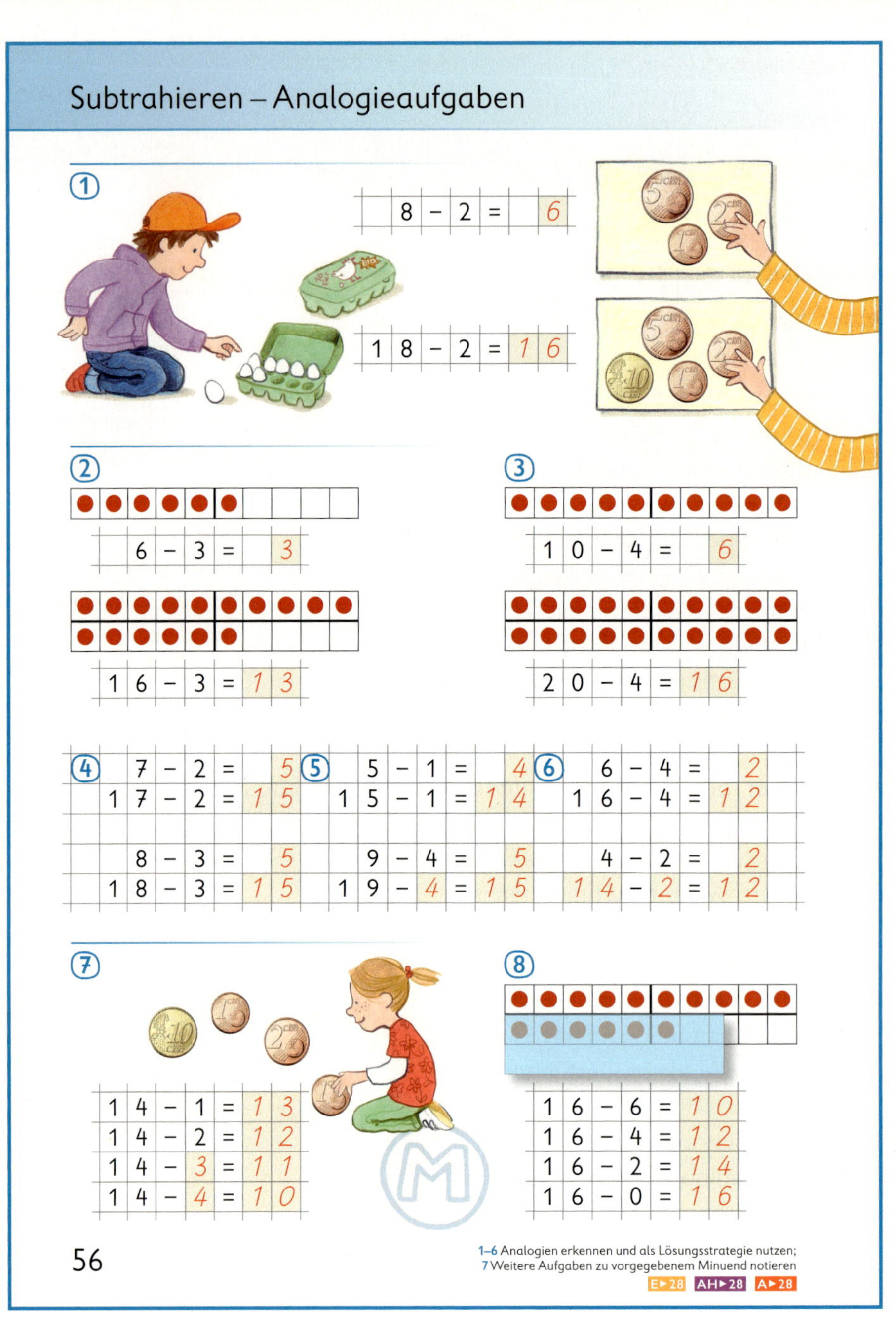

① und ② Analogien erkennen

Aufgaben an Zehner- und Zwanzigerfeld lösen

③ bis ⑥ Aufgabenreihe lösen

⑦ Aufgaben vervollständigen und lösen

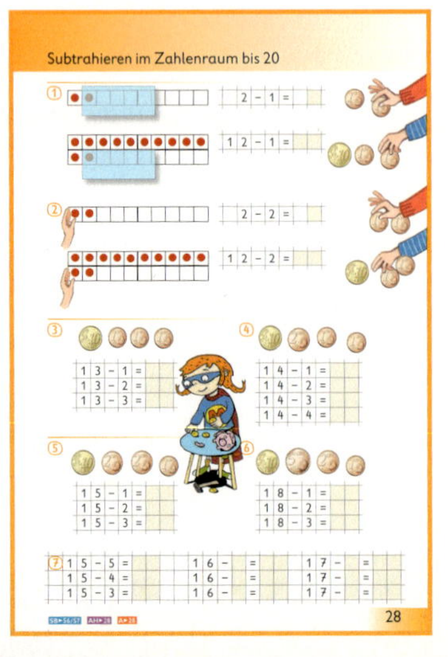

EINSTIEGE 28

① bis ③ Analogien erkennen und zur Lösung nutzen

④ bis ⑦ Aufgaben notieren und lösen

⑧ bis ⑩ Aufgaben lösen

Selbstkontrolle nutzen

ARBEITSHEFT 28

SCHUL-
BUCH 57

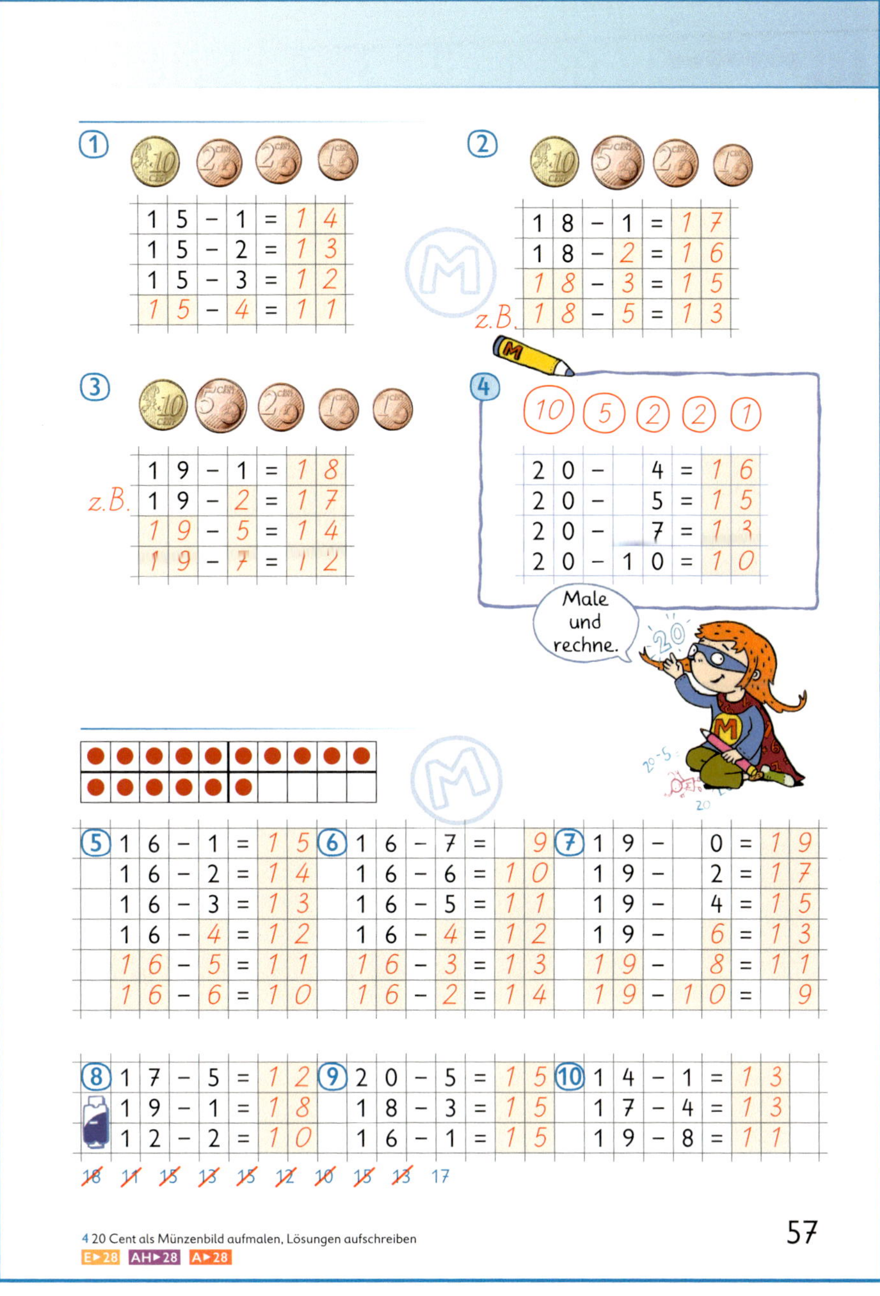
1

1	5	−	1	=	1	4
1	5	−	2	=	1	3
1	5	−	3	=	1	2
1	5	−	4	=	1	1

2

1	8	−	1	=	1	7
1	8	−	2	=	1	6
1	8	−	3	=	1	5
z.B. 1	8	−	5	=	1	3

3

	1	9	−	1	=	1	8
z.B.	1	9	−	2	=	1	7
	1	9	−	5	=	1	4
	1	9	−	7	=	1	2

4

10 5 2 2 1

2	0	−		4	=	1	6
2	0	−		5	=	1	5
2	0	−		7	=	1	3
2	0	−	1	0	=	1	0

5

1	6	−	1	=	1	5
1	6	−	2	=	1	4
1	6	−	3	=	1	3
1	6	−	4	=	1	2
1	6	−	5	=	1	1
1	6	−	6	=	1	0

6

1	6	−	7	=		9
1	6	−	6	=	1	0
1	6	−	5	=	1	1
1	6	−	4	=	1	2
1	6	−	3	=	1	3
1	6	−	2	=	1	4

7

1	9	−		0	=	1	9
1	9	−		2	=	1	7
1	9	−		4	=	1	5
1	9	−		6	=	1	3
1	9	−		8	=	1	1
1	9	−	1	0	=		9

8

1	7	−	5	=	1	2
1	9	−	1	=	1	8
1	2	−	2	=	1	0

9

2	0	−	5	=	1	5
1	8	−	3	=	1	5
1	6	−	1	=	1	5

10

1	4	−	1	=	1	3
1	7	−	4	=	1	3
1	9	−	8	=	1	1

~~18~~ ~~11~~ ~~15~~ ~~13~~ ~~15~~ ~~12~~ ~~10~~ ~~15~~ ~~13~~ 17

4 20 Cent als Münzenbild aufmalen, Lösungen aufschreiben

E▸28 AH▸28 A▸28

57

1 bis 4

Aufgaben notieren und lösen

5 bis 7

Aufgabenreihen fortführen

Zwanzigerfeld nutzen

8 bis 10

Aufgaben lösen

Selbstkontrolle nutzen

Subtrahieren

Rechne.

1 18 − 5 = ; 20 − 1 = ; 16 − 2 = ; 17 − 6 =

2 17 − 5 = ; 19 − 6 = ; 14 − 1 = ; 15 − 3 =

3 15 − 1 = ; 19 − 4 = ; 20 − 8 = ; 18 − 8 =

4 15 − 1 = ; 15 − 2 = ; 15 − 3 = ; 15 − =

5 17 − 7 = ; 17 − 6 = ; 17 − 5 = ; 17 − =

6 19 − 0 = ; 19 − 2 = ; 19 − 4 = ; 19 − 6 =

7 20 − 5 − 1 = ; 20 − 5 − 2 = ; 20 − 5 − 3 =

8 Was bleibt übrig? Finde Aufgaben.

Ich nehme 2 Münzen weg.

18 − 3 = 15 ; 18 − 6 =

28

1 bis 3

Aufgaben lösen

Selbstkontrolle nutzen

4 bis 6

Aufgabenreihen fortführen und lösen

7

dreigliedrige Aufgaben mit Hilfe der Abbildung fortführen

8

zur Vorgabe mögliche Gleichungen notieren

AUFSTIEGE 28

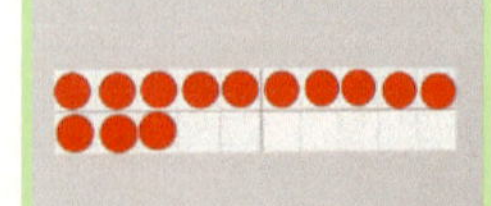

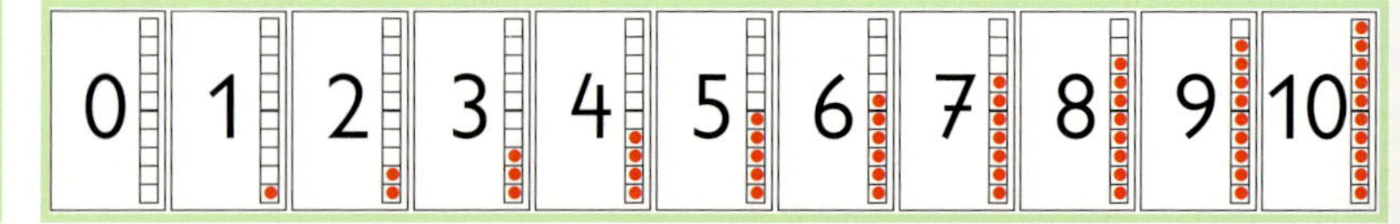

Material
Eierkartons, Eier, Zwanzigerfelder, Plättchen, Zahlenkarten ▶ **KV 39**

Hinweise zum Unterrichtsthema
Auf dieser Doppelseite wird das Analogieverfahren zur Lösung von Minusaufgaben im zweiten Zehner thematisiert. Dabei dienen wie auf der vorangegangenen Doppelseite gefüllte Eierkartons als Veranschaulichungsmittel. So fällt es den Kindern leichter, bereits erworbene Erkenntnisse zu Analogieaufgaben der Addition sinnvoll auf das Erzeugen und Lösen von Analogieaufgaben der Subtraktion zu übertragen.

Hinweise zum Unterrichtsverlauf
Zu Beginn des Unterrichts präsentiert die Lehrerin einen Eierkarton mit 8 Eiern. Dann bittet sie ein Kind, zwei Eier herauszunehmen. Die Schüler legen mit Zahlenkarten die Aufgabe 8 – 2 = 6. Dann präsentiert die Lehrerin einen Eierkarton mit zehn Eiern und einen weiteren mit acht Eiern. Die Schüler stellen zunächst die Gesamtzahl der Eier (18) fest, bevor die Lehrerin wieder ein Kind auffordert zwei Eier zu entfernen. Dann legen die Schüler die Aufgabe 18 – 2 = 16. Durch stellengerechtes Untereinanderlegen der Zahlenkarten können die Kinder folgende Entdeckungen machen:

8 – 2 = 6
18 – 2 = 16

Die beiden ersten Subtrahenden unterscheiden sich mengenmäßig um 10 und formal durch die Notation der Ziffer 1 an der Zehnerstelle. Der Minuend bleibt gleich.
Die Differenz unterscheidet sich mengenmäßig um 10, formal durch die Notation der Ziffer 1 an der Zehnerstelle.
Wichtig ist, dass die Kinder die erste Aufgabe wieder als Hilfsaufgabe kennen und nutzen lernen. So empfiehlt es sich wie bei den Analogieaufgaben der Addition, den Schülern weitere Aufgaben mit Zahlenkarten anzubieten, die sie dann mit Hilfe der Analogieaufgaben lösen. Auch hier kann eine weitere Durcharbeitung der Thematik in Partnerarbeit unter Verwendung von Zahlenkarten zur Übung sinnvoll sein.

Schulbuch 56/57

Hinweise zu den Aufgaben

Seite 56
Aufgabe 1
Anhand der abgebildeten Subtraktionssituation vollziehen die Schüler den Aufbau der vorgegebenen Minusaufgaben nach, erkennen diese als Analogieaufgaben, nutzen den daraus resultierenden Rechenvorteil und lösen sie.
Aufgaben 2, 3
Die Schüler lösen die Aufgaben an Zehner- und Zwanzigerfeld und erkennen sie als Analogieaufgaben.
Aufgaben 4–6
Die Schüler lösen die Subtraktionsaufgaben durch Zurückgreifen auf das Ergebnis der Analogieaufgabe.
Aufgaben 7, 8
Durch Betrachtung der Abbildungen führen die Kinder die Aufgaben fort und lösen sie.

Seite 57
Aufgaben 1–4
Die Schüler schreiben zu den Abbildungen Subtraktionsaufgaben und lösen diese. In Aufgabe 4 (AB II) zeichnen sie die fehlenden Münzen.
Aufgaben 5–7
Die Schüler legen und lösen die Aufgaben im Zwanzigerfeld, erkennen ein bestimmtes Aufgabenmuster und führen es fort.
Aufgaben 8–10
Die Schüler lösen die Aufgaben und kontrollieren ihre Ergebnisse anhand der vorgegebenen Lösungszahlen.

Einstiege 28

Aufgaben 1, 2

Anhand der abgebildeten Darstellungen vollziehen die Schüler die Erzeugung der zugeordneten analogen Minusaufgaben nach, berechnen sie durch Abdecken oder Wegnehmen des jeweiligen Minuenden am Zehner- bzw. Zwanzigerfeld und notieren die Lösung.

Aufgaben 3–6

Die Schüler lösen die Aufgabenreihen mit Hilfe der Abbildungen und berücksichtigen dabei Rechenvorteile durch Analogieaufgaben.

Aufgabe 7

Entsprechend dem ersten Aufgabenpäckchen vervollständigen und lösen die Schüler das zweite und dritte Päckchen.

Arbeitsheft 28

Aufgaben 1–3

Die Schüler vollziehen die Erzeugung der Analogieaufgaben nach und nutzen dieses Wissen zur Lösung der Päckchenaufgaben.

Aufgaben 4–7

Zu den Abbildungen notieren die Kinder passende Gleichungen und lösen diese.

Aufgaben 8–10

Die Schüler lösen die Aufgaben und kontrollieren ihr Ergebnis mit Hilfe der vorgegebenen Lösungszahlen.

Aufstiege 28

Aufgaben 1–3

siehe Arbeitsheft Seite 28, Aufgaben 8 bis 10

Aufgaben 4–6

Die Schüler betrachten die Aufgabenreihen, erkennen das darin enthaltene Muster, führen es durch entsprechende Aufgaben fort und lösen diese.

Aufgabe 7 (AB II)

Mit Hilfe der dargestellten Münzen setzen die Schüler die Aufgabenfolge fort und berechnen die Ergebnisse der einzelnen dreigliedrigen Aufgaben.

Aufgabe 8 (AB II)

Zur Darstellung von Münzen im Wert von 18 ct notieren die Schüler eigene Subtraktionsaufgaben und zeichnen die jeweiligen Restbeträge in Form von Münzen hinter dem Ergebnis ein.

58 Kinderflohmarkt

flexibles Umgehen mit Geld in Einkaufssituationen; Preise und Rückgeld berechnen; Stützpunktwissen zur Kaufkraft des Geldes erwerben

SCHULBUCH 58

① und ②
Abbildungen betrachten
Geldbeträge der Kinder feststellen
Preise davon abziehen
Restbeträge notieren und zeichnen

③
eigene Aufgabe bilden

Kinderflohmarkt

Lisa

Anne

Tom

6 €, 5 €, 4 €, 10 €, 7 €, 2 €, 1 €, 4 €, 5 €, 8 €

① Anne kauft:

Anne hat 9 €. | 9 − 6 = 3 | Anne hat noch 3 €.

② Tom kauft:

Tom hat 14 €. | 14 − 4 = 10 | Tom hat noch 10 €.

③ Ich kaufe:

Ich habe __ €. | Ich habe noch __ €.

58

1, 2 Geldbetrag feststellen, Preis davon abziehen, Restbetrag notieren;
3 eigene Aufgabe bilden
E▸29 AH▸29 A▸29

① bis ③
Geldbeträge feststellen
Preise davon abziehen
Restbeträge notieren und zeichnen

④ und ⑤
Gesamtpreis und Rückgeld berechnen und zeichnen

EINSTIEGE 29

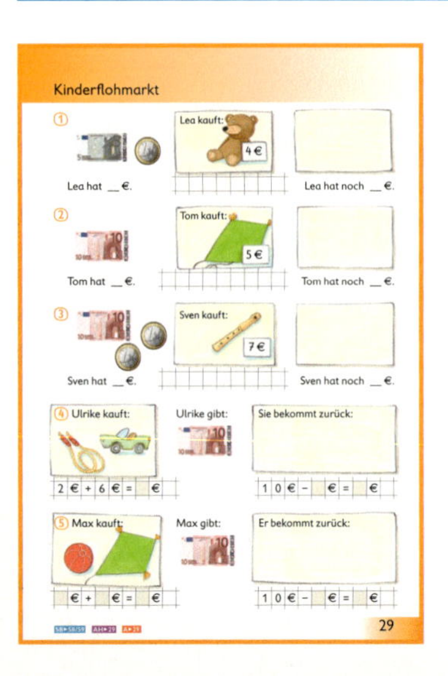
Kinderflohmarkt

① Lea kauft:
Lea hat __ €. Lea hat noch __ €.

② Tom kauft:
Tom hat __ €. Tom hat noch __ €.

③ Sven kauft:
Sven hat __ €. Sven hat noch __ €.

④ Ulrike kauft: Ulrike gibt: Sie bekommt zurück:

⑤ Max kauft: Max gibt: Er bekommt zurück:

29

① und ②
Geldbeträge feststellen
Preise davon abziehen
Restbetrag notieren

③ und ④
Preise und Rückgeld errechnen

ARBEITSHEFT 29

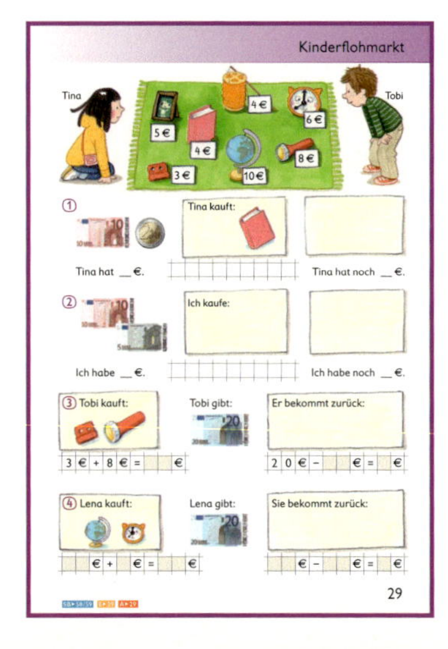
Kinderflohmarkt

Tina Tobi

① Tina kauft:
Tina hat __ €. Tina hat noch __ €.

② Ich kaufe:
Ich habe __ €. Ich habe noch __ €.

③ Tobi kauft: Tobi gibt: Er bekommt zurück:

④ Lena kauft: Lena gibt: Sie bekommt zurück:

29

SCHUL-
BUCH 59

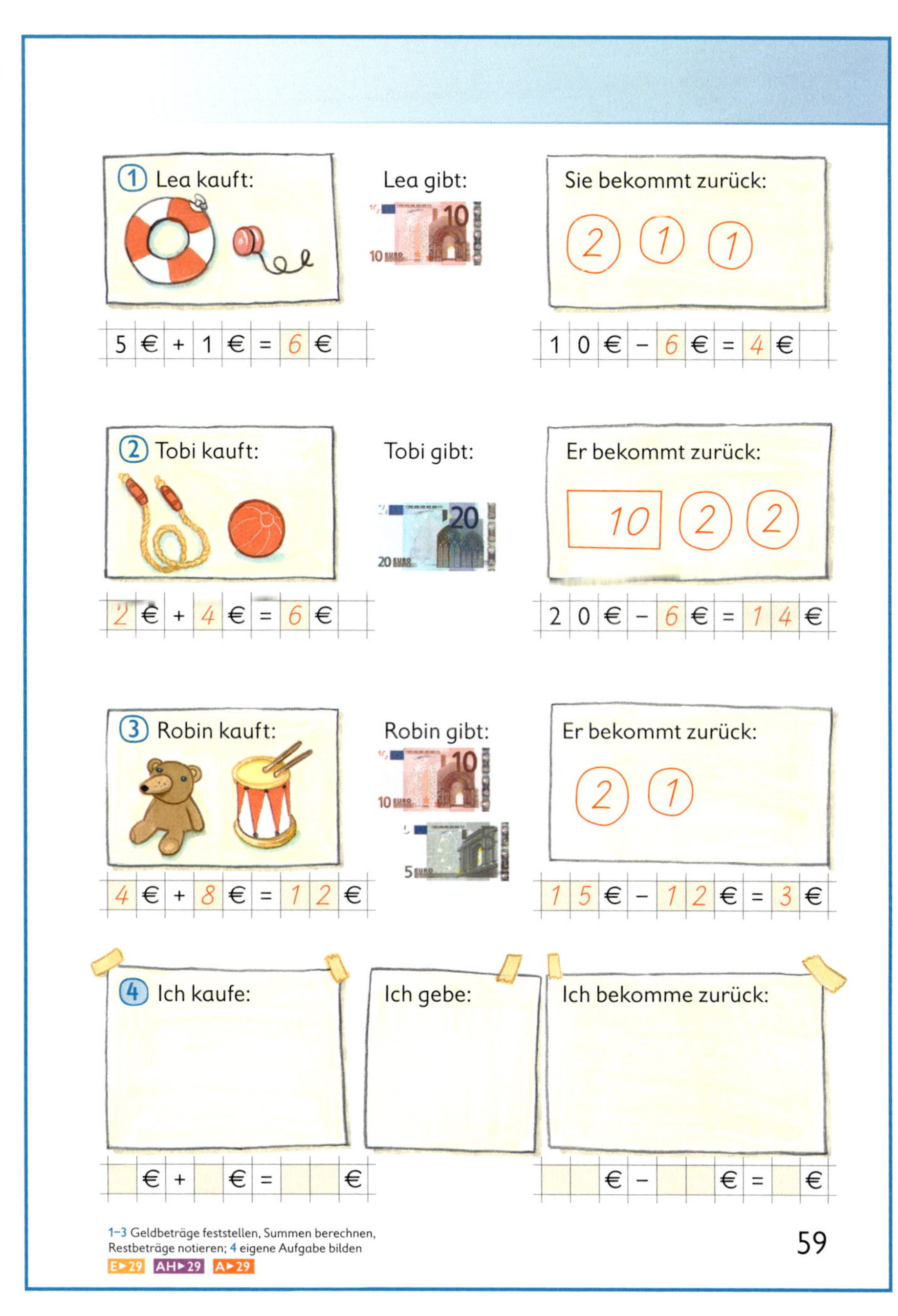

① bis ③
Gesamtpreis und Rückgeld berechnen und zeichnen

④
eigene Aufgabe ausdenken

①
Preise eintragen

② bis ④
Sachsituation erfassen

Aufgabe berechnen

⑤
eigene Aufgaben notieren und lösen

AUFSTIEGE 29

58/59 Kinderflohmarkt

KOMMENTAR

Material
Verkaufsgegenstände, Decke, Spielgeld, Geldbörse
▶ **KVs 47/48**

Hinweise zum Unterrichtsthema
Bisher haben die Schüler auf den entsprechenden Schulbuchseiten verschiedene Geldmünzen und -scheine benannt, betrachtet und deren Vorder- und Rückseiten einander zugeordnet. Sie kennen Geld zudem als Zahlungsmittel und haben erste Geldsummen zu verschiedenen Kaufgegenständen notiert und errechnet. Diese Fähigkeiten und Kenntnisse werden nun aufgegriffen und vertieft. Die Schüler sollen lernen, in Einkaufssituationen flexibel mit Geld umzugehen. Dazu wird die Situation eines Kinderflohmarktes angeboten, anhand der die Kinder Kosten verschiedener Gegenstände und entsprechendes Rückgeld berechnen. Überdies lernen die Schüler zu einem vorgegebenen Taschengeldbetrag eine mögliche Auswahl aus verschiedenen Kaufgegenständen zu treffen. Dabei müssen sie darauf achten, dass der Kaufpreis den Taschengeldbetrag nicht überschreitet.
Die gesamte Thematik weist einen starken Lebensweltbezug auf, sodass die Kinder auf viele eigene Erfahrungen mit Einkaufssituationen Bezug nehmen können.

Schulbuch 58/59

Hinweise zum Unterrichtsablauf
Zu Beginn der Unterrichtsstunde bietet sich die Nachstellung eines Flohmarktstandes an. In der Mitte des Stuhlkreises liegt eine Decke mit verschiedenen Gegenständen und zugeordneten Preisschildern. Die Lehrerin legt eine mit Spielgeld gefüllte Geldbörse hinzu. Zuerst spielt die Lehrerin den Verkäufer, ein Kind ist der Käufer. Dieses sucht sich zuerst einen Gegenstand aus, den es erwerben möchte. Es bezahlt den Betrag mit Spielgeld, ggf. wird der Betrag des Wechselgeldes ermittelt. Nach ein paar Durchgängen kann man diesen Vorgang variieren, indem mehr Kaufgegenstände ausgesucht werden, mit verschiedenen Beträgen bezahlt wird oder zu einem festgelegten Betrag verschiedene Kombinationen von Kaufgegenständen zusammengesucht werden.
Wichtig ist, dass die übrigen Schüler den Kaufvorgang immer mitverfolgen, ggf. kommentieren, Tipps für den Käufer und Verkäufer formulieren und Rückfragen stellen. Die notwendigen Rechnungen sollten auf einem DIN-A3-Blatt oder an der Tafel dokumentiert werden.

Hinweise zu den Aufgaben

Seite 58
Aufgaben 1, 2
Die Schüler betrachten den dargestellten Flohmarktstand und erlesen die Preise der angegebenen Verkaufsgegenstände. Durch Addition ermitteln sie den Taschengeldbetrag jedes einzelnen abgebildeten Kindes und notieren diesen. Dann erfassen sie den Preis des vom jeweiligen Kind ausgewählten Kaufgegenstandes, notieren und berechnen die passende Subtraktionsaufgabe und zeichnen die Münzen des Rückgeldes in das dafür vorgesehene Feld ein. Darunter schreiben sie den Betrag des Rückgeldes auf.
Aufgabe 3 (AB II)
Die Schüler notieren den Betrag ihres Taschengeldes und bilden diesen in dem dafür vorgesehenen Feld ab. Dann zeichnen sie den Flohmarktgegenstand ein, den sie selbst kaufen würden und notieren den Kaufpreis. Anschließend gehen die Schüler wie in Aufgabe 2 vor.

Seite 59

Aufgaben 1–3

Um den Gesamtpreis der dargestellten Gegenstände zu ermitteln, addieren die Schüler deren Preise, notieren die entsprechende Aufgabe und lösen diese. Dann berechnen sie durch Subtraktion des Gesamtpreises vom abgebildeten Zahlungsbetrag das Rückgeld und zeichnen es auf.

Aufgabe 4 (AB II)

Die Schüler malen Gegenstände auf, die sie selbst kaufen würden und verfahren dann wie in den Aufgaben 1 bis 3.

Hinweise zur Differenzierung

- Der Flohmarktstand wird auf Tischen im hinteren Bereich der Klasse aufgestellt, damit die Kinder in der Freiarbeit mit einem Partner daran arbeiten können.
- Ein Einkauf mit der gesamten Klasse in einem nahe gelegenen Supermarkt, z.B. für das Projekt eines gemeinsamen Frühstücks, bietet den Schülern die Möglichkeit, in einer realen Einkaufssituation ihre Fähigkeiten im Umgang mit Geld anzuwenden und auf vielfältige Weise zu vertiefen.

Einstiege 29

Aufgaben 1–3

siehe Schulbuch Seite 58, Aufgaben 1 und 2

Aufgaben 4, 5

siehe Schulbuch Seite 59, Aufgaben 1 bis 3

Arbeitsheft 29

Aufgaben 1, 2

siehe Schulbuch Seite 58, Aufgaben 1 und 2

Aufgaben 3, 4

siehe Schulbuch Seite 59, Aufgaben 1 bis 3

Aufstiege 29

Aufgaben 1–4

Die Schüler lesen die Kaufsituation in der vorgegebenen Sachaufgabe, ermitteln anhand der Abbildung Preise zu aufgeführten Anzahlen und Gegenständen und berechnen in einer Additionsaufgabe deren Gesamtpreis.

Die angegebenen Sachsituationen sind offen gestaltet, da die Schüler bei der Bearbeitung der Aufgaben eine eigene Auswahl geeigneter Gegenstände finden müssen.

Aufgabe 5

Die Schüler denken sich eine eigene Sachsituation aus und berechnen sie.

UNSERE KLASSE

Was sich so schwierig anhört, findet vom ersten Tag an im Mathematikunterricht statt. Das erste Thema zum Mathematisieren ist „Unsere Klasse". Hier haben wir eine authentische Situation, der wir relevante Informationen entnehmen und diese weiterverarbeiten:

- Wie viele Kinder sind in der Klasse?
- Wie viele Jungen? Wie viele Mädchen?
- Wie viele Jungen mehr als Mädchen?
- Reichen die Tische und Stühle im Raum? Wie viele sind es?
- Wie viele Plätze sind noch frei?
- Wie viele Kinder sitzen an Tisch 1, 2 ...?
- Haben wir genügend Kleiderhaken?
- Gibt es für jedes Kind ein Eigentumsfach? Wie viele bleiben frei?
- Wir schauen uns unsere Namenschilder an und zählen die Buchstaben.
  - Welcher Name hat die meisten Buchstaben?
  - Welcher die wenigsten?
  - Wie viele Kinder haben gleich lange Namen?
- Heute fehlen zwei Kinder. Wie viele Kinder sind jetzt noch da? Wie viele Jungen? Wie viele Mädchen?
- Meriam hat Geburtstag. Sie hat Muffins mitgebracht. Wie viele sind es? Wie viele bleiben übrig?

MATHEMATISIEREN im Anfangsunterricht

Eine der grundlegenden Fähigkeiten des mathematischen Denkens und Arbeitens ist das Mathematisieren, umschrieben als Fähigkeit, lebensweltlichen Situationen (mathematisch) relevante Informationen zu entnehmen (vgl. Vereinbarung über Bildungsstandards für den Primarbereich (KMK vom 15.10.2004)).

TÄGLICH GIBT ES NEUE ANLÄSSE ZUM MATHEMATISIEREN

- Wir gehen in den Wald und sammeln Herbstfrüchte und Blätter. Diese werden sortiert, gezählt und benannt. Wie viele verschiedene sind es? Wie viele Zacken hat das Ahornblatt? ...
- Die Klasse will einen Obstsalat machen. Das Rezept für einen Gruppentisch ist vorhanden. Wie viele Äpfel, Birnen, Trauben ... müssen wir für die ganze Klasse (fünf Gruppentische) einkaufen?
- Wir schauen uns die Kakaoliste an. Wie viele Kinder haben Kakao bestellt? Wie viele möchten überhaupt ein Getränk? ...

	Kakao	Milch	Vanille
Tom	x		
Lisa		x	
Anne			x
Tobi			x

- Beim Gang in den Supermarkt schauen wir uns die Verpackungen an. Sechs Äpfel sind in jeder eingeschweißten Packung. Es gibt Kartons mit sechs Eiern und mit zehn Eiern. Toilettenpapier ist im Zehnerpack, Küchenrollen sind im Viererpack vorrätig. Getränkepäckchen gibt es in verschiedenen Einheiten ebenso wie Kinderjogurts und viele Süßigkeiten.
- Wir basteln ein Legespiel für die Parallelklasse. Reicht es, wenn jeder ein Spiel herstellt? Wie viele Kinder sind in der anderen Klasse?
- Wir müssen uns für ein Spiel im Sportunterricht zu dritt finden. Geht das überhaupt? Bleiben Kinder übrig?
- Jedes Kind bastelt ein Haus für den Adventskalender. Wie viele Schultage sind es noch bis zu den Weihnachtsferien? Langt es, wenn täglich ein Kind einen Namen zieht?
- Beim Zoobesuch lesen und vergleichen wir die Eintrittspreise. Ist die Familienkarte für meine Familie billiger als die Einzelpreise?

ANREGUNGEN IM MATHEMATIKBUCH

Auch das Mathematikbuch bietet eine Fülle von Anregungen zum Mathematisieren. Vielleicht gibt es auf dem Schulfest ja gerade einen Flohmarkt oder eine Spielzeugtauschbörse. Wenn nicht, kann eine entsprechende Situation auch in der Klasse aufgebaut und mit Rechengeld im Rollenspiel durchgeführt werden.

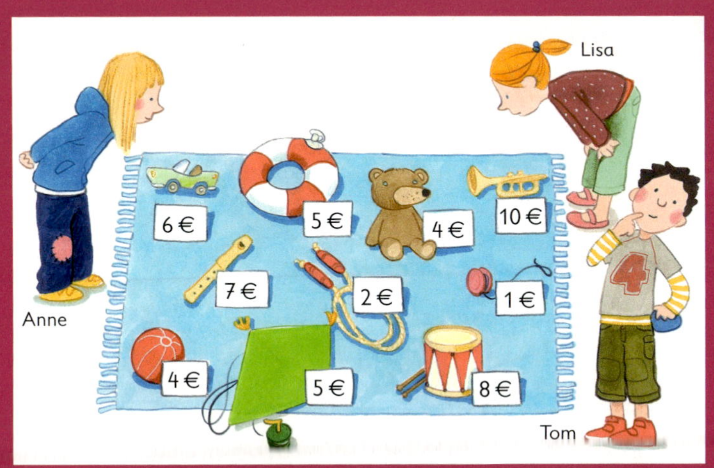

- Die Vorgabe eines festen vorhandenen Geldbetrages führt bei den Käufern zu vielen verschiedenen möglichen Einkäufen, zum Überschlagen des vorhandenen Geldbetrages und zum Lösen von Additionsaufgaben im Kopf.
- Die Verkäufer lernen, das Wechselgeld richtig herauszugeben und trainieren dabei das Ergänzen.

Die Diskussion in der Klasse über die Angemessenheit der Flohmarktpreise verknüpft vorhandene Erfahrungen mit der „simulierten“ Situation.

Mathematisieren findet immer dort statt, wo lebensweltliche Situationen zum Zählen, Rechnen, Vergleichen auffordern und die Mathematik einen Beitrag zur Erschließung der Lebenswelt der Kinder leistet. Diese Situationen sind oft authentisch, können aber auch wie im Beispiel simuliert sein. Sie beschränken sich nicht auf den arithmetisch sachrechnerischen Bereich, sondern können auch durchaus geometrische Inhalte haben, z.B. wenn es darum geht, das Auftreten von Körperformen in der Umwelt zu erforschen oder herauszufinden, warum so viele Verpackungen im Supermarkt quaderförmig sind.

Aufgabe der Lehrerin ist es, ein Gespür dafür zu entwickeln, wann alltägliche Situationen sich lohnen, sie mit „mathematischen Augen“ zu betrachten und wann im Schulbuch dargestellte Situationen zum „Nachspielen“ herausfordern.

60 Geometrische Grundformen

Unterscheidung und Benennung der geometrischen Grundformen Dreieck, Quadrat, Rechteck und Kreis im Sinne propädeutischer Begriffsbildung; Wiedererkennen der geometrischen Grundformen ▶

SCHULBUCH 60

geometrische Grundformen wiedererkennen

entsprechende Zuordnungen vornehmen

ausmalen

Geometrische Grundformen

Verbinde. Umrande in der passenden Farbe und male aus.

Dreieck

Quadrat

Rechteck

Kreis

SUPER M

60

Geometrische Grundformen benennen, zuordnen, einfärben

E▸30 AH▸30 A▸30

vorgegebene Grundformen ausschneiden

eigenen Formentroll ausdenken, legen und aufkleben

① Grundformen in der Abbildung mit einem Stift in der vorgesehenen Farbe umfahren und entsprechende Grundformen ausmalen

② Grundformen in der Abbildung identifizieren, in der vorgesehenen Farbe aufmalen und auf der Linie in den vorgegebenen Farben notieren

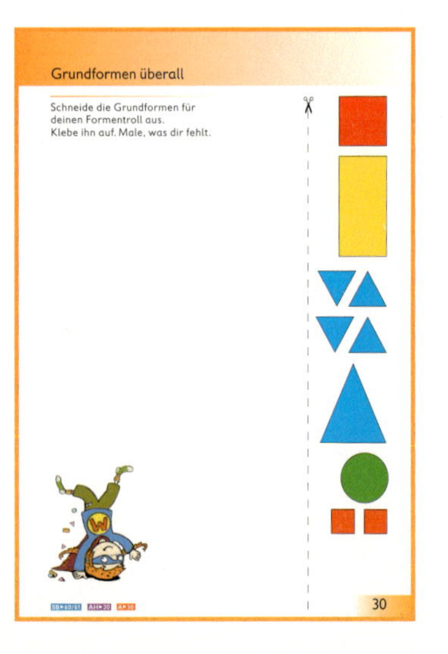

EINSTIEGE 30

Geometrische Grundformen
① Umfahre die Grundformen.
Male die Formen aus, die vorkommen.
② Welche Formen haben die Kinder benutzt? Male wie im Beispiel.
30

ARBEITSHEFT 30

Mit Formen malen und basteln 61

in der eigenen Umwelt; Eigenschaften der Grundformen durch aktives Handeln erkunden; Unterscheidungsmerkmale (ansatzweise) benennen

SCHUL-
BUCH 61

Mit Formen malen und basteln

① Formentrolle. Welche Formen haben die Kinder benutzt? Erzähle.

② Umfahre die Formen auf dem Bild. Welche Formen kommen vor? Male sie an.

③ Umfahre die Formen auf dem Bild. Male die Formen auf.

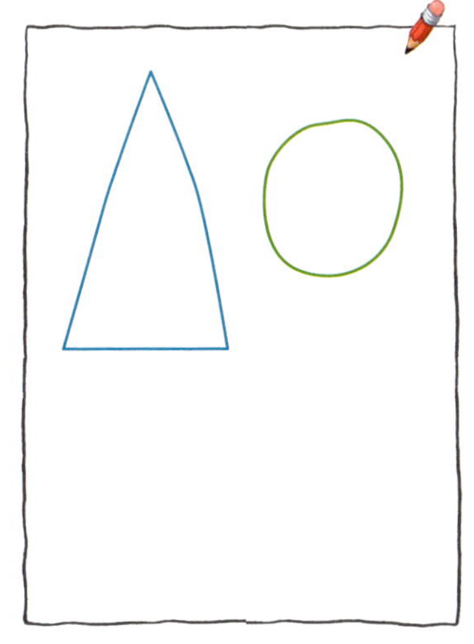

1–3 Geometrische Grundformen in den Bildern finden und in entsprechender Farbe umfahren; Notieren, welche Formen vorkommen, aufmalen

E▸30 AH▸30 A▸30

61

①
Grundformen im Formentroll finden und diese Entdeckungen im Unterrichtsgespräch mitteilen

②
Formentroll betrachten, bekannte Formen darin mit einem Stift (in der vorgesehenen Farbe) umfahren

im Formentroll vorkommende Formen unter den vorgegebenen heraussuchen und anmalen

③
Abbildung betrachten, bekannte Formen darin mit einem Stift umfahren

im Bild vorkommende Formen aufmalen

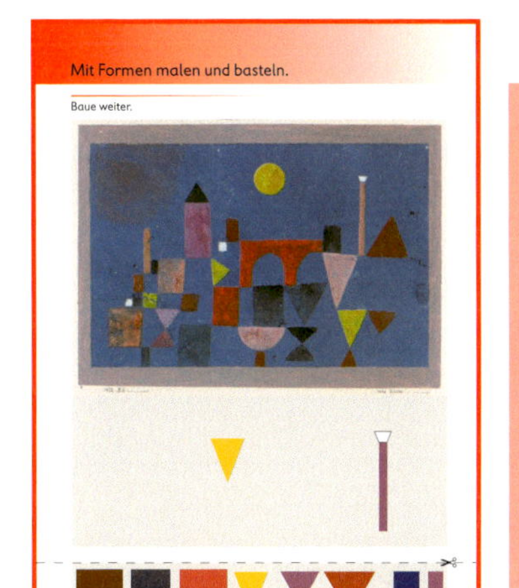
Mit Formen malen und basteln.

Baue weiter.

30

in der Abbildung eine aus Formen erbaute Stadt erkennen

vorgegebene Formen ausschneiden

durch Aufkleben der Formen die Stadt vervollständigen/ausbauen

AUFSTIEGE 30

60/61 Geometrische Grundformen

KOMMENTAR

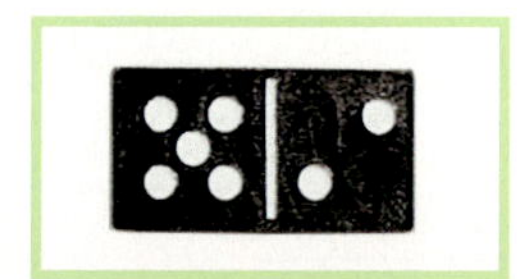

Material
Formen als Anschauungsmaterial aus Pappe (Dreieck, Quadrat, Rechteck, Kreis), verschiedene Alltagsgegenstände
▶ KVs 40–43/65

Hinweise zum Unterrichtsthema
Die Grundformen Dreieck, Quadrat, Rechteck und Kreis sind den Kindern zumeist schon begrifflich bekannt. Die meisten Kinder besitzen bereits eine grobe optische Vorstellung von ihnen. Diese gilt es zu präzisieren. Dabei ist es wichtig, Unterschiede herauszuarbeiten, um schließlich „definierende" Eigenschaften zu benennen: Jedes Dreieck hat drei Ecken und drei Seiten. Alle Vierecke besitzen vier Ecken und vier Seiten. Besondere Formen des Vierecks sind das Rechteck und das Quadrat. Beim Rechteck sind je zwei gegenüberliegende Seiten gleich lang, beim Quadrat sind alle Seiten gleich lang. Vielleicht fällt einigen Kindern schon auf, dass jedes Quadrat auch ein Rechteck ist. Wichtig ist überdies die Erkenntnis der Kinder, dass die Eigenschaften der Formen unabhängig von ihrer Lage im Raum und ihrer Größe sind.
Um diesen Lernzuwachs zu ermöglichen, ist es notwendig, handlungsorientiert zu arbeiten und einen Bezug zur Lebenswelt der Kinder herzustellen. Es bietet sich an, die Kinder eigene Grundformen herstellen zu lassen, mit denen sie eigene Bilder gestalten können. So erweitern und verankern sie ihre geometrischen Grunderfahrungen und können gleichzeitig ihre motorischen Fähigkeiten ausbauen.

Schulbuch 60/61

Hinweise zum Unterrichtsablauf
Die Lehrerin präsentiert im Sitzkreis Modelle der geometrischen Grundformen Dreieck, Quadrat, Rechteck und Kreis. Die Kinder benennen die Formen und bemühen sich um eine Beschreibung der unterscheidenden bzw. der definierenden Merkmale. Diese werden auf Plakaten zu jeder Grundform schriftlich festgehalten.
Anschließend suchen die Kinder gemeinsam nach Gegenständen im Klassenraum, die den Grundformen entsprechen. Wenn möglich transportieren die Schüler diese Gegenstände zur passenden Grundform oder heften umgekehrt eine entsprechende Grundform an den Gegenstand. Im Plenum werden die gefundenen Zuordnungen besprochen, überprüft und dann fotografiert. Die Fotos werden dann auf die entsprechenden Plakate zur passenden Grundform geklebt, die Plakate im Klassenraum aufgehängt. Ggf. können Zeichnungen der Kinder die Fotos ersetzen.

Hinweise zu den Aufgaben

Seite 60
Die Schüler betrachten die abgebildeten Alltagsgegenstände. In jedem einzelnen erkennen sie eine bestimmte Grundform und verbinden die Abbildung mit der entsprechenden abgebildeten Grundform. Anschließend umranden sie die in der Abbildung gefundene Figur und malen die Fläche aus.

Seite 61
Aufgabe 1
Die Schüler betrachten den abgebildeten Formentroll und berichten im Unterrichtsgespräch, welche Grundformen in ihm versteckt sind.
Aufgabe 2
Die Kinder finden im Formentroll bekannte Formen, umfahren diese mit einem Stift der vorgesehenen Farbe und malen sie aus.
Aufgabe 3
Im Formentroll umfahren die Kinder die von ihnen gefundenen Grundformen und malen sie daneben auf.

Hinweise zur Differenzierung

- Die Kinder bringen zu den Grundformen passende Gegenstände von zu Hause mit und ordnen sie zu.
- Die Kinder spielen „Ich sehe was, was du nicht siehst…“ und nennen dabei immer eine geometrische Figur oder auch kennzeichnende Eigenschaften, die der Mitschüler in der Einrichtung des Klassenraumes finden und zeigen soll.
- Im Kunstunterricht stellen sie eigene Grundformen her und kleben diese zu Bildern auf. Möglich ist auch, eigene Grundformen aus Moosgummi herzustellen, diese auf Holzbausteine zu kleben und dann als Figurenstempel zu nutzen (s. auch Magazin 60/61).
- Die Kinder können außerdem ein Tastsäckchen herstellen: Zu jeder Grundform stellen sie je ein Paar von Figuren unterschiedlicher Größe her. Diese werden in ein Stoffsäckchen o. Ä. gelegt. Ein Kind kann nun versuchen, Paare zu ertasten. Vorgefertigtes Legematerial dient bei der Herstellung als Vorlage.

Einstiege 30

Die Schüler schneiden die dargestellten Figuren aus. Dann gestalten sie einen eigenen Formentroll, indem sie die Figuren zunächst entsprechend legen und schließlich aufkleben. Natürlich können sie auch noch weitere Formen herstellen und verwenden bzw. fehlende Teile aufmalen.

Arbeitsheft 30

Aufgabe 1

Die Schüler finden die in der Abbildung vorkommenden Figuren und umfahren diese mit einem Stift. Anschließend malen sie die vorkommenden Grundformen daneben.

Aufgabe 2

In den Abbildungen umfahren die Kinder die Formen, aus denen sich die dargestellten Formentrolle zusammensetzen. Dann zeichnen sie diese Formen in den angegebenen Farben unter die entsprechende Abbildung.

Aufstiege 30

Die Schüler vervollständigen die dargestellte Figurenstadt, indem sie die abgebildeten Formen ausschneiden und passend hinzukleben. Natürlich können sie auch noch weitere Formen herstellen und verwenden.

60/61

MAGAZIN

Viele Künstler des 20. Jahrhunderts verwenden in ihren abstrakten Werken geometrische Formen als Ausdruck einer Reduzierung des Gesehenen auf seine Grundelemente.

PAUL KLEE 18.12.1879 – 29.06.1940

GEOMETRIE UND KUNST

Schon Kinder des ersten Schuljahres erkennen in Bildern von Kandinsky oder Klee bekannte Formen und Konstruktionsprinzipien und sind hochmotiviert, diese nachzuempfinden. Dabei bieten sich unterschiedliche Vorgehensweisen und Techniken an.

HÄUFIGSTE VORGEHENSWEISE

Nach der Behandlung ebener geometrischer Grundformen im Mathematikunterricht wird den Kindern ein Bild vorgestellt, in dem diese verwendet wurden. Die Kinder entdecken die bekannten Formen wieder und gestalten dann eigene Bilder beim „Malen wie Paul Klee" aus geometrischen Grundformen. Diese Reihenfolge ist sicherlich die am häufigsten anzutreffende bei der Verbindung von Kunst- und Geometrieunterricht.

BURG UND SONNE

EINE ANDERE HERANGEHENSWEISE

1. Schritt: Aufbau des Bildes erarbeiten

Eine interessante Variante bietet jedoch die umgekehrte Vorgehensweise. Das Bild „Burg und Sonne" eignet sich in besonderem Maße zum Einstieg in die Beschäftigung mit geometrischen Formen, da es ausschließlich aus diesen komponiert wurde. Für den Einstieg wird das Kunstwerk auf Folie kopiert und den Kindern vorgestellt. Am Bild werden die Formen Dreieck, Quadrat, Rechteck, Kreis und Halbkreis benannt und gezeigt und der Aufbau des Bildes aus diesen Formen erarbeitet.

MATERIAL:
DIN-A4-PAPIER,
ZETTELKASTENPAPIER (9 X 9 CM),
FALTPAPIER (15 X 15 CM),
SCHERE, KLEBSTOFF

2. Schritt: Häuser (Dreiecke, Quadrate, Rechtecke) durch Falten herstellen

Da die Dächer aus Dreiecken, die bündig mit den meist quadratischen Hausformen abschließen, bestehen, ergibt sich die Frage, wie diese Dreiecke herzustellen sind. Bei Versuchen mit quadratischem Faltpapier erkennen die Kinder schnell, dass nicht das bei der Halbierung des Quadrates entstehende Dreieck die erwartete Form hat, sondern erst die Zerlegung in vier kongruente Dreiecke zum gewünschten Effekt führt. Erste anschauliche Begründungen können von leistungsstarken Kindern hier gefunden werden. Die Zerlegung des Quadrates in zwei kongruente Rechtecke erweitert das Formenmaterial. Kreise können mit Hilfe von Schablonen aus dem Klassenraum (Becher, Gläser, Wendeplättchen ...) hergestellt und durch Falten halbiert werden. Das Bild von Paul Klee führt bei dieser Vorgehensweise zuerst zu einer handlungsorientierten Auseinandersetzung mit den geometrischen Grundformen und ihrer Erzeugung aus quadratischem Faltpapier. Dabei werden erste Erfahrungen zur Flächen- und Zerlegungsgleichheit gesammelt.

3. Schritt: Eigene Bilder gestalten

Erst in einem dritten Schritt komponieren die Kinder aus dem selbst hergestellten Formenmaterial ihr eigenes Bild. Dabei lädt das Material dazu ein, durch weitere Faltungen immer kleinere Formen zu erzeugen. Darüber hinaus werden hier neben der visuellen Wahrnehmungsfähigkeit auch feinmotorische Fähigkeiten beim Falten, Schneiden und Kleben gefördert. Da die Herstellung der geometrischen Grundformen für die Erstklässler sehr zeitintensiv ist, sollte man sich bei dieser Arbeit auf das Format DIN A4 beschränken, da sonst die Ausdauer und damit auch die Genauigkeit bei der Herstellung sehr leicht nachlässt.

Als alternative, aber auch zusätzliche Technik bietet sich das Stempeln des Bildes an. Dazu werden aus Moosgummi geschnittene Formen an einen Korken als Griff geklebt. Die Stempel werden eingefärbt und abgedruckt. Da nach dem Abdruck kaum Farbe am Moosgummi haftet, lässt sich ein Stempel ohne Zwischenreinigung immer wieder mit unterschiedlichen Farben verwenden. Bei dieser Technik kann auch die Farbbeschränkung auf vorwiegend rote und gelbe Töne von den Kindern nachempfunden werden. Da nach einer kurzen Einübung der Stempeltechnik – mit wenig Wasser und viel Farbe einfärben, lose auflegen und dann mit den Fingern flächig über das Moosgummi streichen – ansprechende Ergebnisse erzielt werden, sind die Kinder sehr motiviert, auch eine größere Fläche zu gestalten.

**MATERIAL:
DIN-A3-ZEICHENPAPIER, MOOSGUMMISTEMPEL IN DEN FORMEN QUADRAT, RECHTECK, DREIECK , KREIS, FARBKASTEN, BORSTENPINSEL NO 12**

62 Mit Formen legen

Schulung der Figur-Grund-Wahrnehmung; geometrische Grundformen als Teilfiguren wiedererkennen; Figuren auslegen und nachlegen; Figuren beschreiben und benennen; ▶

SCHUL-BUCH 62

① bis ③
Figuren beschreiben und benennen
Figuren mit Formen auslegen und nachlegen

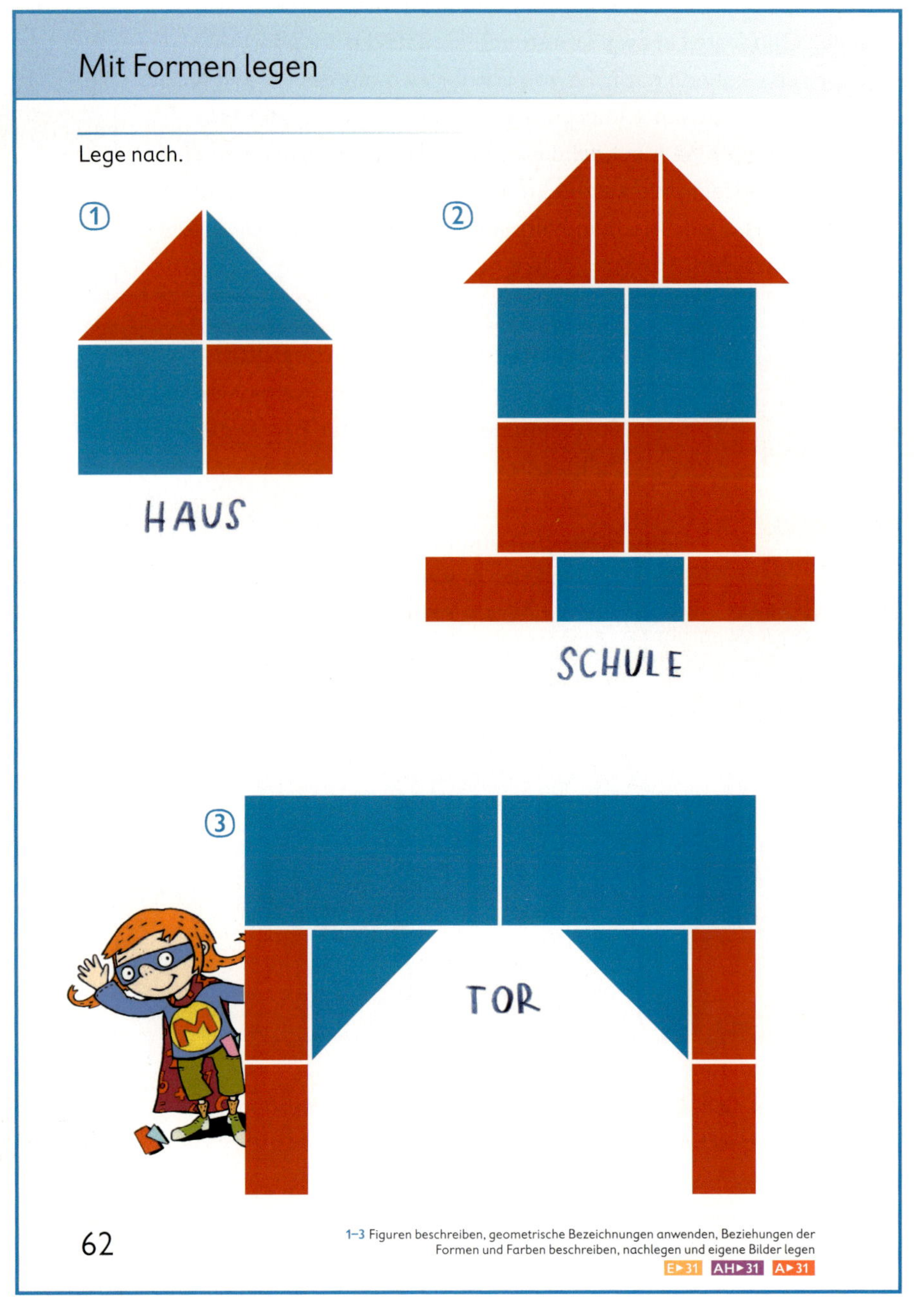

Mit Formen legen

Lege nach.

① HAUS

② SCHULE

③ TOR

62

1–3 Figuren beschreiben, geometrische Bezeichnungen anwenden, Beziehungen der Formen und Farben beschreiben, nachlegen und eigene Bilder legen

E▶31 AH▶31 A▶31

①
vorgegebene Figuren mit Formen auslegen

②
dargestellte Figur erst auslegen, dann anmalen

③
mit vorgegebenen Formen ein Haus legen

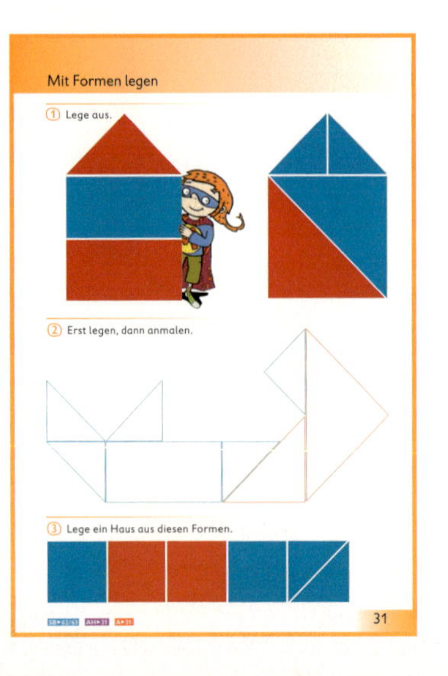

Mit Formen legen

① Lege aus.

② Erst legen, dann anmalen.

③ Lege ein Haus aus diesen Formen.

31

EINSTIEGE 31

① und ②
Figuren mit Formen auslegen und vervollständigen

③ und ④
Figuren mit möglichst wenigen Formen nachlegen

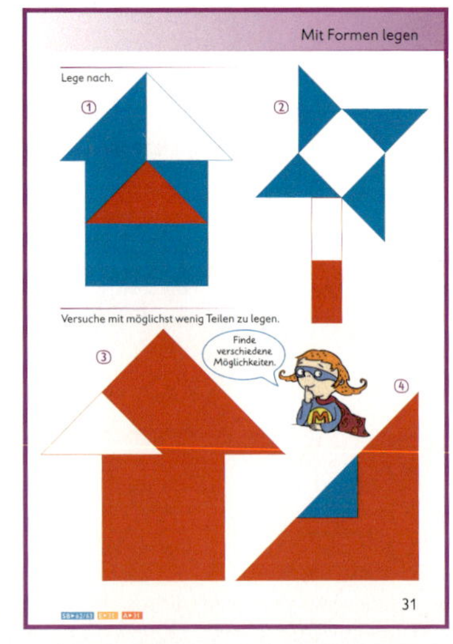

Mit Formen legen

Lege nach.

① ②

Versuche mit möglichst wenig Teilen zu legen.

③ ④

Finde verschiedene Möglichkeiten.

31

ARBEITS-HEFT 31

Förderung des künstlerisch-ästhetischen Empfindens und des geometrischen Vorstellungsvermögens;
Förderung der kindlichen Fantasie und Kreativität

SCHUL-
BUCH 63

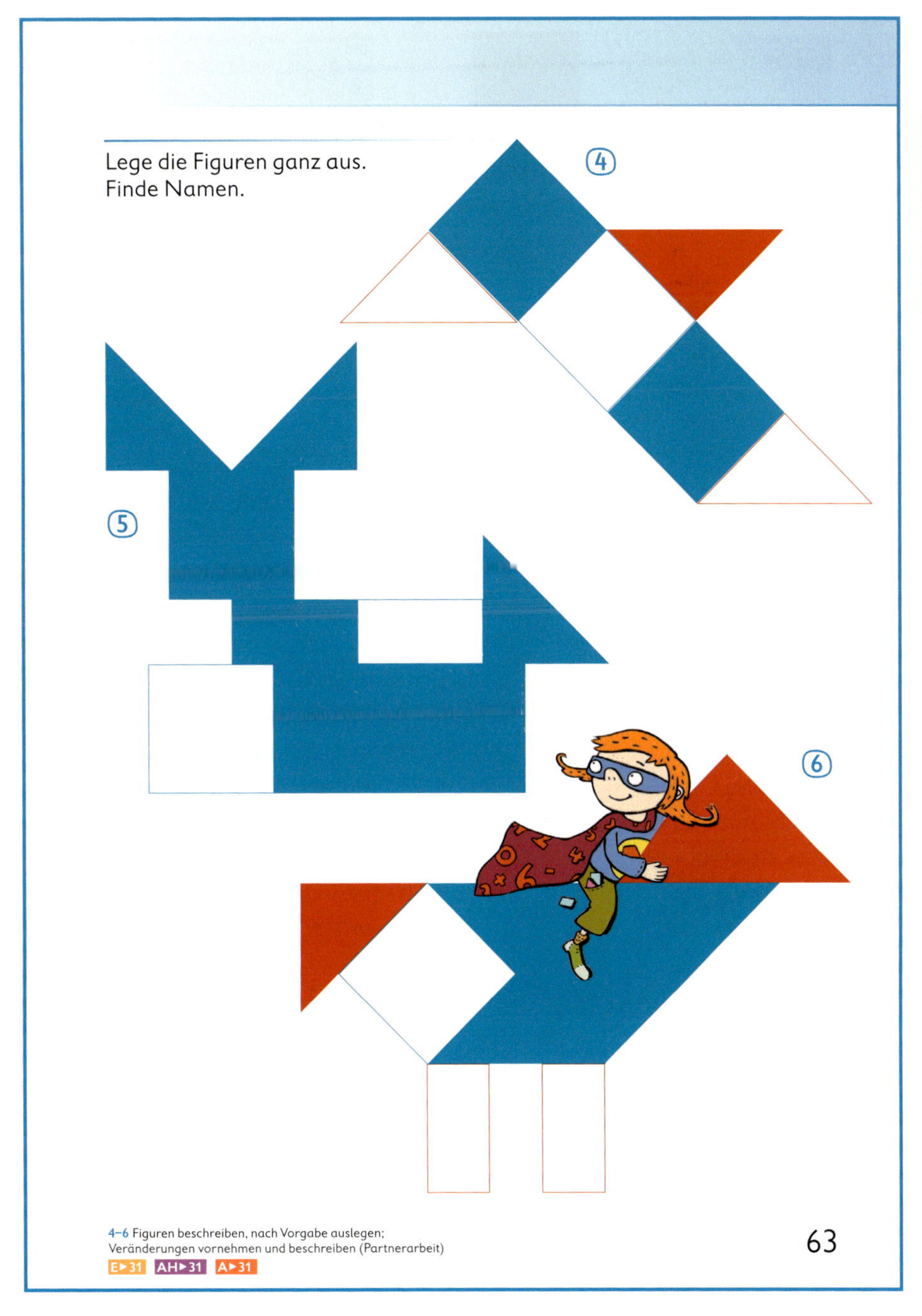

Lege die Figuren ganz aus.
Finde Namen.

④

⑤

⑥

4–6 Figuren beschreiben, nach Vorgabe auslegen;
Veränderungen vornehmen und beschreiben (Partnerarbeit)
E▸31 AH▸31 A▸31

63

④ bis ⑥

Figuren mit Formen auslegen und vervollständigen

Figuren benennen

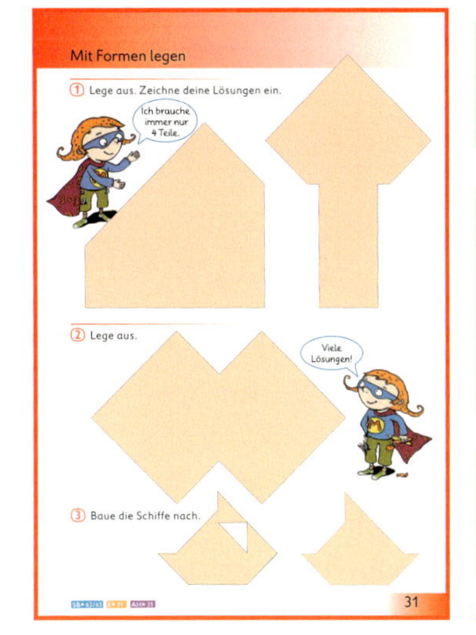

Mit Formen legen

① Lege aus. Zeichne deine Lösungen ein.

② Lege aus.

③ Baue die Schiffe nach.

31

①

Figuren mit vier Formen auslegen

②

Figuren mit Formen auslegen, verschiedene Möglichkeiten finden und notieren

③

Schiffe mit Formen nachlegen

AUFSTIEGE 31

62/63 Mit Formen legen

KOMMENTAR

Material
Overhead-Folie des Bildes „Ich bin eine Stadt“ von Květka Pacovská (Rund und eckig – ein Formenspielbuch; Ravensburger Buchverlag 1994), geometrische Formen als Anschauungsmaterial, geometrische Formen für handlungsaktives Erkunden durch die Kinder
▶ KVs 44/45

Hinweise zum Unterrichtsthema
Mathematik und Kunst haben viele Berührungspunkte, die z.B. durch Einbeziehen von Kunstwerken in den Unterricht lernwirksam genutzt werden können. Kunstwerke sprechen die ästhetische Wahrnehmung der Kinder an und motivieren sie, sich genauer mit ihnen und – im ausgewählten Beispiel – mit dem innewohnenden mathematischen Aspekt auseinanderzusetzen. So stellen sie eine wirkliche Bereicherung des Mathematikunterrichts dar. Das Bild „Ich bin eine Stadt“ von Květka Pacovská erschließt sich leicht auf Grund der Vertrautheit mit den dargestellten Alltagsgegenständen, Lebewesen …, die mit Hilfe verschiedener geometrischer Formen dargestellt sind.
Trotz der stark geometrischen Formgebung strahlt es Lebendigkeit aus und erscheint in besonderem Maße geeignet, die Kinder zum Erzählen und zum Herstellen eigener Bilder anzuregen.

Schulbuch 62/63

Hinweise zum Unterrichtsablauf
Die Lehrerin präsentiert das Bild „Ich bin eine Stadt“ von Květka Pacovská auf dem Overheadprojektor. Die Kinder analysieren es im Sitzhalbkreis auf kindlichem Niveau. Sie erkennen und beschreiben die ihnen bekannten Grundformen, aus denen die im Bild dargestellten Dinge zusammengesetzt sind. Gemeinsam werden so die Eigenschaften der Grundformen wiederholt. Überdies bietet sich hier Gelegenheit, anhand folgender Fragestellungen über das ästhetische Empfinden nachzudenken:
- Was macht das Bild interessant?
- In welcher Verwendung treten die verschiedenen Grundformen auf?
- Wie empfinde ich die Farbgebung?
- Gibt es etwas, das mir nicht gefällt, das mir komisch oder seltsam vorkommt?

Dann präsentiert die Lehrerin verschiedene Modelle der Grundformen. Die Kinder legen Ausschnitte des Bildes nach und die Mitschüler müssen erraten, um welchen Bildausschnitt es sich handelt. Überdies legen die Kinder bald eigene Figuren, die ihnen aus dem Alltag bekannt sind und verfahren dann wie zuvor.

Hinweise zu den Aufgaben

Seite 62
Aufgaben 1–3
Die Kinder betrachten die dargestellten Figuren und legen sie mit Formen nach.

Seite 63
Aufgaben 4–6
Mit Formen legen die Kinder die Figuren komplett aus. Anschließend denken sie sich Namen für die entstandenen Figuren aus.

Hinweise zur Differenzierung
- Im Kunstunterricht stellen die Kinder eigene Bilder bestehend aus geometrischen Figuren her. Haben die Kinder eigene Stempel gebastelt (s. Magazin 60/61) können sie die Bilder im Druckverfahren anfertigen. Anschließend empfiehlt es sich, mit den Kindern eine kleine Ausstellung der Kunstwerke im Klassenraum zu veranstalten. So können sie ihre Werke gegenseitig betrachten, Konstruktionselemente analysieren und

Ergebnisse würdigen.
- Ein Schüler legt mit vorgefertigtem Legematerial eine Figur, der Partner legt diese mit seinem Material nach.
- Mit den Stanzbeilagen legen die Kinder eigene Figuren und zeichnen deren Umrisse auf. Der Tischnachbar versucht dann die Figuren richtig auszulegen.

Einstiege 31

Aufgabe 1
Die Schüler legen die vorgegebenen Figuren mit Formen aus.
Aufgabe 2
Die Figur wird von den Schülern mit Formen nachgelegt und dann ausgemalt.
Aufgabe 3
Mit den angegebenen Formen legen die Kinder ein Haus.

Arbeitsheft 31

Aufgaben 1, 2
Die Schüler legen die gesamte Figur mit Formen aus und vervollständigen sie.
Aufgaben 3, 4
Mit möglichst wenigen Formen legen die Kinder die dargestellten Figuren nach und finden dabei verschiedene Lösungsmöglichkeiten.

Aufstiege 31

Aufgabe 1
Die Kinder versuchen die Umrissfiguren mit nur vier Formen auszulegen.
Aufgabe 2
Die Schüler legen die Figuren mit Formen aus und bemühen sich, dabei möglichst viele verschiedene Lösungen zu finden.
Aufgabe 3
Anhand der vorgegebenen Umrisse legen die Kinder die Schiffe mit Formen nach.

64 Ordnungszahlen

Reihenfolgen herstellen; Ordnungszahlen zur Darstellung von Reihenfolgen benutzen; Bereitschaft zur Auseinandersetzung mit mathematisch relevanten Problemstellungen entwickeln ▸

SCHUL-BUCH 64

Feststellung der Reihenfolge beim Zieleinlauf

Einfärben der erreichten Plätze von 1. bis 5.

Wachstumsfortschritte: Zuordnung der Bilder zu den Ordnungszahlen

fehlende Ordnungszahlen eintragen, Lage mit Bezug auf die Illustrationen beschreiben

Bildreihenfolge durch Verbinden der Bilder mit den Ordnungszahlen festlegen

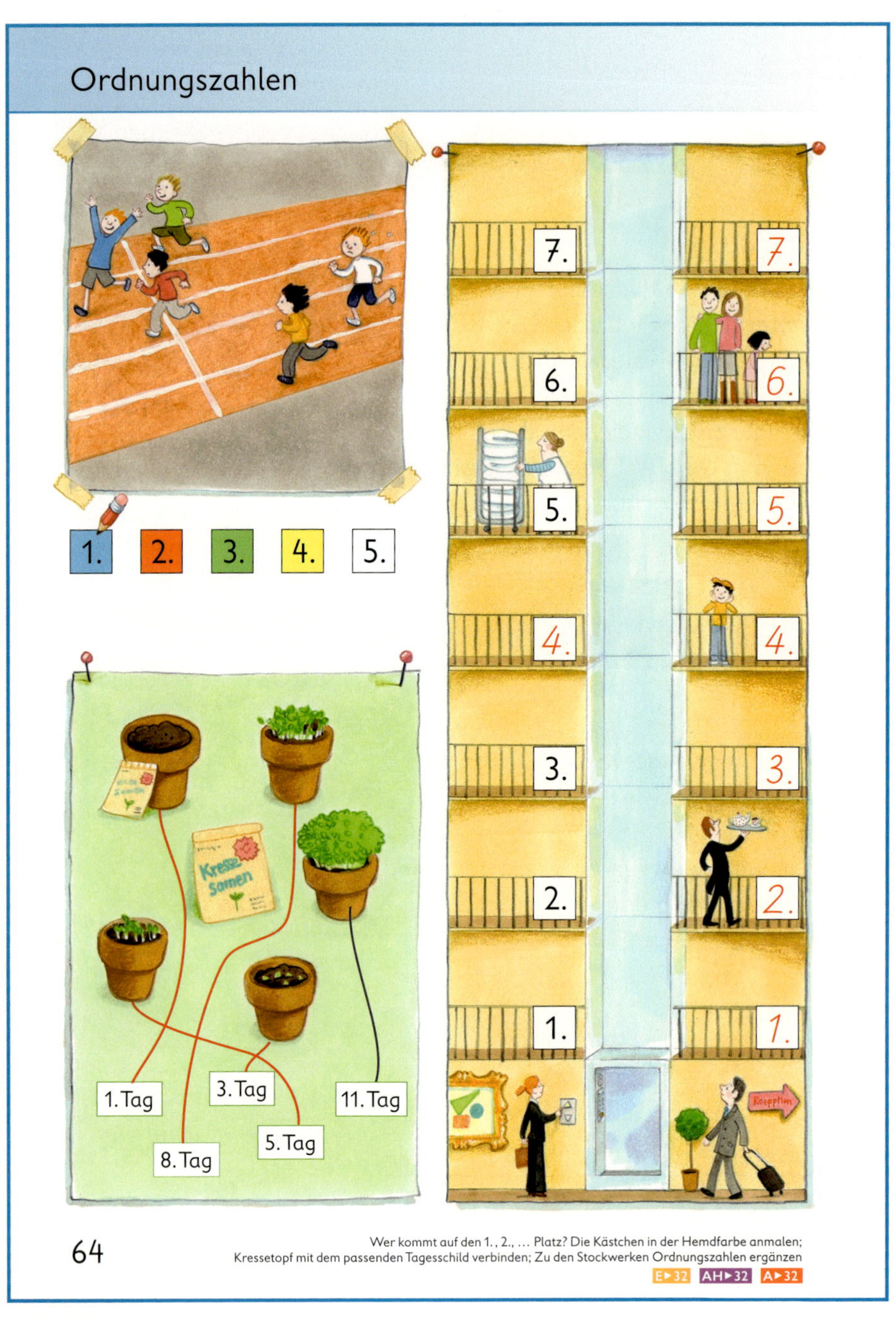

① Zuordnung zwischen den Kindern und den Ordnungszahlen nach dem Kriterium der Körpergröße vornehmen

② Ergebnisse der Additions- und Subtraktionsaufgaben nach der Vorschrift (beginnend beim größten Ergebnis) durch Zuordnung der entsprechenden Ordnungszahlen sortieren

③ möglichen Verlauf von farbigen Wollfäden antizipieren

Möglichkeiten mit Buntstift aufzeichnen

EINSTIEGE 32

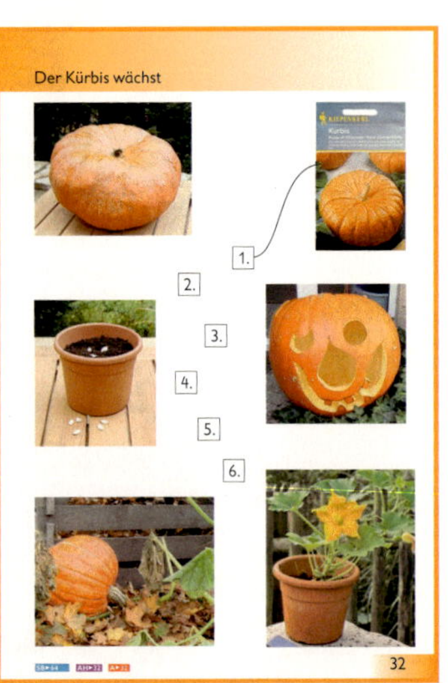

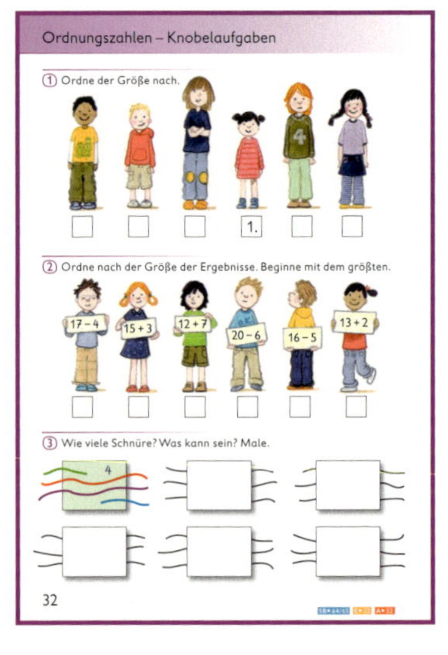

ARBEITS-HEFT 32

Knobelaufgaben 65

spontanes Probieren und zunehmend planvolles Erproben als Lösungsstrategie einsetzen;
sich über Vorgehensweisen und Ergebnisse verständigen

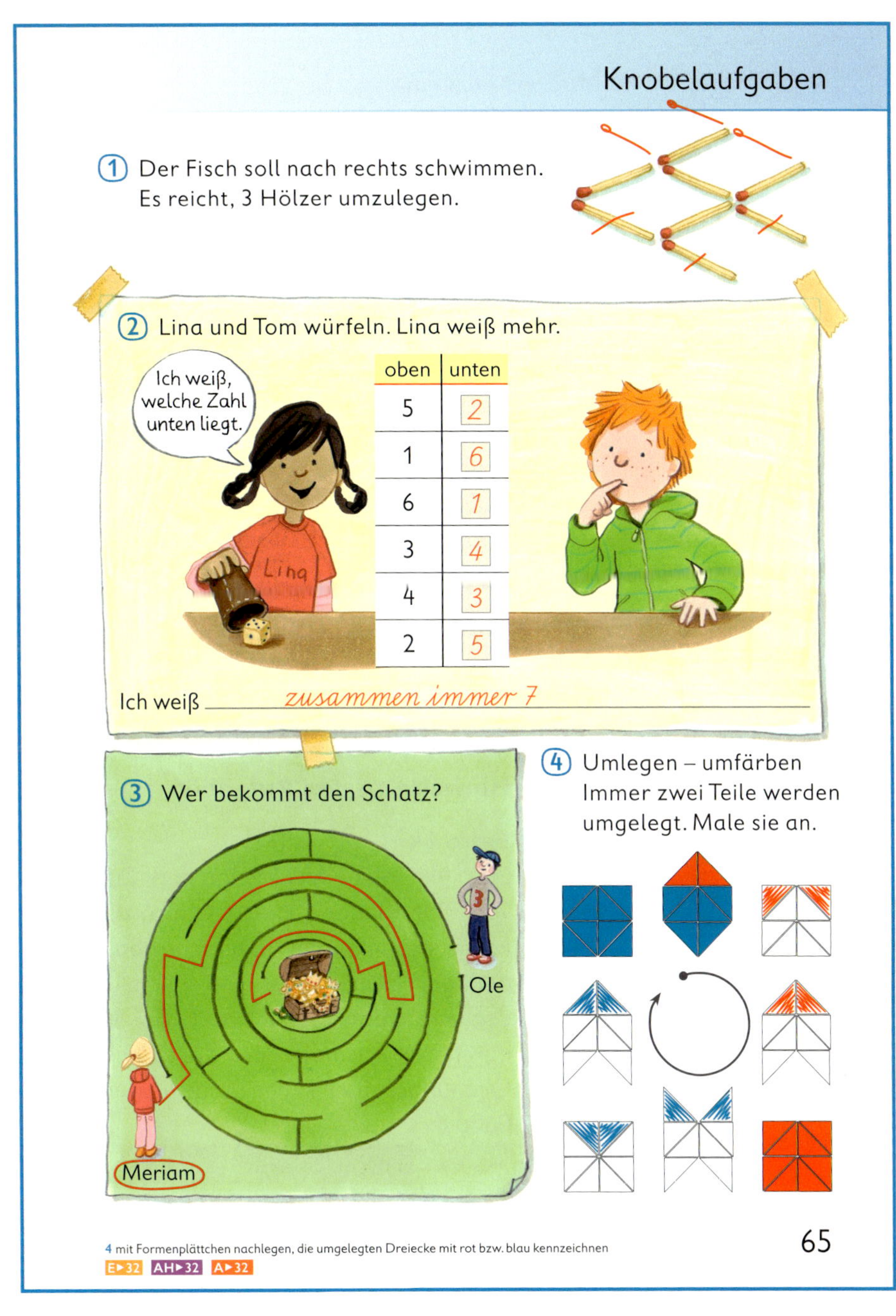

Knobelaufgaben

① Der Fisch soll nach rechts schwimmen.
Es reicht, 3 Hölzer umzulegen.

② Lina und Tom würfeln. Lina weiß mehr.

oben	unten
5	2
1	6
6	1
3	4
4	3
2	5

Ich weiß *zusammen immer 7*

③ Wer bekommt den Schatz?

④ Umlegen – umfärben
Immer zwei Teile werden umgelegt. Male sie an.

4 mit Formenplättchen nachlegen, die umgelegten Dreiecke mit rot bzw. blau kennzeichnen

E▸32 AH▸32 A▸32

65

① „Fisch“ mit Streichhölzern nachlegen und nach Vorschrift verändern

② Tabelle ohne oder mit Hilfe eines Spielwürfels ausfüllen

im Gespräch das Augenmerk auf die Summengleichheit der Paare richten

Zerlegung der 7 üben

③ für beide Kinder die Wege erkunden und einzeichnen

④ nach Veränderungen um jeweils zwei Dreiecke in der Abfolge der Figuren suchen und sie handlungsorientiert nachvollziehen

Lösungsschritte zeichnerisch dokumentieren

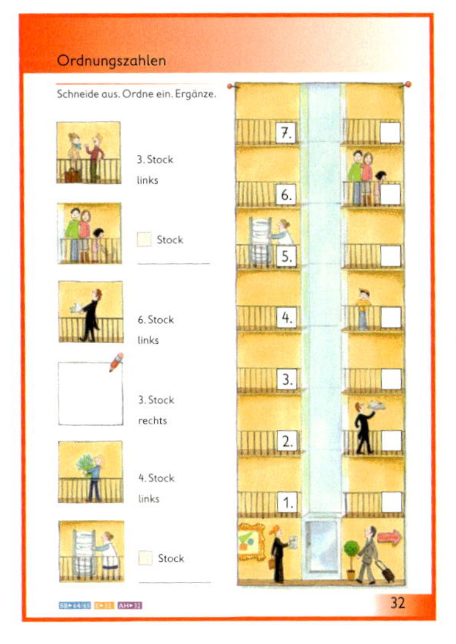

Ordnungszahlen

Schneide aus. Ordne ein. Ergänze.

3. Stock links

Stock

6. Stock links

3. Stock rechts

4. Stock links

Stock

7. 6. 5. 4. 3. 2. 1.

32

fehlende Ordnungszahlen eintragen

Lage mit Bezug auf die Illustrationen beschreiben

Illustrationen ausschneiden, entsprechend der Vorgaben einkleben

eigene Situationen malen

AUFSTIEGE 32

64/65 Ordnungszahlen

KOMMENTAR

Material
Karten mit den Ordnungszahlen 1. bis 10.

Hinweise zum Unterrichtsthema
Die Zahlbegriffsentwicklung ist ein langfristiger Prozess, der zur interdependenten Vernetzung der verschiedenen Zahlaspekte führt (s. Magazin 20/21). Der Umgang mit Zahlen in verschiedenen Verwendungssituationen beginnt in der frühen Kindheit und schafft die Erfahrungsgrundlage für eine propädeutische Nutzung. Diese wird im Anfangsunterricht und langfristig darüber hinaus ausgebaut.
In dieser Unterrichtseinheit steht der Ordnungszahlaspekt im Zentrum. Eine isolierte Betrachtung schließt sich jedoch aus, stets ist die Vernetzung mit anderen Aspekten mitzudenken, wie anhand von Aufgabe 3 gezeigt wird.
Die Schreibweise der Zahlen mit dem Punkt (z.B. 1.) – gesprochen der/die Erste – kennzeichnet die Verwendung als Ordnungszahl. Durch Nummerierung wird eine Reihenfolge erzeugt, die einer vorgegebenen bzw. vereinbarten Regel entspricht. Sie erweist sich insbesondere als hilfreich, wenn die angestrebte Ordnung nicht tatsächlich hergestellt werden kann (Aufgabe 1, die Abbildungen können nicht ausgeschnitten und umgeordnet werden).

Schulbuch 64/65

Hinweise zum Unterrichtsablauf
„Wo Reihenfolgen wichtig sind": Im Kreisgespräch werden Vorerfahrungen der Kinder zusammengetragen und als Verwendungssituationen für Ordnungszahlen bewusst gemacht. Beispiele, die vermutlich genannt/angesprochen werden:
- Brett- und Würfelspiele: Wer darf als Erster würfeln?
- Gewinnsituationen (Spiele/Sport): Wer wird der Erste, wer wird Sieger sein?
- Bezeichnung der Unterrichtsjahrgänge (1., 2., ... Klasse)
- Datumsangabe

Anschließend werden die Aufträge der Schulbuchseite gemeinsam angeschaut, das Aufgabenverständnis gesichert und die Aufgaben ausgeführt. Bei der Lösungskontrolle können auch Reihenfolgen nach anderen Kriterien angesprochen und mündlich durchgeführt werden. Ggf. kann auch für die inverse Reihenfolge das Ordnungskriterium gesucht und formuliert werden.

Hinweise zu den Aufgaben

Seite 64
Das Bild oben links zeigt den Zieleinlauf von fünf Kindern, die sich u. a. durch die Farbe des Hemdes unterscheiden, in eindeutiger Reihenfolge. Die Kennzeichnung der erreichten Plätze von 1. bis 5. erfolgt durch das Ausmalen der Kärtchen mit den Ordnungszahlen in der Farbe des jeweiligen Pullovers.

Unten links sollen fünf Tontöpfe – Kresse in unterschiedlichen Wachstumsstadien – den Zeitangaben zugeordnet werden. Die Schüler begründen ihre Zuordnung so, dass am Tag der Aussaat (1. Tag) nichts, dagegen am letztmöglichen (11. Tag) eine ausgewachsene Pflanze zu sehen ist.
In der rechten Aufgabe verbindet sich die Ergänzung der Ordnungszahlen zu den einzelnen Stockwerken mit Aussagen wie „Auf der zweiten Etage (rechts) bringt der Kellner gerade einen Kuchen."

Seite 65
Das Aufgabenangebot fordert zum Ausprobieren, strukturierten Erproben, planvollen Vergleichen und Vorgehen heraus.

Aufgabe 1

Das Umlegen von nur drei Streichhölzern erfordert ein Umdenken hinsichtlich der Lage des Fisches. Für viele Kinder wird es hilfreich sein, sich bei der Arbeit mit einem Partner zu verständigen. Denkbar ist auch, an vereinbarter Stelle einen oder mehrere Tipps auszulegen:

- eine Zeichnung, in der bereits ein Streichholz umgelegt ist
- eine Zeichnung, die vorschlägt, welche Streichhölzer umzulegen sind

Aufgabe 2

Auch hier kann Partnerarbeit hilfreich sein. Die Kinder können natürlich die geforderten Eintragungen mit Hilfe eines Spielwürfels vornehmen. Die Kinder finden heraus, dass sich die Einträge in jeder Zeile zu 7 ergänzen und benennen dies.

Aufgabe 3

Die Schüler erkunden für Meriam und Ole die Wege und zeichnen diese ein.

Aufgabe 4

Zuerst sollten mehrfach die entsprechenden Handlungen konkret von den Kindern ausgeführt werden:

- oben links beginnen, die blaue Ausgangsfigur mit Plättchen nachlegen
- schrittweise verändern – immer zwei Plättchen wenden und entsprechend der Vorgabe anlegen; die geforderte Darstellung dabei mitdenken

Zuletzt begleitend die Dokumentation ausführen: die beiden soeben umgelegten Dreiecke in der entsprechenden Abbildung anmalen. Die Erfahrung der Rückkehr zum Ausgangspunkt benennen.

Einstiege 32

Die Bildreihenfolge wird durch Verbinden der Bilder mit den Ordnungszahlen festgelegt.

Arbeitsheft 32

Aufgabe 1

Ordnungskriterium ist die Körpergröße der Kinder. Die vorgegebene Zuordnung weist dem größten Kind den 1. Platz zu.

Aufgabe 2

Zu ordnen sind die Ergebnisse der Additions- und Subtraktionsaufgaben, die auf Kärtchen notiert von den Kindern gezeigt werden. Dem größten Ergebnis wird der 1. Platz zugewiesen.

Aufgabe 3

Die Anzahl der farbigen Wollfäden, deren Enden unter einem Blatt hervorschauen, ist abhängig vom Verlauf der Fäden unter dem Blatt, im nicht einsehbaren Bereich. Im Beispiel ist eine Lösung offengelegt. Die Schüler sollen verschiedene Möglichkeiten erdenken und durch Einfärben mögliche Lösungen darstellen. Verwendet wurden mindestens drei, höchstens sechs Fäden.

Aufstiege 32

Die Ergänzung der Ordnungszahlen zu den einzelnen Stockwerken verbindet sich mit Aussagen wie „auf der fünften Etage (links) bringt das Zimmermädchen gerade neue Wäsche." Die Schüler ergänzen die fehlenden Angaben neben den Ausschnitten aus dem Treppenhaus bzw. malen eine eigene Situation aus dem Treppenhaus. Anschließend schneiden sie die Bilder aus und kleben sie an die entsprechende Stelle im Treppenhaus.

„Der Mathematikunterricht in der Grundschule greift die frühen mathematischen Alltagserfahrungen der Kinder auf, vertieft und erweitert sie und entwickelt aus ihnen grundlegende mathematische Kompetenzen. Auf diese Weise wird die Grundlage für das Mathematiklernen in den weiterführenden Schulen und für die lebenslange Auseinandersetzung mit mathematischen Anforderungen des täglichen Lebens geschaffen.“ (Vereinbarung über Bildungsstandards für den Primarbereich (Jahrgangsstufe 4). Beschluss der Kultusministerkonferenz vom 15.10.2004)

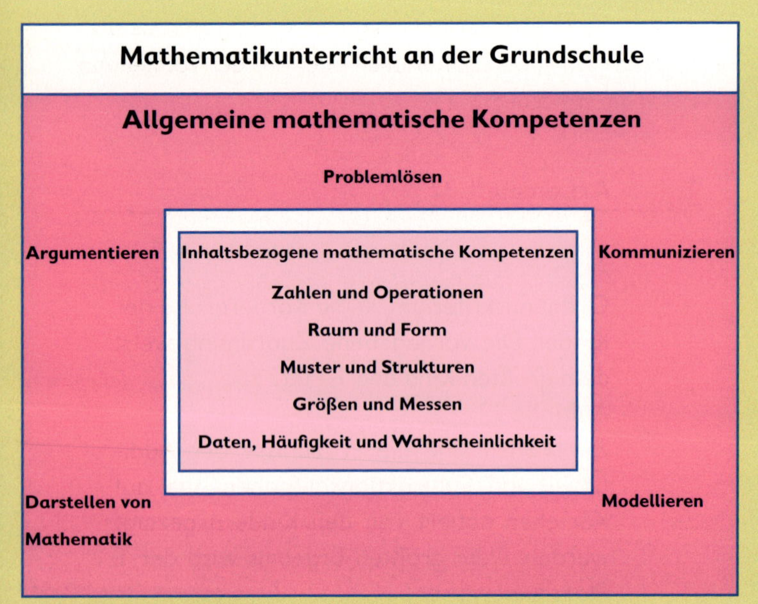

AUS: VEREINBARUNG ÜBER BILDUNGSSTANDARDS FÜR DEN PRIMARBEREICH (JAHRGANGSSTUFE 4). BESCHLUSS DER KULTUSMINISTERKONFERENZ VOM 15.10.2004

Traditionell nahm man in der Vergangenheit zuerst die inhaltlichen Ziele des Mathematikunterrichts in den Blick, die sich vorwiegend auf den Erwerb von Wissenselementen und Fertigkeiten bezogen. Spätestens seit Mitte der Achtzigerjahre hat sich verbunden mit neuen lerntheoretischen Erkenntnissen diese Sicht grundlegend verändert und die Förderung der Kompetenzen, die die Fähigkeit zu mathematischem Denken und Arbeiten ausmachen und gleichzeitig einen Beitrag zur allgemeinen Denkerziehung leisten, werden in allen Lehrplänen und in den Bildungsstandards verbindlich vorgeschrieben. Dabei muss diese Verbindlichkeit nicht zu einer größeren Stofffülle führen, in einem zeitgemäßen Mathematikunterricht wird vielmehr versucht, durch geeignete Lernarrangements inhaltliche und allgemeine Kompetenzen integriert zu verfolgen. Dass dies vom ersten Schuljahr an möglich ist, soll an einigen exemplarisch ausgewählten Beispielen näher erläutert werden.

PÄDAGOGISCHES HANDELN IM MATHEMATIKUNTERRICHT

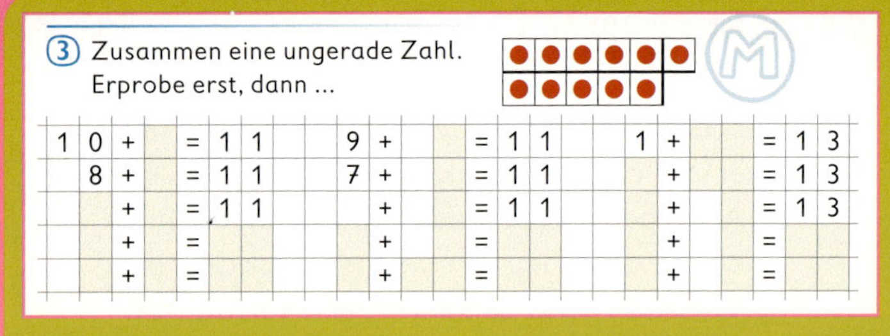

Diese Super-M-Aufgabe kann einfach nur ausgerechnet werden, dann schult sie die Fertigkeit, Ergänzungsaufgaben mit Zehnerübergang zu lösen. Durch die Notwendigkeit, angefangene Rechenpäckchen sinnvoll fortzusetzen, wird die Aufmerksamkeit der Kinder fokussiert und erste „Entdeckungen“ werden gemacht. Im Unterrichtsgespräch können die Kinder anschließend sowohl die gefundenen Lösungen als auch die Auffälligkeiten der Aufgaben vorstellen. Dabei wird vielen Kindern auffallen, dass die geforderte ungerade Zahl entsteht, wenn der erste Summand eine gerade Zahl und der zweite eine ungerade Zahl ist oder umgekehrt. Die Verallgemeinerung „Die Summe einer geraden und einer ungeraden Zahl ist immer ungerade“ kann sowohl dazu führen, dass die Kinder sich andere ungerade Zahlen suchen und diese als Summe zweier Zahlen darstellen, um die Vermutung zu erhärten, es ist aber ebenso möglich, dass Kinder einen anschaulichen Beweis über die Punktfelddarstellungen der Zahlen führen. Neben dem Rechnen müssen die Kinder bei dieser Aufgabe **kommunizieren, argumentieren** und ihre **Ideen darstellen**.

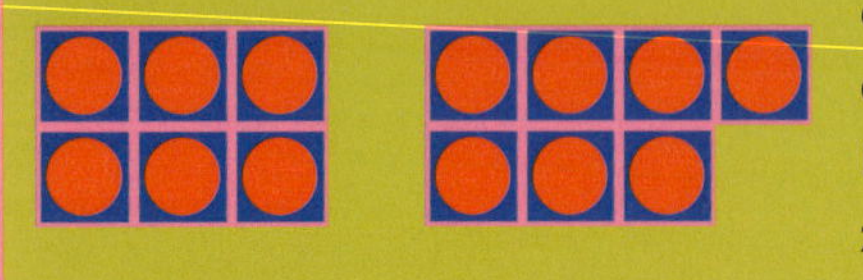

RECHENKONFERENZ SUBTRAHIEREN

Die Subtraktion mit Zehnerübergang wird erstmalig thematisiert. Alle Kinder erhalten die Aufgabe 14 – 6, sollen sie mit selbst gewählten Arbeitsmaterialien oder aus der Vorstellung lösen und ihren Rechenweg notieren.
Im Anschluss daran wird den Kindern die Möglichkeit gegeben, ihre individuellen Wege den anderen vorzustellen und zu erklären (darstellen, kommunizieren, argumentieren). Sind in der Klasse nur wenige verschiedene Wege genutzt worden, so kann gemeinsam die Schulbuchseite betrachtet werden und die Wege der Buchkinder nachvollzogen und erklärt werden.
Eine Unterrichtssequenz, in der die Kinder verschiedene Wege an anderen Aufgaben ausprobieren, schließt sich an.

JAHRMARKT

Simulierte oder tatsächliche Situationen mit offenen Fragestellungen wie „Reicht mein Geld?" fordern dazu auf, verschiedene Szenarien durchzuspielen **(Modellieren)** und sie anschließend wieder auf die Ausgangsfrage zurückzubeziehen.

Die Förderung der allgemeinen mathematischen Kompetenzen bei **allen Kindern** – nicht nur bei den besonders begabten – bedeutet für die Lehrerin, gezielt Lernumgebungen methodisch und inhaltlich so zu konzipieren, dass eine integrierte Verfolgung inhaltlicher und allgemeiner mathematischer Ziele ermöglicht wird.

66 Verdoppeln

Wirkung des Spiegels von der Verdopplung unterscheiden; Verdopplungen von Anzahlen konkret und rechnerisch ausführen können; Verdopplungsaufgaben einüben; Halbieren als Gegenteil des Verdoppelns ▸

①
zum Bild erzählen

Wie viel Geld haben die Kinder?

②
Verdopplungen
- durch 1-zu-1-Zuordnung durchführen
- zeichnerisch darstellen (anmalen)

Summenterm notieren

③
Verdopplungsaufgaben schreiben und lösen

die Zahlen von 1 bis 10 in der Tabelle verdoppeln

SCHULBUCH 66

Verdoppeln

①

② Verdopple wie im Beispiel. Male aus.

2 — 2 + 2

3 — 3 + 3

5 — 5 + 5

7 — 7 + 7

③ Verdopple.

2 + 2 = 4   5 + 5 = 10

3 + 3 = 6   6 + 6 = 12

4 + 4 = 8   7 + 7 = 14

Zahl	1	2	3	4	5	6	7	8	9	10
das Doppelte	2	4	6	8	10	12	14	16	18	20

66

1–3 Verdoppeln heißt, die gleiche Anzahl noch einmal hinzufügen

E▸33 AH▸33 A▸33

① bis ⑤
verdoppeln/halbieren im Wechsel; entsprechende Anzahlen von Spielfiguren ausschneiden, aufkleben und einfärben

Zahlensätze notieren

① bis ③
verdoppeln/halbieren von Münzbeträgen; Darstellung zeichnerisch und in Gleichungsform

④ und ⑤
vor dem Halbieren wechseln

EINSTIEGE 33

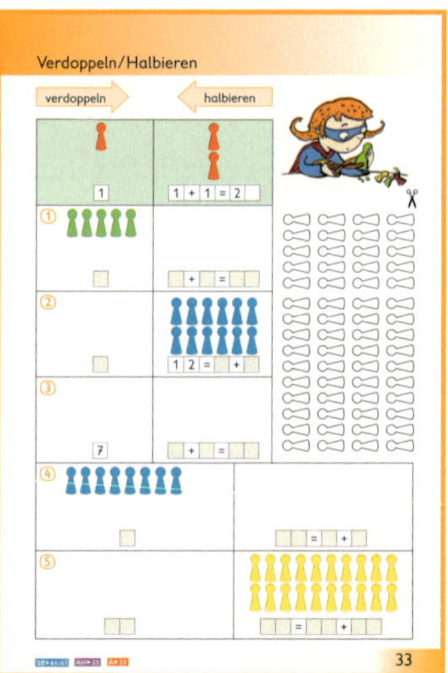

Verdoppeln/Halbieren

verdoppeln   halbieren

33

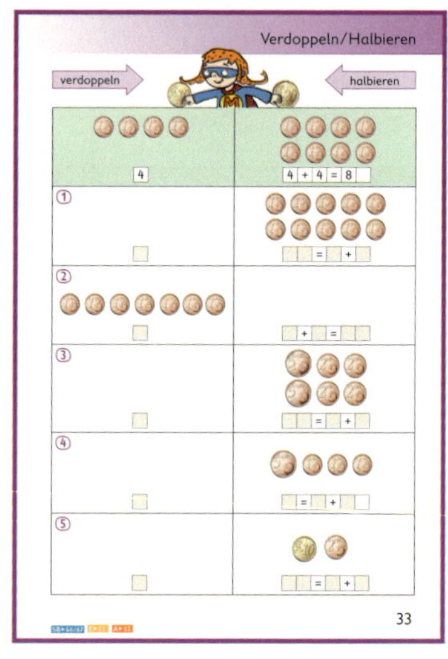

Verdoppeln/Halbieren

verdoppeln   halbieren

4 + 4 = 8

33

ARBEITSHEFT 33

beschreiben; Halbierung von Anzahlen konkret ausführen, zeichnerisch und rechnerisch darstellen können; erproben und formulieren, dass nur gerade Zahlen halbiert werden können

SCHUL-
BUCH 67

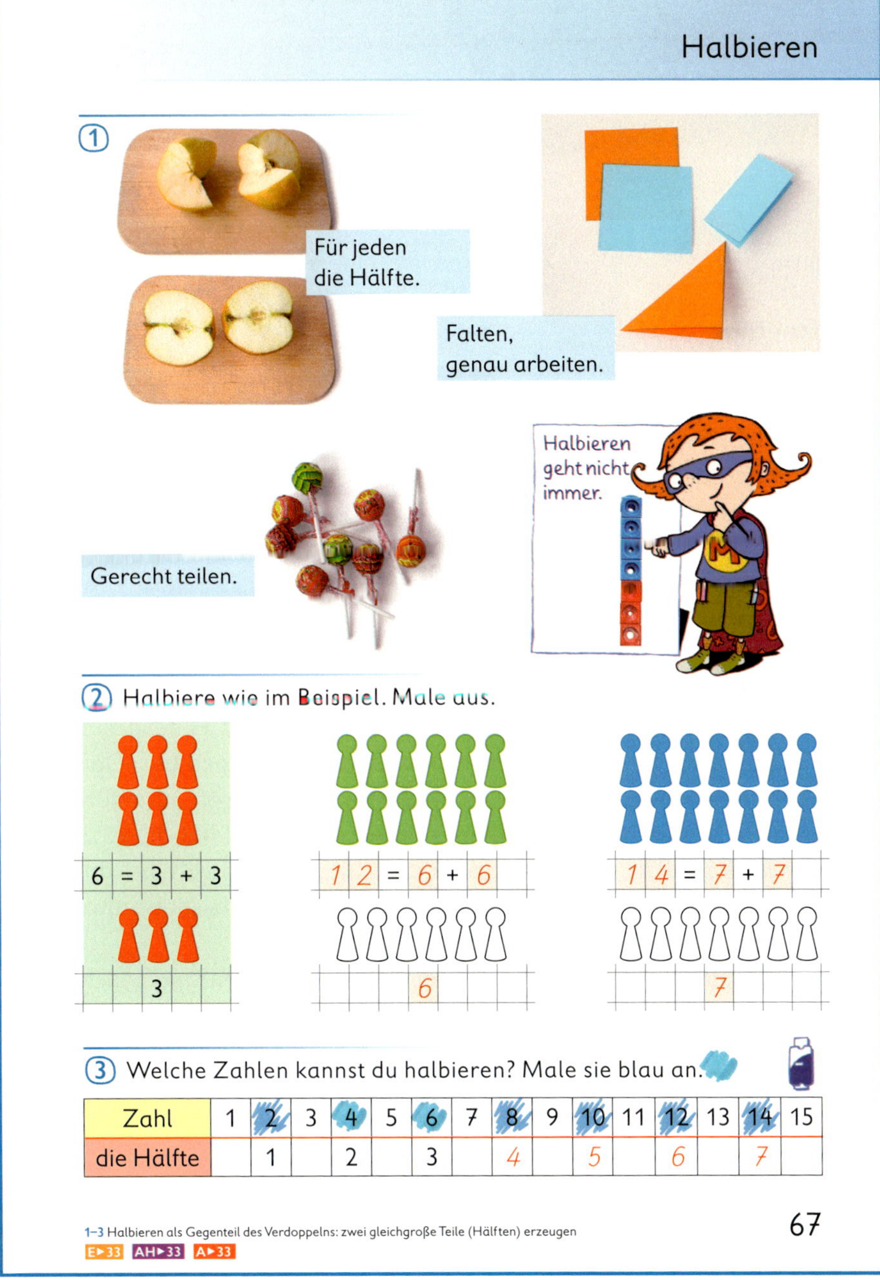

Halbieren

①

Für jeden die Hälfte.

Falten, genau arbeiten.

Gerecht teilen.

② Halbiere wie im Beispiel. Male aus.

6 = 3 + 3 — 3

12 = 6 + 6 — 6

14 = 7 + 7 — 7

③ Welche Zahlen kannst du halbieren? Male sie blau an.

Zahl	1	2	3	4	5	6	7	8	9	10	11	12	13	14	15
die Hälfte		1		2		3		4		5		6		7	

1–3 Halbieren als Gegenteil des Verdoppelns: zwei gleichgroße Teile (Hälften) erzeugen

E▸33 AH▸33 A▸33

67

①
Ziel des Halbierens ist das Erzeugen zweier gleich großer Teile (Halbe oder Hälften)

②
halbieren in der Doppelreihe

Zerlegung in zwei gleiche Summanden

③
nur gerade Zahlen lassen sich halbieren

in der Tabelle darstellen

Verdoppeln/Halbieren

verdoppeln — halbieren

⑥ Verdopple deine Lieblingszahlen.

① bis ③
verdoppeln/halbieren von Münzbeträgen im Wechsel

Darstellung zeichnerisch und in Gleichungsform

④ und ⑤
wechseln der Münzen (konkret oder gedanklich)

⑥
Lieblingszahlen verdoppeln

AUFSTIEGE 33

66/67 Verdoppeln

KOMMENTAR

Material
Rechengeld, Spiegel, Spielsteine.

Hinweise zum Unterrichtsthema
Stärker noch als das Verdoppeln gehört das Halbieren zu den kindlichen Alltagserfahrungen. Halbieren bedeutet für die Kinder vorrangig gerecht mit einem Partner teilen, aufteilen in zwei gleich große/gleich schwere/anzahlgleiche, wertgleiche Teile, sodass beide Partner gleich viel bekommen.
Konkrete Handlungen führen rasch zu einsichtigen Erfahrungen bezüglich der Teilbarkeit durch 2 – nur gerade Zahlen lassen sich halbieren.
Verdoppeln bezeichnet den umgekehrten Fall: Ordnet man jedem Element einer Menge (hier 3 Cent) genau ein Element zu, so wird die Anzahl der Elemente verdoppelt. Es kommt genauso viel hinzu, wie schon vorhanden ist. Berechnet wird das Doppelte durch die Addition gleicher Summanden. Günstig ist die Darstellung in der Doppelreihe, die durch die Eins-zu-Eins-Zuordnung entsteht und verdeutlicht, dass beim Verdoppeln immer eine gerade (An)zahl entsteht.

Schulbuch 66/67

Hinweise zum Unterrichtsablauf
Die in Aufgabe 1 dargestellte Situation lässt sich leicht nachspielen und greift Vorerfahrungen auf, die wohl alle Kinder schon gemacht haben. Der Spiegel bildet ab, was davor liegt. Dabei bleiben Anzahlen und Lagebeziehungen erhalten. Nach einigen freien Erprobungen mit dem Spiegel wird die Bildsituation nachgestellt: Drei Münzen liegen vor dem Spiegel. Folgerichtig sind drei Münzen und die zugehörigen Spiegelbilder, also sechs Münzen zu sehen.
Im Unterrichtsgespräch gilt es herauszuarbeiten, dass die Arbeit mit dem Spiegel das Ergebnis der Verdopplung abbildet. Der Spiegel kann also zur „Kontrolle" eingesetzt werden.

Im nächsten Schritt werden Versuche mit Spielsteinen durchgeführt, die zu einer Reihe aufgestellt sind. Mit Hilfe des Spiegels wird die Doppelreihe sichtbar. Dann wird die Verdopplung konkret ausgeführt. Gemeinsam wird an der Tafel die Anzahl der Spielsteine in der Doppelreihe durch die Additionsaufgabe mit gleichen Summanden notiert.
Es liegt nahe, die Umkehrung gleich mitzudenken und mitzuerproben. Das Halbieren lässt sich leicht als Umkehrung des Verdoppelns ausführen.

Hinweise zu den Aufgaben

Seite 66
Aufgabe 1
Die Schüler beschreiben das Bild und arbeiten heraus, dass die beiden einander gegenübersitzenden Kinder gleich viele Münzen besitzen. Die Abbildung im Spiegel ändert daran nichts. Nur das Kind in der Mitte besitzt mit sechs Münzen genau doppelt so viele.
Aufgabe 2
Die Schüler stellen die Anzahlen fest, malen die doppelte Anzahl an und notieren dazu die Verdopplungsaufgabe (Summenterm mit gleichen Summanden).
Aufgabe 3
Die Kinder vervollständigen und lösen die Verdoppplungsaufgaben. Anschließend no-

tieren sie alle Verdopplungen in der Tabelle. Dabei wird ihnen bewusst, dass jede Zahl verdoppelt werden kann.

Seite 67

Aufgabe 1

Die Kinder erzählen zu den Bildern, sprechen über die verschiedenen Vorgehensweisen beim Halbieren und machen sich bewusst, dass das Ziel immer die Erzeugung von zwei gleichen Teilen ist. Sie erproben verschiedene Vorgehensweisen:

- einen Apfel „gerecht“ teilen
- halbieren durch falten
- Verfahren erproben, das jedem die gleiche Anzahl (an Lutschern) zuweist

Aufgabe 2

Zu den Abbildungen notieren die Kinder die Zerlegung in zwei gleiche Summanden als Gleichung. Sie notieren die Anzahl der Hälfte und malen die entsprechenden Halmasteine aus.

Aufgabe 3

Zerlegungen in der Tabelle notieren; dabei wird den Kindern deutlich, dass sich nur gerade Zahlen halbieren lassen.

Einstiege 33

Aufgaben 1–5

Verdoppeln/Halbieren im Wechsel: Die entsprechende Anzahl von Halmasteinen als Doppelreihe/einfache Reihe ausschneiden, aufkleben, einfärben, die zugehörige Additionsaufgabe/Zerlegungsgleichung notieren und lösen.

Alle Teile der Tabelle (Anzahl/Gleichung/Darstellung) vervollständigen.

Arbeitsheft 33

Aufgaben 1–3

Verdoppeln/Halbieren im Wechsel: Die Aufgabenstellung wird hier mit Münzen konkretisiert. In den Aufgaben 1 und 2 werden ausschließlich 1-ct-Münzen gelegt bzw. aufgezeichnet. In Aufgabe 3 werden verschiedene Münzen verwendet, wobei jede zweimal vorkommt, d. h. zwei gleiche Münzreihen sind zur Doppelreihe angeordnet.

Aufgaben 4, 5

Zum geforderten Halbieren der Münzbeträge ist ein zumindest gedankliches Umwechseln der vorgegebenen Münzzusammenstellung unerlässlich. Die Kinder malen ihre Lösungen auf und notieren sie als Zerlegungsgleichung.

Aufstiege 33

Aufgabe 1

Verdoppeln/Halbieren anhand von Münzbeträgen: Die Kinder malen die Lösungen auf und notieren diese als Gleichung.

Aufgaben 2–5 (AB II)

Die Kinder malen die Lösungen auf und notieren sie als Zerlegungsgleichung.

Aufgabe 6

Die Kinder bilden Zahlenpaare, indem sie ihre Lieblingszahlen und deren Verdopplung notieren.

68 Gerade und ungerade Zahlen

gerade und ungerade Zahlen als Begriffe und in deren Bedeutung kennen lernen;
Zahlen durch Halbieren bzw. Aufteilen entsprechender Gegenstandsmengen überprüfen; ▸

SCHULBUCH 68

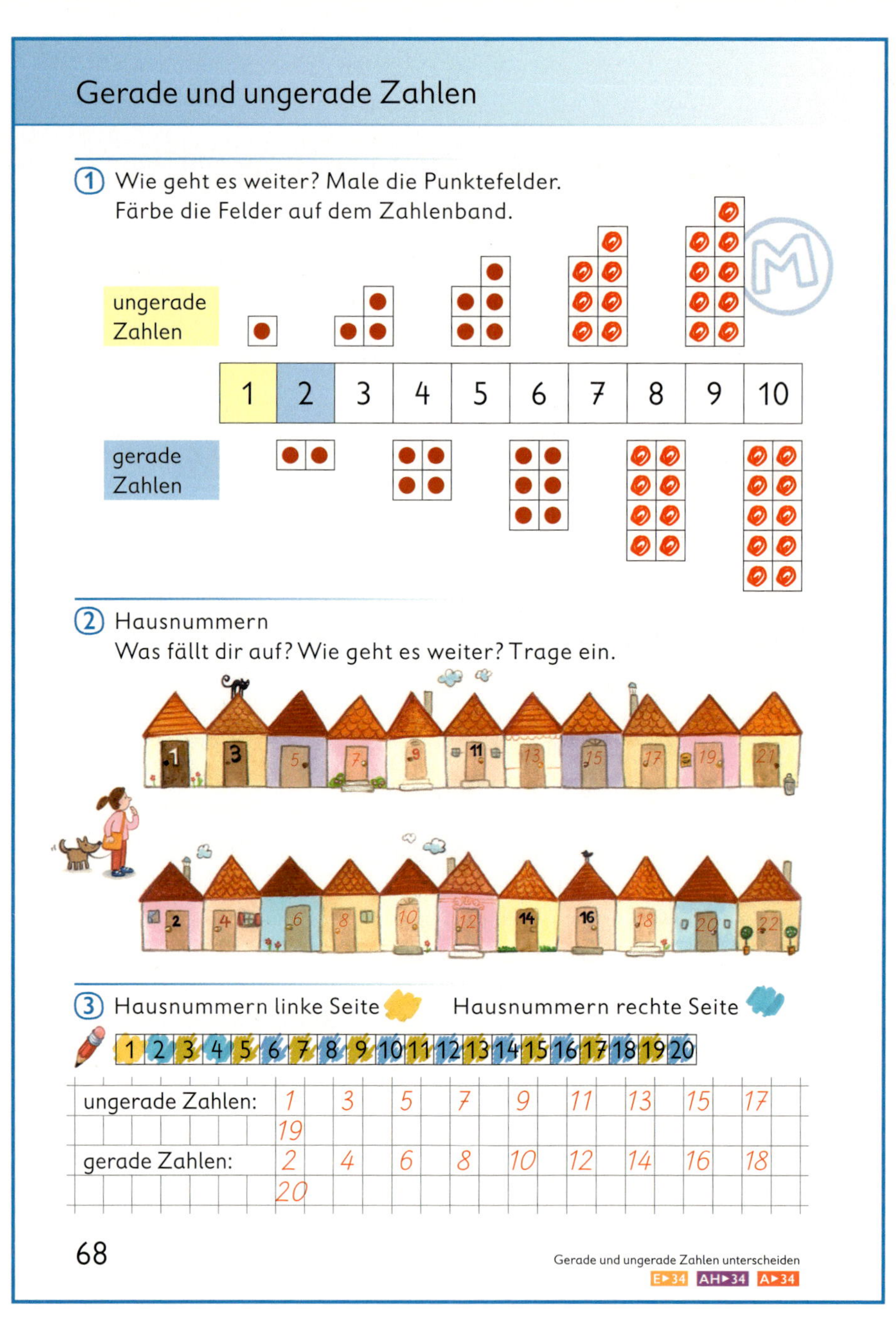

Gerade und ungerade Zahlen

① Wie geht es weiter? Male die Punktefelder.
Färbe die Felder auf dem Zahlenband.

ungerade Zahlen

1	2	3	4	5	6	7	8	9	10

gerade Zahlen

② Hausnummern
Was fällt dir auf? Wie geht es weiter? Trage ein.

③ Hausnummern linke Seite   Hausnummern rechte Seite

1	2	3	4	5	6	7	8	9	10	11	12	13	14	15	16	17	18	19	20

ungerade Zahlen: 1 3 5 7 9 11 13 15 17 19

gerade Zahlen: 2 4 6 8 10 12 14 16 18 20

68

Gerade und ungerade Zahlen unterscheiden
E▸34 AH▸34 A▸34

①
Anordnung der Punktefelder durchschauen und fortführen

②
Hausnummern weiterführen, Beobachtungen mitteilen

③
Felder einfärben

gerade und ungerade Zahlen notieren

①
Hausnummern weiterführen

②
Zahlenband vervollständigen, Felder einfärben

③
Punktefelder vervollständigen, Zahlen notieren

①
gerade und ungerade Zahlen einfärben

Zahlen eintragen

② und ③
zu Zahlenkarten Plusaufgaben finden und rechnen

④ bis ⑥
Aufgaben zur vorgegebenen Summe notieren

⑦
Päckchenaufgaben vervollständigen

EINSTIEGE 34

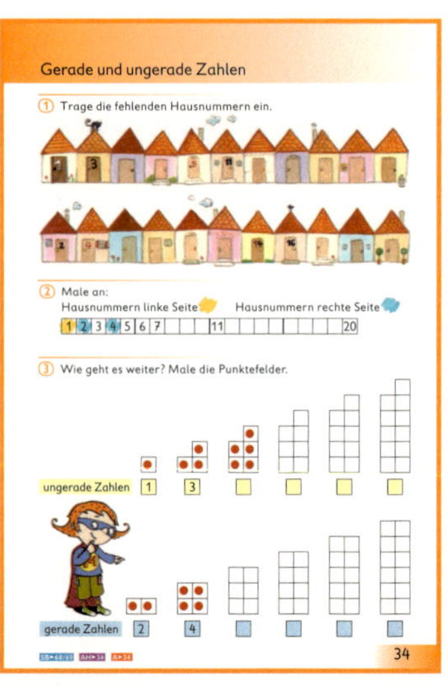

Gerade und ungerade Zahlen

① Trage die fehlenden Hausnummern ein.

② Male an:
Hausnummern linke Seite   Hausnummern rechte Seite

1 2 3 4 5 6 7 … 11 … 20

③ Wie geht es weiter? Male die Punktefelder.

ungerade Zahlen 1 3

gerade Zahlen 2 4

34

ARBEITSHEFT 34

Gerade und ungerade Zahlen

① Male an.

20 1 18 16 7 4 6 15 13 9 10 12 19 3

gerade Zahlen   ungerade Zahlen

Trage die Zahlen in der richtigen Reihenfolge ein.

Nimm 2. Wie viel zusammen?

④ Zusammen 13   ⑤ Zusammen 15   ⑥ Zusammen 17

⑦ Verdoppeln hilft beim schnellen Rechnen.

34

Verdoppeln und Halbieren als Rechenvorteil nutzen

SCHUL-
BUCH 69

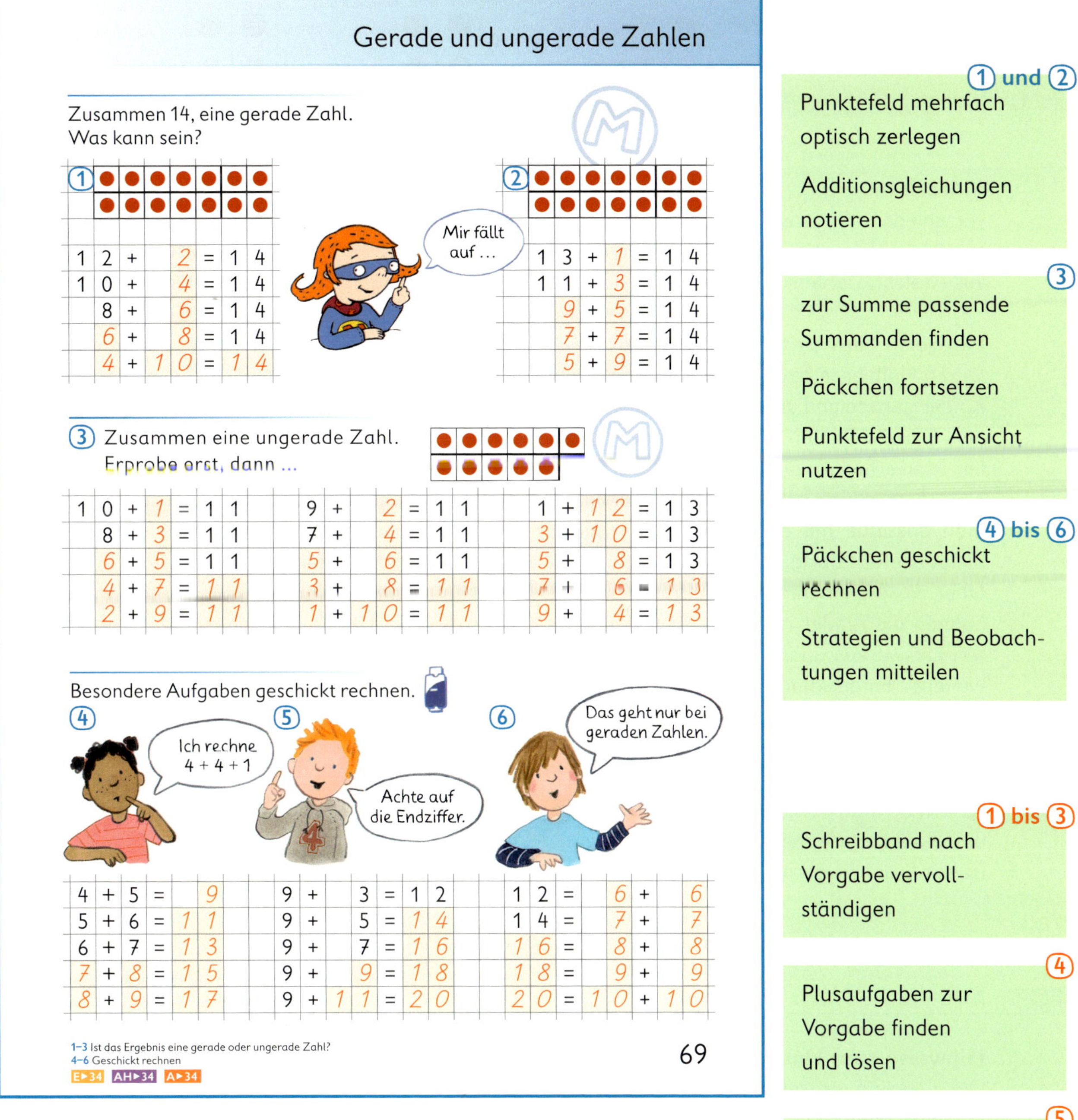

Gerade und ungerade Zahlen

Zusammen 14, eine gerade Zahl.
Was kann sein?

①
12 + 2 = 14
10 + 4 = 14
8 + 6 = 14
6 + 8 = 14
4 + 10 = 14

②
13 + 1 = 14
11 + 3 = 14
9 + 5 = 14
7 + 7 = 14
5 + 9 = 14

③ Zusammen eine ungerade Zahl.
Erprobe erst, dann …

10 + 1 = 11	9 + 2 = 11	1 + 12 = 13
8 + 3 = 11	7 + 4 = 11	3 + 10 = 13
6 + 5 = 11	5 + 6 = 11	5 + 8 = 13
4 + 7 = 11	3 + 8 = 11	7 + 6 = 13
2 + 9 = 11	1 + 10 = 11	9 + 4 = 13

Besondere Aufgaben geschickt rechnen.

④ ⑤ ⑥

④	⑤	⑥
4 + 5 = 9	9 + 3 = 12	12 = 6 + 6
5 + 6 = 11	9 + 5 = 14	14 = 7 + 7
6 + 7 = 13	9 + 7 = 16	16 = 8 + 8
7 + 8 = 15	9 + 9 = 18	18 = 9 + 9
8 + 9 = 17	9 + 11 = 20	20 = 10 + 10

1–3 Ist das Ergebnis eine gerade oder ungerade Zahl?
4–6 Geschickt rechnen
E▸34 AH▸34 A▸34

69

① und ②
Punktefeld mehrfach optisch zerlegen

Additionsgleichungen notieren

③
zur Summe passende Summanden finden

Päckchen fortsetzen

Punktefeld zur Ansicht nutzen

④ bis ⑥
Päckchen geschickt rechnen

Strategien und Beobachtungen mitteilen

① bis ③
Schreibband nach Vorgabe vervollständigen

④
Plusaufgaben zur Vorgabe finden und lösen

⑤
schnelles Rechnen (verdoppeln)

⑥
zur Summe passende Summanden finden

⑦
Super-Ms Aussage prüfen

Beobachtungen und Begründungen mitteilen

Gerade und ungerade Zahlen

① Fülle aus. Male an: ungerade Zahlen, gerade Zahlen.

② ungerade Zahlen > 12 ③ gerade Zahlen > 9

④ Zusammen eine gerade Zahl > 10. Was kann sein? Schreibe eigene Aufgaben und rechne.

⑤ Verdoppeln hilft beim schnellen Rechnen.

⑥ Zwei ungerade Zahlen, zusammen 22. Finde viele Aufgaben.

⑦ Wie siehst du es? Finde Beispiele und erkläre.

Die meisten Plusaufgaben haben als Ergebnis eine gerade Zahl.

34

AUFSTIEGE 34

68/69 Gerade und ungerade Zahlen

KOMMENTAR

  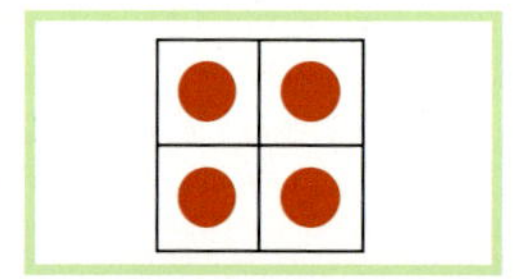 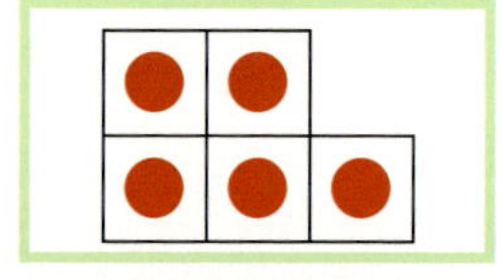

Material
verschiedene Gegenstandsmengen (z. B. Stifte, Muggelsteine), kopierte Punktefelder zur Ansicht, Zahlenkarten

Hinweise zum Unterrichtsthema
Durch Halbieren bzw. Aufteilen können die Kinder gerade und ungerade Zahlen erkennen. Gerade Zahlen lassen sich durch 2 teilen. Man erhält so zwei gleich große Zahlen bzw. zwei gleich große Mengen. Versucht man dasselbe mit einer ungeraden Zahl, bleibt ein Rest übrig.
Über diese elementaren Kenntnisse hinaus können die Kinder auf den Seiten des Unterrichtswerkes anhand von Punktefeldern weitere Entdeckungen machen: Addiert man zwei gerade oder auch zwei ungerade Zahlen, so erhält man eine gerade. Addiert man eine ungerade und eine gerade Zahl, so erhält man eine ungerade. Verdoppelt man eine gerade oder eine ungerade Zahl, ist das Ergebnis gerade.

Schulbuch 68/69

Hinweise zum Unterrichtsablauf
Die Lehrerin präsentiert im Sitzhalbkreis vor der Tafel verschiedene ungeordnete Mengen von 1 bis 10 Gegenständen, die gut sichtbar und abgegrenzt voneinander auf einer Decke liegen.
Die Kinder versuchen die verschiedenen Mengen zu halbieren: Ein Kind wählt eine Menge von Gegenständen aus. Zuerst zählt es alle Gegenstände und ordnet diesen eine Zahlenkarte zu. Dann versucht es die Menge aufzuteilen. Gelingt es, wird die Zahlenkarte an die rechte Tafelseite geheftet. Gelingt es nicht, wird die Zahlenkarte an die linke Tafelseite geheftet.
Dieser Vorgang wird wiederholt, bis alle Mengen von Gegenständen besprochen wurden. An der Tafel sind jetzt alle ungeraden Zahlen links, alle geraden rechts zu sehen. Anhand dieser Ansicht führt die Lehrerin die Begriffe der geraden und ungeraden Zahlen ein und notiert diese über den passenden Zahlenkarten an der Tafel. Wichtig ist, dass im Unterrichtsgespräch festgehalten wird, dass eine gerade Zahl durch 2 teilbar, eine ungerade Zahl nicht durch 2 teilbar ist. In einem weiteren Schritt werden die geraden und die ungeraden Zahlenkarten jeweils der Größe nach geordnet. So ist auf der linken Tafelseite 1, 3, 5, 7, 9, auf der rechten Tafelseite 2, 4, 6, 8, 10 zu lesen.
Zur Übung präsentiert die Lehrerin nun verschiedene Punktefelder, anhand derer die Kinder zunächst Vermutungen anstellen dürfen, ob sie eine gerade oder ungerade Zahl repräsentieren. Dann überprüfen sie ihre Behauptungen, indem sie die Punktmuster an der Faltachse falten.

Hinweise zu den Aufgaben

Seite 68
Aufgabe 1
Den Zahlen eines Zahlenbandes sind Punktefelder zugeordnet. Oberhalb des Zahlenbandes werden die ungeraden, unterhalb die geraden Zahlen in Punktefeldern dargestellt. Die Schüler vervollständigen die noch leeren Punktefelder.
Aufgabe 2
Die Schüler erkennen, dass die Hausnummern der oberen Häuserreihe ungerade und die der unteren gerade sind. Sie führen die Bezifferung der Häuser in der richtigen Reihenfolge fort.
Aufgabe 3
Die Schüler färben in dem Zahlenband gerade und ungerade Zahlen. Anschließend notieren sie ungerade und gerade Zahlen in den dafür vorgesehenen Rechenkästchen.

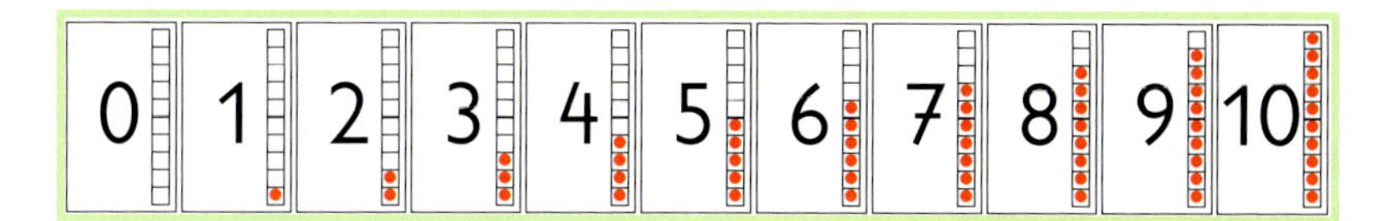

Seite 69

Aufgaben 1–3

Die Schüler finden und notieren verschiedene, zur vorgegebenen Summe passende Additionsaufgaben.

Das dargestellte Punktefeld kann bei der Aufgabenfindung als Veranschaulichungsmittel dienen, indem die Schüler darin optisch verschiedene Zerlegungen zur Summe ausfindig machen.

Aufgaben 4–6

Die Schüler berechnen und vervollständigen die Päckchenaufgaben. Dabei können sie verschiedene Rechenstrategien nutzen und Entdeckungen machen.

Aufgabe 4: Der erste Summand wird verdoppelt, dann noch eins hinzugefügt.

Aufgabe 5: Das Ergebnis ist eine Zehnerzahl, deren Einer um 1 kleiner ist als der zweite Summand.

Aufgabe 6: Die angegebene gerade Summe ist entweder durch zwei gerade oder zwei ungerade Summanden zu erreichen. Eine weitere Lösung ist das Verdoppeln einer Zahl.

Einstiege 34

Aufgabe 1

siehe Schulbuch Seite 68, Aufgabe 2

Aufgabe 2

Die Schüler vervollständigen das Zahlenband und färben es entsprechend der Vorgabe ein.

Aufgabe 3

Die Schüler vervollständigen die Reihen von Punktefeldern und notieren die passenden Zahlen.

Arbeitsheft 34

Aufgabe 1

Die Schüler überprüfen im Kopf, welche der angegebenen Zahlen gerade oder ungerade sind. Dann schraffieren sie diese in der Farbe des passenden Kartons und vervollständigen das Zahlenband.

Aufgaben 2, 3

Die Schüler notieren zu den vorgegebenen Zahlenkarten verschiedene Gleichungen mit zwei Summanden.

Aufgaben 4–6

Die Schüler notieren zu der vorgegebenen Summe verschiedene Additionsgleichungen.

Aufgabe 7

Die Schüler vervollständigen die Päckchenaufgaben und nutzen dabei das Verdoppeln als Rechenvorteil.

Aufstiege 34

Aufgabe 1

siehe Einstiege, Aufgabe 2

Aufgaben 2, 3

Die Schüler notieren im Zahlenband die geforderten Zahlen.

Aufgabe 4

siehe Arbeitsheft, Aufgaben 4 bis 6

Aufgabe 5

siehe Arbeitsheft, Aufgabe 7

Aufgabe 6

Die Schüler notieren Additionsaufgaben mit dem Ergebnis 22, deren zwei Summanden ungerade sind.

Aufgabe 7

Zur Aussage von Super-M notieren die Schüler passende Aufgaben und finden eine Erklärung dafür, dass die Ergebnisse der meisten Plusaufgaben gerade sind.

68/69

MAGAZIN

Leistungserziehung und Leistungsbeurteilung im Mathematikunterricht erhalten die Lernfreude, stärken die Leistungsbereitschaft und fördern die Fähigkeit zur angemessenen Selbsteinschätzung. *Lehrplan Mathematik NRW, S. 87*

Schon die Gespräche mit den Schulanfängern am ersten Schultag über ihre Erwartungen machen deutlich, dass die meisten Kinder genau wissen, was sie in der Schule unbedingt lernen wollen. Lesen, Schreiben und Rechnen gehören zu den meistgenannten Zielvorstellungen. Diese sind vorwiegend von den Äußerungen der Erwachsenen vor Schuleintritt geprägt und bezogen auf die Mathematik nur selten mit Inhalten gefüllt. Bohrt man weiter, so kommen Aussagen wie „... damit ich weiß, was ich bezahlen muss!" oder „... weil mein Bruder auch immer Plus und Mal rechnet".

ZIELTRANSPARENT HERAUSFORDERN

Ebenso wie Schulanfänger es verstehen, dass sie im ersten Schuljahr die Buchstaben lernen, damit sie hinterher alle Bücher selbst lesen können, ist es auch kein Problem, ihnen zu vermitteln, dass sie im Mathematikunterricht

- **die Zahlen bis 20,**
- **vorwärts und rückwärts zählen,**
- **plus rechnen bis 20,**
- **minus rechnen bis 20,**
- **verdoppeln und halbieren,**
- **Uhrzeiten,**
- **...**

und vieles mehr lernen werden.
Zur zieltransparenten Herausforderung gehört auch, sich immer wieder zu vergewissern:
„Was kann ich schon?"
„Was muss ich als Nächstes lernen?"

Leistungen fördern, fordern und angemessen würdigen

RECHENPÄSSE

Einen besonderen Anreiz, sich so lange mit einem mathematischen Inhalt zu beschäftigen, bis man ihn sicher beherrscht, bilden für Kinder ausgefüllte Urkunden und Rechenpässe (s. KV 82, Teil 2), die ihnen selbst, aber auch den Eltern, Mitschülern und Freunden zeigen, was sie schon gelernt haben. Schnellrechenpässe bieten sich zu allen Inhalten an, die im Laufe des Schuljahres automatisiert werden sollen. Sie vermitteln den Kindern Zieltransparenz über das, was sie auswendig wissen müssen, spornen den Ehrgeiz an und sind nach erfolgreicher Prüfung ein Dokument dessen, was das Kind schon sicher beherrscht. Ein Kind kann die Bestätigungen in seinem Rechenpass erwerben, indem es sich einer Prüfung durch die Lehrerin stellt, bei der die Lehrerin die jeweiligen Aufgaben „durcheinander" abfragt und nur dann bestätigt, wenn die Ergebnisse wirklich „wie aus der Pistole geschossen" genannt werden.

Immer das Doppelte/die Hälfte

10 + 10	20 − 10
9 + 9	18 − 9
8 + 8	16 − 8
7 + 7	14 − 7
6 + 6	12 − 6
5 + 5	10 − 5
4 + 4	8 − 4
3 + 3	6 − 3
2 + 2	4 − 2
1 + 1	2 − 1
0 + 0	0 − 0

Diese Aufgaben kann ich auswendig.

Name: ____________

Immer 10 ☐
Immer 20 ☐
Immer das Doppelte ☐
Immer die Hälfte ☐

Immer 10:

0 + 10	10 − 0
1 + 9	11 − 1
2 + 8	12 − 2
3 + 7	13 − 3
4 + 6	14 − 4
5 + 5	15 − 5
6 + 4	16 − 6
7 + 3	17 − 7
8 + 2	18 − 8
9 + 1	19 − 9
10 + 0	20 − 10

Immer 20:

10 + 10	0 + 20
11 + 9	1 + 19
12 + 8	2 + 18
13 + 7	3 + 17
14 + 6	4 + 16
15 + 5	5 + 15
16 + 4	6 + 14
17 + 3	7 + 13
18 + 2	8 + 12
19 + 1	9 + 11
20 + 0	10 + 10

Cornelsen Super M KV V

Diese Aufgaben kann ich auswendig.

Name: ____________

Immer 10 ☐
Immer 20 ☐
Immer das Doppelte ☐
Immer die Hälfte ☐

TIPP

Für den Rechenpass werden die entsprechenden Aufgaben in eine 4-Zellen-Tabelle auf ein DIN-A4-Blatt geschrieben, das Blatt dann in der Mitte durchgeschnitten und die Unterseite mit umgekehrter Schriftrichtung wieder angeklebt. So entsteht eine Kopiervorlage, die zweimal gefaltet ein DIN-A6-Büchlein ergibt. Im Beispiel haben schon 66 Aufgaben Platz.

Die Arbeit mit Rechenpässen fordert auch ein Methodentraining. So muss mit den Kindern besprochen werden, wie man Aufgaben auswendig lernen kann. Verschiedene Wege werden aufgegriffen:

- **Aufgabenkartei: Alle Aufgaben werden auf Karten geschrieben, die Ergebnisse auf die Rückseite. Alle Aufgabenkarten liegen mit der Aufgabenseite auf dem Tisch. Das Kind wählt eine Karte aus, liest sich die Aufgabe vor und nennt das Ergebnis. Danach dreht es die Karte um. Ist das genannte Ergebnis richtig, so wandert die Karte in eine Schachtel. Ist es falsch, so wird die Karte wieder zwischen die anderen Aufgaben geschoben. Auch eine Partnerkontrolle ist möglich.**

Viele Kinder sind mit der bloßen Aufgabenstellung „Lerne auswendig!“ überfordert, wenn sie nicht Techniken des Auswendiglernens bewusst anwenden können. Das Lernen von Methoden schon im Unterricht des ersten Schuljahres macht sich spätestens im zweiten Schuljahr bezahlt, wenn es um das Auswendiglernen der Einmaleinsreihen geht.

- **Verdeckte Ergebnisse: Die Aufgaben werden mit Ergebnissen untereinandergeschrieben. Der Rand mit den Ergebnissen wird mit einem Pappstreifen abgedeckt. Die erste Aufgabe wird gelesen und berechnet. Zur Kontrolle wird der Pappstreifen nach unten verschoben. Jetzt wird die zweite Aufgabe gelesen …**

- **Tandemkarten eignen sich besonders zum Üben in Partnerarbeit: Eine DIN-A5-Karteikarte wird an der langen Seite mittig gefaltet, sodass sie aufrecht stehen kann. Auf die eine Seite werden die zu übenden Aufgaben geschrieben, auf die Rückseite die gleichen Aufgaben mit Ergebnissen. Zwei Kinder sitzen sich gegenüber. Das Kind, das an der Aufgabenseite sitzt, liest die Aufgaben vor und nennt die Ergebnisse. Das andere Kind kontrolliert. Danach wird die Karte umgedreht.**

URKUNDEN

Urkunden dokumentieren wie Rechenpässe, dass etwas gelernt wurde und nun beherrscht wird. Sie können am Ende einer längeren Unterrichtsreihe stehen. Die erste Gelegenheit ergibt sich schon recht früh. Nachdem alle Zahlen bis 20 eingeführt wurden, machen die Kinder eine Prüfung, bei der sie Zahlen nach Diktat schreiben und Zahlen in „Schönschrift“ in Kästchen setzen. Sind ihnen diese Aufgabenstellungen gelungen, so erhalten sie ihre erste schön verzierte Zahlenurkunde. Kinder, bei denen viele Schreibweisen noch nicht gelungen sind, bekommen stattdessen einen Übungsauftrag und können sich zu einem späteren Zeitpunkt erneut der Prüfung stellen.

Super, du kannst alle Zahlen richtig schreiben!

Im Verlauf des Schuljahres sind die verschiedensten Urkunden denkbar, z. B.:

- Die Formenmeister-Urkunde
- Die Zahlenforscher-Urkunde
- Das Knobeldiplom
- …

Ein Grundprinzip bei der Vergabe von Urkunden sollte sein, dass die dazugehörigen „Prüfungen“ wiederholt werden können, um jedem Kind die Möglichkeit zu geben, die Urkunde zu erwerben.

Urkunden würdigen die Leistungen der Kinder, stärken die Lernfreude und fördern die Leistungsbereitschaft.

70 Rechenkonferenz Addieren

verschiedene Rechenstrategien zu Plusaufgaben mit Zehnerüberschreitung nachvollziehen und zielgerichtet nutzen lernen, dabei passende Arbeitsmittel sinnvoll einsetzen

SCHULBUCH 70

① Rechenstrategien nachvollziehen und besprechen

② Aufgaben am Zwanzigerfeld lösen

Rechenschritte notieren

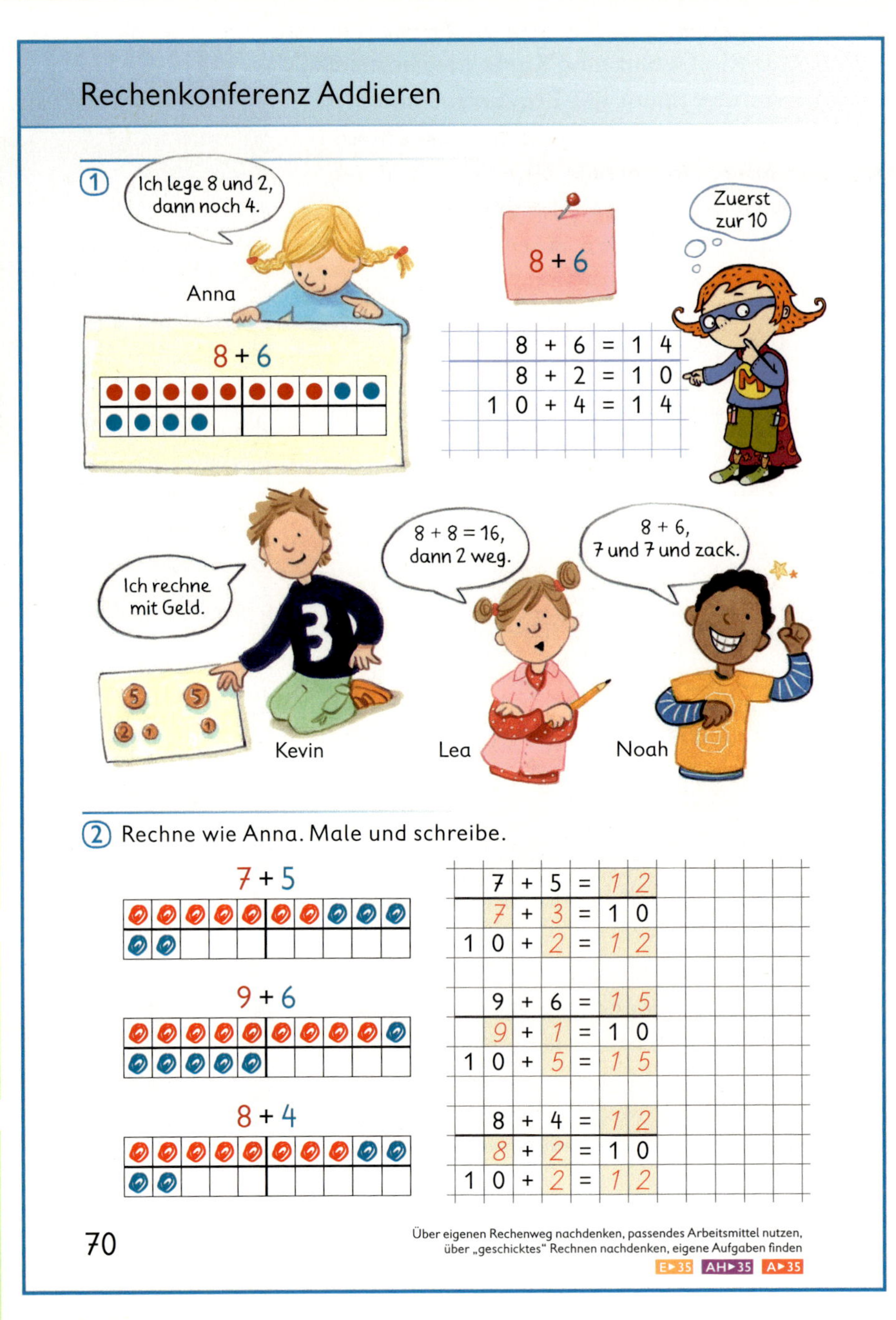

Rechenkonferenz Addieren

①

	8	+	6	=	14
	8	+	2	=	10
1	0	+	4	=	14

② Rechne wie Anna. Male und schreibe.

7 + 5

	7	+	5	=	12
	7	+	3	=	10
1	0	+	2	=	12

9 + 6

	9	+	6	=	15
	9	+	1	=	10
1	0	+	5	=	15

8 + 4

	8	+	4	=	12
	8	+	2	=	10
1	0	+	2	=	12

70

Über eigenen Rechenweg nachdenken, passendes Arbeitsmittel nutzen, über „geschicktes" Rechnen nachdenken, eigene Aufgaben finden

E▸35 AH▸35 A▸35

① Aufgaben am Zwanzigerfeld lösen

Gleichung notieren

② Aufgabe am Zwanzigerfeld lösen

Rechenschritte notieren

① Aufgaben erlesen, im Zwanzigerfeld eintragen

Rechenstrategien benennen und nachvollziehen

Rechenschritte notieren

vier Aufgaben wählen und schrittweise rechnen

② Aufgaben schrittweise lösen

③ vier Aufgaben wählen und schrittweise rechnen

EINSTIEGE 35

Rechenkonferenz Addieren – Über den Zehner

① Rechne am Zwanzigerfeld.

8 + 3 = 8 + 5 = 7 + 4 = 9 + 6 = 8 + 6 = 5 + 7 =

② Male und schreibe.

7 + 6 6 + 8 6 + 6

35

ARBEITSHEFT 35

Rechenkonferenz Addieren – Über den Zehner

① Rechne wie Anna. Male und schreibe.

8 + 5 7 + 7

② Rechne.

6 + 9 = 8 + 3 = 4 + 7 = 9 + 8 = 5 + 9 = 8 + 8 =

③ Rechne 4 Aufgaben.

7 + 8 = 8 + 6 = 9 + 3 = 5 + 7 = 6 + 6 = 2 + 9 = 9 + 9 = 3 + 8 =

35

SCHUL-
BUCH 71

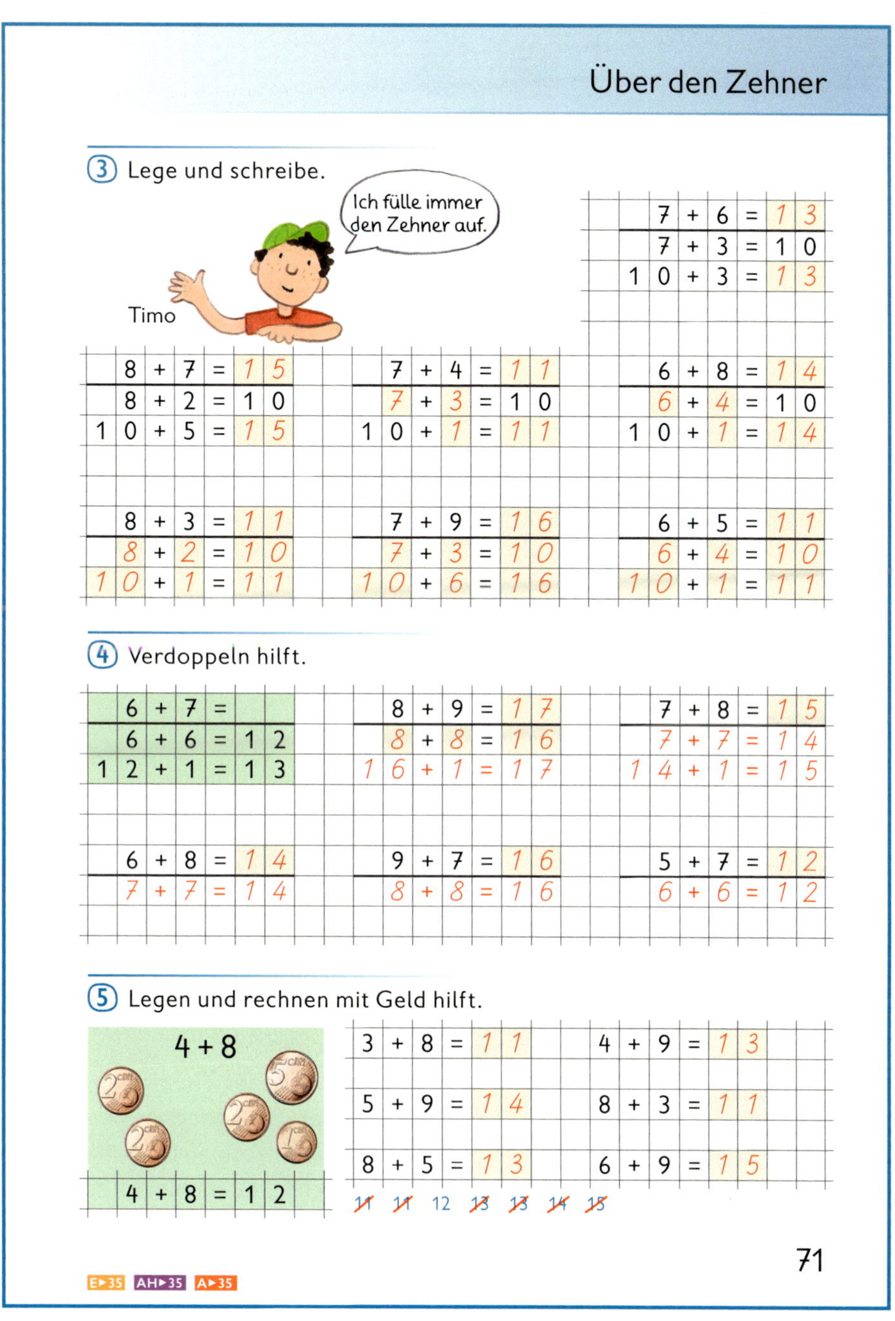

Über den Zehner

③ Lege und schreibe.

Timo: Ich fülle immer den Zehner auf.

7 + 6 = 13
7 + 3 = 10
10 + 3 = 13

8 + 7 = 15	7 + 4 = 11	6 + 8 = 14
8 + 2 = 10	7 + 3 = 10	6 + 4 = 10
10 + 5 = 15	10 + 1 = 11	10 + 4 = 14

8 + 3 = 11	7 + 9 = 16	6 + 5 = 11
8 + 2 = 10	7 + 3 = 10	6 + 4 = 10
10 + 1 = 11	10 + 6 = 16	10 + 1 = 11

④ Verdoppeln hilft.

6 + 7 =	8 + 9 = 17	7 + 8 = 15
6 + 6 = 12	8 + 8 = 16	7 + 7 = 14
12 + 1 = 13	16 + 1 = 17	14 + 1 = 15

6 + 8 = 14	9 + 7 = 16	5 + 7 = 12
7 + 7 = 14	8 + 8 = 16	6 + 6 = 12

⑤ Legen und rechnen mit Geld hilft.

4 + 8

4 + 8 = 12

3 + 8 = 11	4 + 9 = 13
5 + 9 = 14	8 + 3 = 11
8 + 5 = 13	6 + 9 = 15

~~11~~ ~~11~~ 12 ~~13~~ ~~13~~ ~~14~~ ~~15~~

71

E▸35 AH▸35 A▸35

③ Zwanzigerfeld legen

Aufgaben in Schritten rechnen und notieren

Strategie: bis zur 10, dann weiterrechnen

④ Aufgaben schrittweise lösen

Strategie: Verdoppeln

⑤ Aufgaben mit Geld legen und so lösen

Ergebnis notieren

Lösungszahlen beachten

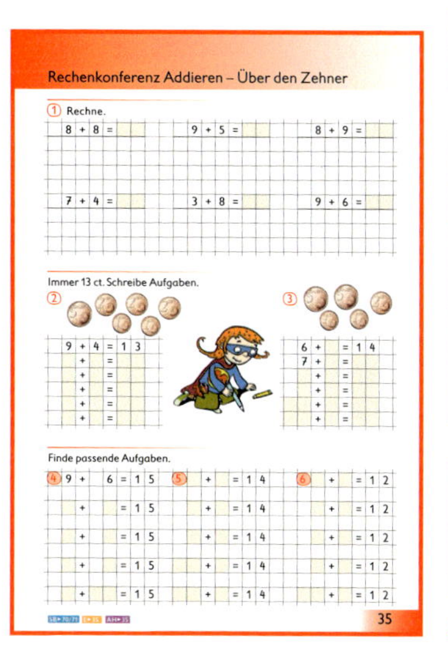

Rechenkonferenz Addieren – Über den Zehner

① Rechne.

8 + 8 = 9 + 5 = 8 + 9 =

7 + 4 = 3 + 8 = 9 + 6 =

Immer 13 ct. Schreibe Aufgaben.

② 9 + 4 = 13

③ 6 + = 14
7 +

Finde passende Aufgaben.

④ 9 + 6 = 15 ⑤ + = 14 ⑥ + = 12

35

① Aufgaben lösen

② und ③ zum Betrag von 13 ct verschiedene Münzkombinationen legen

dazu passende Rechnungen notieren

④ bis ⑥ zur Summe passende Summanden eintragen

AUFSTIEGE 35

70/71 Rechenkonferenz Addieren

KOMMENTAR

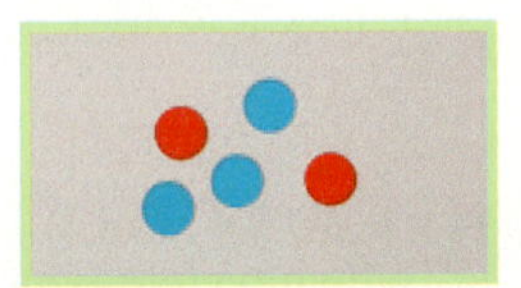
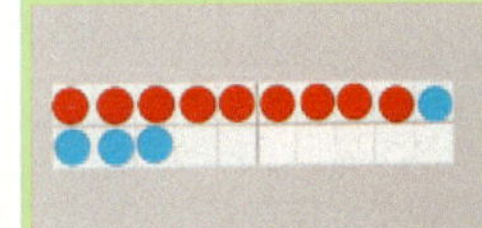

Material

Wendeplättchen, Zwanzigerfelder, Spielgeld

▶ KV 46

Hinweise zum Unterrichtsthema

Heuristische Strategien können von den Kindern eingesetzt werden, um den Rechenprozess zur Lösung einer Aufgabe zu vereinfachen.
Dazu gehören:

- Tauschaufgaben: Summand 1 und 2 werden getauscht. Beispiel: Zur Bearbeitung der Aufgabe 3 + 10 lohnt sich die Anwendung der Tauschaufgabe 10 + 3 = 13, da so der Bezugspunkt 10 genutzt werden kann.
- Analogieaufgaben: Zu einer Aufgabe wird eine weitere gebildet, die mit der ersten in Beziehung steht. Beispiel: Um die Aufgabe 15 + 3 zu lösen wird die Aufgabe 5 + 3 = 8 gelöst, die schon erlernt wurde. Dann werden Rückschlüsse auf das Ergebnis der ursprünglichen Aufgabe gezogen: 15 + 3 = 18.
- Verdopplungsaufgaben: Hierbei sind Summand 1 und Summand 2 gleich. Beispiel: Die Aufgabe 9 + 8 ist vorgegeben. Durch Lösen der Verdopplungsaufgabe 9 + 9 = 18 kann gefolgert werden, dass durch einen um 1 kleineren Summanden auch ein um 1 kleineres Ergebnis entsteht: 9 + 8 = 17.
- Nachbaraufgaben: Nachbaraufgaben unterscheiden sich um einen um 1 kleineren oder größeren Summanden. Beispiel: Über die Nachbaraufgabe 12 + 3 = 15 lässt sich die Aufgabe 12 + 4 = 16 lösen. Die Anwendung der Nachbaraufgabe ist hier einfacher, da das Wissen der Schüler um die Fünferstrukturierung zur Lösung beiträgt.
- Beim schrittweisen Rechnen wird bis zum nächsten Zehner und dann weiter gerechnet. Beispiel: Die Aufgabe 8 + 7 lässt sich lösen durch die Aufgaben 8 + 2 = 10 und 10 + 5 = 15.
- Gegensinniges Verändern meint das Vergrößern des einen und Verkleinern des anderen Summanden um jeweils die gleiche Zahl. Beispiel: Die Aufgabe 6 + 8 wird durch die Aufgabe 7 + 7 = 14 berechnet.

(inhaltlich: Padberg, F.: Didaktik der Arithmetik. Spektrum Akademischer Verlag, S.90–92, 2005)

Gute Voraussetzungen zum Entdecken, bewussten Erlernen und Anwenden heuristischer Strategien bei Additions- und Subtraktionsaufgaben im Zahlenraum bis 20 haben die Kinder, wenn sie in den vorangegangenen Stunden vielfältige handlungsorientierte Vorstellungen zur Addition erworben haben, Additionsaufgaben im Zahlenraum bis 10 mit strukturiertem Material gelöst haben und bereits die Zahlzerlegungen bis 10 und einige Zahlensätze des kleinen Einspluseins und Einsminuseins auswendig beherrschen.
Durch ein regelmäßiges Thematisieren dieser strategischen Herangehensweisen in Rechenkonferenzen können die Schüler diese zunächst durchschauen, hinsichtlich ihrer Richtigkeit und Effektivität argumentativ überprüfen, bewerten, ggf. verwerfen oder zukünftig bewusst anwenden.

Schulbuch 70/71

Hinweise zum Unterrichtsablauf

Die Schüler erlesen in der Darstellung zu Aufgabe 1 die Aufgabe 8 + 6 = ▢. Im Unterrichtsgespräch werden die verschiedenen angebotenen Lösungsstrategien der abgebildeten Kinder thematisiert und in einer Rechenkonferenz von den Schülern hinsichtlich ihrer Effektivität diskutiert. Dabei kann, falls erforderlich, auch auf Material wie Zwanzigerfeld oder Münzen zurückgegriffen werden. Sobald die Kinder die verschiedenen Lösungsstrategien erörtert und inhaltlich verstanden haben, sollten einige Beispiele dazu an der Tafel gerechnet werden. Anschließend können sie die entsprechenden Seiten im Schulbuch bearbeiten.

Hinweise zu den Aufgaben

Seite 70

Aufgabe 1
Die Schüler lesen die vorgegebene Rechenaufgabe wie auch die angegebenen Lösungswege, vollziehen letztere nach und diskutieren deren Effektivität in einer Rechenkonferenz.

Aufgabe 2
Die Schüler erlesen die Aufgabe und zeichnen eine entsprechende Zahl roter und blauer Plättchen in das Zwanzigerfeld ein. Dann notieren sie schrittweise die Rechnung und tragen das Ergebnis ein. Strategie: schrittweises Rechnen (S. 198 unten)

Seite 71

Aufgabe 3
Die Schüler legen die Aufgaben im Zwanzigerfeld. Dann berechnen sie in Schritten das Ergebnis.

Aufgabe 4
Die Schüler berechnen die Aufgaben mit der Strategie des Verdoppelns und notieren die Rechnung in Schritten.

Aufgabe 5
Die Schüler legen die Aufgaben mit Spielgeld und notieren die Lösungen.

Einstiege 35

Aufgabe 1 (AB II)
Die Schüler lösen die Aufgaben am Zwanzigerfeld und notieren die Lösungen. Zu zwei Blanko-Zwanzigerfeldern denken sie sich eigene Aufgaben aus.

Aufgabe 2 (AB II)
siehe Schulbuch Seite 70, Aufgabe 2

Arbeitsheft 35

Aufgabe 1
siehe Schulbuch Seite 70, Aufgabe 2

Aufgabe 2
Die Schüler erlesen die Aufgabe, entscheiden sich für eine geeignete Rechenstrategie und notieren Rechnung und Lösung.

Aufgabe 3
Die Schüler suchen aus den vorgegebenen Aufgaben vier heraus und verfahren dann wie Aufgabe 2.

Aufstiege 35

Aufgabe 1
siehe Arbeitsheft, Aufgabe 2

Aufgaben 2, 3
Die Schüler legen mit Spielgeld Münzkombinationen, deren Betrag immer 13 ct entspricht und notieren die Rechnungen dazu.

Aufgaben 4–6 (AB II)
Zu vorgegebenen Summen finden die Schüler passende Summanden und tragen sie in die vorgegebenen Gleichungen ein.

Seit knapp zwei Jahrzehnten streiten sich Fachdidaktiker über die Frage, ob der Zehnerübergang im Unterricht des ersten Schuljahres besonders erarbeitet und hervorgehoben werden muss oder ob er „nebenbei“ unter Verwendung verschiedener Strategien und Lösungsmöglichkeiten behandelt werden kann.
Die Verfechter der ersten Ansicht betonen die immense Bedeutung der Strategie „Erst zum Zehner, dann darüber hinaus“ für das Rechnen in erweiterten Zahlenräumen und heben die besondere Stellung der Strategie „Schrittweise“ gerade für rechenschwache Kinder heraus. So haben Generationen von Erstklässlern vor Aufgaben der Art

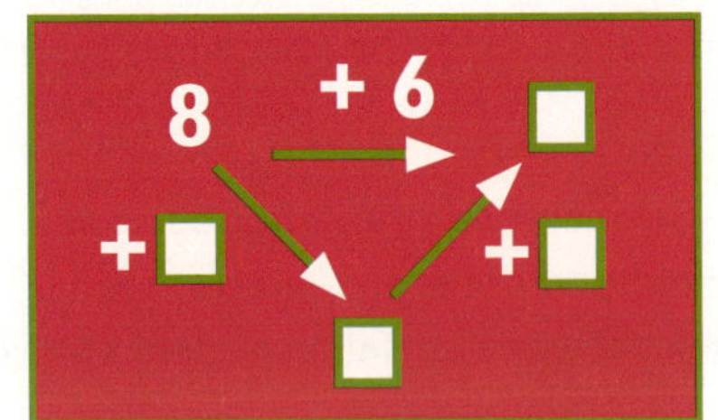

gesessen, schnell das Ergebnis 14 notiert und dann lange überlegt, welche Zahlen nun noch an die Pfeile geschrieben werden mussten. Machen wir uns nichts vor, der Großteil unserer Erstklässler kann die Aufgabe 8 + 6 lösen, wobei wir nicht immer wissen, ob das Kind die Aufgabe durch Weiterzählen, mit den Fingern oder sogar durch eine geschickte Strategie (6 + 8 ist genauso viel wie 7 + 7) löst oder bereits auswendig über das Ergebnis verfügt. Auch Nachfragen führen oft nur zu Aussagen wie dieser:

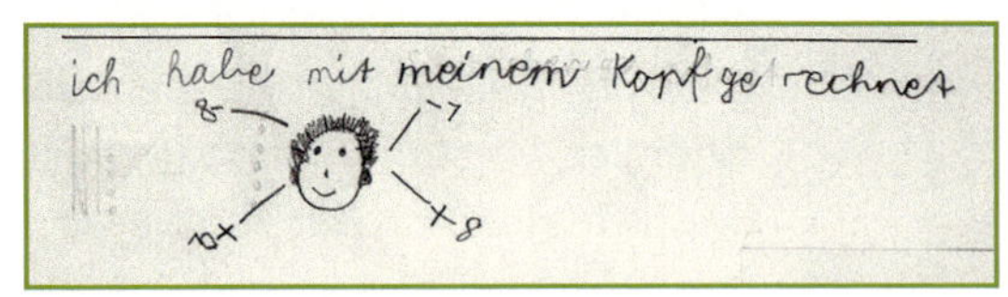

ÜBER DEN ZEHNER OHNE HÜRDEN

UNSICHERHEITEN BEI KINDERN

Das Bestehen auf die Anwendung der Zerlegungsstrategie verursacht bei vielen Kindern nur Unsicherheiten, weil sie Aufgaben in diesem Zahlenraum bisher schon sicher im Kopf lösen konnten und das Zerlegen des zweiten Summanden, „weil die Lehrerin das so will“, sie verwirrt.

INDIVIDUELLE WEGE BEIM ZEHNERÜBERGANG

Wichtiger erscheint zu diesem Zeitpunkt, den Zehnerübergang materialgestützt so zu erarbeiten, dass jedes Kind seinen individuellen Weg finden kann.

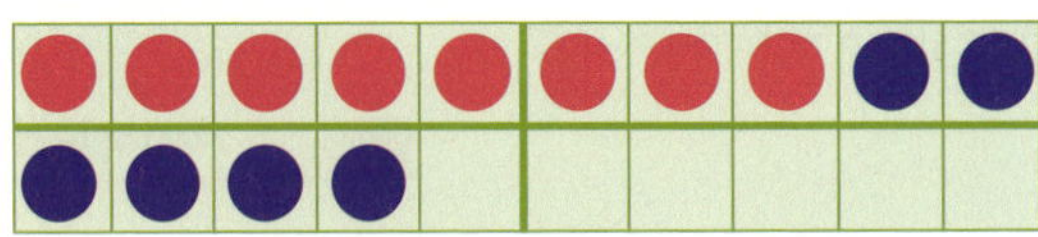

Erst zum Zehner auffüllen, dann darüber hinaus.

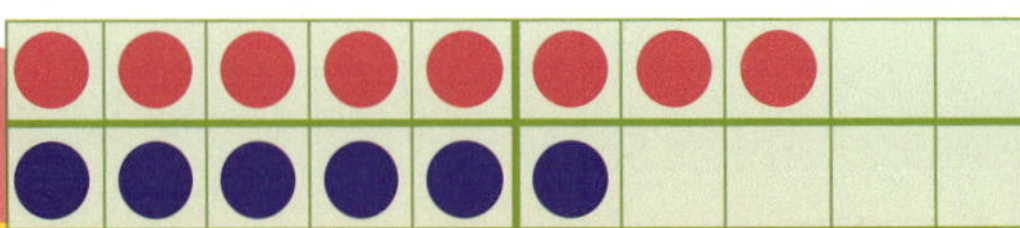

8 + 6 = (5 + 3) + (5 + 1); Ich sehe: (5 + 5) + 3 + 1 = 14

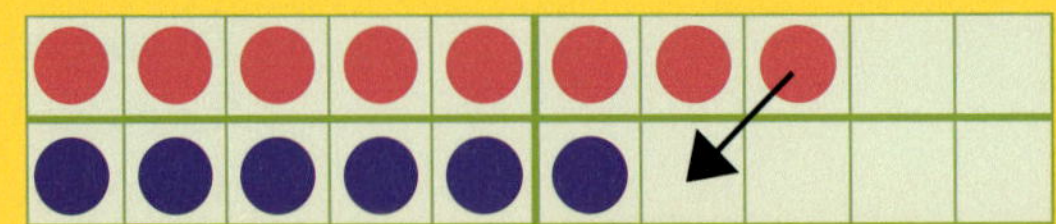

8 + 6 ist das Gleiche wie 7 + 7.

Dies spricht nicht dagegen, den Rechenweg „Zuerst zum Zehner, dann darüber hinaus“ im Unterricht zu thematisieren, es spricht nur dagegen, ihn in diesem eingeschränkten Zahlenraum als den einzig richtigen zuzulassen und ihn auch den Kindern zuzumuten, die schon längst diese Aufgaben im Kopf lösen können.

VERFÜGBARKEIT DER ZEHNERZERLEGUNG

Wichtiger erscheint es, im ersten Schuljahr die notwendigen Voraussetzungen zu schaffen, damit Kinder im zweiten Schuljahr in der Lage sind, Aufgaben mit gemischten Zehner/Einer-Zahlen und Zehnerüber- bzw. -unterschreitung sicher zu lösen. Eine tragfähige Grundlage dazu ist die Verfügbarkeit der Zehnerzerlegung, also das Auswendigbeherrschen aller Plusaufgaben mit dem Ergebnis 10. Von ersten Zerlegungen der 10 beim Plättchen werfen oder im Zerlegungshaus über die Darstellung der 10 im Zehner- und Zwanzigerfeld und die Notation aller Plusaufgaben zur 10, die immer wieder aufgegriffenen und erweiterten Zerlegungen der 10 sollten spätestens am Ende des ersten Schuljahres automatisiert sein, um bei Aufgaben im Zahlenraum bis 100 das Gedächtnis der Kinder zu entlasten und wirklich sinnvoll an Strategien „über den Zehner" arbeiten zu können.

SUBTRAKTION

Bezogen auf die Subtraktion gilt das Gleiche für die Aufgaben der Erweiterung des Zahlenraumes von 10 auf 20 und später auf 100. Nur wer den dekadischen Aufbau unseres Zehnersystems wirklich verstanden hat, kann zum vorigen Zehner zurückrechnen, um ihn dann zu unterschreiten.

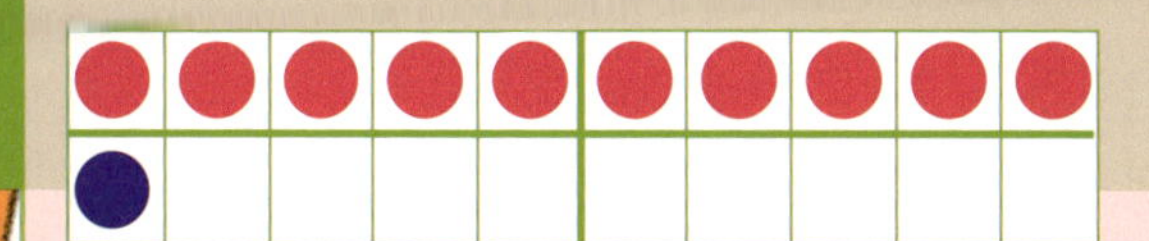

1 0 + 1 = 1 1

Daraus resultiert, dass die Aufgaben 10 + 1, 10 + 2 ... ebenso gedächtnismäßig verfügbar sein sollten wie ihre Umkehrung 11 – 1, 12 – 2 ....

TIPP

Für die Zahlenraumerweiterung auf 20 und später auf 100 lohnt sich die Herstellung eines Satzes laminierter Zahlenkarten, der aus roten Zehnerzahlen und blauen Einern besteht und auf der Rückseite mit Magnetband versehen ist. Durch Übereinanderschieben bzw. Auseinanderziehen lassen sich alle Zahlen bis 99 darstellen und in Zehner und Einer zerlegen.

10 + 5 = 15

15 – 5 = 10

72 Addieren mit Zehnerübergang

Plusaufgaben mit Zehnerüberschreitung lösen und dabei das Zwanzigerfeld als Darstellungsmittel nutzen; geschicktes Rechnen üben; Hilfsaufgaben nutzen: Nachbaraufgaben, Tauschaufgaben, Verdopplungsaufgabe

SCHULBUCH 72

① Super-Päckchen am Zwanzigerfeld lösen

② und ③ Super-Päckchen geschickt rechnen

④ Päckchenaufgaben durch Verdoppeln lösen

⑤ Aufgaben mit Hilfe von Tauschaufgaben lösen

Addieren mit Zehnerübergang

① Über den Zehner.

5 + 4 = 9	6 + 3 = 9	2 + 7 = 9
5 + 5 = 10	6 + 4 = 10	3 + 7 = 10
5 + 6 = 11	6 + 5 = 11	4 + 7 = 11
5 + 7 = 12	6 + 6 = 12	5 + 7 = 12
5 + 8 = 13	6 + 7 = 13	6 + 7 = 13

②	③
7 + 9 = 16	6 + 8 = 14
5 + 9 = 14	5 + 8 = 13
8 + 9 = 17	7 + 8 = 15
9 + 9 = 18	8 + 8 = 16
6 + 9 = 15	3 + 8 = 11
4 + 9 = 13	4 + 8 = 12

④ Verdoppeln hilft.

5 + 5 = 10	5 + 7 = 12	5 + 6 = 11
6 + 6 = 12	8 + 6 = 14	6 + 7 = 13
7 + 7 = 14	7 + 9 = 16	7 + 8 = 15
8 + 8 = 16	10 + 8 = 18	8 + 9 = 17
9 + 9 = 18	7 + 5 = 12	9 + 10 = 19

⑤ Tauschen hilft.

3 + 8 = 11	5 + 7 = 12	4 + 9 = 13
8 + 3 = 11	7 + 5 = 12	9 + 4 = 13
5 + 8 = 13	6 + 9 = 15	5 + 9 = 14
8 + 5 = 13	9 + 6 = 15	9 + 5 = 14

72

1–5 verschiedene Rechenstrategien bei Aufgaben mit Zehnerübergang anwenden
E▸36 AH▸36 A▸36

① Anzahlen verbinden, die zusammen 10 ergeben

② bis ④ Super-Päckchen am Zwanzigerfeld lösen

⑤ bis ⑦ Super-Päckchen geschickt lösen

⑧ bis ⑩ passende Aufgaben lösen und notieren

EINSTIEGE 36

Addieren mit Zehnerübergang

① bis ③ Aufgaben am Zwanzigerfeld lösen

④ bis ⑥ Super-Päckchen geschickt lösen

⑦ und ⑧ geschickt drei Summanden addieren

⑨ passende Gleichungen zu vorgegebenen Aussagen eintragen

ARBEITSHEFT 36

Addieren mit Zehnerübergang

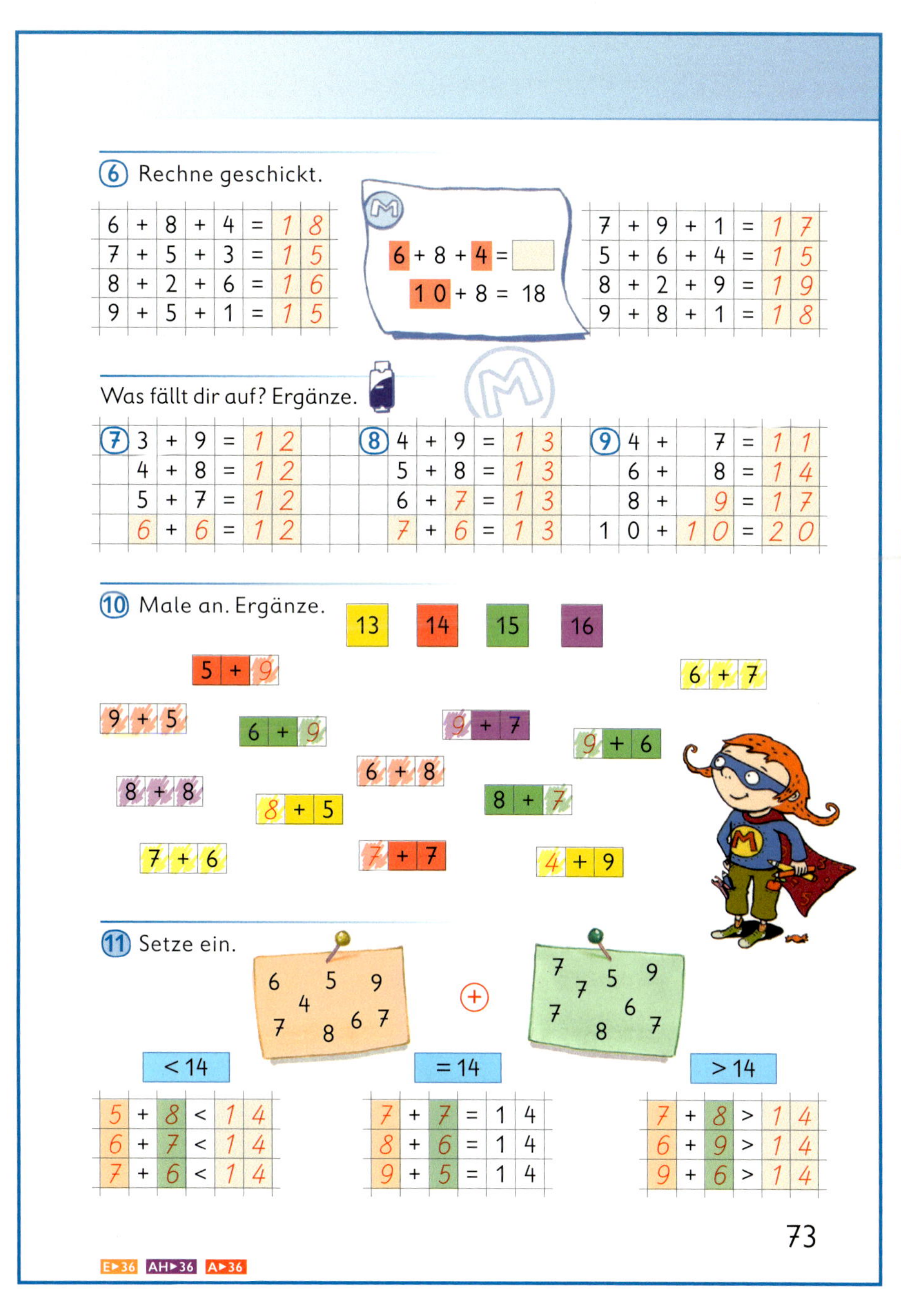

⑥ Rechne geschickt.

6	+	8	+	4	=	1	8
7	+	5	+	3	=	1	5
8	+	2	+	6	=	1	6
9	+	5	+	1	=	1	5

6 + 8 + 4 = ☐
10 + 8 = 18

7	+	9	+	1	=	1	7
5	+	6	+	4	=	1	5
8	+	2	+	9	=	1	9
9	+	8	+	1	=	1	8

Was fällt dir auf? Ergänze.

⑦

3	+	9	=	1	2
4	+	8	=	1	2
5	+	7	=	1	2
6	+	6	=	1	2

⑧

4	+	9	=	1	3
5	+	8	=	1	3
6	+	7	=	1	3
7	+	6	=	1	3

⑨

	4	+	7	=	1	1
	6	+	8	=	1	4
	8	+	9	=	1	7
1	0	+	1 0	=	2	0

⑩ Male an. Ergänze.

13 14 15 16

5 + 9
6 + 7
9 + 5
6 + 9
9 + 7
9 + 6
6 + 8
8 + 8
8 + 5
8 + 7
7 + 6
7 + 7
4 + 9

⑪ Setze ein.

6 5 9 4 7 8 6 7 (+) 7 7 5 9 7 6 8 7

< 14

5	+	8	<	1	4
6	+	7	<	1	4
7	+	6	<	1	4

= 14

7	+	7	=	1	4
8	+	6	=	1	4
9	+	5	=	1	4

> 14

7	+	8	>	1	4
6	+	9	>	1	4
9	+	6	>	1	4

73

E▸36 AH▸36 A▸36

⑥
drei Summanden geschickt addieren

⑦ bis ⑨
Aufgaben durch gegensinniges Verändern der Summanden lösen

Additions- und Ergänzungsaufgaben lösen

⑩
Aufgaben passend zum Ergebnis einfärben

Terme vervollständigen

⑪
passende Gleichungen zu vorgegebenen Aussagen notieren

Addieren mit Zehnerübergang

Was fällt dir auf? Ergänze.

Rechne geschickt.

⑨ Rechne und male.

36

① bis ⑥
Super-Päckchen lösen und fortführen

⑦ und ⑧
Aufgaben geschickt ergänzen und lösen

⑨
Sachsituation erfassen, Murmelanzahl beider Kinder berechnen

AUFSTIEGE 36

72/73 Addieren mit Zehnerübergang

KOMMENTAR

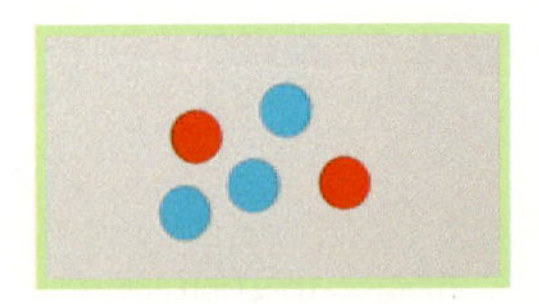

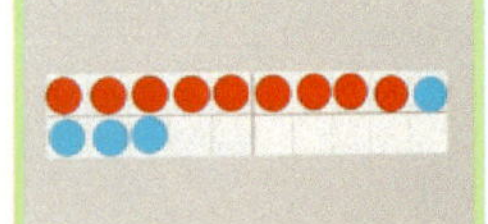

Material
Zwanzigerfelder zur Demonstration, Plättchen

Hinweise zum Unterrichtsthema
Das Zwanzigerfeld eignet sich besonders gut, um verschiedene Rechenstrategien zur Lösung von Aufgaben mit Zehnerüberschreitung sichtbar zu machen und zu benennen. Auf diese Weise erhalten die Schüler Anregungen für die Anwendung dieser Rechenverfahren in verschiedenen Aufgabenstellungen. Dabei wird das bewegliche Denken der Kinder gefordert und provoziert, wenn sie sich für eine sinnvolle Strategie entscheiden müssen. Sie lernen, Aufgaben formal, ohne Anschauungsmittel, mit nicht-zählenden Rechenverfahren zu lösen. Dabei werden die Rechenfähigkeiten und -fertigkeiten der Schüler weiter ausgebaut und die Grundaufgaben des kleinen Einspluseins gefestigt.

Schulbuch 72/73

Hinweise zum Unterrichtsablauf
Zu Beginn des Unterrichts präsentiert die Lehrerin auf Tonkartonstreifen verschiedene Additionsaufgaben, die das Nutzen von Rechenstrategien provozieren und bietet den Schülern dabei zur Lösung das Zwanzigerfeld als Veranschaulichungsmittel an. Die Schüler legen die Aufgaben im Zwanzigerfeld, benennen die dabei gefundenen Rechenstrategien, wägen sie gegeneinander ab und notieren die sinnvollen auf dem Tonkartonstreifen unter der bearbeiteten Aufgabe. Diese Tonkartonstreifen werden gut sichtbar im Klassenraum aufgehängt. Nun können zu den verschiedenen gefundenen Rechenstrategien weitere Beispiele von den Schülern benannt und im Zwanzigerfeld gelegt werden. Anschließend bietet die Lehrerin Plusaufgaben an, die von den Kindern mit Hilfe der Rechenstrategien ausschließlich formal gelöst werden sollen. Dabei bietet es sich an, alle Aufgabenformate der Doppelseite beispielhaft zu behandeln.

Hinweise zu den Aufgaben

Seite 72

Aufgabe 1
Die Schüler lösen die Päckchenaufgaben mit Hilfe des Zwanzigerfeldes. In den Päckchen können sie verschiedene Aufgabenmuster erkennen: Im ersten und zweiten bleibt der erste Summand in jeder Aufgabe gleich, der zweite wird von Aufgabe zu Aufgabe stetig um 1 größer, im dritten Päckchen verhält es sich umgekehrt.

Aufgaben 2, 3
Diese Aufgaben fordern die Schüler zum geschickten Rechnen auf. Sie addieren den ersten Summand mit 10 und ziehen dann vom Ergebnis die Differenz zwischen zweitem Summand und Zehner wieder ab. Dieser Rechenweg erweist sich als geschickt, da die Kinder Aufgaben, in denen Zehner addiert werden, in der Regel mühelos rechnen können.

Aufgabe 4
Die Kinder lösen zunächst die vorgegebenen Verdopplungsaufgaben und nutzen deren Ergebnisse anschließend als Stützpunktwissen zur Bearbeitung der folgenden Aufgaben. Beispiel: Um die Aufgabe 5 + 7 zu berechnen, lösen die Schüler zuerst die Verdopplungsaufgabe 5 + 5 = 10. Da der zweite Summand der ursprünglichen Aufgabe um 2 größer ist als 5, addieren sie zum Ergebnis noch 2 und erhalten 12 als Endergebnis.

Aufgabe 5
Die Schüler lösen zuerst die Tauschaufgabe, um das Ergebnis der ersten vorgegebenen Aufgabe zu ermitteln.

Seite 73

Aufgabe 6

Die Schüler addieren zuerst die Summanden der dreigliedrigen Aufgaben, die zusammen 10 ergeben. Dann addieren sie den dritten Summanden zum errechneten Ergebnis.

Aufgaben 7–9

In den Päckchenaufgaben erkennen die Kinder das darin vorgesehene Muster, führen es fort und lösen die Aufgaben.

Aufgabe 10

Die Kinder vervollständigen und berechnen die Additionsterme und malen diese abhängig von deren Ergebnissen in der vorgegebenen Färbung an.

Aufgabe 11 (AB II)

Aus den Feldern suchen die Kinder jeweils eine Zahl heraus. Sie überprüfen, ob beide Zahlen miteinander addiert die im Päckchen angegebene Aussage erfüllen. Trifft dies zu, setzen sie diese in das Aufgabengerüst ein und notieren das Ergebnis. Passt das gefundene Ergebnis nicht zur Aussage, so müssen sie nach einem anderen Zahlenpaar suchen.

Einstiege 36

Aufgabe 1

Die Kinder verbinden die Anzahlen von Eiern, die zusammen 10 ergeben.

Aufgaben 2–4

siehe Schulbuch Seite 72, Aufgabe 1
Das Muster des dritten Päckchens entspricht hier dem der ersten beiden.

Aufgaben 5–7

Die Kinder lösen die Aufgaben möglichst geschickt, nutzen dabei Verdopplungs-, Nachbar-, Tauschaufgaben …

Aufgaben 8–10

Die Schüler entnehmen der Abbildung, welche Geldmenge zur dargestellten hinzugegeben wird. Durch Addition beider Geldmengen erhalten sie die Gesamtsumme und notieren die Rechnung.

Arbeitsheft 36

Aufgaben 1–3

Die Kinder lösen die Päckchenaufgaben mit Hilfe des Zwanzigerfeldes und kontrollieren ihre Ergebnisse.

Aufgaben 4–6

Die Kinder lösen die Super-Päckchen und kontrollieren ihre Ergebnisse.

Aufgaben 7, 8

siehe Schulbuch Seite 73, Aufgabe 6

Aufgabe 9 (AB II)

siehe Schulbuch Seite 73, Aufgabe 11

Aufstiege 36

Aufgaben 1–6 (AB II)

siehe Schulbuch Seite 73, Aufgaben 7–9
Allerdings wird in diesen Aufgaben hauptsächlich der zweite Summand gesucht, der durch Ergänzen in Schritten vom ersten Summanden zum Zehner und dann zur Ergebniszahl gefunden werden muss.

Aufgaben 7, 8 (AB II)

Die Kinder lösen die dreigliedrigen Aufgaben durch Ergänzen in Schritten.

Aufgabe 9 (AB II)

Die Kinder betrachten die Abbildung und erlesen die Informationen in den Sprechblasen. Sie wissen, dass sie aus den Zahlen von 1 bis 15 ein Zahlenpaar finden müssen, deren Differenz 3, deren Summe aber 15 ergibt. Dieses Zahlenpaar können sie finden, indem sie für verschiedene Zahlenpaare die genannten Bedingungen überprüfen. (Lösung: 9 und 6 Murmeln)

74 Rechenkonferenz – Subtrahieren

Strategien zur Bearbeitung von Subtraktionsaufgaben mit Zehnerüberschreitung im Zahlenraum bis 20 besprechen, erlernen und nutzen

SCHULBUCH 74

① Rechenstrategien nachvollziehen und besprechen

② Aufgaben am Zwanzigerfeld lösen

Rechenschritte notieren

① bis ④ Aufgaben am Zwanzigerfeld oder mit Rechengeld legen

Aufgaben lösen

⑤ bis ⑦ Super-Päckchen lösen

① Rechenstrategie nachvollziehen

Aufgabe in Schritten lösen

② Aufgaben im Zwanzigerfeld legen und zeichnen

Rechnungen schrittweise notieren

③ bis ⑤ Aufgaben mit Rechengeld legen und lösen

⑥ bis ⑧ Super-Päckchen vervollständigen und lösen

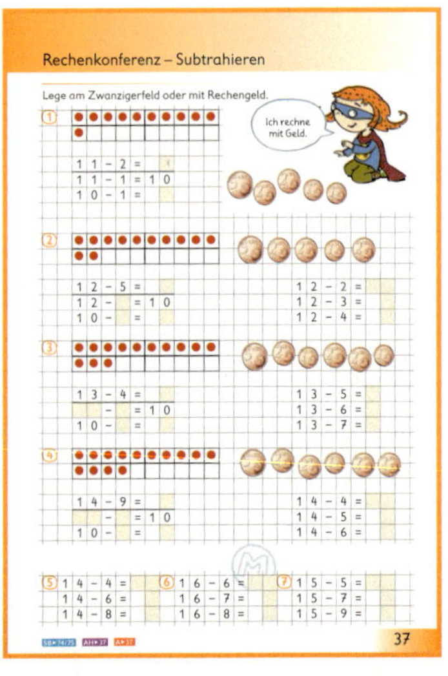

EINSTIEGE 37

ARBEITSHEFT 37

SCHUL-
BUCH 75

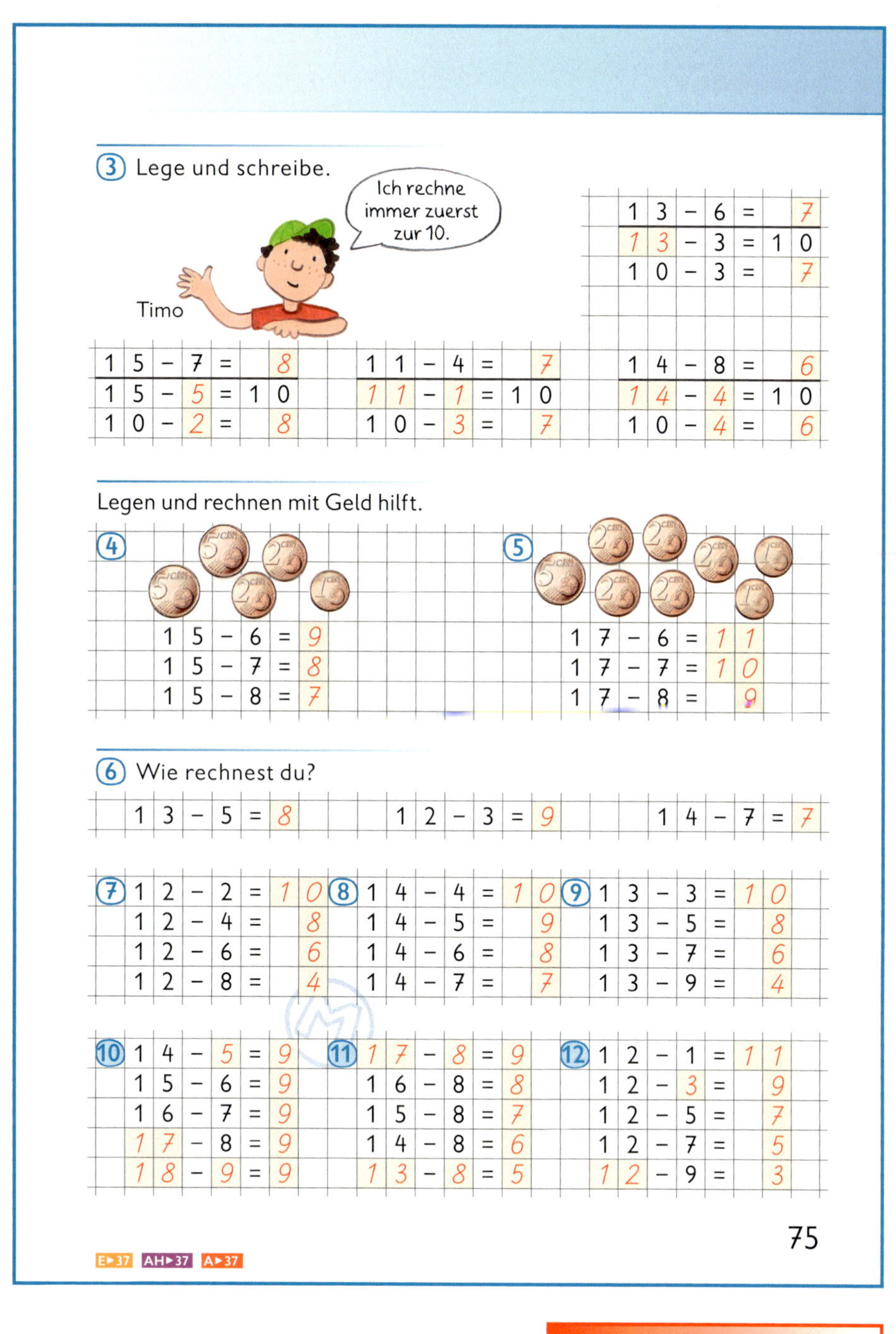

③ Lege und schreibe.

13 − 6 = 7
13 − 3 = 10
10 − 3 = 7

15 − 7 = 8
15 − 5 = 10
10 − 2 = 8

11 − 4 = 7
11 − 1 = 10
10 − 3 = 7

14 − 8 = 6
14 − 4 = 10
10 − 4 = 6

Legen und rechnen mit Geld hilft.

④
15 − 6 = 9
15 − 7 = 8
15 − 8 = 7

⑤
17 − 6 = 11
17 − 7 = 10
17 − 8 = 9

⑥ Wie rechnest du?

13 − 5 = 8 12 − 3 = 9 14 − 7 = 7

⑦
12 − 2 = 10
12 − 4 = 8
12 − 6 = 6
12 − 8 = 4

⑧
14 − 4 = 10
14 − 5 = 9
14 − 6 = 8
14 − 7 = 7

⑨
13 − 3 = 10
13 − 5 = 8
13 − 7 = 6
13 − 9 = 4

⑩
14 − 5 = 9
15 − 6 = 9
16 − 7 = 9
17 − 8 = 9
18 − 9 = 9

⑪
17 − 8 = 9
16 − 8 = 8
15 − 8 = 7
14 − 8 = 6
13 − 8 = 5

⑫
12 − 1 = 11
12 − 3 = 9
12 − 5 = 7
12 − 7 = 5
12 − 9 = 3

E▸37 AH▸37 A▸37

75

③
Aufgaben in Schritten rechnen und notieren

Strategie: bis zur 10, dann weiterrechnen

④ und ⑤
Aufgaben mit Rechengeld legen und lösen

⑥
Rechenstrategie wählen

Aufgaben lösen

⑦ bis ⑫
Aufgabenfolgen lösen und ggf. vervollständigen

Subtrahieren im Zwanzigerraum

① Male an und fülle aus.

37

①
Aufgaben passend zum Ergebnis einfärben

Terme vervollständigen

② und ③
dreigliedrige Aufgaben geschickt rechnen

④ bis ⑧
Aufgabenpäckchen lösen und ggf. fortführen

AUFSTIEGE 37

74/75 Rechenkonferenz – Subtrahieren

KOMMENTAR

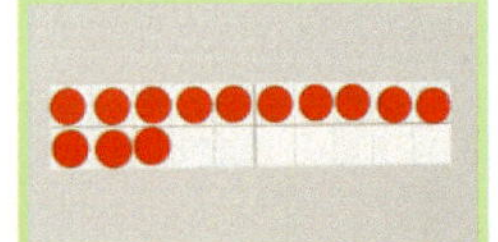

Material

Rechengeld, Zwanzigerfelder, Wendeplättchen

Hinweise zum Unterrichtsthema

Auf dieser Doppelseite steht das schrittweise Rechnen als heuristische Strategie im Vordergrund. Dabei bildet die 10 einen wichtigen Bezugspunkt beim Rechnen. Z.B. wird bei der Aufgabe 15 – 7 zuerst 15 – 5 = 10 (zurück zum vollen Zehner), dann 10 – 2 = 8 (Abziehen vom vollen Zehner) gerechnet.

(inhaltlich: Padberg, F.: Didaktik der Arithmetik. Spektrum Akademischer Verlag, S. 108, 2005)

Ein weiterer möglicher Lösungsweg kombiniert das schrittweise Rechnen mit dem Erzeugen von Nachbaraufgaben, um zum Ergebnis zu gelangen:

15 – 5 = 10, 15 – 6 = 9, 15 – 7 = 8

Gute Voraussetzungen zum Entdecken, Thematisieren und bewussten Erlernen heuristischer Strategien bei Subtraktionsaufgaben im Zahlenraum bis 20 haben die Kinder,

- wenn sie in den vorangegangenen Stunden vielfältige handlungsorientierte Vorstellungen zur Subtraktion erworben haben (Abdecken, Wegnehmen, Weggehen, Plättchen wenden …),
- wenn sie Subtraktionsaufgaben im Zahlenraum bis 10 mit strukturiertem Material gelöst haben und
- wenn sie bereits die Zahlzerlegungen bis 10 und einige Zahlensätze des kleinen 1 + 1 und 1 – 1 auswendig beherrschen.

Das schrittweise Rechnen können die Schüler zunächst mit Plättchen im Zwanzigerfeld oder mit Münzen handelnd (enaktiv), aber auch zeichnerisch (ikonisch) erproben und nachvollziehen. Durch ein regelmäßiges Thematisieren dieser Strategie in Rechenkonferenzen (s. Magazin 74/75), können die Schüler diese zunächst durchschauen, hinsichtlich ihrer Effektivität argumentativ überprüfen, bewerten, ggf. verwerfen oder aber zukünftig bewusst anwenden.

Schulbuch 74/75

Hinweise zum Unterrichtsablauf

Die Darstellung in Aufgabe 1 auf Seite 74 oben lässt die Kinder erkennen, dass es im Folgenden darum geht, die Aufgabe 14 – 6 = ☐ zu lösen. Im Unterrichtsgespräch werden die verschiedenen angebotenen Lösungsstrategien der abgebildeten Kinder thematisiert und in einer Rechenkonferenz hinsichtlich ihrer Effektivität diskutiert. Dabei kann, falls erforderlich, auch auf Material wie Zwanzigerfeld oder Rechengeld zurückgegriffen werden. Sobald den Kindern auffällt, dass die 10 in den Lösungen immer wieder Bezugspunkt ist, sollte ihnen Strategie und Begriff des schrittweisen Subtrahierens nahegebracht werden. Abschließend sollten weitere Minusaufgaben an der Tafel unter Zuhilfenahme dieser Lösungsstrategie gerechnet werden.

Hinweise zur Differenzierung

- In Partnerarbeit legen die Schüler Aufgaben mit verschiedenen Materialien und lösen mit der Strategie des schrittweisen Subtrahierens.
- Die Lehrerin nennt eine Subtraktionsaufgabe, die Schüler nennen und notieren die notwendigen verschiedenen Rechenschritte und die Lösung der Aufgabe.

Hinweise zu den Aufgaben

Seite 74

Aufgabe 1

Die Schüler lesen die vorgegebene Rechenaufgabe wie auch die angegebenen Lösungswege, vollziehen letztere nach und diskutieren deren Effektivität in einer Rechenkonferenz.

Aufgabe 2

Die Schüler erlesen die Aufgabe und zeichnen eine entsprechende Zahl roter und blauer Plättchen in das Zwanzigerfeld ein.

Dann notieren sie schrittweise die Rechnung und tragen das Ergebnis ein. Strategie: schrittweises Rechnen (s. 198 links unten)

Seite 75

Aufgabe 3

Die Schüler legen die Aufgaben im Zwanzigerfeld. Dann berechnen sie in Schritten das Ergebnis.

Aufgaben 4, 5

Die Schüler lösen die Folge von Subtraktionsaufgaben. Dabei können sie die Abbildungen der Münzen als Hilfestellung beim Rechnen nutzen.

Aufgabe 6

Die Schüler wählen zur Lösung der Aufgaben eine Rechenstrategie und beschreiben diese.

Aufgaben 7–9

Die Schüler lesen die Aufgabenfolgen und lösen diese.

Aufgaben 10–12 (AB II)

Die Schüler vervollständigen und lösen die Super-Päckchen.

Einstiege 37

Aufgaben 1–4

Die Schüler legen die Aufgaben am Zwanzigerfeld oder mit Rechengeld. Falls gefordert, notieren sie die notwendigen Rechnungen in Schritten und lösen so die Aufgaben.

Aufgaben 5–7

Die Schüler lösen die Super-Päckchen und rechnen dabei schrittweise im Kopf.

Arbeitsheft 37

Aufgabe 1

Die Schüler erlesen in der Abbildung die zu berechnende Aufgabe (13 − 5). Anhand der dargestellten Herangehensweise von Anna können sie das schrittweise Rechnen am Zehnerfeld als Handlungsschritte nachvollziehen. Zuerst drei, dann noch zwei Plättchen wegnehmen. Super M beschreibt diese Handlungsschritte formal in Form einer schrittweisen Rechnung (halbschriftliches Rechenverfahren). In der ersten Zeile wird die Ausgangsaufgabe notiert, darunter mit einem Lineal eine Linie gezogen. In der zweiten Zeile wird der erste Rechenschritt 13 − 3 = 10 notiert, in der dritten Zeile der letzte Rechenschritt 10 − 2 = 8. Die Lösung wird nun auch in die Ausgangsgleichung eingetragen.

Aufgabe 2

Die Schüler legen die Aufgaben am Zwanzigerfeld und lösen die Aufgaben dann im halbschriftlichen Rechenverfahren.

Aufgabe 3–5

Die Schüler legen die Päckchenaufgaben mit Rechengeld.

Aufgaben 6–8 (AB II)

Die Schüler erkennen das in den Päckchenaufgaben vorgesehene Muster, ergänzen diese entsprechend und lösen sie.

Aufstiege 37

Aufgabe 1

Die Kinder vervollständigen die Subtraktionsterme und malen diese abhängig von deren Ergebnissen in der vorgegebenen Färbung an.

Aufgaben 2, 3

Die Kinder lösen die dreigliedrigen Aufgaben geschickt, indem sie bei Aufgabe 2 jeweils die Ausgangszahl plus 1 und bei Aufgabe 3 minus 1 rechnen

Aufgaben 4–8

Die Kinder lösen die Aufgabenpäckchen und führen sie ggf. fort.

74/75

MAGAZIN

Die Lehrerin schreibt ein Rechenpäckchen an die Tafel. Sie denkt sich dabei nicht viel, sondern möchte nur die eingeführte Addition mit Zehnerüberschreitung an einigen Aufgaben üben. Sofort geht der erste Finger in die Höhe: „Mir fällt was auf!“ Julia kommt nach vorne und zeigt einen Zusammenhang zwischen den willkürlich gewählten Zahlen. Irgendein Zusammenhang besteht zumindest im Zahlenraum bis 20 immer. Die Lehrerin erschrickt etwas, denn sie hat gar keinen Zusammenhang intendiert. Aber sie ist auch stolz, dass das Suchen nach inneren Gesetzmäßigkeiten so selbstverständlich für ihre Klasse ist, dass diese auch dann gesucht werden, wenn dies weder erwartet noch gefragt ist.

Die zweite Zahl wird immer um 1 größer.

Die erste Zahl wird immer 1 mehr.

$2 + 1 = 3$
$3 + 2 = 5$
$4 + 3 = 7$
$5 + 4 = 9$

Beim Ergebnis sind immer 2 mehr.

RECHENKONFERENZEN

IM 1. SCHULJAHR – GEHT DAS ÜBERHAUPT?

VERÄNDERUNGEN UND GESETZMÄSSIGKEITEN IN RECHENPÄCKCHEN BESCHREIBEN

Das Reden über mathematische Zusammenhänge kann trainiert werden. Von den ersten Rechenpäckchen an lassen sich systematische Veränderungen beschreiben und begründen. Je häufiger dies im Unterricht geschieht, desto leichter fällt es den Kindern, Gesetzmäßigkeiten wahrzunehmen, zu beschreiben und langfristig auch als Rechenvorteile zu nutzen. Während vielen Kindern nur eine Besonderheit des Päckchens auffällt, gibt es in jeder Klasse auch Spezialisten, die ihren Mitschülern alle Zusammenhänge erklären können. Nicht nur diese werden besonders gefördert durch die Möglichkeit, stolz ihre Entdeckungen präsentieren zu können, sondern auch die anderen Kinder lernen zunehmend, genau hinzuschauen, Zahlenfolgen in den Blick zu nehmen und Zusammenhänge zwischen Aufgaben herzustellen. Diese Fähigkeit zahlt sich spätestens dann aus, wenn in erweiterten Zahlenräumen Analogien erkannt und genutzt werden können. Sie wird gefördert durch das Angebot operativer Päckchen, die nach einer erkannten Regel fortgeführt werden sollen.

5	–	4	=			1	0	–	0	=
6	–	3	=			1	0	–	2	=
7	–	2	=			1	0	–	4	=
	–		=			1	0	–		=
	–		=					–		=

RECHENKONFERENZ

Die Rechenkonferenz geht noch einen Schritt weiter. Ausgangspunkt ist eine Aufgabenstellung, die für die Kinder bisher neu ist, aber mit den bekannten Arbeitsmitteln und Veranschaulichungshilfen gelöst werden kann. Jedes Kind hat den Auftrag, sich genau zu überlegen, wie es die Aufgabe löst, sie zu lösen, dabei die Hilfsmittel zu wählen, die es möchte und seine Lösung hinterher vorzustellen. Neben Aussagen wie „Das habe ich weitergezählt“ oder „... einfach im Kopf gerechnet“ gibt es immer Kinder, die sich für verschiedene Hilfsmittel entscheiden oder sehr genau beschreiben können, wie sie eine Aufgabe im Kopf schrittweise lösen. Die verschiedenen vorgestellten Wege zur Lösung geben auch Kindern, die keine Ideen entwickelt haben, die Möglichkeit, über sinnvolle Wege nachzudenken. Der Lehrerin vermitteln sie gleichzeitig einen Einblick in die individuellen Lernwege der Kinder und bieten ihr das Material für die weitere Unterrichtsplanung. Einzelne Wege werden fokussiert und dienen in den nachfolgenden Unterrichtsstunden dazu, dass alle Kinder an geeigneten Aufgaben die Rechenwege ihrer Mitschüler erproben. „Rechne wie Anna!“

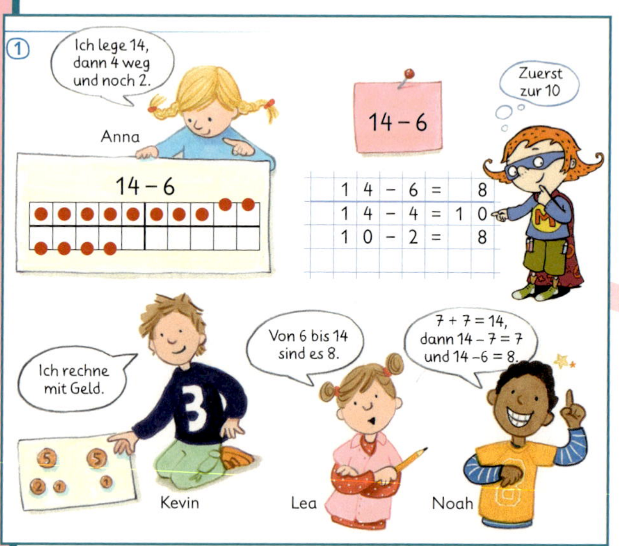

Erst die Erprobung verschiedener Lösungsmöglichkeiten verhilft den Kindern dazu, für sich selbst geeignete bzw. auch für bestimmte Aufgaben geeignete Verfahren zu finden und trägt langfristig dazu bei, ein Repertoire an Rechenstrategien aufzubauen.

MATHE-/STRATEGIE-KONFERENZEN

Rechenkonferenzen beschränken sich nicht auf arithmetische Aufgabenstellungen. Bezeichnet man sie als „Mathekonferenzen" oder „Strategiekonferenzen", so sind sie in allen Themenbereichen denkbar.

- Das Finden eigener Rechengeschichten zu einem Sachzusammenhang oder das Erstellen einer Sachaufgabenkartei für die Klasse kann der Anlass sein, sich in einer Konferenz gegenseitig die Aufgaben vorzustellen und darüber zu diskutieren, ob sie vollständig, verständlich und lösbar sind.
- Eine geometrische Aufgabenstellung wie „Wie viele verschiedene Würfelvierlinge gibt es?" kann zu einer Konferenz führen, bei der die Kinder doppelte Vierlinge aussortieren und ähnliche vergleichen.
- Alle Knobelaufgaben und Denkspiele bieten Lösungsstrategien, zu denen sich das Durchführen einer Strategiekonferenz lohnt.

text: Lisa Hat einEis auf den Eis sind 2 Belchen. Wivile sind auf 4 Eisen?
Bild:

4. Momo Hat eine katze die katze Hat 2 kinder. Wieviele kinder Haben 4 katzen?

KONFERENZEN IN KLEINEN SCHÜLERGRUPPEN

Rechenkonferenzen müssen nicht immer im Klassenverband durchgeführt werden, oft bietet es sich an, mit einer Kleingruppe, die schon zu Lösungen gelangt ist, in einer Ecke des Raumes eine „kleine" Konferenz durchzuführen. Während dieser Zeit können die anderen an eigenen Problemlösungen weiterarbeiten.

Mit zunehmender Erfahrung können die Kinder dann auch **selbst** kleine **Konferenzen organisieren**, in denen sie sich gegenseitig ihre Lösungen vorstellen und ein Feedback geben.

Rechenkonferenzen tragen in besonderem Maße dazu bei, die Fähigkeit zu mathematischem Denken und Arbeiten aufzubauen und auf das Erreichen der verbindlichen Anforderungen *Begründen*, *Darstellen* und *Kooperieren* hinzuarbeiten. Nebenbei erfahren hier die Kinder, dass es häufig verschiedene Wege zum selben Ziel gibt, die Auseinandersetzung mit einer Aufgabe auch lohnt, wenn der Lösungsweg nicht sofort ersichtlich ist, und sie lernen den produktiven Umgang mit eigenen Fehlern und denen der anderen. *(vgl. Vereinbarung über Bildungsstandards für den Primarbereich (KMK vom 15.10.2004))*

76 Übungen zum Subtrahieren

Subtrahieren im Zahlenraum bis 20 üben; Aufgabenmuster erkennen und fortführen lernen; Aufgaben zu bestimmten Vorgaben erzeugen lernen; Zwanzigerfeld als Hilfsmittel nutzen

SCHULBUCH 76

(1) Gleichungen notieren

(2) bis (7) Super-Päckchen lösen

(8) bis (10) Päckchenaufgaben lösen, Lösungszahlen nutzen

(11) Aufgaben rechnen, mit Lösungszahl verbinden

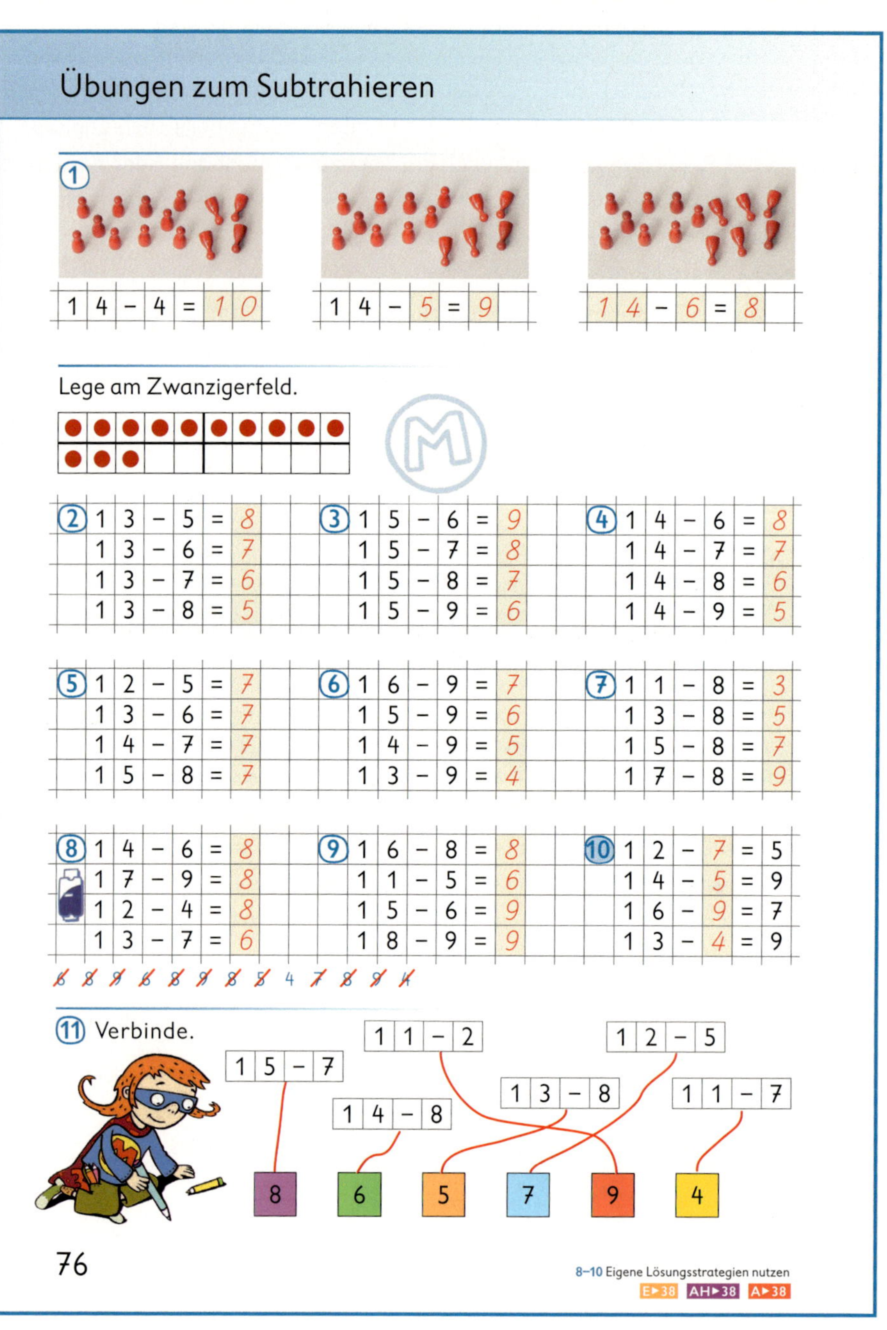

(1) Gleichungen notieren

(2) bis (4) Super-Päckchen lösen

(5) bis (7) zu drei Zahlen vier Aufgaben notieren

(8) bis (10) Aufgaben notieren und lösen

EINSTIEGE 38

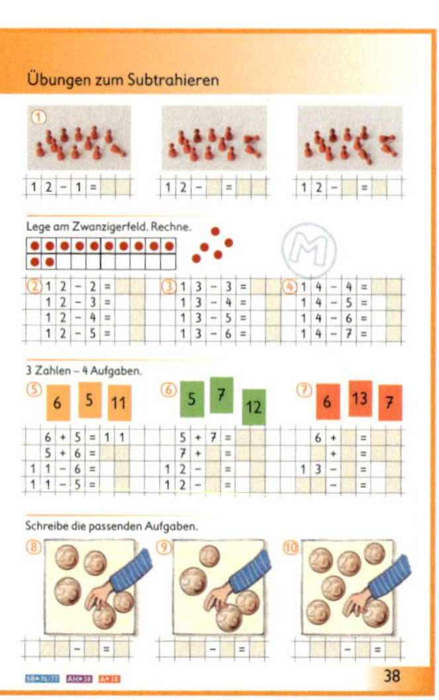

(1) Gleichungen notieren

(2) bis (4) Super-Päckchen am Zwanzigerfeld lösen

(5) bis (7) Aufgaben lösen, Lösungszahlen nutzen

(8) bis (10) zu drei Zahlen vier Aufgaben notieren

(11) mögliche Minusaufgaben notieren

ARBEITSHEFT 38

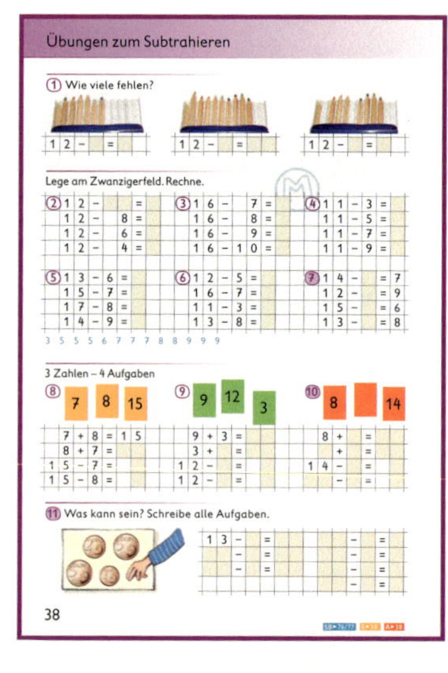

SCHUL-
BUCH 77

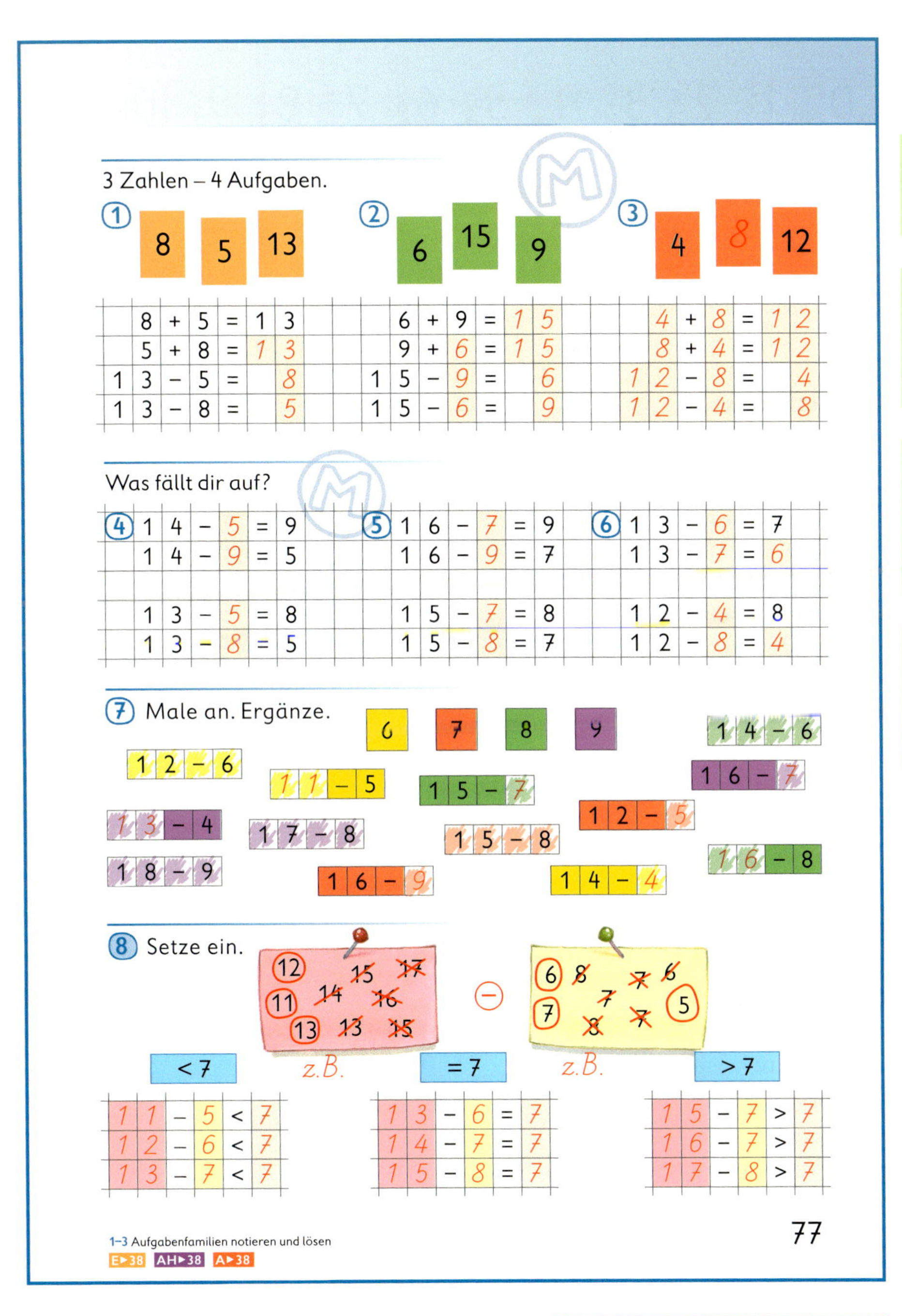
3 Zahlen – 4 Aufgaben.

① 8 5 13

8 + 5 = 13
5 + 8 = 13
13 − 5 = 8
13 − 8 = 5

② 6 15 9

6 + 9 = 15
9 + 6 = 15
15 − 9 = 6
15 − 6 = 9

③ 4 8 12

4 + 8 = 12
8 + 4 = 12
12 − 8 = 4
12 − 4 = 8

Was fällt dir auf?

④	⑤	⑥
14 − 5 = 9	16 − 7 = 9	13 − 6 = 7
14 − 9 = 5	16 − 9 = 7	13 − 7 = 6
13 − 5 = 8	15 − 7 = 8	12 − 4 = 8
13 − 8 = 5	15 − 8 = 7	12 − 8 = 4

⑦ Male an. Ergänze.

6 7 8 9

12 − 6, 11 − 5, 15 − 7, 14 − 6, 16 − 7, 12 − 5, 13 − 4, 17 − 8, 15 − 8, 18 − 9, 16 − 9, 14 − 4, 16 − 8

⑧ Setze ein.

12 15 17 14 16 11 13 13 15 − 6 8 7 7 6 7 8 7 5

z.B. z.B.

< 7	= 7	> 7
11 − 5 < 7	13 − 6 = 7	15 − 7 > 7
12 − 6 < 7	14 − 7 = 7	16 − 7 > 7
13 − 7 < 7	15 − 8 = 7	17 − 8 > 7

1–3 Aufgabenfamilien notieren und lösen
E▸38 AH▸38 A▸38

77

① bis ③ zu drei Zahlen vier Aufgaben notieren

④ bis ⑥ Aufgaben lösen, Auffälligkeiten beschreiben

⑦ Aufgaben passend zum Ergebnis einfärben

Terme vervollständigen

⑧ Aufgaben nach Vorgabe finden, notieren und lösen

Übungen zum Subtrahieren

Wie geht es weiter?

3 Zahlen – 4 Aufgaben

38

① bis ⑥ Super-Päckchen lösen

⑦ bis ⑨ zu drei Zahlen vier Aufgaben notieren

⑩ bis ⑫ Päckchenaufgaben lösen

⑬ Sachaufgabe lösen

AUFSTIEGE 38

76/77 Übungen zum Subtrahieren

KOMMENTAR

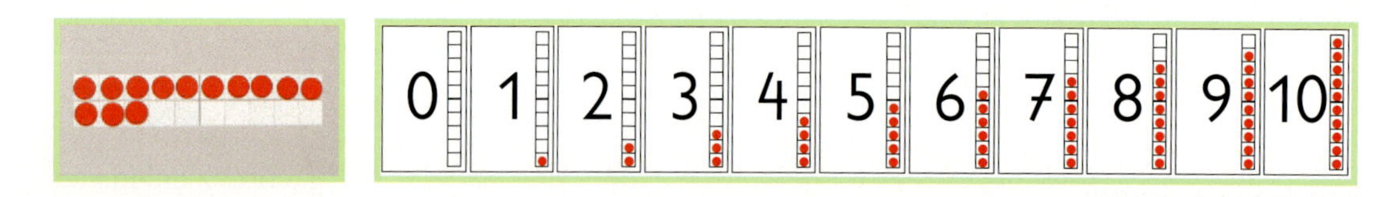

Material
Zwanzigerfeld, Plättchen, Zahlenkarten, Plus- und Minuskarten

Hinweise zum Unterrichtsthema
Man spricht in der Mathematik von zwei Arten des Übens, dem operativen und dem automatisierenden Üben. Letzteres dient dazu, bestimmte mathematische Fertigkeiten zu trainieren, z.B. das Subtrahieren als Verfahren.
Das operative Üben hat zum Ziel, den Lerner im Umgang mit Zahlen und Rechenoperationen beweglicher zu machen. Es legt vielfältige Beziehungen dieser Komponenten zueinander offen und befähigt ihn, sein mathematisches Wissen flexibel denkend anzuwenden.
(inhaltlich: Padberg, F.: Didaktik der Arithmetik. Spektrum Akademischer Verlag, S. 94, 2005).
Diese Schulbuchseiten werden beiden Übungsformen gerecht, indem sie den Kindern anhand der verschiedenen Aufgabentypen die Möglichkeit bieten, immer wieder Beziehungen von Zahlen und Aufgaben zueinander aufzudecken, zu verinnerlichen und anzuwenden. Dabei wird gleichzeitig das Verfahren der Subtraktion aktiv geübt.

Schulbuch 76/77

Hinweise zum Unterrichtsablauf
Zu Beginn der Unterrichtsstunde präsentiert die Lehrerin im Sitzhalbkreis vor der Tafel drei gut sichtbare Zahlenkarten. Wichtig ist, dass sich mit den darauf notierten Zahlen zwei Tauschaufgaben der Addition und zwei Umkehraufgaben der Subtraktion erzeugen lassen, deren Ergebnis wiederum einer der drei Zahlen entspricht. Zudem legt die Lehrerin mehrere Plus- und Minuszeichen hinzu.
Vermutlich beginnen die Schüler von sich aus, verschiedene Aufgaben mit den Zahlenkarten zu legen. Sie werden aber schnell bemerken, dass einige Gleichungen nicht vollständig gelegt werden können, da für deren Ergebnis keine Zahlenkarte vorhanden ist. Aufgaben, die sich komplett mit den Zahlenkarten legen lassen, werden an der Tafel notiert. Haben die Kinder vier verschiedene Aufgaben gefunden und erkannt, dass es nicht mehr sein können, regt die Darstellung zur genaueren Betrachtung der Aufgaben an. Die Kinder erkennen, dass immer zwei Aufgaben zusammengehören, nämlich Tauschaufgaben und Umkehraufgaben. Haben die Kinder die Aufgaben in die richtige Reihenfolge gebracht, können noch weitere Aufgabenbeispiele mit anderen Zahlenkarten gelegt und notiert werden.

Hinweise zu den Aufgaben

Seite 76
Aufgabe 1
Die Kinder notieren die zur Abbildung passende Subtraktionsaufgabe und lösen diese.
Aufgaben 2–7
Die Schüler lösen die Super-Päckchen am Zwanzigerfeld und erkennen das darin vorhandene Aufgabenmuster.
Aufgaben 8–10 (AB II)
Die Schüler lösen die Päckchenaufgaben und nutzen die vorgegebenen Lösungszahlen zur Kontrolle ihrer Ergebnisse.
Aufgabe 11
Die Schüler rechnen die Minusaufgaben und verbinden diese mit den korrekten Lösungszahlen.

Seite 77
Aufgaben 1–3
Die Schüler erzeugen unter Benutzung der drei vorgegebenen Zahlen zwei Plus- und zwei Minusaufgaben und lösen diese. Bei den Aufgaben handelt es sich um zwei Ad-

ditionsaufgaben, die Tauschaufgaben zueinander sind und um die dazu passenden Umkehraufgaben.

Aufgaben 4–6

Die Schüler lösen die Subtraktionsgleichungen, in denen jeweils der Minuend gefunden werden muss.

Aufgabe 7

Die Kinder lösen die Aufgaben und färben sie in der Farbe der vorgegebenen Lösungszahlen ein.

Aufgabe 8 (AB II)

Die Kinder notieren zu den Vorgaben passende Subtraktionsaufgaben

Hinweise zur Differenzierung

Es bietet sich an, die Kinder in Partnerarbeit mit eigenen Zahlenkarten Aufgaben finden, legen und notieren zu lassen.

Überdies können Kinder, die in der Nutzung des Zwanzigerfeldes noch unsicher sind, in Partnerarbeit eigene Minusaufgaben mit Plättchen im Zwanzigerfeld legen, lösen und anschließend notieren.

Einstiege 38

Aufgabe 1

Die Schüler betrachten die Abbildungen und notieren passende Subtraktionsgleichungen.

Aufgaben 2–4

Am Zwanzigerfeld lösen die Kinder die Super-Päckchen.

Aufgaben 5–7

siehe Schulbuch Seite 77, Aufgaben 1 bis 3

Aufgaben 8–10

Den einzelnen Abbildungen entnehmen die Kinder, wie viele Cent vom ursprünglichen Geldbetrag weggenommen werden und notieren jeweils die passenden Subtraktionsaufgaben.

Arbeitsheft 38

Aufgabe 1

siehe Einstiege, Aufgabe 1

Aufgaben 2–7

siehe Einstiege, Aufgaben 2 bis 4.

Bei den Aufgaben 5 bis 7 (AB II) können die Schüler die angegebenen Lösungszahlen nutzen.

Aufgaben 8–10 (AB II)

siehe Schulbuch Seite 77, Aufgaben 1 bis 3

Aufgabe 11 (AB II)

Anhand der vorgegebenen Münzwerte notieren die Kinder verschiedene Subtraktionsaufgaben.

Aufstiege 38

Aufgaben 1–6

siehe Einstiege, Aufgaben 2 bis 4

Aufgaben 7–9

siehe Schulbuch Seite 77, Aufgaben 1 bis 3

Aufgaben 10–12

Die Schüler vervollständigen die Päckchenaufgaben.

Aufgabe 13 (AB II)

Die Schüler betrachten den vorgegebenen Sachverhalt, lösen die Aufgabe im Kopf und notieren das Ergebnis. Möglicher Lösungsweg: $13 - 7 = 6$ und die Hälfte von 6 ist 3.

78 Überall Tabellen

Aufschriebe in Tabellenform in der eigenen Umgebung erkennen; Tabellen erlesen und für eigene Zwecke nutzen lernen, dabei die Bedeutung der Begriffe „Zeile“ und „Spalte“ klären

SCHULBUCH 78

① Aussagen der Tabellen bestimmen

② vorgegebene Daten in die Tabelle eintragen

③ der Tabelle Informationen entnehmen

korrekte Aussagen ankreuzen

Überall Tabellen

① Kakaoliste 1. Woche

	Kakao	Milch	Vanille
Tom	x		
Lisa		x	
Anne			x
Tobi			x

② Kakaoliste 3. Woche.
Trage ein!

	Kakao	Milch	Vanille
Tom	X		
Lisa		X	
Anne			X
Tobi			X

③ Unsere Klassendienste

Ja oder nein?
Kreuze an

	ja	nein
Tobi	○	X
Ina	X	○
Anne	○	X
Tom	○	X
Lisa	X	○

78

1 Welches Getränk hat Lisa für die 1. Woche bestellt?

E▸39 AH▸39 A▸39

① Rechengeld-Tabelle lösen

② und ③ Vorgehensweise zur Bearbeitung von Rechentabellen erfassen

Tabellen lösen

④ bis ⑨ in Tabellen rechnen

EINSTIEGE 39

In Tabellen rechnen

① Lege und male.

39

① Kakaoliste erlesen, Tobis Bestellung eintragen

② vorgegebene Daten in die Tabelle eintragen

passende Aussagen ankreuzen

③ bis ⑧ in Tabellen rechnen

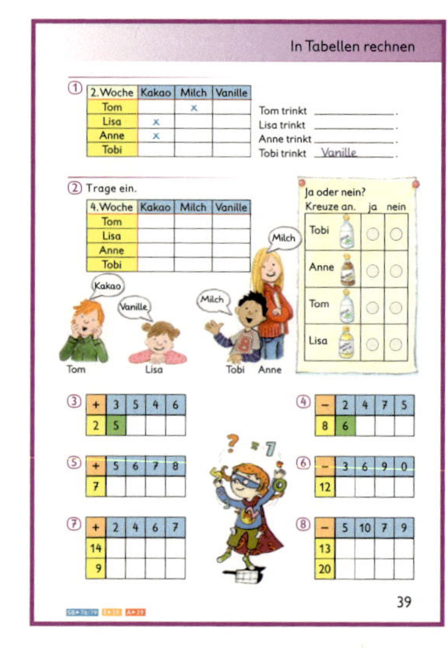

In Tabellen rechnen

39

ARBEITSHEFT 39

SCHULBUCH 79

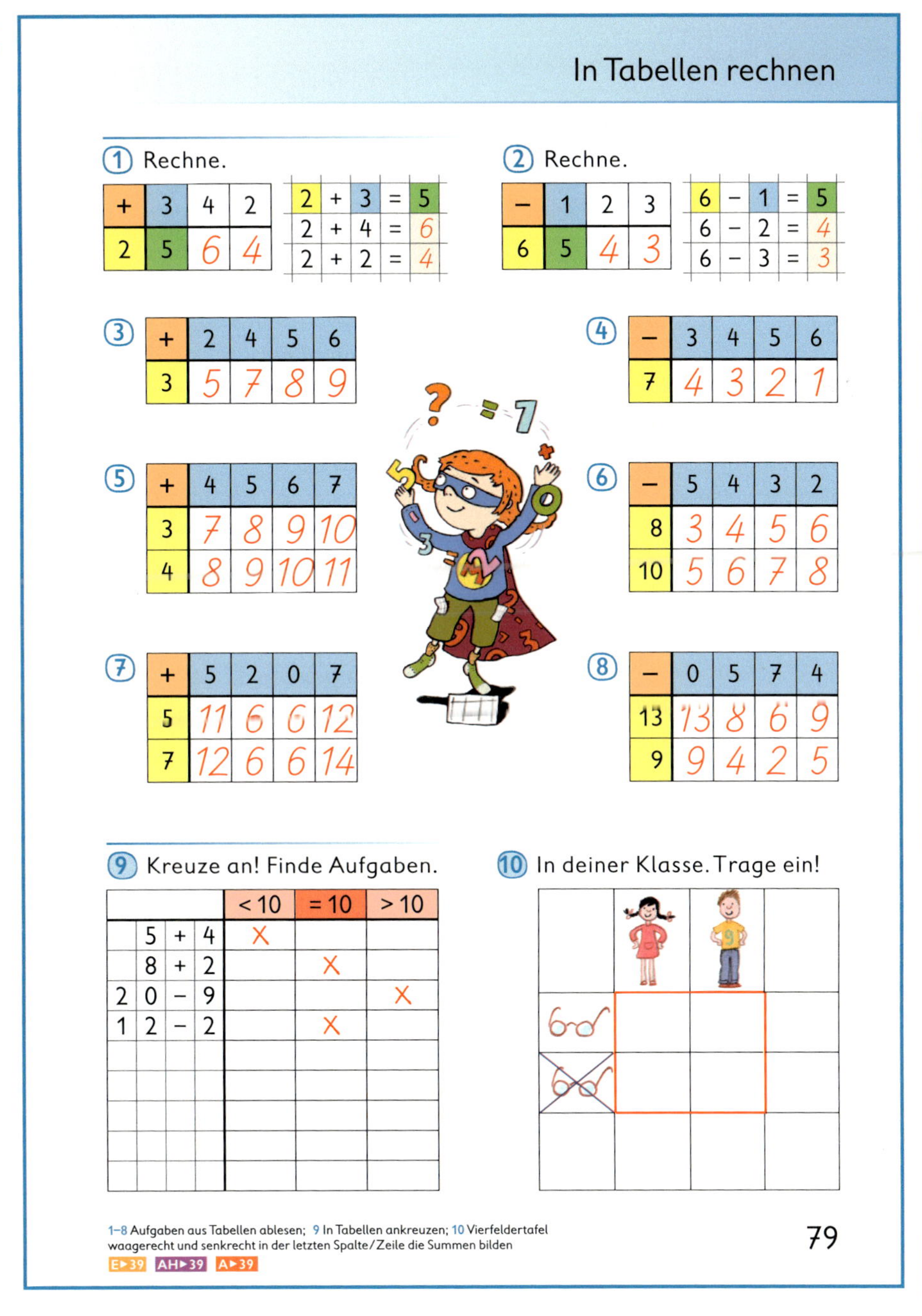

In Tabellen rechnen

① Rechne.

+	3	4	2
2	5	6	4

2 + 3 = 5
2 + 4 = 6
2 + 2 = 4

② Rechne.

−	1	2	3
6	5	4	3

6 − 1 = 5
6 − 2 = 4
6 − 3 = 3

③

+	2	4	5	6
3	5	7	8	9

④

−	3	4	5	6
7	4	3	2	1

⑤

+	4	5	6	7
3	7	8	9	10
4	8	9	10	11

⑥

−	5	4	3	2
8	3	4	5	6
10	5	6	7	8

⑦

+	5	2	0	7
5	11	6	6	12
7	12	6	6	14

⑧

−	0	5	7	4
13	13	8	6	9
9	9	4	2	5

⑨ Kreuze an! Finde Aufgaben.

	< 10	= 10	> 10
5 + 4	X		
8 + 2		X	
20 − 9			X
12 − 2		X	

⑩ In deiner Klasse. Trage ein!

1–8 Aufgaben aus Tabellen ablesen; 9 In Tabellen ankreuzen; 10 Vierfeldertafel waagerecht und senkrecht in der letzten Spalte/Zeile die Summen bilden

E▸39 AH▸39 A▸39

79

① und ②
Vorgehensweise zur Bearbeitung von Rechentabellen erfassen

Tabellen lösen

③ bis ⑧
Rechentabellen lösen

⑨
passende Aussagen zur Aufgabe ankreuzen

eigene, passende Aufgaben notieren

⑩
Werte für die eigene Klasse eintragen, Summen bilden und notieren

In Tabellen rechnen

Rechne.

Meine Tabellen.

⑦ Schreibe passende Aufgaben.

⑧ Trage ein. <, > oder =?

① bis ④
in Tabellen rechnen

⑤ und ⑥
eigene Zahlen einsetzen und Tabellen berechnen

⑦ und ⑧
passende Aufgaben bzw. Relationszeichen einsetzen

⑨
richtige Operationszeichen einsetzen, Tabelle lösen

AUFSTIEGE 39

78/79 Überall Tabellen

KOMMENTAR

Material
Folie der Kakaoliste der Klasse oder Folie von S. 78, Aufgabe 1 ▶ **KV 81**

Hinweise zum Unterrichtsthema
Um sich in der Lebenswelt zurechtzufinden, ist es immer wieder notwendig, sich in Tabellen zu orientieren, wie beispielsweise in Fahrplänen und Kontoauszügen. Auch Kinder haben bereits erste Erfahrungen mit verschiedenen Formen von Tabellen gemacht (z.B. Stundenplan). Vor dem Hintergrund dieses Lebensweltbezuges lernen die Schüler auf den Schulbuchseiten 78 und 79, sich in Tabellen zu orientieren, sie selbstständig auszufüllen und ihnen Informationen zweckgebunden zu entnehmen.
In Kopfzeile und Vorspalte sind Zahlen eingetragen, die durch ein beliebiges Operationszeichen miteinander verknüpft werden. Ergebnisse werden in entsprechende Tabellenfelder eingetragen. Rechentabellen sind ein spezielles Aufgabenformat zum produktiven Üben verschiedener Rechenoperationen, üblicherweise mit ganzen Zahlen im Zahlenraum bis 100.

Schulbuch 78/79

Hinweise zum Unterrichtsablauf
Seite 78: Überall Tabellen
Zu Beginn der Unterrichtsstunde präsentiert die Lehrerin den Schülern die klasseneigene Kakaoliste auf dem Overheadprojektor. In einem Unterrichtsgespräch wird gemeinsam geklärt, um welche Art von Tabelle es sich handelt. Des Weiteren werden Sinn und Zweck der Nutzung einer Kakaoliste erläutert, z.B.:
- Man weiß genau, welches Kind welches Getränk bestellt hat (Übersichtlichkeit).
- Man kreuzt an und muss nicht immer wieder das jeweilige Getränk notieren.

Überdies werden die Begriffe „Zeile“ und „Spalte“ erklärt, die zur Verständigung über Tabellen unverzichtbar sind. In einem weiteren Schritt empfiehlt es sich, das Lesen der Tabelle spielerisch zu üben:
- Die Lehrerin nennt einen Namen, die Schüler finden die entsprechende Zeile, die Spalte sowie das bestellte Getränk.
- Die Lehrerin nennt Zeilen- und Spaltennummer, die Schüler nennen die Information, die dort zu finden ist.
- Die Lehrerin trifft eine Aussage, z.B. „Tim hat Milch bestellt“. Die Schüler überprüfen die Aussage in der Tabelle auf Richtigkeit.

Seite 79: In Tabellen rechnen
Die Lehrerin präsentiert an der Tafel zunächst eine Rechtenabelle zur Addition (Aufgabe 1). Die Kinder entnehmen der Tabelle auf Grund des Pluszeichens, dass die enthaltenen Zahlen zu addieren sind. Durch die Vorerfahrungen zu Tabellen aus dem alltäglichen Kontext können sie erkennen, welche Zahlen der jeweiligen Zeilen und Spalten miteinander verknüpft, also addiert werden müssen. Berechnete Ergebnisse werden in das dafür vorgesehene Kästchen der Tabelle eingetragen.

Hinweise zu den Aufgaben

Seite 78

Aufgabe 1
Die Schüler lesen die Getränkebestellung der in der Tabelle aufgeführten Kinder ab und tragen ihre eigene Bestellung der aktuellen Woche ein.

Aufgabe 2
Die Schüler lesen die abgebildeten Sprechblasen, entnehmen diesen Informationen über deren Getränkebestellung und tragen diese entsprechend in die Kakaoliste ein.

Aufgabe 3
In der abgebildeten Tabelle werden einzel-

nen Kindern Klassendienste zugewiesen. Die Schüler entnehmen ihr diesbezüglich Informationen und können so die folgenden Aussagen mit ja oder nein durch Ankreuzen in einer weiteren Tabelle bewerten.

Seite 79

Aufgaben 1, 2
Die Schüler erschließen die Vorgehensweise zur Bearbeitung von Rechentabellen und lösen die vorgegebenen Tabellen.

Aufgaben 3–8
Die Schüler lösen die Rechentabellen.

Aufgabe 9 (AB II)
Zu einer mathematischen Verknüpfung (Plus- oder Minusaufgabe) finden die Schüler die passende Aussage und kreuzen diese in der Tabelle an. Anschließend finden sie eigene Aufgaben, die zu den Aussagen passen und tragen diese in der Tabelle ein.

Aufgabe 10 (AB II)
Die Kinder sammeln in der eigenen Klasse Informationen darüber, wie viele Mädchen und Jungen Brillen tragen und wie viele von ihnen keine Brille tragen. Dann berechnen sie die Anzahl aller Kinder, die eine Brille tragen bzw. nicht tragen. Ihre Ergebnisse übertragen sie in die vorgegebene Tabelle.

Einstiege 39

Aufgabe 1
Die Schüler addieren die in einer Rechentabelle mit Münzen dargestellten Beträge und tragen ihre Ergebnisse durch Zeichnen einer entsprechenden Anzahl Münzen in die dafür vorgesehenen Felder ein.

Aufgaben 2, 3
siehe Schulbuch Seite 79, Aufgaben 1 und 2

Aufgaben 4–9
Die Kinder lösen die Rechentabellen.

Arbeitsheft 39

Aufgabe 1
Die Kinder lesen die vorgegebene Kakaoliste und tragen die Bestellung von Tobi ein.

Aufgabe 2
Die Schüler lesen die abgebildeten Aussagen der Kinder, entnehmen diesen Informationen über deren Getränkebestellung und tragen sie entsprechend in die Kakaoliste ein.

Aufgaben 3–8
siehe Schulbuch Seite 79, Aufgaben 3–8

Aufstiege 39

Aufgaben 1–4
siehe Schulbuch Seite 79, Aufgaben 3 bis 8
Fehlende Zahlen in Kopfzeile und Vorspalte können die Kinder durch den Einsatz von Ergänzungsaufgaben bestimmen.

Aufgaben 5, 6
Die Kinder setzen in Kopfzeile und Vorspalte der Tabellen eigene Zahlen ein und lösen diese.

Aufgabe 7 (AB II)
Die Schüler tragen zu vorgegebenen Aussagen in einer Rechentabelle passende Aufgaben in der Vorspalte ein.

Aufgabe 8 (AB II)
Zu angegebenen Rechentermen finden die Schüler passende Relationszeichen und tragen sie ein.

Aufgabe 9 (AB II)
Die Schüler suchen zu einer unvollständigen Rechentabelle das passende Operationszeichen und setzen die fehlenden Werte ein.

TABELLEN IM ALLTAG

Tabellen sind aus unserem Alltag nicht mehr wegzudenken. Sie finden sich überall dort, wo viele Daten kurz und übersichtlich dargestellt werden sollen. Wir Erwachsene begegnen ihnen täglich als Fahrplan, Kalorientabelle, Bekleidungsgrößenübersicht und – nicht zu vergessen – **Bundesligatabelle**.

Rang	VR	Trikot	Verein	Sp	S	U	N	T	TD	P	Quali
1	(1)		Bayern München	14	9	4	1	30:8	+22	**31**	CL
2	(2)		Werder Bremen	14	9	3	2	32:17	+15	**30**	CL
3	(3)		Hamburger SV	14	9	3	2	22:10	+12	**30**	CLQ
4	(4)		Karlsruher SC (N)	14	8	2	4	16:16	0	**26**	Uefa
5	(5)		Bayer 04 Leverkusen	14	7	3	4	24:11	+13	**24**	Uefa

ERSTE TABELLEN

Die Erstklässler kommen schon früh in Kontakt mit den ersten Tabellen, auch wenn viele sie nur mit nach Hause nehmen, ohne zu wissen, was z.B. der Stundenplan genau sagt. Spätestens bei der Einführung von Wochenplänen müssen die Kinder jedoch erste Einblicke in das richtige „Lesen" von Tabellen gewinnen. Hier kommt es primär auf die Verfolgung der Zeilen an – eine vorbereitende Übung für komplexere Tabellen.
Die Spalten ✓ *fertig* und ✓ *kontrolliert* sind noch sehr übersichtlich.

	Mo	Di	Mi	Do	Fr
1.	X	X	X	X	X
2.	X	X	X	X	X
3.	X	X	Sport	X	X
4.	X	X	Sport	X	X
5.	Fö M			Fö D	
6.					

Wochenplan vom_ _ _ _bis_ _ . _ . _ _ 200_ _ _ für_ _ _ _ _ _ _ _ _ _ _ _ _ _ _ _			✓ fertig	✓ kontrolliert
	Aa Bb	☺		
		☺ ☺		
●●● ●● 3 + 2	Ⓜ Seite 25	☺		

MATHEMATISCHE VERKNÜPFUNGSTABELLEN

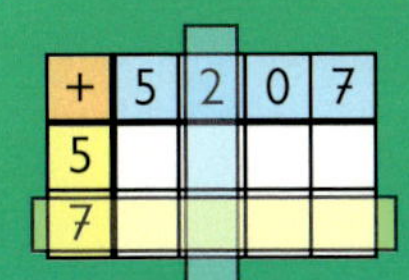

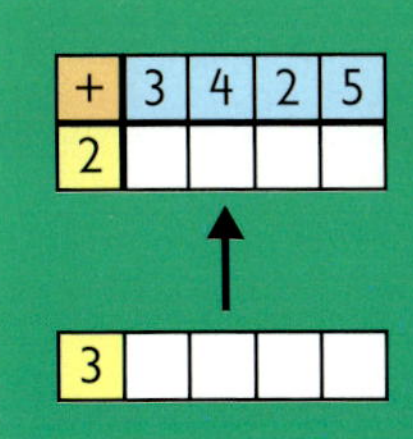

Werden dann erste mathematische Verknüpfungstabellen eingeführt, so muss das richtige Ausfüllen erst einmal geübt werden. Die Kinder müssen lernen, dass

- der erste Summand in der linken senkrechten Randspalte steht,
- der zweite Summand in der oberen horizontalen Randzeile (Kopfzeile) steht,
- das Operationszeichen + ganz links in der Kopfzeile steht,
- das Ergebnis dort stehen muss, wo sich die waagerechte Zeile des ersten Summanden mit der senkrechten Spalte des zweiten Summanden schneidet.

Dieses Verständnis wird schrittweise entwickelt, indem die erste Tabelle nur eine Zeile außer der Kopfzeile enthält. Nach Ausfüllen der Ergebniszeile kann die nächste Zeile eingefügt werden (Tafel). Enthalten die Tabellen dann mehr Zeilen, so ist es sinnvoll, am Overheadprojektor mit farbigen Folienstreifen zu arbeiten, die jeweils entsprechend der zu berechnenden Summe verschoben werden und deren Schnittfläche das Ergebnisfeld markiert.

TABELLEN IM MATHEMATIKUNTERRICHT VERFOLGEN VERSCHIEDENE ZIELE:

+	2	4		8
2			8	
	5			
4				

+	1	2	3	4
1	2	3	4	5
2	3	4	5	6
3	4	5	6	7
4	5	6	7	8

- In **Rechentabellen** lassen sich Aufgaben unterschiedlichen Schwierigkeitsgrades vermischt üben. Je nachdem welche Zellen ausgefüllt sind, müssen die Kinder addieren oder ergänzen.
- Tabellen machen **Gesetzmäßigkeiten** sichtbar und bieten Anlass, über systematische Veränderungen und Rechengesetze zu sprechen.
  - Wird der erste oder zweite Summand immer um 1 größer, so wird auch die Summe um 1 größer.
  - In der Nebendiagonalen stehen immer die gleichen Zahlen. In den Parallelen dazu ebenfalls.
  - ...
- Tabellen ermöglichen die übersichtliche Darstellung von Zusammenhängen.

Zahl	1	2	3	4	5	6	7	8	9	10
das Doppelte			6							

Erwachsene	1	2	3	4	5	6
Eintritt	4€					

Würfelsumme bilden	⚀	⚁	⚂	⚃	⚄	⚅
⚀	2	3	4	5	6	7
⚁	3	4	5	6	7	8
⚂	4	5	6	7	8	9
⚃	5	6	7	6	9	10
⚄	6	7	8	8	10	11
⚅	7	8	9	9	11	12

- Viele kombinatorische Aufgaben lassen sich mit Tabellen übersichtlich lösen.
  Welche Würfelergebnisse kommen beim Würfeln mit zwei Würfeln besonders oft/selten vor?

Tabellen lesen lernen leistet einen Beitrag zur Umwelterschließung, weil die an einfachen Rechentabellen erlernten Fähigkeiten sich auf die Orientierung in vielen Tabellen des Unterrichts und des alltäglichen Lebens übertragen lassen.

80 Im Schwimmbad

Addition mit Geldwerten zu verschiedenen Sachsituationen üben; Rechenwege strukturieren und notieren lernen; eigene Rechenwege finden; in Alltagssituationen mit Geld umgehen können; Preise einschätzen lerr

SCHULBUCH 80

① Eintrittspreise erlesen

Gesamtkosten berechnen und notieren

② Preisliste erlesen

Gesamtkosten errechnen und in der Tabelle notieren

Gesamtkosten für die Besuchergruppen errechnen

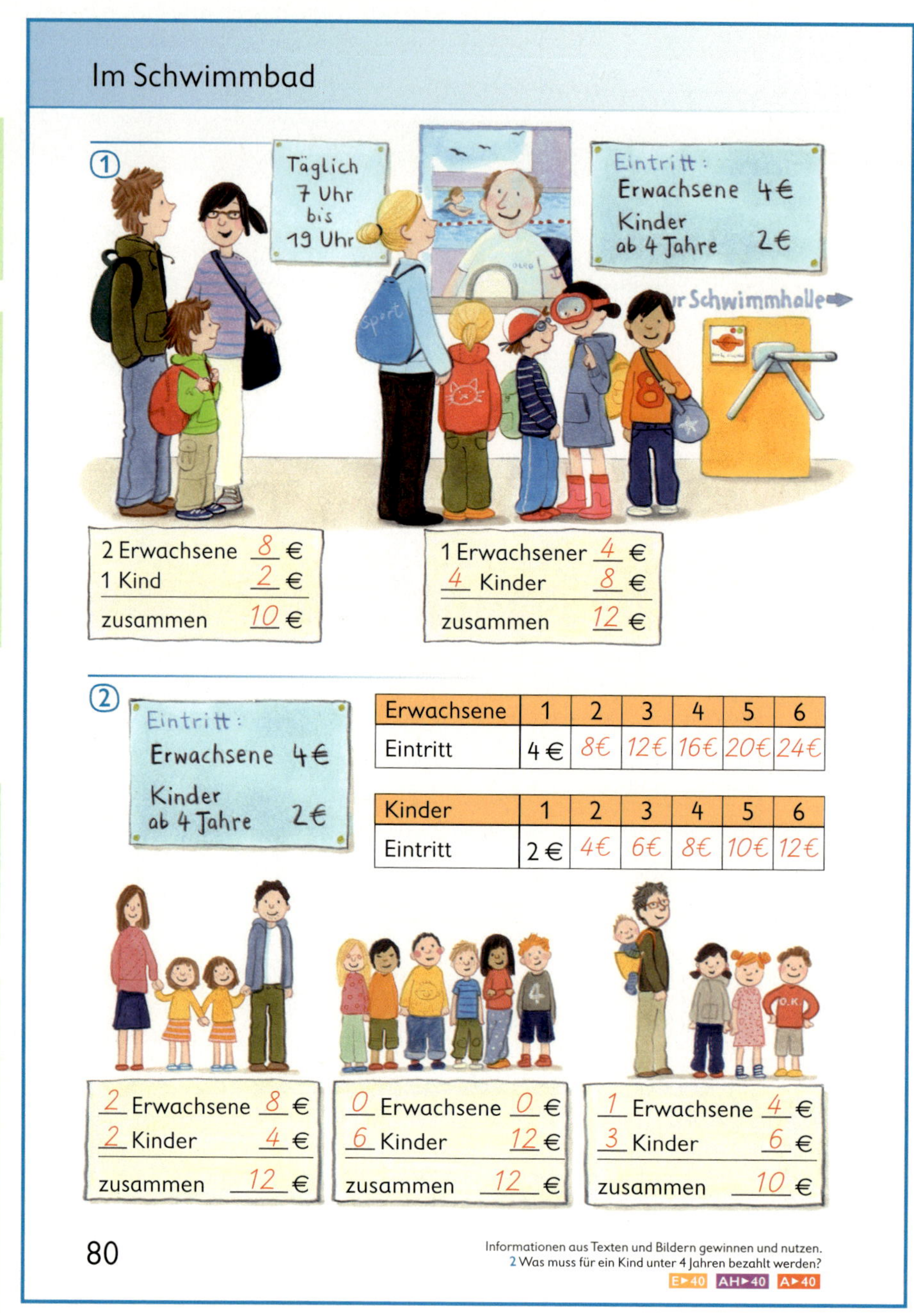

EINSTIEGE 40

① Eintrittspreise erlesen

Gesamtkosten berechnen

② Preisliste erlesen

Gesamtkosten errechnen und in der Tabelle notieren

Gesamtkosten für die einzelnen Gruppen berechnen

ARBEITSHEFT 40

① Gesamtkosten für die einzelnen Gruppen berechnen

② Gesamtkosten für Eisbestellung berechnen

③ Eisbestellung aufmalen und Gesamtkosten berechnen

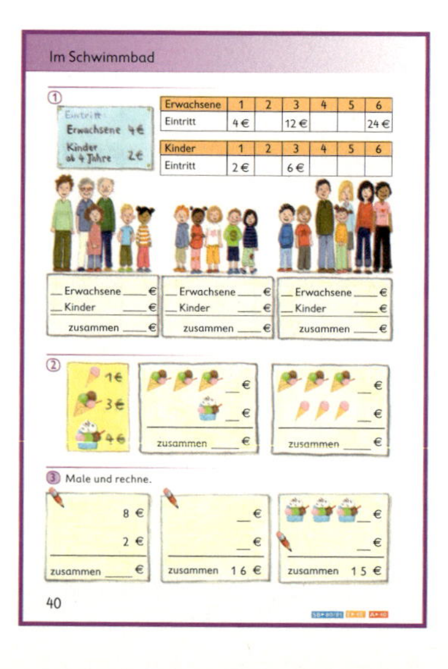

SCHUL-
BUCH 81

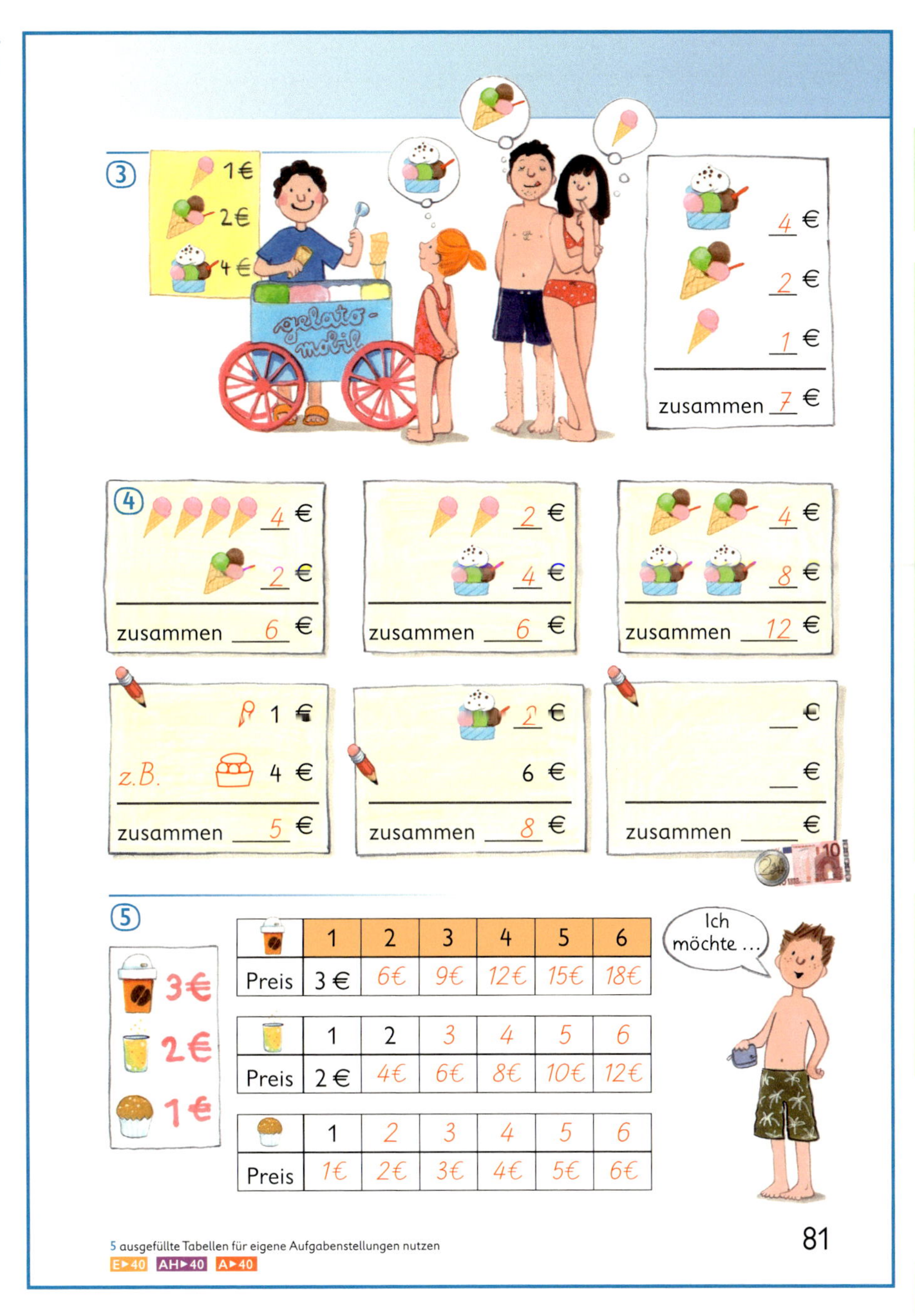

3

Eis mit 1 Kugel	1€
Eis mit 2 Kugeln	2€
Eisbecher	4€

Eisbecher	4 €
Eis mit 2 Kugeln	2 €
Eis mit 1 Kugel	1 €
zusammen	7 €

4

4 × Eis mit 1 Kugel	4 €
Eis mit 2 Kugeln	2 €
zusammen	6 €

2 × Eis mit 1 Kugel	2 €
Eisbecher	4 €
zusammen	6 €

2 × Eis mit 2 Kugeln	4 €
2 × Eisbecher	8 €
zusammen	12 €

	1 €
z.B.	4 €
zusammen	5 €

Eis mit 2 Kugeln	2 €
	6 €
zusammen	8 €

	€
	€
zusammen	€

5

Kaffee 3€, Saft 2€, Muffin 1€

Kaffee	1	2	3	4	5	6
Preis	3 €	6€	9€	12€	15€	18€

Saft	1	2	3	4	5	6
Preis	2 €	4€	6€	8€	10€	12€

Muffin	1	2	3	4	5	6
Preis	1€	2€	3€	4€	5€	6€

5 ausgefüllte Tabellen für eigene Aufgabenstellungen nutzen

E▸40 AH▸40 A▸40

81

③ Preisliste erlesen, Preise für Eisportionen notieren

④ Aufgabentyp 1:
Kosten der vorgegebenen Anzahlen von Eisportionen durch Addition der Einzelpreise ermitteln

Zwischenergebnisse addieren, Gesamtkosten notieren

Aufgabentyp 2:
vorgegebene Kosten erlesen, dazu passende Eisbestellungen finden und aufmalen

⑤ zu angegebenen Stückzahlen Kosten errechnen und in den Tabellen notieren

Im Kino

Erwachsene	1	2	3	4	5	6
Eintritt	7€				35€	42€

Kinder	1	2	3	4	5	6
Eintritt	3€					

40

① Eintrittspreise erlesen

Gesamtkosten berechnen und notieren

② Preisliste erlesen

Gesamtkosten errechnen und in der Tabelle notieren

Gesamtkosten für die Besuchergruppen errechnen

AUFSTIEGE 40

80/81 Im Schwimmbad

KOMMENTAR

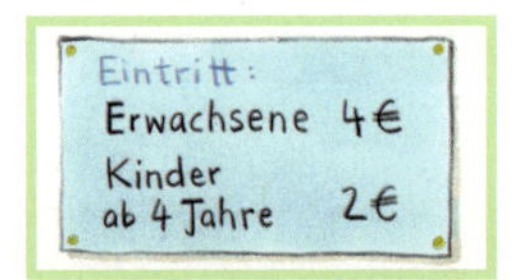

Material
Kopie der Preisliste eines Schwimmbades in Form einer Folie, Overheadprojektor

Hinweise zum Unterrichtsthema
Gerade in der heutigen Zeit kommt Kindern als Konsumenten viel mehr Bedeutung zu als noch vor zehn Jahren. Ihre Kaufkraft ist durch den regelmäßigen Erhalt stetig steigender Taschengeldbeträge erheblich in das marktwirtschaftliche Interesse gerückt. Deshalb werden zahlreiche Produkte auf die Wünsche der Kinder zugeschnitten und suggerieren, deren Besitz sei von unbedingter Notwendigkeit.
Darum ist es wichtig, die Position der Kinder als Käufer zu stärken und ihnen den Ausbau ihrer Fähigkeiten im verantwortlichen Umgang mit Geld zu ermöglichen. Diese Schulbuchdoppelseite gibt ihnen Gelegenheit, Einkaufssituationen nachzuspielen und dabei über das Verhältnis von Wünschen und Bedürfnissen nachzudenken. Die Schüler werden angeregt, Einkäufe so zu tätigen, dass sie mit ihrem Geld auskommen. Dazu erlernen sie, die notwendigen Rechenoperationen im Kopf oder auch schriftlich durchzuführen. Die bereits im Schulbuch angesprochenen Lerninhalte zum Thema „Geld" werden dabei genutzt und vertieft.

Schulbuch 80/81

Hinweise zum Unterrichtsablauf
Auf dem Overheadprojektor präsentiert die Lehrerin eine Preisliste des Schwimmbades aus der näheren Umgebung. Die Schüler erlesen die Preise und geben mündlich die Eintrittskosten für verschiedene Personen (Erwachsene, Kinder, Senioren) und Personengruppen (Familienpreise, Gruppenpreise) wieder. Dann können die Schüler verschiedene fiktive Besuchergruppen des Schwimmbades zusammenstellen und berechnen, was diese zusammen bezahlen müssten. Mögliche Besuchergruppen sind Familien der Kinder, die Kinder und ihre Freunde, die gesamte Klasse … Wichtig ist, dass die Kinder ihre eigenen Rechenwege an der Tafel schriftlich festhalten, sodass diese im Plenum geprüft und hinsichtlich ihrer Effektivität diskutiert werden können.
Vermutlich kommen die Kinder selbst darauf, zuerst die Anzahlen Erwachsener und Kinder einer Gruppe untereinander zu notieren, dann für diese Untergruppen die jeweiligen Eintrittskosten zu berechnen, um diese dann zu addieren und so die Gesamtkosten zu erhalten. Diese strukturierte Schreibweise des Rechenweges entspricht dem Aufschrieb im Schulbuch. Er sollte von der Lehrerin aufgegriffen und mit den Kindern in weiteren Beispielen geübt werden.

Hinweise zu den Aufgaben

Seite 80
Aufgabe 1
Die Kinder erlesen die Eintrittspreise im Schwimmbad für Erwachsene und Kinder.
Dann berechnen sie die Eintrittspreise für die verschiedenen dargestellten Besuchergruppen, indem sie die Eintrittspreise heraussuchen, addieren und die Ergebnisse für die Anzahl Erwachsener und Kinder notieren. Schließlich addieren sie die Zwischenergebnisse und erhalten die Gesamtkosten.
Aufgabe 2
Der Preistafel entnehmen die Kinder Eintrittspreise im Schwimmbad für Erwachsene und Kinder. Dann berechnen sie den Gesamtpreis für den Eintritt der vorgegebenen Gruppen, die in den ersten Zeilen der Tabellen aufgeführt sind.
Dabei wird das Eintrittsgeld entsprechend der Anzahl der Gruppenmitglieder wieder-

holt addiert. Schließlich notieren die Schüler die Ergebnisse jeweils im entsprechenden Feld unter der Angabe der Gruppengröße.
In den einzelnen Abbildungen ermitteln die Schüler die Anzahl Erwachsener und Kinder und notieren diese. Dann berechnen sie jeweils den gesamten Eintrittspreis für die Erwachsenengruppe und auch für die Kindergruppe und notieren die Ergebnisse. Anschließend addieren sie die ermittelten Ergebnisse, erhalten so den zu zahlenden Gesamtpreis und schreiben diesen auf.

Seite 81

Aufgabe 3

In der Abbildung erlesen die Kinder die Preise für bestimmte Eisportionen. Dann entnehmen sie den Denkblasen die jeweiligen Eisbestellungen, ordnen ihnen Preise zu, addieren diese und notieren das Ergebnis.

Aufgabe 4

Aufgabentyp 1: Die Schüler betrachten die abgebildete Anzahl der ersten Eisportion, ermitteln durch Addition der passenden Einzelpreise den Gesamtpreis und notieren diesen. Entsprechend verfahren sie mit der zweiten dargestellten Eismenge. Schließlich addieren die Kinder die ermittelten Preise, erhalten so die Gesamtkosten und schreiben sie auf.
Aufgabentyp 2: Sind die Gesamtpreise vorgegeben, zeichnen die Kinder dazu preislich passende Anzahlen von Eisportionen. Zuvor überprüfen sie durch Addition der Einzelpreise, wie oft der Preis einer einzelnen Eisportion in den vorgegebenen Gesamtpreis passt. Dann ermitteln sie die Gesamtkosten und notieren diese.

Aufgabe 5

Der Preisliste entnehmen die Kinder die Preise für je einen Becher Kakao, ein Glas Limonade und einen Muffin. In der ersten Tabelle errechnen sie zu den angegebenen Anzahlen von Kakaos die jeweiligen Kosten durch Addition der Einzelpreise und notieren die Ergebnisse zur berechneten Anzahl passend in der zweiten Spalte der Tabelle. Ebenso verfahren sie mit den folgenden Tabellen für Limonade und Muffins.

Einstiege 40

Aufgabe 1

siehe Schulbuch Seite 80, Aufgabe 1

Aufgabe 2

Die Aufgabe wird genauso bearbeitet wie Aufgabe 2 auf Seite 80 im Schulbuch. Allerdings sind die Größen der Besuchergruppen bereits vorgegeben.

Arbeitsheft 40

Aufgabe 1

siehe Schulbuch Seite 80, Aufgabe 2

Aufgabe 2

siehe Schulbuch Seite 81, Aufgabe 4 (Aufgabentyp 1)

Aufgabe 3 (AB II)

siehe Schulbuch Seite 81, Aufgabe 4 (Aufgabentyp 2)

Aufstiege 40

Aufgabe 1

Die Aufgabe wird genauso bearbeitet wie Aufgabe 1 auf Seite 80 im Schulbuch. Allerdings hat sich der Kontext geändert: Es geht hier um verschiedene Preise für den Kinobesuch.

Aufgabe 2

siehe Schulbuch Seite 80, Aufgabe 2

82 Das kann ich schon!

Kenntnisse, Fähigkeiten und Fertigkeiten zu Plus- und Minusaufgaben mit Zehnerüberschreitung nachweisen; Zwanzigerfeld als Darstellungsmittel, ggf. auch als Lösungshilfe nutzen ▶

SCHUL-
BUCH 82

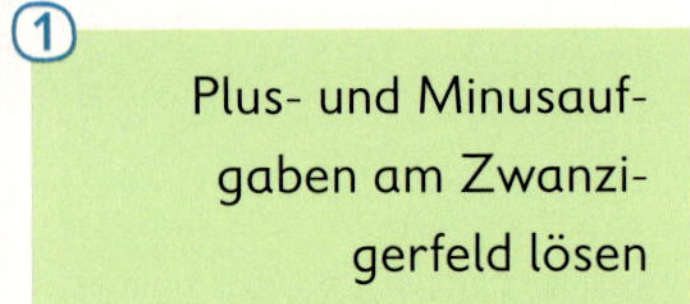

① Plus- und Minusaufgaben am Zwanzigerfeld lösen

② Vorgänger und Nachfolger bestimmen und in die Tabelle eintragen

③ Geldbeträge eintragen und mit max. 4 Münzen darstellen (wechseln)

④ Päckchenaufgaben geschickt rechnen, eigene Aufgaben notieren

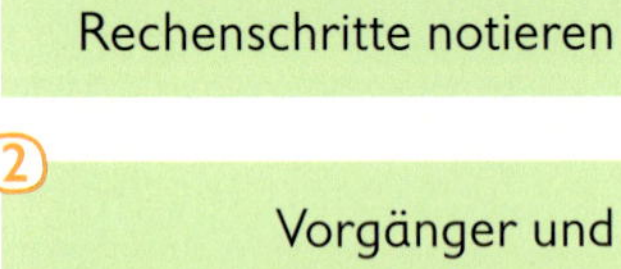

① Aufgaben am Zwanzigerfeld lösen, Rechenschritte notieren

② Vorgänger und Nachfolger zu Zahlen eintragen

③ Zahlen halbieren bzw. verdoppeln und in die Tabelle eintragen

④ in Tabellen Plus- und Minusaufgaben rechnen

EINSTIEGE 41

verdoppeln und halbieren in der Tabelle; im Sachkontext mit Geldbeträgen rechnen

SCHULBUCH 83

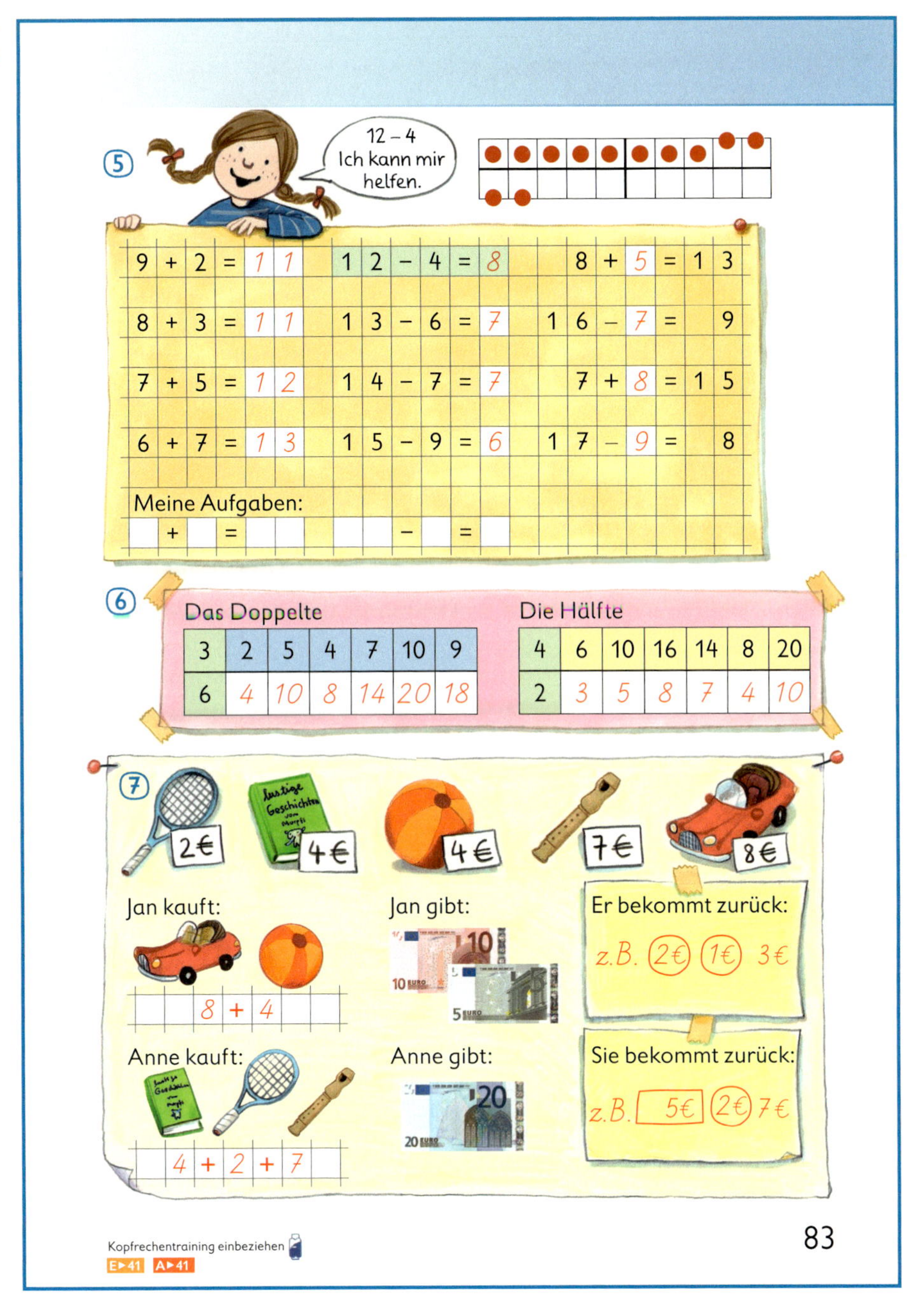

⑤

9 + 2 = 11	12 − 4 = 8	8 + 5 = 13
8 + 3 = 11	13 − 6 = 7	16 − 7 = 9
7 + 5 = 12	14 − 7 = 7	7 + 8 = 15
6 + 7 = 13	15 − 9 = 6	17 − 9 = 8

Meine Aufgaben:

☐ + ☐ = ☐ ☐ − ☐ = ☐

⑥

Das Doppelte

3	2	5	4	7	10	9
6	4	10	8	14	20	18

Die Hälfte

4	6	10	16	14	8	20
2	3	5	8	7	4	10

⑦

Jan kauft: 8 + 4

Jan gibt: 10, 5

Er bekommt zurück: z.B. 2€ 1€ 3€

Anne kauft: 4 + 2 + 7

Anne gibt: 20

Sie bekommt zurück: z.B. 5€ 2€ 7€

Kopfrechentraining einbeziehen

E▸41 A▸41

83

⑤ Päckchenaufgaben (ggf. mit Hilfe des Zwanzigerfeldes) lösen, eigene Aufgaben notieren

Arbeitsmittel nutzen

⑥ verdoppeln/halbieren, Tabelle ausfüllen

⑦ Bildaufgaben „lesen“

Preise aus dem Angebot/der Auslage ablesen, Gesamtpreis für die Einkäufe ermitteln

Rückgeld berechnen und aufmalen

Das kann ich schon!

① 7 + 6 = ; 6 + 8 = ; 8 + 5 = ; 5 + 9 = ; 9 + 4 = ; 7 + 7 =

② 5 + ☐ = 12; 7 + ☐ = 12; 4 + ☐ = 12; 6 + ☐ = 12; 8 + ☐ = 12; 9 + ☐ = 12

③ ☐ + 3 = 12; ☐ + 4 = 13; ☐ + 5 = 14; ☐ + 6 = 1☐; ☐ + 7 = 1☐; ☐ + 8 = 1☐

④ 11 − 6 = ; 14 − 7 = ; 13 − 5 = ; 15 − 8 = ; 12 − 4 = ; 16 − 9 =

⑤ 13 − ☐ = 9; 11 − ☐ = 4; 12 − ☐ = 5; 15 − ☐ = 8; 16 − ☐ = 7; 14 − ☐ = 6

⑥ ☐ − 4 = 7; ☐ − 5 = 7; ☐ − 6 = 7; ☐ − 7 = ; ☐ − 8 = ; ☐ − 9 =

⑦

+					
7	9		11		
		11			16

⑧

−					
12	8			5	
		6			3

⑨ Klaus hat 1-ct-Stücke und genau zwei 5-ct-Stücke. Ein 5-ct-Stück liegt als sechstes von links. Das andere 5-ct-Stück liegt als achtes von rechts. Wie viele Münzen hat er?

Es gibt sogar 2 Möglichkeiten.

41

① bis ⑥ Päckchenaufgaben geschickt lösen

⑦ und ⑧ Plus- und Minusaufgaben in Tabellen rechnen, fehlende Angaben durch Ergänzen bzw. Differenzbildung berechnen

⑨ Knobelaufgabe lösen

AUFSTIEGE 41

82/83 Das kann ich schon!

KOMMENTAR

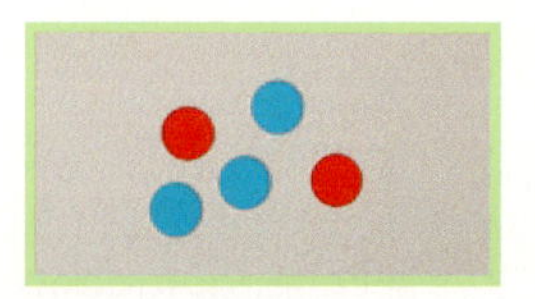
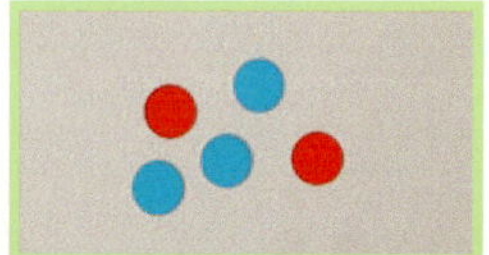
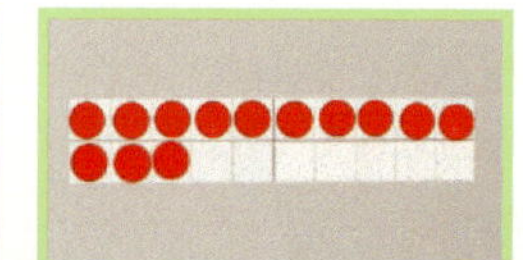

Material
Zwanzigerfelder, Plättchen, Rechengeld

Hinweise zum Unterrichtsthema
Der Mathematikunterricht soll auf den mathematischen Voraussetzungen der Kinder aufbauen und anhand dieser geplant werden. Um diese – über die täglichen Beobachtungen der Lehrerin hinaus – zu ermitteln, werden in Abständen immer wieder Seiten zum Thema „Das kann ich schon!" angeboten, um der Lehrerin vertiefende Einblicke in die aktuellen mathematischen Fähigkeiten, Fertigkeiten und Kenntnisse ihrer Schüler zu den bearbeiteten Themenbereichen zu ermöglichen. Die Schüler haben Gelegenheit, ihr Können zu zeigen, positive, ermutigende Könnenserfahrungen zu machen und stellenweise auch fortgeschrittene Kompetenzen zu verdeutlichen (z.B. bei der Entwicklung eigener Aufgaben).

Schulbuch 82/83

Hinweise zum Unterrichtsablauf
Zu Beginn der Unterrichtsstunde bietet es sich an, die verschiedenen Aufgabentypen jeweils anhand eines Beispiels noch einmal anzusprechen und dadurch gerade den schwächeren Lernern den Zugang zu erleichtern und Sicherheit aufzubauen. Günstig wäre es, einen entsprechenden Tafelanschrieb vorbereitet verfügbar zu haben:

- Aufgaben am Zwanzigerfeld darstellen und lösen
- Vorgänger und Nachfolger bestimmen
- Geldbeträge bestimmen und mit weniger Münzen darstellen (wechseln)
- Aufgabenpäckchen geschickt rechnen und lösen
- Aufgabenpäckchen mit Arbeitsmitteln lösen
- Tabellen lösen
- Gesamtpreis und Rückgeld berechnen (Sachaufgaben lösen)

Zu Beginn der Stunde können die Schüler anhand dieser Zusammenstellung der Aufgaben ihr Vorwissen aktivieren und Bearbeitungshinweise aufnehmen/hinterfragen. Nach dieser Orientierung entscheidet jedes Kind selbst über die Reihenfolge der Bearbeitung. Dieser Arbeitsstrategie kommt im Verlauf der Schulzeit wachsende Bedeutung zu. Während der eigenständigen Arbeit berät und stützt die Lehrerin einzelne Kinder oder fasst sie für die gemeinsame Arbeit an der Tafel in einer Kleingruppe zusammen. Ziel an dieser Stelle ist eine Diagnose und Förderung ansatt entmutigender Beurteilung.

Hinweise zu den Aufgaben

Seite 82

Aufgabe 1
Die Kinder lesen die Plus- und Minusaufgaben, zeichnen fehlende rote bzw. blaue Plättchen in das Zwanzigerfeld ein und vervollständigen die Gleichung.

Aufgabe 2
Die Kinder bestimmen den Vorgänger bzw. den Nachfolger zu vorgegebenen Zahlen und tragen diese in die Tabelle ein.

Aufgabe 3
Die Kinder bestimmen die Geldbeträge. Anschließend stellen sie den gleichen Geldbetrag mit maximal vier Münzen dar. Sie üben dabei den Vorgang des Wechselns und entwickeln ein Bewusstsein dafür, dass ein und derselbe Geldbetrag durch verschiedene Anzahlen von Münzen repräsentiert werden kann.

Aufgabe 4
Die Kinder lösen die Plus- und Minusaufgaben. Durch Betrachten der Aufgabenreihen können sie das darin enthaltene Muster entdecken und lösungswirksam nutzen.

Seite 83

Aufgabe 5
Die Kinder lösen die Plus- und Minusaufgaben, ggf. mit Hilfe des Zwanzigerfeldes. Durch die Illustration wird die Nutzung von Hilfsmitteln ausdrücklich angeregt.

Aufgabe 6
Die Kinder notieren in der Tabelle zu den vorgegebenen Zahlen das Doppelte bzw. die Hälfte.

Aufgabe 7
Um den Gesamtpreis für die Einkäufe von Jan und Anna zu berechnen, ermitteln die Kinder die Preise anhand der Auslage und addieren sie im Kopf. Dann berechnen sie das Rückgeld bezogen auf den abgebildeten Zahlungsbetrag durch Ergänzen oder durch Subtraktion und malen es auf.

Hinweise zur Differenzierung
Vertiefend empfiehlt es sich, die oben genannten Aufgabenformate beim Lernen an Stationen zu üben. Dazu müssen Aufgabenkarten an den verschiedenen Stationen bereitgelegt werden (s. Teil 2).

Einstiege 41

Aufgabe 1
Die Schüler lösen die Plus- und Minusaufgaben nach der Strategie „Erst zur 10, dann noch …“ und notieren die Lösung in entsprechenden Schritten, gestützt durch die abgebildeten Zwanzigerfelder, notieren die Rechnung schrittweise und tragen das Ergebnis ein.

Aufgabe 2
Zu den vorgegebenen Zahlen bestimmen die Kinder den Vorgänger bzw. Nachfolger.

Aufgabe 3
Die Kinder bestimmen die dargestellten Geldbeträge und notieren die entsprechende Zerlegungsgleichung. Anschließend vervollständigen sie die Tabelle, indem sie die vorgegebenen Zahlen halbieren bzw. verdoppeln.

Aufgabe 4
In Tabellen rechnen die Kinder Plus- und Minusaufgaben und erschließen die fehlenden Zeilenköpfe durch Berechnung der Umkehraufgabe. (Zur eindeutigen Bestimmung des fehlenden Glieds in einer Gleichung müssen zwei Zahlen gegeben sein.) Die entscheidende Aufgabe in der Plustabelle lautet 14 – 6, die in der Minustabelle 6 + 5.

Aufstiege 41

Aufgaben 1–6
Die Kinder lösen die Plus- und Minusaufgaben. Teilweise muss der zweite Summand, teilweise der Subtrahend bestimmt werden. Bei manchen Aufgaben kann das Muster lösungswirksam genutzt oder zur Überprüfung der Lösungen herangezogen werden.

Aufgaben 7, 8 (AB II)
Die Kinder lösen die Plus- und Minusaufgaben in den Tabellen durch Ergänzen. Die Abfolge der Schritte bedarf der sorgfältigen Überlegung. Die jeweils erste Aufgabe ist als Startaufgabe zu sehen:
7 + ☐ = 9 bzw. 12 – ☐ = 8.

Aufgabe 9 (AB II)
Die Kinder erproben bzw. entwickeln eine Lösung durch Legen oder Malen von weiteren 1-Cent-Münzen entsprechend der angegebenen Bedingung. Ausgangspunkt sind die fünf Münzen, deren Anordnung festgelegt ist. Dabei kann die erste 5-Cent-Münze die 6. von links oder die 8. von rechts sein.

82/83

MAGAZIN

Nachdem Addition und Subtraktion im Zahlenraum bis 20 mit Zehnerübergang eingeführt sind, das Verdoppeln und Halbieren erarbeitet und mit Geld vielfältig gerechnet wurde, sind die wichtigsten arithmetischen Inhalte des ersten Schuljahres bekannt und ein Großteil der Zeit bis zu den Sommerferien kann nun genutzt werden, um die vorhandenen Fähigkeiten und Fertigkeiten der Kinder weiter auszubilden, zu vertiefen und zu festigen.

Allerdings sind die individuellen Leistungen noch sehr unterschiedlich. Während ein Teil der Kinder schon viele Aufgaben im Kopf lösen kann, einen Teil davon bereits automatisiert hat, müssen andere noch mühsam Aufgabe für Aufgabe berechnen und benötigen das Zwanzigerfeld und ihre Plättchen, um zu sinnvollen Lösungen zu gelangen.

DAS KANN ICH SCHON

INDIVIDUELLE LERNENTWICKLUNGEN BEOBACHTEN

Die **DAS KANN ICH SCHON**-Doppelseiten sind so aufgebaut, dass sie der Lehrerin helfen, den Entwicklungsstand des einzelnen Kindes möglichst genau zu diagnostizieren. So enthält die erste Seite Aufgaben zu den **Mindestanforderungen**, die zu diesem Zeitpunkt gestellt werden können:

1. Aufgaben im Zwanzigerfeld lösen
2. Zahlen zwischen ihren Vorgängern und Nachfolgern einordnen
3. durch 1-Cent-Stücke dargestellte Beträge in höhere Münzwerte wechseln
4. Super-Päckchen zur Addition und Subtraktion ohne Zehnerübergang rechnen

Allen Kindern sollte bei der Bearbeitung das Zwanzigerfeld zur Verfügung stehen, die Lehrerin kann sich jedoch notieren, wer es bei welcher Aufgabe benutzt.

Kinder, die bei dieser Seite große Probleme haben, sollten nicht noch mehr entmutigt dadurch werden, dass sie die zweite Seite auch noch bearbeiten müssen. Ihnen sollten stattdessen das passende Angebot an zusätzlichen Übungen zum „Nachlernen" gegeben und die Möglichkeit eingeräumt werden, nach einer angemessenen Übungsphase die gleichen Aufgaben noch einmal zu bearbeiten, um der Lehrerin und sich selbst den Lernzuwachs zu dokumentieren.

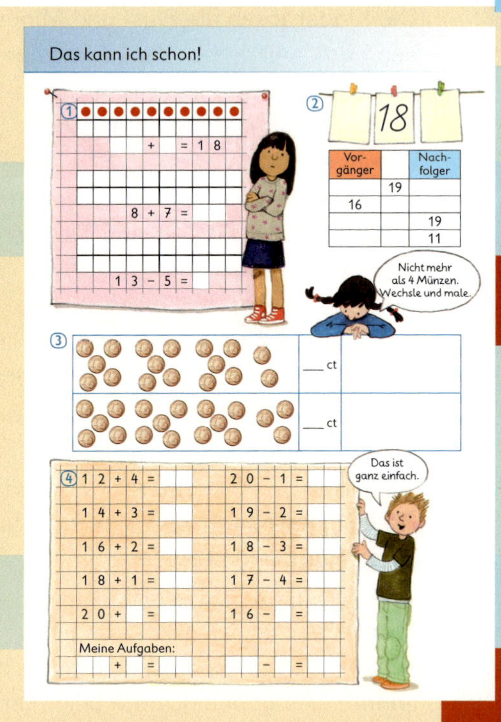

Die Anforderungen auf der zweiten Seite sind deutlich höher.

5. Aufgaben mit Zehnerübergang sollen gelöst werden, dabei wird noch einmal daran erinnert, welche Strategie erarbeitet wurde.
6. Die Kinder sollen Zahlen aus dem Zahlenraum bis 20 verdoppeln und halbieren.
7. Bei dieser Aufgabe müssen zwei bildlich dargestellte Rechengeschichten verstanden, Additions- und Ergänzungsaufgaben gelöst und das Ergebnis notiert werden.

Hier können die leistungsstarken Kinder zeigen, dass sie die bisher erarbeiteten Zusammenhänge verstanden haben, sich schon sicher im Zahlenraum bis 20 bewegen können und die Operationen beherrschen.

Das sich anschließende Thema „Geometrie" eröffnet die Möglichkeit, mit den Kindern, die bei der ersten „Das kann ich schon"-Seite noch Probleme hatten, unterrichtsbegleitend in Förderstunden oder im Rahmen des individuellen Wochenplanes an den Themenbereichen zu arbeiten, in denen sie noch Unsicherheiten zeigen. Für sie müssen verstärkt Übungen angeboten werden, in denen sie am Zwanzigerfeld legen und rechnen (1). Darüber hinaus sollte auch die Ordnung der Zahlen im Zwanzigerraum wiederholt werden (2). Praktische Übungen zum Wechseln von Cent-Münzen schließen sich an (3). Auch die Strategien zur Addition und Subtraktion im zweiten Zehner über Analogieaufgaben sollten trainiert werden (4). Wenn die Kinder am Ende der Übungsphase die geforderten Aufgaben nur mit geeigneten Anschauungshilfen wie dem Zwanzigerfeld lösen können, so sollte die Lehrerin ihnen diese Hilfe nicht entziehen, sondern sie ermutigen, alle Aufgaben so zu lösen und ihnen die Hilfe so lange zugestehen, wie sie diese brauchen. Im weiteren Verlauf des Schuljahres bieten sich noch viele Gelegenheiten, andere Verfahren zur Aufgabenlösung zu lernen.

Kinder, die auch gegen Ende des Schuljahres noch keine Aufgaben ohne konkretes Material lösen können, benötigen eine gezielte Förderung, in der es um Ablösung vom Material geht. Diese muss in mehreren Stufen erfolgen:

1. **Stufe: Die Kinder lösen die Aufgabe mit Material.**
2. **Stufe: Die Kinder beschreiben der Lehrerin oder einem anderen Kind, wie das Material gelegt werden soll.**
3. **Stufe: Die Kinder legen das Material „verdeckt" unter einem Tuch.**
4. **Stufe: Die Kinder beschreiben, wie sie die Aufgabe materialgestützt lösen würden und ermitteln im Kopf das Ergebnis.**

Ziel dieser Maßnahmen ist es, die Kinder schrittweise von der Benutzung des konkreten Materials zu einem Handeln in der Vorstellung zu führen.

Parallel dazu sollten Kernaufgaben, die schon im Kopf gerechnet werden können, z. B. die Zerlegung der 10, auch auswendig gelernt werden, da sie dabei helfen, die schwierigen Aufgaben mit Zehnerübergang zu lösen.

84 Körper in der Umwelt

Unterscheidung und Benennung der geometrischen Körper Würfel, Quader, Zylinder, Kugel und Prisma im Sinne propädeutischer Begriffsbildung; Wiedererkennen der geometrischen Körper-Grundformen bei ▶

SCHULBUCH 84

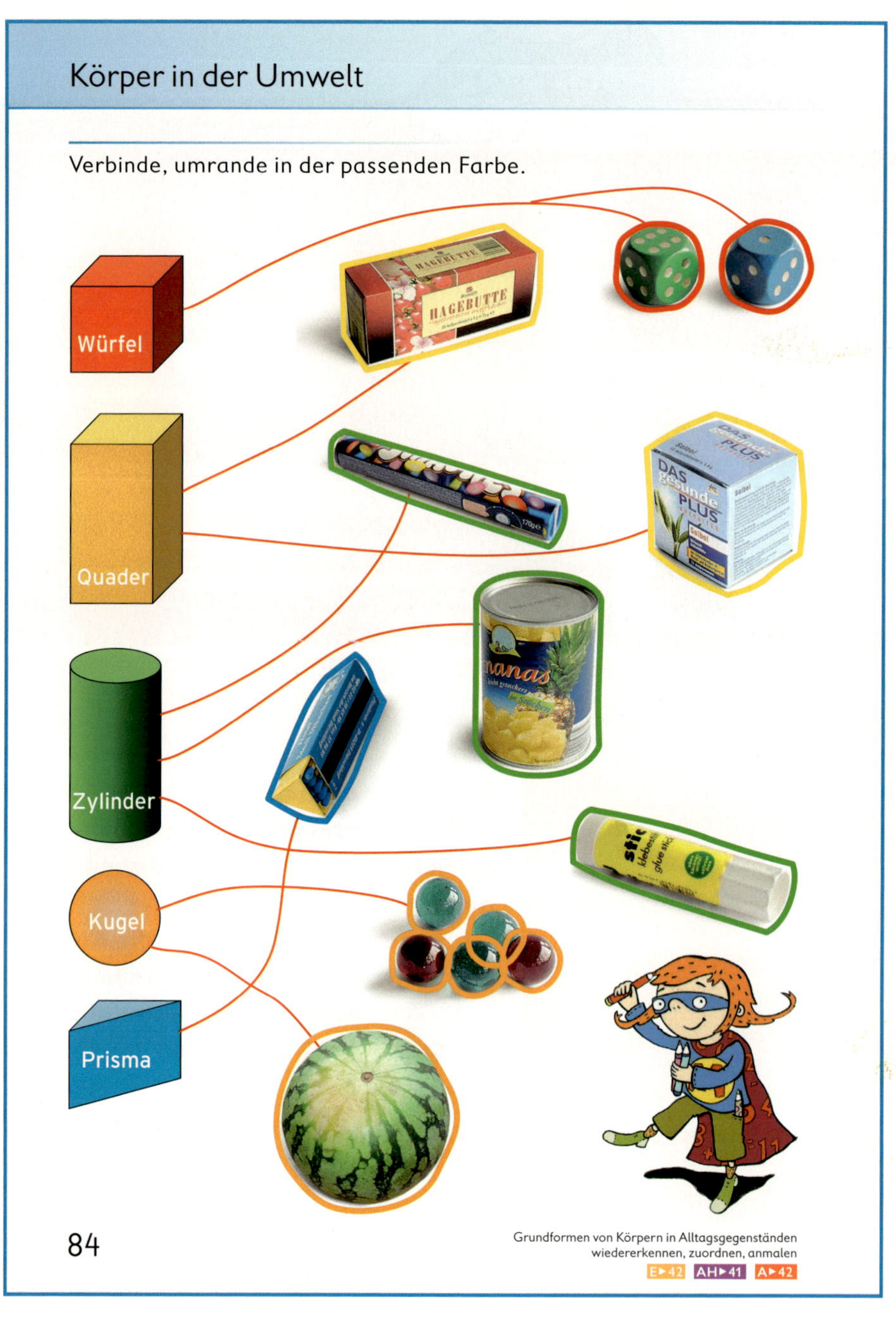

Grundformen der geometrischen Körper (Würfel, Quader, Zylinder, Kugel und Prisma)
- in Alltagsgegenständen wiedererkennen,
- in der entsprechenden Farbe umranden,
- mit den formgleichen Gegenständen verbinden

EINSTIEGE 42

① geometrische Körper in den Bauwerken identifizieren und in der entsprechenden Farbe ausmalen

② Grundformen der geometrischen Körper (Würfel, Quader, Zylinder) in Alltagsgegenständen wiedererkennen

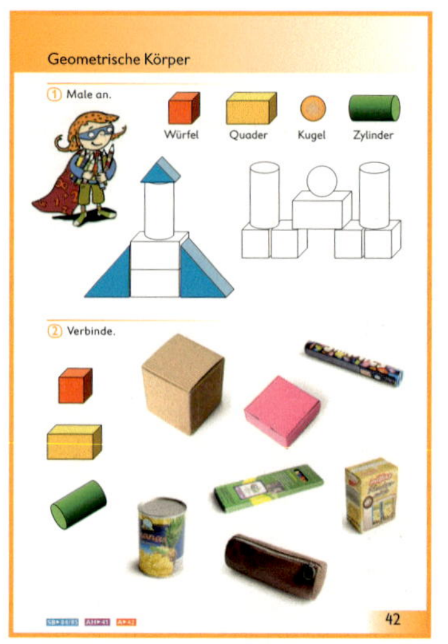

ARBEITSHEFT 41

① geometrische Körper umfahren und in der entsprechenden Farbe ausmalen

② und ③ geometrische Körper in den Bauwerken identifizieren und in den entsprechenden Farben ausmalen

④ und ⑤ Körper auf Eigenschaften untersuchen, anmalen

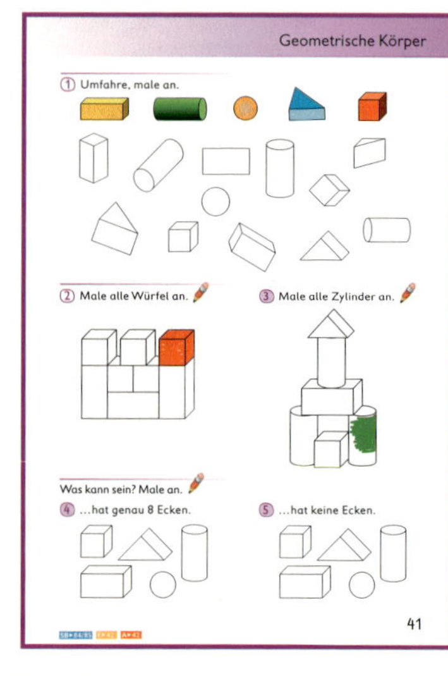

Körper 85

Gegenständen des täglichen Gebrauchs; Eigenschaften der geometrischen Körper durch aktives Handeln erkunden; Unterscheidungsmerkmale (ansatzweise) benennen

SCHUL-
BUCH 85

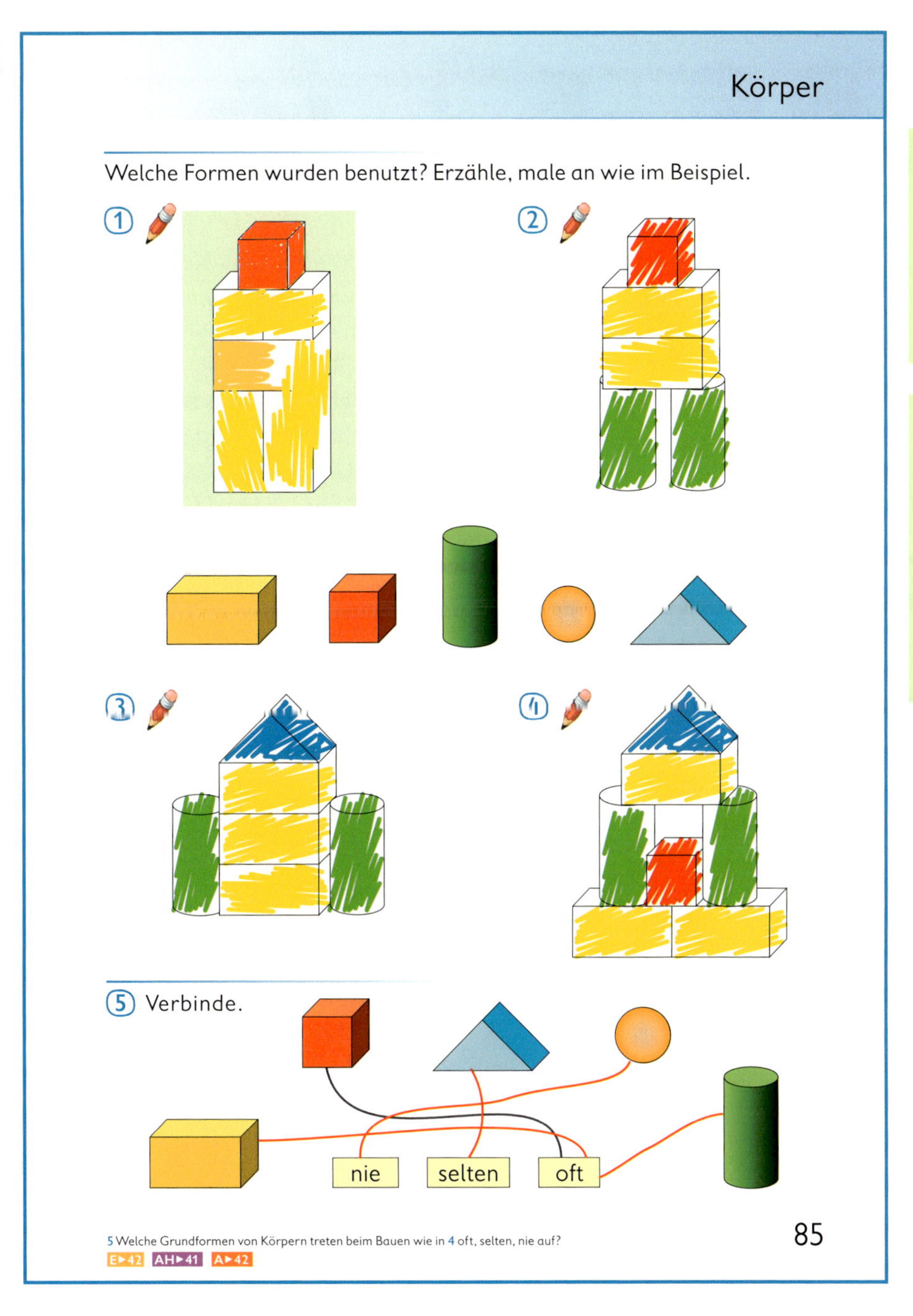

1 bis 4

zu den Bauwerken erzählen

verwendete geometrische Körper benennen und entsprechend färben

5

Welche geometrischen Körper treten beim Bauen oft, selten bzw. nie auf?

Körper mit entsprechenden Wortkarten verbinden

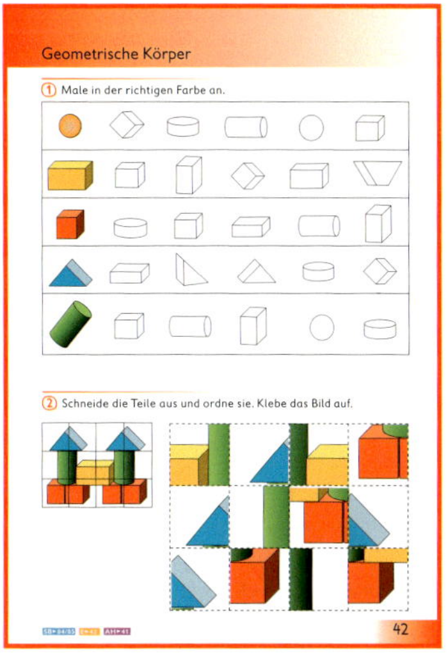

1

geometrische Körper in einer Auswahl wiedererkennen und in der entsprechenden Farbe anmalen

2

Puzzleteile ausschneiden, zu dem Bauwerk zusammensetzen und aufkleben

AUFSTIEGE 42

84/85 Körper in der Umwelt

Material

geometrische Körper (Würfel, Quader, Zylinder, Kugel, Prisma), Bausteine, verschiedene Alltagsgegenstände

▶ KVs 49–52

Hinweise zum Unterrichtsthema

Die geometrischen Körper Würfel, Quader, Zylinder, Kugel und Prisma sind den Kindern aus Baukästen meist bekannt. Die richtigen Begriffe hierfür sind jedoch nur zum Teil aus dem alltäglichen Sprachgebrauch vertraut und müssen daher mit den Kindern gemeinsam erarbeitet werden. Dabei ist es wichtig, Unterscheidungsmerkmale herauszuarbeiten, um schließlich „definierende" Eigenschaften zu benennen:

Der *Würfel* steht gut. Die sechs Quadrate, die ihn begrenzen sind gleich groß. Er hat acht Ecken und zwölf Kanten.

Beim *Quader* sind die gegenüberliegenden Flächen gleich groß. Er ist gut stapelbar.

Der *Zylinder* kann sowohl rollen als auch stehen.

Die *Kugel* hat keine Ecken, sie kann in alle Richtungen rollen. Sie ist nicht stapelbar.

Das *Prisma* hat fünf Flächen und ist bedingt stapelbar.

Die genannten Eigenschaften der Körper sind unabhängig von ihrer Lage im Raum und ihrer Größe.

Um diesen Lernzuwachs zu ermöglichen, ist es notwendig, handlungsorientiert zu arbeiten und einen Bezug zur Lebenswelt der Kinder herzustellen. Es bietet sich an, die Kinder mit Bausteinen vielfältige Bauerfahrungen machen bzw. einfache Grundformen aus Knete herstellen zu lassen.

Schulbuch 84/85

Hinweise zum Unterrichtsablauf

Die Lehrerin präsentiert im Sitzkreis Modelle der geometrischen Körper (Würfel, Quader, Zylinder, Kugel und Prisma). Die Kinder benennen die Körper und bemühen sich um eine Beschreibung. Sie versuchen Unterschiede zu benennen bzw. kennzeichnende Eigenschaften anzugeben. Ggf. ergibt sich aus dem Unterrichtsgespräch ein „Kriterienkatalog" zur Überprüfung, der an der Tafel festgehalten wird.

Wie viele Ecken?
Wie viele Kanten?
Wie viele Flächen?
Wie viele verschiedene Flächen?
kann stehen
kann rollen

Danach werden die definierenden Eigenschaften für jede Grundform auf einem Plakat festgehalten.

Anschließend suchen die Kinder gemeinsam nach Gegenständen, welche von der Lehrerin vor der Stunde im Klassenraum verteilt wurden, die den geometrischen Körpern entsprechen. Wenn möglich transportieren die Kinder diese Gegenstände zur passenden Körpergrundform. Im Plenum werden die gefundenen Zuordnungen besprochen, geprüft und anschließend fotografiert. Die Fotos werden dann auf die entsprechenden Plakate zum passenden Körper geklebt und die Plakate im Klassenraum aufgehängt.

Hinweise zu den Aufgaben

Seite 84

Die Kinder erzählen zu den Alltagsgegenständen, beschreiben und benennen sie, ebenso die geometrischen Körper. Gemeinsamkeiten und Unterschiede werden herausgearbeitet und begründen die Zuordnung. Sie verbinden den geometrischen Körper mit dem Alltagsgegenstand und umranden ihn in der entsprechenden Farbe.

Seite 85
Aufgaben 1–4
Die Kinder identifizieren im Bauwerk die einzelnen geometrischen Körper und malen sie in der entsprechenden Farbe an.
Aufgabe 5
Beim Betrachten der Bauwerke fällt auf, dass die geometrischen Körper (Quader, Würfel, Prisma, Kugel und Zylinder) unterschiedlich oft verwendet werden. Die Kinder verbinden die Körper mit der entsprechenden Wortkarte (nie, selten und oft). Im Unterrichtsgespräch werden mögliche Begründungen hierfür besprochen, da die Kinder dabei automatisch Nutzungsmerkmale der Körper (rollt weg, gut stapelbar …) beschreiben.

Hinweise zur Differenzierung
- einfache Körpermodelle aus Knete herstellen und daran Körpereigenschaften beschreiben
- mit Bausteinen bauen, dabei Erfahrungen zur Verwendbarkeit der einzelnen Körper machen und sich darüber verständigen

Einstiege 42

Aufgabe 1
Die Kinder erkennen die geometrischen Körper Würfel, Quader, Kugel und Zylinder in den Bauwerken wieder und malen sie in der entsprechenden Farbe an.
Aufgabe 2 (AB II)
Die Kinder ordnen Alltagsgegenstände den abgebildeten Grundformen Würfel, Quader und Zylinder zu.

Arbeitsheft 41

Aufgabe 1
Die geometrischen Körper sind in veränderter Perspektive dargestellt. Die Kinder erkennen die Körper und umfahren sie bzw. malen sie in der vorgegebenen Farbe an.
Aufgaben 2, 3 (AB II)
Die Kinder malen in Aufgabe 2 nur die Würfel, in Aufgabe 3 nur die Zylinder an.
Aufgaben 4, 5 (AB II)
Die Kinder betrachten die geometrischen Körper in Bezug auf die vorgegebenen Eigenschaften (hat acht Ecken bzw. hat keine Ecken) und färben die Körper ein, auf die die Aussage zutrifft.

Aufstiege 42

Aufgabe 1
Die Kinder sondern die zutreffenden Abbildungen aus einer vorgegebenen Auswahl aus und malen sie in der entsprechenden Farbe an. Der Schwierigkeitsgrad ist insofern erhöht, als die Körper teilweise in veränderter Perspektive dargestellt sind.
Aufgabe 2
Die Kinder schneiden die einzelnen Puzzleteile aus, legen sie zu dem vorgegebenen Bild zusammen und kleben das Bild auf.

86 Würfelbauten

Baupläne für Würfelbauten erstellen; Baupläne lesen und danach mit Holzwürfeln bauen; in Abbildungen Unterschiede herausarbeiten und sie in der Reihenfolge ihrer Entstehung ordnen; ▶

SCHULBUCH 86

① über Würfelbauten und Baupläne sprechen

dargestellte Würfelbauten nachbauen und nachvollziehen wie ein Bauplan zu lesen/schreiben ist

② Würfelbauten nachbauen

Baupläne vervollständigen

③ identische Würfelbauten in verschiedenen Ansichten miteinander verbinden

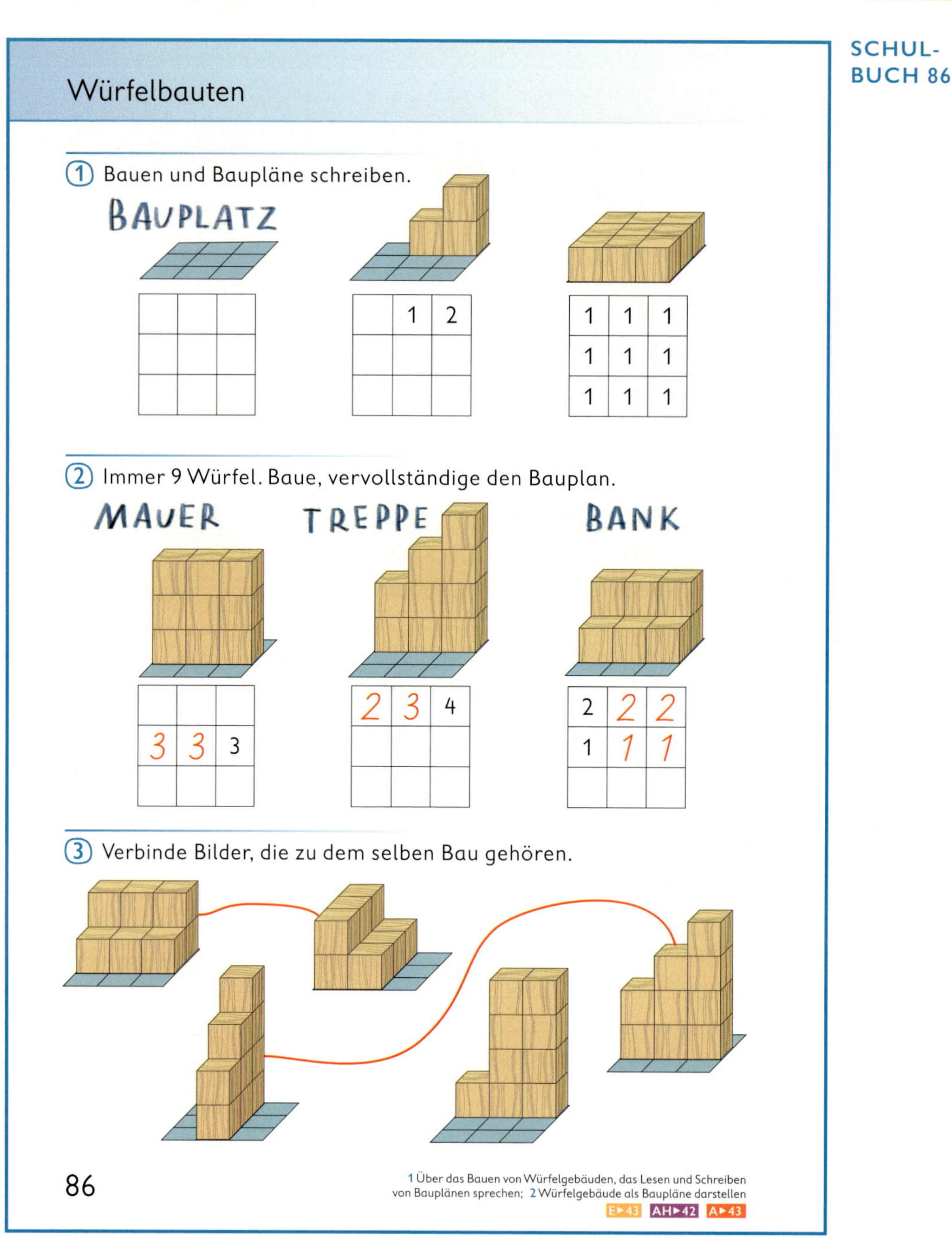

① und ② Würfelbauten nachbauen, Baupläne vervollständigen

③ Baupläne vervollständigen, nicht sichtbare Würfel mitdenken

EINSTIEGE 43

① Würfelbauten nachbauen und Baupläne erstellen

② Würfelbauten mit dem passenden Bauplan verbinden

③ zu allen vier Ansichten des Würfelbaus Baupläne notieren

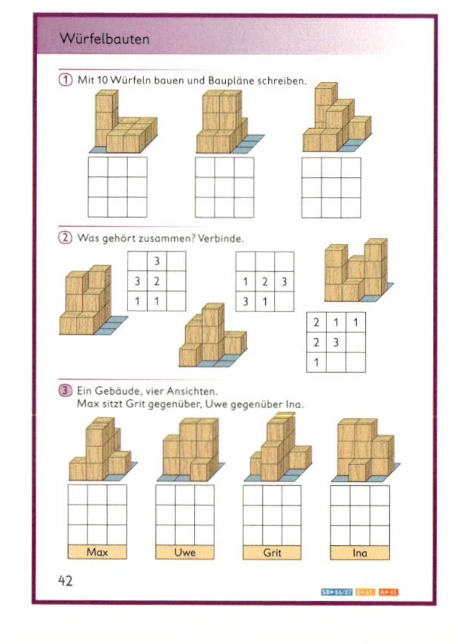

ARBEITSHEFT 42

Würfelgebäude aus verschiedenen Perspektiven betrachten

SCHUL-
BUCH 87

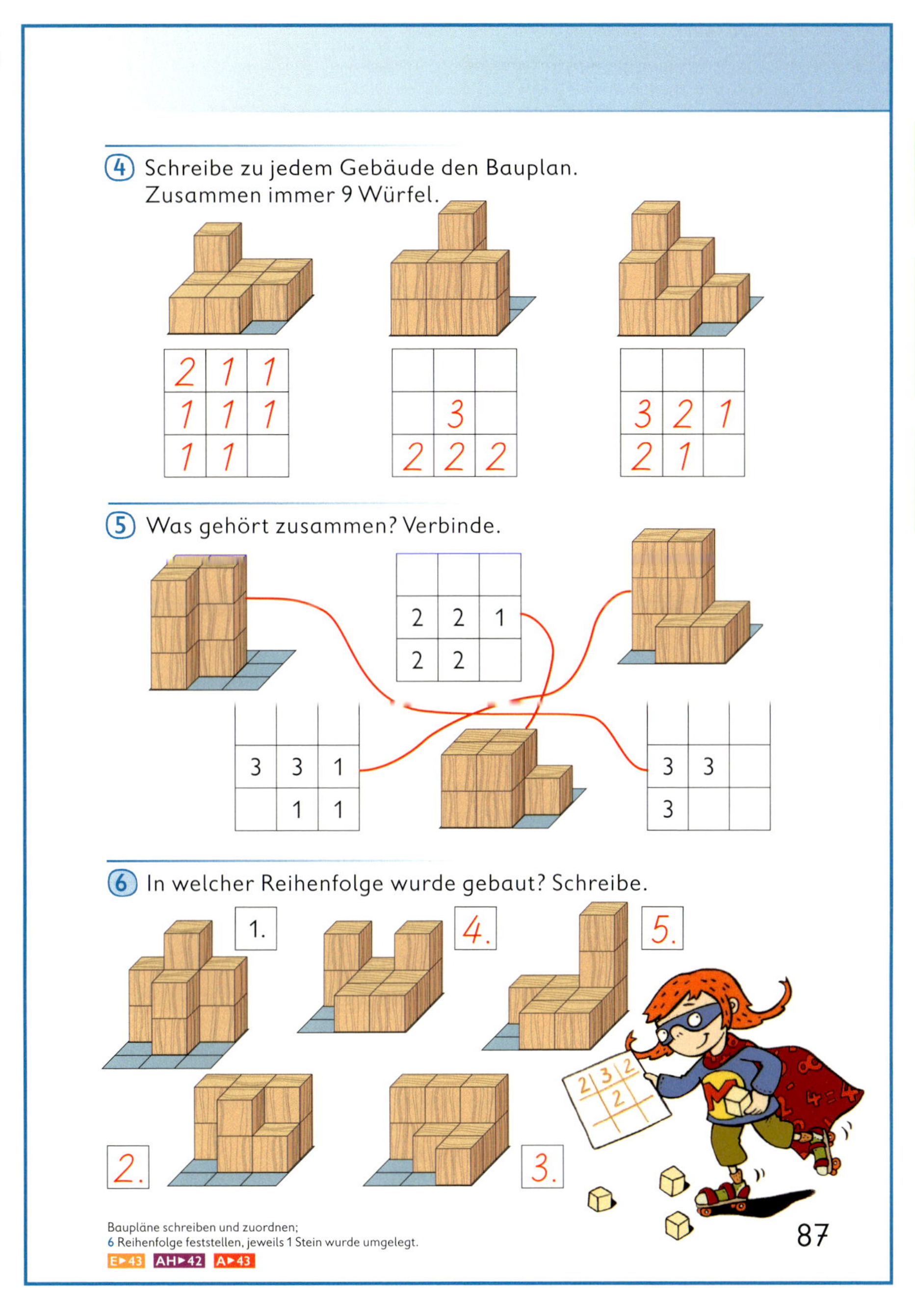

④ zu den Würfelbauten Baupläne erstellen

⑤ Würfelbauten mit dem passenden Bauplan verbinden

⑥ Reihenfolge des Bauvorgangs notieren

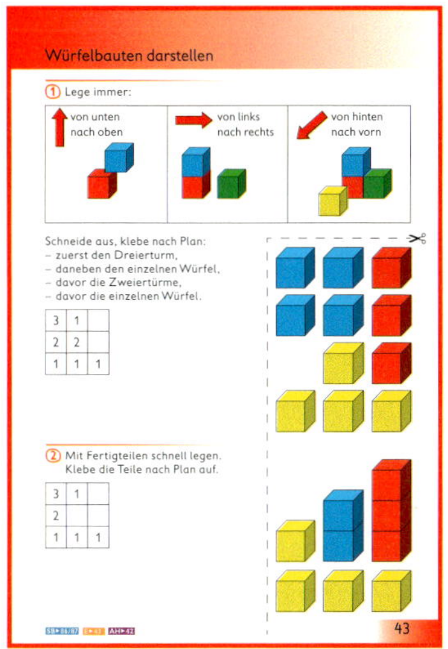

① Legevorschrift lesen und nachvollziehen

Bauteile ausschneiden, nach Plan legen und aufkleben

② Bauplan mit Fertigteilen realisieren – nachlegen und aufkleben

AUFSTIEGE 43

Würfelbauten

KOMMENTAR

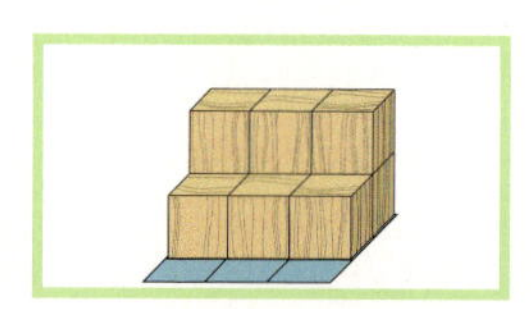

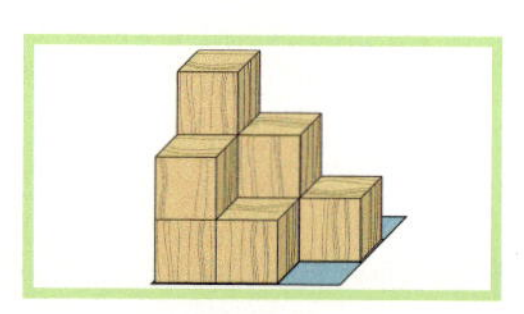

Material
Holzwürfel, Blanko-Baupläne

Hinweise zum Unterrichtsthema
Würfelbauten sind unter Einhaltung der folgenden Regel aus einzelnen Würfeln zusammengesetzt: Zwei aneinander- oder aufeinandergebaute Würfel müssen sich immer mit einer ganzen Fläche berühren. Übereinanderliegende Würfel bilden also stets „gerade" Würfeltürme (quadratische Säulen).

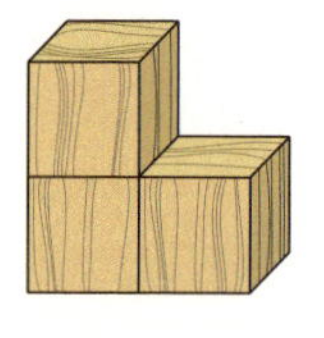
richtig

falsch

Bei der Arbeit mit der Buchseite machen die Kinder vielfältige Handlungserfahrungen:
- Würfelbauten frei bzw. nach Abbildung (Schrägbild) bauen
- Würfelbauten nach Bauplänen bauen

Diese stützen das Verständnis für die Verknüpfung der räumlichen Darstellung (Schrägbild) und der Darstellung in der Ebene (Bauplan) und sichern die Arbeit an den weiteren Aufträgen:
- Würfelbauten nach Schrägbildern bauen und hierfür Baupläne schreiben

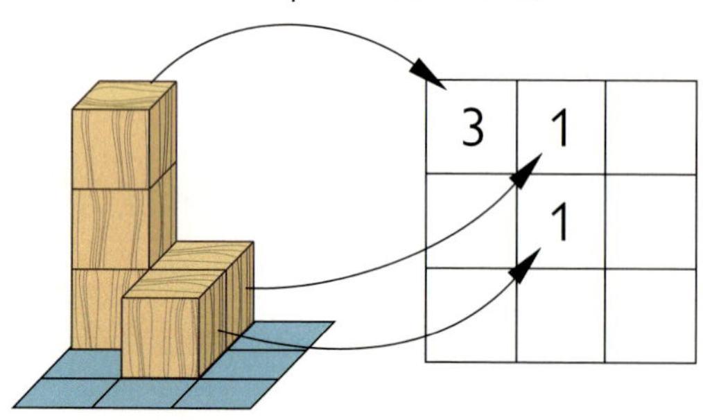

- Baupläne für Würfelbauten nach Schrägbildern ergänzen bzw. schreiben.
  - in den Grundriss des Bauwerks wird die Anzahl der Würfel eingetragen, die auf dem entsprechenden Grundrissfeld übereinanderliegen
- Schrägbildern Baupläne zuordnen und umgekehrt

Schulbuch 86/87

Hinweise zum Unterrichtsablauf
Die in Aufgabe 1 dargestellten Würfelgebäude werden mit einem Partner nachgebaut. Die Kinder beschreiben die Gemeinsamkeiten bzw. Unterschiede der beiden Würfelbauten. Im Unterrichtsgespräch wird der Zusammenhang zwischen den Würfelbauten und den Bauplänen erarbeitet. Anschließend bauen die Kinder zu zweit ein Würfelgebäude und erstellen den passenden Bauplan. Danach baut jedes Kind ein Würfelgebäude und schreibt den zugehörigen Bauplan. Nach Austausch der Pläne bauen die Kinder das Gebäude ihres Partners nach, der auch die „Lösungskontrolle" durchführt.

Hinweise zu den Aufgaben

Seite 86

Aufgabe 1
Der Zusammenhang zwischen Bauplan, Bauplatz und Würfelbauten wird besprochen. Die Kinder bauen die abgebildeten Würfelbauten mit Holzwürfeln nach und vergleichen sie mit den dargestellten Bauplänen. Auf diese Weise vollziehen sie die Darstellung eines Würfelbaus nach.

Aufgabe 2
Die Kinder haben jeweils neun Würfel zur Verfügung und bauen die dargestellten Würfelbauten nach. Anschließend vervollständigen sie die Baupläne.

Aufgabe 3
Die Würfelbauten sind in verschiedenen Ansichten abgebildet. Die Kinder verbinden gleiche Würfelbauten.

Seite 87

Aufgabe 4

Zu jedem Gebäude schreiben die Kinder den Bauplan. Leistungsschwächere Kinder können das Gebäude zunächst mit Würfeln nachbauen und anschließend den Bauplan erstellen.

Aufgabe 5

Die Kinder verbinden die Gebäude mit den passenden Bauplänen. Auch hier können leistungsschwächere Kinder die Gebäude zunächst mit Holzwürfeln nachbauen, bevor sie eine Zuordnung vornehmen.

Aufgabe 6 (AB II)

Die Kinder erkunden die Reihenfolge, in der gebaut wurde und tragen die entsprechenden Ziffern von 1 bis 5 ein.

Hinweise zur Differenzierung

- freies Bauen, Erstellen der Baupläne zu den Würfelbauten
- siehe Magazin 86/87

Einstiege 43

Aufgabe 1

Die Kinder bauen die abgebildeten Würfelbauten mit Holzwürfeln nach und vergleichen diese mit den dargestellten Bauplänen. Auf diese Weise vollziehen sie die Darstellung eines Würfelbaus noch einmal nach.

Aufgabe 2

Mit sechs Würfeln bauen die Kinder die abgebildeten Würfelgebäude nach und vervollständigen die Baupläne.

Aufgabe 3

Die Kinder vervollständigen die Baupläne der dargestellten Würfelgebäude. Eine erhöhte Schwierigkeit ist gegeben, da nicht alle verbauten Würfel sichtbar sind. Die Kinder müssen die Denkleistung erbringen, dass die Würfel nicht in der Luft schweben können. Leistungsschwächere Schüler können dies durch das Nachbauen der Würfelgebäude erfahren und dabei lernen, Schrägbilder zu lesen.

Arbeitsheft 42

Aufgabe 1

Die Kinder bauen mit zehn Würfeln die abgebildeten Würfelgebäude nach und schreiben die Baupläne. Durch die vorgegebene Anzahl der verbauten Würfel wird die Aufmerksamkeit der Kinder auf nicht sichtbare Würfel gelenkt. Ob sie alle Würfel in den Bauplan eingetragen haben, können sie durch die Addition der eingetragenen Anzahlen prüfen.

Aufgabe 2

Die Kinder verbinden die vorgegebenen Baupläne mit den Würfelgebäuden.

Aufgabe 3 (AB II)

Das Würfelgebäude ist in den vier verschiedenen Ansichten dargestellt. Hierzu erstellen die Kinder jeweils die Baupläne.

Aufstiege 43

Aufgabe 1

Die Kinder vollziehen die dargestellte Anleitung zur Arbeit mit den „Würfelplättchen“ nach. Anschließend schneiden sie die Würfelplättchen aus und kleben das Schrägbild des Würfelgebäudes auf.

Aufgabe 2

Mit Fertigteilen legen die Kinder das Schrägbild des Würfelgebäudes nach Vorgabe des Bauplans und kleben es auf.

MATERIAL: HOLZWÜRFEL MIT EINER KANTENLÄNGE VON 2,5 CM

Legen Sie einem ersten Schuljahr dieses Bild vor und fragen Sie: „Aus wie vielen Würfeln wurde diese Bank gebaut?“ Mindestens die Hälfte der Kinder wird Ihnen antworten: „Aus 7 Würfeln.“ Erstklässler und auch die Kinder höherer Klassen, wenn sie keine entsprechenden Erfahrungen gemacht haben, neigen dazu, nur sichtbare Würfel zu zählen und sich keine Gedanken darüber zu machen, dass die Würfel der höheren Ebenen nicht in der Luft schweben können.

ENTSPRECHEND IST DIESES GEBÄUDE AUS „7“ WÜRFELN GEBAUT

Würfelgebäude und ihre Abbildungen – Raumvorstellungen entwickeln

DAS RÄUMLICHE VORSTELLUNGSVERMÖGEN IST TRAINIERBAR

Bedenkt man, dass einerseits die Raumvorstellung eine der Komponenten ist, die Intelligenz definieren, zum anderen, dass jeder Mensch mit 14 Jahren bereits 80% seiner möglichen Raumvorstellungsfähigkeit erworben hat, so kommt der Entwicklung des räumlichen Vorstellungsvermögens in der Grundschule eine entscheidende Bedeutung zu. Empirische Untersuchungen bestätigen, dass das räumliche Vorstellungsvermögen trainierbar ist und sich durch geeignete Aufgabenstellungen verbessern lässt. Gerade in der Grundschule setzt jedoch die Entwicklung von „Vorstellung“ Handlungserfahrungen voraus.

DAS BAUEN MIT WÜRFELN

macht beinahe allen Kindern Spaß. Beim freien Bauen mit Holzwürfeln entstehen fantasievolle Gebäude. Um jedoch zu selbst gebauten Gebäuden auch abstraktere Baupläne zu erhalten, muss das Bauen nach einer Regel erfolgen: „Baue so, dass zwei Würfel sich immer mit einer ganzen Fläche berühren.“

Da das begrenzte Vorhandensein von Material immer dazu führt, dass Gebäude wieder zerstört werden müssen, um neue zu bauen, schließen sich Überlegungen an, wie man die Gebäude so festhalten kann, dass man selbst oder auch ein anderer sie jederzeit nachbauen kann.

Eine durchaus auch im Unterricht nutzbare Möglichkeit ist das digitale Fotografieren von Gebäuden versehen mit einer Namenskarte des Erbauers als „Experten“ für dieses Bauwerk.

Die so entstandenen Fotos können im weiteren Unterrichtsverlauf als Aufgabenkartei genutzt werden.

TIPP

Fotografieren Sie die Würfelgebäude aus der Diagonalen, um ein gut lesbares „Schrägbild“ zu erhalten.

Alternativ oder zusätzlich ist es auch reizvoll, den Gebäuden Namen zu geben (Turm, Treppe ...). Der Name hilft den Kindern, deren visuelle Wahrnehmungsfähigkeit noch nicht so weit entwickelt ist, das Gebäude nachzubauen.

BAUPLÄNE

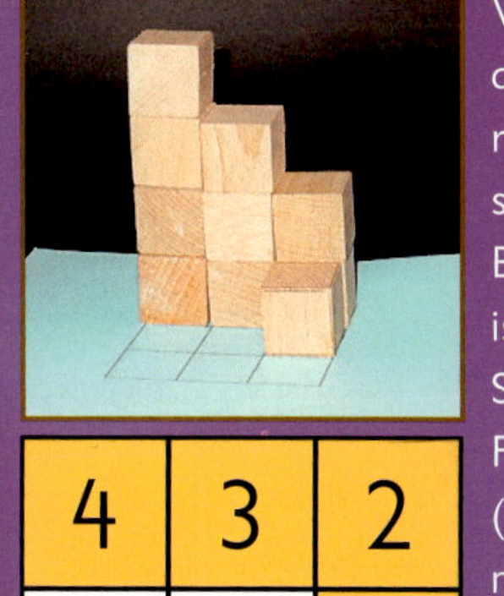

4	3	2
		1

Wenn die Kinder nicht irgendwo auf dem Tisch bauen, sondern auf einem vorgegebenen „Baugrundstück" – für den Anfang reicht ein quadratisches Neunerfeld vollkommen aus –, so lassen sich auch leicht symbolische Notationsformen entwickeln. Der Bauplan entspricht dem Grundriss, in dem auf jedem Feld notiert ist, aus wie vielen Steinen der darüber stehende Würfelturm besteht.
Sind Würfelgebäude, Schrägbilder (oder Fotos) und Baupläne bekannt, so ergibt sich eine Fülle von Aufgabenstellungen, die zum einen die unterschiedlichen Repräsentationsebenen (enaktiv: konkrete Würfelgebäude; ikonisch: Schrägbilder; symbolisch: Bauplan) miteinander verzahnen, zum anderen Anlass zu unterschiedlich anspruchsvollen kopfgeometrischen Übungen geben, die langfristig zu einer intensiven Schulung des Vorstellungsvermögens führen.

AUSWAHL VON AUFGABENSTELLUNGEN RUND UM „WÜRFELGEBÄUDE UND IHRE ABBILDUNGEN"

- mit einer vorgegebenen Anzahl von Würfeln Gebäude auf einem Bauplan errichten
- Namen für eigene Gebäude finden
- zu Würfelgebäuden Baupläne entwickeln
- zu Schrägbildern oder Fotos Baupläne schreiben
- Anzahl verbauter Würfel in Schrägbildern bestimmen (zur Kontrolle nachbauen)
- nach Bauplänen Gebäude bauen
- nach Bauplänen Gebäude beschreiben oder benennen

2	1	2
1		1
2	1	2

„Das Gebäude sieht aus wie eine Burg."

- nach verbaler Beschreibung Gebäude bauen
- Bilder von Würfelgebäuden in verschiedenen Positionen möglichen Bauplänen zuordnen
- die Entstehungsstadien eines Würfelgebäudes in eine chronologische Reihenfolge bringen
- vorgegebene Würfelgebäude durch Veränderung je eines Würfels erzeugen
- Würfelgebäude mit Hilfe von Würfelplättchen erzeugen
- ...

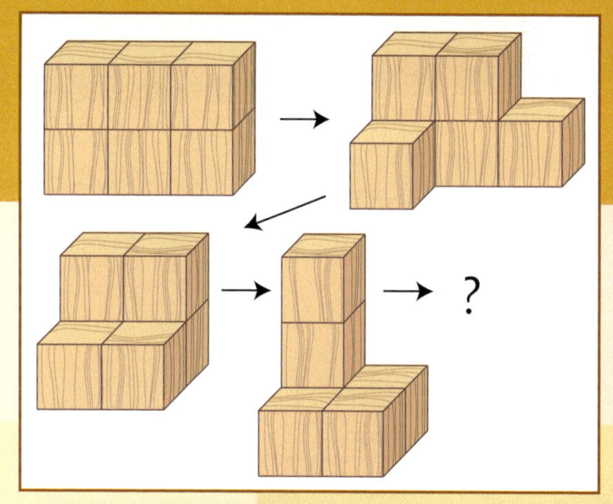

Schneide aus, klebe nach Plan:
– zuerst den Dreierturm,
– daneben den einzelnen Würfel,
– davor die Zweiertürme,
– davor die einzelnen Würfel.

3	1	
2	2	
1	1	1

② Mit Fertigteilen schnell legen.
Klebe die Teile nach Plan auf.

3	1	
2		
1	1	1

So heterogen wie die Vorerfahrungen der Kinder sind, ist auch die Entwicklung des räumlichen Vorstellungsvermögens bei ihnen. Würfelgebäude und ihre Abbildungen bieten für alle Kinder Möglichkeiten, vorhandene Fähigkeiten weiterzuentwickeln. Dabei wird es immer einige Kinder geben, die nur durch konkretes Bauen zu Aufgabenlösungen gelangen können. Ihnen sollte diese Möglichkeit des „Begreifens" auch eingeräumt werden.

88 Am Zahlenband rechnen

Zahlenband als geordnete Darstellung für natürliche Zahlen verstehen und als Rechenhilfe nutzen können
Muster erzeugen; Zahlenfolgen notieren; definierende Eigenschaften benennen

SCHULBUCH 88

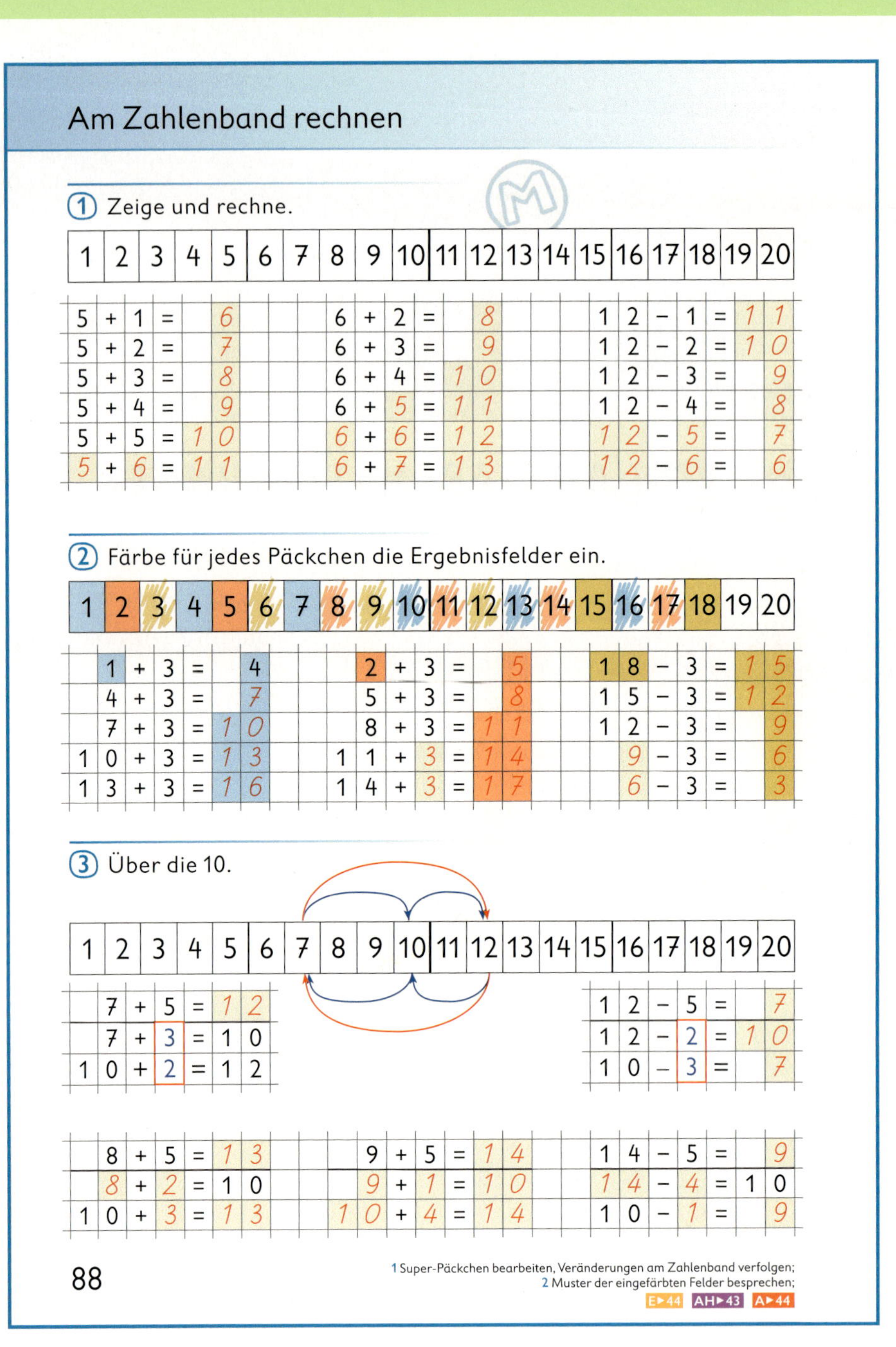

Am Zahlenband rechnen

① Zeige und rechne.

1	2	3	4	5	6	7	8	9	10	11	12	13	14	15	16	17	18	19	20

5 + 1 = 6
5 + 2 = 7
5 + 3 = 8
5 + 4 = 9
5 + 5 = 10
5 + 6 = 11

6 + 2 = 8
6 + 3 = 9
6 + 4 = 10
6 + 5 = 11
6 + 6 = 12
6 + 7 = 13

12 − 1 = 11
12 − 2 = 10
12 − 3 = 9
12 − 4 = 8
12 − 5 = 7
12 − 6 = 6

② Färbe für jedes Päckchen die Ergebnisfelder ein.

1	2	3	4	5	6	7	8	9	10	11	12	13	14	15	16	17	18	19	20

1 + 3 = 4
4 + 3 = 7
7 + 3 = 10
10 + 3 = 13
13 + 3 = 16

2 + 3 = 5
5 + 3 = 8
8 + 3 = 11
11 + 3 = 14
14 + 3 = 17

18 − 3 = 15
15 − 3 = 12
12 − 3 = 9
9 − 3 = 6
6 − 3 = 3

③ Über die 10.

1	2	3	4	5	6	7	8	9	10	11	12	13	14	15	16	17	18	19	20

7 + 5 = 12
7 + 3 = 10
10 + 2 = 12

12 − 5 = 7
12 − 2 = 10
10 − 3 = 7

8 + 5 = 13
8 + 2 = 10
10 + 3 = 13

9 + 5 = 14
9 + 1 = 10
10 + 4 = 14

14 − 5 = 9
14 − 4 = 10
10 − 1 = 9

88

1 Super-Päckchen bearbeiten, Veränderungen am Zahlenband verfolgen;
2 Muster der eingefärbten Felder besprechen;
E▸44 AH▸43 A▸44

① Super-Päckchen bearbeiten, die Veränderungen am Zahlenband verfolgen

② Super-Päckchen lösen, durch das Einfärben am Zahlenband Muster sichtbar machen

③ Zehnerüberschreitung in zwei Schritten am Zahlenband erklären und notieren

① in zwei Schritten über den Zehner hinaus rechnen

② Aufgaben mit Zehnerübergang am Zahlenband lösen und in Gleichungsform notieren

① bis ⑥ Additions- und Subtraktionsaufgaben mit Zehnerüber- bzw. -unterschreitung üben

⑦ bis ⑨ verschiedene Strategien zum Zehnerübergang nutzen

fehlende Summanden bestimmen

⑩ bis ⑫ fehlende Subtrahenden mit Hilfe des Musters bestimmen

EINSTIEGE 44

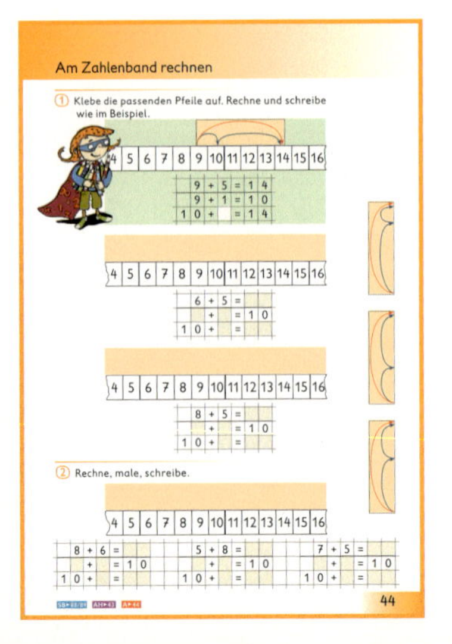

Am Zahlenband rechnen

① Klebe die passenden Pfeile auf. Rechne und schreibe wie im Beispiel.

② Rechne, male, schreibe.

44

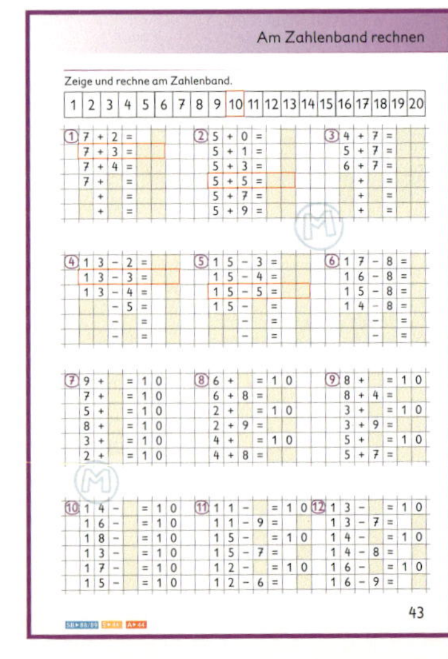

Am Zahlenband rechnen

Zeige und rechne am Zahlenband.

43

ARBEITSHEFT 43

SCHUL-
BUCH 89

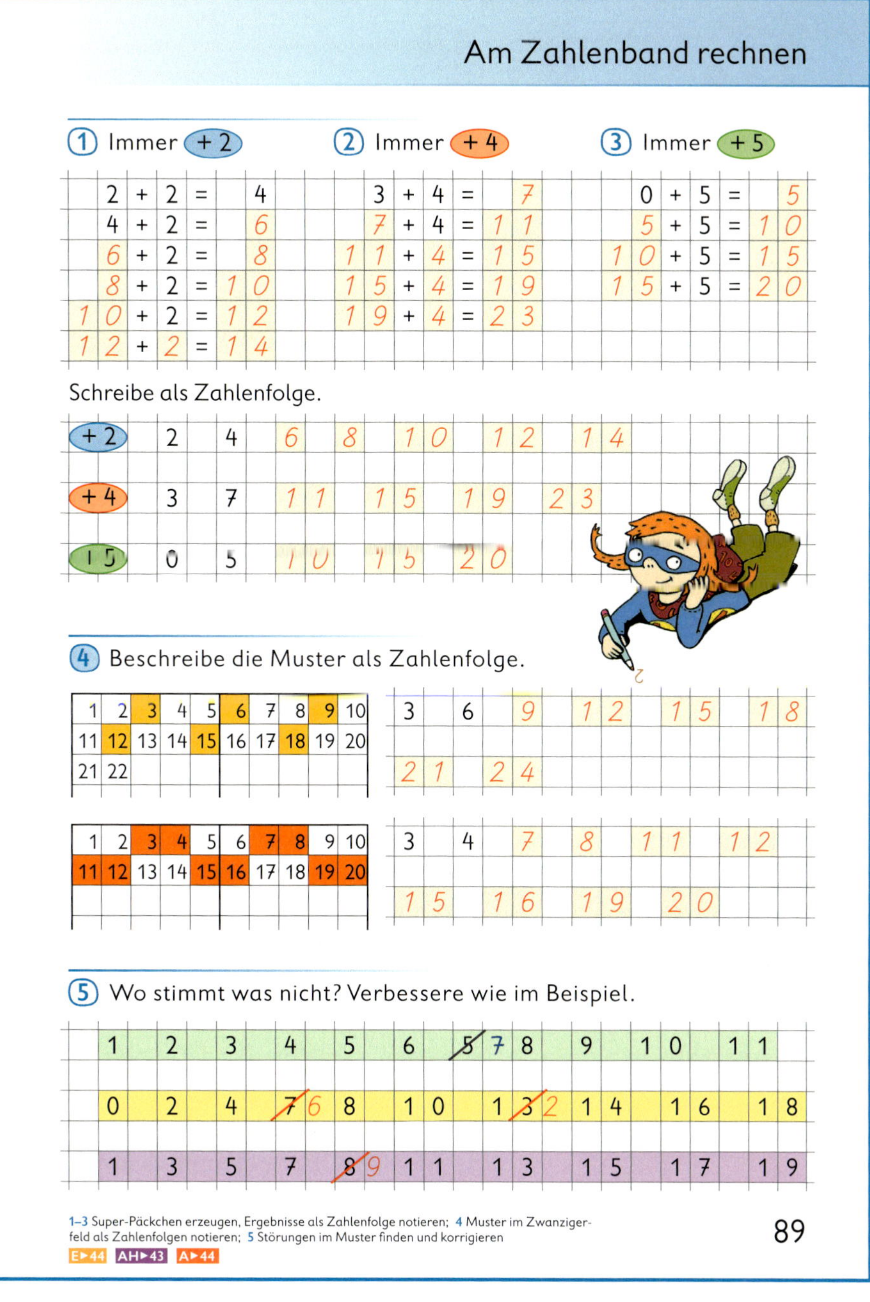

Am Zahlenband rechnen

① Immer + 2

2	+	2	=	4
4	+	2	=	6
6	+	2	=	8
8	+	2	=	10
10	+	2	=	12
12	+	2	=	14

② Immer + 4

3	+	4	=	7
7	+	4	=	11
11	+	4	=	15
15	+	4	=	19
19	+	4	=	23

③ Immer + 5

0	+	5	=	5
5	+	5	=	10
10	+	5	=	15
15	+	5	=	20

Schreibe als Zahlenfolge.

+ 2	2	4	6	8	10	12	14
+ 4	3	7	11	15	19	23	
+ 5	0	5	10	15	20		

④ Beschreibe die Muster als Zahlenfolge.

1	2	3	4	5	6	7	8	9	10
11	12	13	14	15	16	17	18	19	20
21	22								

3 6 9 12 15 18
21 24

1	2	3	4	5	6	7	8	9	10
11	12	13	14	15	16	17	18	19	20

3 4 7 8 11 12
15 16 19 20

⑤ Wo stimmt was nicht? Verbessere wie im Beispiel.

1 2 3 4 5 6 ~~5~~ 7 8 9 10 11
0 2 4 ~~7~~ 6 8 10 ~~13~~ 12 14 16 18
1 3 5 7 ~~8~~ 9 11 13 15 17 19

1–3 Super-Päckchen erzeugen, Ergebnisse als Zahlenfolge notieren; 4 Muster im Zwanzigerfeld als Zahlenfolgen notieren; 5 Störungen im Muster finden und korrigieren

E▸44 AH▸43 A▸44

89

① bis ③
Aufgabenserien erzeugen, Ergebnisse als Zahlenfolgen notieren

④
verschiedene Muster im Zwanzigerfeld als Zahlenfolgen darstellen

Folgen nach eigenem Ermessen weiterführen

⑤
in Zahlenfolgen Störungen im Muster auffinden/nachweisen und korrigieren

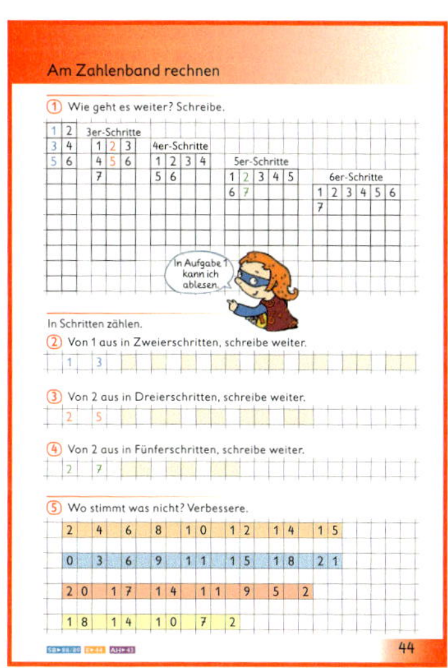

Am Zahlenband rechnen

① Wie geht es weiter? Schreibe.

3er-Schritte 4er-Schritte 5er-Schritte 6er-Schritte

In Schritten zählen.

② Von 1 aus in Zweierschritten, schreibe weiter.

③ Von 2 aus in Dreierschritten, schreibe weiter.

④ Von 2 aus in Fünferschritten, schreibe weiter.

⑤ Wo stimmt was nicht? Verbessere.

2 4 6 8 10 12 14 15
0 3 6 9 11 15 18 21
20 17 14 11 9 5 2
18 14 10 7 2

44

①
Zählzahlen in Zweier-, Dreier- … -spalten zeilenweise notieren, Spalteneinträge als Zahlenfolgen ablesen

② bis ④
Zweierschritte, Dreierschritte … als Zahlenfolgen aufschreiben

⑤
in Zahlenfolgen Störungen im Muster auffinden/nachweisen und korrigieren

AUFSTIEGE 44

88/89 Am Zahlenband rechnen

KOMMENTAR

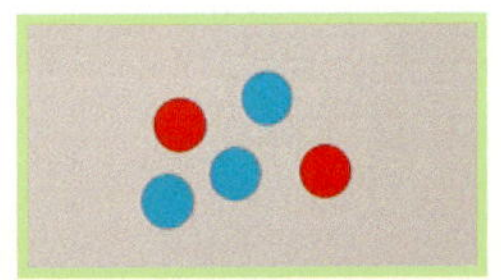

Material
Zahlenband, Spielsteine, Wendeplättchen, Spielwürfel
▶ KV 71

Hinweise zum Unterrichtsthema
Auf dem Zahlenband treten auf gleichmäßigen Abschnitten die natürlichen Zahlen in Folge auf. Beginnend mit der kleinsten natürlichen Zahl ist jeder Zahl der Wert 1 durch einen gleich großen Abschnitt zugewiesen. Aufeinanderfolgende Zahlen sind jeweils durch einen Einerschritt erreichbar. Das Zahlenband ermöglicht daher nicht nur eine unmittelbare Orientierung beim Vergleichen von Zahlen (je weiter eine Zahl nach rechts angeordnet ist, desto größer ist sie), sondern stellt eine Lösungshilfe für Additions- und Subtraktionsaufgaben (Schritte/Sprünge auf dem Zahlenband) dar. Bei der Zehnerüberschreitung erfolgt die Zerlegung des zweiten Summanden so, dass im ersten Teilschritt die 10 erreicht wird.

$7 + 8 = \square$
$8 = 3 + 5$
$7 + 3 = 10$
$10 + 5 = 15$

Von den vielen Möglichkeiten der Zerlegung der 8 wird genau die gewählt, die mit dem ersten Teilsummanden (hier 3, auf Grund des ersten Summanden 7) zur 10 führt.
Im Ergebnis wird die Einerstelle 5 heißen (zweiter Teilsummand).
Diese Festsetzung der Einerstelle erfolgt immer, auch wenn die Technik des Übergangs einer anderen Strategie folgt.

Schulbuch 88/89

Hinweise zum Unterrichtsablauf
Für die gemeinsame vorbereitende Arbeit bringt die Lehrerin ein großkopiertes Zahlenband mit, auf dem die Kinder Spielsteine bewegen können. Alternativ kann sie auch ein Zahlenband an der Tafel vorbereiten, das wie ein Spielplan benutzt wird. In diesem Fall ersetzen magnetische Wendeplättchen die Spielsteine. Es geht darum, das Zahlenband als Hilfsmittel verfügbar zu machen. Dazu werden Schritte und Sprünge unterschiedlicher Länge in beide Richtungen auf dem Zahlenband erprobt, zuerst ohne, dann mit Zehnerüberschreitung: von der 4 um 5 Schritte nach rechts, von der 9 um 3 Schritte nach links, von der 5 um 7 Schritte nach rechts, von der 11 um 6 Schritte nach links. Diese werden in einem zweiten Schritt als Additions-/Subtraktionsaufgaben interpretiert und notiert. Auch Aufgabenserien, wie sie z.B. Aufgabe 1 im Schulbuch entsprechen (gleitender Zehnerübergang), werden durchgeführt. Sie sind besonders wichtig, weil das Zählen nachhaltig vermieden wird. Bei der Folgeaufgabe liegt das Ergebnis um genau ein Feld abweichend. Darüber hinaus finden die Schritte zur 10 besondere Beachtung, weil sie bei der Zerlegung des Summanden für den Zehnerübergang festlegen, welche Zerlegung durchgeführt werden muss.
Danach sollen die Kinder die Intentionen der Schulbuchseite aufnehmen und zu der geleisteten Vorübung in Beziehung setzen.
Aufgabe 1: Die Sprünge werden immer um einen Schritt größer. Mit welchem Sprung wird die 10 aufgefüllt?
Aufgabe 2: Vorwärts in immer gleich großen Sprüngen. Die Ergebnisse bilden auf dem Zahlenband ein (regelmäßiges) Muster.
Aufgabe 3: Der geforderte große Sprung erfolgt in zwei Teilen (Zerlegung des zweiten Summanden), zur 10 und von der 10

weg. Die einzelnen Schritte werden als Aufgabenfolge in einem normierten Aufschrieb festgehalten.

Hinweise zu den Aufgaben

Seite 88

Aufgabe 1

Die Kinder bearbeiten die Super-Päckchen, verfolgen die Veränderungen am Zahlenband und führen diese ggf. mit Spielsteinen oder Wendeplättchen aus.

Aufgabe 2

Die Kinder färben ihre Ergebniszahlen im Zahlenband. Durch das Einfärben machen sie Muster sichtbar. Gemeinsam wird über die Entstehung nachgedacht und es werden Gründe hierfür genannt.

Aufgabe 3

Die Kinder erklären die Zehnerüberschreitung in zwei Schritten am Zahlenband und notieren sie normgerecht.

Seite 89

Aufgaben 1–3

Die Kinder erzeugen Aufgabenserien und notieren die Ergebnisse als Zahlenfolgen.

Aufgabe 4 (AB II)

Die verschiedenen Muster im Zwanzigerfeld notieren die Kinder als Zahlenfolgen und führen diese nach eigenem Ermessen weiter.

Aufgabe 5

Die Kinder finden in Zahlenfolgen Störungen im Muster auf und korrigieren diese.

Hinweise zur Differenzierung

Das konkrete Tun am Zahlenband sollte den Kindern so lange ermöglicht werden, wie sie dessen bedürfen. Wichtig ist, dass die Kinder lernen, „Sprünge“ sicher auszuführen. Nicht zuletzt wird die Orientierung über die eingezeichneten Fünferabschnitte unterstützt.

Einstiege 44

Aufgabe 1

Für die Darstellung mit Pfeilen sind aufgabenbezogene Materialien zum Ausschneiden verfügbar. Die Handhabung wird durch das Beispiel erklärt.

Aufgabe 2

Die Kinder zeichnen Pfeile und dokumentieren ihre Lösungsschritte normgerecht.

Arbeitsheft 43

Aufgaben 1–6

Die Kinder üben den fließenden Zehnerübergang mit Blick auf das Zahlenband in Super-Päckchen. Sie schenken den Aufgaben mit dem Ergebnis 10 besondere Beachtung.

Aufgaben 7, 10

Die Kinder bearbeiten die Super-Päckchen, indem sie Aufgaben zum Auffüllen des Zehners bzw. Abbauen bis zum Zehner lösen.

Aufgaben 8, 9, 11, 12

Die Kinder bearbeiten die Aufgabenpaare zur 10. Auf dieser Grundlage lösen sie die Folgeaufgabe in einem Schritt.

Aufstiege 44

Aufgabe 1

Die Kinder setzen ihre Aufschriebe beliebig weit fort und benutzen dabei Farbstifte.

Aufgaben 2–4

Die Kinder setzen den Auftrag zu Aufgabe 1 in Verbindung. Die angestrebten Zahlenfolgen lesen sie (gleich weite Sprünge in Folge) in Aufgabe 1 ab und notieren sie.

Aufgabe 5

Die Kinder suchen nach Störungen im Muster (Fehler) und korrigieren sie.

90 Zahlenmauern

produktives Üben der Addition; Verfahren zum Umgang mit Zahlenmauern von Zahlenhäusern ableiten u anwenden; Schablone als Hilfsmittel kennen lernen und einsetzen; Lösungsstrategien entwickeln und nutze

SCHULBUCH 90

① Bearbeitung von Zahlenmauern erlernen
Zahlenmauern ausfüllen

② Zahlenmauern ausrechnen
Lösungswege erkennen

③ bis ⑪ Schablone nutzen
passende Zahlen eintragen

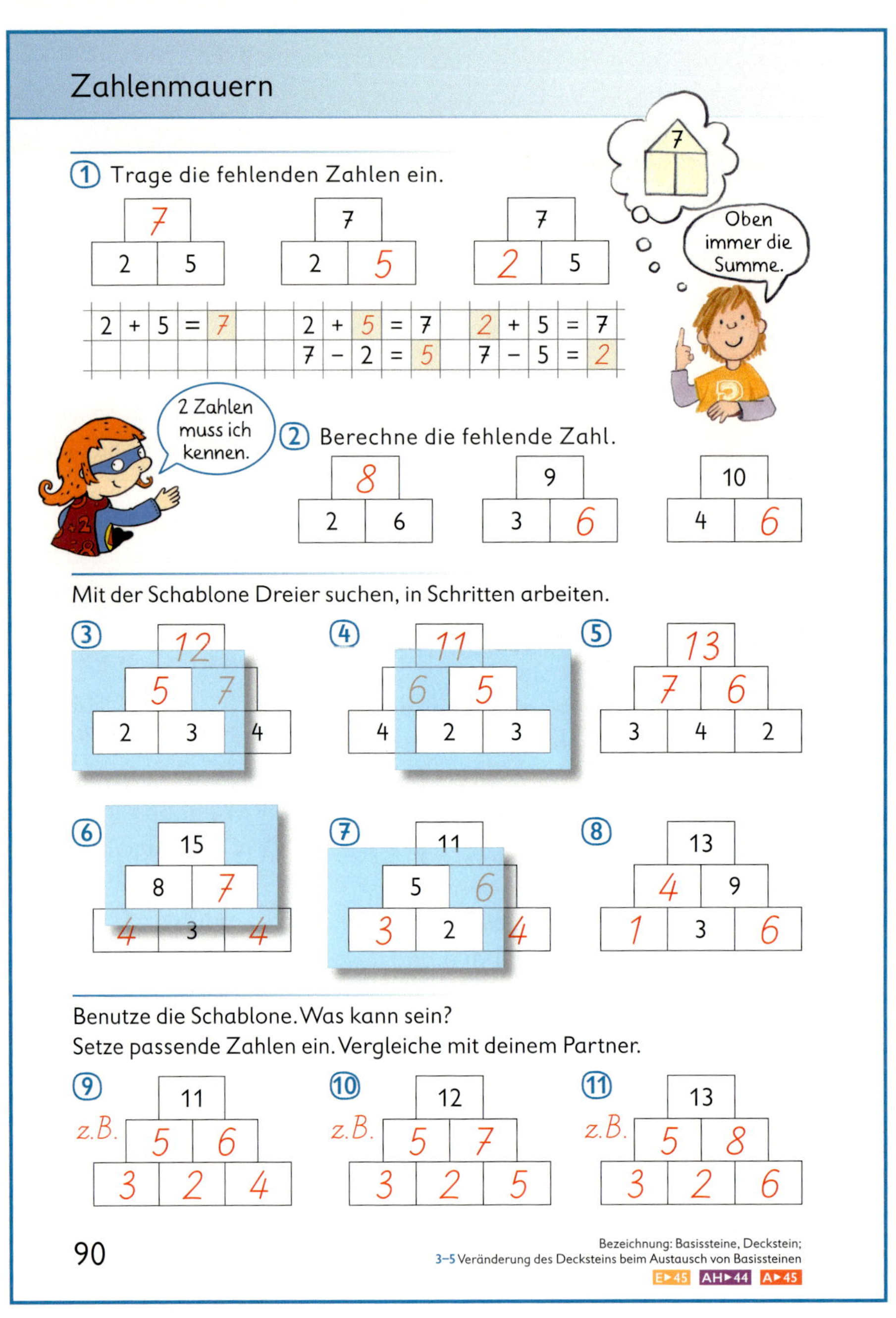

Zahlenmauern

① Trage die fehlenden Zahlen ein.

7 / 2 5 — 7 / 2 5 — 7 / 2 5

2 + 5 = 7 — 2 + 5 = 7, 7 − 2 = 5 — 2 + 5 = 7, 7 − 5 = 2

② Berechne die fehlende Zahl.

8 / 2 6 — 9 / 3 6 — 10 / 4 6

Mit der Schablone Dreier suchen, in Schritten arbeiten.

③ 12 / 5 7 / 2 3 4 — ④ 11 / 6 5 / 4 2 3 — ⑤ 13 / 7 6 / 3 4 2

⑥ 15 / 8 7 / 4 3 4 — ⑦ 11 / 5 6 / 3 2 4 — ⑧ 13 / 4 9 / 1 3 6

Benutze die Schablone. Was kann sein?
Setze passende Zahlen ein. Vergleiche mit deinem Partner.

⑨ 11 / z.B. 5 6 / 3 2 4 — ⑩ 12 / z.B. 5 7 / 3 2 5 — ⑪ 13 / z.B. 5 8 / 3 2 6

90

Bezeichnung: Basissteine, Deckstein;
3–5 Veränderung des Decksteins beim Austausch von Basissteinen
E▸45 AH▸44 A▸45

① Umgang mit Zahlenmauern ableiten
Zahlenmauern ausfüllen

② bis ⑪ Schablone nutzen
passende Zahlen eintragen

EINSTIEGE 45

Zahlenmauern

① Berechne die fehlende Zahl wie beim Zahlenhaus.

② Berechne die fehlende Zahl.

Mit der Schablone Dreier suchen, in Schritten arbeiten.

Benutze die Schablone. Was kann sein?
Setze die Zahlen ein. Vergleiche mit deinem Partner.

45

① Zahlenmauern zusammenstellen, notieren und lösen

② bis ⑧ Schablone nutzen
passende Zahlen eintragen

ARBEITSHEFT 44

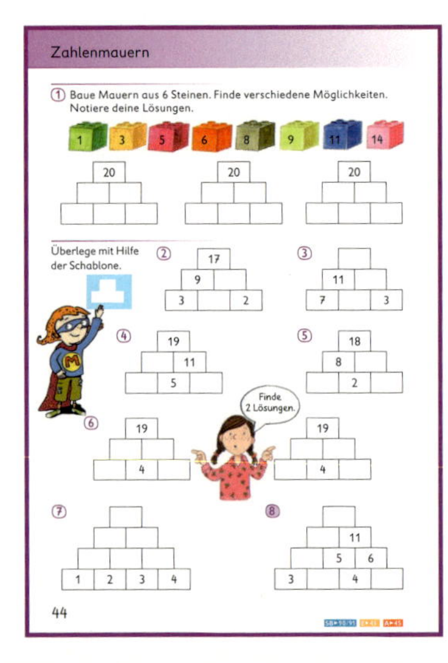

Zahlenmauern

① Baue Mauern aus 6 Steinen. Finde verschiedene Möglichkeiten. Notiere deine Lösungen.

Überlege mit Hilfe der Schablone.

44

SCHUL-
BUCH 91

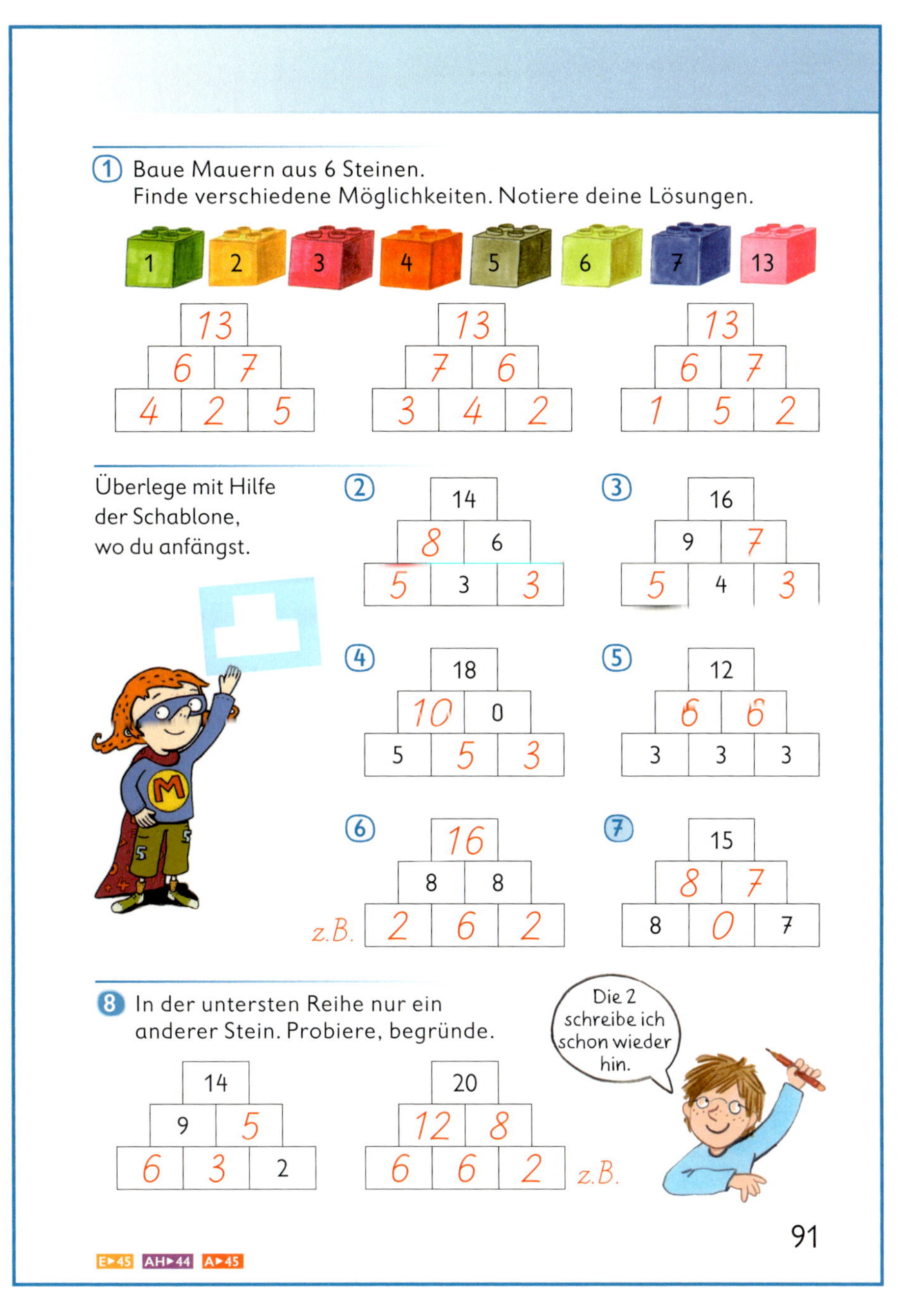

① Baue Mauern aus 6 Steinen.
Finde verschiedene Möglichkeiten. Notiere deine Lösungen.

13 / 6 7 / 4 2 5

13 / 7 6 / 3 4 2

13 / 6 7 / 1 5 2

Überlege mit Hilfe der Schablone, wo du anfängst.

② 14 / 8 6 / 5 3 3

③ 16 / 9 7 / 5 4 3

④ 18 / 10 0 / 5 5 3

⑤ 12 / 6 6 / 3 3 3

⑥ 16 / 8 8 / z.B. 2 6 2

⑦ 15 / 8 7 / 8 0 7

⑧ In der untersten Reihe nur ein anderer Stein. Probiere, begründe.

14 / 9 5 / 6 3 2

20 / 12 8 / 6 6 2 z.B.

91

E▸45 AH▸44 A▸45

① Zahlenmauern zusammenstellen, notieren und lösen

② bis ⑦ Schablone nutzen

Lösungsstrategien entwickeln

passende Zahlen eintragen

Zahlenmauern lösen

⑧ erste Zahlenmauer lösen

in der zweiten Mauer einen Grundstein ändern

Zahlenmauer lösen

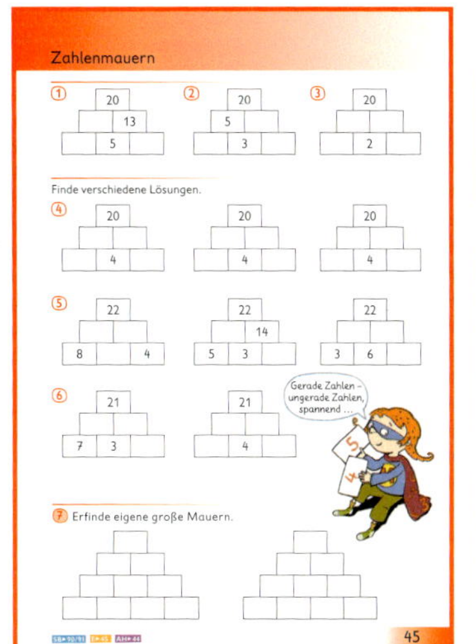

Zahlenmauern

① 20 / 13 / 5 ② 20 / 5 / 3 ③ 20 / 2

Finde verschiedene Lösungen.

④ 20 / 4   20 / 4   20 / 4

⑤ 22 / 8 4   22 / 14 / 5 3   22 / 3 6

⑥ 21 / 7 3   21 / 4

⑦ Erfinde eigene große Mauern.

45

① bis ③ Zahlenmauern ausrechnen

④ bis ⑥ Zahlenmauern ausrechnen, verschiedene Lösungen finden

⑦ eigene Zahlenmauern erfinden

AUFSTIEGE 45

90/91 Zahlenmauern

KOMMENTAR

Material
mit Ziffern beschriftete Schuhkartons und Duplo-Bausteine, Schablonen
▶ KV 80

Hinweise zum Unterrichtsthema
Eine Zahlenmauer besteht aus mindestens drei Steinen, von denen zwei in erster Reihe nebeneinander liegen, der dritte mittig darüber. Steine in erster Reihe heißen Basissteine, der oberste Stein heißt Ziel. Auf jedem Stein ist eine Zahl eingetragen. Vorschrift ist, dass die Summe aus zwei nebeneinanderliegenden die Zahl des zentral darüberliegenden Steins ergibt. Diese Vorschrift gilt für jeden Dreierausschnitt einer Zahlenmauer.
Sind in einer Zahlenmauer alle Basissteine mit Zahlen versehen, so bedeutet dies, dass die Zahlen der übrigen Steine ausschließlich durch Addition berechnet werden können. Sind dagegen in verschiedenen Zeilen einer Zahlenmauer einzelne Zahlen vorhanden, so erfolgt die Lösung der Aufgabe durch Subtraktion und Ergänzen.
Zahlenmauern werden gerne als Übungsformate im Mathematikunterricht der Grundschule eingesetzt, da man sie durch beliebig viele Stockwerke, Zahlen unterschiedlicher Größe und unterschiedlicher Verteilung stark differenziert einsetzen kann.
(inhaltlich:
Padberg, F.: Didaktik der Arithmetik. Spektrum Akademischer Verlag, S.90, 2005.
Piechotta, G.: Entdeckungsreise ins Land der Zahlenhäuser und Zahlenmauern, in: Müller, G./ Wittman, E. Ch.: Mit Kindern rechnen. Arbeitskreis Grundschule, Bd. 96, 1996.)

Schulbuch 90/91

Hinweise zum Unterrichtsablauf
Zu Beginn des Unterrichts präsentiert die Lehrerin verschiedene mit Zahlen versehene Schuhkartons im Sitzkreis. Vermutlich werden die Schüler zunächst zählen, wie viele Kartons es sind, betrachten, welche Zahlen darauf zu lesen sind, welche Farbe sie haben … Auf Grund ihrer mathematischen Kenntnisse hinsichtlich Addition und Subtraktion werden sie aber bald schon Ideen bezüglich des Zusammenhanges der Bausteine anstellen, aus ihnen eine Zahlenmauer bauen und die oben angegebenen Regeln zum Lösen von Zahlenmauern erarbeiten. Sollten sich dabei Verständnisprobleme der Schüler zeigen, so kann die Lehrerin auch einen Dreierausschnitt einer Zahlenmauer präsentieren, anhand dessen zunächst die Regeln erarbeitet und dann die gesamte Mauer zusammengestellt wird. Dann ist es sinnvoll, den Kindern weitere Zahlenmauern auf dem Overheadprojektor zu präsentieren, um die Notwendigkeit der Betrachtung eines Dreierausschnittes einer Mauer deutlich zu machen und die Benutzung der Folie mit den Kindern zu üben. Anschließend können die Kinder selbstständig mit einer eigenen Folie an den entsprechenden Seiten des Unterrichtswerkes arbeiten.

Hinweise zur Differenzierung
Die Schüler können in Partnerarbeit eigene Zahlenmauern aus bezifferten Duplosteinen bauen und rechnen.

Hinweise zu den Aufgaben

Seite 90
Aufgaben 1, 2
Die Schüler betrachten die abgebildeten Zahlenmauern. Anhand dieser können die Kinder die allgemeinen Bearbeitungsschritte

für Dreierausschnitte in Zahlenmauern nachvollziehen:

- Beispiel 1: Zwei Bausteine sind vorgegeben, der darüberliegende muss durch Addition beider Zahlen ermittelt werden.
- Beispiel 2/3: Ein Baustein liegt in erster, einer in zweiter Reihe. Das Ergebnis muss durch Ergänzen oder Subtrahieren ermittelt werden.
- Zahlenmauern und Nebenrechnungen werden vervollständigt und gelöst.

Aufgabe 2
Die Schüler lösen die vorgegebenen Zahlenmauern und erfinden eigene.

Aufgaben 3–11
Die Schüler lösen die Zahlenmauern durch wiederholtes Fokussieren und Lösen eines Dreierausschnittes. Die Lösungen zu den Aufgaben 9–11 werden mit einem Partner verglichen.

Seite 91

Aufgabe 1
Die Schüler stellen aus acht dargestellten bezifferten Bausteinen drei verschiedene Zahlenmauern her.

Aufgaben 2–7 (AB II)
Die Schüler lösen die Zahlenmauern mit Hilfe ihrer Schablone.

Aufgabe 8 (AB III)
Die Schüler lösen beide Zahlenmauern und begründen, warum eine veränderte Zahl unter den Basissteinen zur jeweils anderen Zahlenmauer führt.

Einstiege 45

Aufgabe 1
siehe Schulbuch Seite 90, Aufgabe 1

Aufgabe 2
siehe Schulbuch Seite 90, Aufgabe 2

Aufgaben 3–11
siehe Schulbuch Seite 90, Aufgaben 3–11

Arbeitsheft 44

Aufgabe 1
siehe Schulbuch Seite 91, Aufgabe 1

Aufgaben 2–5, 7, 8 (AB II)
siehe Schulbuch Seite 91, Aufgaben 2 bis 7

Aufgabe 6
Die Schüler finden zu einer Zahlenmauer zwei verschiedene Lösungen und notieren diese.

Aufstiege 45

Aufgaben 1–3
Die Schüler lösen die Zahlenmauern. In Aufgabe 3 sind mehrere Lösungen möglich.

Aufgaben 4–6
Die Schüler lösen die Zahlenmauern und notieren verschiedene Lösungen.

Aufgabe 7 (AB II)
Die Kinder erfinden eigene große Zahlenmauern.

Lernumgebungen sind gemeinsame Themenangebote für alle Kinder einer Klasse, an denen die Kinder – oft über einen längeren Zeitraum – auf verschiedenen Niveaus entsprechend ihren individuellen Fähigkeiten arbeiten können. Besonders geeignet als Lernumgebungen sind alle **Übungsformate**, die nach einer gründlichen gemeinsamen Erarbeitung weiterführende Bearbeitungsmöglichkeiten eröffnen, in denen leistungsschwächere Kinder ebenso wie besonders begabte gehaltvolle und leistbare Anforderungen finden.
Lernumgebungen ermöglichen eine Differenzierung **vom Kinde aus** innerhalb des Klassenverbandes.

ÜBUNGSFORMATE

Gestaltete Lernumgebungen II

ZAHLENMAUERN

Regel: Zahlenmauern werden so gebaut, dass in jedem Stein die Summe der beiden unter ihm liegenden Steine steht. Dabei nennt man die Steine der untersten Reihe *Basissteine*, den obersten Stein *Zielstein*.

Die kleinste Zahlenmauer besteht aus drei Steinen. Der Zielstein trägt genau die Summe der beiden Basissteine.

Auch im Unterricht entsteht die erste Zahlenmauer schrittweise. Die Lehrerin gibt die ersten drei Steine vor und erweitert dann die Mauer. Die Kinder stellen Vermutungen an, welche Zahlen die folgenden Steine tragen müssen.

Gemeinsam wird die Bauregel erarbeitet und an einigen Beispielen erprobt. Bereits durch die Variation der Mauergröße ergeben sich unterschiedlich schwere Aufgaben. Je nachdem, welche Mauersteine vorgegeben sind, müssen die Kinder abwechselnd addieren, subtrahieren oder ergänzen.

Beim Erfinden eigener Zahlenmauern wird der Zahlenraum freigegeben und jedes Kind kann seinem Leistungsvermögen entsprechend rechnen.

Diese Aufgabe ist schon wesentlich schwieriger und wird durch systematisches Probieren von oben oder von unten beginnend gelöst.

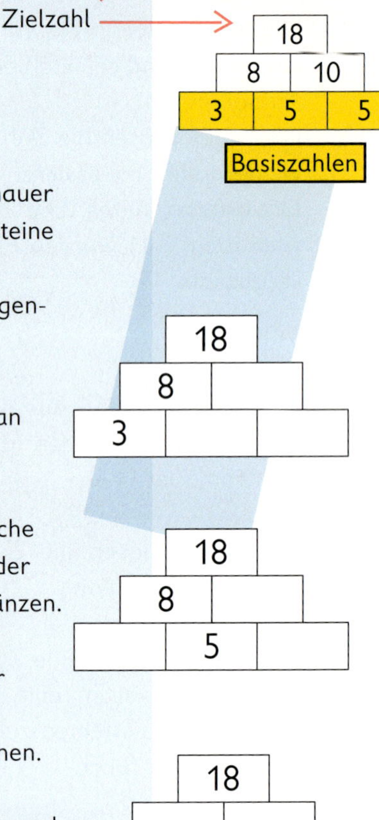

TIPP

Wählen Sie bei der Einführung keine aufeinanderfolgenden Zahlen als Basissteine. Die Kinder wollen dann in der zweiten Reihe die Zahlenfolge fortsetzen und geraten leicht auf Abwege.

TIPP

Gerade für langsamer lernende Kinder ist auch das Zusammenbauen einer Zahlenmauer aus beschrifteten Bausteinen (z.B. LEGO-Duplo) eine sinnvolle Aufgabe, mit der das Regelverständnis überprüft werden kann.

FORSCHERFRAGEN

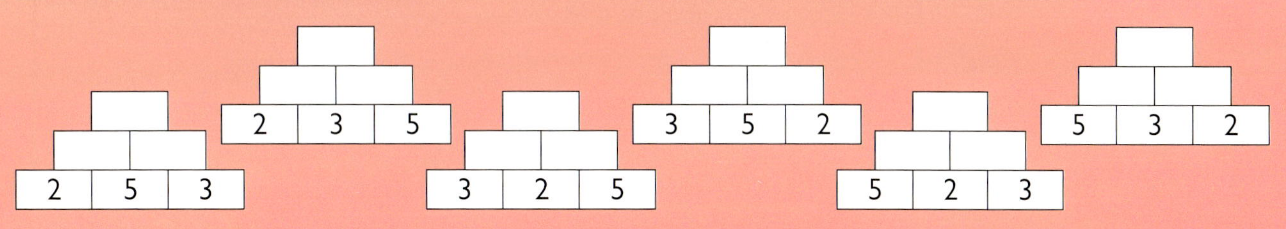

- Wie verändert sich die Zielzahl, wenn die Reihenfolge der Basiszahlen vertauscht wird?
- Was passiert mit der Zielzahl, wenn eine Basiszahl um 1 vergrößert/verkleinert wird? Randzahl? Mittelzahl?
- Erfinde eigene Zahlenmauern zu einem vorgegebenen Zielstein. Wie viele verschiedene findest du?
- Untersuche auch Mauern mit vier Basiszahlen.

Alle Kinder trainieren ihre Rechenfertigkeiten. **Die meisten** Kinder können auch Auffälligkeiten benennen („Bei der Aufgabe oben ergeben sich drei verschiedene Zielzahlen.“). **Einige** Kinder finden auch Begründungen („Wenn die größte Zahl in der Mitte steht, kommt die größte Zielzahl heraus, weil die Mittelzahl doppelt gerechnet wird.“).

Ein Übungsformat wird nicht dadurch zur Lernumgebung, dass es irgendwann einmal vorkommt und ein paar Aufgaben damit gerechnet werden.
Es kann sein Potential nur entfalten, wenn die Kinder auch dazu angehalten werden, weiterzuforschen und die Möglichkeit erhalten, über ihre Entdeckungen zu berichten.

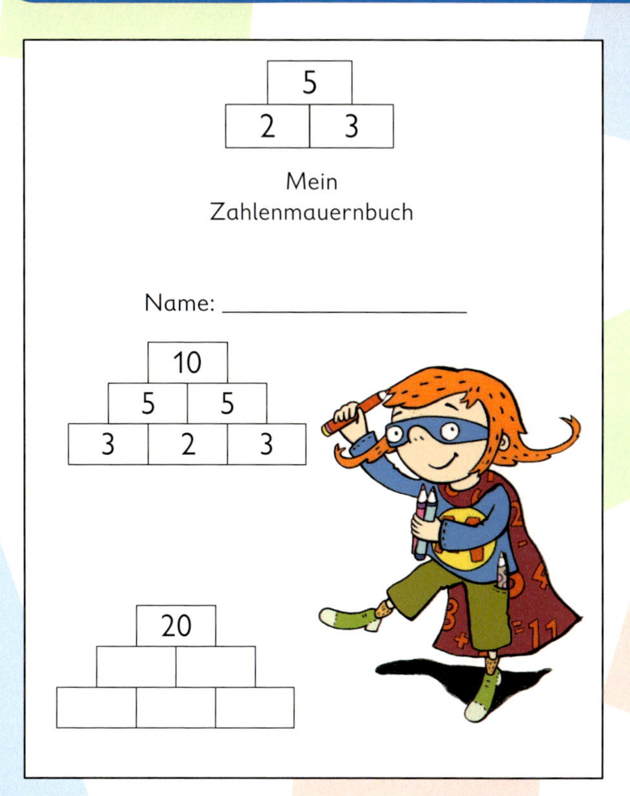

KINDER LIEBEN KLEINE THEMENHEFTE, IN DENEN SIE RECHNEN, FORSCHEN UND EIGENE MAUERN ERFINDEN KÖNNEN.

92 Sachrechnen

Mathematik und Lebenswirklichkeit gehören zusammen; zentrale Aufgabe des Sachrechnens ist die Erschl
ßung der Lebenswirklichkeit; Erarbeitung einer Struktur zur Lösung von Sachaufgaben

SCHUL-
BUCH 92

①

Text lesen und die dargestellte Situation auf Grund eigener Alltagserfahrungen nachvollziehen

Impulse zur Erschließung und strukturierten Darstellung lösungswirksam einsetzen

Klärung der Voraussetzung:
Das weiß ich schon

Klärung der eigenen Absicht:
Das will ich wissen

Darstellung einer Lösungsidee bzw. eines Lösungsweges:
So finde ich das heraus

Darstellung eines Ergebnisses im Sinne einer sachgerechten Klärung:
Das weiß ich jetzt

① und ②

Informationen aus Bild und Text entnehmen, Situationsverständnis aufbauen

Aufgabe mit Hilfe des strukturierten Lösungsschemas darstellen und bearbeiten

Ergebnis bezogen auf die erklärte Absicht sachgerecht darstellen

siehe Einstiege

EINSTIEGE 46

Sachrechnen

① Die Lehrerin hatte 18 Pinsel ausgeteilt. Boris und Sina sammeln die Pinsel ein.

Das weiß ich schon:
18 Pinsel wurden ausgeteilt.

Das will ich wissen:
Sind alle Pinsel zurück?

So finde ich das heraus:

7 + 8 = 1 5

Boris und Sina haben 1 5 Pinsel eingesammelt.

Wie viele Pinsel fehlen noch?

1 5 + 3 = 1 8

Das weiß ich jetzt:
Nein, 3 Pinsel fehlen.

92

Erarbeitung einer Struktur zur Lösung und Notation von Sachaufgaben
E▸46 AH▸45 A▸46

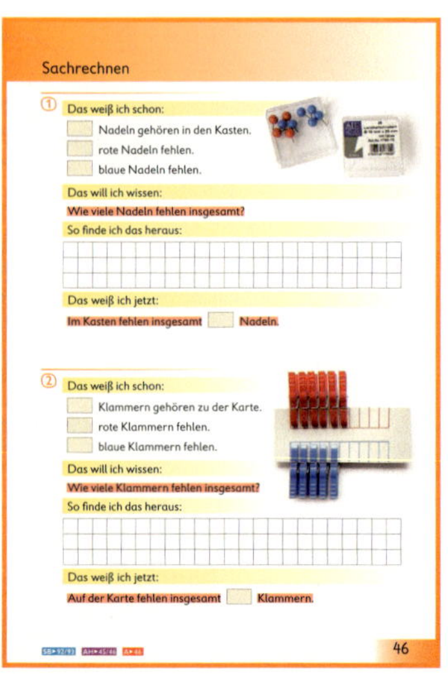

Sachrechnen

① Das weiß ich schon:
Nadeln gehören in den Kasten.
rote Nadeln fehlen.
blaue Nadeln fehlen.
Das will ich wissen:
Wie viele Nadeln fehlen insgesamt?
So finde ich das heraus:
Das weiß ich jetzt:
Im Kasten fehlen insgesamt ☐ Nadeln.

② Das weiß ich schon:
Klammern gehören zu der Karte.
rote Klammern fehlen.
blaue Klammern fehlen.
Das will ich wissen:
Wie viele Klammern fehlen insgesamt?
So finde ich das heraus:
Das weiß ich jetzt:
Auf der Karte fehlen insgesamt ☐ Klammern.

46

Sachrechnen

Die Lehrerin hatte 19 Pinsel ausgeteilt. Boris und Sina sammeln die Pinsel ein.

Das weiß ich schon:
☐ Pinsel wurden ausgeteilt.
Das will ich wissen:
Sind alle Pinsel zurück?
So finde ich das heraus:
Boris und Sina haben ☐ Pinsel eingesammelt.
Wie viele Pinsel fehlen noch?
☐ + ☐ = 1 9
Das weiß ich jetzt:
Nein, ☐ Pinsel fehlen.

45

ARBEITS-
HEFT 45

SCHUL-
BUCH 93

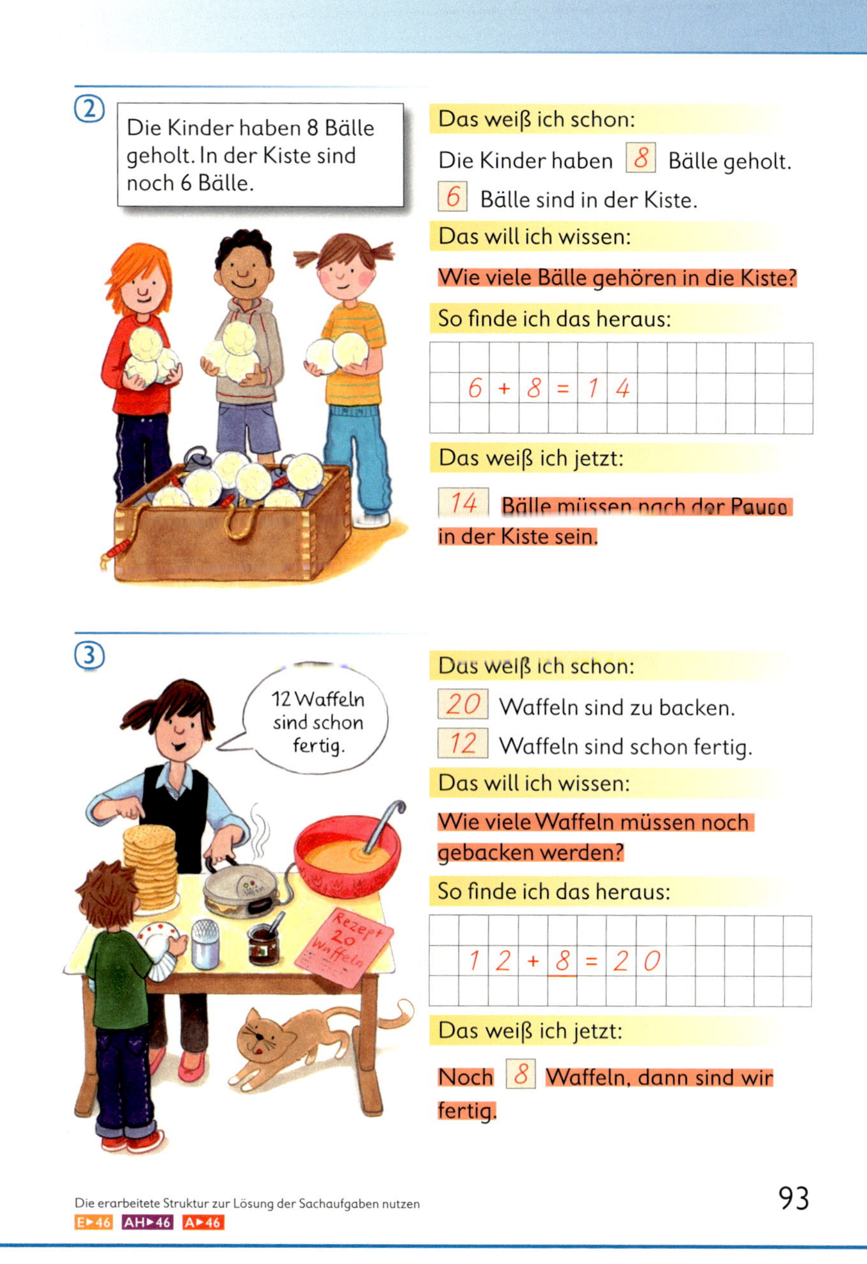

② Die Kinder haben 8 Bälle geholt. In der Kiste sind noch 6 Bälle.

Das weiß ich schon:

Die Kinder haben 8 Bälle geholt.

6 Bälle sind in der Kiste.

Das will ich wissen:

Wie viele Bälle gehören in die Kiste?

So finde ich das heraus:

6 + 8 = 14

Das weiß ich jetzt:

14 Bälle müssen nach der Pause in der Kiste sein.

③

Das weiß ich schon:

20 Waffeln sind zu backen.

12 Waffeln sind schon fertig.

Das will ich wissen:

Wie viele Waffeln müssen noch gebacken werden?

So finde ich das heraus:

12 + 8 = 20

Das weiß ich jetzt:

Noch 8 Waffeln, dann sind wir fertig.

Die erarbeitete Struktur zur Lösung der Sachaufgaben nutzen

E▸46 AH▸46 A▸46

93

② und ③

Informationen aus Bild und Text entnehmen, Situationsverständnis aufbauen

Aufgabe mit Hilfe des strukturierten Lösungsschemas darstellen und bearbeiten

Ergebnis bezogen auf die erklärte Absicht sachgerecht darstellen

ARBEITS-
HEFT 46

Sachrechnen

① Die Kinder haben 6 Bälle geholt. In der Kiste sind noch 8 Bälle.

Das weiß ich schon:

Die Kinder haben ☐ Bälle geholt.

☐ Bälle sind in der Kiste.

Das will ich wissen:

Wie viele Bälle gehören in die Kiste?

So finde ich das heraus:

Das weiß ich jetzt:

☐ Bälle müssen nach der Pause in der Kiste sein.

②

Das weiß ich schon:

☐ Waffeln sind zu backen.

☐ Waffeln sind schon fertig.

Das will ich wissen:

Wie viele Waffeln müssen noch gebacken werden?

So finde ich das heraus:

Das weiß ich jetzt:

Noch ☐ Waffeln, dann sind wir fertig.

46

Sachrechnen

① In der Klasse sind 20 Kinder. 14 Kinder haben Zahnlücken.

Das weiß ich schon:

☐ Kinder sind in der Klasse.

☐ Kinder haben Zahnlücken.

Das will ich wissen:

Wie viele Kinder haben keine Zahnlücken?

So finde ich das heraus:

Das weiß ich jetzt:

☐ Kinder haben keine Zahnlücken.

② In der Klasse sind 20 Kinder. Lisa ist 5 Jahre alt. Max, Moritz und Anna sind 7 Jahre alt.

Das weiß ich schon:

☐ Kinder sind in der Klasse.

☐ Kinder sind 5 Jahre alt.

☐ Kinder sind 7 Jahre alt.

Das will ich wissen:

Wie viele Kinder sind 6 Jahre alt?

So finde ich das heraus:

5 Jahre	6 Jahre	7 Jahre

Das weiß ich jetzt:

☐ Kinder sind 6 Jahre alt.

46

① und ②

Informationen aus Bild und Text entnehmen, Situationsverständnis aufbauen

Aufgabe mit Hilfe des strukturierten Lösungsschemas darstellen und bearbeiten

Ergebnis bezogen auf die erklärte Absicht sachgerecht darstellen

① und ②

siehe Einstiege

AUFSTIEGE 46

92/93 Sachrechnen

KOMMENTAR

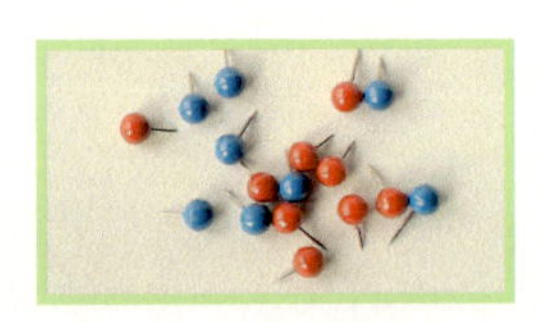
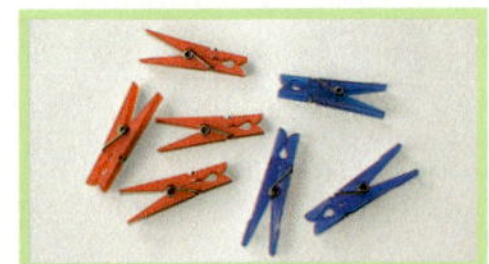

Material

Pinsel, Bälle, Pinnwandnadeln, Wäscheklammern o. Ä. – Materialien, die in den Aufgaben vorkommen

▶ **KVs 53/69**

Hinweise zum Unterrichtsthema

„Traditionell wird das Sachrechnen als schwierigstes Teilgebiet der Grundschulmathematik angesehen." Diese Einleitung zum Magazinartikel (108/109) wird niemanden verwundern. Beim Weiterlesen werden viele Momente beschrieben, die uns Lehrerinnen aus der eigenen Erfahrung vertraut sind, z.B. die Tatsache, dass die Kinder immer dann eine (sachgerechte) Lösung finden und formulieren können, wenn sie die Aufgabe verstanden haben, wenn ihnen der Sachkontext aus eigener Erfahrung vertraut, die Situation für sie nachvollziehbar ist. Auch der Hinweis, dass Sachrechnen, das sich nicht auf das formale Lösen von Textaufgaben beschränkt, von der ersten Schulwoche an stattfinden kann, wird von den meisten Lehrerinnen z.B. durch Erzählen kleiner Rechengeschichten verwirklicht. Mit freudigem Eifer und mühelos lassen sich die Kinder auf Rechengeschichten ein und entwickeln Lösungen im Sachkontext, ohne die formale Aufgabe herauszulösen und zu isolieren. Diese Fähigkeit gilt es zu nutzen, zu erhalten, weiterzuentwickeln und letztlich durch eine formale Befähigung auszubauen.

Diese Überlegungen begründen den in diesem Unterrichtswerk enthaltenen Sachrechenlehrgang. Nachdem bereits vielfältige Rechenanlässe zu Alltagserfahrungen der Kinder aufgegriffen wurden (s. Schulbuch 58/59, 80/81), erfolgt in dieser Unterrichtseinheit die Erarbeitung eines Schemas, das dauerhaft eine erfolgreiche Notation, Bearbeitung und Lösung von Sachaufgaben sichert:

- *Das weiß ich schon*
- *Das will ich wissen*
- *So finde ich das heraus*
- *Das weiß ich jetzt*

Es ermöglicht insbesondere die Nutzung vieler individueller Wege (nachspielen, aufmalen, aufschreiben von Überlegungen ...), die sich beim Frage-Rechnung-Antwort-Schema ausschließen.

Schulbuch 92/93

Hinweise zum Unterrichtsablauf

Das Besondere für die Kinder ist, dass die Aufgabe in Form eines Textes vorliegt.

Da dies neu und die Lesefähigkeit mancher Kinder noch nicht hinreichend fortgeschritten ist, empfiehlt sich eine behutsame Arbeit am Text, wie sie im Deutschunterricht üblich ist.

Die Kinder erhalten zunächst Gelegenheit, sich mit der Schulbuchseite vertraut zu machen (bewusste Beschränkung auf eine Aufgabe in übersichtlicher Darstellung). „Was liest du? Was siehst du? Erzähle. Kommt das in unserer Klasse auch vor?"

Die Kinder erzählen die Aufgabe mit eigenen Worten nach. Zur Überprüfung wird der Text einmal oder auch mehrmals vorgelesen. „Haben wir alles verstanden, nichts vergessen?" Die Übereinstimmung mit dem Bild wird geprüft. Die Voraussetzungen sind jetzt zweifelsfrei geklärt, das Schema wird für alle sichtbar an der Tafel oder am Overheadprojektor entwickelt:

Das weiß ich schon: ▢ Pinsel wurden ausgeteilt.

Die Kinder spielen die Aufgabe nach. Die Frage nach der Vollständigkeit beim Einsammeln entspricht der realen Erfahrung.

Das will ich wissen: Sind alle Pinsel zurück?

So finde ich das heraus: Die Kinder erhalten

Gelegenheit, ihre individuellen Lösungsideen und -wege zu dokumentieren.
Die Lehrerin wählt einige Beispiele für eine gemeinsame Reflexion aus. Alternativ kann auch jede Tischgruppen nach Beratung eine Lösung vorstellen.
Wichtig ist es, verschiedene Möglichkeiten als gleichberechtigt zuzulassen.
Das weiß ich jetzt: Die hier formulierte Aussage nimmt unmittelbar Bezug auf die erklärte Absicht, ein präziseres Sachwissen.
Abschließend werden gemeinsam die entsprechenden Einträge im Schulbuch vorgenommen.
Die Lehrerin entscheidet situativ, ob sie ein erneutes Durchlaufen derselben Aufgabe für angezeigt hält oder die nächste Aufgabe anbietet. Viele Kinder werden an dieser Stelle zur selbstständigen Bearbeitung weiterer Aufgaben in der Lage sein. Dies gibt der Lehrerin den Freiraum, eine Kleingruppe von Kindern, die noch Unterstützung brauchen, bei der Erarbeitung einer weiteren Aufgabe zu begleiten.

Hinweise zu den Aufgaben
Da die Intentionen, Zielsetzungen und geforderten Arbeits- und Darstellungsweisen für alle Aufgaben der Schulbuch- und Materialseiten übereinstimmen, wird an dieser Stelle auf die Kommentierung der einzelnen Aufgaben verzichtet.
Alle Aufgaben stammen aus der Lebenswirklichkeit der Kinder und lassen einen persönlichen Erfahrungshintergrund erwarten.

Stets sind folgende Arbeitsschritte erforderlich:
- Informationen aus Bild und Text entnehmen, Situationsverständnis aufbauen.
- Die Aufgabe mit Hilfe des strukturierten Lösungsschemas darstellen und bearbeiten.
- Das Ergebnis bezogen auf die erklärte Absicht sachgerecht darstellen.

94 Das kann ich schon!

Kenntnisse, Fähigkeiten und Fertigkeiten zu geometrischen Körpern, Würfelgebäuden und deren Baupläne Zahlenmauern, Zahlenband, Relationen und Sachaufgaben wiederholen, vertiefen und üben

SCHULBUCH 94

① Quader und Zylinder in Alltagsgegenständen identifizieren

in der entsprechenden Farbe umfahren und anmalen

② Baupläne zu Würfelbauten schreiben

③ Zahlenband ausfüllen und beim Einsetzen der Relationszeichen bei Bedarf nutzen

Relationen vervollständigen

① Quader, Kugel und Zylinder in Alltagsgegenständen identifizieren

in der entsprechenden Farbe umfahren und anmalen

② Würfelgebäude mit passenden Bauplänen verbinden

fehlenden Baupan ausfüllen

③ Zahlenmauern vervollständigen

EINSTIEGE 47

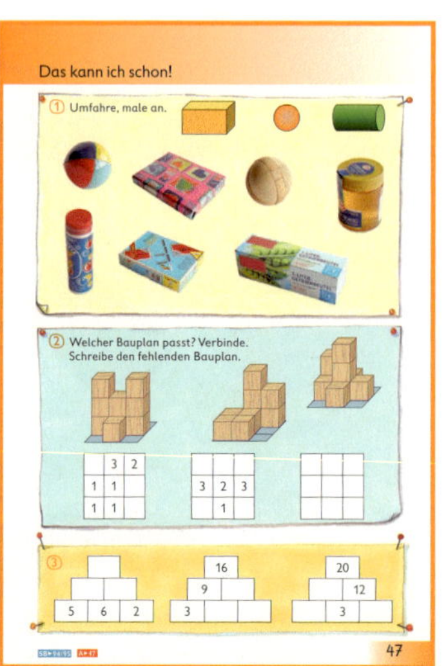

SCHULBUCH 95

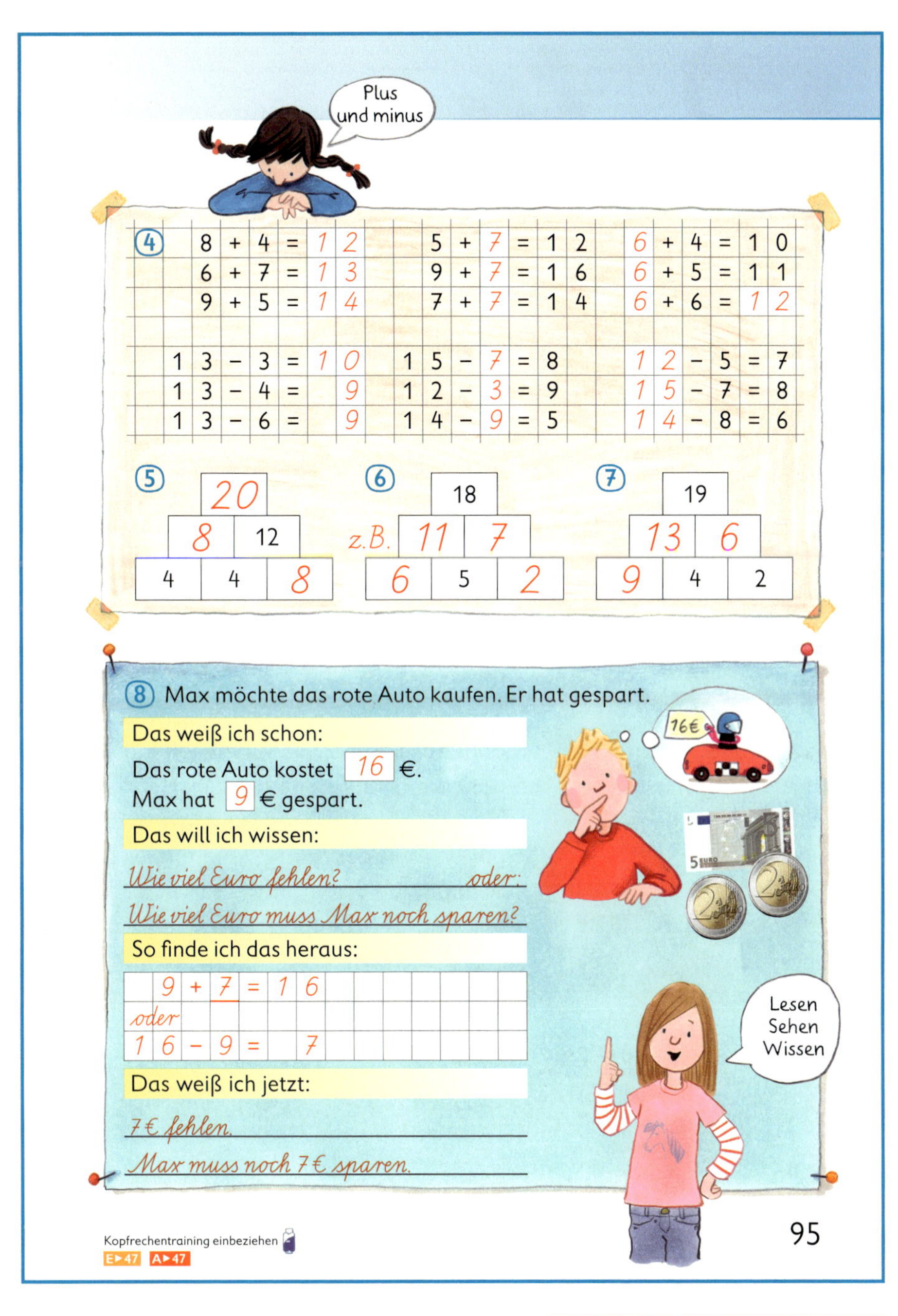

④ Plus- und Minusaufgaben lösen, ggf. Ergänzen oder Rechnen der Umkehraufgabe als Strategie nutzen

⑤ bis ⑦ Zahlenmauern vervollständigen

⑧ strukturiertes Schema zur Lösung der Sachaufgabe nutzen

① und ② Zahlenmauern ausfüllen

③ Baupläne vervollständigen

④ strukturiertes Schema zur Lösung der Sachaufgabe nutzen

AUFSTIEGE 47

94/95 Das kann ich schon!

KOMMENTAR

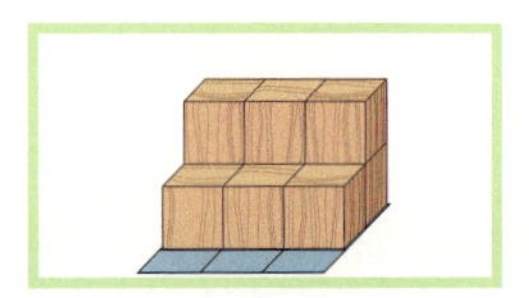

Material
Abbildungen von geometrischen Körpern und Alltagsgegenständen, Abbildungen von Würfelgebäuden und Bauplänen

Hinweise zum Unterrichtsthema
Der Mathematikunterricht soll auf den mathematischen Voraussetzungen der Kinder aufbauen und anhand dieser geplant werden. Um diese – über die täglichen Beobachtungen der Lehrerin hinaus – zu ermitteln, werden in Abständen immer wieder Seiten zum Thema „Das kann ich schon!" angeboten, um der Lehrerin vertiefende Einblicke in die aktuellen mathematischen Fähigkeiten, Fertigkeiten und Kenntnisse ihrer Schüler zu verschiedenen Themenbereichen zu ermöglichen.
Die Schüler erhalten dabei Gelegenheit, im Mathematikunterricht erworbene Fähigkeiten, Fertigkeiten und Kenntnisse auszuschöpfen, anzuwenden und auszubauen.

Schulbuch 94/95

Hinweise zum Unterrichtsablauf
Zu Beginn der Unterrichtsstunde bietet es sich an, die verschiedenen Aufgabentypen jeweils anhand eines Beispiels durchzuarbeiten und so zu wiederholen. Um eine zügige und effektive Bearbeitung zu ermöglichen, sollte die Lehrerin bereits vor der Unterrichtsstunde jeden Aufgabentyp einmal an der Tafel darstellen (oder auf einer Folie für den Overheadprojektor bereithalten, (s. u.).
Zu Beginn der Stunde können die Schüler anhand dieser Zusammenstellung der Aufgaben ihr Vorwissen äußern, Bearbeitungshinweise formulieren und dann die Aufgaben in der von ihnen gewünschten Reihenfolge lösen. Ergeben sich Probleme bei der Bearbeitung einzelner Aufgabentypen, so kann die Lehrerin ggf. weitere Aufgabenbeispiele anbieten oder mit einer Kleingruppe an der Tafel daran arbeiten, während die übrigen Schüler die entsprechenden Seiten des Unterrichtswerkes selbstständig bearbeiten.

Hinweise zu den Aufgaben

Seite 94

Aufgabe 1

In Alltagsgegenständen identifizieren die Kinder die geometrischen Körper Quader und Zylinder, umfahren sie und färben sie in der entsprechenden Farbe ein.

Aufgabe 2

Zu den vorgegebenen Würfelbauten schreiben die Kinder Baupläne.

Aufgabe 3

Die Kinder vervollständigen das Zahlenband. In den angegebenen Teilaufgaben vergleichen sie jeweils zwei Zahlen oder eine Zahl mit einem Additions- bzw. Subtraktionsterm und setzen das passende Relationszeichen ein. Das ausgefüllte Zahlenband dient dabei ggf. als Hilfestellung.

Seite 95

Aufgabe 4

Die Kinder lösen die Plus- und Minusaufgaben mit wechselndem Platzhalter. Dabei können sie das Ausrechnen der Umkehraufgabe als Lösungsstrategie nutzen.

Aufgaben 5–7

Durch Addition und Ergänzen lösen die Kinder die Zahlenmauern.

Aufgabe 8

Die Kinder notieren in der vorgegebenen Struktur den Preis des roten Autos und wie viel Geld Max gespart hat. Nun notieren sie, was sie herausfinden wollen (Reicht Max' gespartes Geld für das Auto?). Anschließend dokumentieren sie ihren Rechenweg und formulieren, was sie errechnet haben (Nein, Max hat 7 € zu wenig. Er muss noch 7 € sparen.).

Hinweise zur Differenzierung

Vertiefend empfiehlt es sich, die oben angegebenen Aufgabenformate beim Lernen an Stationen zu üben. Dazu müssen Aufgabenkarten an den verschiedenen Stationen bereitgelegt werden (s. Teil 2).

Einstiege 47

Aufgabe 1

In Alltagsgegenständen identifizieren die Kinder die geometrischen Körper Quader, Kugel und Zylinder, umfahren und färben diese in der entsprechenden Farbe.

Aufgabe 2

Die Kinder verbinden die Würfelgebäude mit den passenden Bauplänen. Zu dem übrig bleibenden Würfelgebäude schreiben sie den Bauplan.

Aufgabe 3

Durch Addition bzw. Ergänzen lösen die Kinder die Zahlenmauern.

Aufstiege 47

Aufgaben 1, 2 (AB II)

Durch Addition bzw. Ergänzen lösen die Kinder größere Zahlenmauern.

Aufgabe 3 (AB II)

Zu den dargestellten Würfelgebäuden vervollständigen die Kinder die Baupläne. Dabei müssen sie die nicht sichtbaren Würfel berücksichtigen

Aufgabe 4

Die Kinder notieren in der vorgegebenen Struktur die Preise des roten Buches und der Stifte. Nun notieren sie, was sie herausfinden wollen (Kann Ina sich mit ihren 19 € das Buch und die Stifte kaufen?). Anschließend dokumentieren sie ihren Rechenweg und formulieren, was sie errechnet haben (Ja, Ina kann sich die Stifte und das Buch kaufen. Sie behält 1 € übrig.).

96 Ungleichungen

Zahlbeziehungen im Detail erkunden und durch Relationszeichen ($<$, $=$, $>$) darstellen; sich beim Vergleich am Zahlenband orientieren

① Längenvergleich an Steckwürfeltürmen

② bis ⑤ passende Zahlen einsetzen

⑥ Vergleiche am Zahlenband durchführen, Relationszeichen einsetzen

⑦ bis ⑨ Ungleichungen vervollständigen

SCHULBUCH 96

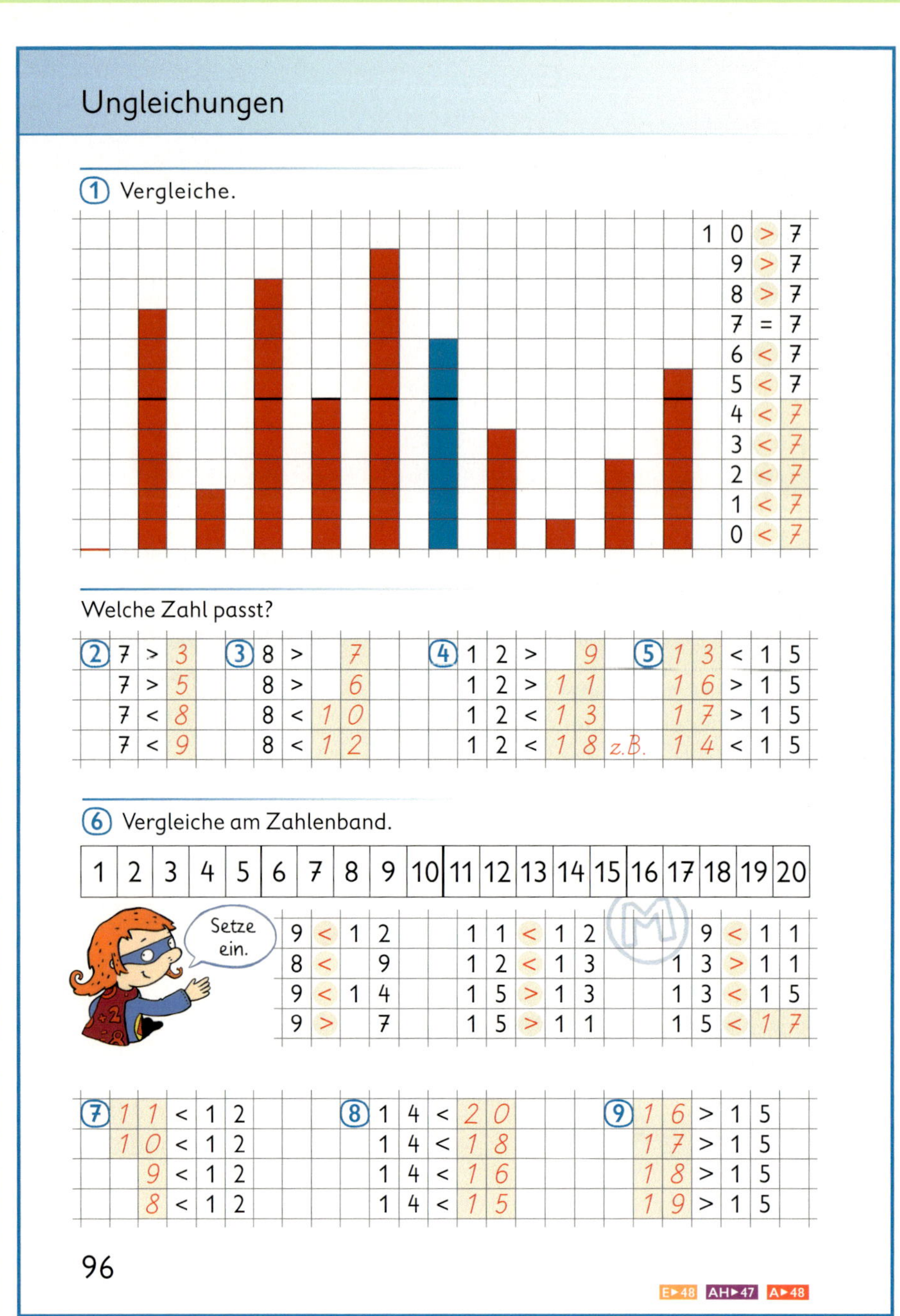

Ungleichungen

① Vergleiche.

$10 > 7$
$9 > 7$
$8 > 7$
$7 = 7$
$6 < 7$
$5 < 7$
$4 < 7$
$3 < 7$
$2 < 7$
$1 < 7$
$0 < 7$

Welche Zahl passt?

②	③	④	⑤
$7 > 3$	$8 > 7$	$12 > 9$	$13 < 15$
$7 > 5$	$8 > 6$	$12 > 11$	$16 > 15$
$7 < 8$	$8 < 10$	$12 < 13$	$17 > 15$
$7 < 9$	$8 < 12$	$12 < 18$ z.B.	$14 < 15$

⑥ Vergleiche am Zahlenband.

1	2	3	4	5	6	7	8	9	10	11	12	13	14	15	16	17	18	19	20

$9 < 12$	$11 < 12$	$9 < 11$
$8 < 9$	$12 < 13$	$13 > 11$
$9 < 14$	$15 > 13$	$13 < 15$
$9 > 7$	$15 > 11$	$15 < 17$

⑦	⑧	⑨
$11 < 12$	$14 < 20$	$16 > 15$
$10 < 12$	$14 < 18$	$17 > 15$
$9 < 12$	$14 < 16$	$18 > 15$
$8 < 12$	$14 < 15$	$19 > 15$

96

E▸48 AH▸47 A▸48

① Längenvergleich an Steckwürfeltürmen

② bis ⑤ Relationen durch Einsetzungen erfüllen

⑥ Vergleiche am Zahlenband prüfen, Relationszeichen einsetzen

⑦ Relationen erfüllen

⑧ und ⑨ Super-Päckchen lösen, Zahlen mit Summen/Differenzen vergleichen

EINSTIEGE 48

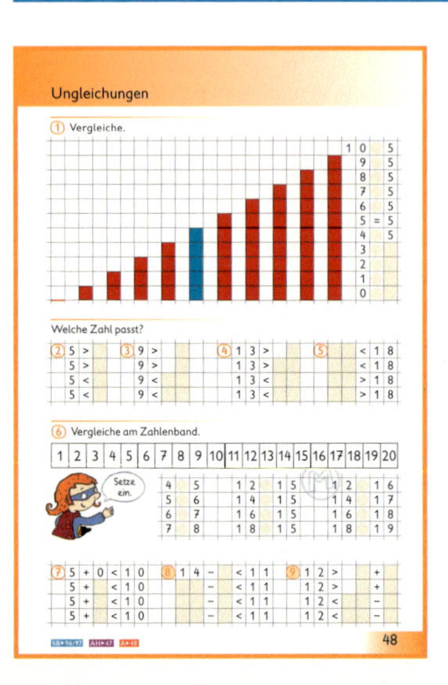

Ungleichungen

① Vergleiche.

Welche Zahl passt?

⑥ Vergleiche am Zahlenband.

48

① bis ③ am Zahlenband vergleichen, passende Zahlen einsetzen

④ Terme den angebotenen Ergebnissen zuordnen

⑤ bis ⑧ Münzbeträge vergleichen

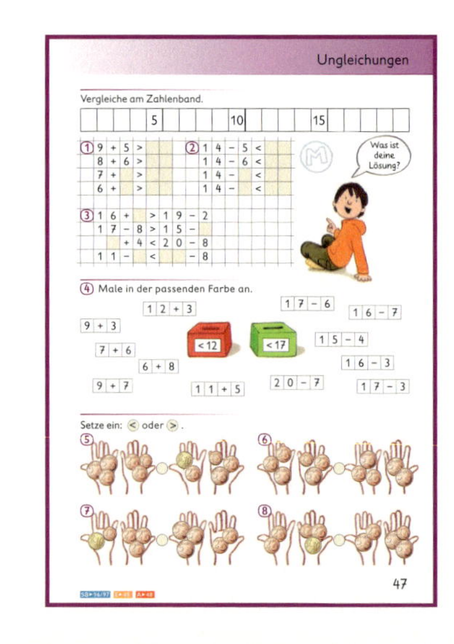

Ungleichungen

Vergleiche am Zahlenband.

④ Male in der passenden Farbe an.

Setze ein: $<$ oder $>$.

47

ARBEITSHEFT 47

Terme mit Zahlen vergleichen; summierte Münzbeträge vergleichen

SCHULBUCH 97

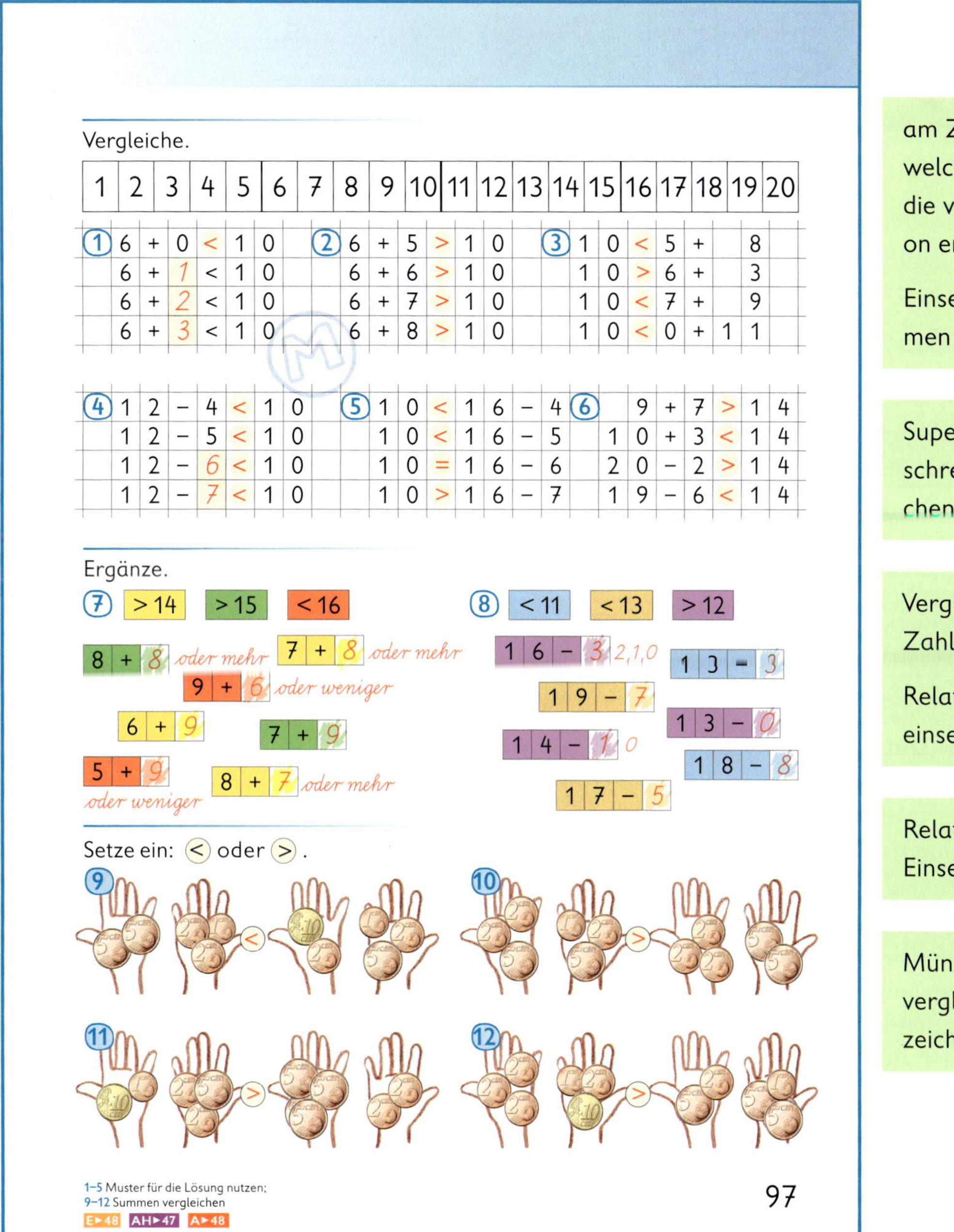

Vergleiche.

1	2	3	4	5	6	7	8	9	10	11	12	13	14	15	16	17	18	19	20

①	②	③
6 + 0 < 10	6 + 5 > 10	10 < 5 + 8
6 + 1 < 10	6 + 6 > 10	10 > 6 + 3
6 + 2 < 10	6 + 7 > 10	10 < 7 + 9
6 + 3 < 10	6 + 8 > 10	10 < 0 + 11

④	⑤	⑥
12 − 4 < 10	10 < 16 − 4	9 + 7 > 14
12 − 5 < 10	10 < 16 − 5	10 + 3 < 14
12 − 6 < 10	10 = 16 − 6	20 − 2 > 14
12 − 7 < 10	10 > 16 − 7	19 − 6 < 14

Ergänze.

⑦ > 14 > 15 < 16

8 + 8 oder mehr
7 + 8 oder mehr
9 + 6 oder weniger
6 + 9
7 + 9
5 + 9 oder weniger
8 + 7 oder mehr

⑧ < 11 < 13 > 12

16 − 3, 2, 1, 0
13 − 3
19 − 7
13 − 0
14 − 1, 0
18 − 8
17 − 5

Setze ein: < oder >.

⑨ < ⑩ > ⑪ > ⑫ >

1–5 Muster für die Lösung nutzen;
9–12 Summen vergleichen
E▸48 AH▸47 A▸48

97

① bis ③
am Zahlenband prüfen, welche(r) Summand(en) die vorgegebene Relation erfüll(t)en

Einsetzungen vornehmen

④
Super-Päckchen fortschreiben, Relationszeichen einsetzen

⑤ und ⑥
Vergleiche zwischen Zahlen und Termen

Relationszeichen einsetzen

⑦ und ⑧
Relationen durch Einsetzungen erfüllen

⑨ bis ⑫
Münzbeträge addieren, vergleichen, Relationszeichen einsetzen

Ungleichungen

① Was kann sein? Schreibe alle Aufgaben.

Ich habe 3 Münzen. Zusammen mehr als 10 ct aber nicht mehr als 20 ct.

Klaus

10 + 5 + 5 > 10

② Überlege mit Hilfe der Tabelle, setze ein.

höchstens
mindestens

zusammen mehr als 10 ct

Wenn Klaus ein 10-ct-Stück hat, besitzt er höchstens ☐ ct.
Wenn Klaus ein 10-ct-Stück hat, besitzt er mindestens ☐ ct.
Wenn Klaus kein 10-ct-Stück hat, besitzt er höchstens ☐ ct.
Wenn Klaus drei verschiedene Münzen hat, besitzt er höchstens ☐ ct.
Wenn Klaus drei verschiedene Münzen hat, besitzt er mindestens ☐ ct.
Wenn Klaus drei gleiche Münzen hat, besitzt er mindestens ☐ ct.

③ Kann es sein, dass Klaus genau 18 ct besitzt? Male oder schreibe deine Überlegungen auf.

48

①
nach Vorschrift Münzen für eine Addition mit drei Summanden wählen

Aufgabe als Relation notieren

② und ③
Möglichkeiten erkunden und tabellarisch darstellen

durch Eintragung wahre Aussagen erzeugen

AUFSTIEGE 48

96/97 Ungleichungen

KOMMENTAR

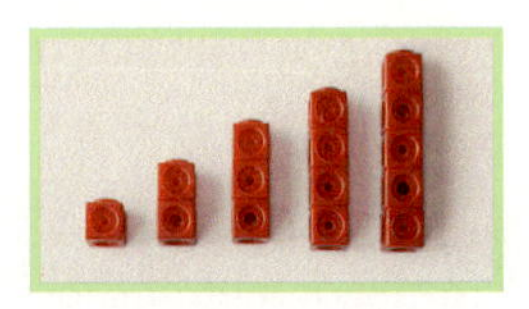

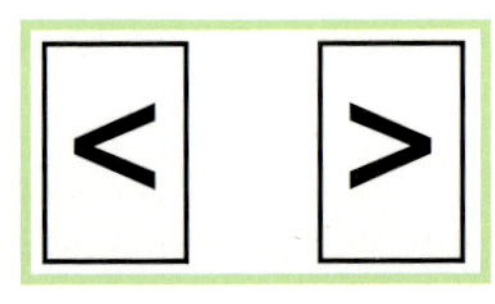

Material
rote Steckwürfeltürme 1–10 (blauer 7er-Turm), Zahlenband, Spielsteine, Karten mit Relationszeichen, Rechengeld

Hinweise zum Unterrichtsthema
Die Arbeit zu Ungleichungen greift die Erfahrungen zum Vergleichen (s. Schulbuch 22/23) auf und baut sie auf der Ebene von Zahlen und Termen aus.

Schulbuch 96/97

Hinweise zum Unterrichtsablauf
Die zum Vergleich benötigten Steckwürfeltürme kann die Lehrerin vorbereiten oder am Stundenanfang von den Kindern partnerschaftlich bauen und nutzen lassen. Im Unterrichtsgespräch werden einzelne Steckwürfeltürme mit dem blauen 7er-Turm verglichen, die Ergebnisse formuliert und als Ungleichung notiert. Beispiel: „Der 3er-Turm ist kürzer (oder kleiner) als der 7er-Turm. Ich schreibe 3 < 7."
Die noch nicht lange zurückliegende Arbeit am Zahlenband hat den Kindern gezeigt, dass die Zahlen mit dem Fortschreiten nach rechts anwachsen. Die oben aufgeführte Relation lässt sich demnach auf dem Zahlenband erneut verifizieren.
Vorgehensweise: Die Felder der beiden in Frage stehenden Zahlen werden auf dem Zahlenband mit einem Spielstein belegt. Dazwischen wird das Relationszeichen so eingefügt, wie es der Aufgabenstellung entspricht. Beispiel:

				>		<	
5	6	7	8	●	10	●	12

Da die 9 in der Ungleichung zuerst genannt ist, muss das Zeichen < eingesetzt werden.

Nach einigen Übungsbeispielen sind die Kinder in der Lage die Aufgaben selbstständig zu bearbeiten.

Hinweise zu den Aufgaben

Seite 96

Aufgabe 1
Die Schüler führen Vergleiche zwischen Steckwürfeltürmen durch und notieren sie mit Hilfe der Relationszeichen.

Aufgaben 2–5
Die Kinder vervollständigen Ungleichungen durch passende Zahlen.

Aufgabe 6
Die Schüler setzen Relationszeichen ein und orientieren sich dabei am Zahlenband. Im letzten Päckchen achten sie zusätzlich auf die Musterbildung.

Aufgaben 7–9
Die Kinder setzen passende Zahlen ein und erfüllen die Ungleichungen.

Seite 97

Aufgaben 1–6
Mit Blick auf das Zahlenband vergleichen die Kinder Summen/Differenzen und Zahlen. Sie sehen Muster, beschreiben diese und nutzen sie für die Lösung.

Aufgaben 7, 8
Zur Erfüllung der Relationen nehmen die Kinder gültige Einsetzungen vor (Farben beachten).

Aufgaben 9–12 (AB II)
Die Kinder vergleichen Summen (in Münzdarstellung) und setzen passende Relationszeichen ein.

Einstiege 48

Aufgabe 1
Die Kinder vergleichen die Steckwürfelstangen und notieren die passenden Relationszeichen.
Aufgaben 2–5
Die Schüler setzen passende Zahlen ein.
Aufgabe 6
Die Schüler prüfen Vergleiche am Zahlenband und setzen Relationszeichen ein.
Aufgabe 7
Die Kinder setzen passende Zahlen ein, die die Relationen erfüllen.
Aufgabe 8 (AB II)
Die Kinder setzen die Super-Päckchen fort.
Aufgabe 9 (AB II)
Die Kinder setzen passende Zahlen ein, die die Ungleichung mit Summen/Differenzen erfüllen.

Arbeitsheft 47

Aufgaben 1, 2
Die Kinder vergleichen am Zahlenband und setzen passende Zahlen ein.
Aufgabe 3
Die Kinder vergleichen Summen-/Differenzterme am Zahlenband und setzen passende Zahlen ein.
Aufgabe 4
Die Schüler ordnen die Terme den angebotenen Ergebnissen durch Einfärben in der entsprechenden Farbe zu.
Aufgaben 5–8
Die Kinder addieren Münzbeträge, vergleichen Summen und setzen Relationszeichen ein.

Aufstiege 48

Aufgabe 1

Drei Münzen sollen in der Summe größer 10 ct, aber kleiner 20 ct sein. Nach dieser Vorschrift wählen die Kinder Münzen für eine Addition mit drei Summanden und notieren die Aufgabe als Relation.
Aufgabe 2 (AB II)
Die Kinder erkunden Möglichkeiten und stellen diese tabellarisch dar. Die Tabelle stützt ein systematisches Erproben und Finden von Lösungen. Durch Eintragung sollen wahre Aussagen entstehen.
Aufgabe 3 (AB II)
Die Aufgabe schließt sich unmittelbar an die vorangehende an. Anhand der Erfahrungen daraus und der Tabelle lässt sich leicht nachweisen, dass der Münzwert 18 ct nicht als Summe durch genau drei Münzen unseres Währungssystems repräsentiert werden kann.

98 Falten

Faltanleitungen lesen und verstehen; Förderung der manuellen Geschicklichkeit; Quadrate durch Falten zerlegen; geometrische Grundformen (Dreieck, Quadrat, Rechteck) erzeugen und benennen ▸

SCHULBUCH 98

① zeichnerische Darstellung der Tal- und Bergfalte in der Faltanleitung verstehen

nach Anleitung falten, dabei Anmerkung des genauen Aufeinanderfaltens beachten

② bis ④ Faltanleitungen ausführen

Falten

① Talfalte

Bergfalte

Immer: Ecke auf Ecke Kante auf Kante.

② Falte ein Buch.

③ Falte ein Kopftuch.

Jede Faltkante nacharbeiten.

④ Falte ein Haus.

98

Faltanleitungen (Grundfaltungen) lesen (Bergfalten, Talfalten) und ausführen

E▸49 AH▸48 A▸49

EINSTIEGE 49

① und ② Faltanleitungen lesen, verschiedene Häuser falten

③ Häuser falten

Bild mit den Häusern gestalten

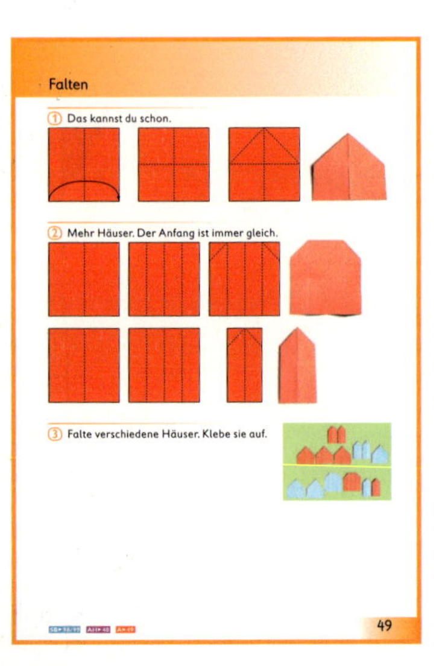

ARBEITSHEFT 48

① Faltanleitung lesen, Samurai-Hut falten

② kleinen Samurai-Hut falten und aufkleben

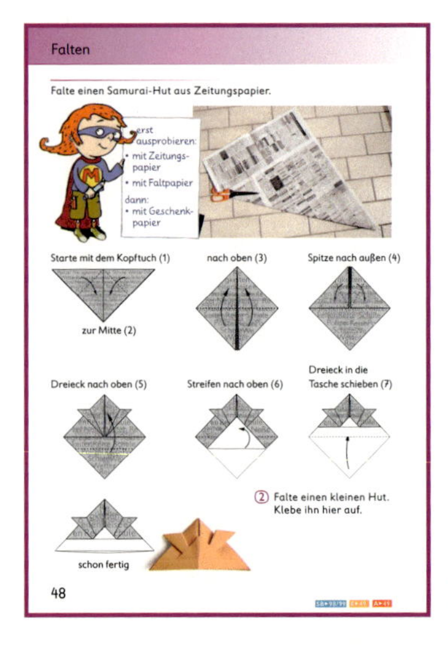

Bilder mit Faltobjekten gestalten;
Förderung des sozialen Lernens (sich gegenseitig helfen) und der sprachlichen Kommunikation

SCHULBUCH 99

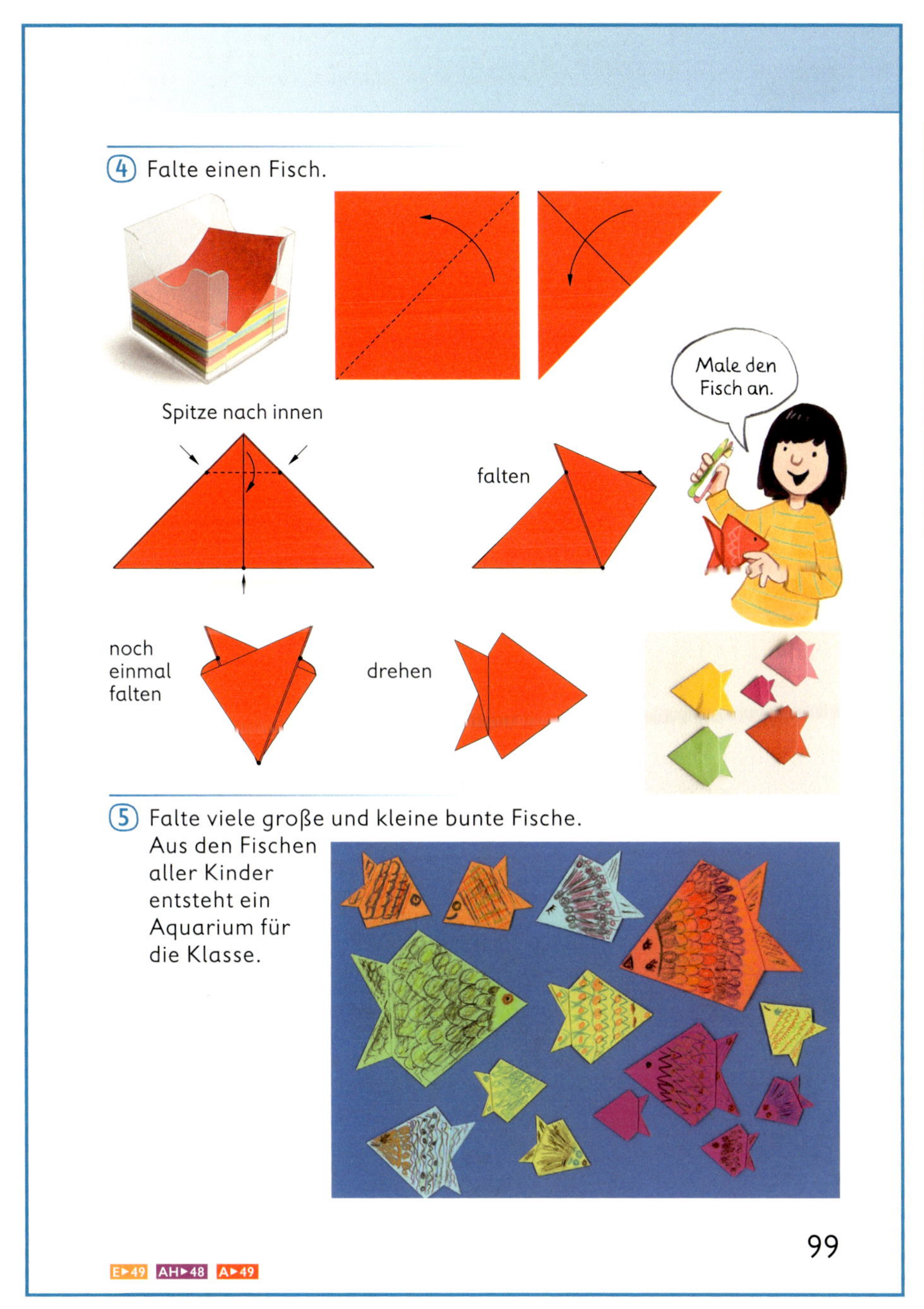

④ Falte einen Fisch.

Spitze nach innen

falten

Male den Fisch an.

noch einmal falten

drehen

⑤ Falte viele große und kleine bunte Fische. Aus den Fischen aller Kinder entsteht ein Aquarium für die Klasse.

99

E▸49 AH▸48 A▸49

⑤ Faltanleitung lesen, Fisch falten

⑥ „Aquarium“ mit Fischen als Gemeinschaftsarbeit gestalten

Ausstellung im Klassenzimmer/in der Schule organisieren

HINWEIS

Quadratisches und kreisförmiges Faltpapier ist im Handel in verschiedenen Farben und Größen erhältlich. Zum Falten eignen sich auch farbige Blätter aus Zettelboxen, in der Regel 9 × 9 cm große Quadrate.

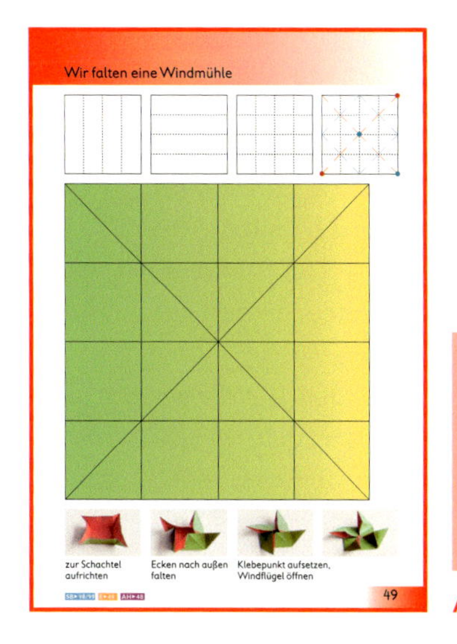

Wir falten eine Windmühle

zur Schachtel aufrichten

Ecken nach außen falten

Klebepunkt aufsetzen, Windflügel öffnen

49

Vorlage für die Windmühle ausschneiden

entsprechend der Faltanleitung basteln

AUFSTIEGE 49

Material
Faltpapier (z.B. Notizzettel) in verschiedenen Farben und Größen, Zeitungspapier, Geschenkpapier, Schere und Klebstoff

Hinweise zum Unterrichtsthema
Falten, Schneiden und Kleben gehören zu den elementaren Grundtechniken, die im Anfangsunterricht gelernt werden sollen. Dabei wird an die Vorkenntnisse der Kinder, die sie aus dem Kindergarten oder von zu Hause mitbringen, angeknüpft. Beim Falten werden die Auge-Hand-Koordination, die Feinmotorik, das Befolgen bzw. Verstehen von Faltanleitungen (hier Printmedien) und das räumliche Vorstellungsvermögen gefördert. Darüber hinaus treten beim Falten einfache geometrische Grundformen (Rechteck, Quadrat und Dreieck) immer wieder auf und Begriffe wie „Ecke", „Seite", „Diagonale", „Mittelpunkt" werden benutzt und geübt.
Wichtig: Falten orientiert sich immer an Eckpunkten, Kanten, bereits erzeugten Faltlinien. Nur dann sind die Ergebnisse „mathematisch verwertbar". Beliebigkeit beim Anlegen von Faltlinien ist damit ausgeschlossen.
Häufig fällt es den Kindern schwer, die Seiten bzw. Ecken genau aufeinanderzufalten bzw. die Faltkanten festzustreichen. Daher sollten diese Grundtechniken zunächst an einfachen Objekten geübt werden.
Zusätzlich kann fächerübergreifend zum Deutsch- und Kunstunterricht gearbeitet werden, indem den Kindern die Faltobjekte als Schreibanlass dienen und zur bildnerischen Gestaltung von Bildern genutzt werden. (s. Magazin 100/101)
Das Arbeiten nach Anleitungen aus Printmedien stellt für viele Kinder eine große Schwierigkeit dar. Auch die Arbeit im Gleichschritt mit der ganzen Klasse nach dem Beispiel der Lehrerin erweist sich eher als überfordernd denn als hilfreich. Optimale Ergebnisse erzielen die Kinder durch Falten nach einem „fertigen Objekt", das natürlich angefasst werden darf und an dem der Faltprozess auch noch einmal „rückwärts vollzogen" bzw. aufgehoben werden darf.
Die auf Seite 98 gewählte Form der Darstellung (Bildfolge von Handlungsschritten an einem Faltpapier) versucht eine Vorstellung vom konkreten Faltobjekt zu vermitteln. Sie sollte baldmöglichst durch ein eigenes Faltplakat ersetzt werden, auf dem eine entsprechende Folge von Objekten den Vorgang dokumentiert. Damit ist für Folgeaufträge eine bleibende und hilfreiche Unterstützung, ein Erproben und Nachvollziehen am fertigen Objekt gesichert.

Schulbuch 98/99

Hinweise zum Unterrichtsablauf
Die Kinder erhalten quadratisches Faltpapier und gemeinsam wird das Falten an den Mittellinien und Diagonalen erprobt. Dabei werden die beiden verschiedenen Möglichkeiten (Berg- und Talfalte) zur zeichnerischen Darstellung in Beziehung gesetzt.

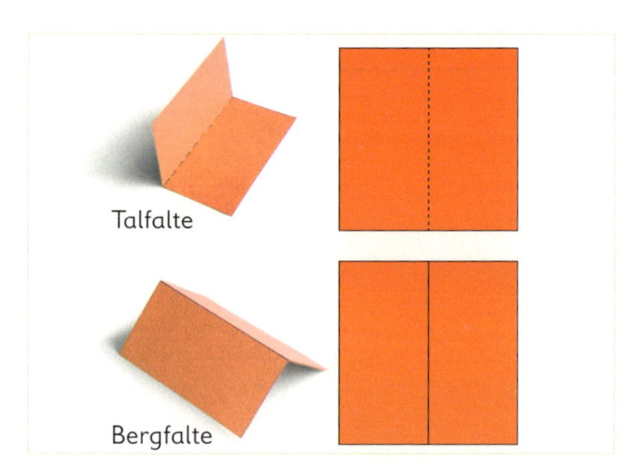

Anschließend werden gemeinsam die Aufgaben der Seite 98 besprochen und die entsprechenden Faltungen durchgeführt. Die Kinder benutzen bei der Beschreibung des Vorgangs und der Ergebnisse die Namen

der geometrischen Formen, sodass sich gleichzeitig die Fachbegriffe einprägen. Die fertigen Faltobjekte werden benannt (Buch, Kopftuch, Haus …).
Anschließend erstellen die Kinder zu allen Anleitungen ein Faltplakat.

Hinweise zu den Aufgaben

Seite 98

Aufgabe 1
Die Kinder verstehen die Faltanleitungen (Tal- und Bergfalte) und nehmen entsprechende Faltungen vor. Dabei beachten sie die Anmerkung von Super M und setzen diese um.

Aufgaben 2–4
Die Kinder lesen die Faltanleitungen und führen diese aus, indem sie Buch, Kopftuch und Haus falten.

Seite 99

Aufgabe 5 (Druckfehler im 1. Druck)
Mit Notizzetteln falten die Kinder entsprechend der Faltanleitung einen Fisch. (s. Magazin 100/101)

Aufgabe 6
Gemeinsam mit der gesamten Klasse werden in verschiedenen Größen die gefalteten Fische zu einem Aquarium aufgeklebt und im Klassenzimmer ausgestellt.

Hinweise zur Differenzierung

- s. Magazin 100/101 (andere Fische falten)

Einstiege 49

Aufgaben 1–3
Die Kinder falten nach Faltanleitungen verschiedene Häuser, wobei der Anfang immer gleich ist. In Aufgabe 3 erfolgt eine Verknüpfung zum Kunstunterricht, indem sie ihre gefalteten Häuser zu einem Bild zusammenstellen und aufkleben. Die Bilder können in der Schule oder im Klassenraum ausgestellt werden.

Arbeitsheft 48

Aufgabe 1
Die Kinder lesen die Faltanleitung und falten den Samurai-Hut als Erstes mit Zeitungspapier und anschließend mit Geschenkpapier.

Aufgabe 2
Mit Notizzetteln falten die Kinder einen kleinen Samurai-Hut und kleben ihn auf.

Aufstiege 49

Die Kinder schneiden die farbige Vorlage der Windmühle aus und falten sie entsprechend der Faltanleitung:

1. „Quadratgitter“ falten
2. die beiden Diagonalen falten
3. die Ecken des Quadrates zum Mittelpunkt hin falten
4. Windmühle entsprechend den Fotos fertigstellen

100 Falten – Symmetrie

Symmetrie durch Falten erfahren; Falt-/Symmetrieachse kennen lernen; Figuren auf Symmetrie prüfen

SCHULBUCH 100

Falten – Symmetrie

① Mehr Häuser. Der Anfang ist immer gleich.

② Welche Häuser sind symmetrisch? Male sie an.
Macht zusammen ein eigenes Häuserbild.

100

Symmetrie über Falten erfahren; Begriffe Faltachse, Symmetrieachse; Figuren auf Symmetrie prüfen

E▸50 AH▸49 A▸50

①

Faltanleitungen lesen

Häuser falten

erste Erfahrungen zur Symmetrie beim Falten der Häuser machen

②

Häuser auf Symmetrie untersuchen, symmetrische Häuser färben

① und ②

Notizzettel ausschneiden, an der Faltachse falten und Bäume ausschneiden

eigene Faltschnitte erstellen

Waldbild gestalten

③

Faltachsen eintragen

Figuren ausschneiden und durch Falten die Faltachsen kontrollieren

EINSTIEGE 50

Falten – Symmetrie

① Klebe einen Wald aus Faltschnitten:
falten – ausschneiden – aufklappen.

② Schneide aus Notizzetteln weitere Bäume nach eigenen Ideen.

③ Welche Figuren besitzen eine Faltachse?
Prüfe durch Ausschneiden und Falten.

50

①

Teile, die zu einer symmetrischen Figur zusammengesetzt werden können, miteinander verbinden

②

Faltschnitt mit der zugehörigen Negativform verbinden

③

Figuren auf Symmetrie prüfen, ggf. Faltachsen eintragen

ARBEITSHEFT 49

Falten – Symmetrie

① Verbinde Teile, die zu einer symmetrischen Figur zusammengesetzt werden können.

② Was gehört zusammen? Verbinde.

③ Zeichne in symmetrische Figuren die Faltachse ein.

49

Teile zu symmetrischen Figuren zusammenfügen; Faltschnitte herstellen; Förderung der Kopfgeometrie; Förderung des räumlichen Vorstellungsvermögens

SCHUL-BUCH 101

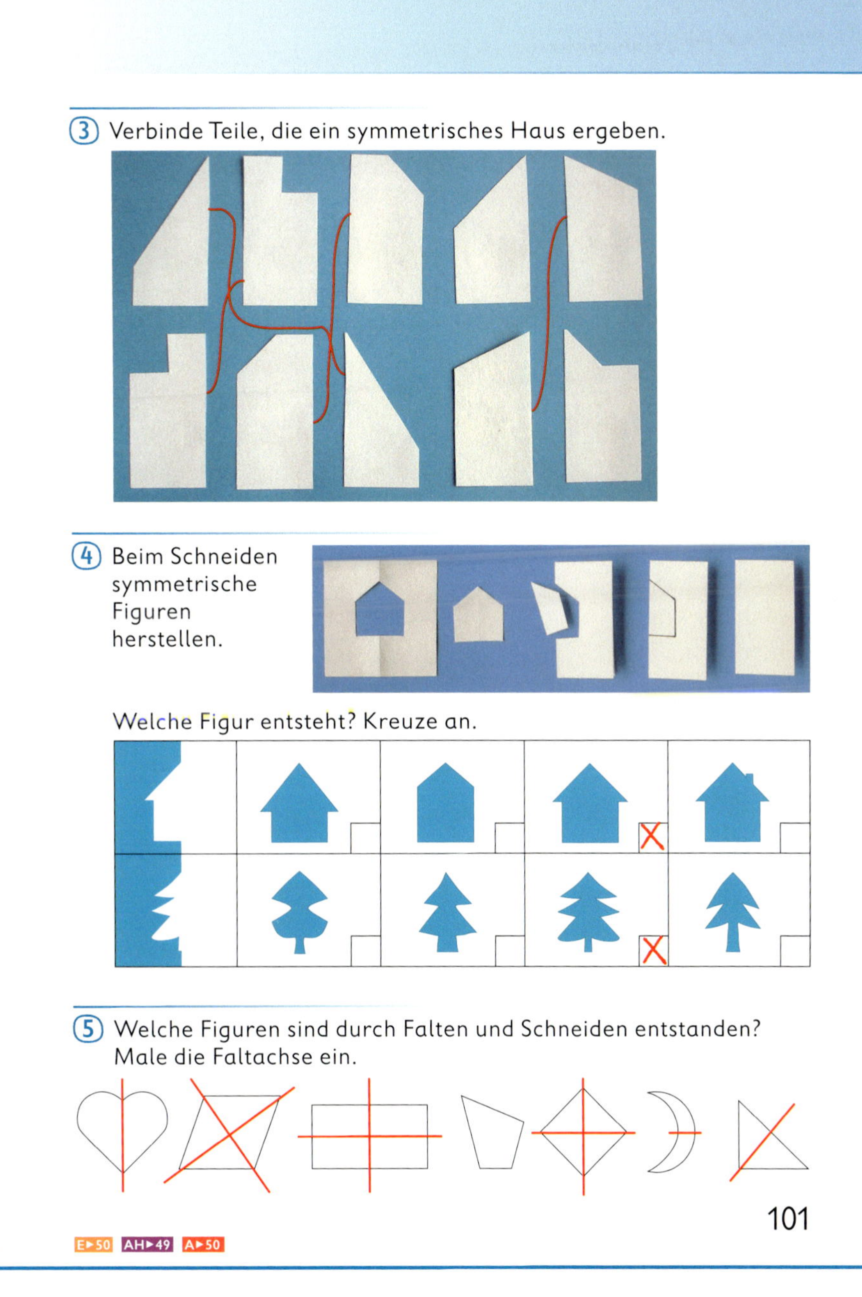

③ Verbinde Teile, die ein symmetrisches Haus ergeben.

④ Beim Schneiden symmetrische Figuren herstellen.

Welche Figur entsteht? Kreuze an.

⑤ Welche Figuren sind durch Falten und Schneiden entstanden? Male die Faltachse ein.

101

E▸50 AH▸49 A▸50

③ gegensinnig kongruente Teile verbinden

④ Kopfgeometrie: ankreuzen, welche Figur entsteht

⑤ Kopfgeometrie: Figuren färben, die durch Falten und Schneiden entstanden sind

Faltachsen einzeichnen

Falten – Symmetrie

① In jeder Zeile ist eine Figur symmetrisch. Umfahre sie. Zeichne auf, wie sie als Faltschnitt entsteht.

② Welche Figuren sind symmetrisch? Zeichne die Faltachsen ein.

③ Vervollständige zu einer symmetrischen Figur.

④ Zweimal falten, einmal schneiden. Was entsteht? Verbinde.

50

① Figuren auf Symmetrie prüfen und umfahren

Schnittlinie für Faltschnitt aufzeichnen

② Figuren auf Symmetrie prüfen, ggf. Faltachsen einzeichnen

③ Vorgaben zu einer symmetrischen Figur ergänzen

④ Kopfgeometrie: entstandene Figur herausfinden, ggf. Lösung durch Versuch bestätigen

AUFSTIEGE 50

Falten – Symmetrie

Material

Faltpapier (quadratische Zettel in verschiedenen Farben und Größen), Schere und Klebstoff

▶ **KVs 35/36**

Hinweise zum Unterrichtsthema

Die Kinder machen in ihrer Umwelt viele Erfahrungen zur Symmetrie, z.B. in den Spiegel schauen, Flieger falten, symmetrische Muster ergänzen.

Eine Figur ist symmetrisch, wenn es eine Gerade (Symmetrieachse) gibt, die sie in zwei gegensinnig kongruente Hälften teilt. Das Falten an dieser Achse wird als Nachweis benutzt. Die Figur ist symmetrisch, wenn sich die Teilfiguren in jedem Punkt decken. Das Erzeugen von Faltschnitten ermöglicht Kindern wichtige Handlungserfahrungen zur Symmetrie und fördert das räumliche Vorstellungsvermögen.

Schulbuch 100/101

Hinweise zum Unterrichtsablauf

Die Kinder erhalten quadratisches Faltpapier. Gemeinsam werden die Häuser von Aufgabe 1 gefaltet. Beim Falten entdecken die Kinder, dass einige der „Häuser" symmetrisch sind, andere nicht – die Teilflächen zu beiden Seiten der Faltachse decken sich in jedem Punkt oder nicht.

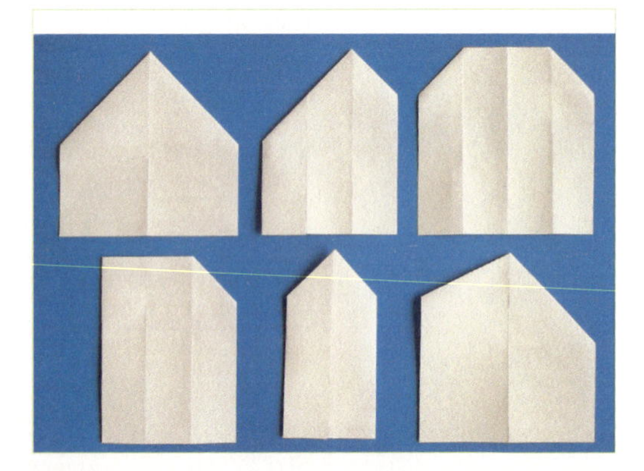

Im Unterrichtsgespräch werden die Begriffe „symmetrisch", „Faltachse" („Symmetrieachse") erarbeitet, in Gebrauch genommen und sachgerecht benutzt. Vorhandene Symmetrieachsen werden in die gefalteten Häuser farbig eingezeichnet.

Anschließend prüfen die Kinder, welche Häuser in Aufgabe 2 symmetrisch sind. Das Einzeichnen der Faltachse sollte mit einer Begründung einhergehen.

Hinweise zu den Aufgaben

Seite 100

Aufgabe 1

Die Kinder setzen die Faltanleitungen für die verschiedenen Häuser um. Sie entdecken, dass die Seiten der ersten beiden Häuser beim Falten zur Deckung kommen und sie somit symmetrisch sind. Beim dritten Haus stellen sie fest, dass die Seiten nicht aufeinanderpassen. Dieses Haus ist nicht symmetrisch. Die Begriffe „Falt-" und „Symmetrieachse" werden synonym gebraucht.

Aufgabe 2

Die Kinder untersuchen die dargestellten Häuser auf Symmetrie und malen symmetrische Häuser an. Sie begründen ihre Entscheidung und nutzen dabei die Begriffe „Faltachse/Symmetrieachse" und „symmetrisch". Anschließend gestalten sie ein eigenes Häuserbild.

Seite 101

Aufgabe 3

Die Kinder verbinden die dargestellten Teilstücke, die zusammen ein symmetrisches Haus ergeben.

Aufgabe 4

Bevor diese Übung im Kopf gelöst wird, sollten die Kinder Figuren durch Faltschnitte selbst herstellen. Anschließend kennzeichnen sie ihre Entscheidung durch Ankreuzen.

Aufgabe 5

Die Kinder färben die Figuren, die durch Falten und Schneiden entstanden sind. Zusätzlich bestimmen sie die Lage der Faltachse und zeichnen sie ein.

Hinweise zur Differenzierung

- Klecksbilder erstellen und beschreiben
- Faltschnitte anfertigen: Weihnachtsschmuck bzw. Grußkarten erstellen

Einstiege 50

Aufgaben 1, 2

Die Kinder schneiden die dargestellten Notizzettel aus, falten diese an der Faltachse/Symmetrieachse und schneiden die Baumhälften aus. Anschließend falten sie die Bäume auf. Weitere Notizzettel falten sie in der Mitte, zeichnen eigene Baumhälften als Schnittlinie, die an der Faltachse beginnt und endet, und schneiden sie aus. Als Gemeinschaftsarbeit gestalten die Kinder ein Waldbild.

Aufgabe 3

Die Kinder prüfen, ob die dargestellten Figuren eine Faltachse besitzen und kontrollieren ihr Ergebnis durch das Ausschneiden und Falten an der eingezeichneten Faltachse. Wenn die Seiten aufeinanderpassen, haben sie die Achsen richtig eingetragen. Falls nicht, können sie ihr Ergebnis korrigieren.

Arbeitsheft 49

Aufgabe 1

Die Kinder verbinden Teilstücke, die zu einer symmetrischen Figur zusammengesetzt werden können.

Aufgabe 2

Die Kinder verbinden die beim Ausschneiden entstandenen Negativfiguren mit den aufgeklappten Faltschnitten.

Aufgabe 3

Die Kinder untersuchen die Schiffe auf Symmetrie und zeichnen ggf. die Faltachse ein.

Aufstiege 50

Aufgabe 1

Die Kinder identifizieren in jeder Zeile die symmetrische Figur, umfahren diese und zeichnen die Schnittlinie für den entsprechenden Faltschnitt auf.

Aufgabe 2

Die Kinder untersuchen die dargestellten Figuren auf Symmetrie und zeichnen ggf. die Faltachse ein.

Aufgabe 3

Die Kinder vervollständigen die dargestellten Figuren zu symmetrischen Figuren, indem sie die zweite Hälfte symmetrisch ergänzen.

Aufgabe 4

Führt man an einem Quadrat nacheinander in beide Richtungen eine Buchfaltung durch, so erhält man ein vierfach geschichtetes Quadrat (s. erste Abbildung). Welche der abgebildeten Flächen entsteht, wenn man an der gekennzeichneten Stelle einen Schnitt durchführt? Für viele Kinder wird es schwierig sein, die Lösung auf der Vorstellungsebene zu entwickeln. Sie können natürlich eine Erprobung durchführen und so die Lösung finden.

FALTEN IM MATHEMATIKUNTERRICHT VERFOLGT SOWOHL INNERMATHEMATISCHE ZIELE

- das Benennen und Erzeugen ebener geometrischer Grundformen (Quadrat, großes Dreieck, kleines Dreieck, Rechteck, kleines Quadrat),
- erste Erfahrungen zur Zerlegungs- und Ergänzungsgleichheit von Figuren,
- das Lesen und Herstellen von „Plänen“,

als auch fächerverbindende Ziele zum Deutsch-, Kunst- und Sachunterricht, indem die entstandenen Objekte als Schreibanlass oder zur Begriffsbildung dienen, zur bildnerischen Gestaltung einladen oder in Themen des Sachunterrichts (Frühling, Besuch im Zoo ...) eingebunden sein können.

Faltplakate Faltbücher

OHNE ANLEITUNG GEHT ES NICHT

Falten, Reißen, Kneten, Schneiden gehören zu den verbreiteten Grundübungen des Anfangsunterrichts, da sie die Entwicklung der Feinmotorik fördern, indem sie die Handmotorik stärken und damit einen Beitrag zum besseren Erlernen von Schriften leisten.

ENTSTEHUNG EINES FALTBUCHES

Das Faltbuch entsteht als Anleitungsbuch zur Herstellung verschiedener Faltfiguren. Damit die Faltungen auch zu einem späteren Zeitpunkt noch nachgemacht werden können, erstellt jedes Kind ein „Protokollbuch“, in dem alle Einzelschritte festgehalten sind, die entstehenden Formen benannt werden und die einzelnen Werkstücke ab Seite 4 jeweils zu Bestandteilen eines selbst gestalteten Bildes werden. Das Deckblatt wird zum Schluss mit einer selbst gewählten Faltfigur verziert. Alle Seiten werden benannt und mit Seitenzahlen versehen. Nach dem Sortieren der Seiten wird jedes Buch noch mit einer festen Rückseite versehen und zu einem „richtigen“ Buch geklammert.

SEITE 1

SEITE 2

SEITE 3

AUFFALTEN

SEITE 4

BLUME

MATERIAL:

Faltpapier von 10 x 10 cm, farbiges Papier in DIN A5, ein Deckblatt und eine Rückseite DIN A5 aus 160-g-Karton, Klebestift, Bunt- und Filzstifte, Heftgerät mit Heftklammern

Die Schmetterlinge sehen nicht nur bei allen Kindern anders aus, sie geben der Lehrerin gleichzeitig auch Aufschluss über die Entwicklung der Raum-Lage-Vorstellung und des Symmetrieverständnisses.

Kreative Eigenproduktionen und ihre Verschriftungen entstehen ohne zusätzliche Impulse aus Freude am bildnerischen Gestalten.

SEITE 5

SEITE 5

SEITE 5

SEITE 5

SCHMETTERLINGE

SEITE 6

KATZE

SEITE 7

HUND

WEITERE SEITEN BELIEBIG

TIPP

Benennen Sie bei allen Faltarbeiten die entstehenden geometrischen Grundformen sofort mit ihren richtigen Namen und sprechen mit den Kindern über die Besonderheiten der Formen. So prägen sich „nebenbei“ Fachbegriffe ein und werden zum selbstverständlichen Vokabular ihrer Erstklässler.

SOZIALES LERNEN

Nicht zu unterschätzen sind auch die Vorteile der Faltgeometrie für das soziale Lernen, das bei etwas schwierigeren Faltungen oft spontan erfolgt, aber auch gezielt initiiert werden kann:

- Zweitklässler erstellen ein Faltplakat für die Schulanfänger
- die größeren Kinder der Patenklasse helfen den Kleinen

Wenn der Ehrgeiz und das Interesse an einem sinnvollen Produkt (z.B. einem Faltbuch) geweckt sind, arbeiten die meisten Kinder sehr konzentriert – auch über einen längeren Zeitraum.

Obwohl das Papierfalten bereits im Kindergarten eine häufig ausgeübte Tätigkeit ist, fällt es vielen Kindern sehr schwer, ein Quadrat genau zu halbieren, die Faltkanten fest zu streichen und nach verbalen Anweisungen zu agieren. Deshalb ist es zum einen sinnvoll, jeden einzelnen Faltschritt auf einem Plakat an der Tafel zu dokumentieren, zum anderen sollten die ersten Faltarbeiten nicht zu komplex sein. Eine Form wie die Blüte, die sich mit wenigen Handgriffen in andere Formen verwandeln lässt, ermöglicht allen Kindern Erfolgserlebnisse und führt gerade im Rahmen der Erstellung eines Faltbuches dazu, dass durch die wiederholte Faltung des gleichen Objektes Sicherheit und Genauigkeit in der Ausführung zunimmt.

TIPP

Beginnen Sie beim Falten mit dem größten vorhandenen quadratischen Faltpapier und lassen Sie die Kinder dann selbst entscheiden, mit welcher Größe sie weitermachen. Sobald die Kinder den Faltablauf sicher beherrschen, greifen sie von selbst auch zu kleineren Blättern.

FALTSCHRITTE ALS MODELL

Sobald die Faltfiguren komplexer werden und es darauf ankommt, in welche Richtung eine Faltung verläuft und von wo aus Teile nach innen gedrückt werden müssen, bietet es sich an, den Faltvorgang mindestens einmal mit allen Kindern gemeinsam und nach genauer Anweisung durchzuführen. Zur Unterstützung entsteht parallel dazu ein Plakat an der Tafel (die Lehrerin sollte vorher jeden einzelnen Faltschritt als Modell erstellt haben), das es den Kindern ermöglicht, sich bei weiteren Faltungen noch einmal zu vergewissern, welcher Schritt nun an der Reihe ist.

WEITERE IDEEN:

- Aus vielen roten Faltfischen lässt sich nach dem Vorlesen des Buches „Swimmy" von Leo Lionni ein Riesenfisch erstellen – „Gemeinsam sind wir stark".
- Zu einer kleinen Geschichte, in der eine Reihe von faltbaren Objekten vorkommt, wird ein eigenes Bilderbuch gestaltet.

MATERIAL:

Transparentpapier für den Hintergrund, Faltpapier in unterschiedlichen Größen (10 x 10, 9 x 9, 15 x 15) und Farben, Klebestift, Buntstifte

FALTSCHRITTE FÜR DEN FISCH:

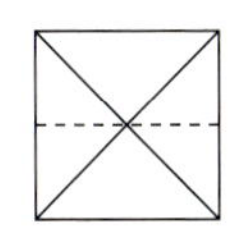

——— Bergfalte

------- Talfalte

Quadrat

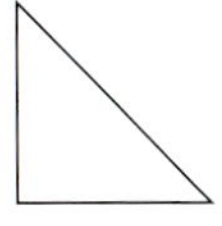
Dreieck

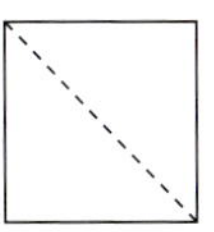
Auffalten

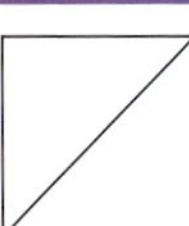
Dreieck andersherum

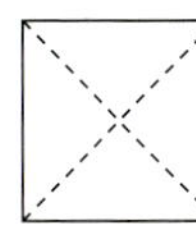
Auffalten

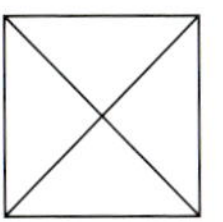
Blatt herumdrehen

Rechteck

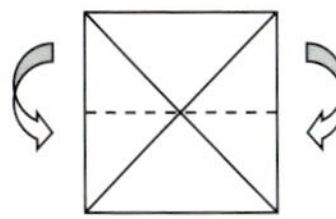
Aufklappen, von den Seiten nach innen drücken

Doppeldreieck

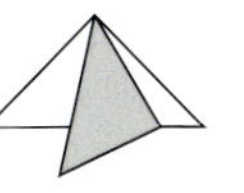
eine Seite schräg über die Mitte klappen

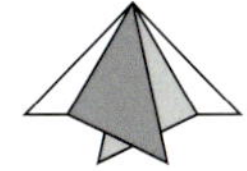

die zweite Seite darüber klappen

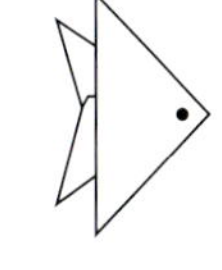
Umdrehen und ein Auge aufmalen

102 Muster legen und weiterlegen

Schulung der visuellen Wahrnehmung als Voraussetzung für die Weiterentwicklung des räumlichen Vorstellungsvermögens; Muster nachvollziehen und fortsetzen

SCHUL-BUCH 102

① und ②

Muster mit den Formen aus der Stanzbeilage nachlegen

Muster fortsetzen

„Ergebnisse“ aufmalen und als Grundlage für eine gemeinsame Reflexion sichern

Muster legen und weiterlegen

① Lege weiter oder male. Welche Formen werden benutzt?

②

102

E▸51 AH▸50 A▸51

① und ②

Muster nachlegen und fortsetzen, Ergebnis aufmalen

③

Figur nachlegen, die fehlende Hälfte achsensymmetrisch erzeugen

farblich passende Umrisslinien unterstützen das Anordnen der Formenplättchen

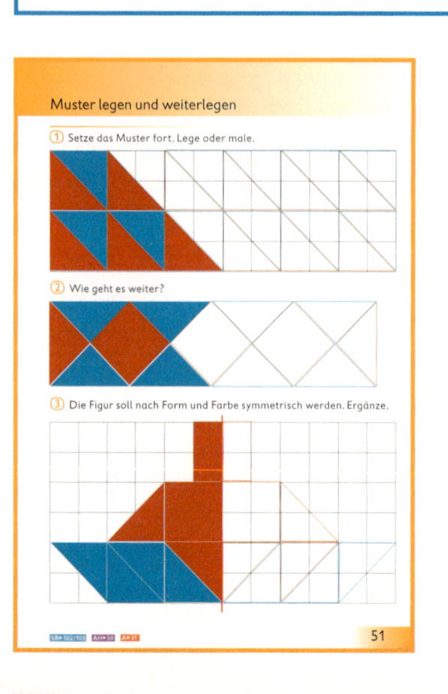

Muster legen und weiterlegen

① Setze das Muster fort. Lege oder male.

② Wie geht es weiter?

③ Die Figur soll nach Form und Farbe symmetrisch werden. Ergänze.

51

EINSTIEGE 51

①

Muster nachlegen, fortsetzen und aufmalen

②

Muster nachlegen, zu einer symmetrischen Figur ergänzen (spiegelbildlich ergänzen)

③

eigenes symmetrisches Bild legen und aufmalen

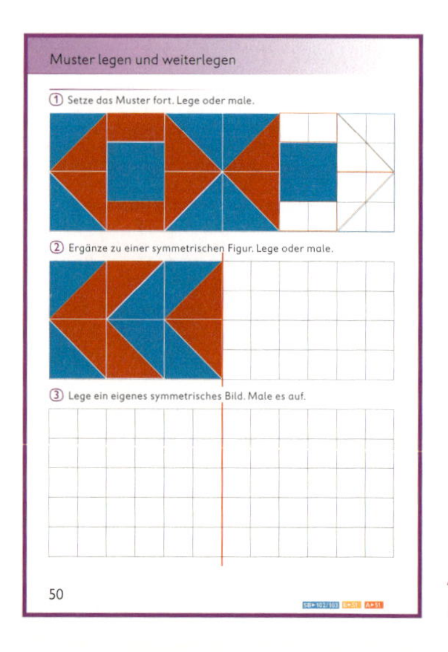

Muster legen und weiterlegen

① Setze das Muster fort. Lege oder male.

② Ergänze zu einer symmetrischen Figur. Lege oder male.

③ Lege ein eigenes symmetrisches Bild. Male es auf.

50

ARBEITS-HEFT 50

Muster nachvollziehen und fortsetzen; zur symmetrischen Figur ergänzen, Elemente gegensinnig kongruent anordnen, Form und Farbe berücksichtigen

SCHULBUCH 103

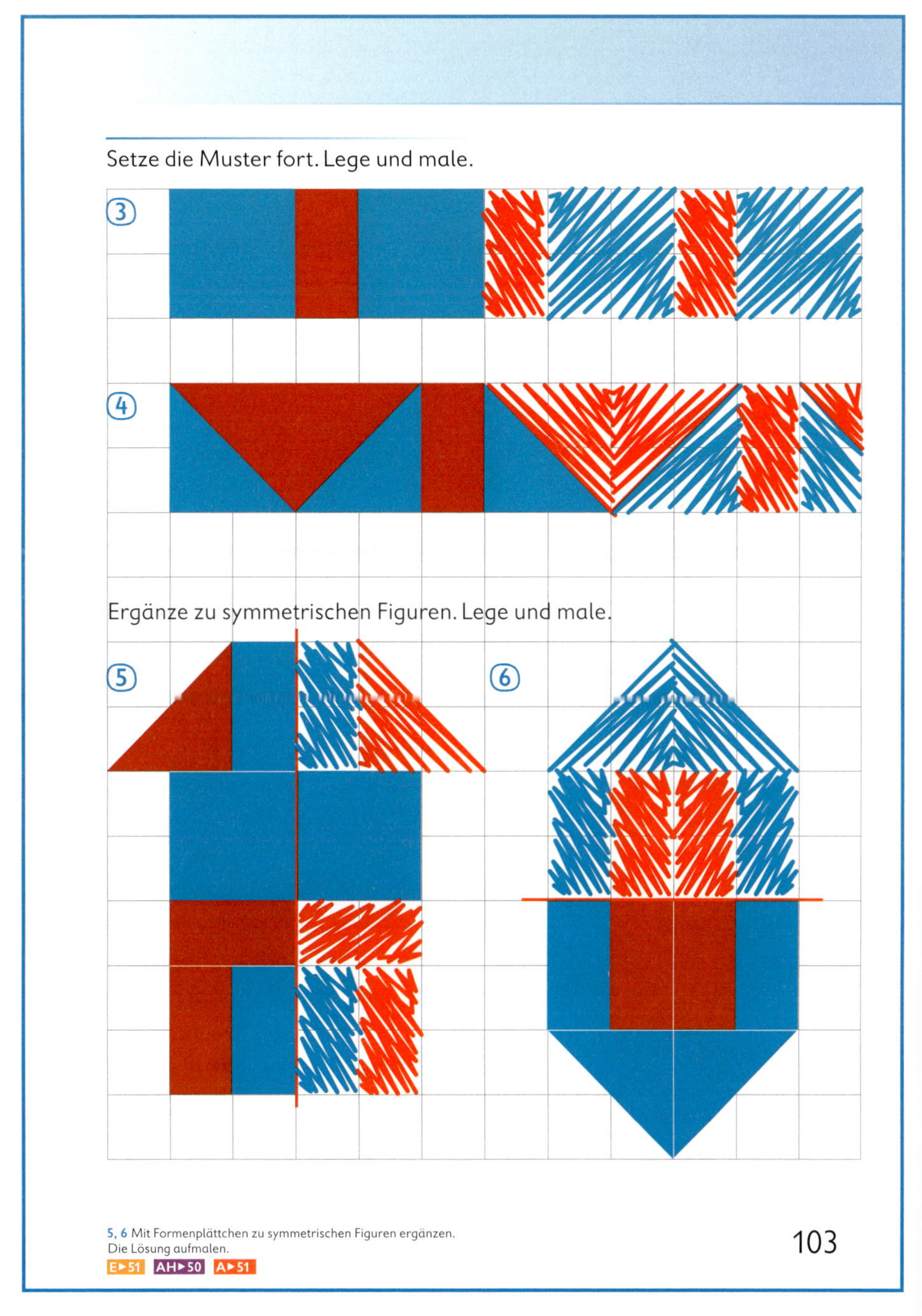
Setze die Muster fort. Lege und male.

③

④

Ergänze zu symmetrischen Figuren. Lege und male.

⑤ ⑥

5, 6 Mit Formenplättchen zu symmetrischen Figuren ergänzen. Die Lösung aufmalen.

E▸51 AH▸50 A▸51

103

③ und ④

aus den Stanzbeilagen die verwendeten Elemente identifizieren

das Muster fortsetzen

beim Legen und Malen (Ergebnissicherung) das untergelegte Karoraster zur Orientierung nutzen

⑤ und ⑥

mit Formenplättchen zu symmetrischen Figuren ergänzen

auf die Lage der Formen (gegensinnig) und Farben achten

Teppich legen, der zwei rechtwinklig zueinander verlaufende Symmetrieachsen besitzt

Arbeitsschritte:
Muster im ersten Viertel nachlegen;
rechts der senkrecht verlaufenden Achse sowie unterhalb der waagerecht verlaufenden Achse das symmetrische Bild erzeugen (für alle Formenplättchen sind die Randlinien in der entsprechenden Farbe vorgegeben);
das letzte Viertel muss ohne Vorgaben so ergänzt werden, dass zu beiden Achsen die Symmetrie gewahrt ist

Muster legen und weiterlegen

51

AUFSTIEGE 51

Muster legen und weiterlegen

KOMMENTAR

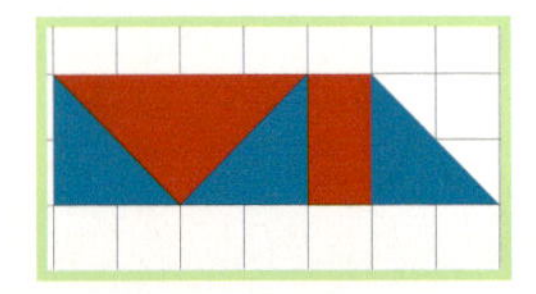

Material
Formenplättchen, Spiegel/Zauberspiegel
▶ KV 72

Hinweise zum Unterrichtsthema
Die Entwicklung des räumlichen Vorstellungsvermögens gehört zu den basalen Voraussetzungen für das Lernen von Mathematik (s. Magazin 102/103).

Schulbuch 102/103

Hinweise zum Unterrichtsablauf
Besonders einfach erscheint der Einstieg über die Arbeit mit homogenem Material, hier mit Dreiecken. Nach einer kurzen Phase des freien Gestaltens werden mögliche Lagen auf dem Karoraster erprobt. Jedes Dreieck passt in genau vier Lagen exakt auf das Karoraster.

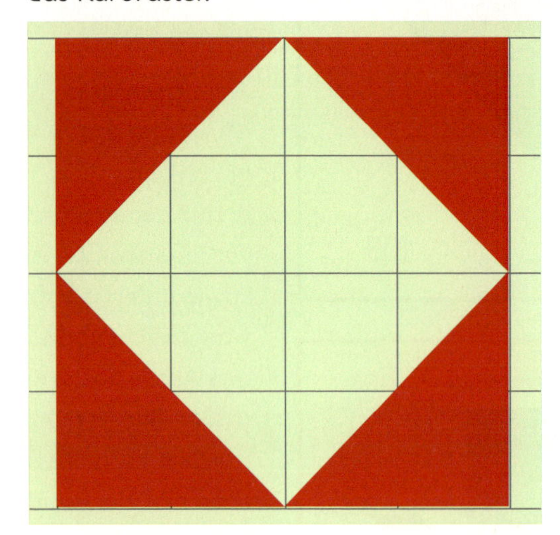

Welche Formen kannst du aus zwei Dreiecken legen?

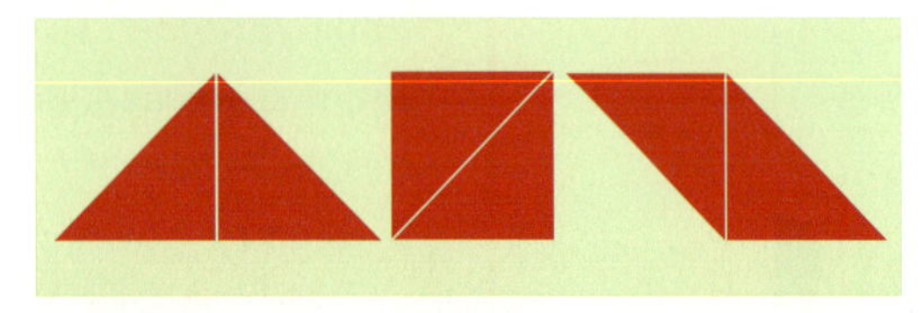

großes Dreieck *Quadrat* *Viereck*

Die Verdopplung des großen Dreiecks ist natürlich wieder ein Quadrat.

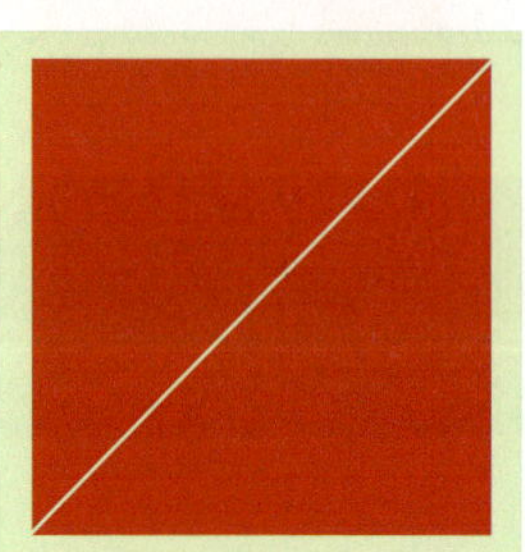

Wenn die Kinder nach diesen Vorüberlegungen auf die Aufgaben schauen, werden sie unschwer die oben aufgeführten Elemente wiederfinden und ihre Erfahrungen auf die Beziehung von Rechteck und Quadrat übertragen können.
Die Aufträge sind mit den Formenplättchen aus den Stanzbeilagen konkret auszuführen. Das Weiterlegen setzt voraus, dass das Muster als Folge wiederkehrender oder einer konkreten Regel folgender Schritte analysiert und „verstanden" wurde. Jedes angelegte Plättchen muss nach Form, Lage und Farbe den vorgegebenen Rhythmus aufnehmen und weiterführen. Die Lösung wird zunächst gelegt (zum Teil unterstützt durch die vorgegebenen farblich passenden Umrisslinien), dann aufgemalt. Die Richtigkeit wird im Austausch mit dem Partner geprüft.

Hinweise zu den Aufgaben

Seite 102
Aufgaben 1, 2
Die Kinder legen die Muster mit den Dreiecken aus der Stanzbeilage nach, setzen das Muster fort und malen ihre „Ergebnisse" auf. Anschließend vergleichen sie ihre Lösungen mit dem Partner und/oder reflektieren sie in der Gruppe.

Seite 103

Aufgaben 3, 4

Aus den Stanzbeilagen identifizieren die Schüler die verwendeten Elemente, setzen das Muster fort und nutzen beim Legen und Malen (Ergebnissicherung) das untergelegte Karoraster zur Orientierung.

Aufgaben 5, 6

Mit Formenplättchen ergänzen die Kinder die vorgegebenen Teilfiguren zu symmetrischen Figuren. Dabei achten sie auf die Lage der Formen (gegensinnig) und deren Farben.

Hinweise zur Differenzierung

- bei Kindern mit deutlichen Schwierigkeiten stärker an eigenen Mustern arbeiten (erfinden, legen, auf Karopapier malen ...)
- bei der Bearbeitung der Schulbuchseiten ggf. auf das Weiterlegen verzichten
- Die Entwicklung der symmetrischen Ergänzung durch Vorgabe von Umrisslinien stützen.

Einstiege 51

Aufgaben 1, 2

Die Kinder legen die Muster nach und setzen sie fort. Anschließend malen sie ihr Ergebnis auf (Aufgabe 1 nur Dreiecke, Aufgabe 2 Dreiecke und Quadrate).

Aufgabe 3

Die Kinder legen die Figur nach und erzeugen die fehlende Hälfte achsensymmetrisch. Die farblich passenden Umrisslinien unterstützen dabei das Anordnen der Formenplättchen.

Arbeitsheft 50

Aufgabe 1

Die Kinder legen Muster nach, setzen diese fort und malen sie auf.

Aufgabe 2

Die Kinder legen Muster nach und ergänzen zu einer symmetrischen Figur (spiegelbildlich ergänzen).

Aufgabe 3

Die Kinder legen ihr eigenes symmetrisches Bild und malen es auf.

Aufstiege 51

Der fertige „Teppich“ soll ein Muster zeigen, dass zu den beiden rechtwinklig zueinander verlaufenden Symmetrieachsen symmetrisch ist.

Arbeitsschritte der Kinder:

1. Muster im ersten Viertel nachlegen.
2. Rechts der senkrecht verlaufenden Achse sowie unterhalb der waagerecht verlaufenden Achse das symmetrische Bild erzeugen (für alle Formenplättchen sind die Randlinien in der entsprechenden Farbe vorgegeben).
3. Das letzte Viertel muss ohne Vorgaben so ergänzt werden, dass zu beiden Achsen die Symmetrie gewahrt ist.

Eines der Hauptziele des Geometrieunterrichts in der Grundschule ist die Schulung des räumlichen Vorstellungsvermögens. Als eine Voraussetzung des räumlichen Vorstellungsvermögens wird das visuelle Wahrnehmen betrachtet, das in Unterscheidung zum reinen Sehen einen aktiven Prozess bezeichnet, in dessen Verlauf die wahrgenommenen Objekte klassifiziert, verglichen, zueinander in Beziehung gesetzt und ihre Merkmale im visuellen Gedächtnis gespeichert werden. Obwohl sich das visuelle Wahrnehmungsvermögen nach Frostig in der Regel bis zum Alter von sieben Jahren entwickelt hat, finden sich in jeder Klasse Kinder, deren Entwicklung in diesem Bereich bisher unzureichend verlaufen ist. Sie haben häufig Probleme

- **sich auf einer Schulbuchseite zu orientieren,**
- **in Reihen oder Kästchen zu schreiben,**
- **b und d oder 3 und Ɛ zu unterscheiden**
- **....**

Da die visuelle Wahrnehmungsfähigkeit auch im Mathematikunterricht sowohl bei arithmetischen Veranschaulichungen als auch bei geometrischen Themen eine entscheidende Rolle spielt, kann die Lehrerin nicht darüber hinwegsehen, sondern sollte stattdessen überlegen, wie die Kinder in diesem Bereich zu fördern sind.

LEGESPIELE zur Förderung der visuellen Wahrnehmungsfähigkeit

LEGESPIELE

Legespiele sind mit einfachen Mitteln herzustellen, motivieren alle Kinder, weil sie für sie neu sind und fördern die visuelle Wahrnehmungsfähigkeit in besonderem Maße. Schon in den ersten Schulwochen lässt sich durch die Zerlegung eines Quadrates entlang seiner Diagonalen in vier kongruente Dreiecke ein einfaches Legespiel selbst herstellen, mit dem die Kinder eine Fülle von Figuren „erfinden" können.

Regel: Die Formen dürfen nicht übereinander liegen und je zwei Formen müssen sich in mindestens einem Punkt berühren. Es müssen immer alle vier Dreiecke benutzt werden.

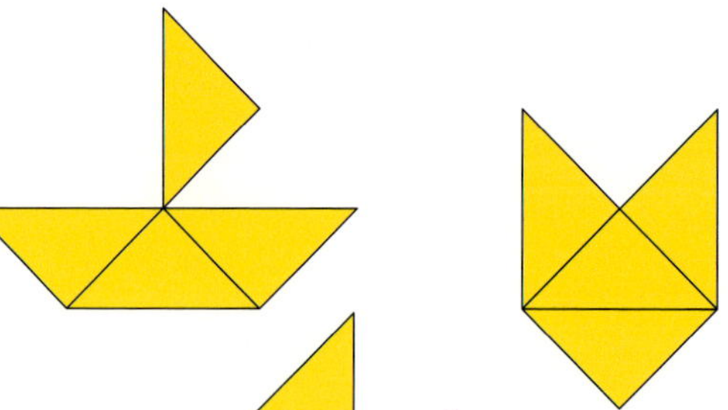

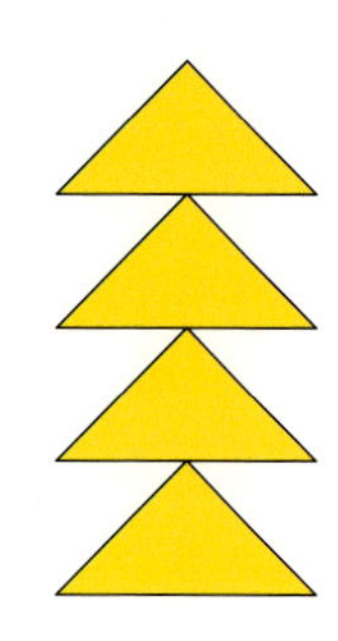

Material:
Zettelkastenpapier
in 9 x 9 cm

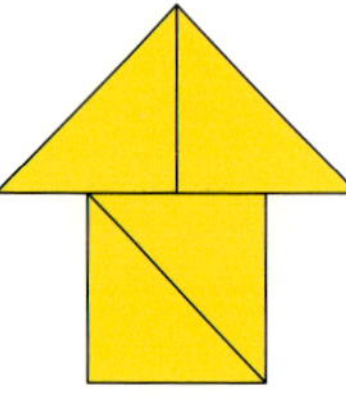

Natürlich lassen sich auch hier schon andere geometrische Grundformen wie das Dreieck und das Rechteck erzeugen.

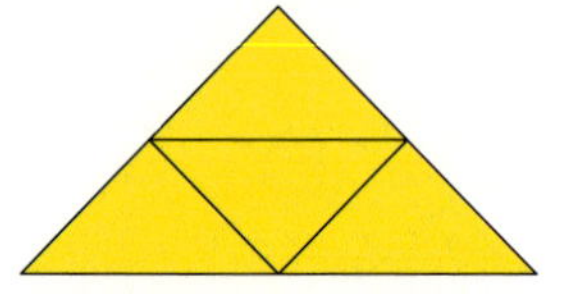

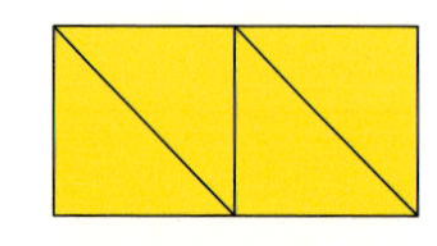

TIPP

Ganz nebenbei lässt sich beobachten, wie gut die Kinder schon falten und schneiden können.

Mit Faltpapier in 15 x 15 cm Größe lässt sich ein Legespiel aus acht Dreiecken erstellen, welches zum freien Legen ebenso sinnvoll genutzt werden kann wie zum Nach- und Auslegen von Figuren.

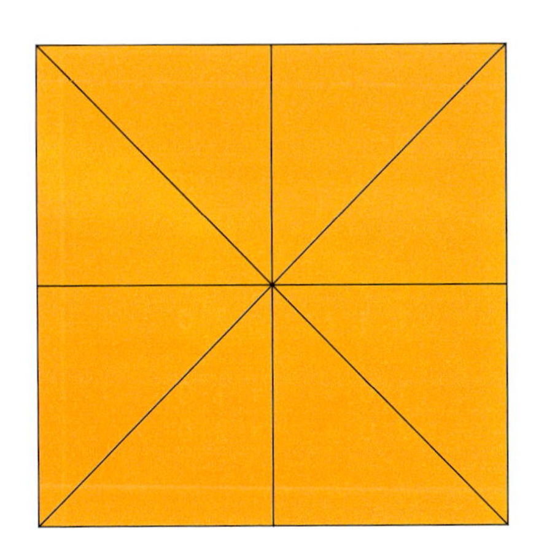

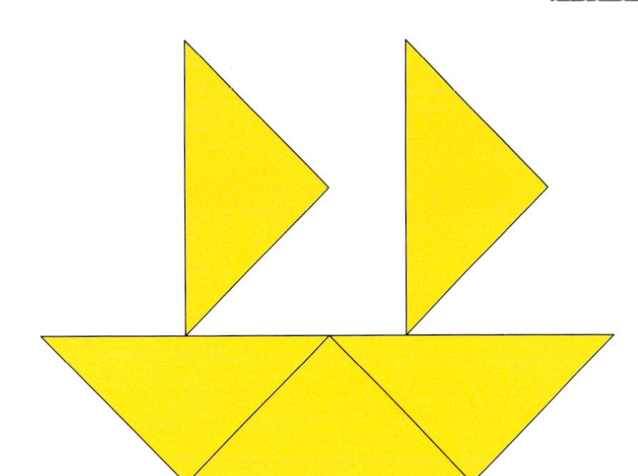

AKTIVITÄTEN MIT LEGESPIELEN

Mit Legespielen aus homogenem (gleiche Teile) Material lassen sich viele verschiedene Aktivitäten durchführen:

- freies Legen und Erfinden von Figuren
- Auslegen von Umrissfiguren mit oder ohne Hilfslinien
- Nachlegen von (verkleinert) vorgegebenen Figuren
- Entwicklung von Figurenfolgen, die durch Umlegen je eines Teils entstehen
- Legen von regelmäßigen Mustern (Parketten)
- ....

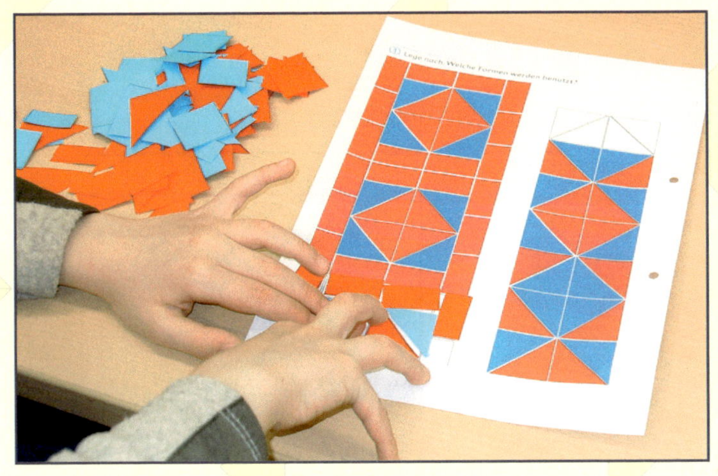

Die meisten Schulbücher bieten inzwischen geometrische Grundformen als Stanzmaterial an, mit dem ebenfalls eine Fülle von Legeaufgaben durchgeführt werden kann.
Alle diese Aufgabenstellungen zum Fortsetzen von Mustern und zum Aus- und Weiterlegen von Figuren fördern die Wahrnehmung von Unterschieden und Gemeinsamkeiten der Figuren, erfordern ein Operieren mit den Formen in der Realität und in der Vorstellung und leisten damit einen Beitrag zur Entwicklung der visuellen Wahrnehmungsfähigkeit.

104 Rechnen – kreuz und quer

geschickt, schnell und sicher rechnen durch Nutzung situativ angemessener Rechenstrategien; Training der Geläufigkeit

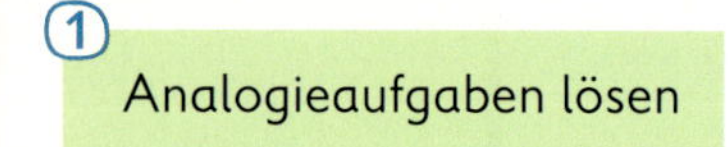

(1) Analogieaufgaben lösen

(2) bis (4) Rechnen mit der 10

(5) bis (7) Super-Päckchen lösen

(8) und (9) Super-Päckchen mit dreigliedrigen Termen

(10) erst addieren, dann – 0 bzw. – 10

SCHULBUCH 104

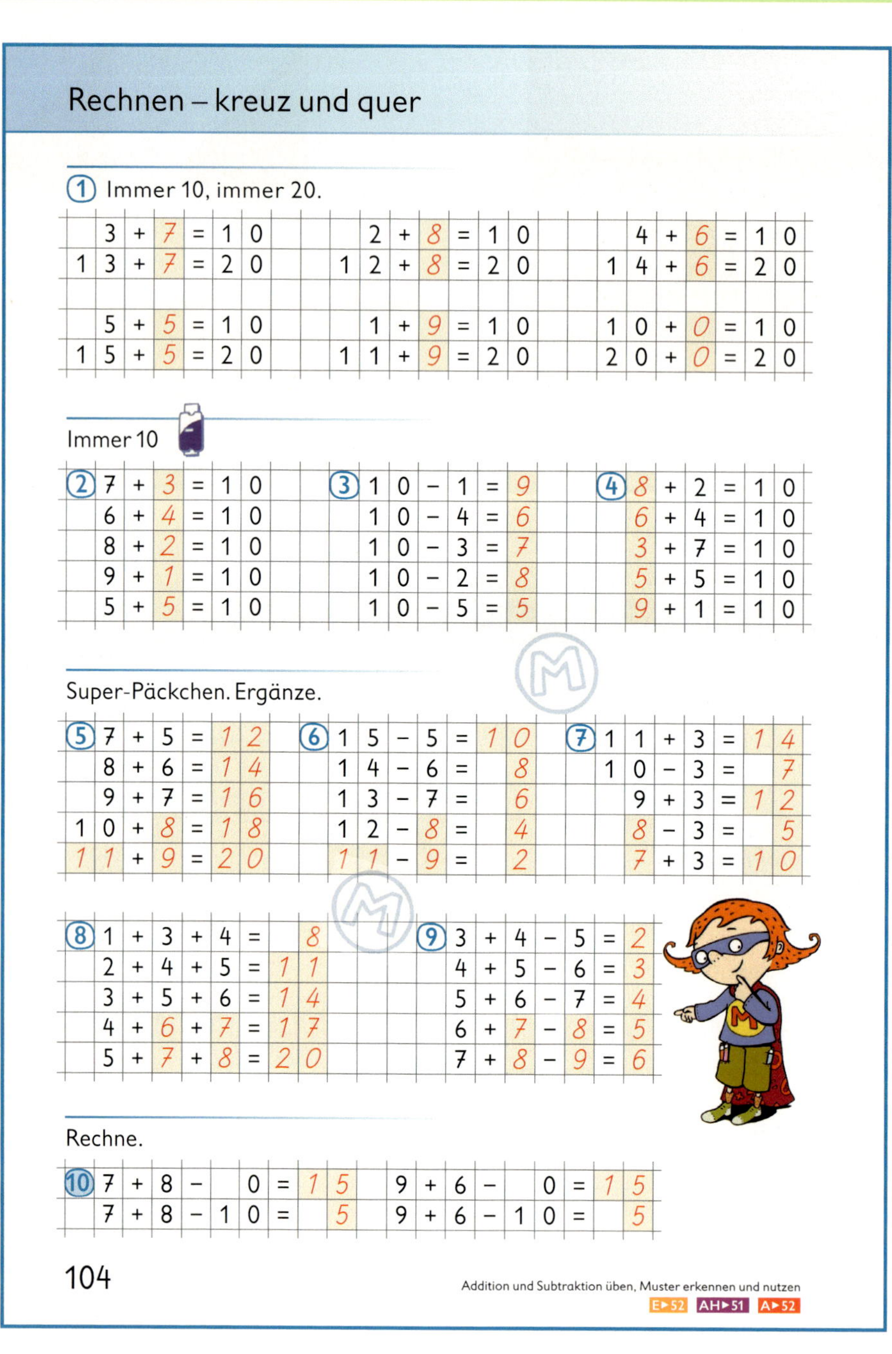

Rechnen – kreuz und quer

(1) Immer 10, immer 20.

3 + 7 = 10
13 + 7 = 20

2 + 8 = 10
12 + 8 = 20

4 + 6 = 10
14 + 6 = 20

5 + 5 = 10
15 + 5 = 20

1 + 9 = 10
11 + 9 = 20

10 + 0 = 10
20 + 0 = 20

Immer 10

(2)
7 + 3 = 10
6 + 4 = 10
8 + 2 = 10
9 + 1 = 10
5 + 5 = 10

(3)
10 − 1 = 9
10 − 4 = 6
10 − 3 = 7
10 − 2 = 8
10 − 5 = 5

(4)
8 + 2 = 10
6 + 4 = 10
3 + 7 = 10
5 + 5 = 10
9 + 1 = 10

Super-Päckchen. Ergänze.

(5)
7 + 5 = 12
8 + 6 = 14
9 + 7 = 16
10 + 8 = 18
11 + 9 = 20

(6)
15 − 5 = 10
14 − 6 = 8
13 − 7 = 6
12 − 8 = 4
11 − 9 = 2

(7)
11 + 3 = 14
10 − 3 = 7
9 + 3 = 12
8 − 3 = 5
7 + 3 = 10

(8)
1 + 3 + 4 = 8
2 + 4 + 5 = 11
3 + 5 + 6 = 14
4 + 6 + 7 = 17
5 + 7 + 8 = 20

(9)
3 + 4 − 5 = 2
4 + 5 − 6 = 3
5 + 6 − 7 = 4
6 + 7 − 8 = 5
7 + 8 − 9 = 6

Rechne.

(10)
7 + 8 − 0 = 15
7 + 8 − 10 = 5

9 + 6 − 0 = 15
9 + 6 − 10 = 5

104

Addition und Subtraktion üben, Muster erkennen und nutzen
E▸52 AH▸51 A▸52

(1) bis (9) mit der 10 rechnen

(10) bis (15) mit der 10 und ihren Nachbarzahlen in Tabellen rechnen

(12) und (15) Bestimmung des zweiten Summanden/Subtrahenden durch Ergänzungs- und Umkehraufgaben

EINSTIEGE 52

Rechnen – kreuz und quer

(1) bis (3) Rechnen mit der 10

(4) bis (6) Super-Päckchen lösen

(7) und (8) Super-Päckchen mit drei Summanden lösen und fortschreiben bzw. erst addieren, dann subtrahieren, Subtrahend und Summand sind stets differenzgleich

(9) und (10) Aufgabenfamilien

(11) bis (13) Tabellen und Zahlenmauer lösen

ARBEITSHEFT 51

Rechnen – kreuz und quer

SCHUL-
BUCH 105

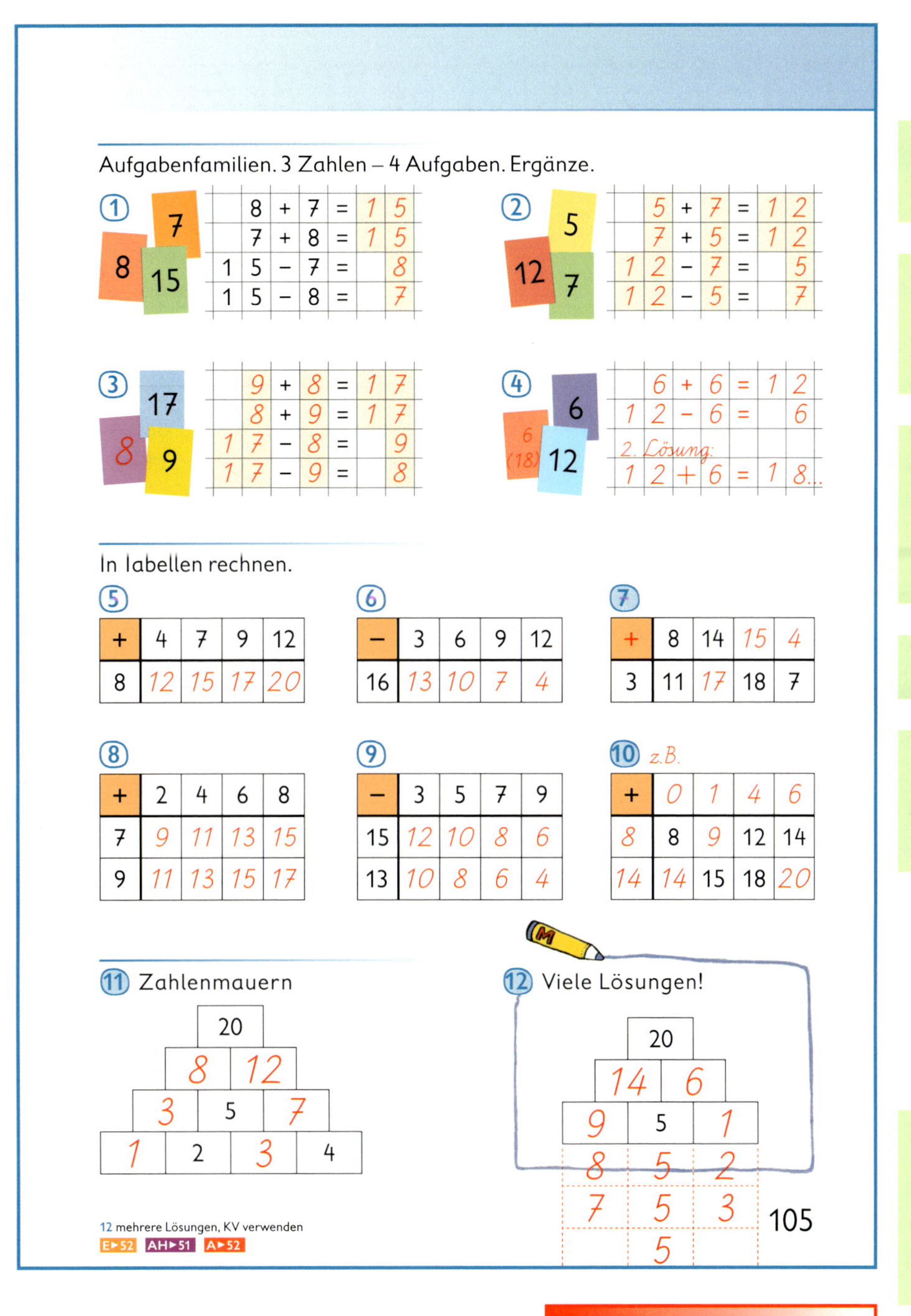

Aufgabenfamilien. 3 Zahlen – 4 Aufgaben. Ergänze.

① 7, 8, 15

8 + 7 = 15
7 + 8 = 15
15 − 7 = 8
15 − 8 = 7

② 5, 12, 7

5 + 7 = 12
7 + 5 = 12
12 − 7 = 5
12 − 5 = 7

③ 17, 8, 9

9 + 8 = 17
8 + 9 = 17
17 − 8 = 9
17 − 9 = 8

④ 6, 6 (18), 12

6 + 6 = 12
12 − 6 = 6
2. Lösung:
12 + 6 = 18 ...

In Tabellen rechnen.

⑤

+	4	7	9	12
8	12	15	17	20

⑥

−	3	6	9	12
16	13	10	7	4

⑦

+	8	14	15	4
3	11	17	18	7

⑧

+	2	4	6	8
7	9	11	13	15
9	11	13	15	17

⑨

−	3	5	7	9
15	12	10	8	6
13	10	8	6	4

⑩ z.B.

+	0	1	4	6
8	8	9	12	14
14	14	15	18	20

⑪ Zahlenmauern

20
8 | 12
3 | 5 | 7
1 | 2 | 3 | 4

⑫ Viele Lösungen!

20
14 | 6
9 | 5 | 1
8 | 5 | 2
7 | 5 | 3
5

105

12 mehrere Lösungen, KV verwenden
E ▸ 52 AH ▸ 51 A ▸ 52

①bis④ Aufgabenfamilien bearbeiten

⑤bis⑩ Additions- und Subtraktionsaufgaben in Tabellen rechnen

⑦und⑩ aus der Tabelle die Summanden eindeutig bestimmen und die Tabelle vervollständigen

⑪ Zahlenmauern lösen

⑫ viele Lösungen aus den vorgegebenen Einträgen entwickeln

Rechnen – kreuz und quer

Immer 10

1 + 9 = 10
9 + 1 = 10
10 − 1 =
10 − 9 =

3 Zahlen – 4 Aufgaben. Zwei Lösungen.

6 Finde alle verschiedenen Zahlenmauern.

52

①bis③ Zerlegungen der 10 aus einer Münzanordnung ablesen

Aufgaben notieren

④und⑤ Aufgabenfamilien bearbeiten

⑥ Zahlenmauern lösen

gleich bleibende Vorgaben lassen viele Lösungen zu

Entwicklung/Nutzung einer Strategie

AUFSTIEGE 52

104/105 Rechnen – kreuz und quer

0 1 2 3 4 5 6 7 8 9 10

Material
Zahlenkarten, Rechengeld, Strohhalme
▶ **KVs 56–59**

Hinweise zum Unterrichtsthema
Der Titel der Schulbuchseiten benennt Intentionen und Zielsetzungen dieser Unterrichtseinheit: Das umfangreiche Angebot an strukturierten/unstrukturierten Aufgabenserien zum gleichermaßen reflektierten Vorgehen wie operativen und automatisierenden Üben zielt auf den Ausbau sicher verfügbarer Rechenstrategien und die Bereitstellung „auswendig“ verfügbarer Zahlensätze, hier insbesondere noch einmal „im Umfeld“ der 10.
Das Rechnen über die 10 hinweg in zwei Schritten erfordert, wie bereits gezeigt wurde (s. Schulbuch 70/71), eine Zerlegung des zweiten Summanden, die mit dem ersten Teilsummanden die 10 auffüllt und den zweiten Teilsummanden zur 10 addiert. Er bildet im Ergebnis die Einerstelle, ersetzt die Null. Übungen, die ein geläufiges Rechnen über die 10 stützen, sind daher besonders wichtig.

Schulbuch 104/105

Hinweise zum Unterrichtsablauf
Eine kurze Kopfrechenübung mit spielerischem Charakter leitet die Stunde ein, z. B. als Tafelbild: Auf einem Fußballfeld sind alle Ziffern von 1 bis 10 zweifach abgebildet. Im Tor steht die 10. Summenterme, die zur 10 führen, gelten als Treffer. Ein Kind kreist eine Zahl ein (z.B. 2) und ruft ein anderes Kind auf, das die Verbindungslinie einzeichnet (2–8–10).
Da die Seite auf selbstständiges Üben hin angelegt ist und alle Voraussetzungen hierfür in früheren Unterrichtseinheiten gesichert wurden, reicht es am Stundenanfang, das Aufgabenangebot gemeinsam zu sichten, Intentionen und Anforderungen von den Kindern kurz benennen zu lassen (Hinweise zu den Aufgaben).
Rechengeld und Strohhalme stehen im Bedarfsfall für die Bearbeitung der Aufstiegsseite bereit. Nach dem Beispiel der Aufgaben 1 bis 3 können die Kinder selbst weitere Aufgabenserien finden und ins Heft schreiben.

Hinweise zu den Aufgaben

Seite 104

Aufgabe 1
Immer zwei Aufgaben gehören zusammen. Gerechnet wird zuerst die Aufgabe im ersten Zehner, dann die Analogieaufgabe.

Aufgaben 2–4
Die Kinder lösen die Super-Päckchen, indem sie zur 10 ergänzen bzw. von der 10 subtrahieren, dabei das Muster entdecken und nutzen.

Aufgaben 5–7
Die Kinder lösen die Super-Päckchen und setzen sie fort. Mit Hilfe des Musters berechnen sie schnell die Lösungen.

Aufgaben 8, 9
Die Kinder lösen Super-Päckchen mit drei Summanden. Wer genau hinschaut, weiß, wie sich die Ergebnisse von Zeile zu Zeile verändern.

Aufgabe 10 (AB II)
Die Kinder lösen zuerst die Additonsaufgabe und subtrahieren dann analog 0 und 10.

Seite 105

Aufgaben 1–4
Die Kinder notieren zu den drei Zahlen die vier Aufgaben (Aufgabenfamilien) und lösen sie. In Aufgabe 3 beschriften sie das freie Kärtchen passend und bearbeiten die Aufgabenfamilie. In Aufgabe 4 beschriften sie das dritte Kärtchen je nach Selbsteinschätzung ein- oder zweistellig.

Aufgaben 5–9
Die Kinder rechnen die Additions- und Subtraktionsaufgaben in Tabellen.
Aufgaben 7, 10 (AB II)
Aus der Tabelle bestimmen die Kinder die Summanden eindeutig und vervollständigen die Tabelle.
Aufgabe 11 (AB II)
Die Kinder lösen die Zahlenmauer.
Aufgabe 12 (AB II)
Aus den vorgegebenen Einträgen in der Zahlenmauer entwickeln die Kinder viele Lösungen.

Einstiege 52

Aufgaben 1–9
Die Schüler bearbeiten Geläufigkeitsübungen zum Rechnen mit der 10.
Aufgaben 10–15
Mit der 10 und ihren Nachbarzahlen rechnen die Kinder in Tabellen. In den Aufgaben 10 und 11 sowie 13 und 14 entdecken die Kinder in den Tabellen Muster (wie in Super-Päckchen) und lösen sie. In den Aufgaben 12 und 15 (AB II) bestimmen die Kinder den zweiten Summanden/Subtrahenden durch Ergänzungs- und Umkehraufgaben.

Arbeitsheft 51

Aufgaben 1, 2
Die Kinder ergänzen zur 10 bzw. subtrahieren von der 10.
Aufgaben 3 (AB II)
Die Kinder lösen die Super-Päckchen.
Aufgabe 4–6 (AB II)
Die Kinder vervollständigen die Super-Päckchen und setzen sie fort.
Aufgabe 7 (AB II)
Die Kinder lösen Super-Päckchen mit drei Summanden und setzen sie fort.
Aufgabe 8 (AB II)
Zuerst addieren die Kinder, dann subtrahieren sie. In der Aufgabenfolge können sie erkennen, dass Subtrahend und Summand stets differenzgleich sind. Die einfache „Ersatzaufgabe" heißt hier immer „erster Summand minus 2".
Aufgaben 9, 10 (AB II)
Die Kinder lösen die Aufgabenfamilien.
Aufgaben 11–13
In Tabellen bzw. einer Zahlenmauer üben die Kinder Addition und Subtraktion.

Aufstiege 52

Aufgaben 1–3
Aus einer Münzanordnung lesen die Kinder die Zerlegungen der 10 ab, notieren die Aufgaben und finden ggf. weitere Aufgaben.
Aufgaben 4, 5
Die Kinder bearbeiten die Aufgabenfamilien. Für das freie Kärtchen sind Summe oder Differenz der vorgegebenen Zahlen möglich.
Aufgabe 6 (AB III)
Die Kinder lösen die Zahlenmauern: Die gleich bleibenden Vorgaben lassen ihnen viele Lösungen zu. Die Forderung, alle zu finden, intendiert die Entwicklung/Nutzung einer Strategie.

106 Das kleine Einspluseins

Aufgaben des kleinen Einspluseins trainieren und geläufig verfügbar machen; „Muster“ in der Einspluseinstafel als Darstellung der Struktur verstehen ▸

① bis ④
Super-Päckchen fortsetzen und lösen

⑤
Ergebnisfelder in der Einspluseinstafel den Vorgaben entsprechend einfärben

Ausschnitte der Einspluseinstafel als Tabellen bearbeiten, teilweise Zeilen-/Spaltenköpfe vervollständigen

Ergebnisfelder ausschneiden, zur Einspluseinstafel zusammensetzen und aufkleben

die Orientierung wird durch die Randvorgaben bzw. die farbigen Umrisslinien der Ergebnisfelder unterstützt

SCHULBUCH 106

Das kleine Einspluseins

Färbe die Ergebnisfelder in der Tabelle ein.

① 2 + 5 = 7
3 + 5 = 8
4 + 5 = 9
5 + 5 = 10
6 + 5 = 11
5 + 5 = 12

② 0 + 5 = 5
1 + 5 = 6
8 + 5 = 13
9 + 5 = 14
10 + 5 = 15

③ 2 + 10 = 12
3 + 10 = 13
4 + 10 = 14
5 + 10 = 15
6 + 10 = 16
7 + 10 = 17

④ 0 + 10 = 10
1 + 10 = 11
8 + 10 = 18
9 + 10 = 19
10 + 10 = 20

⑤

+	0	1	2	3	4	5	6	7	8	9	10
0	0					5					10
1											
2											
3											
4											
5	5					10					15
6											
7											
8											
9											
10	10					15					20

106

Das kleine Einspluseins strukturgeleitet üben.
Die Super-Päckchen fortschreiben. Die Einspluseinstafel vollständig ausfüllen.
E▸53 AH▸52 A▸53

① bis ③
Super-Päckchen fortsetzen und lösen

④
angefangene Einfärbung der Ergebnisfelder in der Einspluseinstafel fortsetzen, Zettel mit den definierenden Eigenschaften in den entsprechenden Farben anmalen

⑤ bis ⑦
Super-Päckchen lösen

Ergebnisfelder einfärben

EINSTIEGE 53

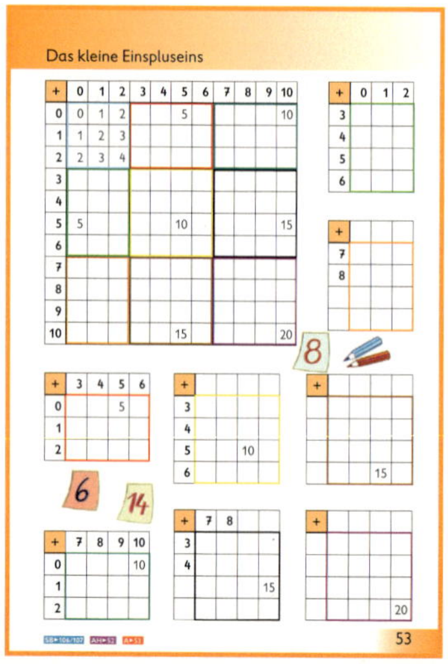

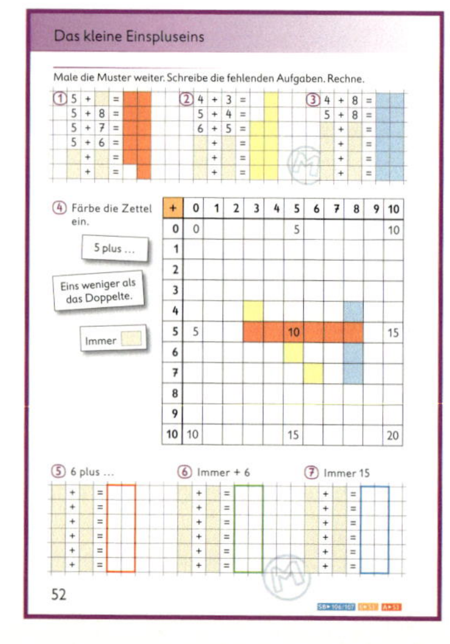

ARBEITSHEFT 52

zwischen den Darstellungsformen wechseln und das Beziehungsgefüge der Aufgaben lösungswirksam nutzen

SCHULBUCH 107

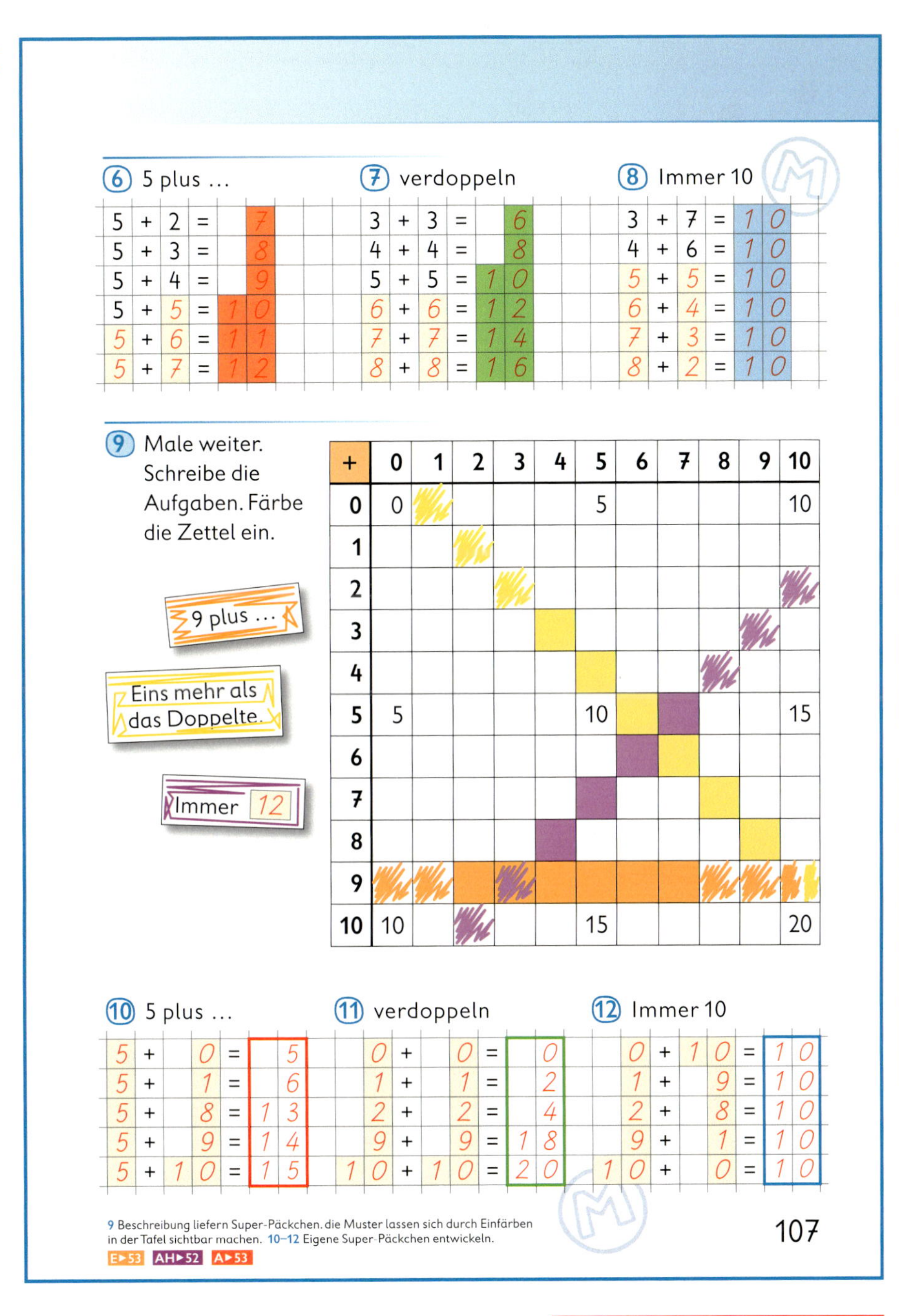

⑥ 5 plus …

5	+	2	=		7
5	+	3	=		8
5	+	4	=		9
5	+	5	=	1	0
5	+	6	=	1	1
5	+	7	=	1	2

⑦ verdoppeln

3	+	3	=		6
4	+	4	=		8
5	+	5	=	1	0
6	+	6	=	1	2
7	+	7	=	1	4
8	+	8	=	1	6

⑧ Immer 10

3	+	7	=	1	0
4	+	6	=	1	0
5	+	5	=	1	0
6	+	4	=	1	0
7	+	3	=	1	0
8	+	2	=	1	0

⑨ Male weiter. Schreibe die Aufgaben. Färbe die Zettel ein.

9 plus …

Eins mehr als das Doppelte.

Immer 12

+	0	1	2	3	4	5	6	7	8	9	10
0	0					5					10
1											
2											
3											
4											
5	5					10					15
6											
7											
8											
9											
10	10					15					20

⑩ 5 plus …

5	+		0	=		5
5	+		1	=		6
5	+		8	=	1	3
5	+		9	=	1	4
5	+	1	0	=	1	5

⑪ verdoppeln

	0	+		0	=		0
	1	+		1	=		2
	2	+		2	=		4
	9	+		9	=	1	8
1	0	+	1	0	=	2	0

⑫ Immer 10

	0	+	1	0	=	1	0
	1	+		9	=	1	0
	2	+		8	=	1	0
	9	+		1	=	1	0
1	0	+		0	=	1	0

9 Beschreibung liefern Super-Päckchen, die Muster lassen sich durch Einfärben in der Tafel sichtbar machen. 10–12 Eigene Super-Päckchen entwickeln.

E▸53 AH▸52 A▸53

107

⑥ bis ⑧

Super-Päckchen fortsetzen und lösen

⑨

Zettel mit den definierenden Eigenschaften den farblich gekennzeichneten Aufgabenserien in der Einspluseinstafel zuordnen, entsprechend einfärben, Muster vervollständigen

zugehörige Super-Päckchen ins Heft schreiben

⑩ bis ⑫

Ergebnisfelder in der Einspluseinstafel nach Vorgabe einfärben

Muster weitermalen

restliche Aufgaben der Super-Päckchen notieren und lösen

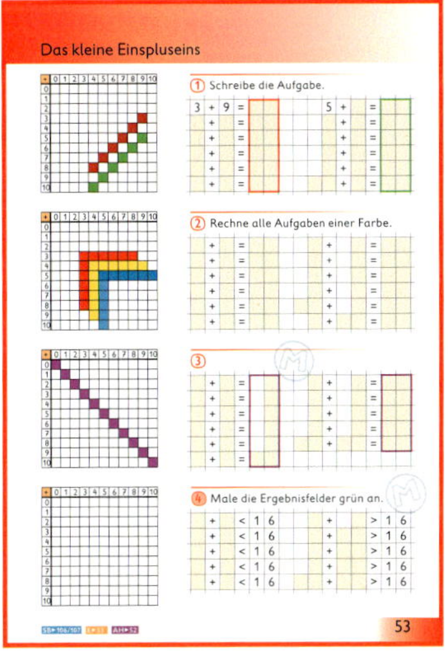

① bis ③

Super-Päckchen entsprechend der Farbvorgabe in der zugehörigen Einspluseinstafel schreiben und lösen

④

Super-Päckchen mit Ungleichungen, Ergebnisfelder nach Vorgabe einfärben

AUFSTIEGE 53

106/107 Das kleine Einspluseins

KOMMENTAR

+	0	1	2	3
0	0			
1				

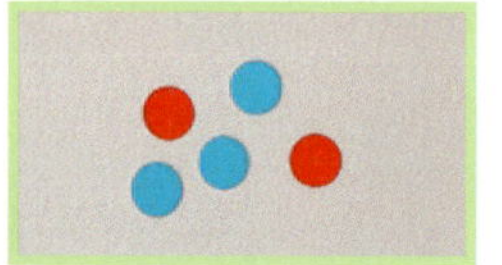

Material
Großkopie einer leeren Einspluseinstafel, Wendeplättchen

Hinweise zum Unterrichtsthema
Die Beherrschung des kleinen Einspluseins ist die entscheidende Voraussetzung für die Entwicklung gesicherter Rechenfertigkeiten – auch für die zukünftige Erweiterung des Zahlenraumes.
Beherrschen heißt anfänglich Lösungen finden können, ggf. auch handlungs- oder anschauungsgestützt. Beherrschen heißt zunehmend Zahlensätze auswendig wissen, automatisiert verfügbar haben, wie es für das Einmaleins fraglos zum Standard gehört. Wie sich leicht zeigen lässt, ist die Merkfähigkeit dabei weniger gefordert als vielfach vermutet wird. Die 40 hier gelb eingefärbten „Randaufgaben"

0 + □
10 + □
□ + 0
□ + 10

brauchen zweifelsfrei nicht memoriert zu werden. Dasselbe gilt für alle Aufgaben der Form □ + 1 (orange eingefärbt) und alle 36 Tauschaufgaben (hellblau eingefärbt).
Von den verbleibenden 36 Aufgaben sind 8 als Verdopplungsaufgaben vielfach herausgestellt und geübt worden. Demnach sind nur die zu den 28 nicht eingefärbten Feldern gehörigen Aufgaben „auswendig" zu lernen.
Die operative Durchdringung der Struktur anhand der Tabelle stützt und sichert die Erreichung dieses Ziels.

+	0	1	2	3	4	5	6	7	8	9	10
0	0					5					10
1											
2											
3											
4											
5	5					10					15
6											
7											
8											
9											
10	10					15					20

Schulbuch 106/107

Hinweise zum Unterrichtsablauf
Im Kreisgespräch präsentiert die Lehrerin eine große Einspluseinstafel, dazu Wendeplättchen entsprechender Größe. Als stummen Impuls legt sie ein Plättchen auf ein leeres Ergebnisfeld, lässt die Aufgabe und die Lösung nennen. Bald übernehmen die Kinder diese Rolle. Sie stellen zufällige oder vorbedachte Aufgaben.
Dann wird das Augenmerk auf besondere Aufgaben gelenkt, z. B.: „Suche Aufgaben, bei denen man nicht zu rechnen braucht."
Die entsprechenden Ergebnisfelder werden sukzessive mit Plättchen belegt, sodass die Entstehung des Randmusters mitverfolgt werden kann. Es bleibt der Lehrerin überlassen, diesen Prozess nur anzuregen oder vollständig durchzuführen. In einem zweiten Schritt werden die entsprechenden Felder (ansatzweise) eingefärbt. Eine weitere Fragestellung richtet die Aufmerksamkeit auf die Aufgaben, die sich im Ergebnis nur um 1 von der Startzahl unterscheiden (alle Aufgaben □ + 1). Die Ergebnisfelder bilden eine Spalte, die ebenfalls eingefärbt wird.
Nach diesen Überlegungen sichert die Lehrerin das Aufgabenverständnis für eine selbstständige Bearbeitung der Schulbuchseiten. Die große Einspluseinstafel wird gut sichtbar in der Klasse aufgehängt, um an den folgenden Tagen/in den folgenden Wochen für eine sukzessive Bearbeitung im

Sinne der o. a. Hinweise zum Unterrichtsthema verfügbar zu sein.

Hinweise zu den Aufgaben

Seite 106

Aufgaben 1–5

Die Kinder lösen die Super-Päckchen und setzen sie fort. Entsprechend den Vorgaben färben sie die Ergebnisfelder in der Einspluseinstafel ein.

Seite 107

Aufgaben 6–8

Die Kinder lösen die Super-Päckchen und setzen sie fort. Entsprechend den Vorgaben färben sie die Ergebnisfelder in der Einspluseinstafel (Aufgabe 9) ein und malen die Muster weiter.

Aufgabe 9 (AB II)

Die Zettel mit den definierenden Eigenschaften ordnen die Kinder den farblich gekennzeichneten Aufgabenserien in der Einspluseinstafel zu, färben diese entsprechend ein und vervollständigen die Muster.
Als Differenzierung können zugehörige Super-Päckchen ins Heft schreiben.

Aufgaben 10–12

Die Kinder notieren die restlichen Aufgaben der Super-Päckchen und lösen sie.

Einstiege 53

Die Kinder verstehen die Tabellen als Ausschnitte der Einspluseinstafel und vervollständigen ggf. Zeilen-/Spaltenköpfe aus der Einpluseinstafel. Sie bearbeiten Additionsaufgaben in den Tabellen und tragen ihre Lösungen ein. Anschließend schneiden sie die Ergebnisfelder aus, setzen diese zur Einspluseinstafel zusammen und kleben sie auf. Die farbigen Umrisslinien der Ergebnisfelder sowie Zeilen- und Spaltenköpfe helfen bei der Orientierung.

Arbeitsheft 52

Aufgaben 1–3

Die Kinder lösen die Super-Päckchen und setzen sie fort.

Aufgabe 4

Die Kinder setzen die angefangene Einfärbung der Ergebnisfelder in der Einspluseinstafel fort und malen die Zettel mit den definierenden Eigenschaften in den entsprechenden Farben an.

Aufgaben 5–7

Die Kinder schreiben und lösen die Super-Päckchen nach der definierenden Eigenschaft und färben die Ergebnisfelder dieser Päckchen wie vorgesehen ein.

Aufstiege 53

Aufgaben 1–3

Die Kinder schreiben und lösen Super-Päckchen entsprechend der Farbvorgabe in der zugehörigen Einspluseinstafel.

Aufgabe 4 (AB II)

Die Kinder schreiben Super-Päckchen mit Ungleichungen und färben Ergebnisfelder nach Vorgabe ein. Es kann hier jedoch nur ein Teil der denkbaren Ungleichungen hier aufgeschrieben werden. Als Zusatzauftrag bietet sich an: „Überlege dir noch mehr Plusaufgaben, deren Summe kleiner als 16 ist. Male auch für diese Aufgaben die Ergebnisfelder an."
Eine Reflexion über Unerwartetes bzw. Auffälliges bietet sich an.

STRUKTUREN
ERKENNEN UND NUTZEN

Super-Päckchen machen Muster.

+	0	1	2	3	4	5	6	7	8	9	10
0	0					5					10
1											
2											
3											
4											
5	5					10					15
6											
7											
8											
9											
10	10					15					20

Nachdem das komplette Einspluseins und seine Umkehrung erarbeitet ist, kann mit den Kindern die Plustafel als systematische Zusammenstellung aller Plusaufgaben, die die Kinder auswendig können sollten, erarbeitet werden. Da Tabellen schon lange bekannt sind, fällt das Ausfüllen der leeren Tafel den meisten Kindern nicht schwer. Schon nach den ersten Reihen wissen viele Kinder:

- Ich fange jede Reihe mit der Zahl, die davorsteht, an und zähle einfach weiter, bis die Reihe voll ist.

Die Betrachtung der vollständig ausgefüllten Tafel führt zu vielen spontanen Entdeckungen:

- In der ersten Spalte stehen alle Randzahlen untereinander.
- In der letzten Spalte stehen die Zahlen von 10 bis 20 untereinander.
- In den Schrägen (Diagonalen) von rechts oben nach links unten steht immer die gleiche Zahl, in der Mitte die 10.
- In den Schrägen von links oben nach rechts unten werden die Ergebnisse immer um 2 größer.
- In der ersten Reihe und in der ersten Spalte stehen die gleichen Zahlen, ebenso in der letzten Reihe und Spalte.

+	0	1	2	3	4	5	6	7	8	9	10
0	0	1	2	3	4	5	6	7	8	9	10
1	1	2	3	4	5	6	7	8	9	10	11
2	2	3	4	5	6	7	8	9	10	11	12
3	3	4	5	6	7	8	9	10	11	12	13
4	4	5	6	7	8	9	10	11	12	13	14
5	5	6	7	8	9	10	11	12	13	14	15
6	6	7	8	9	10	11	12	13	14	15	16
7	7	8	9	10	11	12	13	14	15	16	17
8	8	9	10	11	12	13	14	15	16	17	18
9	9	10	11	12	13	14	15	16	17	18	19
10	10	11	12	13	14	15	16	17	18	19	20

Angeleitet finden die Kinder noch viele andere Gesetzmäßigkeiten, die sie bisher nicht beachtet haben.

+	0	1	2	3	4	5	6	7	8	9	10
0	0	1	2	3	4	5	6	7	8	9	10
1	1	2	3	4	5	6	7	8	9	10	11
2	2	3	4	5	6	7	8	9	10	11	12
3	3	4	5	6	7	8	9	10	11	12	13
4	4	5	6	7	8	9	10	11	12	13	14
5	5	6	7	8	9	10	11	12	13	14	15
6	6	7	8	9	10	11	12	13	14	15	16
7	7	8	9	10	11	12	13	14	15	16	17
8	8	9	10	11	12	13	14	15	16	17	18
9	9	10	11	12	13	14	15	16	17	18	19
10	10	11	12	13	14	15	16	17	18	19	20

- Die Reihe und die Spalte der 5 enthalten die gleichen Zahlen; das ist bei allen Reihen und Spalten so.

Interessant wird diese Beobachtung jedoch erst, wenn das Kind die Aufgabenfolgen, die zur Reihe und zur Spalte gehören, nebeneinander aufschreibt.

0 + 5 = 5 1 + 5 = 6 2 + 5 = 7	5 + 0 = 5 5 + 1 = 6 5 + 2 = 7	**Tauschaufgabe**

+	0	1	2	3	4	5	6	7	8	9	10
0	0	1	2	3	4	5	6	7	8	9	10
1	1	2	3	4	5	6	7	8	9	10	11
2	2	3	4	5	6	7	8	9	10	11	12
3	3	4	5	6	7	8	9	10	11	12	13
4	4	5	6	7	8	9	10	11	12	13	14
5	5	6	7	8	9	10	11	12	13	14	15
6	6	7	8	9	10	11	12	13	14	15	16
7	7	8	9	10	11	12	13	14	15	16	17
8	8	9	10	11	12	13	14	15	16	17	18
9	9	10	11	12	13	14	15	16	17	18	19
10	10	11	12	13	14	15	16	17	18	19	20

- Werden alle **Verdopplungsaufgaben** markiert, so kann zunächst festgestellt werden, dass diese auf der Hauptdiagonalen liegen.
- Betrachtet man nun die gleichen Ergebnisse, die spiegelbildlich zur Diagonalen liegen, so stellt man fest, dass diese immer die Ergebnisse von Tauschaufgaben sind.

5 + 4 = 9
4 + 5 = 9

- Daraus lässt sich bereits schließen, dass ein Kind höchstens die Hälfte der Aufgaben auswendig kennen muss, um alle schnell lösen zu können.

+	0	1	2	3	4	5	6	7	8	9	10
0	0	1	2	3	4	5	6	7	8	9	10
1	1	2	3	4	5	6	7	8	9	10	11
2	2	3	4	5	6	7	8	9	10	11	12
3	3	4	5	6	7	8	9	10	11	12	13
4	4	5	6	7	8	9	10	11	12	13	14
5	5	6	7	8	9	10	11	12	13	14	15
6	6	7	8	9	10	11	12	13	14	15	16
7	7	8	9	10	11	12	13	14	15	16	17
8	8	9	10	11	12	13	14	15	16	17	18
9	9	10	11	12	13	14	15	16	17	18	19
10	10	11	12	13	14	15	16	17	18	19	20

Neuner-Zahlenquadrate (hier mit einer Verdopplungsaufgabe im Mittelpunkt) spiegeln das Gefüge von Nachbaraufgaben, die sich aus einer bekannten Lösung ableiten lassen.

8 + 8	8 + 9	8 + 10
9 + 8	9 + 9	9 + 10
10 + 8	10 + 9	10 + 10

Auch zu einer strukturorientierten Wiederholung der Ergänzungsaufgaben lässt sich die Plustafel nutzen. Die Lösung der Aufgabe 6 + ☐ = 14 lässt sich ermitteln, indem man die Zeile der 6 bis zur 14 verfolgt und darüber die Spaltenzahl – hier die 8 – sucht.

+	0	1	2	3	4	5	6	7	8	9	10
0	0	1	2	3	4	5	6	7	8	9	10
1	1	2	3	4	5	6	7	8	9	10	11
2	2	3	4	5	6	7	8	9	10	11	12
3	3	4	5	6	7	8	9	10	11	12	13
4	4	5	6	7	8	9	10	11	12	13	14
5	5	6	7	8	9	10	11	12	13	14	15
6	6	7	8	9	10	11	12	13	14	15	16
7	7	8	9	10	11	12	13	14	15	16	17
8	8	9	10	11	12	13	14	15	16	17	18
9	9	10	11	12	13	14	15	16	17	18	19
10	10	11	12	13	14	15	16	17	18	19	20

Die **leere Plustafel** bietet ein Aufgabenreservoir, das sich über einen längeren Zeitraum zur täglichen Kopfrechenübung einsetzen lässt und gut ermöglicht, dass Kinder hier die Lehrerrolle übernehmen: Sie zeigen auf ein leeres Feld (dessen Aufgabe sie sicher berechnen können), die anderen Kinder müssen die passende Aufgabe sagen und lösen.

+	0	1	2	3	4	5	6	7	8	9	10
0											
1											
2											
3											
4											
5											
6											
7											
8											
9											
10											

Vorgegebene Einfärbungen führen zu interessanten Rechenpäckchen, an denen immer wieder neue Entdeckungen gemacht werden können und die viel Anlass zum **Begründen von Mustern** geben.

+	0	1	2	3	4	5	6	7	8	9	10
0	0	1	2	3	4	5	6	7	8	9	10
1	1	2	3	4	5	6	7	8	9	10	11
2	2	3	4	5	6	7	8	9	10	11	12
3	3	4	5	6	7	8	9	10	11	12	13
4	4	5	6	7	8	9	10	11	12	13	14
5	5	6	7	8	9	10	11	12	13	14	15
6	6	7	8	9	10	11	12	13	14	15	16
7	7	8	9	10	11	12	13	14	15	16	17
8	8	9	10	11	12	13	14	15	16	17	18
9	9	10	11	12	13	14	15	16	17	18	19
10	10	11	12	13	14	15	16	17	18	19	20

Gemeinsam mit den Kindern werden die Aufgaben gesucht, die man nicht mehr lernen muss, weil sie so einfach sind, dass sie jeder auswendig kann. Schon fällt der komplette Außenrand weg. Auch die Tauschaufgaben müssen nicht extra gelernt werden.
So reduziert sich die Anzahl der wirklich zu lernenden Aufgaben auf die Verdopplungsaufgaben und die restlichen 36 Aufgaben, eine auch für Kinder des ersten Schuljahres überschaubare Anzahl, die in den nächsten Wochen mit dem Schnellrechenpass automatisiert werden kann.

108 Jahrmarkt

mit Geldwerten rechnen; eigenes Weltwissen zum Begreifen und Berechnen von Sachverhalten nutzen; verschiedene Größen flexibel miteinander in Beziehung setzen; eigene sinnvolle Aufgaben zu vorgegebener

SCHULBUCH 108

zu den dargestellten Situationen erzählen

Beträge möglicher Ausgaben berechnen

Kosten vom Taschengeldbetrag subtrahieren

prüfen, ob das Taschengeld ausreicht

eigene Aufgaben finden

① und ②

Anzahl gelber und blauer Bälle notieren

Anzahl geworfener Bälle errechnen

③ bis ⑤

Punktwerte der Wurfergebnisse berechnen

EINSTIEGE 54

① und ②

Aussagen erlesen

Taschengeldbetrag notieren

mögliche Einkäufe berechnen

Antwortsatz vervollständigen

③

Punktwerte der Wurfergebnisse berechnen

ARBEITSHEFT 53

SCHUL-
BUCH 109

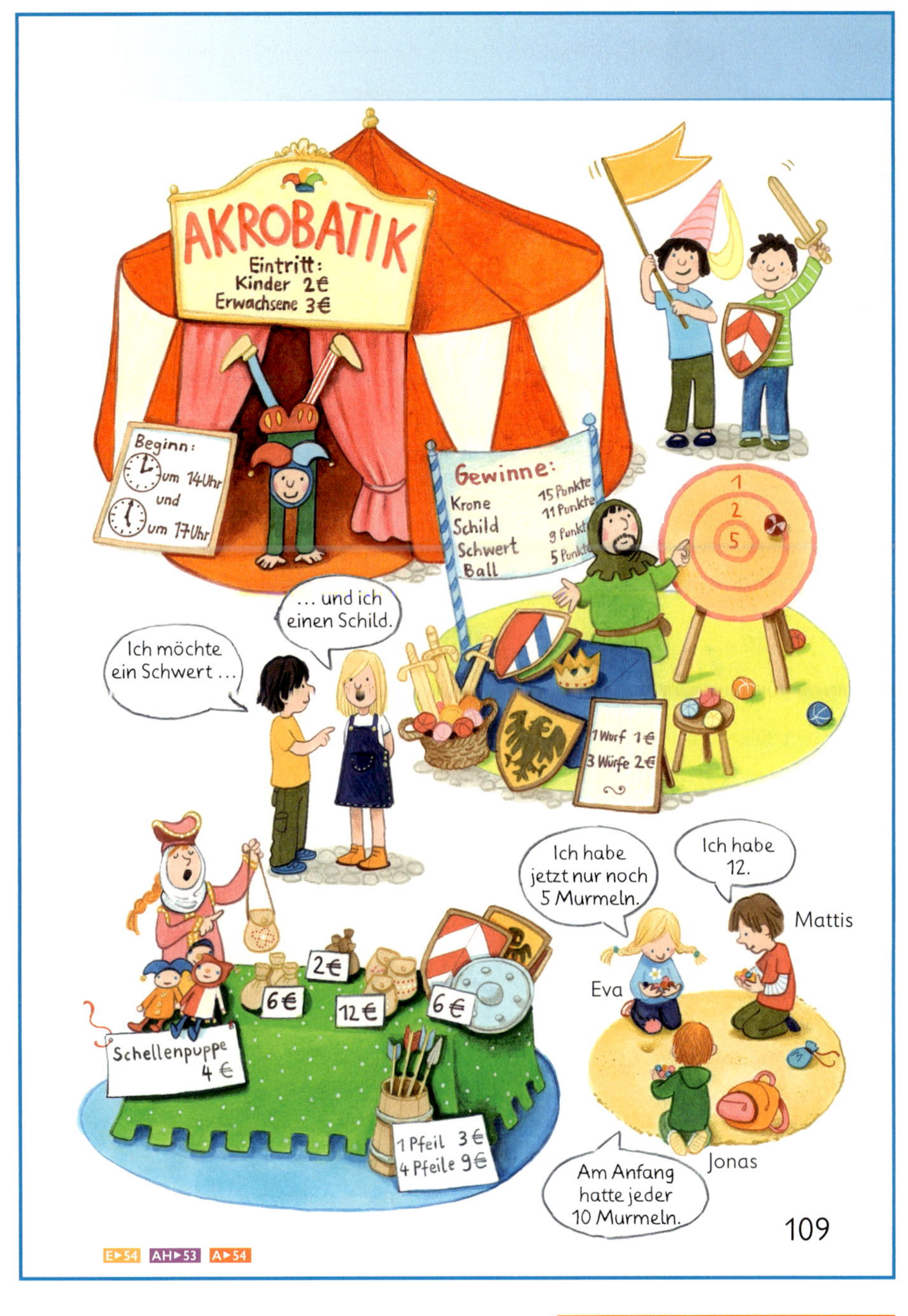

zu den Abbildungen erzählen

Akrobatik: mögliche Eintrittspreise berechnen

Ballwurf: notwendige Punktzahl für gewünschten Gegenstand erlesen, notwendige Anzahl von Würfen abschätzen, Kosten berechnen

Verkaufsstand: Kosten möglicher Einkäufe berechnen

Murmelspiel: Angaben der Kinder lesen, den Spielverlauf zurückverfolgen, Murmelbesitz des dritten Mitspielers errechnen

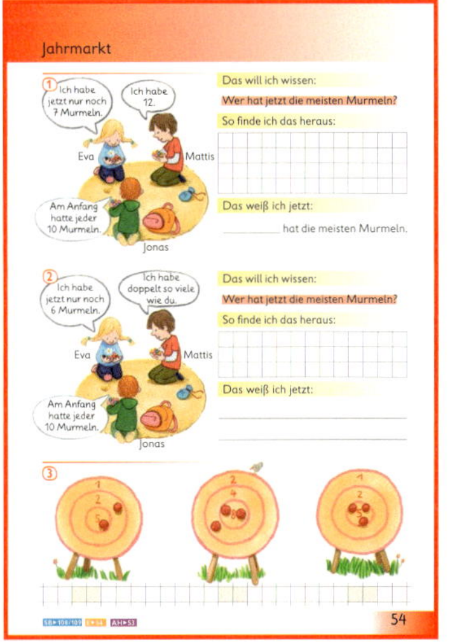

① und ②

Abbildung betrachten

Aufgabenstellung erlesen

Rechnung notieren

Antwortsatz ergänzen

③

Punktwerte der Wurfergebnisse errechnen

AUFSTIEGE 54

Material
Kostüme und Karnevalsaccessoires der Kinder, Blanko-Preisschilder

Hinweise zum Unterrichtsthema
s. Kommentar 80/81

Schulbuch 108/109

Hinweise zum Unterrichtsablauf

Die Kinder bringen Kostüme und Karnevalsaccessoires mit in die Schule und legen diese auf einer Decke in der Mitte des Stuhlkreises aus. Gemeinsam werden Preise zugeordnet und Preisschilder zu den Kleidungsstücken entworfen. Dabei können die Kinder über die Wertigkeit ihrer Mitbringsel diskutieren und erfahren so, wie Kaufpreise entstehen. Anschließend präsentiert die Lehrerin eine Geldbörse mit einem bestimmten Spielgeldbetrag. Im Plenum wird nun überlegt und berechnet, welche Kostüme und Accessoires davon gekauft werden können. Diese Spielsituation kann durch die Veränderung bestimmter Vorgaben variiert werden. Z. B. kann der verfügbare Geldbetrag erhöht oder verringert werden. Möglich ist auch, die Art der Kaufobjekte vorher festzulegen, um dann verschiedene Einkaufsmöglichkeiten durchzurechnen.

Hinweise zu den Aufgaben

Seite 108

Ritterbedarf

Die Schüler betrachten den dargestellten Jahrmarktstand und benennen die angebotenen Bekleidungsstücke sowie deren Preise. Dann erlesen sie die Äußerungen der Kinder in den Sprechblasen darunter. Sie stellen zum angegebenen Taschengeldbetrag des Jungen (12 €) mögliche Einkäufe zusammen und berechnen die Kosten durch Addieren der Kaufpreise im Kopf.
Zum Taschengeldbetrag des Mädchens (14 €) suchen die Kinder zwei bezahlbare Fahnen heraus, ermitteln deren Gesamtpreis und überprüfen, ob das Geld dafür ausreicht. Beide Teilaufgaben lassen verschiedene Fragestellungen der Schüler bezüglich der Kombination der Einkaufsgegenstände zu, z.B. „Möchten die Kinder lieber viele günstige, aber dafür kleine Gegenstände kaufen? Möchten sie wenige teurere, aber dafür größere Gegenstände kaufen?“ Aus diesem Grund entstehen verschiedene Lösungswege und Lösungen.

Märchenzelt

Die Schüler erkennen in der Abbildung eine vierköpfige Familie, bestehend aus zwei Erwachsenen und zwei Kindern. Der Sprechblase entnehmen sie, dass das Mädchen überlegt, ob ihr Taschengeld zu einem Besuch im Märchenzelt ausreicht.
Unklar ist, für wie viele Personen das Geld genügen soll. Die Schüler können verschiedenen Fragestellungen nachgehen, z.B. „Reicht das Geld für das Mädchen? Reicht das Geld für Bruder und Schwester? Könnte die gesamte Familie das Märchenzelt besuchen?“ Die Schüler errechnen die jeweiligen Kosten durch Addition der Preise, das Rückgeld ermitteln sie durch Subtraktion der Kosten vom Taschengeld des Mädchens.

Seite 109

Akrobatik

Anhand der angegebenen Eintrittspreise ermitteln die Kinder durch Addition die Kosten für verschiedene mögliche Besuchergruppen.

Ballwurf

Die Schüler erlesen in den Sprechblasen die von den Kindern gewünschten Gegenstände und ermitteln in der Abbildung die dafür jeweils notwendige, zu erreichende Punktzahl. Anhand der angegebenen Wurfpreise und der Punktwertung pro Treffer überle-

gen sie, welche Wurfergebnisse erzielt werden könnten. Dann errechnen sie, welche davon besonders kostengünstig wären.
Um ein Schild auf günstigstem Wege zu gewinnen, müsste eine 5 und zweimal die 2 geworfen werden. Um ein Schild zu bekommen, müsste zweimal die 5 und einmal die 1 getroffen werden. In beiden Fällen käme man mit drei Würfen für 2 Euro aus.
Verkaufsstand
Die Schüler ermitteln zu verschiedenen selbstständig zusammengestellten Kaufgegenständen den Gesamtpreis, indem sie die Einzelpreise addieren.
Murmelspiel
Der Abbildung entnehmen die Schüler die Information, dass jedes der drei dargestellten Kinder zu Beginn des Spiels 10 Murmeln hatte. Zudem erlesen sie den aktuellen Murmelbesitz zweier Mitspieler: Ein Mädchen hat 5, ein Junge 12 Murmeln. Die Murmelanzahl des dritten Mitspielers bleibt unbekannt und ist zu ermitteln. Durch Ergänzen bis zur 10 errechnen die Schüler, dass das Mädchen 5 Murmeln verloren hat. Durch Ergänzen von 10 auf 12 Murmeln erkennen sie, dass der Junge 2 Murmeln gewonnen hat. Nehmen wir an, dass er diese von dem Mädchen bekommen hat, so bleiben noch 3 Murmeln, die der dritte Spieler bekommen haben muss. Da dieser wie alle anderen zu Beginn des Spiels 10 Murmeln hatte, müssen sich aktuell 13 Murmeln in seinem Besitz befinden.

Einstiege 54

Aufgaben 1, 2
Die Kinder betrachten die Abbildung, ermitteln und notieren die Anzahl gelber und blauer Bälle, die gerade geworfen wurden. Sie notieren den Rechenweg und ergänzen die vorgegebene Aussage.
Aufgaben 3–5
Die Schüler betrachten die Wurfergebnisse und berechnen die Gesamtpunktzahl durch Addition der Einzelergebnisse.

Arbeitsheft 53

Aufgaben 1, 2
Die Schüler entnehmen dem Text in den Sprechblasen den verfügbaren Taschengeldbetrag und notieren diesen im Lückentext. Sie stellen mögliche Kaufgegenstände zusammen, ermitteln deren Gesamtpreis und prüfen, ob dieser vom Taschengeld bezahlt werden kann. Schließlich notieren sie, welche Gegenstände in welcher Anzahl gekauft werden.
Aufgabe 3
siehe Einstiege, Aufgaben 3 bis 5

Aufstiege 54

Aufgaben 1, 2
siehe Schulbuch Seite 109, Murmelspiel
In beiden Aufgaben haben sich lediglich die angegebenen Anzahlen der Murmeln geändert. In Aufgabe 2 muss die Murmelanzahl des ersten Spielers verdoppelt werden, um die des zweiten zu ermitteln. Haben die Kinder die Murmelanzahlen aller Spieler berechnet, werden diese verglichen, um den Spieler mit den meisten Murmeln zu ermitteln. Rechenwege werden im vorgesehenen Rechenfeld notiert und der Name des betreffenden Spielers im Antwortsatz notiert.
Aufgabe 3
siehe Einstiege, Aufgaben 3 bis 5

108/109

MAGAZIN

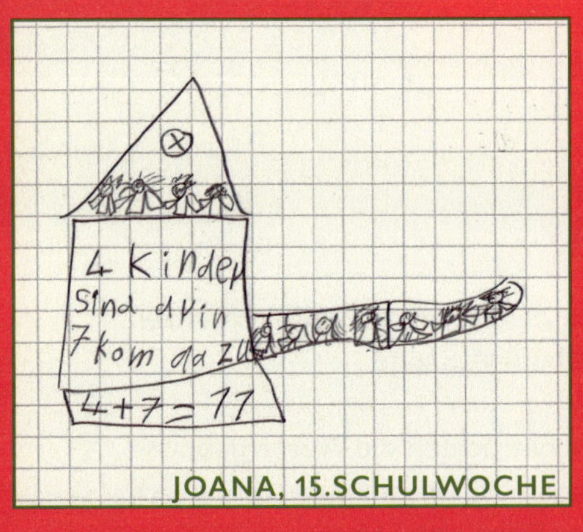

JOANA, 15.SCHULWOCHE

Traditionell wird das Sachrechnen als schwierigstes Teilgebiet der Grundschulmathematik (und nicht nur dieser) angesehen.
Die Klagen in den Lehrerzimmern sind vielfältig:

- Die Kinder wissen nicht, was sie rechnen sollen.
- Sie verknüpfen irgendwie die Zahlen, egal was dabei rauskommt.
- Sie finden keine vernünftigen Fragen oder Antworten zu den Aufgaben.
- Sie rechnen sogar dann, wenn es Blödsinn ist, zu rechnen.
- …

Weil Sachrechnen so schwer ist, wird es den Kindern häufig erst dann „zugemutet", wenn sie einigermaßen lesen und schreiben können. Dann sollen sie es jedoch auch gleich richtig lernen und Frage, Rechnung und Antwort aufschreiben.
Die meisten Kinder scheitern nicht daran, dass sie die in der Aufgabe gestellte Frage nicht beantworten könnten, nein, sie wissen die Antwort sofort, nachdem sie die Aufgabe verstanden haben. Mühe bereitet es ihnen, das, was sie spontan im Kopf gelöst haben, als Gleichung aufzuschreiben und den passenden Antwortsatz zu formulieren.

SACHAUFGABEN erfinden, spielen, lösen

ZENTRALE AUFGABE DES SACHRECHNENS IST DIE ERSCHLIESSUNG DER LEBENSWIRKLICHKEIT.

SACHRECHNEN AB DER ERSTEN SCHULWOCHE

Ein Sachrechnen, das sich nicht auf das formale Lösen von Textaufgaben beschränkt, kann von der ersten Schulwoche an stattfinden.

- Erkundungen in der Klasse und im Schulgebäude geben Anlass zu zählen und zu vergleichen.
- Das Mitbringen des Lieblingsspielzeugs führt dazu, Gruppen zu bilden (Autos, Puppen, Stofftiere ...), zu zählen, zu beschreiben, zu vergleichen.
- Alle Neueinführungen von Operationen oder Relationen fordern dazu heraus, die Abbildungen aus dem Schulbuch durch Nachspielen handlungsorientiert zu erarbeiten, sie zu variieren, Rechengeschichten zu ihnen zu erfinden.
- Sobald Operationen eingeführt sind, wird das Operationsverständnis durch das tägliche Erzählen kleiner Rechengeschichten gestützt und schon bald können die ersten Kinder eigene Rechengeschichten für die Klasse erfinden.
- Auch das Erzählen zu Bildern regt die Kinder an, eigene Bildsachaufgaben zu erfinden.

MIT VIEL FREUDE UND AUSDAUER ERFINDEN KINDER EIGENE RECHENGESCHICHTEN.

Im Zahlenalbum oder in einem extra „Sachaufgabenheft" malen oder schreiben die Kinder ihre Aufgaben auf. Hier kann die Lehrerin die individuellen Lernfortschritte nicht nur in Mathematik (gewählte Zahlen), sondern auch in Deutsch (Verschriftungsfähigkeit) beobachten.

In der Nähe unserer Schule hält der Minibus 610, den kennen alle Kinder. Durch eine Grippewelle sind heute nur 17 Kinder in der Klasse.
Schnell entsteht eine Rechengeschichte, die über den bisher erarbeiteten Zahlenraum etwas hinausgeht.
Die 17 Kinder der Bärenklasse wollen mit der 610 zum Alten Markt fahren. Da kommt der Minibus mit 20 Sitzplätzen.
6 Plätze sind schon besetzt.
Male, rechne oder schreibe auf, wie es im Bus aussieht, wenn alle Kinder eingestiegen sind.

DAS IM UNTERRICHT EINGEFÜHRTE ST VERLOCKT ZU EINER TABELLE MIT
S = SITZPLÄTZEN
UND
ST = STEHPLÄTZEN.

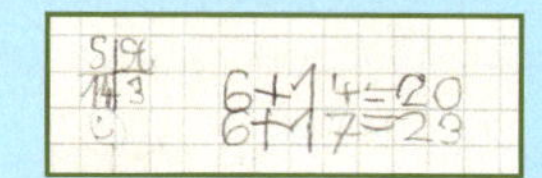

Einige Kinder holen das Zwanzigerfeld heraus, viele fangen an zu malen und kommen so zu der richtigen Lösung. Einige Kinder versuchen rechnerisch zur Lösung zu kommen.
Für die Kinder, die nach ca. 15 Minuten noch keine Lösung gefunden haben, spielen wir die Situation nach und bauen 20 Stühle als Sitzplätze auf, von denen 6 im Vorhinein belegt werden.

JETZT SOLLEN SICH ALLE KINDER HINSETZEN UND – OH WUNDER – DREI FINDEN KEINEN PLATZ.

Das weiß ich schon:
Das will ich wissen:
So finde ich das heraus:
Das weiß ich jetzt:

Viele Aufgaben, deren Lösung nicht auf Anhieb ersichtlich ist, lassen sich schon früh durch Zeichnen oder Spielen der Situation lösen. Auch wenn bei zunehmender Lesefähigkeit Sachzusammenhänge durch Text dargestellt werden, greift das Schema Frage – Rechnung – Antwort zu kurz, da es viele individuelle Wege zur richtigen Lösung wie Zeichnungen, Simulationen oder das Aufschreiben von Überlegungen im Fließtext gibt.

110 Das kann ich schon!

Kenntnisse, Fähigkeiten und Fertigkeiten zum Falten und zur Symmetrie, zu Ungleichungen, Super-Päckcher und Sachaufgaben wiederholen, anwenden, vertiefen und üben; Grundanforderungen überprüfen und siche

SCHULBUCH 110

① Figuren auf Symmetrie untersuchen und ggf. Faltachsen mit Lineal eintragen

② Kopfgeometrie: ankreuzen, welche Figur beim Faltschnitt entsteht

③ passende Ungleichungen zu vorgegebenen Aussagen notieren

Das kann ich schon!

① Zeichne Faltachsen ein.

Symmetrisch oder nicht symmetrisch?

② Welche Figur entsteht? Kreuze an.

③

5 3 7 6 8 ⊕ 5 2 3 6 1

Finde alle Aufgaben.

< 10					> 10				
z.B. 8	+	1	<	10	z.B. 8	+	3	>	10
7	+	2	<	10	7	+	5	>	10
6	+	3	<	10	6	+	6	>	10
3	+	6	<	10	5	+	6	>	10

12 13 9 11 10 ⊖ 5 8 9 7 10

< 4					> 4				
z.B. 12	−	9	<	4	z.B. 13	−	8	>	4
11	−	8	<	4	12	−	7	>	4
10	−	7	<	4	11	−	5	>	4
9	−	7	<	4	10	−	5	>	4

110

1, 2 Erfahrungen und Kenntnisse zum Falten und zur Symmetrie nachweisen;
3 Die Aufgabenserie vollständig entwickeln

E ▸ 55 A ▸ 55

① bis ⑥ Super-Päckchen vervollständigen und lösen

⑦ passende Ungleichungen zu vorgegebenen Aussagen notieren

⑧ Sachsituation erfassen

Murmelanzahl der Kinder berechnen

EINSTIEGE 55

SCHUL-
BUCH 111

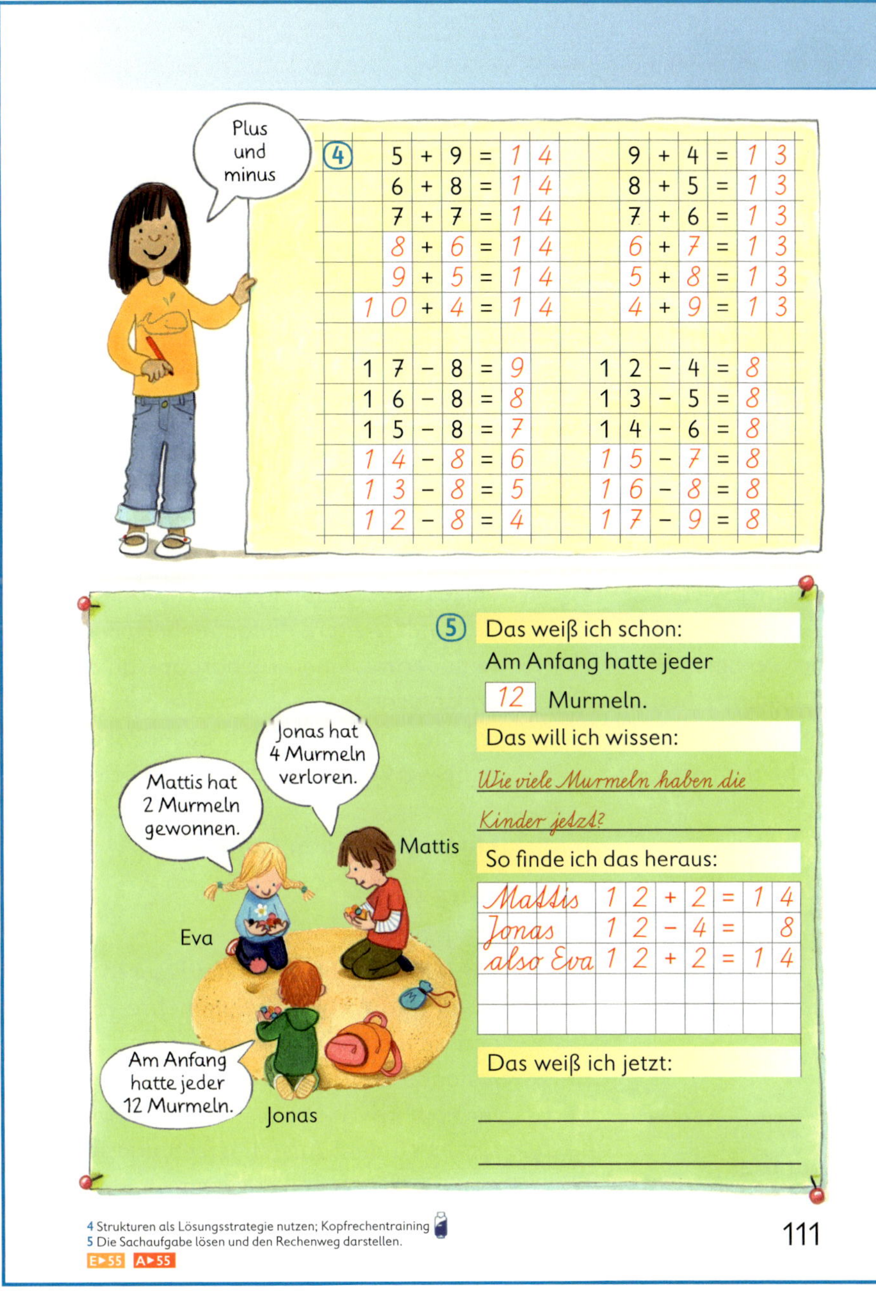

④

5	+	9	=	14		9	+	4	=	13
6	+	8	=	14		8	+	5	=	13
7	+	7	=	14		7	+	6	=	13
8	+	6	=	14		6	+	7	=	13
9	+	5	=	14		5	+	8	=	13
10	+	4	=	14		4	+	9	=	13

17	−	8	=	9		12	−	4	=	8
16	−	8	=	8		13	−	5	=	8
15	−	8	=	7		14	−	6	=	8
14	−	8	=	6		15	−	7	=	8
13	−	8	=	5		16	−	8	=	8
12	−	8	=	4		17	−	9	=	8

⑤ Das weiß ich schon:

Am Anfang hatte jeder 12 Murmeln.

Das will ich wissen:

Wie viele Murmeln haben die Kinder jetzt?

So finde ich das heraus:

Mattis	1	2	+	2	=	1	4
Jonas	1	2	−	4	=		8
also Eva	1	2	+	2	=	1	4

Das weiß ich jetzt:

4 Strukturen als Lösungsstrategie nutzen; Kopfrechentraining
5 Die Sachaufgabe lösen und den Rechenweg darstellen.
E▸55 A▸55

111

④ Super-Päckchen vervollständigen und lösen

⑤ strukturiertes Schema zur Lösung der Sachaufgabe nutzen

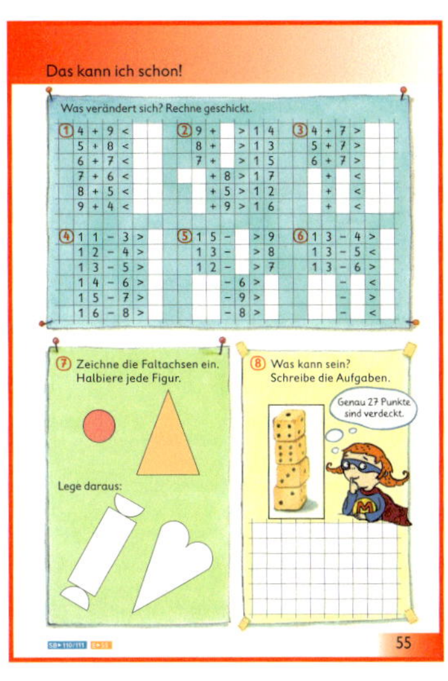
Das kann ich schon!

Was verändert sich? Rechne geschickt.

⑦ Zeichne die Faltachsen ein. Halbiere jede Figur.

Lege daraus:

⑧ Was kann sein? Schreibe die Aufgaben.

55

① bis ⑥ Muster erkennen und zur Lösung der Aufgabenpäckchen nutzen

⑦ Faltachsen in Figuren eintragen

neue Figuren aus den Teilstücken legen

⑧ Knobelaufgabe lösen

AUFSTIEGE 55

Das kann ich schon!

KOMMENTAR

Material
Abbildungen von symmetrischen und nichtsymmetrischen Figuren, Spielwürfel

Hinweise zum Unterrichtsthema
Der Mathematikunterricht soll auf den mathematischen Voraussetzungen der Kinder aufbauen und anhand dieser geplant werden. Um diese – über die täglichen Beobachtungen der Lehrerin hinaus – zu ermitteln, werden in Abständen immer wieder Seiten zum Thema „Das kann ich schon!" angeboten, um der Lehrerin vertiefende Einblicke in die aktuellen mathematischen Fähigkeiten, Fertigkeiten und Kenntnisse ihrer Schüler zu verschiedenen Themenbereichen zu ermöglichen.
Die Schüler erhalten dabei Gelegenheit, im Mathematikunterricht erworbene Fähigkeiten, Fertigkeiten und Kenntnisse auszuschöpfen, anzuwenden und auszubauen.

Schulbuch 110/111

Hinweise zum Unterrichtsablauf
Zu Beginn der Unterrichtsstunde bietet es sich an, die verschiedenen Aufgabentypen jeweils anhand eines Beispiels durchzuarbeiten und so zu wiederholen. Hier kann auch Bezug zu Plakaten oder zu einer Ausstellung, die im Rahmen der Symmetrieeinheit erstellt wurden, genommen werden. Um eine zügige und effektive Bearbeitung zu ermöglichen, sollte die Lehrerin bereits vor der Unterrichtsstunde jeden Aufgabentyp einmal an der Tafel darstellen (oder auf einer Folie für den Overheadprojektor bereithalten).
Dazu gehören:
- Faltachsen in symmetrische Figuren einzeichnen
- Faltschnitte im Kopf lösen
- Aufgabenserien zu Ungleichungen entwickeln
- Super-Päckchen lösen und fortsetzen
- Sachaufgaben strukturiert lösen

Zu Beginn der Stunde können die Schüler anhand dieser Zusammenstellung ihr Vorwissen äußern, Bearbeitungshinweise formulieren und dann die Aufgaben in der von ihnen gewünschten Reihenfolge lösen. Ergeben sich Probleme bei der Bearbeitung einzelner Aufgabentypen, so kann die Lehrerin ggf. weitere Aufgabenbeispiele anbieten oder mit einer Kleingruppe an der Tafel daran arbeiten, während die übrigen Schüler die entsprechenden Seiten des Unterrichtswerkes selbstständig bearbeiten.

Hinweise zu den Aufgaben

Seite 110
Aufgabe 1
Die Kinder prüfen, ob die Figuren symmetrisch sind. Liegt eine Symmetrie vor, zeichnen sie die Symmetrieachsen ein.
Aufgabe 2
Im Kopf überlegen die Kinder, welche Figur sich nach dem Ausschneiden und Auffalten ergibt und kreuzen diese an.
Aufgabe 3
Aus den Säcken/Kisten suchen die Kinder jeweils eine Zahl heraus. Zur Lösung können sie auch ihre Zahlenkarten als Hilfsmittel nutzen. Sie prüfen, ob beide Zahlen miteinander addiert bzw. subtrahiert die im Päckchen angegebene Aussage erfüllen. Trifft dies zu, setzen sie sie in das Aufgabengerüst ein und notieren das Ergebnis. Passt das gefundene Ergebnis nicht zur Aussage, so müssen sie nach einem anderen Zahlenpaar suchen.

Seite 111

Aufgabe 4

In den Päckchen können die Schüler verschiedene Aufgabenmuster erkennen und diese zur Lösung nutzen: Im ersten und zweiten wird der erste Summand stetig um 1 größer und der zweite Summand um 1 weniger. Das Ergebnis ist daher immer gleich. Im dritten Aufgabenpäckchen wird der Minuend stetig um 1 weniger und der Subtrahend bleibt konstant. Die Differenz wird somit auch immer um 1 weniger. Im vierten Aufgabenpäckchen werden Minuend und Subtrahend stetig um 1 größer. Das Ergebnis bleibt somit immer gleich.

Aufgabe 5

Die Kinder betrachten die Abbildung und erlesen die Informationen in den Sprechblasen. Sie notieren in der vorgegebenen Struktur die Ausgangssituation, was sie herausfinden wollen, ihren Rechenweg und was sie errechnet haben.

Hinweise zur Differenzierung

Vertiefend empfiehlt es sich, die oben aufgeführten Aufgabenformate beim Lernen an Stationen zu üben (s. Teil 2).

Einstiege 55

Aufgaben 1–6

Die Kinder lösen die angegebenen Super-Päckchen möglichst geschickt. Sie nutzen dabei Verdopplungsaufgaben, Nachbaraufgaben und Tauschaufgaben.

Aufgabe 7

siehe Schulbuch Seite 110, Aufgabe 3

Aufgabe 8

Die Kinder betrachten die Abbildung und erlesen die Informationen in den Sprechblasen. Sie wissen, dass sie aus den Zahlen von 1 bis 18 ein Zahlenpaar finden müssen, deren Differenz 6 bzw. deren Summe 18 ergibt. Dieses Zahlenpaar können sie finden, indem sie für verschiedene Zahlenpaare die genannten Bedingungen prüfen. (Lösung: 12 und 6 Murmeln)

Aufstiege 55

Aufgaben 1–6

Die Schüler erkennen in den Aufgabenpäckchen Muster und nutzen diese zur Lösung. In Aufgabe 1 erhöht sich der Summand stets um 1, der zweite Summand wird immer um 1 weniger. In Aufgabe 3 erhöht sich der erste Summand stets um 1, der zweite Summand bleibt konstant. In Aufgabe 4 erhöhen sich Minuend und Subtrahend stets um 1. In Aufgabe 6 bleibt der Minuend konstant, der Subtrahend erhöht sich immer um 1.

Aufgabe 7

Die Kinder zeichnen die Faltachsen in die Figuren ein, schneiden diese aus und überprüfen die eingetragenen Achsen durch Falten. Liegen die beiden Teile genau übereinander, schneiden sie entlang der Faltachse und legen mit den erhaltenen Teilstücken die vorgegebenen Figuren aus.

Aufgabe 8

Die Kinder finden heraus, dass die Summe der Augenzahlen zweier gegenüberliegender Seiten eines Spielwürfels immer 7 ergibt. Somit können sie die nicht sichtbaren Würfelaugen sich erschließen. Als Lösung ergibt sich von oben nach unten:

1. Würfel

2. Würfel

3. Würfel

4. Würfel

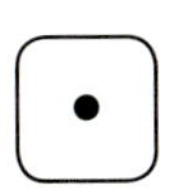

Auch wenn die Lehrerin während des ganzen Schuljahres die Lernentwicklung jedes einzelnen Kindes beobachtet und dokumentiert hat, nimmt sie sich doch, bevor sie die ersten Zeugnisse schreibt, alle gesammelten Dokumente noch einmal vor und den aktuellen Leistungsstand des Kindes in den Blick. Sie fragt sich, welche Anforderungen ein Kind bereits sicher erfüllt, in welchen Bereichen es weit über die Anforderungen hinausgeht oder aber auch, ob ein Kind erfolgreich im zweiten Schuljahr mitarbeiten kann. Hilfreich erscheint es dabei, sich noch einmal genau zu überlegen, was ein Kind nach einem Jahr Mathematikunterricht können sollte und inwieweit es diese Anforderungen erreicht hat (siehe Tabelle). Bei diesen Überlegungen treten immer wieder Unsicherheiten über den Leistungsstand einzelner Kinder auf und man ist sich nicht mehr sicher, ob Jonas nun wirklich auch die Aufgaben mit Zehnerunterschreitung rechnen kann – er macht ja oft gut beim Kopfrechnen mit. Oft helfen kleine schriftliche Lernzielkontrollen dabei, die Leistung sicherer einschätzen zu können.

LERNSTÄNDE FESTSTELLEN – Eltern beraten

* **grundlegende Fähigkeiten des mathematischen Denkens und Arbeitens**

**

++ **gelingt in besonderem Maße (die Fähigkeiten, Fertigkeiten und Kenntnisse des Kindes gehen darüber hinaus)**

\+ **gelingt sicher**

o **gelingt meistens (das Kind zeigt noch Unsicherheiten)**

– **gelingt nur selten oder noch gar nicht**

Indikatoren Das Kind ...	Grad der Erreichung** ++, +, o, –
... kann sich im Zahlenraum bis 20 orientieren	
... besitzt Grundvorstellungen der Addition und Subtraktion	
... kann Plusaufgaben im Zahlenraum bis 20 lösen	
- aus der Vorstellung	
- mit geeigneten Hilfsmitteln	
... kann Minusaufgaben im Zahlenraum bis 20 lösen	
- aus der Vorstellung	
- mit geeigneten Hilfsmitteln	
... kennt eine Reihe von Plusaufgaben schon auswendig	
- Verdopplungsaufgaben	
- Zerlegung der 10	
... kennt eine Reihe von Minusaufgaben schon auswendig	
- Umkehraufgaben zu den Verdopplungsaufgaben	
- Ergänzen zur 10, zur 20	
... kann sich im Raum orientieren (oben, unten, rechts, links ...)	
... kann ebene Grundformen und elementare geometrische Körper benennen und unterscheiden	
... kann geometrische Grundfertigkeiten (legen, bauen, zeichnen) ausführen	
... kann einfache Sachaufgaben lösen	
... kann Tabellen und Diagrammen Daten entnehmen	
... verfügt über Grundfertigkeiten beim Erheben von Daten (Geld, Uhrzeit)	
... besitzt Grundwissen und basale Größenvorstellungen in den Bereichen Geld und Zeit	
... kann Aufgaben selbst erfinden **(kreativ sein)***	
... kann lebensweltlichen Situationen relevante Informationen entnehmen **(mathematisieren)***	
... kann einfache Beziehungen und Gesetzmäßigkeiten erklären **(begründen)***	
... kann eigene Überlegungen mitteilen **(darstellen)***	
... kann anderen Vorgehensweisen nachspüren **(kooperieren)***	

10 – 4 =
8 – 6 =
9 – 3 =

18 – 5 =
19 – 7 =
15 – 2 =

12 – 4 =
14 – 7 =
16 – 9 =

12 + __ = 20
14 + __ = 18

9 + __ = 15
7 + __ = 13

Kurze Aufgabensequenzen, so konstruiert, dass der Schwierigkeitsgrad steigt, lassen sich zu Beginn einer Unterrichtsstunde durchführen und geben Aufschluss darüber, welche Aufgaben das einzelne Kind sicher lösen kann.

geometrische Grundfertigkeiten ausführen

„Rechne schnell“-Blätter, bei denen so viele Aufgaben wie möglich innerhalb einer vorgegebenen Zeit bearbeitet werden sollen (z.B. 50 Aufgaben in 15 Minuten), zeigen, welche und wie viele Aufgaben ein Kind bereits automatisiert hat.

Die Kombination aus selbst gebildeten Aufgaben und Relationszeichen zeigt, ob die Kinder sich im Zahlenraum orientieren können, ebenso wie die ausgewählten Zahlen Auskunft darüber geben, welche Rechnungen die Kinder sich zutrauen.

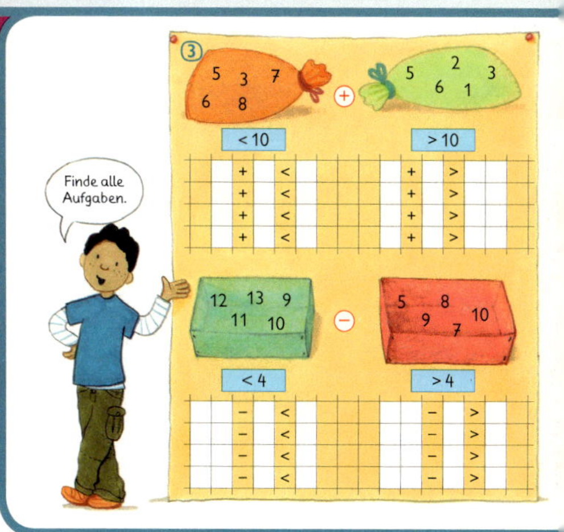

Die Kinder haben 8 Bälle geholt.
In der Kiste sind noch 6 Bälle.

zu einfachen Sachaufgaben passende Rechnungen finden

Je genauer die Lehrerin sich über den Leistungsstand des einzelnen Kindes im Klaren ist, umso leichter fällt ihr das Zeugnisschreiben und was noch viel wichtiger ist – umso besser kann sie auch die **Eltern beraten**.

Gerade am Ende des ersten Schuljahres kommt der Elternberatung eine besondere Bedeutung zu. Zum einen ist jetzt abzusehen, bei welchen Kindern die Gefahr besteht, dass sie die verbindlichen Anforderungen am Ende von Klasse 2 vielleicht nicht erreichen werden und ein drittes Jahr in der Schuleingangsphase verbleiben müssen, wenn sie nicht innerhalb von kurzer Zeit viel „nachlernen“ können. Zum anderen setzt die Erweiterung des Zahlenraumes auf 100 und die Addition und Subtraktion in diesem Zahlenraum im zweiten Schuljahr gesicherte Kenntnisse des Einspluseins voraus, da Fingerrechner schnell an ihre Grenzen stoßen.

Mit den Eltern muss also genau besprochen werden, was die Schule leisten kann und wo sie ihr Kind unterstützen können. Dabei erscheint es sinnvoll, nicht nur die Aufgabentypen, die verstärkt geübt werden müssen, zu benennen, sondern auch konkrete Hilfsmittel zu vereinbaren, die zu Hause benutzt werden sollen.

Eltern sind keine Fachdidaktiker und denken häufig, dass ihre Kinder, wenn sie nur ganz viele Aufgaben über Abzählen von 1-Cent-Stücken, Knöpfen o. Ä. lösen, diese Aufgaben irgendwann im Kopf haben werden. Damit sich unreflektierte Zählstrategien nicht weiter verfestigen, muss den Eltern klar gemacht werden, dass das Kind an strukturierten Hilfen (Zwanzigerfeld) lernen muss, Strategien zu entwickeln und Lösungen **zu sehen**, um im zweiten Schritt dann diese Strategien auch ohne Hilfsmittel anwenden zu können. Erst im dritten Schritt können dann die Aufgaben auswendig gelernt werden, um eine Basis für das schnelle Rechnen zu haben.

Eine Wiederholung des ersten Schuljahres sollte nur dann in Betracht gezogen werden, wenn das Kind auf Grund einer starken Entwicklungsverzögerung bei Schuleintritt in allen Lernbereichen erhebliche Defizite aufweist.

Probleme im Mathematikunterricht allein können nur Ausgangspunkt für eine intensive Förderplanung sein, die begleitend im zweiten Schuljahr das Nachlernen ermöglicht und dem Kind besondere und kontinuierliche Unterstützung bei neuen Lerninhalten zukommen lässt.

112 Uhrzeiten

Funktionen des großen und des kleinen Zeigers kennen lernen; volle Stunden an der Uhr ablesen und einst eigene Uhr herstellen

① analoge Uhr beschreiben

Uhrzeit ablesen

② beide Möglichkeiten der vollen Stunden an der Uhr ablesen

SCHULBUCH 112

Uhrzeiten

① Zifferblatt · Minutenzeiger · Stundenzeiger

2 Uhr
14 Uhr

② Wie spät ist es?

3 Uhr	6 Uhr	9 Uhr	5 Uhr
15 Uhr	18 Uhr	21 Uhr	17 Uhr
11 Uhr	7 Uhr	12 Uhr	4 Uhr
23 Uhr	19 Uhr	24 Uhr	16 Uhr

112

Die Uhr als Zeitanzeige. Die Teile der Uhr benennen.
Einstellen und Ablesen der vollen Stunden (Stanzbeilage)

E▸56 AH▸54 A▸56

analoge Uhr basteln

beide Möglichkeiten der vollen Stunde an der Uhr ablesen

EINSTIEGE 56

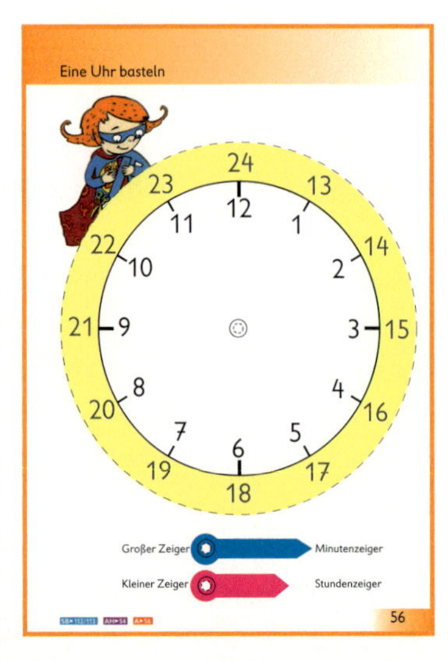
Eine Uhr basteln

Großer Zeiger – Minutenzeiger

Kleiner Zeiger – Stundenzeiger

56

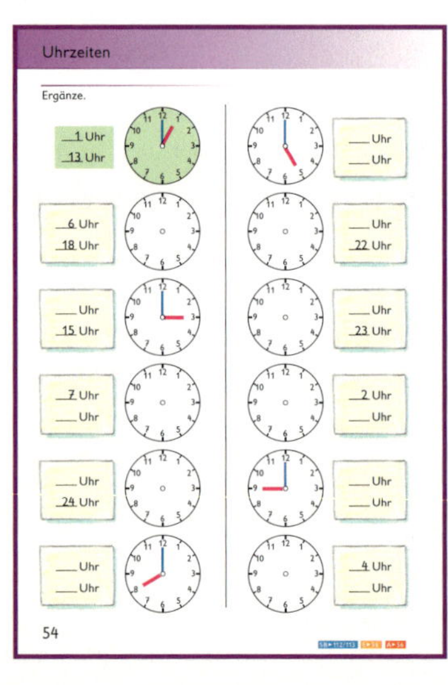
Uhrzeiten

Ergänze.

1 Uhr
13 Uhr

54

ARBEITSHEFT 54

SCHUL-
BUCH 113

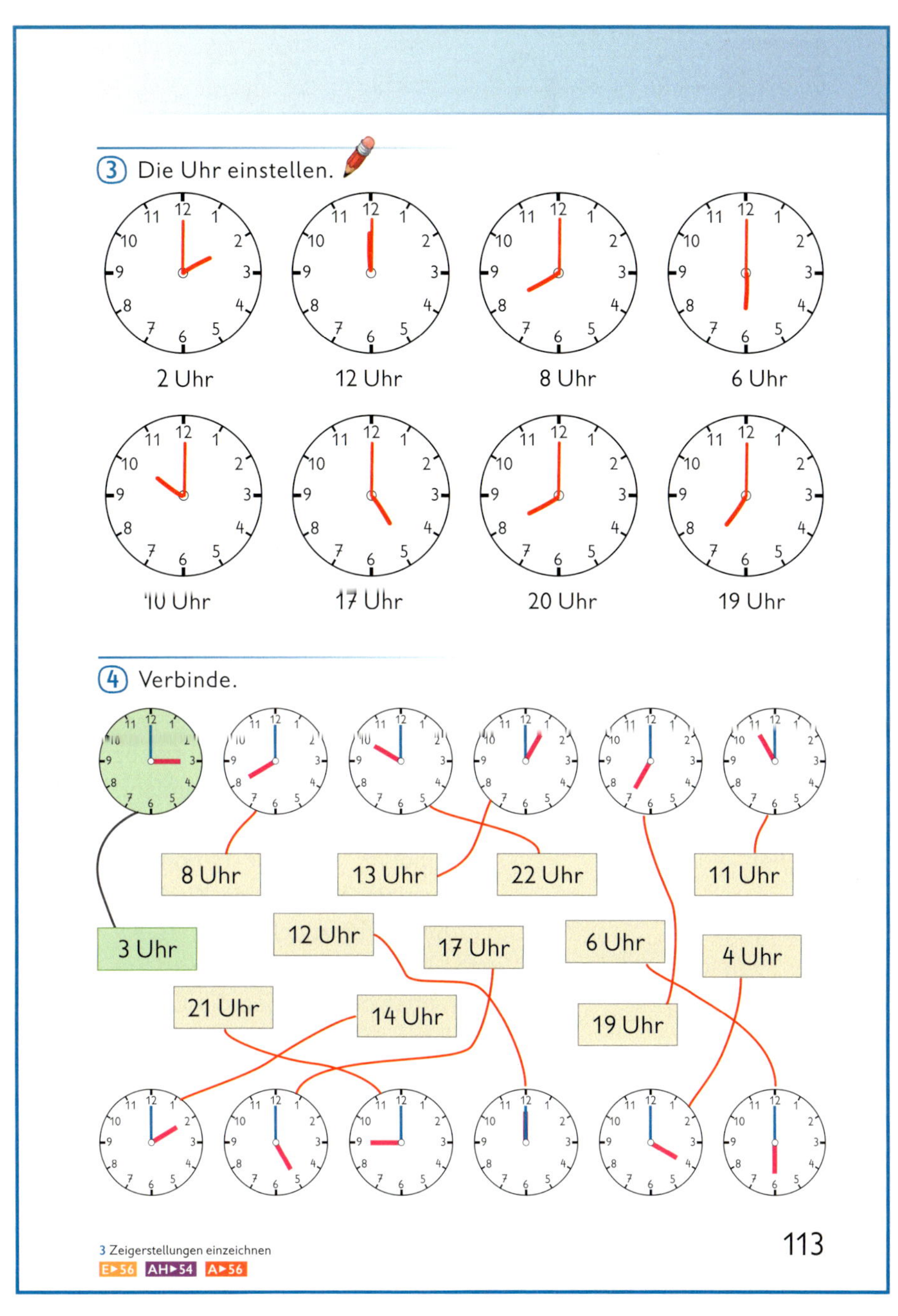

③ Zeiger einzeichnen und volle Uhrzeiten eintragen

④ Uhren mit frühen bzw. späten Uhrzeiten verbinden

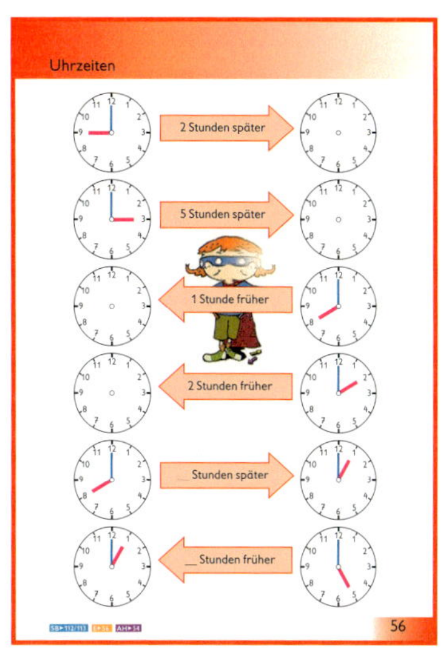

Zeitverlauf ablesen und die vorherige bzw. folgende Uhrzeit durch Einzeichnen der Zeiger eintragen

Zeitverlauf anhand der beiden Uhren ablesen und im Pfeil eintragen

AUFSTIEGE 56

112/113 Uhrzeiten

KOMMENTAR

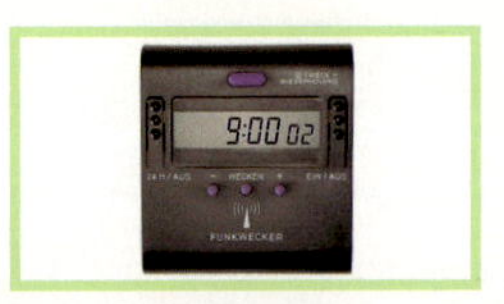

Material
verschiedene Uhrenmodelle (Armbanduhr, Wecker, Eieruhr, Sanduhr, Stoppuhr...), Abbildungen von Parkuhr, Turmuhr, Kuckucksuhr ..., große Uhr, Lernuhren für die Hand der Kinder, Musterklammern
▶ KVs 60–62

Hinweise zum Unterrichtsthema
Die Kinder sammeln im täglichen Leben viele Erfahrungen zum Thema „Zeit", z.B. durch das Treffen von Verabredungen, das Gebundensein an Termine, das Messen bestimmter Leistungen mit dem Maß der Zeit und durch den Zeitablauf in der Schule. Außerdem erfahren die Kinder, dass eine Stunde je nach darin ausgeübter Tätigkeit gefühlsmäßig sehr schnell vergehen, jedoch auch sehr lange dauern kann.
Dennoch haben die Kinder häufig Schwierigkeiten, sich bezüglich der zeitlichen Aufeinanderfolge und Dauer von alltäglichen Geschehnissen im Tagesablauf zu orientieren oder Uhrzeiten abzulesen. Deshalb sollten die Erfahrungen der Kinder mit der Zeit im Unterricht aufgegriffen und thematisiert werden. Im Klassenzimmer sollte eine analoge Uhr hängen, auf die im Unterricht immer wieder Bezug genommen werden kann und an der sich die Kinder orientieren können. Den Kindern soll bewusst werden, dass es für Uhrzeiten der ersten Tageshälfte andere Bezeichnungen gibt als für die der zweiten. An Modellen von Analoguhren lernen die Kinder, dass mit einer angezeigten vollen Stunde zwei Uhrzeiten gemeint sein können, die der ersten und die der zweiten Tageshälfte.
Auf den Schulbuchseiten 112/113 lernen die Kinder Uhrzeiten der vollen Stunde abzulesen, zu notieren oder zu vorgegebenen Uhrzeiten Ziffernblätter auszufüllen.
Überdies verknüpfen die Kinder die Uhrzeiten mit Gegebenheiten ihres Tagesablaufs und klären im Laufe des Unterrichts Fragestellungen wie: „Wann geht die Sonne auf? Wann ist es dunkel? Wann ist es früh oder spät? Wann essen wir zu Abend? Wann frühstücken wir?" Die zeitliche Orientierung wird ihnen erleichtert durch die Einbeziehung persönlich wichtiger Zeiten (Fußball, Musikkurs, Spielzeit, Fernsehzeit ...).

Schulbuch 112/113

Hinweise zum Unterrichtsablauf
In der Mitte eines Sitzkreises werden aus einem Korb verschiedene Uhren bzw. Abbildungen von Uhren, z.B. Wanduhr, Wecker, Eieruhr, Stoppuhr, digitale und analoge Armbanduhr, Sanduhr genommen. Dabei wird gemeinsam mit den Kindern das Lied „Große Uhren machen ..." (s. KV 60) gesungen.
Die Kinder beschreiben die Uhren bzw. deren Verwendungszwecke und erkennen sowohl ihre Gemeinsamkeiten als auch Unterschiede. Weiterhin berichten die Kinder, wo sie in ihrer alltäglichen Umgebung Uhren entdecken können und welchen Zweck sie erfüllen.
Im Unterrichtsgespräch wird der Aufbau einer großen analogen Uhr gemeinsam besprochen: Die Kinder beschreiben das Ziffernblatt, benennen Minuten-, Stunden- und eventuell Sekundenzeiger und erläutern deren Funktion. Gemeinsam stellen sie fest, dass der Minutenzeiger bei den vollen Stunden immer auf die 12 zeigt und der Stundenanzeiger die Stunde angibt. Zusätzlich wird der Tagesablauf der Kinder an einer Uhr Stunde für Stunde kurz skizziert. Dabei wird deutlich, dass es eine erste und zweite Tageshälfte gibt und dass den vollen Stunden jeweils zwei verschiedene Uhrzeiten zugeordnet werden können. Anschließend stellen die Schüler an einer Modelluhr verschiedene Uhrzeiten ein. Die Mitschüler nennen

dazu die zwei passenden Uhrzeiten sowie die für den Tagesablauf typischen Tätigkeiten.

Hinweise zu den Aufgaben

Seite 112

Aufgabe 1

Im Unterrichtsgespräch beschreiben die Kinder die Bestandteile der abgebildeten analogen Uhr, wie Ziffernblatt, Stunden- und Minutenzeiger. Es wird die Funktion von Stunden- und Minutenzeiger geklärt sowie das Zustandekommen der unterschiedlichen Uhrzeiten beider Tageshälften thematisiert. Weitere Uhrzeiten können in Partnerarbeit auf den Lernuhren oder den Uhrenmodellen eingestellt und abgelesen werden.

Aufgabe 2

Die Kinder lesen die Uhrzeiten ab und notieren sie.

Seite 113

Aufgabe 3

Die Kinder tragen zu den vorgegebenen Uhrzeiten den Stunden- und Minutenzeiger in den dargestellten Ziffernblättern ein.

Aufgabe 4

Die Kinder lesen die Uhrzeiten ab und verbinden sie mit den Wortkarten. Gemeinsam wird überlegt, ob die abgelesene Uhrzeit einen besonders frühen oder späten Zeitpunkt im Tagesablauf meint.

Hinweise zur Differenzierung

- rund um die Klassenuhr Pfeile anbringen, die bedeutsame Zeiten für die Kinder visualisieren, z. B. Pausen, Schulende, Sportzeit, Planarbeit
- Die Schüler stellen an Modelluhren verschiedene Uhrzeiten ein und lesen diese ab.
- Partnerarbeit: Die Kinder bekommen Abbildungen von Uhrzeiten zu vollen Stunden, Kind 1 nennt die abgebildete Uhrzeit, Kind 2 stellt die Uhrzeit in der Modelluhr ein, anschließend kontrollieren sie gemeinsam die eingestellte Uhrzeit.
- Die Kinder gestalten eine Collage aus verschiedenen Uhrenmodellen, ggf. können sie die ablesbare Zeit vergrößert daneben schreiben.

Einstiege 56

Die Kinder basteln eine Modelluhr. Dazu werden die Vorlagen auf Tonkarton geklebt und ausgeschnitten. Die Zeiger werden mit einer Musterbeutelklammer an der Uhr befestigt.

Arbeitsheft 54

Die Kinder lesen zum einen die vorgegebene Uhrzeit ab und ergänzen den Stunden- und Minutenzeiger in der Uhr. Zum anderen lesen sie die Uhrzeit an der Uhr ab und notieren beide möglichen Uhrzeiten (z.B. 1 Uhr und 13 Uhr).

Aufstiege 56

Die Kinder entnehmen den Pfeilen die Zeitspanne und tragen die folgenden bzw. vorherigen Uhrzeiten ein. Bei den letzten beiden Teilaufgaben bestimmen die Kinder die Zeitspanne und tragen diese im Pfeil ein.
Als Hilfestellung können die Schüler ihre gebastelten Modelluhren benutzen, indem sie auf ihnen die Uhrzeit einstellen und die entsprechende Zeitspanne an der Uhr vor- bzw. zurückdrehen.

114 24 Stunden

Rhythmus und Verlauf eines Tages kennen und beschreiben; wichtige Zeitpunkte bewusst wahrnehmen; Uhrzeiten (volle Stunden) ablesen und passende Zeiten eintragen; ▸

SCHULBUCH 114

Ereignisse im Tagesablauf beschreiben

Ereignisse den verschiedenen Uhrzeiten zuordnen

Uhrentypen beschreiben

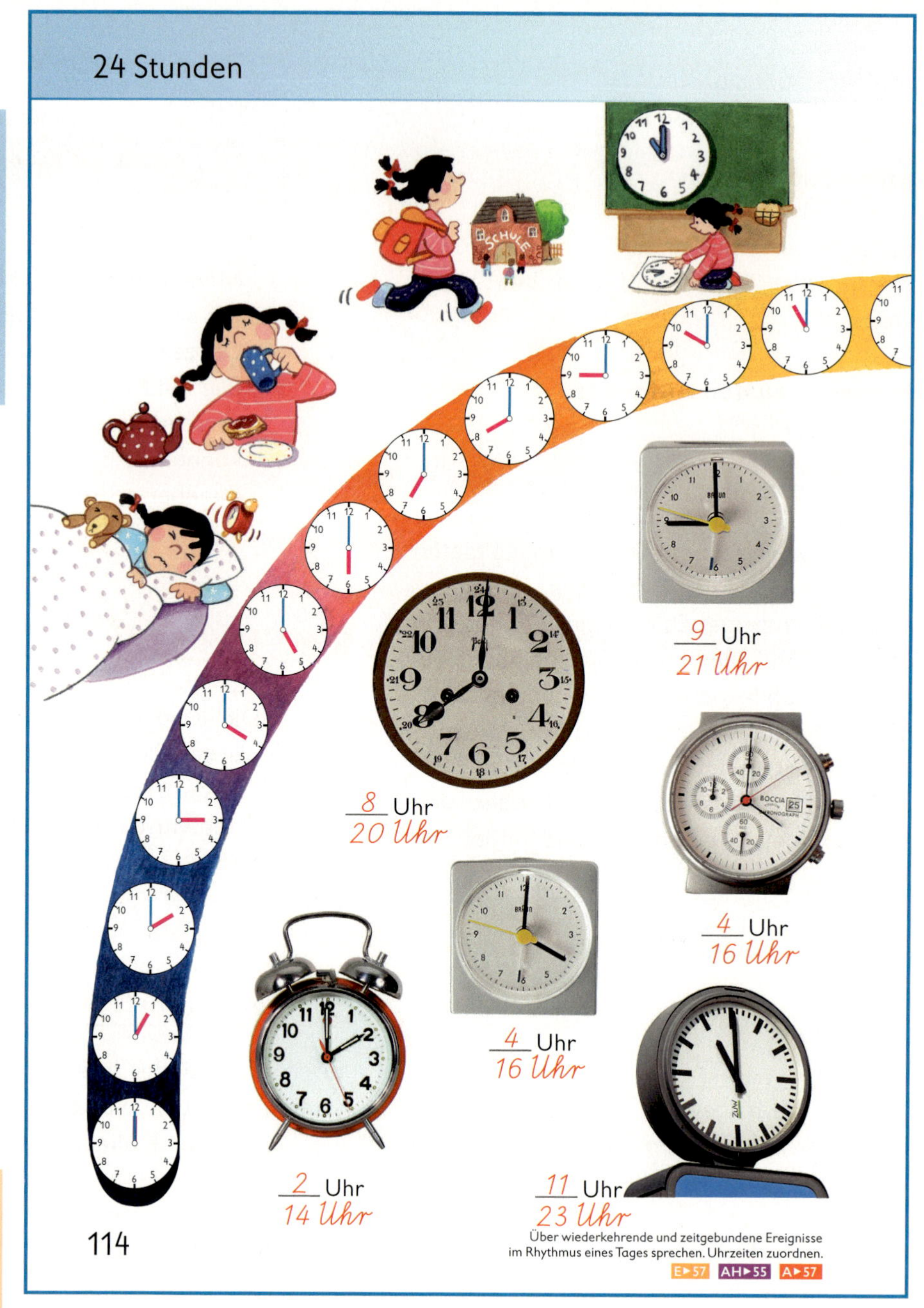

Uhren ausschneiden

Uhrzeiten den möglichen Tagesereignissen zuordnen und aufkleben

Tagesereignisse beschreiben

die Uhrzeiger den Angaben entsprechend einzeichnen

die den Bildern entsprechenden Uhrzeiten erschließen

EINSTIEGE 57

ARBEITSHEFT 55

Uhren in der Umgebung aufmerksam wahrnehmen

SCHULBUCH 115

Ereignisse im Tagesablauf beschreiben

Ereignisse den verschiedenen Uhrzeiten zuordnen

Uhrentypen beschreiben

① bis ④

Tagesereignisse beschreiben

Zeitdauer bestimmen

AUFSTIEGE 57

24 Stunden

KOMMENTAR

Material
verschiedene Uhrenmodelle, evtl. Uhrenkataloge zum Ausschneiden, Lernuhr als Anschauungsmaterial und für die Hand der Kinder
▶ KVs 60–62/66

Hinweise zum Unterrichtsthema
Der Umgang mit der Zeit spielt im Leben heutiger Kinder eine wichtige Rolle. Viele Termine oder inhaltsleere Langeweile können Kinder gleichermaßen belasten wie auch die Erfahrung elterlichen Stresses im Umgang mit Terminen.
Schulanfänger haben die Schule mit ihren Zeitplänen und ihrer Verbindlichkeit kennen gelernt. Pünktlichkeit, Zuverlässigkeit, das Einhalten von Verabredungen haben einen hohen Stellenwert.
Bereits gelernt haben die Kinder, dass es Tag und Nacht, erste und zweite Tageshälfte gibt. Dieses Wissen wird integriert, wenn sie die 24 Stunden eines Tages im Zusammenhang mit ihren Alltagserfahrungen sehen und beschreiben. Eine zeitliche Orientierung erfolgt durch die Darstellung eines 24-Stunden-Tages, der Bezug zu kindlich bedeutsamen Zeiten nimmt.
Das Ablesen der Uhr, der vollen Stunden, fördert die Selbstständigkeit der Kinder.

Schulbuch 114/115

Hinweise zum Unterrichtsablauf
Mit Hilfe der Betrachtung des Tagesablaufes können die Kinder allein oder in Partnerarbeit über ihre Tagesabläufe nachdenken. Hilfreich ist es evtl., an der Tafel sprachliche Impulse zu geben: *ich – morgens, vormittags, mittags, nachmittags, abends, nachts* o. Ä.
Die Kinder beschreiben einen ihrer Tagesabläufe und ergänzen die jeweiligen Beiträge um ihre Erfahrungen.
Nun kann die Klassenlernuhr oder die Lernuhr der Kinder zusätzlich zum Einsatz kommen, sodass ein Tagesablauf auch die jeweilige genaue zeitliche Zuordnung erfährt. Z. B.: „Morgens stehe ich um sieben Uhr auf und ....“ Die Lehrerin bzw. die Kinder stellen die Zeiger der Uhr dazu passend ein und kontrollieren sich mit Hilfe der Lernuhr oder partnerschaftlich. Der Rhythmus eines Tages kann so durchgesprochen, am Alltagserleben der Kinder verankert und ggf. bildlich oder in kleinen Sätzen notiert werden.
Die Kinder halten vereinzelte, wiederkehrende und zeitgebundene Ereignisse des Tagesrhythmus fest.

Hinweise zu den Aufgaben

Seiten 114/115
Die im Schulbuch dargestellten Ereignisse eines Tages können nach gemeinsamen Gesprächen und Übungen den verschiedenen Uhren mit ihren passenden Uhrzeiten zugeordnet werden. Zusätzlich beschreiben die Kinder die verschiedenen Uhrentypen und den Eintrag der entsprechenden Uhrzeit. Auch hier kann das bereits erworbene Wissen angewandt, vertieft oder erweitert werden.
Der Unterschied zwischen analogen und digitalen Uhren findet Berücksichtigung durch ein Beispiel; die Kinder können ihre Vorlieben für bestimmte Uhrentypen einbringen und begründen. Wissen zur Zeitmessung in Sekunden werden sie auch gern vortragen.

Hinweise zur Differenzierung
- die Kinder überlegen sich einen möglichen Tagesablauf von Super-M und gestalten ein Bild dazu
- Anlage eines Forscherheftes zu Uhren oder zur Zeit
- die Anlage eines Daumenkinos zur Verdeutlichung eines Tagesablaufes kann

fächerübergreifend erfolgen
- mit der „Körperuhr“ Uhrzeiten darstellen
- Uhrzeitendomino, welches von den Kindern durch eigene Gestaltungsmöglichkeiten erweitert werden kann
- Beschreibung des eigenen Tagesablaufes unter Verwendung entsprechender Uhrzeiten

Einstiege 57

Die Kinder ordnen den Tagesereignissen die entsprechenden möglichen Tageszeiten zu. Sie schneiden die Uhren aus und kleben sie, evtl. nach Partner- oder Lehrerkontrolle, in das entsprechende Kästchen.
Evtl. werden Wörter oder kleine Sätze dazu erarbeitet.

Arbeitsheft 55

Die Kinder zeichnen die Uhrzeiger ein und/oder erschließen die den Bildern entsprechenden Uhrzeiten. Eine Kontrolle erfolgt durch einen Partner, die Lehrerin oder mit Hilfe eines richtig erstellten Beispielblattes.

Aufstiege 57

Aufgaben 1–4
Verschiedene Tagesereignisse werden vorgestellt, je zwei Bilder zeigen Anfang und Ende eines Geschehens. Die Arbeitsergebnisse notieren die Kinder auf den Zetteln.
Aufgabe 1
Die Kinder bestimmen die Dauer der Schule. Es sind vier Stunden.
Aufgabe 2
Die Kinder bestimmen die Dauer der Hausaufgaben. Es ist eine Stunde – hier wird von einer Digitaluhr abgelesen.
Aufgabe 3
Spielzeit – zwei Stunden
Aufgabe 4
Lesezeit – eine Stunde.
Die Kinder können eigene Situationen selbst gestalten und Rechengeschichten dazu entwickeln.

116 7 Tage – 1 Woche

Namen der Wochentage in ihrer rhythmischen Abfolge kennen (Reihenfolge); die Zahlenabfolge für je eine
bestimmten Wochentag nachvollziehen; Zeitwörter wie „gestern, heute…“ anwenden; ▸

SCHUL-
BUCH 116

① Wochenuhr nachvollziehen

Struktur der Tagesabfolge erkennen

zu „gestern, heute, morgen“ erzählen

② Wochentage in die Tabelle eintragen

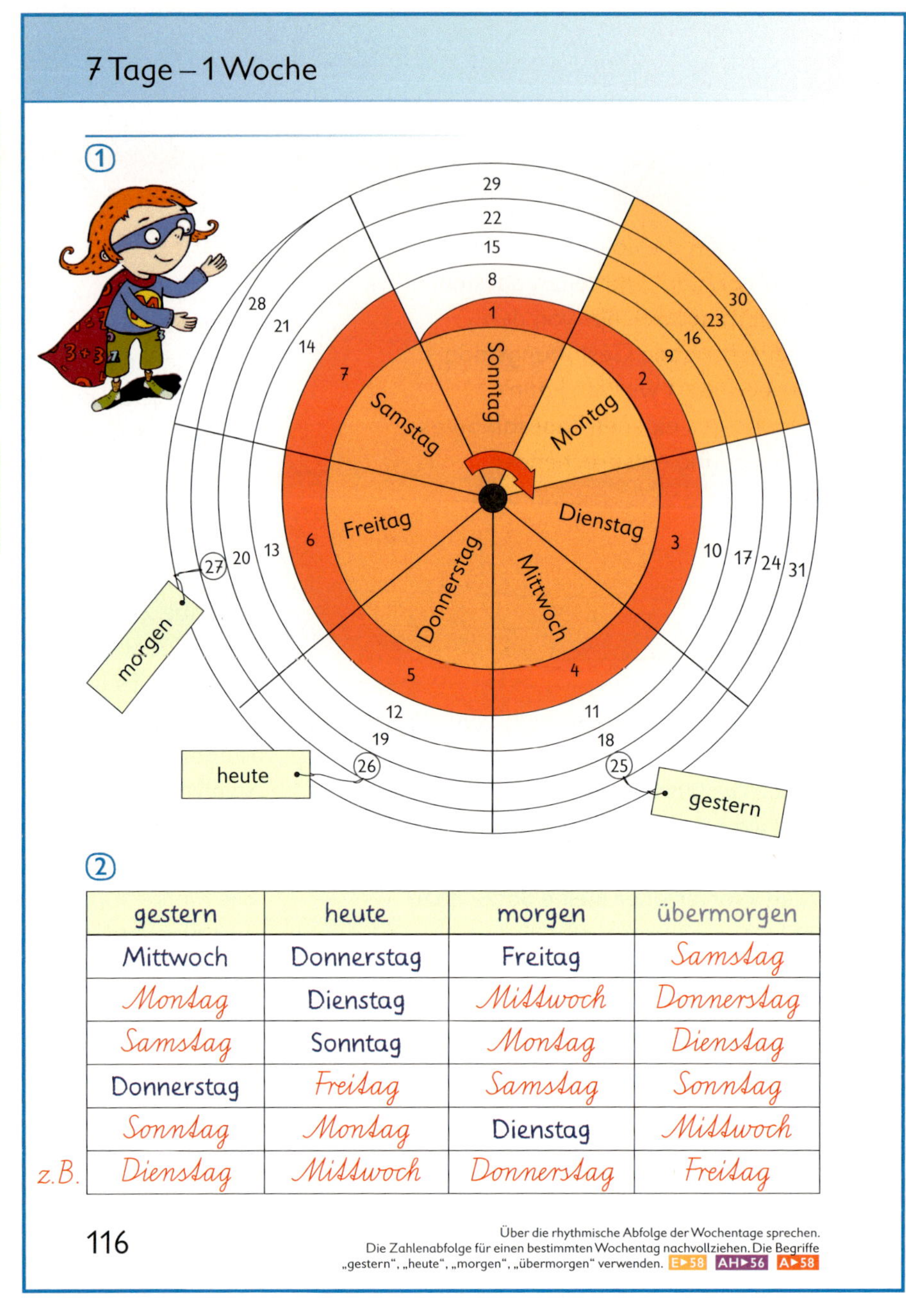

7 Tage – 1 Woche

①

②

	gestern	heute	morgen	übermorgen
	Mittwoch	Donnerstag	Freitag	Samstag
	Montag	Dienstag	Mittwoch	Donnerstag
	Samstag	Sonntag	Montag	Dienstag
	Donnerstag	Freitag	Samstag	Sonntag
	Sonntag	Montag	Dienstag	Mittwoch
z.B.	Dienstag	Mittwoch	Donnerstag	Freitag

116

Über die rhythmische Abfolge der Wochentage sprechen.
Die Zahlenabfolge für einen bestimmten Wochentag nachvollziehen. Die Begriffe „gestern“, „heute“, „morgen“, „übermorgen“ verwenden. E▸58 AH▸56 A▸58

Wochenuhr basteln

① Wochentage in die Tabelle eintragen

② und ③ Abfolge der Wochentage wird in anschaulichen Situationen strukturiert sprachlich angewendet

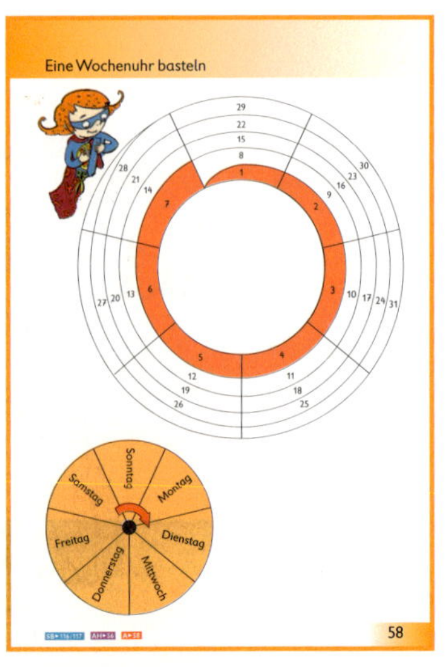

EINSTIEGE 58

7 Tage

① Vorgestern, gestern, heute und morgen

vorgestern	gestern	heute	morgen
		Freitag	
		Mittwoch	
		Samstag	
	Montag		
			Dienstag
	Mittwoch		

② Vorgestern, gestern, heute und morgen

Heute ist ______.
Gestern war ______.
Morgen ist ______.
Vorgestern war ______.
Übermorgen ist ______.
In 7 Tagen ist ______.

③ Ergänze.

Sonntag 12 · Donnerstag

56

ARBEITS-
HEFT 56

Unsere Woche 117

Datumsangaben lesen und verstehen

SCHULBUCH 117

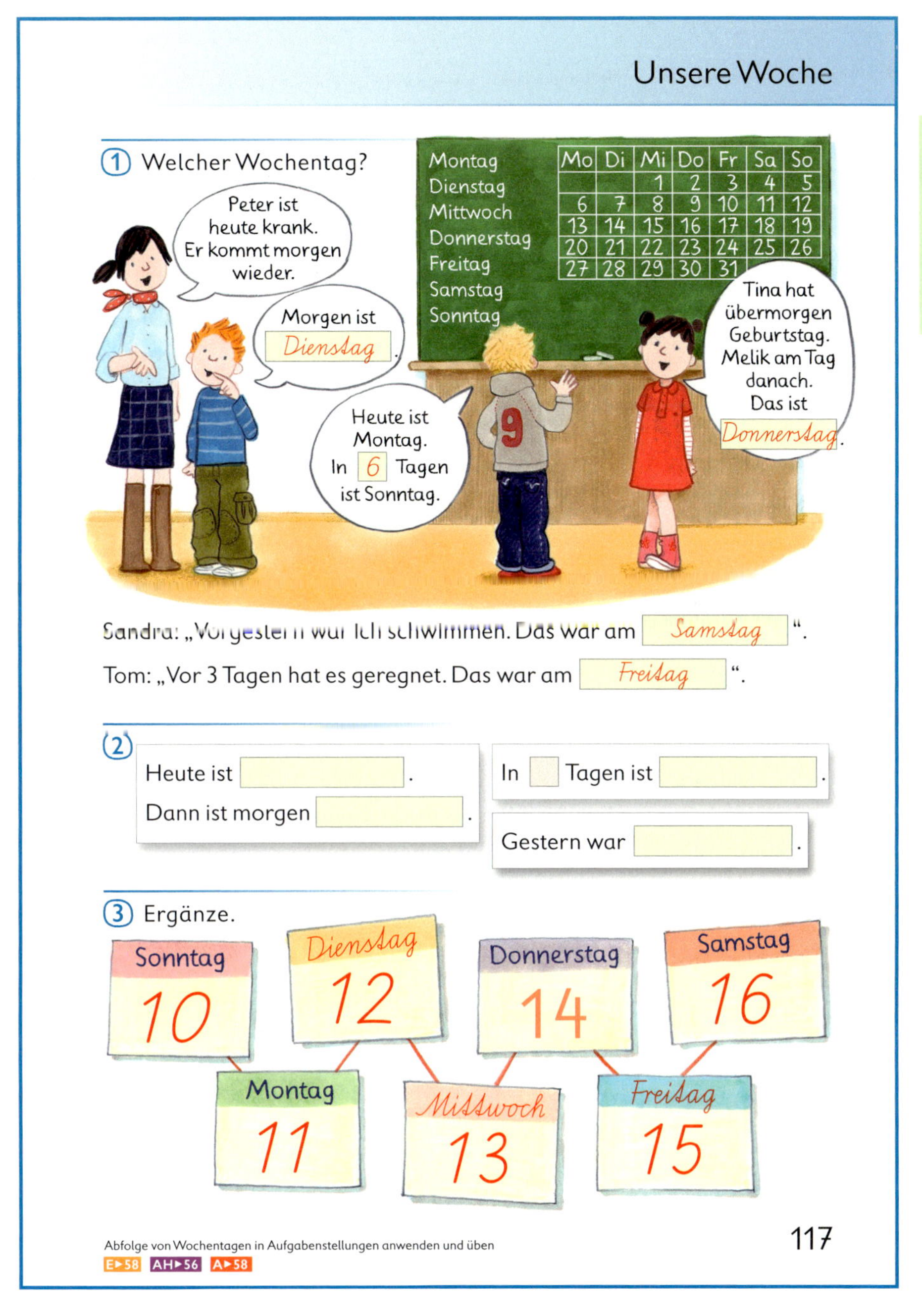

Unsere Woche

① Welcher Wochentag?

Mo	Di	Mi	Do	Fr	Sa	So
		1	2	3	4	5
6	7	8	9	10	11	12
13	14	15	16	17	18	19
20	21	22	23	24	25	26
27	28	29	30	31		

Sandra: „Vorgestern war ich schwimmen. Das war am Samstag“.

Tom: „Vor 3 Tagen hat es geregnet. Das war am Freitag“.

②

Heute ist ______.
Dann ist morgen ______.

In ___ Tagen ist ______.

Gestern war ______.

③ Ergänze.

Sonntag 10 – Montag 11 – Dienstag 12 – Mittwoch 13 – Donnerstag 14 – Freitag 15 – Samstag 16

Abfolge von Wochentagen in Aufgabenstellungen anwenden und üben

E▸58 AH▸56 A▸58

117

① bis ③

Abfolge der Wochentage wird in anschaulichen Situationen strukturiert sprachlich angewendet

Ausflug in den Wald

Klebe die Bilder und die Wochentage an die passende Stelle.

Heute wandert die Bärenklasse in den nahen Wald.

Gestern hatten die Kinder Spiele geplant und Fragen an den Förster gesammelt.

Sie freuen sich auf morgen, ______, dann machen sie eine Ausstellung dazu.

Noch einen Tag später, ______, laden sie die Sternenklasse ein. Wird die Ausstellung gut?

Montag
Dienstag
Mittwoch
Donnerstag
Freitag
Sonnabend
Sonntag

SB▸116/117 E▸58 AH▸56

58

Rechen- bzw. Wochengeschichte entwickeln

AUFSTIEGE 58

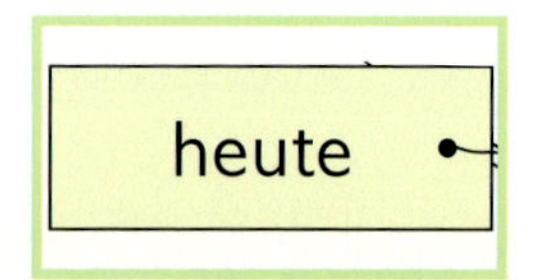

Material
Wortkarten, Kalender, evtl. Musterklammern, Schere

Hinweise zum Unterrichtsthema
Die bereits gesammelten Erfahrungen zur Zeit vertiefen die Kinder durch den Umgang mit dem Kalender. Die Zeit, so erarbeiten sie, wird nicht nur durch die Uhr eingeteilt, sondern auch durch den Kalender. Viele Kinder kennen zwar die Namen der Wochentage, können sie aber oft nicht in der richtigen Reihenfolge benennen oder bei „fremdem“ Beginn – etwa Mittwoch – weiter aufzählen. Die rhythmische Folge von sieben Tagen gleich einer Woche will entdeckt und mathematisiert werden. Auch wenn die Wochentage bekannt sind, sollte das Üben nicht vergessen werden: „Heute ist …, dann ist morgen …“ „Heute ist Donnerstag, der 8., dann ist der 15. wieder …“
Viele Entdeckungen zum Zeitrhythmus können die Kinder mit Hilfe des Schulbuches oder des Einsatzes von Kalendern machen. Eine Verknüpfung mit den Vorseiten bietet sich an: der Tagesrhythmus, der Wochenrhythmus. Letzterer ist für die Kinder jedoch sehr viel komplexer und damit schwieriger zu durchschauen. Visualisierungen sind daher für Lernerfolge sehr wichtig.

Schulbuch 116/117

Hinweise zum Unterrichtsablauf
Der Wochenanfang mit seinen Ritualen bietet sich für einen Einstieg ins Thema an. Als Tafelanschrieb oder Einstellung in einem Schiebekalender kann durchaus nur einmal ein Impuls genügen: „Und morgen ist … Welcher Tag ist übermorgen, welcher war gestern, vorgestern, was machst du übermorgen? Hast du einen Plan?“
Die Kinder werden erzählen und an der Tafel lassen sich daraus leicht die Begriffe „gestern“, „heute“, „morgen“, „übermorgen“, „vorgestern“ herleiten. Die Wochentage lassen sich gleichzeitig benennen.
Gern übernehmen auch Kinder die Aufgabe, das Tagesdatum zu notieren. Das kann auch zu Fragen danach genutzt werden, welches Datum/welcher Tag gestern war, welcher übermorgen ist …?
Auf den Gebrauch der Ordnungszahlen kann die Lehrerin hinweisen (s. Schulbuch 64) und sie wiederholen: „Heute ist der 13., der Geburtstag von ….“
Wer mag, kann eigene Kalender mit den Kindern herstellen.
Ein Bewegungslied wie *Laurentia, liebe Laurentia mein, wann werden wir …* unterstützt das Lernen.

Hinweise zu den Aufgaben

Seite 116
Aufgabe 1
Es wird den Kindern ermöglicht, sich die sich wiederholende Struktur der Tagesabfolge selbstständig zu erschließen und auch zu formulieren. Der Pfeil provoziert fast dazu. Die farbliche Gestaltung des „Monatskreises“ erleichtert es den Kindern, Erkenntnisse zu gewinnen und Beziehungen zu entdecken. Einige werden herausfinden, dass sie nur 7 addieren müssen, um z. B. von Montag den 2. auf Montag den 9. zu schließen, was bedeutet: eine Woche später. Oder: „Heute ist Donnerstag, der 11. – welcher Tag ist am 17.?“ Kleine selbst entwickelte Rätselaufgaben machen neugierig, motivieren und regen an, die Scheibe als Hilfsmittel oder Kontrollinstrument zu nutzen. Mathematik und Sprache gehen hier eine intensive Verbindung ein, um präzise Vereinbarungen treffen zu können.
Erzählungen zu „gestern, heute, morgen …“ unterstützen Strukturierungsprozesse.

Aufgabe 2

Nun wird „getestet“ , ob von den Kindern die Struktur der 7 erkannt ist und angewendet werden kann. Als zusätzliche Übung können Wortkarten mit den Wochennamen sowohl im Klassenunterricht als auch als Partner- oder Gruppenspiel genutzt werden: Als Spiel an der Tafel oder auf dem Teppich werden die Karten immer wieder wird gern in der richtigen Reihenfolge geordnet.

Seite 117

Aufgaben 1–3

Diese Seite unterstützt durch konkrete Situationen aus dem kindlichen Alltag die Konkretisierung der auf Seite 116 gewonnenen Erkenntnisse. Kleine Informationstexte aus dem kindlichen Erfahrungsraum zeigen, ob die Wochen- und auch Monatsstruktur durchschaut wurde und genutzt werden kann.

Die Abfolge der Wochentage wird in anschaulichen Situationen strukturiert und sprachlich angewendet bzw. geübt.

Hinweise zur Differenzierung

- mit alten Kalendern eigene gestalten
- kleine Rätseltexte wie im Schulbuch S.117 schreiben

Einstiege 58

Die Kinder können vor- oder nachbereitend Wissen zum Wochenrhythmus und zur Abfolge der Tage in der Woche durch das Basteln einer Wochenuhr erwerben. Farbe und Drehpfeil stützen die Einsicht in einen Rhythmus. Auch lernschwächere Kinder können durch ihr Tun und Versuchen strukturelle Erfahrungen machen.

Die Wochenuhr als Datumsgenerator, als Auskunftsgeber kann ein beliebtes Übungsmaterial werden.

Arbeitsheft 56

Aufgabe 1

Die Kinder können die Namen der Wochentage in neuen Abfolgen einsetzen und mit den Begriffen „gestern“, „heute“, „morgen“ verbinden.

Aufgabe 2

Hier muss genau gelesen und in Bezug zur Festlegung des „heute“ geantwortet werden.

Aufgabe 3

Der Wochenrhythmus mit Datum und Wochennamen wird in den Blick genommen und entsprechend eingetragen.

Aufstiege 58

Mit dieser Seite entwickeln die Kinder eine kleine Rechen- oder Wochengeschichte. Entweder beginnen sie mit dem Lesen des Textes oder mit dem Betrachten der drei Bilder. Beides muss in Beziehung zueinander gesetzt und in eine logisch schlüssige Reihenfolge gebracht werden.

Die Kinder müssen lesen, das passende Bild zuordnen und einkleben und den entsprechenden Wochentag zuordnen.

Können die Kinder am Montag in den Wald? Nein, sonntags ist keine Schule, wissen sie – das wäre nämlich das „gestern“ gewesen. Solange die Kinder die Wochenkärtchen nicht aufkleben, können sie wie in einem Planspiel ihre möglichen Fehlannahmen immer wieder korrigieren und zu einem zufriedenstellenden Ergebnis kommen. (Es könnte Dienstag oder Mittwoch sein.)

Ähnliche weitere Geschichten „erfinden“ die Kinder vielleicht für andere Menschen gern.

Das Thema „Zeit“ bietet sich in besonderem Maße zum fächerübergreifenden Arbeiten im Mathematik- und Sachunterricht an. Auch wenn die Uhr in vielen Schulbüchern erst kurz vor Schuljahresende erarbeitet wird, ergeben sich schon früher im Jahr verschiedene Anlässe, sich mit der Zeit zu beschäftigen. Schon in den ersten Monaten werden unmittelbare Zeitvergleiche immer wieder durchgeführt:

- Welche Tischgruppe hat zuerst aufgeräumt?
- Wer kann am schnellsten vorwärts bis 20/rückwärts von 20 zählen?

- Da die Kinder gerne wissen möchten, wann Hof- oder Frühstückspause ist, wird die entsprechende Zeigerstellung (wenn der kleine Zeiger fast auf der 10 ist und der große auf der 9 ist) immer wieder genannt und begleitend die passende Uhrzeit (viertel vor 10).
- In Arbeitsphasen werden Zeitspannen genannt: „Du hast jetzt 15 Minuten Zeit, bis der große Zeiger zur 9 gewandert ist.“
- Auch die Wochentage werden immer wieder erwähnt: „Morgen ist Mittwoch, da musst du dein Sportzeug mitbringen.“ Der Montagmorgen-Erzählkreis ist in vielen Klassen fest etabliert.
- Das Thema „Herbst“ erwartet eine Abgrenzung zu anderen Jahreszeiten.

STUNDEN, TAGE, WOCHEN, MONATE – Umgang mit der Zeit

GEBURTSTAGSKALENDER

Spätestens zu Beginn des neuen Jahres werden die Monatsnamen und der Jahreskreis dann erarbeitet. Jetzt bietet es sich auch an, mit den Kindern einen Klassen-Geburtstagskalender zu basteln. Da inzwischen in den meisten Klassen schon ein Fotograf war, gibt es sicherlich von jedem Kind ein Passbild oder andere Bildausschnitte aus dem Unterricht. Das Bild klebt jedes Kind auf eine Karte im Format DIN A5 quer, schreibt den eigenen Namen und das Geburtsdatum (bei Kindern, die ihren Geburtstag nicht kennen, hilft die Liste) dazu und verziert die Karte mit einem Rahmen. Die Karten der Kinder werden in chronologischer Reihenfolge auf Blätter mit den Monatsnamen geklebt – schon entsteht ein erstes Säulendiagramm, das Anlass zu vielen Untersuchungen bietet:

- In welchem Monat haben die meisten Kinder Geburtstag? Wie viele?
- In welchem Monat hat kein Kind Geburtstag?
- In welchen Monaten haben gleich viele Kinder Geburtstag?
- Wer hat vor/nach Laura Geburtstag?

März

Zilan 2.3.

Noah 21.3.

Jan 27.3.

MONATSNAMEN – DAS TÄGLICHE DATUM

- Ab jetzt wird für einige Zeit auch das tägliche Datum mit dem kompletten Monatsnamen aufgeschrieben (24. Januar 2008).
- Die Monatsnamen werden im Jahr sortiert und ihnen die passenden Ordnungszahlen zugeordnet – der März ist der 3. Monat im Jahr, deshalb schreibe ich auch 21.3. für 21. März.
- Welcher Monat kommt vor/nach März?
- Am großen Jahresübersichtkalender werden jetzt alle vergangenen Tage abgekreuzt, Ferien und Wochenenden mit einem Marker farbig markiert.

TIPP

Der Kalenderdienst hat nun die Aufgabe, täglich das aktuelle Datum an der Tafel zu notieren und den Tag auf dem Jahreskalender zu markieren.

WOCHENTAGE

Auch die **Wochentage** können jetzt eingeführt und zur Unterstützung eine Zeit lang ebenfalls beim Datum notiert werden: Donnerstag, 24. Januar 2008. Fragestellungen wie

- Heute ist Donnerstag, der 24. Januar. Welcher Tag war gestern/ist morgen?
- Heute ist Dienstag, in wie vielen Tagen beginnt das Wochenende? Vor wie vielen Tagen war Sonntag?

schließen sich an.

Die Beschäftigung mit dem Kalender bietet viele interessante Fragestellungen für **den Mathematik- und den Sachunterricht.**

UHRZEIT

Das Vorwissen der Erstklässler zum Thema „Uhrzeit" ist so heterogen wie die Klassen selbst. So gibt es in den meisten Klassen einige Kinder, die schon in der Kindergartenzeit ihre erste Lernuhr bekommen haben und auch die Klassenwanduhr so gut ablesen können, dass sie wissen, dass in zehn Minuten die nächste Pause ist. Andere haben keinerlei Erfahrung mit dem Ablesen von Uhrzeiten und lernen nur langsam und mühsam, dass der kleine Zeiger der Stunden- und der große der Minutenzeiger ist. Für sie ist eine Lernuhr – das kann auch die selbst gebaute aus der Kopiervorlage des Schulbuches sein – unverzichtbar, auf der sie Uhrzeiten einstellen und ablesen können.

Uhrzeiten

Zifferblatt

Minutenzeiger

Stundenzeiger

2 Uhr
14 Uhr

Viele Kinder wissen zwar, dass es auch Uhrzeiten wie 14 oder 20 Uhr gibt, können diese aber noch keiner Einstellung auf der „Normaluhr" zuordnen, auch sie benötigen das Doppelziffernblatt, um ihr Wissen zu erweitern. Da ein Tag 24 Stunden hat, macht die intensive Beschäftigung mit der Uhrzeit erst Sinn, nachdem der Zahlenraum bis 20 sicher beherrscht wird – also erst zum Schuljahresende. Das Ablesen und Einstellen von Uhrzeiten kann sich im ersten Schuljahr auf volle Stunden beschränken (das schließt ein weiterführendes Angebot für Kinder, die schon sicher die Uhr ablesen können, nicht aus!), wichtiger erscheint in diesem Zusammenhang, ein Gefühl für den Tagesablauf zu entwickeln, vor allem auch für den individuellen und den Tageszeiten auch eigene Tätigkeiten zuordnen zu können. Mathematische und sachunterrichtliche Aufgabenstellungen sind:

- Zuordnen von Kinderaktivitäten zu **Tageszeiten** (morgens, mittags, nachmittags, abends, nachts) und **Uhrzeiten**
- differenziertes Ablesen voller Stunden entsprechend der Tageszeit (8.00 Uhr morgens, 20 Uhr abends)
- eigene Tagesabläufe erzählen (Mein Sonntag)
- Beobachtung des Sonnenstandes im Lauf eines Tages
- Berechnung einfacher Zeitspannen:
  - Wie viele Stunden ist die Schülerbücherei geöffnet?
  - Wie viele Stunden ist ein Kind in der Schule, wenn es am offenen Ganztag teilnimmt?
- Unterrichtsgang im Schulbezirk – Lesen von Schildern:
  - Wie lange ist die Stadtteilbücherei dienstags geöffnet?
  - Wie viele Stunden hat der Bäcker geöffnet?
  - Sprechstunden des Kinderarztes?
  - …

Alle diese Aktivitäten sind nicht nur fächerverbindend, sondern leisten einen **Beitrag zur Umwelterschließung** und entsprechen damit dem Hauptauftrag des Sachrechnens in unseren Lehrplänen.

118 Daten sammeln – Unsere Partnerklasse

zur Datenerhebung Strichlisten, Plättchen, Kinderkarten nutzen und anwenden; in Tabellen schreiben

SCHULBUCH 118

① Anzahl der dargestellten Mädchen und Jungen ermitteln

Plättchen legen

Strichlisten erstellen

① bis ③ Datenerhebung nach vorgegebenen Merkmalen mit Hilfe der Kinderkarten sowie zweier Felder (rosa/blau)

① bis ④ Datenerhebung nach vorgegebenen Merkmalen

Plättchen legen

Strichlisten erstellen

EINSTIEGE 59

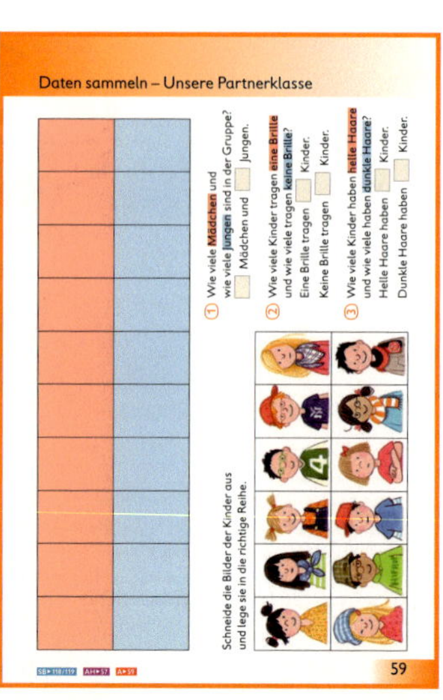

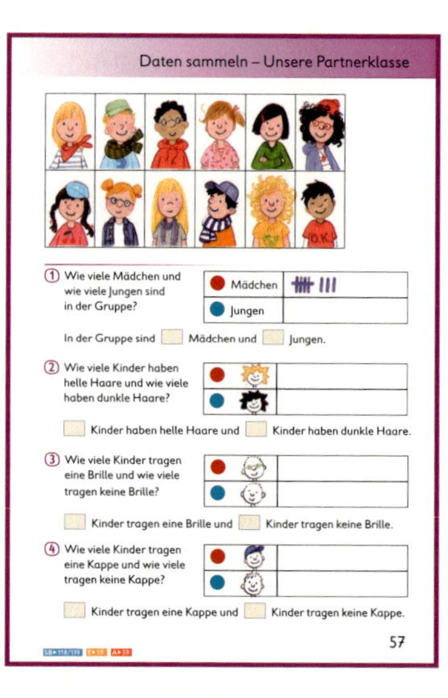

ARBEITSHEFT 57

SCHUL-
BUCH 119

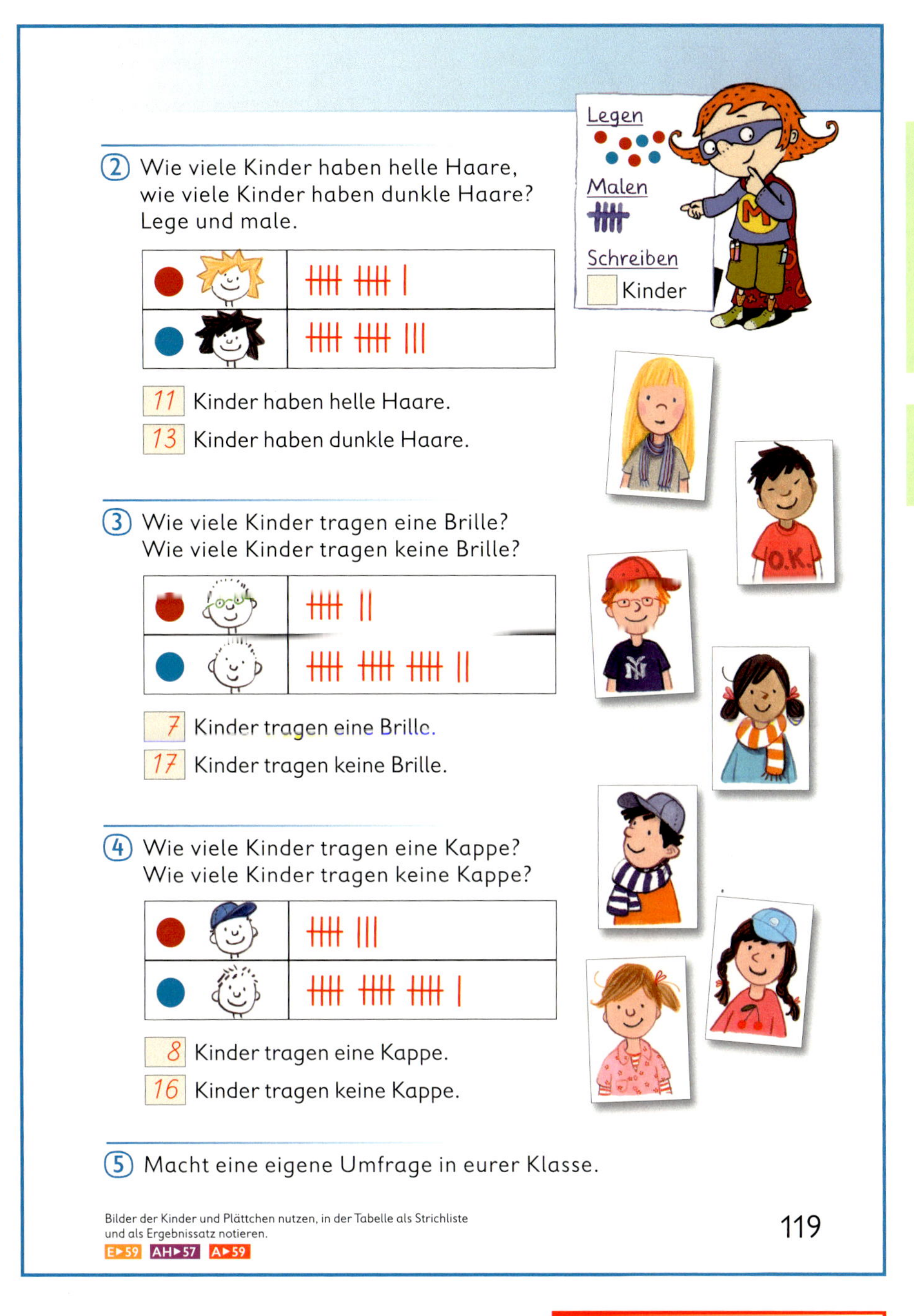

② Wie viele Kinder haben helle Haare, wie viele Kinder haben dunkle Haare? Lege und male.

● helle Haare	卌 卌 |
● dunkle Haare	卌 卌 |||

11 Kinder haben helle Haare.
13 Kinder haben dunkle Haare.

③ Wie viele Kinder tragen eine Brille? Wie viele Kinder tragen keine Brille?

● mit Brille	卌 ||
● ohne Brille	卌 卌 卌 ||

7 Kinder tragen eine Brille.
17 Kinder tragen keine Brille.

④ Wie viele Kinder tragen eine Kappe? Wie viele Kinder tragen keine Kappe?

● mit Kappe	卌 |||
● ohne Kappe	卌 卌 卌 |

8 Kinder tragen eine Kappe.
16 Kinder tragen keine Kappe.

⑤ Macht eine eigene Umfrage in eurer Klasse.

Bilder der Kinder und Plättchen nutzen, in der Tabelle als Strichliste und als Ergebnissatz notieren.
E▸59 AH▸57 A▸59

119

② bis ④

Datenerhebung nach vorgegebenen Merkmalen

Plättchen legen

Strichlisten erstellen

⑤

eigene Umfrage durchführen

Daten sammeln – Unsere Partnerklasse

Wer gehört in welches Feld? Für jedes Kind einen Strich.
Du kannst die Bilder auch ausschneiden und in die Felder legen.

① ②

59

① und ②

Tabellen ausfüllen

mehrere Bedingungen beachten

Strichlisten erstellen oder Kinderkarten legen

AUFSTIEGE 59

118/119 Daten sammeln – Unsere Partnerklasse

KOMMENTAR

Material
Plättchen, evtl. Overheadfolie

Hinweise zum Unterrichtsthema
Kinder sammeln gern, sie beobachten auch gern Vorgänge. Beides, Sammelfreude und Lust am Beobachten, sind gute Voraussetzungen, um für das Thema „Daten sammeln" aufzuschließen.
Sich das eigene Umfeld zu erschließen und damit mehr Kompetenz zu gewinnen motiviert. Auf der Buchseite werden Daten zwar mit einer Musterklasse erhoben, aber das Übertragen auf die eigene Situation liegt zwangsläufig auf der Hand und bietet situativ Spielraum für weitere Datenerhebungen im näheren und weiteren Umfeld.
Das Festhalten erhobener Daten ist eine wichtige Technik, um diese verlässlich verwerten und interpretieren zu können.
Visualisierungen erleichtern den Zugang zur Interpretation und Auswertung. Der Einsatz zweckmäßiger und einfacher, ökonomischer Hilfsmittel erleichtert die Arbeit. Die Fähigkeit, Tabellen, Strichlisten, Plättchen oder andere Mittel einzusetzen, ist kein Selbstzweck, sondern dient der Erschließung komplexerer Zusammenhänge. Mathematische Phänomene finden eine Aussage in sichtbarer Form und können weitere Zusammenhänge erschließen.

Schulbuch 118/119

Hinweise zum Unterrichtsablauf
Es bietet sich an, mit sechs Kindern aus der Klasse den Einstieg ins Thema zu starten, die mit Requisiten ausgestattet, ähnlich wie die Kinder der oberen Reihe auf Seite 118 aussehen. Die Kinder können fragen: „Wie viele Kinder?, Jungen/Mädchen, Kinder mit/ohne Brille, schwarzhaarige/blonde, mit/ohne Brille, mit/ohne Tuch?"

Die Kinder trainieren noch einmal behutsam genaues Beobachten, Daten zu erfassen und evtl. auch schon an der Tafel in einer Mini-Tabelle zu notieren. Mit den Kindern der eigenen Klasse oder mit der Buchseite kann nun Schritt für Schritt oder auch komplex die Datenerhebung „Jungen/Mädchen" durchführen. Der Einsatz der blau-roten Plättchen zum Markieren der diskriminierenden Merkmale (Mädchen rot belegen – Jungen blau) erleichtert das gemeinsame Verständigen und die Kontrolle. Zudem wird der Orientierungssinn trainiert und es können Begriffe und Beschreibungen wie „oben", „unten", „rechts", „links", „dritter von ..." integriert wiederholt und sinnvoll angewandt werden. Außerdem wird durch das Legen der Plättchen das verweilende Nachdenken geschult, bevor das Kind sich für eine Lösung entscheidet.
Der Vorteil ist zudem, dass Fehlentscheidungen durch ein Umlegen der Plättchen korrigiert werden können. Dann fällt auch der Umgang mit der Strichliste nicht schwer.

Hinweise zu den Aufgaben

Seite 118

Aufgabe 1
Die Kinder legen Plättchen und ermitteln die Anzahl der roten und blauen Plättchen.

Seite 119

Aufgaben 2–4
Die Kinder führen die Aufgabe 1 in verschiedenen anderen Zusammenhängen (helle/dunkle Haare, Brille ja/nein, Kappe ja/nein) weiter. Super M erinnert an den Einsatz der verschiedenen Hilfsmittel zur Lösungsfindung. Nun können die Kinder ihre erworbenen Fähigkeiten bei den Aufgaben 2 bis 4 in Einzel- oder Partnerarbeit anwenden, besprechen, vortragen.
Die Kinder können anhand der Bilder dieser Seite weitere Unterscheidungsmerkmale selbst benennen und damit arbeiten.

Aufgabe 5
Prüfstein für gelungenes Lernen der Kinder kann die Umsetzung der Fähigkeiten und Fertigkeiten durch die Umfrage in der eigenen Klasse sein. Beeindruckend ist es sicher, die Datenerhebung auf einem Plakat festzuhalten.

Hinweise zur Differenzierung
- Variation in der Anzahl der Kinder und der Merkmale
- andere Notationsformen entwickeln
- eigene, bedeutsame Daten erheben und vorstellen

Einstiege 59

Die Kinder können konkret durch den Ausschneidebogen zu richtigen Ergebnissen kommen. Die Visualisierung durch die Farben rosa und hellblau erleichtert und stützt die Diskriminierung von Merkmalen.

Aufgabe 1
Mädchen sind rosa unterlegt, also die Bilder auf das rosafarbene Feld legen (7 Mädchen), die Jungen kommen auf die blauen Felder (5 Jungen). Insgesamt sind es 12 Kinder (Gesamtzahl als Kontrollzahl nutzen).

Aufgabe 2
Zweckmäßig ist es, die Mädchen ohne Brille nach unten zu schieben und die Jungen mit Brille hoch. 3 Jungen, 1 Mädchen mit Brille auf rosa, 2 Jungen und 6 Mädchen ohne Brille auf blau. Auf den rosa Feldern sind 4 (mit Brille) und auf den blauen Feldern sind 8 Kinder (ohne Brille). Die Gesamtzahl und somit Kontrollzahl ist 12.

Aufgabe 3
Die Kinder ermitteln die Anzahl der abgebildeten Kinder mit hellen (6) und dunklen Haaren (8).
Das Feld und die Bilder können für selbst gestellte Aufgaben der Kinder genutzt werden, eine Kontrolle kann durch Partnerarbeit oder durch Vorstellung in einer Kleingruppe erfolgen.

Arbeitsheft 57

Mit einer kleineren, übersichtlichen Kinderanzahl können die Kinder nun selbstständig ihr Wissen anwenden.

Aufgaben 1–4
siehe Schulbuch Seiten 118/119

Aufstiege 59

Die Kinder sollen nun selbstständig ihr Können in einem komplexen Bild anwenden.

Aufgaben 1, 2
Je nach Fähigkeiten lösen sie die Aufgaben schon durch die Anwendung einer Strichliste oder mit Hilfe der ausgeschnittenen Kinderbilder, die sie in die Felder legen.
Sie wenden hier auf komplexer Ebene ihre Erfahrungen im Umgang mit Tabellen an, wobei sie jedoch mehrere Bedingungen beachten müssen, um zu richtigen Lösungen zu kommen.

120 Schätzen, zählen, notieren

schätzen; geschickt zählen; bündeln; Anzahlen in Stellentafeln notieren

SCHULBUCH 120

①
Anzahlen
- schätzen
- bündeln
- zählen

Anzahlen in einer Tabelle notieren

① bis ③
Anzahlen mit Hilfe der Zehnerbündelung ermitteln

in der Stellentafel notieren

Schätzen, zählen, notieren

①

Etwa 25.

Ungefähr 30.

Sicher mehr als 30.

Walnüsse	Maronen	Haselnüsse
Ich schätze ☐.	Ich schätze ☐.	Ich schätze ☐.
Ich zähle 25.	Ich zähle 34.	Ich zähle 57.

Immer 10 in eine Tüte. Wie viele Tüten? Wie viele Einzelne?

Tüten	Einzelne	Tüten	Einzelne	Tüten	Einzelne
2	5	3	4	5	7

120

Anzahlen schätzen, geschickt zählen, Zehnerbündelung nutzen, in einer Tabelle notieren
E▸60 AH▸58 A▸60

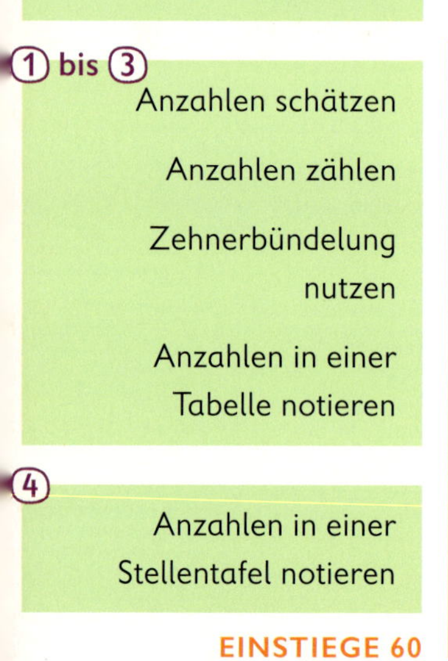

① bis ③
Anzahlen schätzen

Anzahlen zählen

Zehnerbündelung nutzen

Anzahlen in einer Tabelle notieren

④
Anzahlen in einer Stellentafel notieren

EINSTIEGE 60

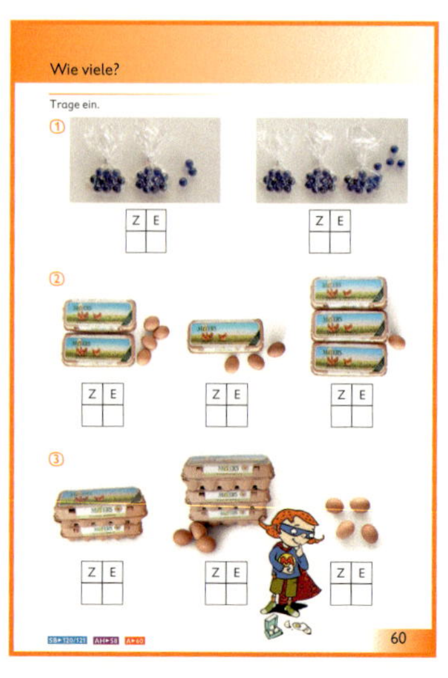

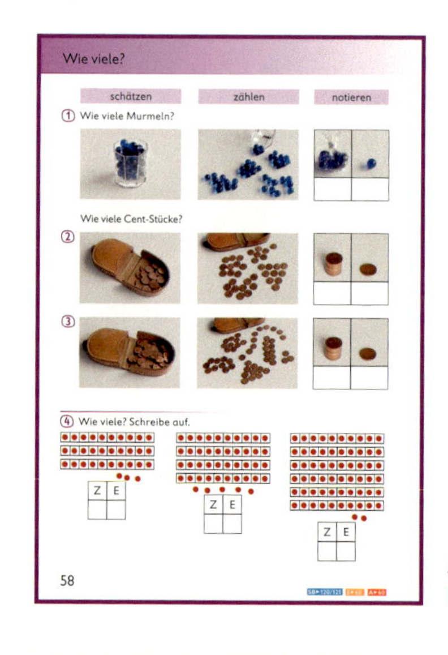

ARBEITSHEFT 58

SCHUL-
BUCH 121

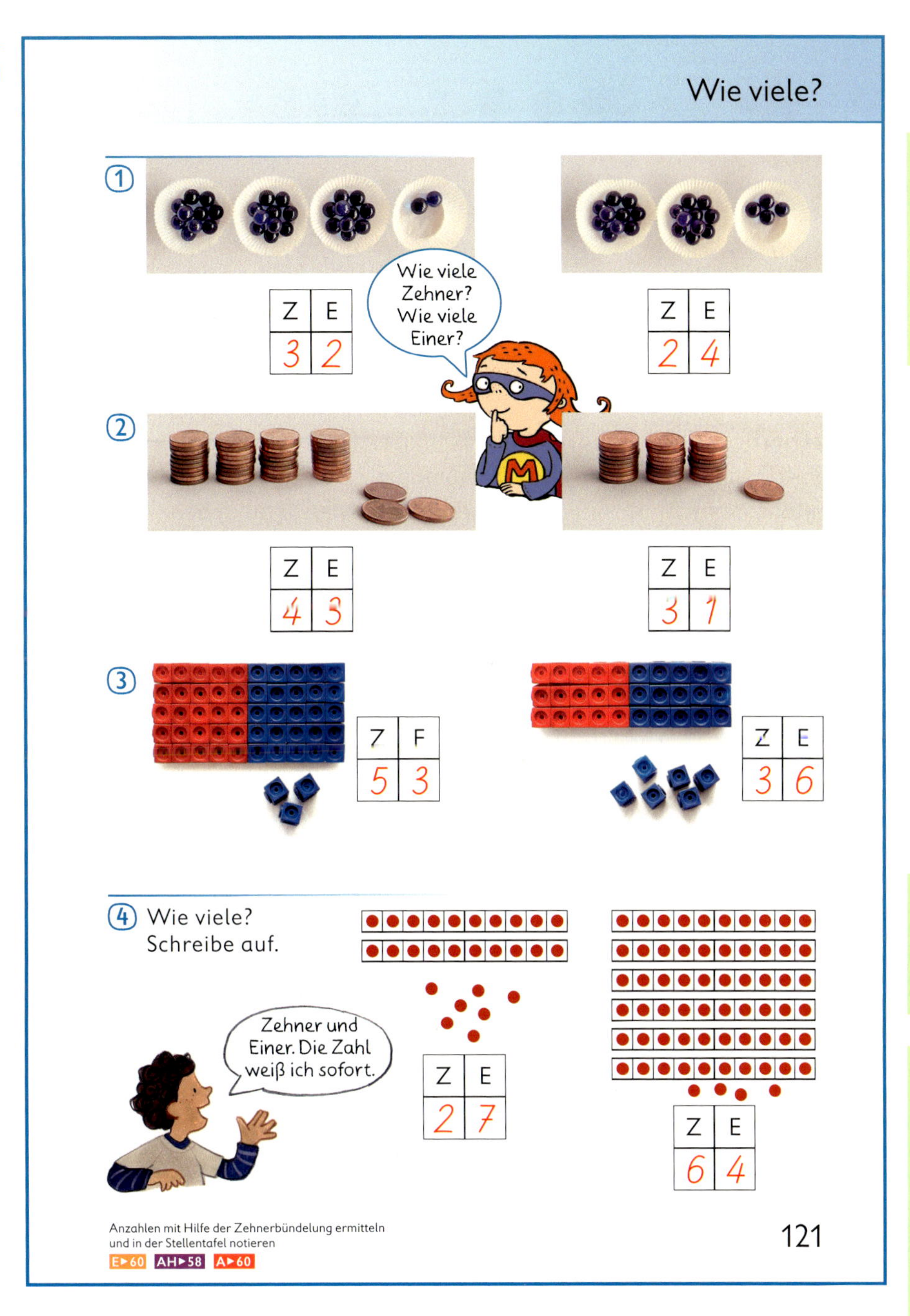

Wie viele?

1

Z	E
3	2

Z	E
2	4

2

Z	E
4	3

Z	E
3	1

3

Z	E
5	3

Z	E
3	6

4 Wie viele?
Schreibe auf.

Z	E
2	7

Z	E
6	4

Anzahlen mit Hilfe der Zehnerbündelung ermitteln und in der Stellentafel notieren
E▸60 AH▸58 A▸60

121

1 bis 4

Anzahlen mit Hilfe der Zehnerbündelung ermitteln

in der Stellentafel notieren

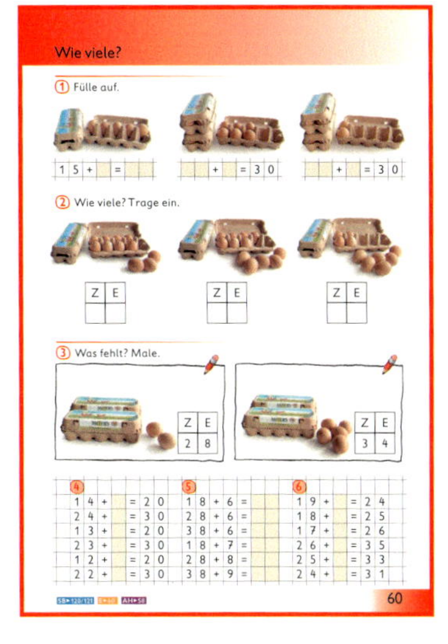

Wie viele?

1 Fülle auf.

15 + ☐ = ☐☐   ☐☐ + ☐ = 30   ☐☐ + ☐ = 30

2 Wie viele? Trage ein.

Z	E

Z	E

Z	E

3 Was fehlt? Male.

Z	E
2	8

Z	E
3	4

4	5	6
14 + ☐ = 20	18 + 6 = ☐	19 + ☐ = 24
24 + ☐ = 30	28 + 6 = ☐	18 + ☐ = 25
13 + ☐ = 20	38 + 6 = ☐	17 + ☐ = 26
23 + ☐ = 30	18 + 7 = ☐	26 + ☐ = 35
12 + ☐ = 20	28 + 8 = ☐	25 + ☐ = 33
22 + ☐ = 30	38 + 9 = ☐	24 + ☐ = 31

SB▸120/121 E▸60 AH▸58

60

1

Anzahlen ablesen, zum nächsten Zehner auffüllen

2

Anzahlen ermitteln

Eierpackung (zum nächsten Zehner) auffüllen

Gesamtanzahl in Stellentafel eintragen

3

Anzahlen bestimmen und fehlende Eier dazumalen

4

zum nächsten Zehner ergänzen

5 und 6

Aufgabenmuster zur Lösung nutzen

AUFSTIEGE 60

Schätzen, zählen, notieren

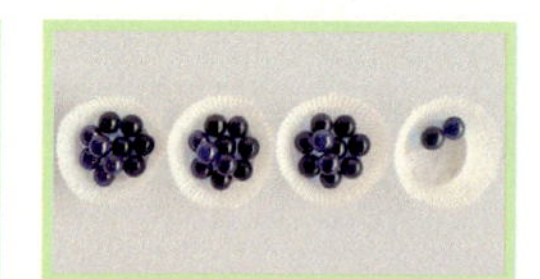

Material
Schätzgläser, Nüsse, Kugeln, Münzen, Naturmaterial je nach Jahreszeit, Steckwürfel, Plastiktüten

Hinweise zum Unterrichtsthema
Die Fähigkeit des Schätzens ist eine nicht gering zu bewertende Kompetenz der Kinder. Sie zeigt, wie weit die Kinder tatsächlich über einen guten Mengen- und Anzahlbegriff verfügen bzw. ob sie eine Vorstellung dazu entwickelt haben.
Können sie geschickt zählen, Anzahlen zusammenfassen, bündeln, „mit einem Blick" schon bestimmte Anzahlen zusammenfassen, so zeigen sie damit tragfähige Kompetenzen, die auch ein kritisches Umgehen mit eigenen Ergebnissen ermöglichen (Fehlerkontrolle).
Die Schulbuchseite 120 knüpft an das Vorwissen und an die Wettbewerbsfreude der Kinder an.
Sie nutzt und unterstützt die Fähigkeiten der Kinder zur Simultanerfassung von kleinen Mengen und zum darauf aufbauenden „Hochrechnen".
Größere Mengen zu bündeln, um zu genauen Ergebnissen zu gelangen, ergibt sich aus einer Schätzsituation somit nahezu „organisch".
Das Bündeln sollte als anschaulicher Zugang zur Zahlenraumerweiterung, zur Strukturierung des neuen Zahlenraumes erfahren werden.
Beim konkreten Umgang mit dem Material zeigt sich der Arbeits- und Zeitaufwand, sodass sich das Bemühen um Vereinfachung „aus der Sache" heraus ergibt.
Die Stellentafel als Strukturierungs- und Dokumentationsinstrument, als Verdeutlichungshilfe, erschließt sich in ihrer Bedeutsamkeit.

Schulbuch 120/121

Hinweise zum Unterrichtsablauf
Je nach Jahreszeit bietet es sich an, ästhetisch schöne Naturmaterialien vor den Kindern im Stuhlkreis auszubreiten, sie dazu erzählen zu lassen und den Impuls zum Schätzen der Menge zu geben.
Die Kinder können sich mit dem Nachbarn beraten, sie können ihr Schätzergebnis evtl. auf einem kleinen Zettel notieren oder die Klasse einigt sich auf ein Schätzergebnis, das an der Tafel festgehalten wird.
Nun stellt sich natürlich die Frage der Überprüfung der Schätzung. Die Ideen der Kinder können gesammelt werden:
- zu 5, 10 zusammenlegen
- in Behälter zählen …

Zahlenkarten können auf Zetteln zu den gezählten Mengen gelegt werden.
Die Kinder bringen gern verschiedenste Materialien zum Schätzen mit. Motivierend ist es, über einige Zeit je ein Kind für die „Schätzaufgabe der Woche" verantwortlich zu machen. Das Kind bringt Materialien wie Steine, Perlen in größeren Anzahlen mit, ohne die genaue Zahl zu verraten. Die Kinder geben z.B. montags ihren „Tipp" ab und am Freitag wird ausgewertet.

Hinweise zu den Aufgaben

Seite 120
Aufgabe 1
Es wird anschaulich gezeigt, wie die Kinder mit Schätzaufgaben umgehen und wie Schätzaufgaben präsentiert werden können. Das Schätzen wird durch strukturiertes Zählen präzisiert.
Die Seite hilft den Kindern vom Schätzen zum genauen Ergebnis durch geplantes Vorgehen zu gelangen. Von der Menge, von geschätzten Anzahlen geht es über das Zusammenfassen zu Zehnerbündeln („in Zehnerschritten kann ich") zu einer vorbereiten-

den Notation: Ein Plastikbündel beinhaltet 10, dazu ein Einer – also 11.

Seite 121

Aufgaben 1–3

Die Kinder bestimmen die dargestellten Anzahlen. Die Überleitung zu größeren Anzahlen, anderen, auch bekannten Materialien und einer Notation in Zehner und Einer in einer Stellentafel müsste den Kindern problemlos gelingen.

Aufgabe 4

Es wird an das Vorwissen der Kinder angeknüpft. Die Arbeit im Hunderterraum wird nun auf abstrakterer Ebene, aber dennoch anschaulich mit Hilfe von Zehnerfeldern und Plättchen vorbereitet. Die Kinder bestimmen die jeweilige Anzahl.

Einstiege 60

Aufgabe 1

Anschaulich und sehr übersichtlich können die Kinder die Mengen erfassen, benennen und eintragen.

Aufgabe 2

Auch wenn die Eierkartons verschlossen sind, erschließen die Kinder ohne größere Probleme die Anzahlen der Eier. Inzwischen wissen sie, dass zehn Eier im Karton sind.

Aufgabe 3

In den Abbildungen erscheinen „neue“ Anordnungen:

- zwei gestapelte Kartons und keine einzelnen Eier
- drei gestapelte Kartons und einzelne Eier
- nur einzelne Eier

Die Kinder tragen die Anzahlen in die Stellentafel ein.

Arbeitsheft 58

Aufgaben 1–3

siehe Schulbuch Seite 121, Aufgaben 1–4

Auch hier geht es in Schritten vom Schätzen zum Zählen, zum Bündeln und zur Notation.

Aufgabe 4

Die Kinder bestimmen die Anzahl, indem sie die vollen Zehner und die Einer in eine Stellenwerttafel eintragen.

Aufstiege 60

Hier stehen die Kinder vor einer neuen Situation, die sie jedoch mit ihrem Vorwissen bewältigen können.

Aufgabe 1

Die Anzahlen werden abgelesen und zum nächsten Zehner aufgefüllt.

Aufgabe 2

Die Kinder entnehmen die unterschiedlichen Anzahlen von einzelnen Eiern. Sie füllen zunächst den Eierkarton auf den nächsten Zehner auf und zählen darüber hinaus weitere einzelne Eier dazu. Anschließend notieren sie ihr Ergebnis in der Stellentafel.

Aufgabe 3

Die Kinder bestimmen die Anzahl und malen die fehlende Menge dazu.

Aufgabe 4 (AB II)

Die Kinder ergänzen zum nächsten Zehner.

Aufgaben 5, 6 (AB II)

Die Kinder nutzen zur Lösung der Aufgaben das Muster („Schau genau, bevor du rechnest.“). Die Kinder können dazu angeregt werden, ähnliche Aufgaben zu entwickeln.

122 Hunderterfeld

den Aufbau des Hunderterraumes durch schrittweise Zusammenstellung von Zehnerfeldern zu einem Hunderterfeld begreifen; ▸

SCHULBUCH 122

① Entdeckungen am Hunderterfeld machen und beschreiben

② Zahlen mit dem Abdeckwinkel am Hunderterfeld zeigen

① und ② dargestellte Zahlen in der Stellenwerttafel notieren

③ Zahlenhäuser zur 10 und analog zur 100 ausfüllen

EINSTIEGE 61

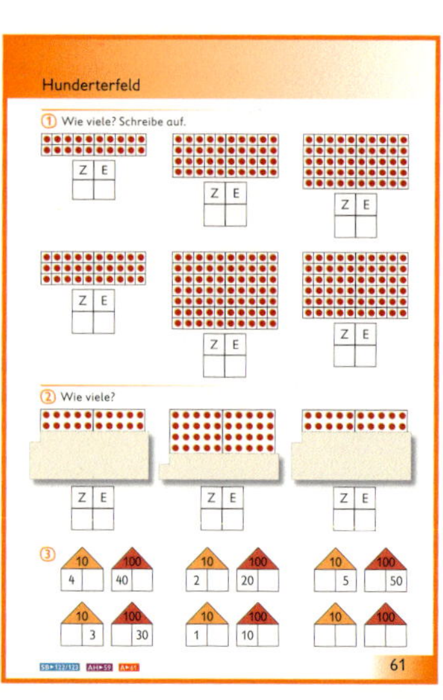

① und ② dargestellte Zahlen in der Stellenwerttafel notieren

③ Zerlegung der 100 in Zahlenhäusern eintragen

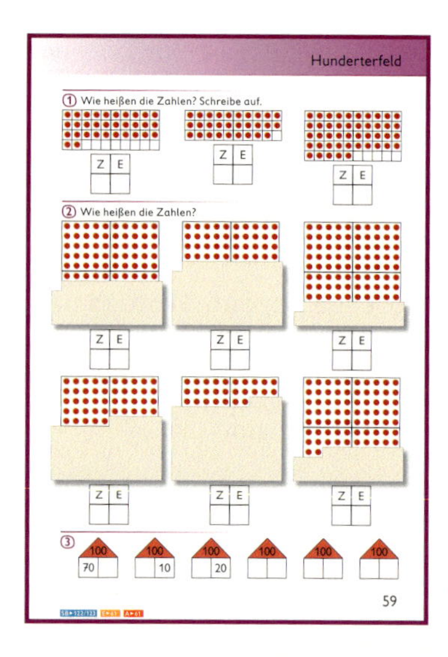

ARBEITSHEFT 59

Aufbau und Verankerung von erstem Stützpunktwissen zum Hunderterraum;
Stellenwertschreibweise erlernen

SCHUL-BUCH 123

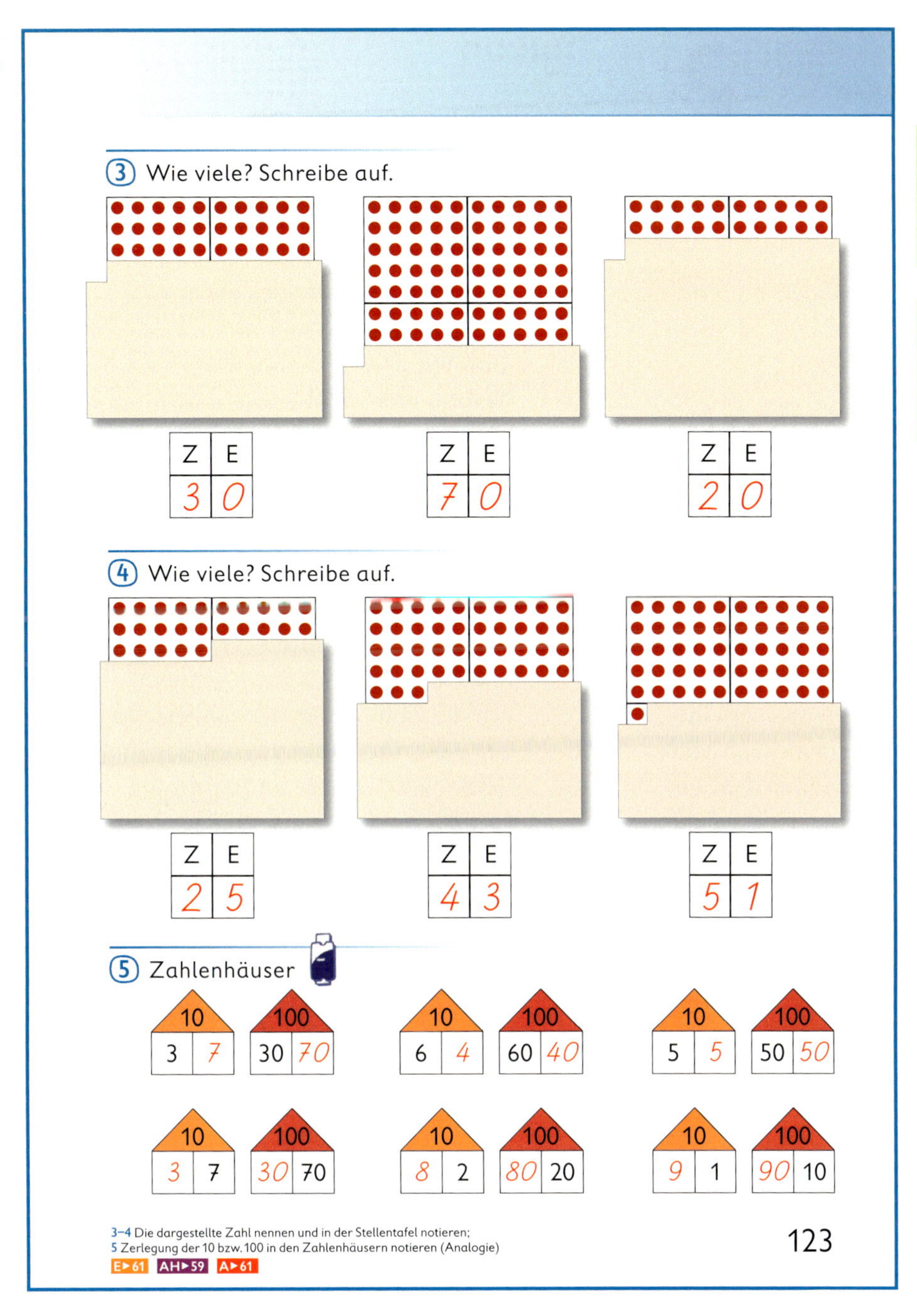

③ Wie viele? Schreibe auf.

Z	E
3	0

Z	E
7	0

Z	E
2	0

④ Wie viele? Schreibe auf.

Z	E
2	5

Z	E
4	3

Z	E
5	1

⑤ Zahlenhäuser

10		100		10		100		10		100	
3	7	30	70	6	4	60	40	5	5	50	50

10		100		10		100		10		100	
3	7	30	70	8	2	80	20	9	1	90	10

3–4 Die dargestellte Zahl nennen und in der Stellentafel notieren;
5 Zerlegung der 10 bzw. 100 in den Zahlenhäusern notieren (Analogie)
E▸61 AH▸59 A▸61

123

③ und ④
dargestellte Zahlen nennen, in der Stellenwerttafel notieren

⑤
Zahlenhäuser zur 10 und analog zur 100 ausfüllen

Hunderterfeld

Rechne.

③ Welche Beträge kannst du legen? Male und schreibe auf.

④ Zahlenhäuser

① und ②
Addition und Subtraktion von Zehnerzahlen mit Hilfe der Analogien lösen

③
mögliche Kombinationen aus Münzrat legen

Beträge berechnen

④
Zerlegungen von Zehnerzahlen in den Zahlenhäusern notieren

AUFSTIEGE 61

122/123 Hunderterfeld

KOMMENTAR

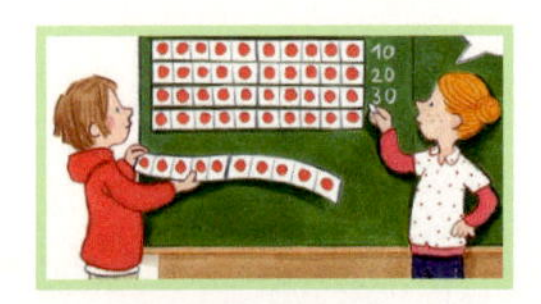

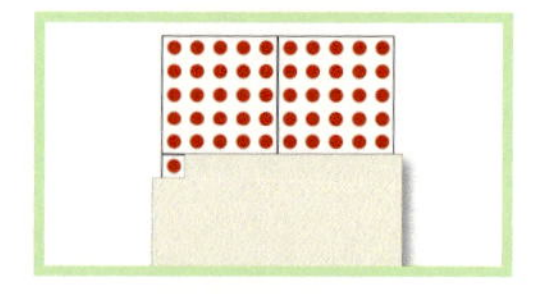

Material
10 Zehnerfelder als Anschauungsmaterial, Schablone, Hunderterfelder und Schablonen für die Hand der Kinder

Hinweise zum Unterrichtsthema
Der Wert einer Ziffer hängt in unserer Zahlschrift von ihrer Stellung im Zahlenwort ab. Beispielsweise besitzt jede der drei Einsen in 111 einen eigenen Wert, nämlich 100, 10 und 1. Daran wird deutlich, dass unsere heutige Zahlschrift auf reiner Zehnerbündelung beruht. Bündelungseinheiten sind dabei Einer, Zehner, Hunderter, Tausender … Deshalb spricht man auch vom dezimalen Stellenwertsystem, auf dem unsere Zahlschrift aufbaut. Zur Darstellung aller Zahlen benötigen wir ausschließlich die Ziffern 0, 1, 2, 3, 4, 5, 6, 7, 8 und 9.
Damit die Kinder die Zahlschrift durchschauen und anwenden können, müssen sie lernen, Zahlen auf verschiedene Weisen darzustellen und zwischen diesen Darstellungsweisen flexibel zu wechseln. Sie sollten zu einer Menge von Gegenständen das entsprechende Zahlwort nennen, die passende Ziffernschreibweise mit Angabe von Bündelungseinheiten notieren, einen Aufschrieb in der Stellenwerttafel bewältigen und die reine Ziffernschreibweise mündlich und schriftlich wiedergeben können.
(inhaltlich: Padberg, F.: Einführung in die Mathematik. 1: Arithmetik. Spektrum Akademischer Verlag, 1997. S. 11/12, 2005)

Schulbuch 122/123

Hinweise zum Unterrichtsablauf
Die Schüler sitzen im Halbkreis vor der Tafel. Die Lehrerin präsentiert ein Zehnerfeld und heftet es an die Tafel. Anhand dieser Darstellung können die Schüler ihr Vorwissen zu dem ihnen vertrauten Arbeitsmittel anmerken. Die Kinder werden vermutlich äußern, dass man am Zehnerfeld Plus- und Minusaufgaben lösen kann, dass jeder dargestellte Punkt ein eigenes Feld hat und dass im Zehnerfeld immer zehn Punkte nebeneinander liegen, die durch eine Markierung in zwei Fünfergruppen unterteilt sind. Daraufhin notiert die Lehrerin die Zahl 10 hinter dem Punktefeld als Repräsentant für die im Zehnerfeld dargestellte Menge. Sie heftet ein weiteres Zehnerfeld direkt unter das zuerst angeheftete. Wieder werden Beobachtungen der Kinder geäußert, schließlich die Zahl 20 für die nun insgesamt dargestellte Punktmenge notiert. Auf diese Weise wird weiter verfahren, bis das gesamte Hunderterfeld an der Tafel aufgebaut und sichtbar wird.
Nun können die Kinder Entdeckungen daran machen. Dazu gehören unter anderem, dass darin immer zehn Punkte in einer Reihe liegen, es darin zehnmal zehn Reihen gibt und jede Hälfte des Feldes 50 Punkte, jedes Viertelfeld 25 Punkte beinhaltet.
Dann kann die Lehrerin mit dem Einüben der Schreibweise in der Stellenwerttafel fortfahren. Dazu zeigt sie zunächst eine Zahl am Hunderterfeld, indem sie die übrigen Punkte mit einer Schablone abdeckt. Dann erfragt sie die Anzahl der vollen Zehnerfelder und die Anzahl der einzelnen Punkte und notiert diese nacheinander in einer an der Tafel aufgezeichneten Stellenwerttafel. Die Schüler können nun die gezeigte Zahl in der Stellenwerttafel ablesen. Wichtig ist, dass die Schüler die Buchstaben Z und E als Repräsentanten für Zehner und Einer kennen.
Anschließend können weitere Beispiele an der Tafel gemeinsam erarbeitet werden.
Die Bearbeitungsweise von Zerlegungshäusern ist den Kindern bereits aus dem vorangegangenen Unterricht bekannt. Unter Zuhilfenahme des eigenen Hunderterfeldes können diese hier bearbeitet werden. Sollten

dabei Schwierigkeiten entstehen, können einzelne Aufgaben an der Tafel im Plenum oder in einer Kleingruppe gemeinsam mit der Lehrerin erarbeitet werden.

Hinweise zu den Aufgaben

Seite 122

Aufgabe 1
Die Schüler betrachten das Hunderterfeld und äußern ihre Entdeckungen.

Aufgabe 2
Am Hunderterfeld zeigen die Kinder mit einem Abdeckwinkel die Zehnerzahlen.

Seite 123

Aufgaben 3, 4
Die Schüler finden die im Hunderterfeld dargestellte Zahl, indem sie nacheinander die vollen Zehner, dann die Einer in der Stellenwerttafel eintragen und die so entstandene Zahl ablesen.

Aufgabe 5
Die Schüler lösen zuerst das Zahlenhaus im Zahlenraum bis 10. Dann lösen sie das analoge Zahlenhaus im Zahlenraum bis 100. So können sie strukturelle Ähnlichkeiten im Zahlenraum bis 10 und Zahlenraum bis 100 erkennen und nutzen.

Einstiege 61

Aufgaben 1, 2
siehe Schulbuch Seite 123, Aufgaben 3, 4

Aufgabe 3
Die Schüler lösen zuerst das Zahlenhaus im Zahlenraum bis 10. Dann lösen sie das analoge Zahlenhaus im Zahlenraum bis 100. So können sie strukturelle Ähnlichkeiten im Zahlenraum bis 10 und Zahlenraum bis 100 erkennen und nutzen.

Arbeitsheft 59

Aufgaben 1, 2
siehe Schulbuch Seite 123, Aufgaben 3, 4

Aufgabe 3
Die Kinder vervollständigen die 100er-Zahlenhäuser.

Aufstiege 61

Aufgabe 1
Die Schüler lösen zunächst die Additionsaufgabe im Zahlenraum bis 10. Dann berechnen sie die Aufgabe im Zahlenraum bis 100 mit Hilfe der Analogien.

Aufgabe 2
Die Schüler lösen zunächst die Subtraktionsaufgabe im Zahlenraum bis 10. Dann bearbeiten sie die analoge Aufgabe im Zahlenraum bis 100.

Aufgabe 3
Die Kinder legen verschiedene Münzkombinationen, zeichnen diese auf und notieren den entsprechenden Betrag.

Aufgabe 4 (AB II)
Die Kinder vervollständigen die Zahlenhäuser. Überdies denken sie sich eigene Zahlenhäuser aus.

124 Rechnen mit Cent

verschiedene Zerlegungen zu einem Euro und kleineren Cent-Beträgen erzeugen, abbilden und notieren; zu dargestellten Cent-Beträgen passende Gleichungen schreiben und den Gesamtbetrag berechnen; ▸

SCHULBUCH 124

① verschiedene Möglichkeiten der Zerlegung von 1 € notieren

② Geldbeträge bestimmen
passende Gleichung notieren

③ Zerlegungen von 70 ct finden und notieren

① Münzbeträge ablesen und berechnen

② Beträge mit Münzen darstellen

③ Summe berechnen, Betrag aufmalen

EINSTIEGE 62

① Münzbeträge ablesen
passende Gleichung notieren

② Münzen entsprechend der Summe 80 ct aufmalen

③ Summe berechnen
Betrag aufmalen

④ eigene Aufgabe finden, aufmalen und berechnen

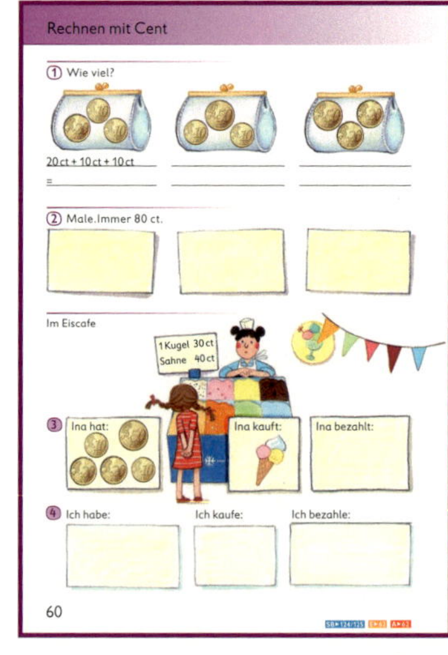

ARBEITSHEFT 60

Summe von Preisen bestimmen und notieren; erste eingekleidete Aufgaben zum Thema „Einkaufen“ bearbeiten; Addieren mit Zehnerzahlen üben

SCHULBUCH 125

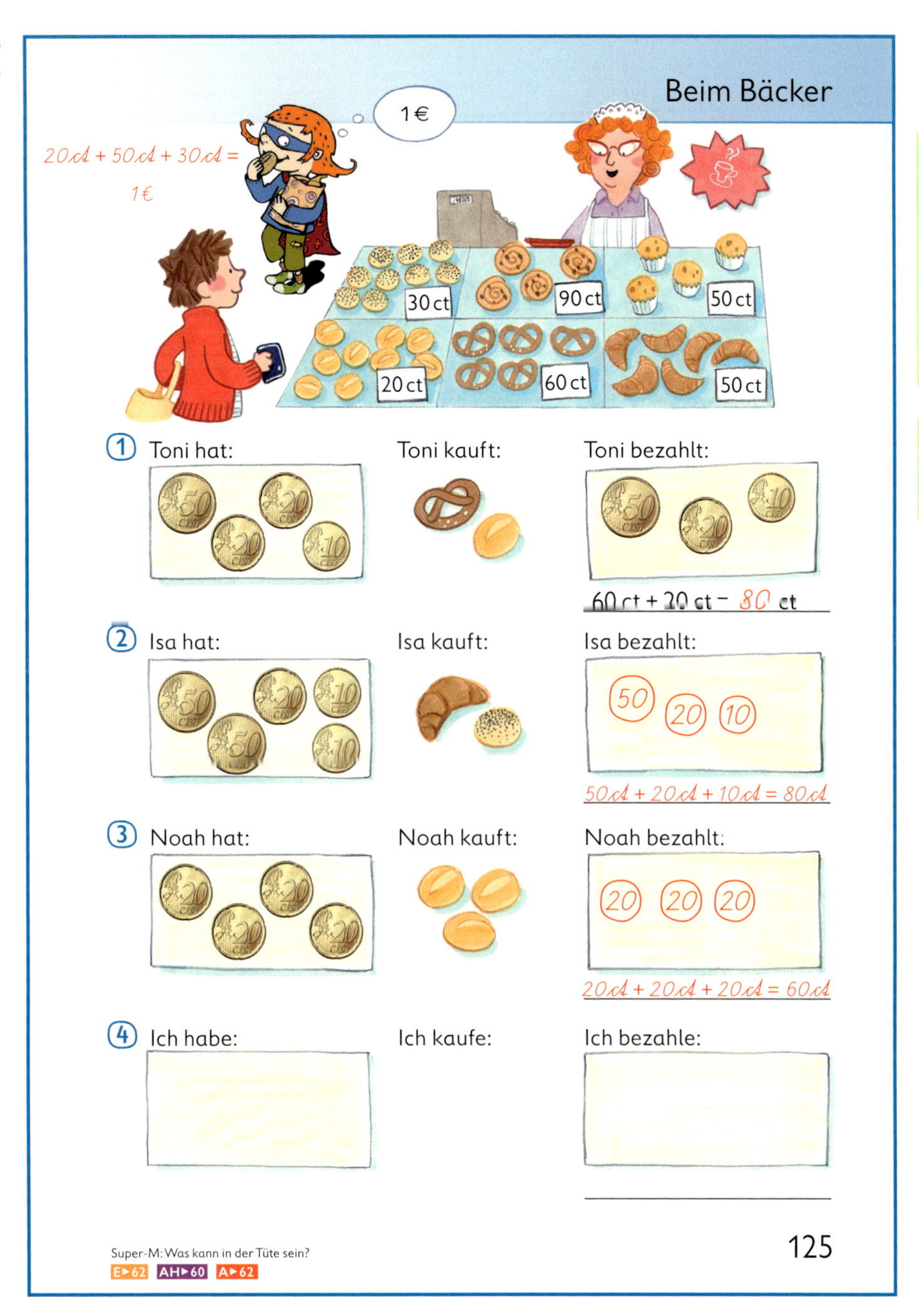

Beim Bäcker

① Toni hat: | Toni kauft: | Toni bezahlt:

60 ct + 20 ct = 80 ct

② Isa hat: | Isa kauft: | Isa bezahlt:

50 20 10

50 ct + 20 ct + 10 ct = 80 ct

③ Noah hat: | Noah kauft: | Noah bezahlt:

20 20 20

20 ct + 20 ct + 20 ct = 60 ct

④ Ich habe: | Ich kaufe: | Ich bezahle:

Super-M: Was kann in der Tüte sein?

E▸62 AH▸60 A▸62

125

① bis ③

Summe von Preisen bestimmen

mögliche Münzkombination zeichnen

Gleichung notieren

④

eigene Aufgabe aufmalen und berechnen

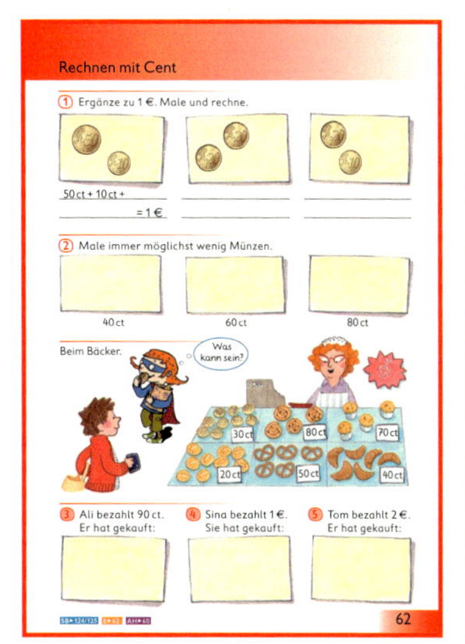

Rechnen mit Cent

① Ergänze zu 1 €. Male und rechne.

50 ct + 10 ct + ___ = 1 €

② Male immer möglichst wenig Münzen.

40 ct | 60 ct | 80 ct

Beim Bäcker

③ Ali bezahlt 90 ct. Er hat gekauft:

④ Sina bezahlt 1 €. Sie hat gekauft:

⑤ Tom bezahlt 2 €. Er hat gekauft:

62

① dargestellte Beträge zu 1 € ergänzen

② Beträge mit möglichst wenigen Münzen darstellen

③ bis ⑤ mögliche Einkäufe aufzeichnen

AUFSTIEGE 62

Rechnen mit Cent

Material
Rechengeld

Hinweise zum Unterrichtsthema
Die Schüler bringen viele Vorerfahrungen zum Thema „Geld und Geldwerte“ mit. So kennen die meisten Kinder die entsprechenden Grundeinheiten und unterschiedliche Banknoten, verstärkt aber die verschiedenen Euro- und Centstücke.
Sie begreifen Geld als Zahlungsmittel, haben es schon als solches genutzt und dabei das Geldwechseln und -zurückgeben als Notwendigkeit zur Abwicklung eines Kaufes kennen gelernt. Somit kann man festhalten, dass das Thema einen starken Lebensweltbezug aufweist.
Die Erfahrungen der Schüler werden auf den Schulbuchseiten 124 und 125 weiter ausgebaut. Die Kinder erlernen vorzugsweise, wie sie einen Geldbetrag mit unterschiedlichen Kombinationen von Münzen darstellen können. Außerdem begreifen sie anhand der dargebotenen Sachsituationen, dass man mit einem Geldbetrag verschiedene Dinge in unterschiedlicher Anzahl kaufen kann und dass diese vom Wert der Gegenstände abhängt. Vertiefend lernen die Schüler dabei weitere zu den ihnen bereits bekannten Bezugsgrößen für Preise kennen (z.B. 1 Brötchen kostet ca. 20 ct).

Schulbuch 124/125

Hinweise zum Unterrichtsablauf
Zu Beginn der Unterrichtsstunde versammeln sich die Kinder im Sitzkreis. Die Lehrerin präsentiert verschiedene Münzen, die im Unterrichtsgespräch zunächst zur Wiederholung benannt werden.
Dann präsentiert sie eine 1-Euro-Münze in der Mitte des Stuhlkreises. Die Kinder versuchen unterschiedliche wertgleiche Münzkombinationen mit Spielgeld zu legen und notieren die jeweils passende Gleichung auf einem DIN-A3-Blatt.
Dann legt die Lehrerin verschiedene Gegenstände (z.B. Schulutensilien) im Kreis aus, die mit gut erkennbaren Preisschildern versehen sind. Einige Schüler bekommen nun nacheinander von ihr einen Taschengeld-Betrag (Spielgeld) ausgehändigt. Gemeinsam mit den Schulkameraden wird nun im Unterrichtsgespräch überlegt, welche Gegenstände davon gekauft werden können. Dabei sollen durchaus verschiedene Kombinationen gefunden und besprochen werden.

Hinweise zu den Aufgaben

Seite 124

Aufgabe 1
Die Kinder betrachten zunächst die abgebildete Zerlegung von einem Euro in zehn 10-Cent-Stücke. Diese Darstellung kann zum Anlass genommen werden, darüber nachzudenken, ob die Nutzung einer solchen Zerlegung beim Einkauf praktikabel ist. Anknüpfend an diese Überlegungen erzeugen die Schüler eigene Zerlegungen von einem Euro und zeichnen die Münzen ein.
Aufgabe 2
Die Schüler betrachten die Abbildung der Geldbeträge, schreiben die passende Gleichung darunter und berechnen die Summe.
Aufgabe 3
Die Schüler erzeugen zum Betrag von 70 ct verschiedene Zerlegungen, indem sie die Münzen einzeichnen und die entsprechende Gleichung notieren.

Seite 125

Aufgaben 1–3
Die Schüler betrachten die abgebildete Brotauslage und die angegebenen Preise für die verschiedenen Backwaren. Anhand der Darstellung berechnen sie, wie viel Geld den angegebenen Kindern im Einzelnen zur

Verfügung steht und erfassen, welche Backwaren sie kaufen möchten. Dann addieren sie die zu zahlenden Beträge, zeichnen die Münzen ein und notieren die passende Gleichung.

Aufgabe 4

Die Schüler suchen Backwaren aus, malen sie auf, zeichnen die Münzen ein und berechnen den Einkaufspreis in einer Gleichung.

Aufgabe 3 (AB II)

Die Schüler berechnen Inas Taschengeld, erfassen ihre Eisbestellung, berechnen den Kaufpreis und stellen die dafür notwendigen Münzen in einer Zeichnung zusammen.

Aufgabe 4 (AB II)

Die Schüler zeichnen ihr momentanes Taschengeld ein, malen eine mögliche Eisbestellung auf, berechnen die Kosten und stellen diesen Münzbetrag zeichnerisch dar.

Einstiege 62

Aufgabe 1

Die Schüler betrachten die abgebildeten Münzen, schreiben die passende Additionsaufgabe auf und berechnen den Gesamtbetrag.

Aufgabe 2

Die Schüler lesen die Beträge und zeichnen eine dazu passende Kombination von Münzen ein.

Aufgabe 3

Die Schüler berechnen Jans Taschengeld, erfassen seine Eisbestellung, berechnen den Kaufpreis und stellen die dafür notwendigen Münzen in einer Zeichnung zusammen.

Arbeitsheft 60

Aufgabe 1

Die Schüler betrachten die abgebildeten Cent-Beträge, schreiben die passende Gleichung auf und berechnen die Summe.

Aufgabe 2

Die Schüler erzeugen zum Betrag von 80 ct passende Zerlegungen und zeichnen sie auf.

Aufstiege 62

Aufgabe 1

Anhand der Abbildungen rechnen die Schüler die Beträge zusammen und überlegen, wie viel Geld fehlt, um einen Euro zu erhalten. Den ermittelten Betrag zeichnen sie in Form von Münzen ein und notieren die Gleichung darunter.

Aufgabe 2

Die Schüler erlesen den gesuchten Betrag und stellen diesen mit möglichst wenigen gezeichneten Münzen dar. Dabei müssen sie ggf. mehrmals die Summe im Kopf gefundener Münzkombinationen verwerfen und neue bilden, um an das richtige Ergebnis zu gelangen.

Aufgaben 3–5 (AB II)

Zu den angegebenen Geldbeträgen zeichnen die Schüler mögliche Backwaren ein, die die genannten Kinder dafür kaufen könnten. Dabei müssen sie ggf. verschiedene Preise von Backwaren miteinander kombinieren, berechnen und neu zusammenstellen, bevor sie an ein richtiges Ergebnis gelangen.

126 Rechenspiele und Knobeleien

Begriffe „senkrecht“, „diagonal“ und „waagerecht“ kennen lernen; Denk- und Strategiespiele kennen lern Lösungsstrategien entwickeln und prüfen; Spielregeln erfassen und einhalten; Einüben von Partnerarbeit

SCHULBUCH 126

① „Triff die 15“ spielen

Aufgaben notieren und lösen

② und ③ Zauberquadrate lösen

Lösung durch Addieren der Zahlen in den einzelnen Zeilen, Spalten und Diagonalen prüfen

① Figuren-SUDOKU lösen

② Mini-SUDOKU lösen

③ Käsekästchen spielen

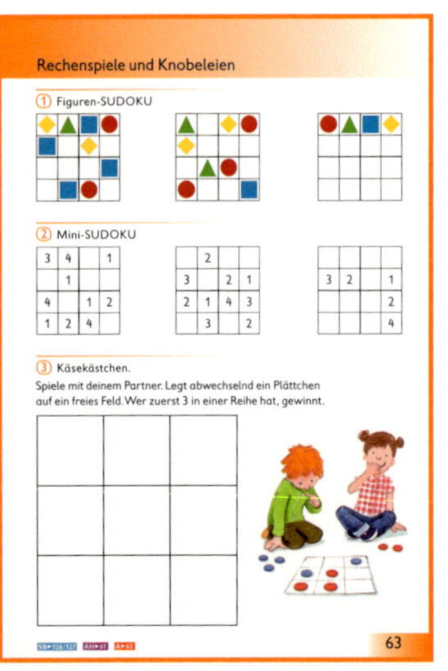

EINSTIEGE 63

① weiße Felder des SUDOKUS in den fehlenden Farben anmalen

② fehlende Zahlen im SUDOKU nach Vorschrift einsetzen

③ Plättchen so in die Felder einsetzen, dass auf jeder Seite des Knobeldreiecks gleich viele Plättchen liegen

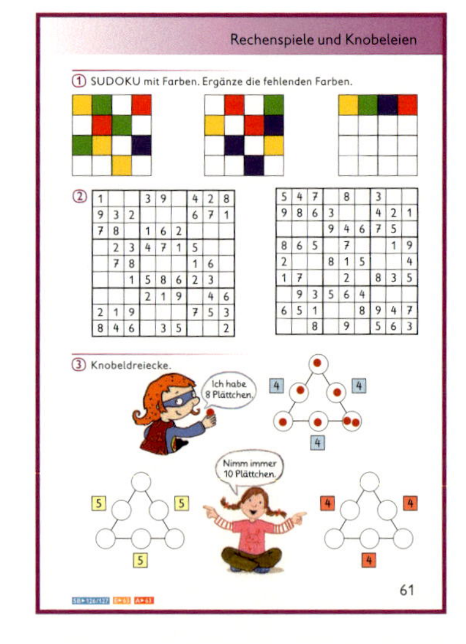

ARBEITSHEFT 61

SCHUL-
BUCH 127

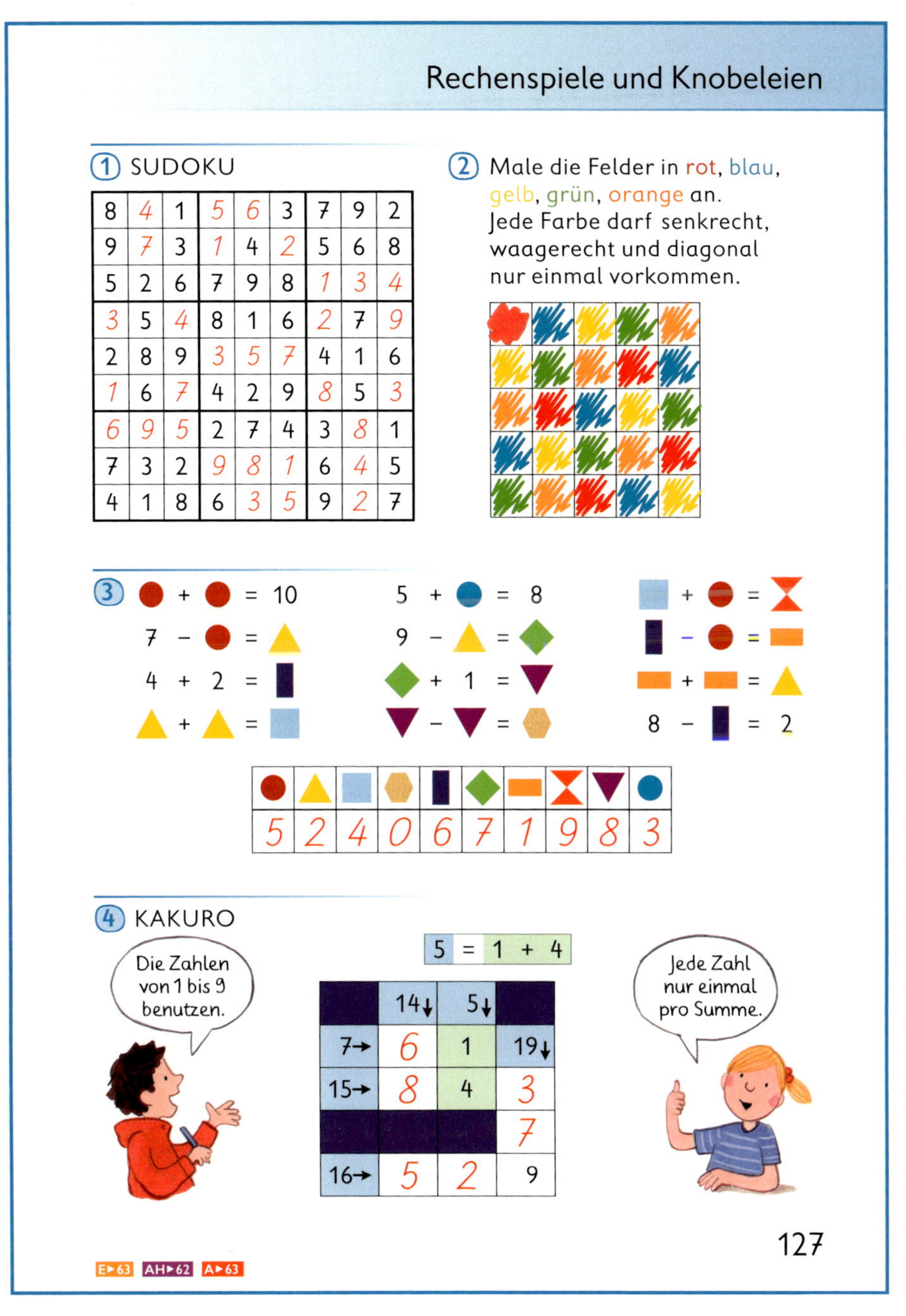

Rechenspiele und Knobeleien

① SUDOKU

8	4	1	5	6	3	7	9	2
9	7	3	1	4	2	5	6	8
5	2	6	7	9	8	1	3	4
3	5	4	8	1	6	2	7	9
2	8	9	3	5	7	4	1	6
1	6	7	4	2	9	8	5	3
6	9	5	2	7	4	3	8	1
7	3	2	9	8	1	6	4	5
4	1	8	6	3	5	9	2	7

② Male die Felder in rot, blau, gelb, grün, orange an.
Jede Farbe darf senkrecht, waagerecht und diagonal nur einmal vorkommen.

③
● + ● = 10
7 − ● = ▲
4 + 2 = ▮
▲ + ▲ = ■

5 + ○ = 8
9 − ▲ = ◆
◆ + 1 = ▼
▼ − ▼ = ⬢

■ + ● = ⧗
▮ − ● = ▬
▬ + ▬ = ▲
8 − ▮ = 2

●	▲	■	⬢	▮	◆	▬	⧗	▼	○
5	2	4	0	6	7	1	9	8	3

④ KAKURO

Die Zahlen von 1 bis 9 benutzen.
Jede Zahl nur einmal pro Summe.

5 = 1 + 4

	14↓	5↓	
7→	6	1	19↓
15→	8	4	3
			7
16→	5	2	9

127

E▸63 AH▸62 A▸63

① fehlende Zahlen im SUDOKU einsetzen

② Felder nach Vorschrift färben

③ Symbole durch Zahlen ersetzen und Aufgaben lösen

④ fehlende Zahlen nach Vorschrift im KAKURO einsetzen

HINWEIS

Um besser einschätzen zu können, welchen Sinn ein Spiel hat bzw. wie mögliche Spielverläufe aussehen können, empfiehlt es sich, zunächst einmal selbst zu spielen. Dabei lassen sich Regeln erlernen sowie Gewinn- und Lösungsstrategien erkennen.

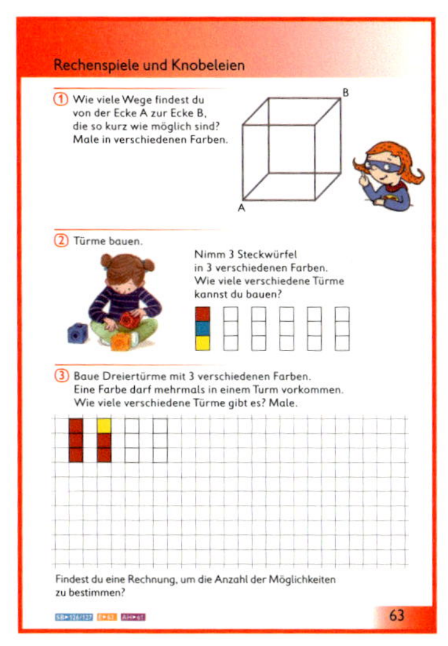

Rechenspiele und Knobeleien

① Wie viele Wege findest du von der Ecke A zur Ecke B, die so kurz wie möglich sind? Male in verschiedenen Farben.

② Türme bauen.
Nimm 3 Steckwürfel in 3 verschiedenen Farben. Wie viele verschiedene Türme kannst du bauen?

③ Baue Dreiertürme mit 3 verschiedenen Farben. Eine Farbe darf mehrmals in einem Turm vorkommen. Wie viele verschiedene Türme gibt es? Male.

Findest du eine Rechnung, um die Anzahl der Möglichkeiten zu bestimmen?

63

① Anzahl der Wege von Ecke A zur Ecke B finden

② und ③ mit drei Steckwürfeln unterschiedlicher Farbe so viele verschiedene Türme wie möglich bauen

vorgezeichnete Türme färben

AUFSTIEGE 63

126/127 Rechenspiele und Knobeleien

KOMMENTAR

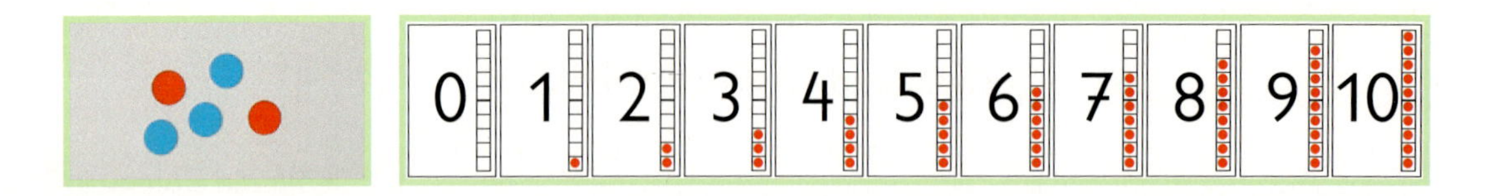

Material
Zahlenkarten, Plättchen

Hinweise zum Unterrichtsthema
Viele Kinder spielen und knobeln gern mit Zahlen. Im Gegensatz zu stochastischen Spielen, bei denen weitgehend der Zufall den Spielausgang bestimmt, müssen die Kinder bei so genannten Denk- oder Strategiespielen jeden Spielzug selbst bestimmen. Dabei wird die Entwicklung eigener kognitiver Strategien gefördert. Zusätzlich lernen die Kinder zu argumentieren, Lösungen zu prüfen, zu verwerfen und ihre Strategien zu verbalisieren. Folgende Rechenspiele und Knobelaufgaben werden angeboten (s. Magazin 126/127):
SUDOKU ist ein Logikrätsel und ähnelt magischen Quadraten. Die Kinder bekommen ein 9 × 9- bzw. 4 × 4-Gitter, in dem bereits mehrere Zahlen vorgegeben sind. Ziel ist es, das Gitter mit den Zahlen 1 bis 9 (bzw. 1 bis 4) so zu füllen, dass jede Zahl in einer Spalte, in einer Reihe und in einem Block (3 × 3- bzw. 2 × 2-Unterquadrat) nur einmal vorkommt.
KAKURO ähnelt einem Kreuzworträtsel. Vorgegeben sind Summen, zu denen passende Summanden eingetragen werden müssen. Die Kinder dürfen nur die Zahlen 1 bis 9 eintragen. Pro Summe darf jede Zahl nur einmal verwendet werden. Pro Feld wird eine Zahl eingetragen.
Wer trifft zuerst die 15? (Partnerspiel): Abwechselnd werden von einem Stapel mit Zahlenkarten drei Karten gezogen. Die Kinder addieren ihre drei Karten. Sieger ist, wer zuerst die Summe 15 erhält.
Zauberquadrate werden auch magische Quadrate genannt. Bei deren Lösung werden zum einen Rechenfertigkeiten wie die Addition von Dreiersummen und das Ergänzen zu Zahlen im Zwanzigerraum geübt. Zum anderen entdecken die Kinder die Regeln des Aufbaus der Zahlenquadrate. Diese werden besprochen und angewandt.
Eigenschaften eines Zauberquadrates:
- die Summe der drei Summanden von Zeilen, Spalten und Diagonalen ergibt immer 15
- die 5 steht immer in der Mitte
- diametral gegenüberliegende Zahlen ergänzen sich zu der 10
- gerade Zahlen stehen in den Eckfeldern, die ungeraden Zahlen stehen dazwischen

Schulbuch 126/127

Hinweise zum Unterrichtsablauf
Die Doppelseite „Rechenspiele und Knobeleien“ ist lehrgangsunabhängig. Die Lehrerin kann während des gesamten Schuljahres einzelnen bzw. allen Kindern Aufgaben der Schulbuchseiten vorstellen und diese bearbeiten lassen. Eine weitere Möglichkeit ist, dass die Lehrerin den Kindern verschiedene Aufgaben im Rahmen der Freiarbeit (Matheecke) anbietet, die sie dann selbstständig bearbeiten können (s. Magazin 2/3). Wichtig dabei ist, dass die Regeln für die Spiele bzw. Knobelaufgaben vor der Bearbeitung besprochen werden.
Anschließend können die Kinder sich in Rechenkonferenzen ihre Lösungswege bzw. Strategien gegenseitig vorstellen und diskutieren (s. Magazin 74/75).

Hinweise zu den Aufgaben

Seite 126
Aufgabe 1
Bei dem Spiel „Triff die 15“ können die Karten auf einem Stapel oder offen nebeneinander gelegt werden. Abwechselnd ziehen die Kinder eine Karte. Ziel des Spiels ist es, mit drei gezogenen Zahlenkarten genau die Summe 15 zu bilden.

Aufgabe 2
Vor dem Umgang mit Zauberquadraten ist es wichtig, mit den Kindern ausführlich über die Struktur der Zauberquadrate zu sprechen, Begriffe wie „diagonal", „senkrecht" und „waagerecht" müssen geklärt werden. Die Kinder vervollständigen die vorgegebenen Gleichungen und notieren die Summen der einzelnen Spalten.
Aufgabe 3
Die Kinder vervollständigen die magischen Quadrate. Sie prüfen ihr Ergebnis, indem sie die Summen der Zahlen in den einzelnen Spalten, Zeilen und Diagonalen im Kopf addieren. Entspricht die Summe immer dem Ergebnis 15, so haben sie das Zauberquadrat gelöst.

Seite 127
Aufgabe 1
Die Kinder lösen das SUDOKU.
Aufgabe 2
Die Kinder färben das Quadrat mit den angegebenen Farben. Dabei müssen sie beachten, dass die jeweiligen Farben nur einmal senkrecht, waagerecht und diagonal vorkommen dürfen.
Aufgabe 3 (AB II)
Die Kinder lösen das KAKURO, indem sie die angegebenen Regeln in den Sprechblasen beachten und Strategien zur Lösung entwickeln und anwenden.
Aufgabe 4 (AB II)
Die Kinder setzen Zahlen für die unterschiedlichen Symbole ein und notieren diese in der Aufgabe bzw. Tabelle. Im ersten Schritt können die Kinder die bereits vollständig vorgegebenen Aufgaben lösen. Sobald die Kinder erkennen, dass in der ersten Aufgabe nur die Verdopplung von 5 zum Ergebnis 10 führt, können sie die folgenden Aufgaben durch Ergänzen bzw. Eintragen der gefundenen Zahlen lösen.

Einstiege 63

Aufgabe 1
Die Kinder lösen das Figuren-SUDOKU.
Aufgabe 2
Die Kinder lösen das Mini-SUDOKU.
Aufgabe 3
Beim Spielen von Käsekästchen überlegen sich die Kinder Gewinnstrategien. Das Aufstellen von „Doppel-Fallen" ist als mögliche Spielstrategie illustrativ dargestellt.

Arbeitsheft 61

Aufgabe 1
Die Kinder lösen das SUDOKU mit Farben.
Aufgabe 2
Die Kinder lösen das SUDOKU.
Aufgabe 3
Die Kinder lösen die Knobeldreiecke durch das Eintragen von Plättchen, sodass auf jeder Seite des Dreiecks gleich viele Plättchen liegen.

Aufstiege 63

Aufgabe 1
Die Kinder malen verschiedene Wege von der Ecke A zur Ecke B, welche möglichst kurz sind.
Aufgaben 2, 3
In den Aufgaben „Türme bauen" wird eine kombinatorische Grundaufgabe behandelt. Die Kinder bauen mit drei unterschiedlich gefärbten Steckwürfeln verschiedene Türme. Sie versuchen dabei so viele Kombinationen wie möglich zu finden und halten ihr Ergebnis durch das Einfärben der vorgezeichneten Türme fest. In Aufgabe 3 darf eine Farbe mehrmals in einem Turm vorkommen.

SPIELE DER WOCHE

Je mehr die Kinder im ersten Schuljahr schon gelernt haben, um so anspruchsvoller können die ihnen angebotenen Spiele werden. Dabei lassen sich verschiedene Arten von Spielen unterscheiden:

1. **Übungsspiele, in denen arithmetische Fertigkeiten vertieft und gefestigt werden**
2. **Denkspiele, bei denen Strategien zur Problemlösung entwickelt werden**
3. **Einzelspiele, die in besonderem Maße Ausdauer, Konzentration und strategisches Vorgehen erfordern**
4. **Übungsspiele, bei denen Gewinnstrategien entwickelt werden können**

EINZELSPIELE

- Handelsübliche Solitärspiele
- Bauen nach Vorlage (Nikitin Material, Soma-Würfel ...)
- Zauberdreiecke, Zauberquadrate
- Dominoquadrate
- Sudokus
- ...

SPIELEN IM ANFANGSUNTERRICHT II

LERNFREUDE ERHALTEN

ÜBUNGSSPIELE ZUR FESTIGUNG VON FERTIGKEITEN

- alle Belegspiele, bei denen Zahlen bis 18 mit Hilfe von drei Würfeln erobert werden müssen; dabei dürfen die gewürfelten Zahlen addiert oder subtrahiert werden, um vorgegebene Zahlen zu erreichen
- Triff die 15 (Partnerspiel): Die Zahlenkarten von 1 bis 9 liegen auf dem Tisch. Zwei Spieler ziehen abwechselnd eine Karte. Gewonnen hat der Spieler, der zuerst aus seinen Karten genau die Summe 15 bilden kann.
  TIPP: Bei der Einführung der Spielregeln mit einer kleineren Zielzahl beginnen.
- Aufgabe-Lösung-Dominos, Bingos, Memorys ...
- ...

DENK- UND STRATEGIESPIELE

- Streichholzspiele*: Zwischen zwei Kindern liegt ein Haufen aus zehn Streichhölzern. Die Kinder dürfen abwechselnd ein oder zwei Hölzchen vom Stapel nehmen. Wer das letzte Streichholz nehmen kann, hat gewonnen. Bei diesem Spiel können rekursiv Gewinnpositionen bestimmt werden und herausgefunden werden, ob der 1. oder der 2. Spieler immer gewinnt. Durch Variation der Anzahl oder des Ziels (letztes Hölzchen verliert) ergeben sich reizvolle Alternativen, die viele Kinder oft über längere Zeiträume fesseln.
- Käsekästchen: Zwei Kinder setzen abwechselnd ihr Zeichen (x, o) in ein Kästchen des Neunerfeldes. Wer zuerst drei Zeichen in einer Zeile, Spalte oder Diagonale hat, hat gewonnen.
- Platzwechselspiele**: Hierzu gehören alle Spiele, bei denen sich Positionen durch schieben oder umlegen verändern sollen.

TIPP

Viele Platzwechselspiele lassen sich ebenso wie die Streichholzspiele auch mit Kindern als Spielfiguren durchführen. Der Vorteil besteht darin, dass schon bei der Einführung des Spiels viele Kinder beteiligt werden können (Spieler und Spielfiguren) und die Zuschauer häufig schon erste Strategien beim Zusehen entwickeln. Darüber hinaus kommen diese Spiele auch dem Bewegungsdrang der Erstklässler sehr entgegen.

* Eins oder zwei: Zehn Stühle stehen in einer Reihe nebeneinander. Zwei Mannschaften spielen gegeneinander. Sie dürfen von links beginnend bei jedem Zug ein oder zwei Kinder der Gruppe auf die Stühle setzen. Gewonnen hat die Mannschaft, die den letzten Stuhl besetzen kann.

** Jungen und Mädchen: Fünf Jungen und fünf Mädchen sitzen in einer Reihe im Wechsel auf Stühlen. An beiden Enden der Reihe sind zwei leere Stühle. Je zwei benachbart sitzende Kinder dürfen sich an der Hand fassen und sich auf zwei benachbarte leere Stühle setzen. Ziel des Spiel ist es, alle Jungen auf eine Seite zu bringen, die Mädchen auf die andere.

ÜBUNGSSPIELE, BEI DENEN GEWINNSTRATEGIEN ENTWICKELT WERDEN KÖNNEN

- Triff die 15 mit drei Karten (Nach einigen Spielen entdecken die Kinder, dass sie die besten Gewinnchancen haben, wenn sie sich als Erstes die 5 nehmen, da sich dann die meisten Möglichkeiten zur Bildung der 15 ergeben – nebenbei wird hier das Addieren mit drei Summanden geübt.)
- Sobald das kleine Einspluseins vollständig erarbeitet und die Plustafel bekannt ist, lässt sich auf verschiedenen Ausschnitten der Plustafel das Spiel Felder belegen durchführen. Je nach gewähltem Ausschnitt üben die Kinder leichte oder auch schwerere Aufgaben und entdecken nebenbei viel über Tauschaufgaben, gleiche Ergebnisse …
- …

Felder belegen

Material: ein Spielfeld, Spielchips oder Legosteine für jeden Spieler in einer anderen Farbe

Das Spiel ist für zwei bis vier Kinder geeignet. Die Kinder sind abwechselnd an der Reihe. Sie suchen sich eine Aufgabe der Additionstafel aus und markieren sie mit einem Kreuz in der Tabelle. Dann setzen sie einen Legostein auf das Ergebnisfeld. Wählt ein anderes Kind eine Aufgabe mit dem gleichen Ergebnis, so setzt es einen Legostein seiner Farbe auf den Stein des Mitspielers. Sind alle Felder der Aufgabentafel belegt, so zählen die Mitspieler die Anzahl der obersten Steine in der eigenen Farbe. Gewonnen hat der Spieler, der die meisten besitzt.

Felder belegen

Aufgabenfeld

+	0	1	2	3	4	5
0						
1						
2						
3						
4						
5						

Ergebnisfeld

⓪ ① ② ③ ④ ⑤

⑥ ⑦ ⑧ ⑨ ⑩

Spielen im Mathematikunterricht ist keine „verschwendete Zeit", sondern erhält langfristig die Lernfreude und trägt viel dazu bei, die allgemeinen fachbezogenen Fähigkeiten Begründen und Darstellen zu fördern.

128 Wie geht es weiter?

geometrische Muster fortsetzen und arithmetisch beschreiben; über den vertrauten Zahlenraum hinaus rechnen; Vorerfahrungen zur Zahlbereichserweiterung gewinnen, rechnen

SCHUL-BUCH 128

① und ②

geometrische Muster analysieren und fortsetzen

Veränderungen/die Entstehung der Folge sprachlich und arithmetisch (Summenterme) beschreiben

Ergebnisse als Zahlenfolge notieren

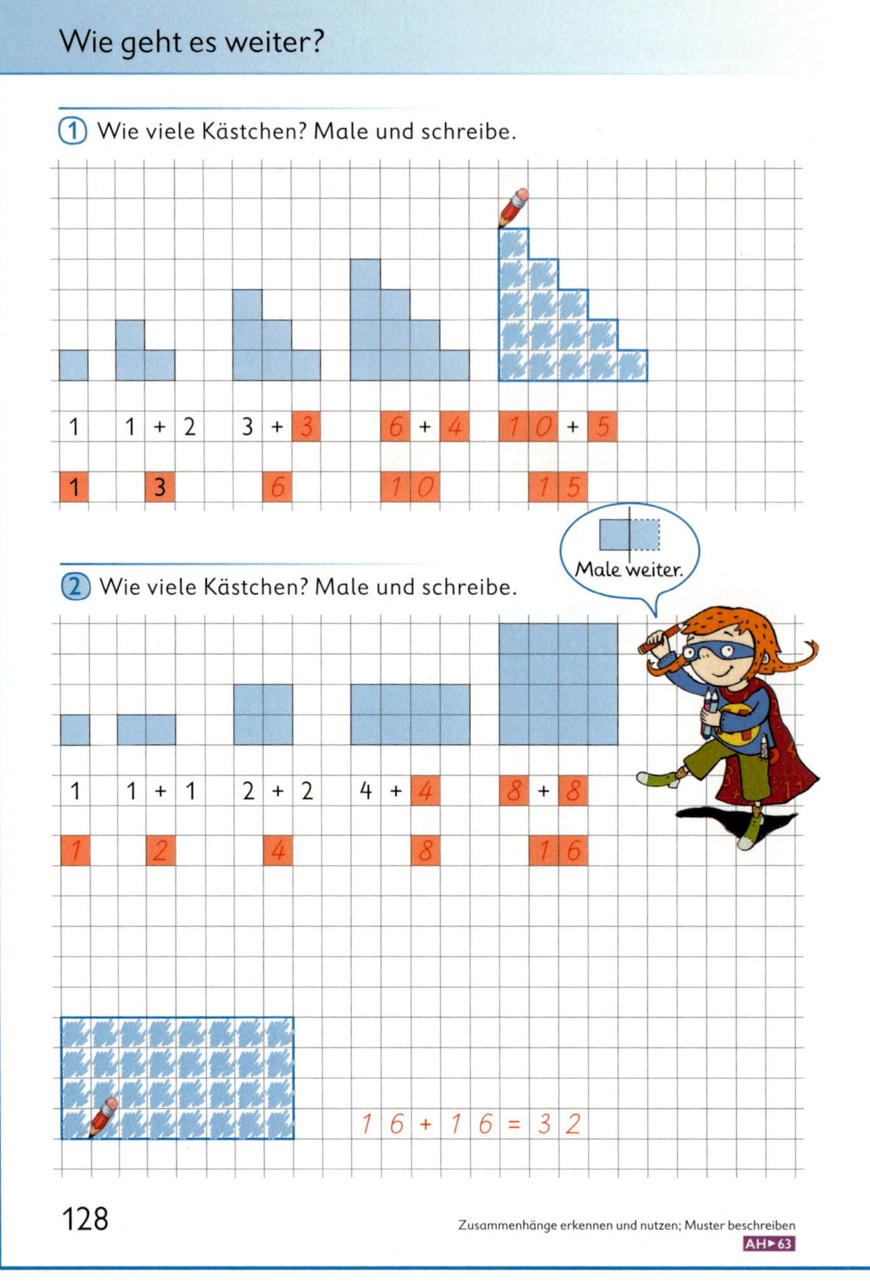

① und ②

geometrische Muster analysieren und fortsetzen

Veränderungen/die Entstehung der Folge sprachlich und arithmetisch (Summenterme) beschreiben

Ergebnisse als Zahlenfolge notieren

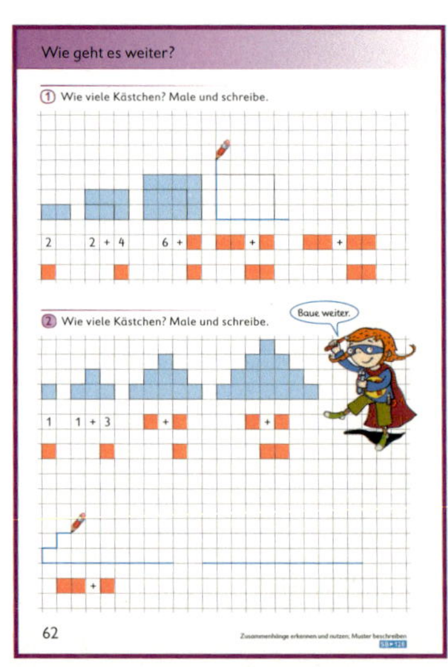

ARBEITS-HEFT 62

Wie geht es weiter?

Material
Overheadprojektor

Hinweise zum Unterrichtsthema
Auf der letzten Seite des Schulbuches wird, sozusagen als Ausblick auf das nächste Schuljahr, fast spielerisch-zeichnerisch/ arithmetisch der Zahlenraum erweitert. Die Verknüpfung von Geometrie und Arithmetik (figurierte Zahlen) knüpft an die vielfältigen Erfahrungen der Kinder mit Mustern und Strukturen (z.B. in Super-Päckchen) an. Die Fortsetzung des geometrischen Musters und die Fortschreibung der Aufgabenfolge werden im unmittelbaren Zusammenhang entwickelt. Sie bedingen und stützen sich gegenseitig. Die jeweils folgende Aufgabe kann aus der Zeichnung abgelesen und an ihr überprüft werden. Zu Beginn der Aufgabenfolge rechnen die Kinder im bekannten Zahlenraum, der schon bald erweitert werden muss. Die Kinder haben Spaß daran, Aufgaben im höheren Zahlenraum zu lösen. Nach Neigung und Können setzen sie die Folge fort, möglicherweise auch auf der rein arithmetischen Ebene. Die Könnenserfahrung stärkt die Motivation und fördert die Erwartungen an den Mathematikunterricht im 2. Schuljahr.

Schulbuch 128

Hinweise zum Unterrichtsablauf
Zu Beginn der Stunde werden an die Tafel Super-Päckchen geschrieben, z.B.:

5 + 1 = ▢	1 + 1 = ▢
5 + 2 = ▢	2 + 2 = ▢
5 + 3 = ▢	3 + 3 = ▢
5 + ▢ = ▢	4 + ▢ = ▢
▢ + ▢ = ▢	▢ + ▢ = ▢

In den Aufgabenpäckchen erkennen die Kinder die Muster, beschreiben sie und nutzen sie zur Lösung der Aufgaben.

Anschließend wird die erste Aufgabe des Schulbuches auf einer Overheadfolie den Kindern präsentiert. Die Kinder entdecken sowohl in der geometrischen Darstellung als auch in zugehörigen Additionsaufgaben das Muster und beschreiben es. Sie vervollständigen die Aufgaben und zeichnen die folgende(n) geometrische(n) Figur(en).
Bei den folgenden Aufgaben können die Schüler sich über ihre Lösungsideen und Vorgehensweisen verständigen.

Hinweise zu den Aufgaben

Seite 128
Die Kinder entnehmen den Aufgabenfolgen das Muster, ergänzen die Zeichnungen und die Additionsterme und notieren die Gesamtzahl der Kästchen darunter. In einer anschließenden Reflexion wird noch einmal bewusst gemacht, dass diese Zahlen „natürlich" eine Folge bilden.

Aufgabe 1
Die Kinder erkennen in der Abfolge der Zeichnungen die schrittweise Veränderung. Ergänzt wird jeweils eine weitere diagonal verlaufende, um jeweils ein Kästchen anwachsende Reihe. Demzufolge ist in den zugehörigen Additionsaufgaben der erste Summand immer das Ergebnis der vorherigen Aufgabe, der zweite Summand erhöht sich stets um 1.

Aufgabe 2 (AB II)
In der Zeichnung erkennen die Kinder, dass die Figur abwechselnd nach rechts bzw. nach oben verdoppelt wird.
Demzufolge entstehen als zugehörige Aufgaben Verdopplungsaufgaben.

128 Wie geht es weiter?

KOMMENTAR

Arbeitsheft 62

Die Kinder entnehmen den Aufgabenfolgen das Muster, ergänzen die Zeichnungen und die Additionsterme und notieren die Gesamtzahl der Kästchen darunter.

Aufgabe 1

Die „Rechtecksseiten" werden jeweils um „1" vergrößert. Demzufolge ist der erste Summand immer das Ergebnis der vorherigen Aufgabe, der zweite Summand wächst stets um 2 an.

Aufgabe 2 (AB II)

Unter der Zeichnung wird jeweils eine Kästchenzeile ergänzt, die um zwei Kästchen größer ist.

Der erste Summand ist immer das Ergebnis der vorherigen Aufgabe, der zweite Summand erhöht sich stets um 2.